"大学堂" 开放给所有向往知识、崇尚科学，对宇宙和人生有所追问的人。

"大学堂" 中展开一本本书，阐明各种传统和新兴的学科，导向真理和智慧。既有接引之台阶，又具深化之门径。无论何时，无论何地，请你把它翻开……

后浪出版公司 大学堂 015

FUNDAMENTALS OF
HUMAN SEXUALITY, 6E

性学观止

插图第6版·下册

[美]贺兰特·凯查杜里安（Herant A. Katchadourian）著
胡颖翀 史如松 陈海敏 译
郎景和 赵伯仁 审订

科学技术文献出版社
SCIENTIFIC AND TECHNICAL DOCUMENTATION PRESS
·北京·

图书在版编目（CIP）数据

性学观止：插图第6版：全两册/（美）贺兰特·凯查杜里安（Herant A. Katchadourian）著；胡颖翀等译.—北京：科学技术文献出版社，2019.3（2022.12重印）

（大学堂）

书名原文：Fundamentals of Human Sexuality,6e

ISBN 978-7-5189-5126-0

Ⅰ．①性… Ⅱ．①贺… ②胡… Ⅲ．①性学 Ⅳ．① C913.14

中国版本图书馆 CIP 数据核字 (2019) 第 016143 号

著作权合同登记号　　图字：01-2018-8393

中文简体字版权专有权归银杏树下（北京）图书有限责任公司所有

Foundamental of Human Sexuality

Copyright ©1972, Herant Katchadourian

All rights reserved.

性学观止（插图第6版）（下册）

责任编辑：巨娟梅　王梦莹	责任出版：张志平	筹划出版：银杏树下
出版统筹：吴兴元	营销推广：ONEBOOK	装帧制造：墨白空间

出　版　者　科学技术文献出版社
地　　　址　北京市复兴路15号　邮编 100038
编　务　部　(010) 58882938，58882087（传真）
发　行　部　(010) 58882868，58882870（传真）
邮　购　部　(010) 58882873
销　售　部　(010) 64010019
官 方 网 址　www.stdp.com.cn
发　行　者　科学技术文献出版社发行　全国各地新华书店经销
印　刷　者　北京天宇万达印刷有限公司
版　　　次　2019年3月第1版　2022年12月第5次印刷
开　　　本　787×1092　1/16
字　　　数　935千
印　　　张　51
书　　　号　ISBN 978-7-5189-5126-0
定　　　价　150.00元（全两册）

版权所有　违法必究

购买本图书，凡字迹不清、缺页、倒页、脱页者，请联系销售部调换

第 12 章

性游戏与性交

12.1 性游戏的种类
12.2 交 媾
12.3 增加性交的快感

善爱者,善以五味烹佳肴。
——中国古代格言

对绝大多数成年人而言,性就意味着与异性性交。动物交配(copulate)主要是为了繁殖,而人类则通过性爱(make love)去满足各种精神、社会需要。

性交指阴茎与阴道之间的交合,又称交媾。交媾并非对每个人都是一种快乐的活动,但从人类延续的角度来看,显然它是至关重要的。难怪在所有的文化中,性交都是最主要的性行为。

在绝大多数男女的生活中,至少有时有性交活动。正如我们在第8章所讨论的,无论男人还是女人,在总的性输出中,交媾是性高潮的主要部分。

在这一章我们主要讨论几种形式的性游戏、性刺激、性交行为以及人们如何对之加以强化。之后我们将讨论异性交往中的人际关系和制度方面的问题。

12.1 性游戏的种类

从肉体的角度来讲,手淫、触摸、爱抚、前戏都是为了达到性兴奋而需要的一些基本活动。在**手淫**过程中,性刺激只作用于本人。在**抚摩**中,两个个体互相诱导而达到兴奋。我们这里的**"前戏"**(foreplay)主要是指为了达到性兴奋而采用的方法步骤,是性交这部交响曲的一个序曲。但是从社会性学角度而言,手淫、抚摩、爱抚有很多不同的含义。抚摩你自己的大腿和被别人抚摩有相当不同的感受。类似的,一种以自身为目的的活动与达到交媾的序曲相比显然包含不同意义。

性研究者和临床医生已经放弃了"前戏"这个词,因为它过分强调性交的"中心地位"。他们更喜欢用**"非性交的性游戏"**(noncoital sex play)或者**"性愉悦"**(sexual pleasuring)这样的说法(Masters et al., 1988)。这个措辞在实践上的重要性与性安全有关。如果性游戏听起来像是一种独立的让人满足的行为,而不是性交的前奏的话,那么情侣们可能会更愿意在性游戏之后就停下来,而不是将它仅仅当成"一招半式"的挑起性欲的方式。

将"前戏"和性交联接在一起还有一个问题,那就是它所包含的行为,诸如亲吻和爱抚,无论在异性爱还是同性爱的性行为中都存在,但后者并没有性交*。

这里我们最好先关注各种方式的性刺激。记住所有这些交流中最重要的因素是**情感**:你对伴侣的感觉和你的行为。如果没有感情,那么所有性唤醒的"技术"都会退化成无意义的机械运动。

所有性刺激的方法都是基于我们之前(第3章)讨论的性唤醒的步骤。各种形式的刺激——我们看到的,听到的,闻到的,或者摸到的——都有助于相关的方法。需要再次强调的是,正是身体和情感的结合形成了性欲;起作用的不是喃喃低语,而是它所包含的意义。

* coitus,性交,是指男女之间阴茎插入阴道的性交,而不包括其他形式。

接 吻

在各种**社交性亲吻**的形式中，嘴唇的接触和轻摩广泛地用于表达情感、尊重和欢迎。当用于表示性欲望时，则成为**性爱接吻**（erotic kiss）。性爱接吻在我们的文化中是爱抚过程的一个普通活动，但绝对不是所有文化都一样，在不同的社会阶层中也存在重要差别。金赛的抽样调查表明：77%的受过高等教育的男性在性活动中会经历深度性爱接吻和长吻。而这在中等教育水平的男性中只占40%。在金赛的研究对象中，简单的接吻更为普遍，几乎所有（99.4%）的男性都经历过。

性爱接吻可以从简单的唇接触开始，也可以伴随着轻微的摩擦、试探性的舌头接触和轻微的接咬。渐渐地，舌头交流变得大胆起来，自由地伸入对方的嘴中，对方也会吮吸它。有效的**深吻**需要带有刺激性的爱抚、压迫，以及轻柔地吸吮唇舌，这是一门需要与伴侣合作和接受的胸怀的艺术。在性爱接吻中使用舌头有时被称为**深吻**（也称为"灵魂的接吻"或"法国式接吻"）。长久以来，人们已了解它作为爱抚过程中的一个普遍活动的优点。阿拉伯古谚语说得好："一次润湿的接吻，好过一个仓促的交媾。"

图 12.1 带有情欲意味的吻

亲吻的部位不一定是性伴侣的唇，身体的任何部位都可以。然而，包括胸部、乳头、生殖器、大腿内侧、脖子以及耳垂在内的**动情区**更能唤醒性欲（第3章）。亲吻远非刺激神经末梢：它是一种有效的象征行为。亲吻手掌表示的是一种亲密的感情或者爱情。亲吻和吸吮指尖是一种强烈的性暗示，可能对男女都有效。

一些非西方社会并不习惯于接吻，至少是不习惯这种美国式的接吻。这被那些文化认为是不健康的和令人反感的行为而加以拒绝。菲律宾的 Tinquian 人（一夫一妻制的农业社会和猎头部落）和巴厘岛人（Balinese）会将脸靠近，相互嗅闻（"摩擦鼻子"）。莫桑比克的桑伽人（Thonga，原始农耕民族）憎恶西方式接吻，他们说："瞧他们，互相吃对方的口水和污垢。"

在我们的社会里，有的人在某些场合对深吻感觉很不舒服。影响因素既有卫生和美感方面的（没有刷牙、烟味、口臭等），又有心理方面的（亲近度、关系好坏等）。

动物也有类似于人类接吻的行为。大猩猩偶尔将它们的嘴唇压在一起作为欢迎的方式，同时当做进一步性活动的前奏。在交媾过程中，雄猩猩偶尔还会强烈地吮吸雌猩猩的下唇。在其他动物中，也可以观察到在性活动中嘴唇的互相接触。例如，雄性老鼠会舔雌性老鼠的嘴，海狮则用嘴互相摩擦，雄象会将鼻子插入对方的

图12.2 新西兰毛利人(Maori)用摩擦鼻子来表达问候。

口中。有一种说法认为深吻来源于母亲将嚼碎的食物喂到婴儿嘴里的行为——这种行为在一些前文明社会里仍然存在。

触摸和爱抚

像接吻一样,触摸和爱抚也是一种表示情感的方式。无论从其动机还是效果看,都无法确定它不是性欲性的。其他的性接触形式有拥抱和抚弄,只有当那些活动刺激了性敏感区域,或者具有特定的方式和内容时,它们才被当做是性欲性的。

按摩也能唤醒性欲。按摩给性爱增添了许多维度。它能刺激皮肤,松弛肌肉,让人得到充足的休息,并表达了温柔和爱护之情(它也能让你感到昏昏欲睡)。

以愉悦肉体为目的的爱抚引起了人们的大量关注。要描绘爱抚在表达感觉乃至性满足方面的作用,性临床医学家们引进了"**知觉焦点**"(sensate focus)这一概念(第15章)。另一个常用的词是"**愉悦**"(pleasuring),它包括所有能给性伴侣以性愉悦和性兴奋的爱抚和试探行为。

通过接触而达到性兴奋是一种更广泛类型的相互作用。这些相互作用依赖于接触去传导情感(握手、把胳膊搭在肩上),如以拥抱表示安抚,以握手和拥抱表示欢迎,以轻拍表示满足等。对动物而言,相类似的活动是**理毛行为**,可以在许多种动物中观察到。理毛行为是一种缓和侵犯行为的方式(被理毛的通常是高位阶的动物),不过在亲密的人之间也会发生,如在母亲和婴儿之间,以及在情侣之间。

爱抚将我们进化中的传统、关于童年美好时光的记忆、身体接触的肉体因素以及感觉被爱的温暖汇集到了一起。

亲吻——一种特殊的爱抚——纯肉体因素的一面和它象征性的、心理意义的一面不可分割。和亲吻一样,爱抚包含很多姿势,并能唤醒各种情绪:温柔的,试探性的,让人颤抖的轻触;自信地抚摸全身肌肤是更确定的爱抚;大胆而坚定的抚弄;四肢缠绕的全身拥抱,身体叠在一起,两人合为一体。

爱抚是引起性欲和建立亲密关系的一种非常重要的方法。了解如何爱抚以及怎样享受爱抚是一个完美爱人最重要的素质。

敏感的皮肤最能感受轻柔的刺激,而大块的肌肉则需要更有力的抚弄。一旦选择了身体的某个区域,就要用足够长的时间来唤醒欲望。频繁地从身体的一个部分换到另一个部分进行爱抚,可能会像单调地抚摸同一个地方一样没有什么效果。性唤醒需要很好的节奏感。

乳房刺激

在许多文化中都存在抚弄女性乳房的行为。在金赛的抽样调查中,98%的人用手刺激女性乳房,93%的男人则用嘴去刺激。尽管这种经验被广泛接受,但不要以为所有女性都觉得它是愉快的。马氏夫妇所调查过的异性爱女性中,几乎1/3认为她们的乳房并不是特别愉快的性感区。甚至喜欢这种刺激的女性在月经和哺乳期间的某些时候由于乳房肿胀,也觉得不舒服。

嘴和手都能用于乳房刺激,乳头尽管是最敏感的部分,也不必对它倾注过多的注意力。女性也许更喜欢乳房被嘴爱抚,乳房的大小和形状与其敏感度没有什么关系。

在女同性爱关系中,乳头刺激是一个重要组成部分。通常女人比男人更在行。刺激男性乳头主要在同性爱者中发生。马氏夫妇观察到男同性爱者的双方近3/4有乳头刺激行为,而在100个已婚男性中,只有3、4个人的妻子曾刺激过他们的乳头。

图12.3 互相抚摸是分享快感和激情的一种方式。

生殖器刺激

对大多数人来说,轻微地刺激性器官非常令人兴奋。在金赛的抽样调查中,95%的男性和91%的女性说他们用手刺激过对方的性器官。通常是男人们主动动手。尽管在这方面女人们已变得更为主动,但在调查中,性交生活中男人最大的一个抱怨就是女人们接触得不够或者她们即使做了也没有做好——这都是因为女性不太感兴趣或缺乏经验。

男性和女性通常都错误地认为让自己感觉舒服的行为也会让对方感觉很好。结果是,男人可能在刺激女性生殖器(特别是阴蒂)时太过用力;女人则太轻柔了,以致不能有效刺激阴茎。伴侣之间应该温和地告诉对方他们的需求。

男性经常将他们自己的愿望强加给女性,因而他们认为将手指插入阴道肯定让女性感到愉悦。有的女性的确很享受它,有的则未必。有人的确喜欢轻轻地抚弄阴道口,并且她们更希望这发生在前戏的后期而不是一开始;它也可能是阴茎插入之前的一个很好的步骤。

前戏中的性器官刺激技术类似于在自体性活动所使用的那些,因此两性最好能从对方的自我性实践中学习经验。知道同性爱者怎样相互刺激对此也有帮助,因为同性爱者有彼此了解对方肉体这一优势。例如,在女同性爱者的性游戏中,爱抚阴蒂之前,她们常会先抚摸阴唇、阴阜、大腿内侧和阴道口;男同性爱者在抚弄阴茎之前会先爱抚大腿、下腹、阴囊以及肛门区域。

口对生殖器的刺激

在性行为中一种很有效的办法是用口刺激生殖器。**舔阴**(cunnilingus,拉丁语,"舔外阴")和**口淫**(fellatio,拉丁语,"吸吮")分别是对用口刺激女性和男性生殖器的较早的说法。荷兰妇产医生范·德·韦尔德(Van de Velde)在1926年大胆地赞成这种行为。正是他提出了**"亲吻生殖器"**(genital kiss)这条短语来赋予舔阴和口淫以更技术化的说法。*

* 表示口交的通俗短语有:frenching, eating, going down, sucking, 以及 blow job(表示吸吮阴茎)——它是一个很奇怪的短语,因为这个行为并没有"blowing"("吹")这个动作。

亨特1974年的调查显示,80%的25~34岁的单身男女,以及大约90%的25岁以下的已婚者,在早年都曾有过口对生殖器刺激的行为。这种行为在教育程度较高的人群中更为流行,而在年纪较大的人中则不那么普遍。

从《红皮书》和海蒂的调查中得到的数据显示接受这种行为的比例日益增高,特别是在性自由主义者中间。这两个调查也反映了一些人对这种行为抵制的或者复杂的心态(专题12-1和专题12-2)。在《红皮书》调查的妻子们中,"经常"有舔阴或口淫行为的比例均为40%;还有另外48%(舔阴)和45%(口淫)的人,相对来说,"偶尔"有这些行为;只有7%的女性的生殖器从未被(丈夫)用口刺激过,9%的女性从未用口刺激过男性生殖器。尽管女性有过这两种经验的比例大致相同,但调查显示62%的女性认为舔阴"非常愉快",而喜欢用口亲吻男性生殖器的比例只有34%。只有很小比例的人认为这种行为不好或令人厌恶(6%认为舔阴,15%认为口淫)。而在金赛的调查中,只有10%的人声称有过这样的行为。之后这种行为在青少年当中更为流行了:在1985年的一项调查中,53%的男孩和42%的女孩说他们曾经进行过这种行为。他们对口交的喜爱程度稍微领先于他们对性交的喜爱,特别是对于女孩而言。口交在有过性经验的人中更加普遍,并且通常是由男性主动开始。它成为现代婚姻与非婚姻性关系中的一个共同因素,尽管不一定非常频繁。

两性口对生殖器的接触行为在其他社会中也存在(图12.4)。在灵长类动物中用口刺激雌性的生殖器很常见,并且它们很喜欢这种行为。而对男性生殖器的刺激行为没有很好的记录资料。

在舔阴时,伴侣轻轻地舔舐小阴唇、阴道口和阴蒂,偶尔也会吸吮或者轻咬。而吸吮阴茎时,龟头最能让人兴奋:用舌头和嘴唇轻舔小系带,紧握着阴茎并轻抓或轻拉阴囊,同时对龟头舔舐或吸吮。这

图12.4 出土于秘鲁的表现口交的Mochica陶器,约公元500年。

专题 12-1
舔阴：目前的看法

女性观点 *

我仰面躺着，我的伴侣在我双腿之间，用他的舌头非常温柔地舔着同一块地方，一遍又一遍。我喜欢什么都不做，只是一味集中精神去体味这种感觉，直到我达到高潮。

我不喜欢我的伴侣将舌头伸得离阴蒂神经太近——那真的很疼。

我丈夫求我让他更频繁地做这件事，但是我一想到它就浑身战栗。这是一个引起争论的问题。我丈夫说所有的女人都喜欢这么做。我说他疯了。

轻咬并用鼻子摩擦阴蒂，就像假装咀嚼一样，感觉很好——但要温柔、体贴地做。

我喜欢一个缓慢、稳定的节奏，非常温柔并迂回移动，刚才还在我私处的前部，然后就移到了我的开口处，在我（的高潮）到来前用他的舌头深深插入进去。

* From S. Hite, *The Hite Report*. New York: Macmillan, 1976, pp.233 and 245.

男性观点 *

我认为一个男人亲吻一个女人的生殖器是表达他最深的爱的一种方式。我经常会做一些性梦，大多数并不是以我的高潮或射精结束，而是包含一段很长的阶段，那时我在亲吻那个女人的生殖器。

当我能看到女性生殖器所有的器官时，我喜欢它们的样子。当一个女人开始对舔阴有反应时，她的阴道张开，就像花瓣一样——她的阴唇饱满并扩大，就像男人的阴茎那样。它尝起来就像仙果，只有女人的身体能够制造出这种美味。

有时我喜欢舔阴，但我认为它的快感被过分高估了。我认为男人之所以会说他们喜欢它，因为这是一个很"男人"的事情——就像吃生鸡蛋或者生肉那样，或者像在喝一品脱威士忌。

它太恐怖了。我试了一次，然后吐了我太太一身。

即使她已经61岁了，她的腿仍很美丽。我经常做这件事。我希望她求我，或者跟我说让我吃它，但是她很害羞。我用舌头为她按摩，她指挥着我做。我们已经这样做了41年了，最近两年更加频繁。

* From S. Hite, *The Hite Report on Male Sexuality*. New York: Ballantine, 1981, p.702.

些行为需要技术、手法以及温柔。很少有人喜欢自己的阴茎被猛烈地抓咬。

如果阴茎插入口中过深，就会引起**呕反射**，这是一种生理反应，而不表示恶心。可以通过调节吸吮阴茎的长度来避免这种反应。心理放松以及相关练习也能压制这种反应。

伴侣之间可以同时为对方进行口对生殖器的接触，或作为性交的前奏，或只是为了这种接触本身。有时它被称为"69"，因为身体的姿势就像数字69一样。当口对生殖器的接触导致在嘴里射精时，它会被认为是**口交**（oral intercourse），下文将讨论这一点。

一个人是否喜欢口对生殖器的接触是个人的事。它不是一种值得赞扬的行为，

想一想

你的性伴侣不喜欢口交，你怎么办？

专题 12-2
口淫：目前的看法

男性观点 *

我相信每一个男人的梦想都是——请原谅我粗野的说法——拥有一个愿意吸吮他阴茎的女人，如果你克服你的厌恶感去吸吮它的话。如果我能够找到一个愿意在早晨为我口淫唤醒我的女人，我愿意一辈子躺在她的脚下，因为她就是世界上最好的女人。

我非常喜欢别人为我口淫。然而我尚未找到一名能够正确进行的女人。我只有一次这样的高潮，另一次是靠自慰的帮忙。许多时候我感觉到能够达到高潮了，但是她又做了令我扫兴的事，要不是太重复，就是我听到叹息声，或是我察觉到她心不在焉。

我怕的是会在伴侣嘴里高潮，让她窒息，所以我回避这样的场面。

我从来没有口淫的经验。我也没有这方面的欲望，对我来说口淫令人厌恶。

在女人嘴里高潮，并且让她吞下精液是非常特别的事情。我不会将口淫和我曾听过的"贬低女人"的层面联想在一起。恋爱中的男人爱恋他的女人的"小妹妹"，同时恋爱中的女人爱恋她的男人的"小弟弟"，口淫的爱抚正是爱的表达方式。

* From S. Hite, *The Hite Report on Male Sexuality*. New York: Ballantine, 1981, p.702.

女性观点 *

任何人，包括所谓的医生，只要他们赞成或进行口淫，他们都不清楚他们究竟是谁。口淫是不正常，不道德的。相信我，每个人都不要这样做！我们的嘴是用来吃饭、喝水、说话、亲吻我们所爱的人的，而不是用来亲某人的生殖器的！

我认为性是很美好的东西，但口淫让它看起来很肮脏。动物可以走来走去互相舔对方，人类应该更为明智些。

女人不应该反对口淫或者对口淫感到恶心。如果两个人都很干净——这在任何性行为中都是应该做到的——这种行为就像吸吮一个人的拇指或者像法式亲吻那样卫生。两个人的高潮就像性交那样强烈，那样让人感到快乐，有时更甚于性交。最重要的是，绝对不用担心怀孕，更没有堕胎这一说。如果全世界都接受口交并这样做的话，它能很快解决人口爆炸问题。当这个严重的问题得到控制后，饥饿和低生活标准都将大幅度地消失。

* From Tavris, C., and Sadd, S., *The Redbook Report on Female sexuality*. New York: Dell, 1978.

也不能强加给伴侣。对有的人来说，它比性交更需要双方的关系亲密。如果性伴侣有可能是艾滋病病毒携带者，那么或多或少，口对生殖器的接触，尤其是涉及精液或阴道分泌液时，并不是一种安全的性行为。

其他形式的性游戏

对肛门的刺激

有的人喜欢抚摸或者按肛门，并将手指插入直肠，有的人则不喜欢。同样，用口刺激肛门(被称为"**舐肛**",anilingus 或者 rimming)也是这样。除了艾滋病的威胁之外,口和肛门的接触(即使它很干净)也有感染肠道细菌的危险(第 5 章)。用力拉拽屁股会使肛门括约肌伸长,产生强烈的快感,而不用真正地接触肛门。尽管在男同性爱者中对肛门的刺激更为普遍,但异性爱者也有这种行为。

特殊的行为

有些伴侣喜欢在性游戏中做一些不常见的动作。很能说明这一点的是使用捆绑(将伴侣绑起来)或者是包含占有和屈服因素的性交。虽然这些行为可以归为**性施虐受虐癖**(S-M)(第 14 章),但是很多喜欢这种行为的人并非施虐、受虐狂。他们不喜欢伤害他们的性伴侣或者自己。那些进行这种行为的伴侣也会使用特殊的衣服(像黑色皮衣)以及各种装备(比如面具和绳子)。有时这些行为会包含轻微的疼痛(像咬或者轻抓),有时则不。

对象和工具

伴侣不仅仅使用他们的身体,用棉花球、羽毛(据说最好的是孔雀毛)或者任何其他特殊质地的材料来触摸都能产生兴奋。为了获取更新奇的刺激,人们将各种东西用在生殖器上,包括冰、活鱼(用碗扣在生殖器上)等。

手淫所使用的各种工具(第 11 章)也可以用在性游戏中。有的情侣认为一起使用震动器非常刺激,有的则不喜欢这样做,因为不浪漫。有些男人感觉受到工具的威胁("你怎么能竞争得过机械?"),然而对于无法达到高潮的女人而言它可能会有所帮助。

在性游戏中还有无数其他的工具和行为能使人产生愉悦感——轻柔的灯光、香味、乳液、音乐、性感内衣等等。它们都在性爱中被使用过,因此稍后我们将对此进行讨论。

性游戏的长度

当性游戏以其自身为目的时,伴侣们会为了彼此的快乐尽量延长它的时间。强烈的兴奋可能会导致性高潮(而无须通过性交),伴侣们也可能会预料到高潮的时间并逐渐学会在这之前就"冷却下来"。

当性游戏被当做性交的前戏时,它应该持续多长时间呢?在不同文化不同个体之间这个时间的差异很大。性爱手册传统上将注意力集中于让女性为性交做好"准备",有些甚至分了很多小的时间段。这种观念是过去旧观念的延续,认为女性在性交中应是被动的,男性是主动的:男人是"音乐家",女人是"乐器",等等。实际上最好是把性看成是两个平等的伴侣之间的交流,双方都需要为对方"准备"。

在金赛调查的已婚夫妇的样本中,11%的夫妇前戏在 3 分钟以内,36%的人用

4~10分钟,31%用11~20分钟,22%超过20分钟。有的夫妇每天都花几个小时来做性游戏。在亨特的样本中,25岁以下的单身人士的前戏一般会持续15分钟。

交媾前嬉戏时间的长短,最好由每对性伴侣自己决定,除了个人爱好外,不同环境也需要不同的准备时间。从生理学上来讲,阴茎的充分勃起与阴道的适当湿润表示已为交媾作好准备。但从情感上说,一对男女只有当双方相互产生性结合的欲望时,才可以说准备完毕。

性交困难的一个通常原因在于男性倾向于将爱抚视为一项不得不尽的义务,因此尽管男人们都强烈地亲吻、抚摩、舔、吮吸、扭动对方,但这种方式很大程度上都是无效的。对这种功利主义的方式,女人或许会觉得男人将心思放在生殖器上,从而不满。当他扑向她时,她会冷淡地转向一边。

在前戏中,这种兴趣的冲突是男女之间在交媾方式上存在的诸多差异之一:前者更多地注重生殖器的享受,并专心于性高潮,而后者更倾向于整个过程的体验,亢奋的性高潮不过是其中一个组成部分而已。这种差别同样反映在交媾后女人更想与对方拥抱在一起,拣些话来说以增强这种感受。

要打开这把死锁,双方都需要理解对方的需求并与之适应。男人在爱抚中可以装作自己正进入状态,仿佛一切都在向前正常发展,然后他会觉得已经准备好扩展这种体验;作为响应,女人应使自己加快进入交媾状态。

一个女人必须认识到,她的男人有她没有的难题:随着爱抚时间的拖长,年轻的男人面临着体外排精的可能,年长的则难于保持长时间的阴茎勃起。所以当女人感到可能发生这种情况时,她应该屈从于他的节奏。然后他们可以重新开始,或者通过一些其他途径使她达到性高潮。

插入(iutromission,阴茎进入阴道)就意味着交媾开始了,但这不应是爱抚的终止。面对面性交时,伴侣之间可以继续亲吻;当采取后进式性交时,可以轻抚乳房和阴蒂。性游戏不是一个孤立的事件,而是做爱的全部过程中的一部分。

12.2 交 媾

尽管存在个体差异,关于现代异性爱伴侣性交的标准描述如下:"亲吻,舌吻,用手和嘴抚弄身体特别是女性的胸部,用手和嘴接触对方的生殖器,通常接下来就是用各种姿势性交。"(Gagnon和Simon,1987,p.2)性爱好比下棋,步骤有许多,但结局都一样。

但是,性交有广泛的心理、人际关系和道德的含义。我们将在接下来的章节中讨论这些问题。我们在这里集中关注性交技术和如何加强性愉悦。

插　入

插入不仅是将阴茎插入或放入阴道，聪明的情人认为插入无论从肉体上还是精神上都是做爱的一个重要步骤。爱抚为一对情人进入交媾作好了准备，而插入则决定了其基调。

肉体上的考虑

交媾开始动作要柔和，阴茎应牢固地放在阴道入口处，一直到阴道松弛。即使这时，老练的情人也不会立即将阴茎插入，而是将阴茎保持在阴蒂附近，直至女人清楚地传递出希望插得更深的信号。

女性甚至可以更好地估计开始插入的最佳时间，并将阴茎引导入阴道中来。这样做就避免了女性还没准备好的情况。如果女性采取主动，她应注意男性的兴奋水平。如果试图插入时阴茎还没有达到适当硬度，失败的感受会使一些男性的阴茎无法完全勃起。但是，有经验的女性甚至可以让一个半勃起的阴茎进入自己的阴道，即"软插入"(soft entry)，这在与老年人或存在能力问题的男性性交时是一个重要的方式(第15章)。

如果阴道没有充分湿润，则千万不要尝试插入。这时进一步刺激或人工润滑是必要的。水溶性的润滑剂，像K-Y润滑剂或者避孕胶、霜剂和泡沫作用最好。最好不要用油性物质，特别是凡士林，因为那会损坏橡胶避孕套和子宫帽，降低它们的作用(第7章)。如果有足够的唾液的话(比如在口交之后)，它的效果最好；而仅用唾液湿润龟头是不够的。

但是即使已经适当润湿，也并不意味着女人已经准备好，最终标准应是心理上的充分准备。

心理上的考虑

交媾与支配和侵犯紧密相关(第19章)，因为插入对方和被对方插入包含一些象征意义。在富有情感的、相互信任并且自信的情人之间，这没有什么关系；一旦阴茎和阴道结合起来，他们将互相分享双方的身体。但是男人如果以插入来表示固执的支配感，那么女人会感到厌恶。如果一个女人显示出对性交的占有行为，那么男人将觉得被卷入一场力量冲突中。这对于双方性快感的提高皆不利。有时候做爱和戏弄之间的感受区别是很小的。

另一方面，如果女人过分在意谁在对谁做什么的话，性行为就变成了一种对抗。

图 12.5 中非 Luba 部落的一个表现性交的木刻雕像

交媾体位

动物中交媾姿势存在种属专一的标准类型。在大多数灵长类动物中，雄性从背后跨在雌性动物身上。在这个过程中雌性猴子的配合十分重要。它必须摆出合适的姿势并绷直后腿来配合雄猴，否则它们就不能交配。尽管面对面的交媾在大猩猩和猩猩之间偶尔出现，但一般说来是少见的。阴道在进化过程中变得更趋靠前，从而有助于面对面性交，这也使早期的男女易于建立关系。男人和女人之间的交媾行为是极为复杂多样的。在古埃及的交媾图中就有许多交媾姿势。事实上可以在所有文化中发现类似的描绘。

多了解一些交媾力学有助于增加性交的肉体快感，当然对于心理上也是如此。通过不同途径的体验，我们对待做爱将更仔细、更稳重、目标更明晰。这类努力意味着为对方着想，以使性交真正像其字面含义所指的那样：在两人之间相互作用（intercourse）。从交媾姿势中所获得的变化是第二个优点。尤其是已婚的伴侣们，或早或晚都会觉得性生活有点单调。像巴尔扎克（Honoré de Balzac）所写的那样："婚姻必须不断去征服那吞噬一切的怪物：习惯。"富有创造性和想象力的交媾体位变换能够克服单调。

对身体极为简单化的探索会导致机械化的性行为。主宰性冲动的能量是情绪，但是，做爱需要了解一些关于性技术的知识。正如在其他艺术或技艺［skill，即"技术"（technique）一词在古希腊语的含义］中那样，天资并不能代替后天的学习。只要你不是一个靠这方面知识吃饭的"专家"，那么对你而言，这种技艺总是很浪漫的。

交媾姿势并无什么魔法可言。实验表明，有时一种姿势令人兴奋，但另一种姿势则更适用于其他环境。没有哪一种姿势可以代替所有其他姿势，寻求肉体姿势上的完善是无止境的。像对待烹调那样对待做爱，会失去非常美妙的即兴性行动。

尽管有不可尽言的变种，但基本的交媾姿势没有多少：情侣们可站、可坐、可躺；双方可以面对面，或者女人背向男人；一个人可以在另一个人上面或同处于一边。下面我们简单谈谈它们各自的优点。

面对面式

面对面式性交体位最大的好处在于可以直接进行互动，伴侣可以直视对方的眼睛,并通过面部表情来交流感觉,拥抱亲吻起来也更容易一些。

最传统的,并且或许也是最普遍的面对面式变体是**男在上式**(不过这倒未必对每个人都是最舒服的姿势)。这种姿势令女性仰面躺着,而男性在她上面。人们发现传教士常常采用这种体位性交,所以也称之为"传教士体位"。在金赛的调查中,70%的受试者从来没有尝试过传教士式之外的姿势。这也是其他一些社会中常见的姿势。

男在上的姿势对男性勃起能力稍弱的情况比较有帮助,除非女性举起腿,否则插入会比较浅,如果在女性背下方放一个枕头,则可以令这种方式更舒服一点。女性的腿如果环绕住男性的腿的话,则可以通过杠杆作用帮助女性的骨盆更好地迎合男性的插入,至少能够保持肌肉的紧张感。

这种姿势最有可能导致怀孕(当然没有哪种姿势是可以提供避孕保护的)。如果要提升怀孕的几率,女性必须在性交后保持这个姿势一段时间,男士亦不可突然抽出。

这种姿势有几个缺点。男士的体重是一个问题:他们虽然可以用肘部支撑自己的身体,但是一个体重过重的男士仍然是女士的一个不小的负担。而且,在这种姿势中,男士空不出手去刺激他的伴侣。另一个严重的问题是,这种姿势限制了女士的动作。虽然腿可以动,但她很难移动她的髋部。尽管如此,这种姿势还是有着很大的优点的。举例来说,通过展开女士的腿,并且把它们抬至近肩的位置,女士可以获得更深的插入;如果双腿交缠于男士的腰部,女士的大腿和臀部可以获得很好的肌肉张力。

另一种不错的选择是**女在上式**,在这种姿势中女士坐在或者躺在男士身上。在亨特的受访者中,3/4 的已婚夫妇至少会偶尔使用一下这种姿势。女士的体重通常对男士来说不太成问题,而且女士可以有机会调整其动作的速度、精力、插入的深度以及阴蒂与男士身体的接触。许多女性发现这种姿势更容易达到高潮。

另一种姿势是**侧身式**。这样的话插入会更困难一些,所以伴侣们一般会先以其他姿势开始,然后转过身变成这种姿势。这种姿势的最佳之处在于它为伴侣双方提供了轻松和舒适的感觉,从而使双方不用担心体重的问题,也排除了"谁在上"(who's on top?)之类的问题。这种姿势下的性交往往持续时间更长,也更舒服。古罗马诗人奥维德(Ovid)将这种姿势视为最佳姿势,他评论说:"在成千种爱的方式中,最简单最不费力的方式就是,躺在右边,半仰卧。"马斯特斯和约翰逊也认为这种姿势可以治疗某些性功能障碍,在他们的受访者中有 3/4 的伴侣采用了这种方法。在亨特的调查中,超过一半的受访者在使用侧身式。

在**坐式**性交中,男士坐在椅子或者床的边缘,或者某个较高的平面上。女士站在他面前,降低身体置于男士勃起的阴茎上。因为女士双脚着地,所以她能够控制自己骨盆的运动,她也可以通过两腿叉开坐在他身上且用脚锁住椅子而获得更深的插入。虽然男士的骨盆被限制住了,但是他的双手却被解放了出来。

想一想

情侣之间是否应该在性交之前讨论他们用什么样的姿势?

伴侣双方面对面站在一起时插入会比较困难,但是如果女士的腿抬得够高的话也是可以实现的。她也可以在男士托住自己的臀部时用腿环绕住他的腰部。如果男士有一个强壮的脊背而且女士体重很轻时,这种姿势的效果会非常好。古典手册中管这种姿势叫做"爬树式"。

后进位

在金赛1948年和1953年的调查中,仅有15%的受访者声称曾经尝试过**后进位**;在亨特1974年的调查当中,18~24岁年龄组中20%的受访者声称采用这种姿势。除了能够增加花样以外,后进位还可以让男士更容易地爱抚伴侣的乳房和阴蒂。

后进位多少会让做爱双方有所隔离,因为他们不能方便地看到对方,但是从另一个方面来说,这种姿势可以轻松地进行亲密和舒适的身体接触,因为其他的姿势都无法让女士舒适地弯曲在男士的膝盖以上。在这种"勺子姿势"中,男士和女士一样都非常享受拥抱的感觉。

后进位也可以采用女士脸朝下,以手和膝盖支撑身体,男士采取跪式插入("狗交式")。当女士平躺时,插入会比较浅(这种方法对较肥胖的伴侣比较困难)。如果两人侧躺,那么即使在勃起不是很充分的情况下进入也会比较容易。这种体位的性交非常平静安宁,尤其适用于怀孕期间或者健康状况不佳时的性交,不用太费力。

性交动作

通常情况下,**性交插入**(coital thrusts)在一开始都是缓慢而从容的,逐步深入。男士可以插入并抽送,女士也可以,或者双方同时插、抽。这些动作往往是有节奏的,或快或慢,插入或深或浅。他们可以遵循进出(in-and-out)或者研磨动作(如同以杵捣臼)。一静一动也是可能的。有些作家建议采用"九击法":九次较浅的插入之后紧接着一次完全的冲刺;或者九次完全冲刺之后接一次浅度插入。变化总是令人兴奋的,但是当然,这里没有理想的模式。

中国古代性爱手册《洞玄子》以一种画面般的语言对此进行了描述:"凡深浅、迟速、拐揿、东西,理非一途,盖有万绪。若缓冲似鲫鱼之弄钩,若急蹙似群鸟之遇风,进退牵引,上下随迎,左右往还,出入疏密,此乃相持成务,临事制宜,不可胶柱宫商,以取当时之用。"(引自Chang,1977)

高潮控制

因为男性高潮的到来意味着阴茎不再勃起(虽然对于大多数男性来说这不意味着性交结束),所以对其进行适当的控制和计划是相当重要的。一般来说,男人们担心性高潮来得太快,而女人则相反,为性高潮到来迟缓甚至没有高潮而不安。

延长交媾时间

只有觉得 20 分钟的交媾所带来的快感是 10 分钟的两倍,才会认为延长交媾时间是必要的。但是由于性交不是一场耐力赛,所以无论多长时间,唯一标准是达到双方的最佳满足。

女性能在交媾中保持更长的时间,因为她们不必担心维持阴茎勃起之类的事。再者,性高潮之后女人不会像男人一样无法持续交媾,无论有无性高潮,她们也能继续交媾。所以男人们要维持阴茎勃起和交媾行为就要承担更多的负担。

性高潮控制可以通过对性兴奋的生理或精神调节而达到。性的响应有两个生理过程,阴茎充血和肌肉紧张——前者是无法自主控制的,而肌肉张力能被多种机制影响。一个男人抽送得越强烈,他就越快地达到性高潮。因此要延长交媾时间,男女双方都需要放慢或者暂停交媾过程中的抽送。他需要放松肌肉,尤其是阴茎底部的那些肌肉。如果他躺在她身边或下面,则可以更容易做到这一点。必须通过维持勃起但停止抽送和射精来保持一种平衡。还有其他方式用于保持阴茎挺直而不射精,我们将在第 15 章对比进行讨论。

同样重要的是对兴奋程度的心理控制。在性兴奋中,存在着由于感觉、想象而导致的连续刺激,虽然没有什么办法可以阻止这些感觉的输入,但他可以通过想象一些非性的事情来有效地分散注意力,从而减弱兴奋程度,但这应在与对方保持接触的前提下进行。如果要使这些做法更为有效,一切措施都应得到对方的合作和实践,当然男性的经验是相当重要的。射精控制所达到的最高程度是"合而不泄",即男性在延长交媾中没有射精(专题 12-3)。

双方、多重以及延长的性高潮

对男女双方而言,同时达到性高潮会增加共享的快感。这里也存在一种能使自己的性高潮与对方协调一致的自豪感。然而,**同时达到性高潮**(mutual orgasm)与其说是性交中的法则,还不如说是例外。更常见的是男女双方分别达到性高潮,最好是女方先达到。如果她想多体验几次性高潮,她可以使自己最后一次性高潮与男方的射精协同起来。

多重高潮(multiple orgasm)是指几次快速连续的高潮(而不是一下就有多次的高潮)。女性比男性达到多重高潮的能力更强,因为男性有不应期(第 3 章)。然而,男性可以通过训练获得**无射精高潮**(nonejaculatory orgasm),这也能让他们有能力获得多重高潮。在古代就有了这种技术的萌芽。

另一种获得高潮的方式是**延长的性高潮**(extended sexual orgasm,ESO),其要旨是使单一性高潮中阴道的收缩带动骨盆肌肉持续时间更长的慢速收缩。这延长了性快感的时间。

达到性高潮的不同形式

宽泛地说,异性爱性行为包含所有能让男性和女性达到性高潮的形式,而不仅仅是性交。尽管这些行为中有的只是简单的相互手淫,但它们不是自体性行为。它们不是简单的爱抚,也算不上性交,但能够使性伙伴获得高潮。

采用阴道性交形式的伴侣也会尝试这种行为,因为它们不常规,所以能带来新奇的肉体感受,证明了性的大胆,或者有机会为性伴侣提供一些"特别的"东西。对大多数人来说,这些方式是偶尔为之的,而非常规行为。

性交中断

在阴道外射精的性交又叫做**性交中断**(coitus interruptus)。它主要是作为一种

专题 12-3

合而不泄

至少 2000 年以前,中国的道士们就已声称,在性交中男人可以从女人那里汲取延长其生命的精气,但射精使男人失去自己的精气。因此理想的交媾应是延长交媾时间而不射精,除非在经过谨慎调节好的时间间隔内。尤其是男人到中年后更需要注意这一点。

前面所说的那种爆发性的短暂的射精的快感,可以让男性拥有更持久更健康的性满足,也让他的女性伴侣有大量获得性满足的机会。正如一位道家圣人所说:"尽管男人似乎时常否认自己射精的感觉,但是他对他的女人的爱日益增加。好像他要她要不够一样。"

古代中国人十分清楚射精和非射精性高潮之间的区别,成功地掌握了达到后者所需的技术,避开了不应期,从而使他们有更多的交媾时间,达到许多次非射精的性高潮。

在西方,coitus reservatus 这个短语在几个世纪之前开始被用来表示这一技术。该短语指的是没有射精的性高潮,或者精液倒流。虽然两个例子中都没有射精,但这两种方法内在的生理学是不同的(第 3 章)。除此之外,19 世纪约翰·汉弗莱·诺耶斯(John Humprey Noyes)在纽约北部建立的奥奈达(Oneida)乌托邦公社也有这种行为。这个公社的男女成员可以自由地性交,但不是说每个男子都可以自由地和每个女子生孩子。没有射精的性交成了标准的控制生育的方式,它被称为"male continence"(男性自制)。

20 世纪早期,艾丽斯·斯托克汉(Alice Stockham)在她的书《不完全性交》(Karezza)中提倡这种性交形式,她的观点得到了玛丽·斯托普斯(Marie Stopes)谨慎地认可。这种行为要求在被抑制的没有射精的性交之后延长爱抚的时间。男性可以保留他们的生命能量,女性能够得到合为一体的感觉并使神经得到安慰,性爱双方在精神上得到满足。但这种行为并不普遍。

最近,出于性安全的考虑,这种行为有重新抬头的趋势。异性爱者的性交不需要不断地以生殖器和高潮为目标。以双方温柔而深情的亲密感为目的的结合也能获得很多爱欲乐趣。

避孕方法被使用,但很不可靠(第7章)。男性可以用毛巾或者手头的其他东西来擦掉精液,也可以让它流在女性的身体上。

在高潮时中断性交可能会令人沮丧。无疑,在现代避孕技术出现之前这种现象流传很广,现在它仍旧很普遍(法国人称这种行为是"浇灌灌木丛")。

在身体皮肤上的射精

伴侣也可以通过生殖器的接触而不插入来模拟性交。一方可以用另一方的身体其他部分来爱抚自己的生殖器。通常,一方的大腿深入到对方的双腿之间。男性也可以让对方用双腿[**股交**(intercrural orgasm)]或者双乳[**乳交**(intermammary orgasm)]摩擦自己的生殖器来达到射精的目的。

口 交

吸吮阴茎并在嘴里射精被称为**口交**(oral intercourse)。通常男性表现得很被动。当男性强行把阴茎插入其伴侣的口中时,这种行为叫做 irrumation。这种行为会让女性感觉不舒服,除非她已经"经练习能够忍受它,有足够兴趣享受它,或者在必要时,愿意用牙齿去阻止它"(Offit,1981)。

如果男人没有性病的话,在嘴里射精对健康并没有危害。女性是否会让对方在嘴里射精,之后是选择吞下精液还是吐出它,都是她自己的选择。然而,在艾滋病的威胁下,女人(男人也一样)用嘴含性伴侣的精液并不明智,除非她们能百分之百地确定她们的性伴侣绝没有携带艾滋病毒。使用避孕套是很好的保护,但不完全可靠,并且它妨碍了直接与嘴部接触的感觉。

这样的高潮对男性而言非常愉悦;如果女性允许甚至喜欢这种行为的话,他会很高兴(就像有的女性在为伴侣手淫而对方为她舔阴时,她也会有这样的反应)。女性也可能会认为这种经历很令人兴奋,很新鲜;有时则只是为了性伴侣高兴而忍受他的这种行为。也有女性认为这种行为让人很不愉快,是一种冒犯。

肛 交

一般认为**肛交**(anal intercourse)是男同性爱者的行为,但是许多异性爱伴侣也有这种行为。根据亨特1974年的调查,18岁到35岁之间的已婚者中,大约一半的男性和超过 1/4 的女性都至少尝试过一次肛交。在单身者以及年纪大一些的已婚夫妻中间这个比例要低一些。对大多数异性爱伴侣而言,肛交是偶尔为之的非常规性行为。

肛门高度敏感,对它的刺激很容易唤醒性欲。两性都能通过插入手指、其他物品或者阴茎的方式来刺激肛门。1981年,在回应海蒂调查的男性当中,31%的异性爱者有过肛门被手指插入的经历(或者是自己的手指,或者是伴侣的手指),另有12%曾被阴茎或者类似物品插入过。而同性爱男子有85%的人有过类似的经历。

想一想

你如何教育青少年,让他们知道(阴茎插入阴道的)性交不是性交的"最终"目的?

有的人认可肛交,有的人则认为它粗俗无礼。女性如果允许这种行为,要么是作为对伴侣的一种让步,要么是因为她们自己喜欢。肛交的吸引力部分来源于肉体征服的感觉,部分是因为它是一种新奇的、非常规的行为。当一名女性让一名男性进入她身体最隐私、保护最严密的部位时,那代表了对这个男人的最终的接受。

即使在最好的情况下,肛交也可能令女性感到不舒服;如果动作笨拙还可能会很痛。要使它令人愉悦(或者只是行得通),需要足够的润滑。肛门必须放松,并先轻轻伸进一根手指试探;然后将龟头小心地推进去,但不要插入太深。插入之后动作要慢,要避免弄伤脆弱的直肠黏膜。

在阴道性交后接着肛交是安全的,但反之不然,除非肛交后将阴茎(或者手指、震动器)仔细洗过,否则直肠的细菌会感染阴道。痔疮、肛裂以及其他肛门疾病会让肛交非常不舒服;而感染艾滋病的可能使得无防护的肛交成为一种**高危行为**(第5章)。

尾 声

正如餐后的甜点最能反映一顿美餐的质量一样,性高潮之后的尾声状况也最适宜被用来评价性交质量。交媾并不因达到性高潮而终止。在性交的尾声里,生理性兴奋将减弱,做爱者的理智将重新恢复。我们曾在第3章讲到过这些身体和行为的变化。

实验观察似乎肯定了两性交媾后的行为有一些微小差异。无论性交的目的为何或达到性高潮的方式如何,男性倾向于立即休息,退出交媾行为,而女性通常希望能紧紧拥抱在一起,延长交媾。在有文献记录以前,一些婚姻手册就强调这一阶段。他们警告男人不要立即从女人身上下来,然后扭身呼呼大睡。他应渐渐地退出性交状态,同时伴随着给对方以柔和的抚摩和疼爱,并且对女方需求宁静的亲密表示会意。

虽然性别造成的差异不应被过于夸大,但的确可以给男女们许多忠告:除非一个男人怕别人觉得自己软弱,无男子汉气概,否则他也与女人一样需要与渴望同样多的温柔。

交媾的尾声是一段静静回味的时间,散漫的想象,早期的性或其他方面的经历渐渐浮上心头。尽管这是分享思想与情感的好时机,但双方也都要给对方留一些独处的空间。如果交媾没有达到完全成功,温柔的情感交流能使他们恢复信心,并对失败有所补偿,但这决不是诊断结论和统计打分的时候,虽然有时你会迫切地想重来一遍,并得到评价("你喜欢吗?")。即使性高潮是非常愉快的,但如带有胜负心,则可能破坏部分对性的体验。同时如果一方挑逗或玩弄对方,对方就会感到不快。据知交媾后情人们的交流更多涉及的是他们的相互关系,而不是先前的性活动。即使在最佳情况下,在性高潮后的阶段中一方也可能有一种沮丧的失望感。

12.3 增加性交的快感

应该认识到：影响性交满足感的因素有肉体的、精神的、个人的和社会的等多个方面。任何一个因素都不能忽视或过于偏重，光有爱恋并不能带来性满足，正如对一对不协调的情侣而言，任何性交技术的提高都无济于事。对性的任何一方面，我们都要予以足够的重视。

到这里，我们已从性交的各个环节讨论了提高快感的不同方法。现在我们转向使性交更满意的一般途径。像本书其他章节一样，我们的目标在于引起读者的思考。至于怎样提高性快感，需读一些性手册、杂志评论、专论。商业色情影像也有一定的价值，但在这方面更值得注意的是那些专门为了性教育和性治疗而拍摄的电影，它们既可提供有关信息，也可以消除性障碍和消极态度。最后，对绝大多数人而言，尝试和经验可能是最主要的性指导。

你不会想把你读到的每件事情都试一下。就像吃饭一样，菜单上有很多种选择，但是每个人都会点自己喜欢的那些。做爱也一样，有人全部喜欢，也有人只喜欢某几种。最终，性必须与我们日常生活的大环境相协调。我们中相当少的人有精力、需求或者办法每天晚上都准备一顿丰盛的法式大餐；我们性爱的质量也不会每次都很高。另一方面，很多人都满足于类似快餐的性爱。

肉体因素

外表

我们看起来、听上去、闻起来甚至尝起来是什么感觉，对于性诱惑都是非常重要的。这些感觉有明显的生理基础，尽管它们的性特征是后天学来的，而且为一定的文化因素所规定。

人们正试图在性满足与快感之间画等号，但一般看法是两者之间并非一致。在我们的文化中（其他许多文化也一样），为达到性诱惑，人们总是将大量注意力放在肉体魅力上面。无论是否承认和意识到，我们所做的许多努力，如保持身材、打扮、美发和化妆等等都是着眼于这个目标。但是，提供和索取性愉悦的能力最终还是更多取决于你的人格，而更少取决于你的外表。

不管文化与个人喜好差别有多大，**裸露**对于增强性欲都是相当关键的。身体裸露所允许的程度，反映出一种文化的性自由度。但是裸露并不总是增强性欲。相反，艺术地遮掩可以更好地激起性欲。在性自由的文化体系中，人们尤其注重衣饰，以使自己更性感。

人们一般认为，男人从裸体女人那里，比女人从裸体男人那些获得更多的快感，即使这个假设是真的，也并非适用于每个女人。在裸露状态下，两性都倾向于通

专题 12-4
性爱手册

人们常常自以为是地认为只有在现代自由时代才有性爱手册,但实际上在古代就出现了这种书籍。它们起源于东方。2000年以前中国就有了性手册,并且为大家广泛学习,直到13世纪。这些手册指导男人们怎样处理他们和女人之间的关系。其他著名的图解性著作有《枕边书》(Pillow Books),它对性交技术给出了一些特殊的指导。

在印度也有一本相似的著作,由英国探险家和作家理察德·伯顿爵士(Sir Richard Burton)和英国东方学家弗斯特·阿布斯纳特(F. F. Arbuthnot)介绍给西方世界。他们在1882年还创立了 Kama Shastra 协会来翻译出版印度的性学著作。因此出版了印度伟大的性爱手册《爱经》(Kama Sutra,也译为《卡玛箴言》),这部书大约在公元3世纪由印度哲学家筏蹉衍那(Vatsyayana)所著。作为一部保存印度爱与性的智慧的集大成之作,它保留了之前1000多年来这个领域的古典论述。

另外还有两部来自印度传统的相似的著作,它们是《科迦论》(Koka Shastra)(成书于12世纪),以及《爱欲之舞台》(Ananga Ranga,也叫 Kamaledhiplava,即"爱海之舟"),这本书写于16世纪,作者是卡亚纳·玛拉(Kalyana Malla)。这些书不仅仅是性技巧的汇编,它们还具有更宽广的视角,影响了艺术、文学和流行文化。

波斯和阿拉伯的这类性学著作虽然没有这么古老,但也相当广泛。阿拉伯人对身体爱欲的古典论述(伯顿的另一个发现)是《香园》,由奈夫扎威于16世纪写成。

在伟大的文化中只有西方缺乏这样的传统。直到20世纪初期才出现了《婚姻手册》。正如范·德·韦尔德在《完美婚姻》(取其1965年版本;第一版出版于1926年)中所例证的那样,这些书都是由医生用呆板的科学语言写成的,这与古代性爱手册的赞美风格形成强烈对比,古代这种书都是用诗的语言来写的。

范·德·韦尔德的书在几乎四十年里都被视为标准手册。尽管这本书格调积极,闪耀着强烈的时代特色,它在20世纪60年代自由的飞轮下还是没有能够存活下去。在60年代,出现了一种新的风格的性爱手册——直率、大胆、热情,适合所有的男人和女人,无论婚否。

在最近的性爱手册中,最有价值的是亚历克斯·康弗特(Alex Comfort)的《性的乐趣》(The Joy of Sex,1972)和《更多乐趣》(More Joy,1974)。康弗特非常谦逊,是一个科学家、学者。他们重申了最普通的常识,并建议人们过一种轻松愉悦的生活。当范·德·韦尔德写到"亲吻生殖器"的时候,他警告他的读者说,从崇高到荒谬其实只有一步之遥。现代性学著作的作者不再为这种问题而烦恼。例如,在《美丽女人》(The Sensuous Woman,1970年这本书重印了十多次)中就出现了对口淫的"处方"。

生奶油的蠕动

如果你有一口好牙,这就是为你准备的。取一些新鲜的生奶油,加一点儿香精、两勺糖,然后将这个调和物均匀地涂在阴茎上,使这个地方全部被1/4英寸厚的奶油所覆盖。最后,在上面撒一些可可粉或巧克力粉末。然后用你的舌头将它全部舔干净。他会高兴地蠕动,你也会有多一次美食的乐趣。如果你正在节食减肥,可以用一种人造生奶油——现在可以在市场上买到(装在盒子里,塑料容器里,或者气溶胶灌里)——然后再加上可可粉和巧克力末。

这些书卖到数百万册,显然是满足了一些要求。它们提供的信息非常贫乏。它们提供的只是对更自由的性行为的放心和"许可"。它们也提供了性刺激,这也使它们成为一种软性色情产品。这些现代性爱手册很大程度上也是那些告诉我们怎样烹饪、膳食、锻炼、玩耍、工作以及面对生活的自助文学的一部分。

过性交来享受更多的身体接触和亲密。

卫生对于增加性快感非常重要。关键在于将清洁与世俗享乐在脏乱的性活动中结合起来；你必须对那些分泌物、噪音和气味做好心理准备。腹部的咕咕怪叫声可能令人沮丧，打嗝和放屁也使人讨厌，吸入阴道的空气在排出时发出的声响有一种神秘感。最好忽视这些噪音或一笑置之，不必因此而难堪。

锻 炼

人不是必须像运动员那样健美才能享受性爱，但好身体当然会有助于性爱。另外，有关**性训练**(sexexise)的书籍会指导人们如何加强力量和肌肉的柔韧性，据说这对性行为非常重要。古代练某些形式的**瑜伽**的人就掌握了这门艺术。

更专业的能提高性功能的方法是以强健**耻尾肌**——它能使阴道入口变松或变紧——为目的的锻炼。这些我们将在第15章进行讨论。

时间·地点

选择好做爱时间和地点对于性愉悦是有帮助的。一天中的哪些时间做爱、疲劳程度、室温、外观、音响、气味甚至床的硬度对于性生活都有影响。这些因素影响到情感的基调和周围气氛，从而影响做爱者的情绪。一般在安静而安全的环境中，或者是在令人激动的、新奇而富有浪漫色彩的场合里（比如在室外寒风呼号的时刻依偎在温暖的床上）有利于做爱。

性交中人们有一个普遍的倾向，即对隐私的要求。这一点似乎是由文化决定的。因为动物一般不在意别的动物眼前交配（尽管这时它们易于受到攻击）。在不同文化中，交媾在室内还是室外进行，取决于哪儿更隐蔽。在我们的文化和社会中，性活动通常在卧室进行。但移至另一房间，尤其是浴室可以增加新奇感和刺激感。更富于冒险精神的一些情侣们寻求露天的地方（宁静的沙滩是好地方，如果你能防止沙子进入体内的话），汽车也广泛地被更多情侣用做进行浪漫性活动的场所。这些地方可以在性生活中产生一种浪漫感和极度新奇感，有时冒险可以导致性兴奋。纽约直升机警察曾在横跨东河的威廉斯堡大桥上一座高达500英尺的塔楼顶端逮捕了一对性交的青少年男女（《旧金山纪事报》，1981年6月30日，2版）。

通过色调和光线的选择，卧室可以布置得富有浪漫色彩，从而有助于激起性欲。柔和的光线可以传导一种温柔的情调，而且有助于掩饰肉体缺陷。当蜡烛将其倦意的光线投射到情人们交织的手臂和红润的脸上时，其效果是相当好的。黑暗适用于那些自我意识很强的人，而另一些人喜欢更明亮的光线。当然音乐也是一个可以增加气氛的因素。

这种为增加情色气氛而对场所进行的改进是无止境的。可以放置镜子使情侣们能够观察到自己（但很少有人大胆地将镜子放在天花板上，显然那样放将有很明显的作用),这些增强性欲的设置至少对某些人在一定时间内有效。但是到底是这些景象、声响、气味真的唤醒了我们体内的"性欲野兽",还是我们已经习惯了对这些已经获得某种意义的人工制品作出反应,这是很难说得清的。

在不同文化中,交媾时间是由实际条件和心理因素决定的,每个人在一天当中更容易唤醒性欲的时间不同,环境也各异。因此伴侣双方要适应对方的性"时钟"和性情绪。在我们的社会中,大多数情侣们在晚上做爱,因为这与日常生活习惯相协调;性高潮后的疲惫亦是入睡的良好前奏。但是老在临睡前性交是不明智的,因为要达到最佳的快感,需要一定的精力和反应敏锐性。至少偶尔在早晨和中午性交会为平凡的性生活平添一份新鲜感。年纪较大的人则可以利用他们的晨勃。

性诱导和实践

性欲的诱发可以借助器材和练习进一步增强,这些方法可以通过刺激视觉、听觉、嗅觉和味觉来诱发情欲。为了使其行之有效,性诱导必须新奇、有刺激性但不古怪,以免使情侣们产生焦虑感。

气味

令人愉快的气味是最普遍的性欲催化剂。男人们可以剃须后使用乳液,女人们可以使用香水来刺激性欲。一些夫妇喜欢焚香。许多广告鼓吹香水有刺激性欲的功效,但还没有证据表明味觉剂,无论是自然物还是人造物,可以像性激素那样起作用(专题4-4)。人们是通过学习将性唤醒与某些气味——比如情人使用的某种香料——联系起来的。

声音和音乐

爱侣们用来表达自己的感受并用于彼此交流的**语言**被认为是效力最强的情色声音。音乐的强大吸引力至少部分是由于它的性欲作用。莎士比亚在他的《第十二夜》(*The Twelfth Night*)中称音乐为"爱的美餐"。最明显的一点是:摇滚乐有节奏的敲击和某种形式的提示性的歌词使得听者完全失去了想象空间,更伤感一些的歌曲则可以产生浪漫情调(Tennov,1979)。20世纪50年代一项对流行歌曲的分析表明,83%的歌词与爱情有关(Horton,1957)。在其后的10年里,性成了这类歌曲的绝对主题(Carey,1979)。但不仅是流行音乐具有激发性欲的作用,实际上任何古典音乐,只要气氛适当,也能起作用。由于一些原因,拉威尔(Ravel)的**波莱罗舞曲**(Bolero)已获得最佳增欲剂的声誉。但因为它已被如此频繁地用于这个目的,所以可能它是通过自我暗示而起作用的。人们甚至习惯地认为安魂曲有激发性欲的作用。

想一想

你的爱人在做爱之前要你很"兴奋"。你会怎么做?为什么?

衣 着

性感的女式内衣被广泛应用于性的刺激，甚至日常穿着的短裤和乳罩也设计得有性欲暗示作用。其他物品包括从特殊商店出售的有微妙暗示色彩的卧室服饰，到性感内衣目录中专为职业脱衣舞女设计的装束，不过这些东西相对应的男性市场可就有限得多了。

乳 液

近年来使用芳香精油和乳液已相当流行。肉体表面润湿后，对轻微刺激的响应会大大加强。精油和乳液往往与按摩结合在一起。从各个方面来说按摩都有利于做爱。按摩可以刺激皮肤，引起深部肌肉放松，产生一种安静舒适感，传导着柔软和爱抚的感觉。

阴道润滑剂、避孕套和泡沫的使用在先前已讨论到，这些物品可以被巧妙地组合起来在性游戏中使用以增强对生殖器的触觉刺激效果。

沐 浴

将性生活与沐浴结合起来是一种古老的方法，有几个因素可以说明其有益的效用：裸露，温水的松弛作用，擦肥皂和互相按摩引起的轻微感触。要真正实现在淋浴时、游泳时或浴盆中性交不是一件易事。因为在冷、温水中皆难于维持阴茎勃起，所以需要在接触到水以前插入。

动 作

动作是性爱的另一个维度。最常见的性爱动作是**舞蹈**。同时舞蹈也有其他作用，由于它浪漫、激烈又有节奏，它成了一种强大的刺激物。

有人会使用特制的能够震动的椅子、床之类的东西。水床会轻轻地震动。前面我们也讨论了震动器的使用。

快速行进的火车和它们有节奏的声音受到大量的推荐，轻微摇动的轮船和小船也一样。开车和性爱不能安全地结合起来。用于运输的动物像马、骆驼和大象都被以同样的目的使用过。东方性学著作甚至记载了夫妻能在飞奔的小马上一上一下保持平衡，这也是他们生动想象的证据。

春 药

在古代就有人探索春药（aphrodisiacs，来自希腊爱之女神 Aphrodite 的名字）。据说有许多药可以增强力必多、性能力和性快感。在医学上它们同样被用于治疗性功能障碍。在专题 12-5 中我们讨论了壮阳剂的普遍使用情况；在第 15 章我们会描述治疗性功能障碍的药物。

专题 12-5
春 药

就像寻觅长生不老药一样，探索春药的历史也十分古老。超过500种物质已被确认有性刺激的作用。但在操作良好的科学实验里，没有一种物质被证明是有效的。

从古埃及开始，在医学著作中就对春药配方有所描述。自那时起，所有下述的或更多的药方均被提及过：松果、缬草根、晒干的蝶螺、仙客来属植物、月经液、郁金香、驼峰脂肪、荷兰防风草、腌渍鳄鱼、棕榈树花粉、死人牙齿磨成的粉末、蜜蜂翅、茉莉、乌龟蛋、蟋蟀、蜘蛛、蚂蚁、猾的生殖器、犀牛角、被处决犯人的血、驴奶与蝙蝠血的混合物、朝鲜蓟、驼奶和蜂蜜、燕子心、庭院里的蜗牛、蛤蟆骨、硫黄水、雄鹿角等。

现在人们依然半开玩笑地将香蕉和蚝视为春药。正像上述所列的某些药品一样，这些联系大概是因其外形之故，是以原始的逻辑相联系的。因为香蕉像勃起的阴茎，如果男人吃了，他的阴茎可能就会勃起。更典型地，占据春药中主要地位的是酒和一些其他药物。有些春药，比如西班牙苍蝇(从甲虫中提取而来)可以刺激泌尿系统，引起充血，这种物质会有一些令人心烦的副作用，是不安全的。

酒精是中枢神经抑制剂，事实上对性反应和性能力有减弱的作用，但少量饮用可除去一些人的性抑制因素，促使某些人在性上更加开放和大胆(有时他们会后悔)。酒精也被认为是一种诱惑的工具("酒为色媒")，尽管它只对那些容易受到诱惑的人有用。

使用酒精可能会成问题，因为它可能导致反社会行为(第14章)或者性功能障碍(第15章)。

大麻的影响像酒一样似乎也是次要的。它不会诱发性欲，但是可以对情绪施加影响。它会改变对性活动的体验，而有些人主观地将这种作用解释为春药。致幻剂如LSD也许有类似作用。

使用可卡因和安非他命的人说这些药物可以有效增强性欲。这可能是它广泛作用的一部分或其对大脑直接刺激的结果。长期使用这些药会导致阴道干燥和感染、焦虑不安、疲劳，所有这些副作用都有害于性快感。除了它们起到的性作用，长期使用这些药物会毁掉你的人生。海洛因可压抑性欲望。春药可以使卖淫者进行经常性的性行为，这并不是因为他们更喜欢性活动，而是受到了药物的影响。

亚硝酸(异)戊酯(amyl nitrite)可以引起血管的快速扩张，它被用于减轻因冠状动脉抽搐而致的胸痛。使用时，可以将装有该药物的瓶子快速打开，然后吸入。有人认为在性高潮前吸入该药可以延长性交时间，强化快感。一个普遍的副作用是引起强烈的头疼，偶尔也会因血压急剧下降而导致死亡。

最有希望成为真正的春药的物质是育亨宾(yohimbine)，一种从非洲树的树皮中提取出来的物质。它已在雄老鼠身上实现唤醒，有证据表明也可让人体实现唤醒。育亨宾与激素类固醇一起使用的效果我们将在第15章讨论。

心理因素

在性享受中，个性因素与相互关系是最重要的决定因子。最好的情人应是什么样子的？这个问题没有固定的答案，但是人格的某些方面和关系的风格在性关系中总能起到最重要的作用。尽管我们这里使用异性关系模型来讨论，但大多数同样可以适用于同性关系。

性生活的质量与伴侣关系的其他方面实际上并不总是一致：性交中水乳交融的情人并不一定是最好的伴侣和朋友，反之亦然。然而，学习技术要比学习如何关心对方容易。

性别考虑

传统观念认为：性吸引力强烈地受性特征影响。一个男人越有男子汉气息，或一个女人越有女人味就越性感。这种僵化的观点使人们觉得那些模型是可信的。电影明星是这些模型的最好典型。一个好的情人会置世俗印象于不顾，而将爱人视为独一无二的。

无论两性在表示性吸引力方面差别如何，现在人们普遍觉得在性关系中男女应平等，例如谁主动或谁为谁做什么这样的问题是无关紧要的，只有当做爱是两人共同的事，伴侣们共享着快感时，性生活才从"你**对谁**做什么"变成"你**与谁**做什么"。

互 惠

应该在你获得性满足的同时为情侣提供性满足。以情侣的牺牲去增加自己的性满足是一种自私行为；牺牲自己去提供愉悦，对你自己也不公平。这并不是说任何时候双方都应享有同样的性满足。试图达到那样的"平等"会破坏对性的体验。性生活和谐的情侣们不断增加相互之间的信用度来解决这个矛盾。他们会让步以使别人更快乐，不过这很快就会得到补偿。有这样的自信就不需要性爱记录，因为对付出快感的满足感补足了得到快感的满足感。

接 受

那些优秀的情人仿佛有一些共同特征。首先也是最重要的是表现自我的能力。性会暴露我们的肉体和心灵，因此会有一种强烈的诱惑让你伪装自己。这会立即获得好处，但因其将性生活降低到玩乐的水平，从而失去了性的真正体验。接受别人是同样重要的。这并不是要一种赤裸裸的真实，而是要带着全部的真诚把伴侣放在最合适的位置。只要相互之间没有欺骗和谎言，你就会发现伴侣身上最优秀的品质。要对对方的缺陷有所认识，但做爱不是批评和改变别人的适当时机。

消除焦虑

焦虑是性快感的敌人。如果你已充分表现出了你的真实面目，那么你已成功了一半。因为正是做作和害怕自己有什么被对方发现的顾忌引起了不安，要消除不安，你需要从负罪感和害羞中解脱。如果你正在做的是一件错的或者不值得做的事情，那么你不可能从中得到欢乐。同样在性生活中如怀有优越感或侵犯别人的潜藏动机,则很有可能产生害怕和不安。最后,过分在意自己的动作,固执地想令自己的感觉和功能达到某种标准,这样做特别有害于性快乐。

同样需要对你自己的**欲求**和**能力**持有信心。这并不是炫耀你是多么熟练,而是表示你对自己有信心。你不必表现地像一个冷酷的操作员。相反,脆弱也是一种可爱的品质。人们常常对父母的品质(强壮、有知识、值得信任)和孩子的品质(无助、纯洁、可爱)都有反应。好情人具备解决这组矛盾的能力。

温情和信任

对于令人满意的性关系而言,彼此信任和彼此可以托付是基本要求。爱是有力的性欲动力,但对许多人来说,这并不是享受性快感的先决条件。更现实的是相互信任的程度,而且这种信任与性关系相称。诚实也同样如此。如果你已经结婚,或是你有疱疹,或是任何类似的应该让你的伴侣知道的事情,你都应该告诉他/她。

诚实并不是充分条件,如想发展亲近程度,还必须互相关心与分享。这种亲近感,这种两个人最内在的自我走到一起来的感觉是体验性快感的关键。真正的亲密关系需要一种经过时间考验的成熟的关系,但是时间的延长并不一定能增加这种亲密感。一些夫妻结婚数十年,可能也没有在床上只待了一个下午的情人那样亲密。

交　流

只有亲密才可以交流,而交流又会进一步增强亲近感。做爱时没有什么比交流情感更合适的,而且没有哪个方法可以比它更能唤醒对方,即使对更含糊的传导性唤醒的方法也是如此。在这种情况下我们发出的叹息声、呻吟声、哼哼声、咕哝声等,也是某种形式的爱欲之歌。

在做爱时甚至语言交流也有它的潜在风格。最基本的一点在于告诉对方应该做什么。这些信息可以用语言或非语言方式表达。一个尤其有效的技术是**"手引导"**(hand-riding),即一方将对方的手引导到其希望的地方。无数情侣为做爱时无聊的沉默而痛苦,因为他们无能力或不愿将其情感和欲求告诉对方。这主要是由于害羞,怕被讥笑,或是希望伴侣能够主动知道自己的想法。

开口谈性很难,在性爱时说话更难。然而实际的必要性以及情感需要要求我们必须学会和我们的性伴侣交流,并且让这种交流变得容易些。所有这些考量都是一个亲密关系的组成部分。

讨论完严肃感情后,我们不应忽视轻松和幽默,这些会给性生活带来欢笑。机智有助于从别扭的境况中走出,而诚挚的、愉快的笑容可以令彼此安心。嘲弄甚至淫秽的幽默和"下流话"对一些人来说可以刺激性欲。让性生活成为成年人之间的游戏,我们会再次像儿童一样变得无忧无虑,可以像表演一样既不丧失真实性,又不导向欺骗性,那么会使我们的想象安全并获得部分满足,性生活因此会富有活

> **想一想**
>
> 对你的爱人你有什么期待?

力。有些人喜欢说些"童言童语",还有的人则钟情于剧情游戏,扮成陌生人或传奇人物,甚至扮成胁迫场景中敌对的角色。无论剧情如何,双方必须认为这些是令人愉快而舒适的,没有理由强迫不愿意或不感兴趣的伴侣进行这种活动。要像孩子们的游戏一样,但当它变得危险时则应该停止。

在考虑到所有因素后,性欢乐的最根本标准应该是情人们的性快感。如果你的情侣颤抖着融化在你的怀抱中,你应恰当地做点什么,唤醒你的性欲。只有相互享受才能将情侣们投入性狂喜的浪潮中,并在人类最珍贵的体验中产生性的相互融合。尽管时间一去不复返,但这些记忆却永存心中。在12世纪,爱洛依丝在给被迫与她分离多年的丈夫亚伯拉德的一封信中写道:

> 在多年分离后,说实话我们在一起所体验的爱的欢乐对我的灵魂依然如此亲切,以至于我不能不从它们那里得到愉快,更不能让它们从记忆的镜像中消失。我一转身它们又浮现于脑海,往日的欲望再一次苏醒。*

* 皮埃尔·亚伯拉德(Pierre Abelard)是12世纪法国重要的哲学大师,1118年他与他的学生,年仅18岁的爱洛依丝(Heloise)相爱,并使之怀孕。两人逃到乡下秘密结婚,这激怒了爱洛依丝在巴黎圣母院作大教士的叔叔,他雇用了两个流氓,竟趁亚伯拉德熟睡时将他阉割了!哲学家不得不在1119年出家当了僧侣,爱洛依丝也做了修女,13年后两人才开始通信。这仅有的七封信于1616年正式出版。——编者

第 13 章

同性爱与双性爱

13.1 同性爱的概念
13.2 同性爱行为
13.3 同性爱作为一种生活方式
13.4 性爱取向的发展
13.5 社会对同性爱者的观点

世上的事情并不总是非黑即白的……生活世界中的每一件事以及这些事的每一个部分都是一个连续统一体,我们对人类的性行为认识得越深,则对性的实质的理解也就越深。

——阿尔弗雷德·金赛(Alfred Kinsey),美国生物学家,性科学研究者

> 当我们说起同性爱者时，要明白，我们正在讨论的是成千上万的各式各样的男性和女性，他们有的富有，有的贫困；有的受过教育，有的却为文盲；有的也许很有权势，有的只是平民百姓；有的很聪明，有的很愚笨。他们遍布全国不同的城市、种族、社会阶层、族群和宗教团体，生活在全国每一座城市和小镇上。他们是社会的组成部分。
>
> 在这一章里，我们将审视同性爱的三个方面：性、人际交往和发展。我们将一些属于社会方面的内容放在后面：同性爱解放运动在第22章讨论，法律问题在第23章，道德问题在第24章。
>
> 我们关注异性爱者的那些内容，也同样适用于同性爱者。例如，从第16章到第19章就与所有的关系有关。
>
> 另外需要谨慎地说一句：艾滋病在男同性爱人群中的流行已经对性行为产生了深远的影响。这些改变产生的效果还不多见于学术著作中；本章所引用的大多数行为研究都是艾滋病发现之前的。这些发现部分可能不再适用于现在或者可预见的将来的现实。

13.1 同性爱的概念

早些时候，我们把同性成员之间的性吸引以及进而进行的性活动称为同性爱行为（第8章）。但不管是这个定义还是其他定义都不是完全合适的，你很快就会看到这一点。

定义的困难

同性爱（homosexuality）这个词是由希腊文前缀"相同"（不要与拉丁文"homo"即"男性"相混淆）以及拉丁文"性"组合而成的。一个人是"同性爱者"，是指他（她）喜欢同性，而不是意味着他（她）和同性发生性关系。"同性爱"一词最早由一个籍籍无名的匈牙利医生卡罗利·班科特（Karoly Benkert）在1869年使用（Gregersen, 1983）。柏林内科医生赫什菲尔德使它在德国流行开来，而霭理士将其引入英语世界。

虽然相同性别成员之间的性交自从人类开始以来就已存在，但同性爱的概念最近才出现。当两个男性之间发生性行为如肛交时，在过去是会被判罪的，但没有迹象表明同性爱者与异性爱者之间有什么根本差异，这里指的是这种行为，不是人。随着19世纪对个性发展和性行为的研究，人们开始将同性爱看做是一种心理事实，并开始探究这种现象的起因和治疗方法（Boswell, 1980）。我们的法律体系实际上从未完全接受这个观点，法律继续禁止同性爱，但是同性爱（照此可以说是有特定性心理定式的行为者）却从未被法律禁绝（第23章）。

过去同性之间的性活动被称为鸡奸（sodomy）或兽奸（buggery），这在一开始是用来指肛交的。19世纪,在医学和性学上通常使用"性变态"(sexual inversion)概念,直到20世纪30年代才被同性爱一词代替。尽管这个词的意义是中性的,但是它在日常使用中开始变得带有侮辱意味。实际上,同性爱者自己喜欢用"gay"一词,异性爱者就被称做"straight"。虽然用"gay"一词可追溯到13世纪,然而它只是最近才被广泛使用。"Gay"已代替了许多其他的口头语(当然还有一些也被广泛使用着)。*但在诊断和学术文章中还未使用"gay"这个词,在正式讨论中还是继续用男同性爱者和女同性爱者(或 lesbian,来自希腊岛屿 Lesbos,女诗人萨福的家乡)两词。有些同性爱组织则更喜欢"homophile"一词。

*常用的通俗表达包括:称呼男性的 queer,fag,faggot,fruit,nellie,homo,cocksucker,pansy,queen,称呼女性的 dyke,lez,lessie 和 femme。

标准是什么?

不存在特别的同性爱行为,口交、肛交或者其他同性爱者的行为在异性爱中也存在。反过来也一样,只是同性爱者没有阴道性交。确定同性爱行为的标准不是性活动的性质,而是其对象。

那么同性爱者是一类什么样的人呢?如果我们把参与了同性爱行为的人说成同性爱者,那么以进行过多少同性爱行为的次数为限呢?1次、10次还是100次?假设一个人受到同性成员的强烈吸引,或在性心理上有这种欲望,但未有具体行动,也从未进行过同性性行为,我们是否仍称其为同性爱者?最后,假设他们互相吸引并发生性行为,然后彼此并未意识到自己是同性爱者,即没有**同性爱认同**,那么他们是同性爱者吗?简而言之,衡量一个人是否为同性爱者的标准是什么?性行为?性取向?性意识?还是三者缺一不可?

把同性爱当成一个单一的实体———个行为和人格特征的集合,是很常见的观念。然而,对男女同性爱者的研究显示,他们在面貌、思想、感觉、性行为以及其他方面存在着巨大的差异。没有人会只描述他们性生活的特征,而不理会其他方面。由于这个原因,在称呼这个性行为集合时,有时人们会用复数形式 homosexualities。

金赛的等级量表

当我们讨论性别时,喜欢把男子气与女人味看做相互排斥的。性心理定式可用相似的模型描述,同性爱及异性爱被看做是一个人个性特征的两极。一个人要么是同性爱者,要么是异性爱者;一种倾向越少,另一种倾向就越多。

但是,事实是仅一小部分同性爱者完全以同性别的人为目标,以至于对异性爱一无所知;绝大部分的人对异性有不同程度的兴趣,并有这方面的经历,因此,大部分有同性爱倾向的人实际上是**双性爱者**(bisexual 或 ambisexual)。大部分人对异性和同性的兴趣明显有重叠。即使没有转变为行为,却存在于他们的幻想之中。正如许多异性爱者有同性爱的想法,24%的男同性爱者和35%的女同性爱者有与异性性幻想;34%的男同性爱者和54%的女同性爱者有与异性性梦(Bell 和 Weinberg,1978)。

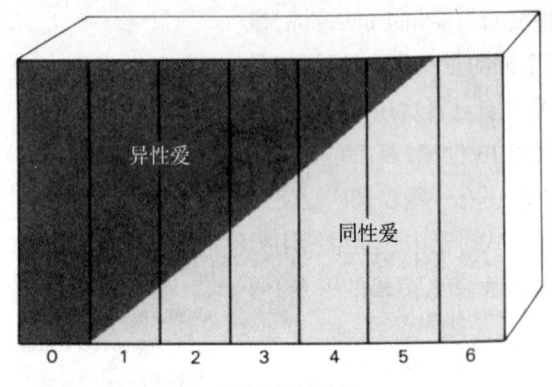

图 13.1　异性爱—同性爱等级量表

为了将这些表现出来，金赛设计了一个 7 级式异性—同性等级量表来反映一个人的性感觉和经验。处在第 6 级的人是绝对的同性爱者，处于第 0 级的人为绝对异性爱者，对同性及异性有同样兴趣的人处在连续等级的中央；处于 1 级和 5 级上的主要倾向于异性爱生活或同性爱生活，对相对的生活方式偶然有兴趣；处于 2 级和 4 级的人明显地喜欢某一种性生活，对另一种也有较少但还是很浓厚的兴趣。

金赛的等级量表的标准不仅依据同性性行为，也依据心理上的吸引。这个相对标度并不表示性生活的量，只是反映**对两种性生活的偏爱程度**。如果一个人与同性之间的性活动达 100 次，而与异性之间的性活动有 50 次(2:1)，则他在等级图中的位置，要比一个发生过 20 次同性爱经历却只发生了 5 次异性爱经历(4:1)的人要离同性爱一端更远一些，虽然他的同性爱经历是那人的 5 倍。另外，人们并不是平均地分布于等级量表中，数字仅给出了大概范围，因为不同的亚组有不同的比例，取决于年龄、性别、婚姻状况、受教育程度等因素。例如，在 20~35 岁年龄组的未婚者中，3%~16%的男性和 1%~3%的女性是绝对的同性爱者（第 6 类）；18%~42%的男性和 11%~20%的女性至少有过一次同性爱经历(从第 1 类到第 6 类)；53%~78%的男性和 61%~72%的女性是绝对的异性爱者(第 0 类)；而在已婚者中，两性中绝对的异性爱者都达到 90%。在大多数的中间等级中，女同性爱者和男同性爱者的比例大约为 1:3。

金赛设计这个等级量表的目的在于避免给某人贴上同性爱者或异性爱者的标签。相反他聚焦于他们的行为，这一点更容易分辨。现在金赛系统因其实际效果达不到其所承诺的而受到批评。说一个女性仅仅进行异性爱行为与称她为异性爱者之间到底有什么区别呢？或者，把一个男子放在第 6 级与称他为同性爱者之间有什么区别呢？因此有争论说金赛的方法对我们了解性心理定式没有太多帮助(Robinson,1976)。单一地聚焦于性行为也不能解决性特征的关键问题：人们对他们自己的理解不能仅仅从他们的行为来阐释。

身份确认的问题

是否能从一个人的外观举止上来判断他是否为同性爱者，现在还很不清楚。是不是真的男同性爱者都女性化，女同性爱者都男性化呢？他们的衣着及行动是否别具一格？不存在能够适用于所有同性爱者的单一的范型。大体上来说，在大多数情况下我们无法辨别一个人是同性爱者还是异性爱者。尽管如此，有些男女同性爱者的衣饰和行为是能透露其同性爱取向的。

性爱取向和性别认同

同性爱不是一种性生理失调,但看上去,性别认同转变与同性爱的发展之间有很紧密的联系。因此我们将讨论有关同性爱的发展。换句话说,一般而言,成年男同性爱者认为自己是男人,成年女同性爱者认为自己是女人,但是他们可能会表现出与社会文化定义不符的性别特征;在孩童时期,他们中一些人往往希望自己成为异性。

正如同性爱者不是变性人(第 10 章)一样,他们也不应与异装癖者(第 14 章)相混淆。一些同性爱者(多为男性)喜欢穿异性服装,但大多数异装癖者是异性爱者。

图 13.2 许多同性爱男女伴侣会视自己为已婚的夫妻,尽管他/她们的结合未必是合法的。

有一半的男同性爱者和 3/4 的异性爱者具有典型的男子气概,无论从他们的自我认知、兴趣还是外表上看。另一半男同性爱者和 1/4 的男异性爱者与上述特征不一致。同样,有 1/5 的女同性爱者和 1/3 的女异性爱者有典型的女人味(Bell et al.,1981)。因此性别认同转变暗示了但并不证明其性心理定式。

性别认同转变者的夸张表现形式就是我们所熟知的同性爱者形象:娇柔无力、嗲声嗲气、佩戴珠宝、撒满香水和扭捏作态的男同性爱者;昂首阔步又爱说话、谈吐粗俗、男子气十足的男人婆;听话而又温柔的娘娘腔男人等。这些特征是真实的,但仅仅适用于同性爱者中的一部分人。同性爱者还用显眼的服饰、装饰语言和行为等来表现自己。但这些只是同性爱者交往时作信号用的方式和习惯。因此当你看到人们为同性爱者与邻无异的外表而感到震惊时,也就不足为奇了。

对同性爱的一个普遍看法是男女同性爱者都不是完全意义上的男人或女人,正如那些没有孩子的人有时不被看做是完全意义上的成人一样。这两种态度隐含的观点是,只有生育才是成人性行为的全部标准。

选择性的和专一性的同性爱者

对同性爱者定性时的另一个问题在于,他们并没有同等程度的选择。对于那些尽管有很多机会发展异性之间的恋情,却愿意选择同性爱关系的人,我们称他们为**专一性的同性爱者**。他们有选择的自由,但是他们感到有一种自然倾向驱使他们选择同性爱。相对来讲,其他形式的同性爱行为也许是**选择性的**,因为许多是由于环境的影响造成的,比如说对不能实现的异性爱生活的补偿及替代。监狱、单性别的寄宿学校以及其他某些情况也许促使一些人(尽管他们喜欢异性伙伴)接触同性成员。在上述条件下,同性爱也许是社会支配地位的表现。就像在某些社会中,人们常常认为一个地位很高的人总会有一个情妇,监狱里的"老大"相应地需要一个"女孩"(通常是女性化且相对弱势的男青年);另外一些偶然发生的同性爱行为是由于好奇或对社会的蔑视,或者仅作为支持某种思想的举动。

双性爱

那些既喜欢男人又喜欢女人的人更难被定性。他们比单一的同性爱者或异性爱者受到的关注要少得多(Coleman,1987)。双性爱在金赛的等级量表中处于从第1类到第5类的位置。但是除了那些位于中间的第3类,他们表现出占主导地位的那个倾向。由于自己的意愿,或者是因为社会的期望,大多数同性爱者在一生中都有过一些异性性经历。在贝尔(Bell)和温伯格(Weinberg)1978年调查的例子里,93%的同性爱倾向占主导的人至少有过一次阴茎插入阴道的性交。

研究者发现研究双性爱者更为困难,因为他们两方面的倾向混合在一起(Klein,1978;Wolff,1979)。在某种意义上,双性爱者可能在两个世界中都有最好的经历;但他们也承受着既不完全是这个又不完全是那个的不确定性。

偏见的问题

西方文化绝大多数的历史时期里对同性爱的谴责让观察者对它存在误解,甚至可以说是彻底的谬误。即使在看似客观的科学和学术的论争中,同性爱的攻击者和辩护者也都在为了他们的目的而歪曲事实。

同性爱标签的效果

直到最近,同性爱标签仍被视为一种社会性的耻辱。因为在那么长的时间里社会都认为同性爱者是不正常的,所以同性爱者中存在这样一种倾向,认为他们是不同的、边缘的,或者是变态的。除此之外,仅仅是用性取向来看待一个人就很容易过于强调性的因素在个人性格中的作用,并使我们对其产生先入为主的偏见。如果你已经很了解一个人,后来突然发现他/她是同性爱者,你对那个人的印象可能与你刚开始认识他/她时就知晓其性取向会有很大的不同。

过于关注同性爱中性因素的另一个结果是会认为他们都性欲过盛,或者不能控制性冲动。事实上,同性爱者并不比异性爱者在性问题上更活跃。平均而言,男同性爱者大约每周有2~3次性行为,女同性爱者大约每周1~2次(Bell和Weinberg,1978)。当然,这在同性爱者中有着显著的差别(正像在异性爱者中一样):13%的男同性爱者和21%的女同性爱者每月只有一次或更少的性生活;约20%的男女同性爱者每周一次;17%的男同性爱者和13%的女同性爱者每周4次甚至更多。其他研究也显示出差不多的比例（Westwood,1960;Saghir 和 Robins,1973;Weinberg 和 Williams,1974）。性欲过盛的印象也可能是因为男同性爱者通常会有大量的性伙伴（现在由于艾滋病的原因这种情况可能已大大减少）。

很多古老的对同性爱的偏见已经让位于更多的对"新同性爱者"的接受——他们的同性爱身份被认为是正面的（Altman,1982）。不过仍然存在着各种形式的偏见。

同性爱恐惧症

没有实际基础的非理性的害怕叫做**恐惧症**（phobias，这个词对临床医生来讲有更多特定的含义）。这个词现在也被用于那些对同性爱者及其行为有非理性的、固执的以及强烈厌恶的人。"**同性爱恐惧症**"（homophobia）这个概念对理解一些人对自己的或他人的同性爱感情感到害怕或厌恶很重要。它也是反对对同性爱怀有偏见的一个有用的工具。但若不探究一个人厌恶同性爱行为的原因，就不加区别地认为他（她）有同性爱恐惧症，这也是不准确和不公平的。

在一些案例中，同性爱恐惧症可能反映了一种心理防御机制。这个概念流行之前很早的时候，弗洛伊德就把对同性爱神经质般的害怕和拒绝描述为对一个人自己不能接受的同性爱愿望的无意识的压制。因为在我们的文化里，特别是对于男性而言，同性爱的感情是不能容忍的，一个人不愿相信他会对一个同性在性的层面产生爱意。因而，他无意识地将它转变成一种信念：他恨那些喜欢同性的人。

图 13.3 公众对针对同性爱者的犯罪行为的意识自从 1998 年马修·谢波德（Matthew Shepard）的被害之后急剧上升。马修是怀俄明大学一名 21 岁的学生，一位公开的同性爱者。1998 年 10 月 7 日，他被两名 21 岁的高中生绑架、毒打和洗劫，于 10 月 12 日不治身亡。这起案件在全美引起了强烈的震惊。七百多人参加了他的葬礼。然而在教堂外，依然有人举着写有"No tears for queers"（不为同性爱流眼泪）、"No fags in heaven"（天堂里不能有同性爱）的标语牌游行。人们创作歌曲和电影来纪念马修·谢波德，曾经绑着他的栅栏被定为国家历史文物，但是旨在将除妇女和残障人士之外的同性爱者囊括进保护范围的"仇恨犯罪防治议案"在 1999 年被否决，直到八年后的 2007 年才正式通过，这条法案就叫做"马修·谢波德法案"。

13.2 同性爱行为

可能令人感到惊奇的是，在一些动物中也存在同性性行为（专题 13-1）。相似的是，在很多文化中也有同性爱关系的报道（专题 13-2）。

想一想
你如何判断一段批判同性爱亚文化的言论是否属于同性爱恐惧症？

> **专题 13-1**
> **动物中的同性性行为**

在很多哺乳类动物中都可以观察到同性之间探查生殖器和爬骑的行为，但它们这种行为的社会性因素比性因素更多。例如，在非人类灵长类动物中，爬到另一方的身上意味着对对方的征服。在日本短尾猿中，雄性间的爬骑也是朋友间嬉戏的一部分；在群体遭受重大压力的时候，这种行为也是再确定它们社会联系的一种方式（Ford 和 Beach，1951；Denniston，1980）。

在一些被关在笼子里的猴子中间，人们已经观察到更直接的同性间的性交行为，其性特征更为明显（图 13.4）。这些行为通常出现在非常友好的动物个体之间。目前还不清楚这种行为是否只是一种被囚禁状态下的反应，还是它本来就是一种正常的行为（Lancaster，1979）。

雌性动物的爬骑行为也已被观察到，但是并没有性兴奋的迹象（尽管这种迹象比勃起更难看出）。身体接触很少，并且这种行为很快就结束了。

爬骑状态下的两个雄性，一个在刺激另一个的生殖器。

雌性动物之间的爬骑。

两个雄性之间的爬骑，同时互相口交。

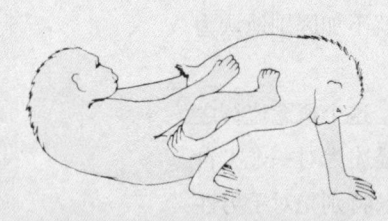

仰卧姿势下的性交，在异性性交和雌—雌同性性交中都可见到。

两个雄性间的爬骑，同时一方为另一方口交。

两个同性间的相互手淫。

图 13.4　同性灵长类动物的各种性交姿势

同性爱行为的流行程度

对于同性爱行为在我们这个社会（以及其他所有的社会）的总人口中精确的流行程度我们一无所知。当金赛的统计第一次公布（1948）后，它们看起来不可思议得高：在男性中，37%的男性在青春期之后至少有一次达到高潮的同性性经历；10%的

专题 13-2
同性爱行为的跨文化考察

在他们的跨文化调查中,福特和比奇建立了76个社会中同性性行为(多为男性)的数据。在其中64%的社会里,同性性行为以各种形式得到了允许。在剩下的36%不宽恕同性性行为的社会里(有些会严厉地处罚这种行为),人们在秘密地进行着同性性行为。在1983年一个对294个社会的人类学调查中,格雷格森(Gregersen)发现,只有59个社会对同性性行为有明确的态度。在这些文化里,31%反对并对它进行处罚;69%支持。男性之间同性性行为的比例差别很大:有的社会几乎没有,有的社会则几乎人人都有过。关于不同文化中女性同性性行为的了解,目前还很少。

在任何文化中,同性爱行为都不是占主导地位的性行为方式。即使是斯旺(Siwan)部落(他们居住在利比亚沙漠里)和东湾人(美拉尼西亚的一些沿海村落),虽然他们允许同性爱,但是也不支持单一的同性性行为。

在很多社会里,由于接近女性非常困难,同性性行为被默许为性交的替代物。只要那个人扮演"主动"角色,例如在肛交时做那个插入者,这种行为就不附带有任何耻辱,而这些文化里的女性化的男子则承受很大的压力(Carrier, 1980)。

很多有男性异装癖组织的社会也允许同性性行为(但不能在所有的案例中将两者等同起来)。这包括北美和南美的土著社会还有波利尼西亚的岛屿社会。在这些环境里,一些男性(被称为Berdache)身穿女性服装,并行使女性的功能,包括和他们的"丈夫"做爱;在德弗罗(Devereux)1937年对莫哈维族(Mohave)做的人类学研究中,他的受访者报告了他们口交和肛交的行为。

在新几内亚高地的一些社会里,人们在开始某些仪式的时候会伴有同性性行为表演,典型的是表现精液的传递,通过肛交或者口交的形式,一个成年男子将他的精液传给一个少年,以确保他的正常成长和男子气概。美国文化人类学家吉尔伯特·赫特(Gilbert Herdt)(1981, 1987)对赞比亚的这些行为进行了广泛的研究。这些人们相信男孩必须通过吞食精液才能成长为男人。在秘密的仪式上,通过使用长笛,男孩被教会吸吮阴茎的技巧。然而,一旦赞比亚的男性结婚后,同性性行为就要因为婚姻生活的开始以及做父亲的责任而停止。

关于前文明社会里女同性爱者的性行为我们所知甚少,部分是因为人类学家很难进入女性的私生活中。实际上,很可能女性的同性性行为较不普遍。福特和比奇分析的76个社会里,17个社会报告有女同性爱行为,但缺少细节。

同性性行为的跨文化比较通常建立在它们的多样性的基础上。最近一项对美国、危地马拉、巴西、菲律宾的一些同性爱社区的比较研究得出了六条暂时性的结论:(1) 所有的社会里都存在同性爱者;(2) 所有社会里同性爱者的比例大致相同,在不同时期保持稳定;(3) 社会规范并不能改变同性爱倾向;(4) 只要有足够的人,所有的社会都存在同性爱亚文化;(5) 在不同的社会里,同性爱者在某些行为兴趣和职业选择上都很容易互相模仿;(6) 所有社会都存在相似的同性爱群体,其中男子气概的和女人味的同性爱者,在不同社会中的比例大体相同(Whitman, 1983)。

人拥有3年以上的这种经历;4%~6%的人过着同性爱生活。在金赛1953年的调查中,相对应的女性数据几乎达到1/3强,13%的女性至少有过一次这种经历。

然而,金赛研究的主体不是随意选择的。他们可能无法代表普通人群。案例的统计方法也有问题。我们会把两个男孩互相手淫和两个同性成年人在生活中一贯的性活动方式同等看待吗？金赛所报告的一半同性性经历是青春期男孩和青年男子的行为。即使是最保守的估计，美国也有几百万成年人或多或少地是专一性同性爱者，如果将对两种性生活都有偏爱的人也算进去，那么这个数字将非常大。

同性爱者的性实践

异性爱者所进行的性活动（除阴道性交外）同性爱者都能进行。因此，我们对异性爱关系所作的描述（除性交外）同样也适用于这里。他们亲吻、触摸、爱抚，并刺激乳房和生殖器，就像异性爱者之间所做的那样，只是他们是与同性做这些。他们同样也进行口交和肛交，或者通过互相摩擦肉体达到高潮。

不是所有的同性爱者都有所有这些行为，他们的这种行为一点也不比异性爱者多。例如，有些同性爱者因美学、健康或者其他原因而反对肛交或口交。艾滋病的威胁对无保护的肛交和口交的流行造成了巨大的冲击。

异性配偶及同性配偶之间在性行为方式上的差异并不令人感到惊奇。例如，只有5%的异性爱者有吻阳行为，而男同性爱者中占17%；同样，只有6%的异性爱者有吻阴行为，而女性同性爱者中占12%（Blumstein 和 Schwartz，1983）。同性爱者之间，特别是女同性爱者之间的性交时间比较长，先是持续的性刺激，然后停止"挑逗"，继而是更强的刺激（Masters 和 Johnson，1979）。同性爱者对其伴侣的性刺激比较高效；作为同性，他们从自己身上获取经验，比异性更了解怎么愉悦自己的伴侣。现在也出现了专门针对男女同性爱者的性爱手册。

艾滋病已经对同性爱的行为方式造成了巨大的冲击。据一项研究报告显示，自从社会公众更加警惕艾滋病之后，男同性爱者的性活动减少了78%；交换体液的行为下降了70%（Martin，1987）。尽管安全性交法得到了大力提倡，艾滋病仍然是男同性爱者严肃对待的问题。

主动及被动角色

在传统的异性爱关系中，男性通常起主动作用，是他在刺激他的女性伴侣，然后插入她的身体。基于这个模型，同时也基于同性爱者模仿异性爱者这一假设，人们通常认为同性爱伴侣分别承担相似的主动及被动角色。实际上许多同性爱者并不把他们自己这样区分。选择取决于个人偏好和共同的分担/分享。他们在所从事的各种行为中一般都轮换担当某一角色，或同时互相刺激。

以往人们认为男同性爱者中，主动的一方比较有男子气概，而被动的一方则更为女性化，这个观点也不大站得住脚（McWhiter 和 Mattison，1984）。由于女权主义运动的影响，女同性爱者在她们的恋爱关系中双方更为平等。

但是这并不意味着某些同性爱者不想区分主动—被动、男性化—女性化身份和性角色。有些男人认为除非自己是肛交时被插入的那一个,否则自己就不算参与了同性爱行为。特别是在以暴力为基础的同性爱行为的例子中,鸡奸他人的霸主自信自己并未进行同性爱行为,他会拒绝自己屈服于他人成为被鸡奸的角色。

13.3 同性爱作为一种生活方式

在过去的十几年里,专家们的意见已转向乐于同意这样的观点,即同性爱是生活方式的一种,或者说一种另类的生活方式,而不是一种疾病。这也是大部分同性爱者历来所持的观点。很多同性爱者,特别是那些认为自己属于**同性爱亚文化**的人,现在都将自己的性取向看做是一种与社会主流不同的生活方式。

同性爱亚文化群

亚文化是具有某些共同之处(如种族等)的群体文化的亚元,它赋予一群人以独特的自我意识和价值体系。当按年龄来分时,如"青少年亚文化"这样一个概念常会变得含糊不清;当涉及像同性爱者这样的群体时,情况就更加复杂。

不管怎么说,同性爱亚文化概念对于描述至少一部分同性爱者共同的世界和生活方式是很有用的。但是应该清楚,仅仅是同性爱者,并不能将他们归到同性爱亚文化中去,只有当他/她以某种活跃、明显的方式参与其中时才能断定其为同性爱亚文化中的一个成员。

在历史上的许多文化中都有同性爱亚文化存在,19世纪末20世纪初,同性爱者的估计比率与现在的数据相比,并没有什么差别。在第一次世界大战之前,据说柏林有1000到2000个男妓,有40个同性爱者聚合地。不过维多利亚社会对此是重罚的,就像著名的奥斯卡·王尔德所受的审判一样。

在20世纪60年代的**同性爱解放运动**发生之前,美国的大部分同性爱者都是通过地下网络或秘密组织进行接触的;当这样的集团公开后,人们把它当做丑闻传播。现在美国大多数主要城市中都有一定规模的、生活方式易辨的同性爱者社区。然而,大部分同性爱者继续与大众生活在一起。

同性爱亚文化存在的主要原因是由于它能为同性爱者提供性活动的机会,但除这个核心之外还包含了许多其他复杂的活动和作用,如友谊、互相帮助、政治行动、娱乐、贸易以及所有其他的城市生活结构(White,1981)。

同性爱者社区的一个重要方面,即其不同于其他亚文化之处就是生活在其中的人是自己选择加入的,这与少数民族的聚居区不同。由于这个原因,同性爱社区中聚集着社会各阶层的人,但这些社区几乎完全是男人的世界。

一个著名的例子是旧金山的男同性爱社区,据报道那个城市约40%的单身男性(近70,000)都是同性爱者。他们大多数都受过良好的教育(57%的人上过大学)，他们平均年收入超过20,000美元，大多从事管理或者专业性很强的工作。除了很小一部分人(3%)之外，他们都公开了自己的性取向。这个城市的权力机构和政府中都有这个群体的代表(Shilts,1987)。

女同性爱者一般不加入类似的社区；但在像旧金山这样的城市，杰出的同性爱女性与男性一样共享领导角色。不像男性，她们与配偶一起生活在公众社区时并不会引起很大注意(当然，并不是所有居住在一起的女性都是同性爱者)。她们同样偏向于私下生活在一起，很少依赖于群体同性生活场所。

同性爱者的关系

不存在单一的同性爱生活方式，也不存在同性爱者之间接触的标准方式。像异性爱者一样，同性爱者以许多方式生活和联系，这些方式除受他们的性心理定式影响外，也受经济和社会因素的影响。有些同性爱方式非常引人注目，但最炫目的行为并不能被等同于最典型的行为。除了受像社会阶层这样的因素造成的普遍影响外，另外两个因素比其他因素更重要地决定了同性爱者的关系与生活方式：一个是他们的同性爱生活是公开的还是秘密的，另一个是他们是女性还是男性。

秘密的同性爱生活者

在我们社会的任何地方都可找到**秘密生活着的**(cover or closet)**同性爱者**，在工作和社会关系中他们却被当做异性爱者。他们也许结了婚，有的也许有了孩子，并且在许多方面与其他人毫无二致。他们也许过着双重生活，即同时进行异性爱及同性爱活动。他们的同性生活局限在家的那段时间，大部分时间里压抑着同性爱欲望；若要享受一番就要冒被发现的风险。例如，在汉弗莱斯(Humphreys)1970年的研究对象中，一位年近六十的内科医师除星期三之外每天都会去公共卫生间进行口交。秘密的同性爱者往往遭到其他同性爱者的怨恨，并被赠以各种侮辱性的名号，如"罐头水果""被挤烂的水果"(因为他们被社会上的大多数所挤压而不敢出柜)等等(Rodgers,1972)。

相对来说，我们对秘密同性爱者关系的实质了解甚少。这些人不易辨认，并拒绝说出他们生活的细节，这原因当然可以理解。由于我们不知道有多少秘密同性爱者，因此也就不能知道同性爱者在人口中的比例。由于他们把大部分的性生活隐藏起来，因此同性爱行为的公众印象主要是由公开的同性爱者行为影响形成的。

公开化

当一个秘密的同性爱者将自己的性心理定式公布于众时，通常被叫做"**出柜**"(come out of the closet)。有些人在生活早期就越过了这个界限，另一些则要迟些;有些人是自愿的,有些则是被迫的,但不管是在什么环境下,这往往都是很不容易的。

当年轻人公开后,他们常常要面对人们的惊愕和父母的愤怒。就追根溯源想着他们到底做错了什么事的父母而言,他们常常有很强烈的失败感。尽管儿女可能对同性爱生活很满意,但父母们担心他们过的那种孤独绝后的生活,痛惜失去亲眼见到子女成家、孙儿孙女承欢膝下的天伦之乐;另一方面,也有父母对此一视同仁,并对他们后代的选择给予爱和支持。

那些成年后公开的同性爱者却面临着这样的困境,即除工作中的同事和朋友外,如何面对他们的配偶,他们的孩子。其结果不是家庭破裂就是重新调整关系,而在工作单位中的处境却取决于该人从事什么类型的工作。

公开化并不意味着完全暴露,1982年《新闻周刊》(*Newsweek*)对城市同性爱男性进行的区域性调查表明,那些认为自己已公开化的同性爱者中,仅有1/5让他们的同事知道,而有1/5还对家里保密。

公开的同性爱者

公开的(overt)**同性爱者**是更容易接触的团体,他们已卸去全部伪装,并公开声明他们依赖同性性生活来满足他们的性需要。正因为向全社会亮相,他们也就给公众树立了"怎样的人像是同性爱者"的形象。

在贝尔和温伯格1978年的研究中,71%的公开的同性爱者从个人关系上可分为五大类型;余下的29%非常分散,不能很好地归类。这些关系模式(下文详述)不单单适用于同性爱者,它们可能也适用于异性爱者,尽管各种类型所占的比例可能会有差异。

约28%的女性和10%的男性同性爱者就像异性伴侣一样,以**稳定的配偶关系**(close couple)生活。这些女同性爱"夫妇"中有1/3在一起生活已达4年或更长时间,同样的男性"夫妇"达38%。有稳定伴侣的同性爱者很少在同性爱酒吧和其他公开场合寻求性接触,他们较少有性、社会和心理的问题。他们喜欢与自己的伴侣在一起,处在一个温暖而又互相照顾的关系中,并很愿意在家中度过他们的闲暇时间。1984年麦克沃特(McWhirter)和麦蒂森(Mattison)一项独立研究显示,将近1/3的男同性爱情侣在一起的时间超过10年,甚至有30年。虽然大多数同性爱情侣希望他们互相将感情寄托在对方身上,但他们不一定要求对方在性问题上对自己忠贞(McWhirter和Mattison,1984)。

约17%的女同性爱者和18%的男性同爱者以**"松散配偶"**(open couple)关系生活,他们与自己的同伴生活在一起并不十分幸福,彼此也不深深地相爱,很希望在他们关系之外寻找社交和性欲上的满足。他们经常出去寻欢,但总的来说与有稳定"伴侣"关系的同性爱者相比,他们不那么幸福,不那么自我认可,显得孤单。女性比男性更难接受这种松散的"配偶"关系。

想一想

你如何帮助一个不能决定是否出柜的同性爱朋友?

自我适应良好的同性爱者很少有什么性问题，他们没有规律地与一个伙伴生活在一起，有时过着快乐的单身生活，这类人被划分为**职能型**(functional)。有15%的男性和10%的女性同性爱者属于这一类。这些人的性功能旺盛，他们对与某一个人生活在一起并建立亲密关系不感兴趣，而喜欢有多个性伙伴。他们大多把性活动作为生活的中心，他们高度地卷入同性爱社团，并与许许多多的人有关系。他们对自己的同性爱者身份极少感到愧疚，并且精力旺盛，为人友善，充满自信。他们在社会和心理上的全面适应能力仅次于"稳定配偶"关系的同性爱者。

有许多同伴但又不专一地面对生活，并有心理和性功能问题的同性爱者被划为**异常职能型**(dysfunctional)。约12%的男性和5%的女性属于这一类型。这些人易于烦恼，在生活中得不到满足，比之前三类，他们的综合适应能力很差。他们最有可能对同性爱生活感到后悔，并由于担心自己的性功能不全而缺乏实现愿望的信心。他们不能形成感情深厚的关系，很少觉得满足。他们最接近于所谓"苦恼的同性爱者"的标准类型。

有些同性爱者的性功能水平很低，同伴也少，并且没有紧密的关系。这些人被称为**无性人**(asexuals)，他们的特征一般是不合群，约16%的男同性爱者和11%的女同性爱者过着这样一种孤独的生活。他们年龄一般大于其他类型的人，虽然他们自称是孤独者，但总体上，他们一般的心理调节与其他同性爱者一样。

公众对公开的男同性爱者形象的认识比对女同性爱者带有更多的偏见，这是公开化的男同性爱者在公众中的行为使人们所产生的典型的、规范化的印象所导致的。在贝尔和温伯格的研究中，57%的女同性爱者一生中的同伴少于10个，而57%的男性却多于250个；45%的女性现在成对居住，而男性只有28%；74%的男性承认他们有一半以上的同伴是陌生人，而女性只有6%；70%的男性透露他们每周有至少一次性行为，而女性仅为54%；只有3%的女性，每周至少一次出去寻欢，男性却有42%。由于艾滋病的影响，那些拥有大量临时伴侣的男同性爱者人数比以前大为减少了。

在寻找伴侣时，男性比女性更倾向于找生理上吸引人的年轻伴侣。男性更注重于他们的性活动。那种对年轻人性活动的强调使得年老的同性爱者生活更加困难。然而，尽管年老的同性爱者很可能一个人生活，性生活也很少，但是他们的心理并没有什么问题。年老者不像年轻人那样关心性生活(Weinberg和Williams, 1974)。

男同性爱者(和男异性爱者一样)比女性更喜欢性行为的多样性，包括各种形式的性活动。男人之间的性交增加了潜在暴力的可能性。与女同性爱者相比，男同性爱者中强奸和性虐待更为常见，正如异性爱者中强制的性行为大多是男人主动发动的那样。因而，在性交中，**性别凌越于性取向之上**：女同性爱者的行为更像女异性爱者，男同性爱者的行为也更像男异性爱(Elise, 1986)。

同性爱研究主要基于这些问题：性行为、人际交往和同性爱亚文化，但很少关注同性爱者之间的爱情(Silverstein, 1981)。正如专题13-3对男女同性爱者的生活及其文学描写的举例那样，这种爱情的快乐与悲伤，和异性爱者没有什么区别。

同性爱父母

很多男女同性爱者都有孩子。严格的说，有孩子这个事实会给一个人贴上双性爱的标签——它表明这个人至少有过一次与异性性交的经历（当然，女同性爱者可能是通过人工授精）。这些人很多是双性爱者，但是也有一些人的异性爱生活是迫不得已的。例如，一些男同性爱者用婚姻来隐藏自己的性取向，很多女同性爱者结婚是为了迎合社会对女性的期望，并且获得经济保障。

虽然很多同性爱者都为人父母，但是其同性爱的身份是与社会对父母的期望不一致的。同性爱者通常不会放弃他们的孩子；相反，在很多争夺监护权的案子中，同性爱者争取抚养孩子，至少也要能接触

图13.5 同性爱的身份并不能剥夺为人父母的权利，越来越多的同性爱伴侣选择领养或者寻找代孕母亲来成为父母，组成一个完整的家庭。

专题 13-3
C. P. Cavafy 的两首诗 *

1903年12月

如果我无法说出我的爱——
如果我不谈论你的头发，你的唇，你的眼睛，
你的脸仍然保留在我的心中，
你的声音回响在我的脑海，
九月的日子在我的梦里出现，
令我的词，我的句，色彩缤纷，
无论我说什么，想什么。

在楼梯上

我从破旧的楼梯上走下，
你也走进门，那一刻，
我看到你已陌生的脸庞，你也看到了我。
我藏起来，你无法再看见我，
你迅速走过，藏起你的脸，

滑倒在破旧的屋子里，
在那里，你再不能找到比我更多的快乐。
你曾经追寻的爱情，我已给了你；
我曾经追寻的爱情——你疲惫却睿智的眼睛
暗示着——
你也给了我。
我们的身体互相感觉，互相寻找；
我们的血液和皮肤会理解。

但是我们互相狼狈地隐藏了自己。

C. P. Cavafy（1863~1933），20世纪最重要的希腊诗人，以其对同性爱题材的赞颂闻名。

* From *C. P. Cavafy Collected Poems*, translated by E. Keeley and P. Sherrard. Princeton, N.J.: Princeton University Press, 1975, pp.178-179.

他们的孩子。申请领养孩子或者希望取得自己孩子抚养权的同性爱伴侣都要冲破种种社会阻力。尽管有人对同性爱者是否适合养育孩子存有疑问,但迄今为止在所研究的女同性爱者中,在孩子的智力、性取向、性别角色、与家庭和同龄人的关系以及对单亲家庭的适应方面,与异性爱单身妈妈的孩子相比,男孩没有什么显著的区别,女孩的区别也很少(Green et al., 1986)。

同性爱生活的公共场所

异性之间的性交往与他们的社会关系的巨大网络紧密结合。在他们的日常生活中,在他们学习、工作及进行社会活动的场所都能遇到潜在的配偶人选。任何文化,不管对性活动怎么限制,总有办法使不相识的男女聚集在一起。独有在与妓女有所关联时,这些人才会跨出他们通常的社交圈。

但是在寻找性配偶上,同性爱者却被剥夺了行使这种被社会认可的方式的权利。当一名异性爱男性向一名女性调情时,他最多不过被拒绝,然而当一个男同性爱者与另一男性相遇时,提出他的欲望招来的将是侮辱、受气甚至挨揍。当然,除非对方也是一个同性爱者。但该怎么表达呢?同性爱者依靠两个方法:通过各种特殊方式结识对方;在特殊的地点碰面。

如何接触交流

一些同性爱者通过他们的习性、表情、装饰和打扮来表明他们的性取向。这些线索肯定足以让同类识别出他们,但又不会被其他人看出来。同性爱者寻找性伴侣的尝试和异性爱者没什么差别;不同的是他们的策略,由于过去社会对同性爱者的排斥,他们的策略更为隐蔽。

在非语言的交流中,眼神是最为常用的方式。同性爱者在求爱时眼神是很有效的(正如异性爱一样)。不像用外表交换信息,或者使用能被旁观者识别的明显姿势,只要用搜寻的目光和意味深长的一瞥就能捕获到潜在的性伙伴,如果必要,也可随即否决。当被仪式化之后,这种眼神变得更加明显了:慢慢地打量别人的身体,或者是暗示性的一笑,都表明了意思。

另一个常见的策略是装做对其他事情感兴趣,而在别人身边逗留(闲逛又不犯法)。一旦打破坚冰,语言交流就更放得开了。

在寻找性伴侣时,同性爱者和异性爱者一样,露骨程度不同。一些男同性爱者采用的办法是**猎艳**(cruising),或者公开地寻找性伴侣。在同性爱者聚集的场所,猎艳是最有效的办法。这些场所通常是同性爱酒吧、同性爱浴室、公共卫生间或者特定的街道和公园(尽管时有变化)。所有这些地方的共同点在于,它们都是男同性爱者最常去寻找一夜情的地方(Hoffman, 1968)。

艾滋病的流行极大地改变了这些行为方式。例如,在公共卫生机构以及同性爱领导者的压力下,也由于缺少顾客,同性爱浴室几乎全部关闭了。而随着社会对同性爱者接受程度的增加,同性爱者不再依赖这种聚集和幽会的场所了。大学里的男女同性爱组织和俱乐部也提供了其他异性爱学生享有的社会功能。

同性爱酒吧

在能容忍这些酒吧存在的城市里(大多数的主要城市现在都能容忍),这些酒吧是同性爱者会面的主要公共场所,就像异性爱者的单身酒吧,它行使社会化的功能,为寻找临时伙伴的人提供方便,有时也能建立更加持久的关系。同性爱酒吧的重要性还在于,它是同性爱者进行社交、交换新闻、分担孤独感情的地方;不像异性爱者,他们不可能有很多公共场所来达到这种目的。

一些同性爱酒吧投合一些特殊群体的需求（例如那些喜欢性虐待的人和恋物癖者),或者提供卖淫服务;有些酒吧放映变装表演和戈戈舞。同性爱酒吧的客户几乎全是男性。很少有女人会常来光顾这些酒吧,无论她们是同性爱者还是异性爱者。有些异性爱的女性("果蝇")会光顾同性爱酒吧,因为男同性爱者提供很好的友谊,又不会对她们进行性骚扰。相应地,男同性爱者也欢迎这些女人,因为她们不会跟他们竞争,而又给这个群体增添了一定的新奇、乐趣和文雅。女同性爱者有自己的酒吧(那里不欢迎男人),但她们不常来这里寻找一夜情;她们经常和朋友参加社交活动、喝酒和跳舞。一般而言,女同性爱者的关系不太为人所熟悉,也较少吸引公众和学者的注意。这种朦胧,部分是因为女同性爱者更喜欢沉浸在她们的私密关系中,部分则是源于公众对女人生活的忽视(Vida,1978)。

同性爱浴室

在艾滋病流行之前,为男同性爱者而建的浴室(没有专门针对女同性爱者的浴室,虽然一些这样的浴室会有"妇女之夜"的活动)提供了流水线式的设置,让他们能在这里迅速找到多样、匿名的性伙伴。这种浴室划有一个公共区域("狂欢室"),在进入自己的小卧室之前,他们会到那里,参加群交,或者寻找性伙伴。进入浴室的人也可以在小卧室里虚掩着门等待。他在床上的姿势会表明他想要什么样的性行为。

公共据点

特定的街道和公园只适合同性爱者相互取得联系,而不够隐秘到可以从事性活动。这些地方比酒吧和浴室危险,但是不需要付费;此外,不是每一个城市都有酒吧或浴室的。

公共厕所(被称为"茶馆")也曾被一些男同性爱者用来相互接触或者从事性活动。在这种场合,性交(多为口交)必须非常快速、隐秘、安静才能不被发现。正是这种危险因素,也可能由于厕所的排泄功能,给他们的性活动增添了刺激的感觉。在汉弗莱斯 1970 年的一项研究中,54%的在"茶馆"中进行性活动的男性最后结了婚,和他们的妻儿住在一起。官方曾试图用去除厕所的门,派警察诱捕的方式压制这种活动,不过现在,官方已不大可能再采用这种欺骗性的或者高压的手段了。

13.4 性爱取向的发展

为什么有些人选择异性性生活,而有些人选择同性性生活或二者兼而有之呢?对于这个问题还没有一个普遍接受的答案。自从克拉夫特-伊宾以来,一些性研究者认为,同性爱是人生来就有的本性,或者有其生物学基础。然而,大多数行为学家却将喜爱同性爱生活的现象归之于社会因素,特别是与父母在一起时的童年经历。这场争论目前尚无结论。

生物学决定因素的证据

同意用生物学观点来解释同性爱的人很多,从那些怀疑有预成因子存在的人,到那些确信在胎儿期就已决定而与社会环境无关的人,不一而足。

除了科学证据之外,很多男同性爱者(可能比女同性爱者多)认为他们的性倾向可能是生物原因造成的。他们从未感到他们在这个事情上有选择的余地(大多数变性人也有相同的感觉)。同性爱活动家也认为生物原因的解释在政治上是有利的:如果社会认为同性爱者对他们究竟是谁这个问题没有选择的话,对他们的评价会比较有利(Whitman,1983)。

遗传因素

将遗传作为同性爱产生基础的说法由来已久,但直到 20 世纪中叶才得到完全肯定,这些研究主要着眼于同性爱者兄弟姐妹中的男女性别比,在同胞中的排列位置以及对双胞胎性取向的研究。

考尔曼(Kallmann)1952 年曾报道,同卵双生的双胞胎同时为同性爱者的**一致性**,大于二卵双生的或不相关的男性。换句话说,如果双胞胎中一个是同性爱者,那么在同卵双胞胎中另一个也是同性爱的可能性比二卵双胞胎大得多。

同卵双胞胎比二卵双胞胎的基因更为接近,所以这项发现指向了基因的因素。然而,考尔曼研究的同卵双胞胎成长在一起,他们的生活经历也相同,正如基因相同一样,两者都可以解释这个结果。此外,其他的双胞胎研究结果和他的也不一样(Heston 和 Sheilds,1968;Zuger,1976)。

同性爱者的兄弟很有可能是同性爱者的事实被一次又一次地证实了。在一项研究中,同性爱男子的兄弟有 25%也是同性爱(Pillard et al.,1982)。另一项研究表明,同性爱男子有一个同性爱兄弟的可能性是异性爱男子的4倍,有同性爱姐妹的可能性则没什么差别(Pillard和Weinrich,1986)。因为兄弟姐妹大多成长环境相同,部分基因也相同,这些发现并不能支持遗传因素在同性爱发展中的作用。

激素作用

性激素在性分化过程中起着重要作用,这些激素也可能在性心理定式的形成过程中有同样的影响,这已引起人们很大的兴趣。有些研究提出,男同性爱者比男异性爱者含有较低量的睾酮,而女同性爱者比女异性爱者含有较高的睾酮。方法和结果的不一致使得这些研究无效。例如,一些研究发现同性爱者体内睾酮水平含量较高,而另外一些研究却没有发现这种状况(Tourney,1980;Sanders et al.,1985)。其他观察者已注意到男同爱者及异性爱者在生理结构、血液化学和睡眠姿势上的区别。同样,女同性爱者及异性爱者之间在生理结构上也有区别。

临床证据也不一致。例如,在一群出生前曾吸收过大量雄性激素的女孩中,没有报道有人有同性爱倾向。在另外一群先天肾上腺皮质增生(CAH)的妇女中——她们容易在出生之前吸收过量的肾上腺素,但长成女人——有37%是双性爱,17%是同性爱,只有40%的人是纯正的异性爱,这种平衡仍不明朗(Money,1987)。

基于动物实验,道尔纳(Dorner)认为,正像低等动物中雄激素水平决定雄性和雌性间的交配行为一样,人类也存在着同样的过程:雌激素影响胎儿,使它们向雌性方向发育;如果缺少雌激素,或者组织对雌激素不敏感,则胎儿向雄性方向发育,而不论其个体的性基因类型为何。

这种胎儿期性别决定论已被理论和经验所批判。从实验去研究这种现象的主要障碍就在于,在性心理定式的形成上,动物世界与人类并不等同,虽然同性性行为在许多动物种类中也发生。激素的确能诱导动物的同性性行为,但是,除了表面上的相似之外,这种行为和人类的同性爱行为一样吗?

脑的差异

同性爱由生物因素决定的观点要想真正令人信服,其证据中应该包含脑的差异。少数研究者声称已在下丘脑中发现了控制"男性"和"女性"性反应类型的脑中枢(第4章)。

对下丘脑垂体应激方式的研究提供了同性爱和异性爱之间脑部差异的间接证据。正如我们在第4章看到的那样,在月经周期的第一个阶段,雌激素激增之后,垂体分泌的促黄体生成素(LH)也急剧增加(图4.7)。而当异性爱男子注射雌激素到与女性相近的水平后,再给他们注射一些雌激素,他们的LH水平没有出现这种剧增。给同性爱男子做同样的处理,他们的情况处于两者中间——他们的LH比异性爱男子要多,但又不像女性那么多(Gladue et al.,1985)。其他的实验者则没有能重复出这样的结果(Gooren,1986)。

对成人而言，较之于对性别的影响，注入或者减少激素并不影响他/她的性取向。如果有生物性的影响，也一定很微妙，并且发生在生命的早期(Money,1987)。生物方式研究的案例仍在继续。那些试图证明心理变化导致同性爱的研究的失败给了它间接的支持。

心理—社会决定因素

对于心理学因素在性心理定式形成中的广泛影响基本上没什么争议，问题在于这些因素是否足够用来解释，为什么有些人变为异性爱者而另外一些成为同性爱者。

再一次，我们需要审视生命早期的经历，而同样再一次的，这些证据又难以令人信服。看起来童年的经历和性取向似乎没有什么直接的联系。在童年和青春期同性爱的经历比成年期要多得多：1969年艾利亚斯(Elias)和杰勃哈特(Gebhard)的调查显示，在青春期之前，有60%的男孩和35%的女孩有过同性性行为，他们中只有一部分人在成年后还保持这种行为。

来自新几内亚的跨文化证据甚至更加有趣(专题13-2)。为什么赞比亚男孩在成长过程中会参加口交仪式，但是却成长为活跃的异性爱男人？显然，童年期同性活动的参与自身并不能解释同性爱的取向。甚至大多数的成年同性爱男性，正如我们将要看到的一样，在童年时有过类似的经历。

精神分析观点

弗洛伊德假设每个人生下来都有**向两种性心理定式发展的可能**(bisexual potential)，在性心理发育期间，他们可以发展成异性爱或是同性爱者，主要依赖于恋母情结及相关问题的解决方式。这样同性爱可以看做是发育过程中早期阶段的**停滞**(fixation)或这样一个阶段的**回归**(regression)。虽然弗洛伊德清楚地将异性爱看做是正常的发育，但他对同性爱者还是非常同情的。*

根据这些前提，精神分析学家们设计了不同的解释来说明一个人为什么和怎样发展成为同性爱者(Salzman,1968;Marmor,1965,1980)。**对被父亲阉割的恐惧**(castration anxiety)使得某些男孩不把母亲——随后不把所有的女性——作为性欲的对象；或者遇到一个严厉的不近人情的母亲，这个孩子就转向他们的父亲(从此转向男性)，在父亲那里寻求爱和性爱的满足。用这种机制来解释女性同性爱的发展有很多难解之处，但基本上还是遵循同样的原则(Deutsch,1944)。特别是对男性的恐惧和恨，通常可用来解释为什么有些女性发展为向其他女性寻求性爱。

为了对这些观点提供系统的支持，彼伯尔(Bieber)和一批精神分析学家们研究了106名男同性爱者。结论是，这些同性爱者的家庭都有非常突出的特征：父亲被孤立和反对，母亲富有魅力，并且与儿子过分亲密，这种**亲密接触**(close-binding-

*一位母亲曾写信给弗洛伊德，为她的同性爱儿子寻求治疗。弗洛伊德在回复中说："同性爱当然不是什么优势，但也绝不是什么可耻的行为，既非不道德，也不是堕落，更不能被定义为一种疾病……"

intimate,CBI)母亲支配儿子,并轻视父亲。这样男孩的男子气行为就受到压抑。专制的母亲不鼓励儿子对异性的性冲动,除非爱慕的对象是她自己。儿子对其他女性的兴趣使母亲感到忌妒。孩子们的父亲备受孤立,甚至是公开的敌人,故使儿子缺少一个能够与之认同并去模仿的男子汉偶像。因此在以后的生活中,这些孩子害怕异性关系,变态地需要男性的爱来弥补少年时所失去的爱。这样的家庭不一定导致同性爱,但让它的可能性增加。70%的同性爱者和30%的异性爱者都有这种 CBI 母亲。

如同所有对临床病人的研究那样,彼伯尔的结论可能不适用于更大规模的人群。然而,一项对非临床研究也有类似的发现(Evans,1969)。彼伯尔的家庭角色模型看起来也能用于贝尔等人 1981 年研究样本中的一些人,但没有能够对同性爱提出一个一般性的解释。

社会学习途径

许多行为学家虽然不同意建立在方法学和假设背景上的精神分析,但他们承认,在总体上同性爱性心理定式的形成是由那些人从社会经历中学来的。

社会学观点着重于**"小圈子"**(peer relationships)的影响(可能在同性爱者中很缺乏);着重于**"偶然印记"**(fortuitous labeling)的作用(如某人被叫做同性爱者或被当做异性爱者看待,因而他们开始类似行动);着眼于**"异常的性经历"**(atypical sexual experience)所造成的结果(如缺少与异性成员互相联系的机会),以及孩童时**受同性爱者吸引**(homosexual seduction)的影响。

贝尔等人对同性爱发展作了大量调查研究(涉及 1969~1970 年间居住在旧金山海湾区的 979 名同性爱者和 477 名异性爱者),他们不能证明上述心理学原因的影响,而且发现这些影响要比已提出的微弱得多。早期提出的一些解释(包括彼伯尔的模型)看上去只能适用于同性爱者的一个亚组,但找不到在总体上对同性爱的发展具有解释意义的家庭或社会因素。

这些研究者遵循"通路分析"模型(path-analytic model),追寻童年时与家庭及双亲的关系,成年期生活的"小圈子"及性经历,以此来找出那些最终导致一个人成为同性爱者还是异性爱者的影响因素。通过这个模型,他们能够明白某个因素(如一个男孩缺少与父亲的心理认同),如何导致对传统的男性行为的反感,并促进了后续一系列同性爱发展过程的产生;或者这一连串的过程如何在某个阶段被中断。这些研究者作出的结论如下:

1.在男孩和女孩到达青春期时,尽管他们还没有很强烈的性活动,但他们的性心理定式已确定。

2.一般同性爱性心理定式在"真正"进行同性爱行为之前 3 年,就由同性爱意识预示并加强。正是这种意识,比同性爱行为对成年期同性爱性心理定式的形成更有决定作用。

想一想

要寻找决定性取向的因素,你会作哪类研究?

3.所研究的同性爱男女在童年和青春期并不特别缺乏异性爱经历。他们与异性爱对照者的不同之处在于他们对这种经历不满足。

4.在男性和女性中,性别认定失调与同性爱性心理定式的形成有很强的联系。同性爱者在过去曾经是"娘娘腔"或"假小子"。

5.调查对象在成长期间与父母中的异性别者的心理认同,对他们最终成为同性爱者还是异性爱者似乎没有什么明显的影响。

6.不管是男孩还是女孩,与父母中同性别者的心理认同对于他们以后的性心理定式形成有较弱的联系。

7.不管是对于男性还是女性,与父亲关系不密切似乎都比与母亲的关系如何更为重要。

8.至此可以发现男性和女性性心理发展的区别。性别认定失调对男性的影响比对女性似乎更突出;而家庭关系对女性比对男性更起显著作用。

贝尔和他的同事们没有继续寻找同性爱的生物学根源,但他们对自己的发现的最后结论是:"如果真的存在一个生物学基础来决定性爱的选择的话,这些发现与人们所期望的并非不一致。"但若说性偏爱的生物学基础已建立,那还为时过早。

性别的不确定

贝尔和同事们在研究同性爱性心理定式形成时有两个关键的发现,这些发现把童年的特征与同性爱性心理的发展紧密联系起来。首先是性别认定失调与性心理定式的关系;其次是在同性性行为发生很久以前就存在同性恋情,这种恋情并不是很强的性欲冲动,只是与另一个同性的浪漫接触和爱情生活的体验。

这些结论肯定了性别认定失调与同性爱性心理定式的联系这一早期发现。举例来说,赛格黑尔(Saghir)和罗宾斯(Robins)(1973)研究发现,2/3 的男同性爱者回忆起在童年具有某类女性的特征(包括喜欢女孩的玩具、游戏和女性同伴,不喜欢粗鲁如摔跤那样的男孩游戏);同样,2/3 的女同性爱者(而异性爱者只占 20%)回忆起在少年时代曾有过假小子行为。这种行为在一半以上的同性爱者中持续到青春期,而异性爱者中却无。这些研究的问题是对回忆的依赖;人的记忆往往并不可靠。

惠特曼(Whitman)1977 年的研究发现,47%的男同性爱者喜欢娃娃玩具,47%喜欢穿异性服装(异性爱男子对这二者均不感兴趣)。42%的同性爱者和 1.5%的异性爱者喜欢女性伙伴;29%的同性爱者与 1.5%的异性爱者被认为是"娘娘腔";80%的同性爱者喜欢与其他男孩子做"性游戏";在异性爱者中,大约有相同比例的人喜欢与女孩玩这种游戏。特立普(Tripp)1975 年的调查也报告了相同的发现。

格林(Green)在 1986 年进行的一项为期 15 年的对"女性化"男子的研究进一步证实了性别错位和同性爱之间的联系。这项研究跟踪了 44 个非常女性化的男孩,从他们的童年到他们长大成人,其中 3/4 成为同性爱者或双性爱者;而在另外一组更典型的男孩中,只有一个是双性爱(其他都是异性爱)。

这些男孩的父母常鼓励他们的女性化行为。即使父母主动压制孩子的这种女性化气质，他们的同性爱倾向——就算减少了——也无法扭转。接受专业的咨询可以增加他们的男子气概，也调整了他们的心理，但无法改变他们的同性爱倾向。

虽然这项研究给人以深刻的印象，但我们仍然不能了解事实的全部。例如，为什么这些女性化的男孩长大后有 1/4 发展出异性爱？又为什么有 1/3 的男同性爱者在少年时代很有男子气概？另外，即使性别错位不是全部的答案，它也可能是发展成男同性爱的一个最主要的因素。需要注意的是，男孩缺乏男子气概的行为和特点，比显现出女性化特点或跨性别特点，更可能是以后成为同性爱者的预示（Hock-enberry 和 Billingham，1987）。

童年时代带有性别色彩的性行为，与性心理定式的联系可以从几个方面进行解释。一个就是考虑到发育的连续性，一个行为像女孩的男孩，长大后会像女性那样选择性伙伴，也就是一个男子；人们经常可以看到，一个男孩，如果童年时最好的朋友是女性，就极有可能在成年时获得男性的爱，反之亦然。这个过程也许依赖于男孩对女孩的认同，并被她们社会化；或者，与女孩圈子接触的男孩常会被其他男孩挖苦、轻视（并被他们的父亲否定），如此他们会变得渴望得到男性的感情，这种感情在成年期通过发展成为同性爱者的方式来补偿（Green，1980）。

性别错位看起来对成为女同性爱者的影响要小，但是这方面的研究还不够。据报道，2/3 的女同性爱者是 T（tomboy，假小子）（Tripp，1975），但是不像那些女性化的男人，她们不受同伴的排斥，所以她们没有面临同样的社会反应。成为女同性爱的过程也显示出较少的连续性。很多后来成为同性爱的女人之前已经结婚生子。当然，这个事实可能反映了女性选择的社会局限性，而这个婚姻通常不能令人满意。

什么造成了性别错位？格林的研究认为，女性化男孩的童年或多或少不相同。虽然父母的影响非常重要，但父母没有"创造"出他们的女性化。一些专家在所有与性别有关的行为中（而非仅在同性爱者身上）看到了一种生物倾向。

事实上，那些用来解释同性爱的各种家庭因素，可能本身是那些后来成为同性爱者的儿女们与其他人有差别的结果。因此，与其说一个"疏远"的父亲使儿子成为同性爱者，不如说性别认定异常的未来的同性爱儿子使父亲与之疏远（Bell et al.，1981）。

最重要的是，既然性别自我认定及其感情的联系似乎是决定性心理定式的基本因素，那么正是这些过程，是我们想要揭开性心理定式形成之谜的必由之路。性别本身，在解释我们性生活的决定性部分是怎样被确定时，必须再次退居次要位置。

想一想

你认识的一个同性爱者对于他/她的性取向怀有矛盾心理，你会怎样开解他？

13.5 社会对同性爱者的观点

大概从来没有哪个社会是不存在同性爱者的，但是从未有任何社会将同性爱作为其主要的性表达方式。大多数文化在其某个历史时期会宽容同性爱关系(专题13-2)。在长期的忽视之后,同性爱的历史目前得到了学术上的关注。这绝不是一个充斥着无情的压制谴责的故事,但尽管如此,西方文化在其历史上大多数时间内对同性爱行为还是持负面评价的。

社会对同性爱行为的评价

社会对同性爱者的评价有几种主要的形式。宗教学说认为同性性行为是罪恶;在法律上,进行同性爱活动是犯罪;在医学上,这被认为是一种病;在公众眼里则是大逆不道。与上述观点相反,现在人们把同性爱看做是一种生活方式。

在过去的几十年中,公众对于同性爱者的看法有了极大的改变。在20世纪60年代,同性爱者开始被更多地接受;到1983年,65%的美国人认为同性爱者应享有平等的就业机会,但仍有将近60%的美国人继续反对同性爱。

然而到了20世纪80年代中期,可能由于艾滋病的原因,公众的态度有所回转。在1977年的盖洛普民意调查(Gallup Poll)中,43%的受访者赞同同性爱关系合法化,而在1986年这一数据只有33%。在法律方面也有一些倒退(第23章)。但是完全回复到过去的社会看法似乎也是极不可能的。

医学判断

至19世纪,同性爱一直被作为精神病学里的诊断对象。相对于早期将同性爱看成是罪孽和犯罪的观点,将之看成一种病似乎是一种人道的选择,因为它号召人们去帮助并理解同性爱者而不是惩罚及迫害他们。尽管如此,越来越多的同性爱者认为这种观点也不甚友善。被称为病态,与其他观点一样是具有诬蔑性的。

直到1974年,同性爱在《美国精神病治疗手册》(*American Psychiatric Diagnostic Manual*)中还被列为一类病症。当从该手册中删去这一病症后,同性爱不再正式地被认做是一种精神病。这一改变是通过美国精神病学会 (American Psychiatric Association,APA)会员的投票实现的,不过上述行动带有更多的政治色彩而不是医学上的诊断。接下来对APA成员的调查表明,还有2/3的精神病学家把同性爱者看做精神紊乱。但如果将把同性爱从疾病分类中删去说成是一个政治行动,那么同样可以说,把同性爱归入病例分类首先是出于社会偏见而不是医学上的判断,这些精神病学家仅仅反映了社会对同性爱的偏见。

最近,正式的医疗机构对同性爱采取了折中的态度,**自我否定型同性爱**被定为性心理变态。但是很明显,同性爱已被排除出疾病分类。"自我否定"(ego-dystonic)意思是个人不能接受自己的同性爱行为,并且期望改变其同性爱倾向的愿望是始终如一的。故按照这个观点,如果一个同性爱者的性生活很不幸福(出于本能,而不仅是由于社会因素使然),那么这个人就患有性心理变态症,否则就不存在什么精神病问题,这个观点与几十年前弗洛伊德的观点很近。

已有大量的医疗报告证实,在寻求治疗的同性爱者中的确存在着精神上的冲突和烦恼。寻求帮助的同性爱者不能代表广泛的同性爱者。据报道,对未进行治疗的同性爱者的研究也发现他们有大量的心理冲突:男同性爱者企图自杀的占20%,而在异性爱者中只占5%。但是即使同性爱者确实很不幸福,那么是他们的同性爱生活造成的呢？还是社会的的副作用造成的呢？

其他研究表明,大部分同性爱者自我适应良好,并无患精神疾病的迹象。在详细记载的生活历史和心理测验中,行为学家甚至找不到同性爱者与异性爱者的差别。社会学家提出,同性爱者行为不同是由于社会安排他们担当了反常的角色。

这些矛盾的发现可归为三种选择:第一,尽管有社会上的压力,同性爱者的心理状况并不比异性爱者更糟;第二,同性爱者痛苦是因为社会、法律判他们是变态者;第三,同性爱者的心理问题与社会强加给他们的大不相同。

哪怕不是一个行为学家,你也能评估出同性爱者所承受的巨大的,并且还将更大的负担。当然有一些同性爱者装出并不惧怕社会压力的样子,但对于大部分其他人,特别是生活在公众之中的人来说,还是很害怕暴露真相的。很难想象这样的环境不影响人们的生活、个性和行为,只不过是程度不同罢了。只要这些环境存在,企图判明一个同性爱者所承受的真正负担是很难的。

起 因

那些把同性爱看做是一种病的人企图找到它的病因,反对者则认为说"病因"就意味着什么地方错了,为什么我们不找一找异性爱的原因呢？对性心理定式的生物学及社会心理学起源的探索,更多地是一种对合法性的探求。

治 疗

那些拒绝接受同性爱是一种病的人对所谓的"治疗"嗤之以鼻,认为它只是一种洗脑,是大众主流性观念对另类观念的同化。在贝尔和温伯格1978年的调查中,当被问及如果有一种神奇的"异性爱药片",能让同性爱者轻而易举地转变自己的性取向,他们是否愿意服用时,只有5%的女同性爱者和14%的男同性爱者回答"愿意"(Bell和Weinberg,1978)。对那些希望得到帮助的同性爱者进行治疗的结果表明:不管是用精神治疗法,还是行为矫正法或是其他方法,都没有取得什么特别显著的效果,这可能有以下几个原因。

许多同性爱者在寻求治疗时并未想改变他们的性心理定式,他们也许勉强同意去治疗,因为家庭强迫他们,或由于忧虑和压抑的驱使,所以他们走走形式或寻求解脱,但是很少有人真正想去改变它,即使是那些诚心要改的人通常也不能成功。另一方面,治疗的确能帮助很多同性爱者调节自己以更好地适应他的生活环境。例如,有

想一想

你看到过哪些对同性爱的偏见？如果不再受到歧视,在人际交往上,同性爱者的行为会和异性爱者更加相像吗？

些工作室会帮助青少年同性爱者改善作为一名同性爱者的感受,并帮助他们处理好告知家人的事宜(Schneider 和 Tremble,1986)。也有报道说,性取向可以通过一些方法来改变,包括心理分析、行为矫正和性疗法等。这些努力的成功(也为一些人所怀疑)可能很大程度上依赖于经过仔细挑选的病人。

过去的偏见促使同性爱者去找医生,而不管他们是否需要或想要去治疗。现在,相反的压力使得同性爱者不寻求治疗,因为如果那样就意味着认同同性爱生活是病态的。处于苦恼中而不愿意改变他们的性心理定式的同性爱者愿意找同性爱治疗专家,这样可以使其性偏爱不成为治疗的重点。当然也有这样的异性爱治疗专家,他们不把自己的性观念强加给自己的病人。

性取向的问题——为什么在大多数人是异性爱的情况下,有人是同性爱,还有人是双性爱——在可预见的将来可能都是个谜。同时,社会对同性爱者的态度可能会持续改变。这种日渐增多的宽容最终是否会导致社会将同性爱视为与异性爱平等的一种选择,现在仍不清楚——这也是我们在接下来的章节中将重新思考的一个问题。

第 14 章

性欲倒错

14.1 概　念
14.2 性欲倒错行为
14.3 原因和治疗

我是人,所以关于人的一切对我都不陌生。
——泰伦斯(Terence),罗马共和国时期剧作家

在人类大多数的兴趣指向中,多样性都是被鼓励的。不同味道的食物、不同风格的音乐(从巴赫到摇滚)和不同介质的艺术都会得到人们的嘉奖——那么性表现呢?

当我们考虑到幻想的时候,人们对性多样性的口味便昭然若揭了(第11章)。问题不在于没有这种愿望和爱好,而在于不愿在现实生活中表现出来。心理抑制因素和社会禁忌阻止了我们。

实际上,大多数正常男女的性行为要比你想象的多变得多。即使对大多数成年人来说,异性性交是最为钟爱也最被认可的一种性表达模式,很多人也会尝试不同形式的性行为,有些人则尤其钟情于此。

那些看起来相同的性行为有着不同的动机和后果,而这正是造成我们难以对其进行评价的原因。想象一下,有四个男人,一个喜欢在公共海滩上看穿比基尼的女人,一个会付钱去看无上装女舞者跳舞,第三个会在女人爬梯子的时候偷看她的大腿,第四个则喜欢在晚上站在窗外偷窥一个女子更衣。所有这四个人都有同一种行为——看女性裸露的身体——然而每种情况又有各自不同的精神心理和社会的含义。公共海滩是一个你可以自由地看人及被看的地方;无上装秀则是一种合法的商业性行为——购买和出售性娱乐;从梯子下往上看的行为是对女士的一种冒犯,但是一个人不太可能会因此而进监狱;而第四种人,如果他被抓住的话,则面临着严重的法律制裁。

上述四种行为都可以冠之以"窥阴癖",但只有最后一种行为会被正式地贴上这种标签。窥阴癖是造成一系列社会问题的非典型性行为之一。

非典型性行为的重要性既体现在其心理方面,又体现在社会方面。问题就在于社会可接受和不可接受之间的界限在哪里。

14.1 概 念

用来表示非典型和问题性性行为的一些术语反映了人们对它们态度的变化。19世纪时这些行为被叫做"perversions"(性变态),后来被称为"deviations"(偏差),更近一些时候被叫做"variations"(变种)。现在的诊断性术语是"paraphlias",即**性欲倒错**,希腊语中意为"之外"和"爱"的意思。这种描述反映的是很大的宽容和道德的中立,从而避免过于严苛的贴标签(Tallent, 1977)。这种对于选择性欲倒错的自由和权利的关心(前提是他们的行为没有伤害到别人)被视为**"性少数派"**。但是法庭继续将所有冲撞法律的性欲倒错者称为**性侵犯者**(sex offenders)(第23章)。

有其他一些教材往往用 varieties, variations 这样的术语来统称这些行为,本书将采用"性欲倒错"这一正式名称,委婉的表达并不能帮助我们更好地了解这些行为。

历史概念

对非典型性行为的了解在历史上由来已久。它们在许多文化的文学、艺术及神话中都有所体现（第20章）。直到19世纪，人们才开始将其归类为精神病学和法学上的研究实体。

首先尝试研究非典型性行为的是理查德·冯·克拉夫特-埃宾。1886年，他在他的经典著作《性精神疾病》（*Psychopathia Sexualis*）（第1章）中，对当时所知的"变态"（aberrant）性行为作了一个综合的评述。由于此书基于遗传学倾向的观念（现已证明不成立），埃宾的著作如今便没有了解释力的价值，但是他的个案研究则持续引起人们的关注。埃宾的著作影响了弗洛伊德，弗洛伊德的观点直到现在还在非典型性行为的精神病学领域占据着主导地位。

弗洛伊德假设，在成人中，任何优先于异性交往的性行为都表明了性心理发展的缺陷。弗洛伊德将能吸引我们的人称为**性客体**（sexual object），将我们和客体想做的事称为**性目的**（sexual aim）。他认为，在健康、成熟的性关系中，异性的成年人是性客体，交媾是其性目的*。

对这种正常模式的偏离，会以如下两种形式之一出现：在性客体选择上的不同和在性目的的选择上的不同。在第一种情形中，替代的性客体可以是同性的成年人（同性爱），儿童（恋童癖），近亲（乱伦），动物（恋动物癖），无生命的物体（恋物癖），甚至是尸体（恋尸癖）。在第二种情形中，替代交媾目的的有：在他人不知情的情况下偷窥他人裸体或性活动（窥阴癖）；暴露自己的生殖器（露阴癖）；施加痛苦（施虐）；忍受痛苦（受虐）。当偏离同时涉及性客体和性目的的选择时，由对客体的选择判定偏离的性质。

正如我们在第13章中看到的那样，同性爱已从性欲倒错的目录中删除。在其他方面，以上论述的分类仍然在精神病学中被广泛接受（美国精神病学会，1987）。

弗洛伊德没有关注这些行为的社会意义。他的兴趣在于怎样用它们来支持他关于婴儿性欲及性心理发育的理论（第8章）。许多行为学家不接受弗洛伊德的理论前提，而且反对临床医生处理性欲倒错的方法。

替代的方法是，根据性欲倒错者对其他人的影响对性欲倒错进行分类。比如说，恋物癖和异装癖对其他人就没有直接的不良影响。而且，如果恋物癖者、异装癖者、施虐—受虐参与者不是病人或不住在一起的话，他们也许不会显示出心理不正常的独立特征。所以有些人会奇怪，为什么涉及个体的无害行为会被特征标签所侮辱。

基本特征

对上述失调行为进行分类和定义的精神病学手册是《**精神疾病分类与诊断手**

* 此处的"客体"并不是想暗示，人们被或者应该被当做无生命的客体来对待或利用。这里的"客体"是指在使他人欢愉时发挥了本质功能的个人，因此他们对他人很有意义。

册》(*Diagnostic and Statistical Manual of Mental Disorder*, DSM III-R)。它目前的版本将与性相关的混乱行为归入**"性心理失调"**(psychosexual disorders)的标题之下。这包括三个主要类别：性别认知失调，性欲倒错，以及性心理功能障碍。我们已经在第10章讨论过第一类，目前我们在此关注的是第二类，第三类则在第15章处理。

性侵犯不是这个目录系统的一部分。强制的性行为，比如说强奸，不是诊断实体（就像偷窃和谋杀也不是）。它们被认为是其他潜在问题的征兆，不是自身的失调。我们将会单独讨论强制的性，把它当做更宽广的主题即性侵犯的一部分（第19章）；不过也正如我们会看到的，一些性欲倒错与性侵犯之间有密切的联系。

将性欲倒错者区分开来的，是他们完成性唤醒的不同方式。除此之外，他们可用正常的方式来达到高潮——交媾，同性伙伴，或者手淫。

为了唤醒性欲，性欲倒错者依赖于不寻常的有时是极端的意象和行为。这些幻想和行为会不由自主地**持续重复**。它们通常会涉及非人的物体、对痛苦和侮辱的强迫接受和忍受，以及被强迫的伴侣。

单单幻想本身不足以构成性欲倒错，偶尔的性尝试也不能算是。要确定是不是性欲倒错，应确定那些行为是不是获得性满足的**优先**方式或唯一方式。个人必须有被迫感，觉得必须要做那些行为，即使有能让他人更为接受的其他发泄方式可以使用，即使这样的行为会付出潜在的社会代价。

性欲倒错者的性意象，无论多么奇怪都不罕见。比如说，一些普通人有过与动物发生性关系或者与动物施虐—受虐的幻想（这是一些文化中艺术和文学的常见主题）。类似的，轻度窥阴癖、露阴癖、恋物癖的行为也是我们文化的一部分，广告中的半裸描绘，女式内衣和高跟鞋的性吸引，如此等等都是例证。大多数沉迷于这些幻想和实践中的男女并不是性欲倒错者，因为他们的行为本身并不是目的；他们通过这样的行为加强了——而不是弱化或者代替了——自己的主要性目的。男人穿黑色的蕾丝内裤，是因为女人穿这样的内裤，而不是因为内裤本身；而女人穿这种内裤，是为了唤醒男人的性欲，而不是为了吓着他们。斯托勒(Stoller)称这种行为是**性变种**。这些偶然的情色技巧不会使他人蒙受伤害；它们可能是出于好奇或者为了冒险。相反，如果只有将性幻想习惯地付诸行动才能达到完全的性满足，并且主要被恶意所推动，那么他将这种行为称为性变态行为。

男性中的性欲倒错比女性要普遍得多，种类也多得多。据美国司法部1985年的数据显示，在性侵犯者中，男性占90%以上（除去强奸犯和提供性服务者）。我们将在第19章中提出解释这个现象的若干可能理由。

对于一个性欲倒错者来说，性伙伴仅是一个情色工具：展示靴子和内衣的模特，挥舞鞭子的胳膊，遭受殴打的屁股等等。伙伴的真实性格、需求和偏好都是无关紧要的，最重要的是伙伴在实现性欲倒错者的幻想中所扮演的角色。

考虑到这些非人性的、古怪的行为，性欲倒错者很难找到愿意充当性伴侣的正常女性，因此，他们经常依赖于妓女或者"S-M职业者"，来表演他们"古怪的性"的幻想。否则他们必须将这些行为强加于不情愿的受害者身上,那样的话性欲倒错就变成了一个社会问题。

14.2 性欲倒错行为

关于性欲倒错行为我们了解的不多,文学艺术中对这一题材的描写引人入胜,但很难对这一行为有一个系统的了解。

另一方面,对性欲倒错的科学解读非常有限,该领域大多数的研究对象要么是监狱人口,要么就是被治疗的病患。他们很难代表整个性欲倒错的群体。

恋童癖

据美国精神病学会 1987 年的定义,**恋童癖**(pedophilia,希腊语,意为"儿童情人")是指被儿童吸引,把与儿童的性关系作为一种爱好的或专一性的性满足行为(图 14.1)。为将之与儿童之间的性活动区别开,一般认为,恋童癖者至少比儿童大 10 岁。恋童癖通常也叫"虐童癖"(sexual child abuse),或叫做"调戏儿童"(child molestation)。

图 14.1 专为恋童癖者提供儿童色情电影的电影院,门前放着警示牌:"警告! 如果你不喜欢青春性爱,请不要来看 Kid Stuff,否则你会感到震惊和被冒犯!"

到目前为止恋童癖是各种性欲倒错中最重要的一种。它涉及的人数最多,它的受害者最为弱小,它最具伤害性,因此它引起的社会关注也最强烈。

在很多文化中,未成年儿童是禁止作为性伴侣的。但是过了青春期,被社会认同为性成熟个体的年龄即使在美国境内也是差别很大的。一些州法律将玩弄儿童与强奸幼女罪规定为:和年龄低于 16 岁、18 岁甚至 21 岁的人进行的性行为。这一标准在不同文化、不同历史时期差异更大。文学作品中一些著名的情侣年轻得让我们惊讶:罗密欧和朱丽叶都是十几岁的孩子;但丁爱上了 9 岁的贝雅特丽齐;彼得拉克在劳拉 12 岁时就和她在一起了。在不同时期,不同地域,年龄的社会意义也不同。为了更合理地作出判断,性学研究者仍定义儿童年龄为 12 岁以下,少年为 13~15 岁,成年人大于 16 岁。

虽然有很多理由表明成年人不应与(哪怕是生理成熟的)未成年人发生性关系,但严格地说,只有一个 16 岁以上的人和一个 13 岁以下的儿童发生性关系时(并且这个人要比这个儿童大 5 岁以上),这个人才能被称做是一个恋童癖者。

大体特征

我们关于恋童癖的大多数知识来源于对服刑罪犯的研究。金赛性研究中心在

20世纪60年代进行的一项研究(包括1500名性罪犯和两个对照组)至今仍是信息的主要来源之一。

根据芬克尔霍(Finkelhor)和拉塞尔(Russell)在1984年作的一项研究,异性爱男性对95%的侵犯女孩的案例负责;绝大多数对男孩的性伤害则是同性爱男性实施的。我们可以得出两个推论:第一,绝大多数的恋童癖者都是男性,不过也有部分女性;第二,异性爱男性要为绝大多数儿童性伤害案负责,因为超过2/3的儿童受害者都是女孩。异性爱男性比同性爱男性多,所以受伤害的女孩比男孩要多。男孩相比女孩来说,也更少地报告受伤害的经历。

金赛发现,1/4的女性年幼时,都曾被比她大5岁以上的人实施过性方面的接触。其中,80%的女性只有一次这样的经历;5%的女性则有过9次以上。更多的当代研究表明了更高的普遍程度。比率的变动取决于选取样本的数量、如何定义性伤害以及使用哪个年龄作为截止点,但即使是最保守的估计,也有10%的女性和2%的男性都曾在幼年时遭受过性伤害。这些比率将把每年受侵犯儿童的数目变为200,000例,是公布出来的数目的10倍(Finkelhor,1984a)。儿童遭受侵犯时的平均年龄,女孩是10岁,男孩是11岁;侵犯他们的成人的平均年龄分别是32岁和27岁(Finkelhor,1979,1984b)。

除了在性倾向和性别以外,恋童癖者还在年龄和个性方面有差别。在男孩有机会与同伴建立更成熟的关系之前,恋童癖可以于青春期展现出来。成人以后,它可能发生于各个年龄,不过在接近40岁或50岁以上更为常见。这可能与生命周期的发展压力有某种程度的联系。

关于恋童癖者的"脏兮兮的老男人"形象,大半是出于讽刺。当然有年老的恋童癖者,但是老年人的比例只有大约5%,而且那种看起来像是恋童癖的行为,可能不过是他们想对孩子温柔亲切一点的尝试,这种尝试糊涂而又凄凉。

大多数恋童癖者表现出**不成熟**(immature)的个性特征,在处理人际关系的技巧上发展不完全(Cohen et al.,1969)。他们不能应付成年的性伴侣,只能与孩子交朋友,发生性交往。另外,**退缩型**(regressed)恋童癖者试图建立成年的性纽带,但有很多婚姻及性方面的问题。在处于压力之下的人生阶段,他们退回更不成熟的功能水平,寻求儿童作为性伙伴。他们也可能求助于酒精(Rada,1976),在恋童癖发作时烂醉如泥。尽管如此,恋童癖者也可能使用酒精作为免除他们行为责任的借口(MacNamara和Sagarin,1977)。第三种,也是最少见的一种恋童癖者是**攻击型**(aggressive)恋童癖者。这些冲动的男人对女人怀着强烈的恶意,这种恶意在反社会行为和将儿童作为牺牲品的暴力中发泄出来。已有的各种关于恋童癖的其他解释认为恋童癖与童年经历相关,是由于成人性需求的正常表达存在障碍;还有可能是缺乏禁忌,而这种禁忌通常能够阻止人们将这种欲望付诸行动。尤其重要的一项发现是,4/5的恋童癖者自身就在孩童时期遭受过性虐待(Groth,1979)。因此,他们可能是通过重演造成精神创伤的童年经历来解决残留的伤害,来控制业已产生的冲突,或者通过把他自身所遭受的经历强加给别人来发泄仇恨。

恋童癖者具有不成熟或者情绪困扰的性格，但这不表示他们都是可怜的精神受伤者。事实上，一些恋童癖者是相当成功的男性。许多人还结了婚，育有子女。他们存在于社会的各阶层和各个职业群体当中。但是，这些人更喜欢青少年而不是儿童。恋童癖者的心理成熟程度似乎与其性伙伴的年龄成反比。因此，恋童癖者是一个复杂的群体。他们不局限于一种性行为方式，而是对成人性刺激和其他性欲倒错的刺激都有所反应(Travin et al.,1986)。

异性恋童癖

关于恋童癖，人们通常想象的情形是，一个陌生人在校园的操场游荡，伺机诱拐天真的少女。但在莫尔(Mohr)等人1964年进行的统计中，85%的恋童癖者是儿童的亲戚、家庭朋友、邻居或熟人；10%的案例中是陌生人，而15%的案例中是亲戚。他可以在她的家中做客或拜访时(作为叔父、继父、祖父、寄宿者)方便地接近儿童，有时他也以各种许诺诱骗孩子到自己家中。79%的这类接触发生在家中，8%发生在车里。

虽然与儿童的性关系可能也有一系列程序，但通常是相当简单的，并且很少会发展成为长期的亲密关系。实际的性接触通常包括触摸女孩的生殖器(38%)，使其裸露(20%)及对其进行爱抚(17%)；10%有性行为，但其中只有4%成功。只有在2%的情况下，被玩弄的孩子会受到身体上的伤害；当然在1/3情况下，孩子都受到了暴力恐吓和一定程度上的肉体紧张(Gebhard et al.,1965)。

同性恋童癖

年轻人和十几岁的少年一般是同性恋童癖者(chicken havok，原意指专捕小鸡的鹰)的对象。这种行为包括抚弄男孩并为其手淫，相互手淫，口淫，有时还有肛交。这些人为大多数同性爱者所不屑，后者只和成年人发生性关系。

同性恋童癖者一般不侵犯陌生的孩子(除非这些孩子是卖淫者)，他们通常对准亲戚或熟人的儿子。此外，在年轻人的组织机构里有时也会发生这些行为。在那里，男人装成顾问混进去。可能是他们的工作角色带给他们与儿童接触的机会，比如校车司机。在教师、儿童精神病医生和心理学家中也有恋童癖者。日托中心工作人员对儿童(无论是男孩还是女孩)的性虐待最近已经引起社会上大量的关注。

同性恋童癖者一般在处理与社会及个人关系能力上有严重缺陷。他们经常说他们宁愿与小男孩为伴，与成人在一起则感到不安。在杰勃哈特等人1965年进行的研究中，他们第一次进行这种活动的平均年龄为30岁。仅16%曾结过婚，但他们的性经验主要是同性性活动。

对儿童的影响

在第 8 章里，我们简单分析了成人—儿童性关系对儿童心理发展的影响。在这里让我们更详细地探讨这个问题。

在过去的 10 年里，据报道对儿童的性虐待呈现出了戏剧性的增长，每年都超过 20,000 个案例。这种增长部分反映了公众意识的改变及政府机构对这类案例的更好的报道，更显而易见的是，恋童癖者的人数也在增加，或者说他们的性活跃程度在增强。

尽管公众的关注和研究有了巨大的增长，但是目前，对一个大样本进行实证研究，设置足够的比较组，运用客观的方法及统计数据分析来对儿童性虐待的流行状况和后果提供一个清晰的图景，这样的研究还很少。甚至各研究者还无法就怎样定义它达成一致（Wyatt 和 Peters，1986）。

一般认为，成人和儿童之间的性行为对儿童是有害的。在埃尔维克（Elvik）等人 1986 年进行的研究中，60%的女孩和 38%的男孩对这种情况的即时反应是负面的。最负面的反应是恐惧（57%的女孩和 41%的男孩）。然而，也有一些孩子对这种行为表现出兴趣，甚至是高兴（23%的男孩，8%的女孩）。无疑，孩子们通常会清楚这种行为是被禁止的，或者被大人命令对这种行为保持缄默。只有 37%的女孩和 27%的男孩会将这种事儿告诉父母或者其他的成人（Finkelhor，1979）。

对童年时期这种经历的长期负面结果的报道是不一致的。有的报道了有害的结果，有的则谴责社会对这种有害结果的反应，还有报道认为它没有什么危害，有的甚至指出它对儿童有益（Kilpatrick，1986；Runyan，1986）。

对正在接受治疗的受害者的研究显示他们往往自尊心低下，内疚，并很难发展性和亲密关系。对囚犯和卖淫者的研究显示，他们的性偏离或者社会偏离行为部分可归结为他们童年时期受到的侵犯。或多或少，在童年受到性侵犯似乎会使他们长大后有将这种行为转嫁给其他儿童，或者有做出其他的强迫性性行为的倾向。

例如，在一个男性强奸犯的样本中，49%的人在 16 岁之前曾和一个比他至少大 5 岁的女人有过性接触；事情发生时他们的平均年龄是 11.5 岁，并且他们大都不止一次发生过性交行为（Petrovich 和 Templer，1984）。在儿童骚扰者中，也有很大一部分人在童年时期和女性发生过性关系。在这些案例中，至少一半的性接触中发生了性交（Condy et al.，1987）。然而，非性犯罪的囚犯中，童年时期受到性虐待的比例也比大学生样本中的比例高；并且大多数的囚犯在入狱前处于低收入阶层。他们入狱的相关因素可能是社会背景，而不是童年时期的性经历。过度拥挤的、混乱的居住条件，破裂的家庭，缺乏父母的管教，受教育程度低，都为这种关系的发生创造了条件（Renshaw 和 Renshaw，1980）。

从对病人和囚犯的研究中得出的结论不能被推广，但也不能被忽视。童年时期的性经历至少有时候是会造成创伤的，这个事实就足以引起关注。另一方面，很重要的是,童年时期和成人的性接触也可能不总是产生负面结果。例如,在基尔帕特里克(Kilpatrick)于1986年、1987年调查的一个中产阶级女性的样本中,那些童年时期和成人有过性接触的人在家庭关系、婚姻满足、性满足、自尊及忧郁等方面,和那些没有过这种经历的人没什么区别。

一小部分研究者走得更远,他们提出童年时期和儿童或和成人的性关系实际上是有益的。荷兰的桑福特(Sandfort)在1984年有一项研究,其研究对象是一群选定的男孩,年龄在10~16岁之间,他们都曾和成年男子有过性关系。这项研究表明,他们中大多数人对这种经历的反应是正面的。可能儿童对与成人发生性关系这种经历的反应,起作用的不是性行为本身,而是这种行为发生的环境。例如,芬克尔霍1979年发现,这种经历是否被证明是有害的,直接可分摊到发生性关系的双方的年龄差距及是否有强迫行为。其他重要的因素还包括父母和其他成年人在这种行为被发现后的反应,我们将在讨论乱伦行为时简单涉及这一点。

这种观点经不住考验,社会仍然强烈反对任何环境下的成人和儿童的性关系,正如我们已经讨论过的(第8章)那样,我们将在第23章进一步考虑这个问题。

乱 伦

乱伦(incest)是指近亲之间的性关系,特别是指父母和儿女之间或者兄弟姐妹之间的性关系。除了核心家庭之外,乱伦禁律的范围有很大的差异。

乱伦禁忌

母子之间的乱伦几乎在所有的文化里都是一种禁忌。父女之间及兄弟姐妹之间的乱伦在有的文化的特定人群中则是被允许的。例如,在古埃及、夏威夷和印加帝国的皇室里,存在着兄妹通婚的行为。在福特和比奇1951年调查的社会中,72%有很严格的乱伦禁律,包括西方文化在内。《旧约》里就讲述了罗特被他的两个女儿引诱的故事(《创世记》19:30-37),而没有做任何评论,尽管犹太教对

图14.2 《旧约》中的乱伦——罗特和他的女儿,作者是法国巴洛克时期的著名画家让·弗朗索瓦·特鲁瓦(Jean Francois de Troy,1679—1752)。

专题 14-1
父女乱伦行为*

玛丽西亚(Maricia)的父亲在她5岁的时候就开始用手抚弄她的生殖器,并和她发生了口交关系,这种行为持续了将近两年的时间。她想她那时应该已经知道这种关系是错的,因为她很害怕被母亲发现。她的父亲是一个酒鬼,并且无耻到一次又一次地带妓女回家。有一次父亲坚持要和她上床,而那时母亲正和他们在同一个房间里。当父亲要求他们一起脱掉内衣的时候,她的母亲笑了,并认为看到他们俩一起上床"非常可爱"。就在母亲站在旁边大感有趣的时候,她的父亲已经开始抚弄她了,玛丽西亚被这种情况吓坏了,哭着跑了出去。她的母亲从来没有意识到乱伦的发生。然而,一个大一些的姐姐——她也曾和她父亲发生过一次乱伦关系——意识到了这一点,要求她父亲停止这样做,并威胁他要向法律机构告发他。

女儿:(声音逐渐升高)你没有看见我们是怎么做的……
母亲:没有,嗯。没有。
女儿:(生气地)我们到仓库里!我们到树林里!我们就在牧场里!你出去了!所有人都不在房子里面!我们在你的床上做!我们在我的床上做!我们在浴室的地板上做!
(母亲发出很大声的呜咽。)
女儿:我们在地下室做!在我的卧室里做,我们还在炉子间做!……
母亲:(颤抖着)我不能相信,我不能,不能……
女儿:妈妈……

母亲:(带着颤抖的声音)不能相信怎么会发生这种事情,不能相信你怎么能这样对我。
女儿:因为……
母亲:(哭喊着)我为你做了这么多!我一直想做一个好母亲,一直想做一个受尊敬的母亲,但是你竟然这样说你的父亲,那太……
女儿:(喊叫着)妈妈,那是真的!你应该相信……
母亲:(对医生说)她是我的女儿,我爱她,但是我不能想象这种事情!

几个月来,帕米拉(Pamela)一直被她的继父调戏,尽管她不喜欢继父碰她,但她还是没有立刻告诉她的母亲,因为她"不想让妈妈不高兴"。当她告诉妈妈后,她母亲坚持要丈夫立即离开这个家,并很快寻求法律保护,使他不能再骚扰她们。因为他已经失业了,一直依靠她来生活,所以她在家里很有地位。去治疗时,女儿显然很崇拜她的母亲,说起她来就好像在谈论一个电影明星似的。母亲也放心了,因为这段婚姻结束了。

尤娜(Una)10岁的时候被她患严重精神病的爸爸强奸了。她母亲把丈夫送进医院,并给女儿精神安慰和情感支持,告诉她实际上当强奸发生时,那个人并不是她父亲本身。尤娜相信了她的母亲并最终原谅了父亲,因而消除了伤害性影响。

* From Meiselman, K.C., *Incest*. San Francisco: Jossey-Bass, 1978, p.169.

乱伦有严厉的禁律(图 14.2),这件事我们将会在第 20 章再次讨论。

为什么乱伦禁忌会如此普遍?在非人灵长类动物中也禁止母子交媾,如黑猩猩,因此这种禁忌应该是以生物脾性为基础的,防止近亲繁殖的文化上的苦心安排。对于人类,这种禁忌就体现在鼓励**异族通婚**(exogamy),以此来加强社会中的血缘关系(Haviland,1981)。乱伦禁忌对家庭而言也是一种保护,它避免了家庭内部的性竞争及对儿童的性剥削。

集体生活、成长的模式很可能会产生性吸引（但不是爱情）。芬兰社会人类学家爱德华·韦斯特马克（Edward Westermarck）认为，在成员关系亲密的群落中会产生（部落成员之间的）性反感。在以色列，生活在集体农场里的孩子（他们就像是兄弟姐妹那样）的经历证明了这个论点。在童年时期就定下的婚姻，生育会比较少，并且以离婚收场的可能性更大。

成人之间的乱伦行为在法律上被禁止，也不为社会所接受。*但是这种行为确实偶尔会发生，不过它不属于性欲倒错。只有发生在成人和儿童之间的乱伦才是性欲倒错，我们这里关注的正是这一点。

乱伦恋童癖

不同来源的与儿童乱伦的数据有很大的偏差，从每年百万起男性性侵犯案例中只有几例，到在一个女性精神病人的样本中占到33%（Rosenfeld，1979a）。在亨特1974年的样本中，14%的男性在成年之前曾经和亲戚有过性接触（13%为异性爱者；0.5%为同性爱者）。在女性中这个数字是9%（异性爱者8%；同性爱者1%）。2/3的男性和2/5的女性的这种经历是和表（堂）兄弟姐妹；超过1/4的男性和过半数的女性只是轻轻抚摸。核心家庭中这种性接触主要发生在兄弟姐妹之间：3.8%的男性曾和姐妹有过性接触；女性中3.6%曾与兄弟有过性接触，和姐妹有过性接触的占0.7%。和父母的接触只是发生在父女之间（0.5%）。在1970年《今日心理学》（*Psychology Today*）杂志调查的样本中，1%的女性和2%的男性第一次性交是发生在亲戚之间。

在芬克尔霍1979年对一个大学生样本进行的调查中，1%的女性曾和她们的父亲有过乱伦行为，推广到全部人群中，这意味着美国15~17岁的女性中每年新增16,000个父女乱伦的案例。而在芬克尔霍1982年的调查中，超过18岁的女性中这个数字据估计为750,000。比起她们的亲生父亲，女儿更容易受到继父（和他的朋友）的侵犯。

芬克尔霍1979年的调查显示，表（堂）兄弟姐妹间的性接触比亲生兄弟姐妹间的更多；同代亲戚之间的乱伦比跨代的父母与孩子之间的乱伦（只占10%）要多；这些案例中父女乱伦远比母子乱伦多。在一项对法庭判决的乱伦案例的研究中，90%是关于父女之间、继父—继女之间及祖父—孙女之间的乱伦；还有5%是父子之间的乱伦（Maisch，1973；Meiselman，1978）。只有1%的乱伦案发生在母子之间（Weinberg，1976）。1980年报道了一起母子乱伦的案例。在极少数案例中，母亲对她们襁褓中的儿子有性虐待的行为，包括对生殖器的刺激，吸吮阴茎，还有手淫。

尽管在不同背景的家庭中都会发生乱伦行为，但是芬克尔霍指出了会增加这种可能性的因素：继父的存在或者父亲感情冷漠；母亲文化程度低（没有从高中毕业），并曾经离开过家庭一段时间，和孩子不亲近，喜欢通过性来进行惩罚；家庭年

---

* 据1984年10月24日的《纽约时报》报道，一名男子曾经在3岁时被领养，在20岁时遇见了一个37岁的女人并和她结婚，而这个女人正是他的亲生母亲，直到6年后他们真正的关系才被发现。他们被以乱伦罪起诉，并被勒令分居。

想一想

假如你是一名保姆，如果你照顾的那个孩子告诉你她父亲摸了她"那里"，你应该怎么办？

收入在一万美元以下；童年的朋友少于两个。其中继父的存在和母亲喜欢用性作为惩罚是与对儿童的乱伦行为关联性最强的两个因素。

乱伦通常折射出家庭的重重问题。典型的是婚姻不幸福，男方专横、独裁、冲动，女方不自主、感情冷漠，双方都不适合做别人的配偶，也不适合为人父母。女儿感到害怕，常常会顺从父亲的意志，来避免进一步的家庭纠纷。在这些情况下妻子常常受到丈夫肉体的虐待和威胁。别人不能引导她们面对现实。这形成了一种默认的共谋，从而允许了乱伦行为的发生和持续（专题14-1）。孩子的控诉受到压制（通常是被母亲压制），直到一些新的情况打破这种妥协。有些女性确实一发现这种行为就会告发，有的是在女儿逐渐长大后反抗这种行为（Finkelhor, 1979）。但其他的研究没能证实这些家庭情况。特别是，他们发现那些乱伦者的妻子人格很正常（Groff, 1987）。

应对乱伦

乱伦和其他对儿童的性虐待有同样的效果，但是这种负面的经历更具伤害性。儿童对父母的依赖性更大，因此在乱伦行为发生后的背叛感和无助感更强。

应付乱伦恋童癖的专家们分歧很大。有的要求起诉罪犯，这通常意味着要将父亲送进监狱。相反的观点认为将父亲投入监狱会使受害人更加自责，并导致贫困，有时甚至是家庭的破裂（Runyan, 1986）。

据美国人道主义协会1986年的统计，在30%的针对儿童的性虐待案件里，法院都有所行动。社会工作者对73%的案件做出了咨询，17%的案件中孩子得到收养。

怎样安置孩子是问题的关键。孩子须要倾诉，须要得到信任。恐惧、害羞和愤怒必须能够自由地表达出来。孩子需要别人帮助，让他/她能够觉得自己不必为这种行为及其后果负责。必须引导孩子正确地看待性的因素，而不能视性为洪水猛兽。没有涉及乱伦的家庭成员、朋友及治疗专家的过度反应及迟钝的法律程序，也很可能会像乱伦关系本身那样伤害孩子。

既不应该忽视和否认乱伦行为，也不应过度卷入其中，在这两个极端之间应该划一条界线。这在乱伦发生的时候及几年后再次面临这种行为时都适用。那些在童年时期有这种经历的人，在成年后和咨询专家讨论它，仍然对其自身有帮助。

图14.3 意大利北部一处岩洞里发现的表现恋动物癖的古代岩石雕刻

恋动物癖

恋动物癖（zoophilia，也叫 bestiality），即与动物之间的性接触，定义为一种偏爱行为：将与动物的性活动作为获得性兴奋和满足的经常或唯一途径。与动物的性幻想是相当普遍的，有时是其他发泄途径受阻时以动物作为替代品，有时则只是偶然的试验。因此，偶尔以动物作为性发泄的方式并不能被认为是偏爱行为（Tollison 和 Adams，1979）。

有的儿童会因好奇而玩弄宠物的生殖器，或者让它们吸吮或舔弄他们自己的生殖器。童年时期这种探索性的性行为到成年后就不会再发生，因此这些人也不是恋动物癖者。

男人大多会使用农场的动物，而女人更喜欢用家庭宠物。两性都偶尔会利用毛驴和马，女性在进行性展示时尤其如此。更为常见的是给动物手淫，诱使它口交，并且在可能的时候，做出阴道性交或者肛交。动物也会被诱导承受性虐待，有时致使它们受伤或者死亡。

图 14.4 宙斯化为公牛劫夺欧罗巴

金赛研究的六种性途径中，显然最少的就是与动物的性接触。尽管有 8% 的男性和 3% 的女性声称曾与动物有过性接触，但是他们的行为只占他们所有性行为的 1%。然而，在某些群体中，这种行为要常见得多：在农场长大的男孩中，高达 17% 的人在青春期之后至少有一次通过和动物的性接触达到高潮的经历。

人类和动物这种亲密联系已有很长的历史（图 14.3），它成为很多艺术作品的一个重要来源。古代神话中有很多故事，它们讲述的是化作野兽的神与不知情的女神或人类的性接触（第 20 章）。例如，宙斯变成公牛来接近欧罗巴（Europa）（图 14.4），变成天鹅以接近丽妲（Leda），化为毒蛇来和珀尔塞福涅（Persephone）在一起。

历史上关于恋动物癖的记载也很多。希罗多德（Herodotus）提到在门德斯的古埃及庙宇中的山羊，就被特别训练来和人类交配。但更多的则是禁止将动物当做性对象的记载。《赫梯法典》、《旧约》及《犹太法典》都特别禁止男性进行这种性接触；《犹太法典》还把这种禁止的范围扩展到女性。对这种行为的惩罚都比较严厉，经常要将参与的人和动物都处死。在欧洲这种判决一直在施行，穿越整个中世纪直到晚近。1944 年，在美国，一个士兵被高等军事法庭控告鸡奸了一头母牛，法庭判决他被军方开除，并判做 3 年的苦工。

如果从更广阔的视角来看待同动物的性接触，那么属于精神病理学的行为和为文化所不容的行为之间的界限就很模糊了（Traub-Werner，1986）。当然，动物不是没有生命的物体,并且那些关注动物权利的人会反对他们对动物的性剥削。

恋物癖

恋物癖者(fetishism)的性兴奋对象是非生命物体或人的肉体的某部分。人类学家认为,在文字出现以前的社会,这些恋物癖者相信这些对象有神奇的力量。更广泛地说,恋物的价值主要不是自身的价值,而是归结于对它的迷信或其他方面意义。"**色情恋物癖**"(erotic fetishism)首先是比奈(Alfred Binet)这位智力测验的先驱提出来的。恋物癖者钟情的或者唯一的性唤醒来源,要么是一种无生命的物体(object fetishism),要么是身体的某个部分(partialism)(Wise,1985)

通常的性对象(即肉体的一些部分)与恋物之间的界限是模糊的。例如,许多男人的性欲会被女人的内衣所诱发,设计那样的内衣常出于这个目的。除了生殖器外,大多数人对异性肉体的不同部分都有爱癖。异性爱男性常迷恋于女人的胸部和大腿;许多女性则偏爱男人瘦削的臀部和宽肩。在我们的社会中,女性的金发和男性的黑眼睛有特殊的性吸引力。对那些特征的偏爱是性爱好文化类型中的一个正常组成部分。因此说美国人迷恋女人的大胸部是没有多大意义的。当然如果一个男人对女人胸部的兴趣超过这位女性本身,那么人们便能将他当做恋物癖者看待了。

恋物癖的种类

原则上说,身体的任何部分或任何物品皆可成为恋物癖者的对象,但一些对象被用于恋物的可能性更大些。吸引力可能是该对象的形状、质地、颜色、气味或这几个因素的组合。大多数恋物癖可分成两类:**软性恋物癖**(soft fetishes)指一些"女人味"的东西,如柔软的皮毛制品,带有花边、色调柔和的裤子、长筒袜、吊袜等;**硬性恋物癖**(hard fetishes)指一些"男人味"东西,光滑或粗糙,黑色,如高跟鞋、黑手套、皮制和橡皮制的物品及其他装饰品(图 14.5)。后者常与施虐—受虐幻想和行为有关。

恋物是具有普遍和个人意义的性象征物。例如,女式高跟鞋在我们的文化中普遍有性感的含义,但恋鞋癖者除此之外还被某种特殊类型的鞋所吸引,并以惊人的数目收集它们,将它们当做女人的替代品。其他一些人可能同样收集手套和另外一些物品(Stekel,1964)。恋物癖者将这些物品与其他一些性活动一道用于性诱发目的,或者用于手淫。

如果一件衣物曾经被穿过,那么它们会更受喜爱。一件集合不同特征的衣物会更能唤醒性欲。一件新的、白色、纯棉的女性内裤可能在性唤醒上作用很小,除非是极度渴望的男人。透明材质的黑色或红色比基尼内裤会更令人兴奋;如果它们是被使用过的那就更能激起性欲了,因为阴道分泌物的污渍和气味传达了一种更个人化的"活生生的"气氛。不是只有恋物癖男性才能明白这个例子中的性暗示,但是对于正常的男人来说,这条内裤的"价值"来源于穿它的那个女人,并且他的兴奋点会转向她;而对于恋物癖者,内裤本身就是一切。他非常依赖这些对他有性唤醒价值的衣物,以至于如果没有能够让他迷恋的物品,他就无法和女人发生性关系;而一个正常的男人会为了那个女人而把其他一切丢在一边。

女性很难理解恋物癖者的想法。尽管传统上她们用衣服和首饰来使自己更迷人,但是男性的物品对她们而言很少有性价值。对大多数女性来说,男人的内裤看上去只是一件衣服而已;并且如果它是穿过的,那它就是不洁净的。那么女人就不会对其他物件有不同的反应吗?或者无生命的物品对她们而言就没有性方面的意义吗?女同性爱者会不会像男人一样,对同样的女性用品产生性唤醒呢?我们对这些问题的了解还很少。

恋物通常是生殖器的象征性替代物,但如果将性伴侣的生殖器视做性伴侣的整体,则生殖器自身亦可成为恋物。一些男同性爱者对阴茎的偏爱,也可算是恋物癖的表现。有研究者将这与在诸如厕所之类公共场所发生的非人性化的性活动相提并论:在厕所里,男人们的兴趣集中于阴茎,很少对别的有兴趣(Hoffman, 1968)。

生理缺陷,如断肢、斗鸡眼也可能成为恋物。虽然对截肢者或畸形的人的性迷恋并非恋物癖,但对生理缺陷本身的迷恋,则可能出于恋物动机。

图 14.5 电影《吸血邻里》(*The Damned*)(1969)中,男演员正在模仿玛琳·黛德丽(Marlene Dietrich)在《蓝色天使》中的经典造型,他的吊袜带、黑色长筒袜及高跟鞋都是恋物癖者的对象。

心理特征

了解恋物癖者的人格特征对我们没有太大的益处。在杰勃哈特 1965 年的恋物癖者样本中,这些男人从童年时期开始,除了和他们的母亲之外(他们对母亲有强烈的依赖)很少和异性交往。他们的恋物情结可以追溯到青春期甚至更早。

一些临床医生将恋物癖看做是那些无法正常拥有成人异性爱关系的成年男人的一种性的替代形式。与以儿童或动物为性发泄对象的人不同,恋物癖者选择了安全且无声的无生命物品作为性发泄的对象。

这种观点对心理特征复杂的恋物癖者是不公道的。尤其是这些人既没有疯狂,因此不须要治疗;他们也不愚昧或无助,不能因为他们这种对社会完全无害的行为而将他们投入监狱。

异装癖

异装癖(transvestism,拉丁语中"trans"是"交叉"的意思,"vestia"意为"服装")也叫 cross-dressing,是一种复发的、持续发生的行为,通常是男性穿女式服装,以达到性兴奋。对服装不分男女的社会而言,不存在这种行为。但在我们的社会和大多数其他文化中,尽管男女式服装有些共同点,但差别还是很明显的。与男性相比,女性有更多品种的服装可供选择(虽然在美国,女性也穿短裤和夹克,但一般男性不穿裙子)。在嬉戏的场合、滑稽剧、戏剧里,男性也经常扮作女性。

在其他一些场合下,男扮女装也不能构成异装癖。前面讨论过的"易性癖"就是一个例子,但是在某些例子中,易性癖是以异装癖开始的。男同性爱者扮作女人是为了吸引男人,并与他们进行一些不会暴露其男性特质的性活动;化装舞会上的男扮女装如果不是为了性兴奋同样也不是"异装癖";那些为了谋生而模拟名人的演员更是如此。对异装癖者而言,穿着女装的愿望很迫切;当受到干扰时,他们会有强烈的受挫感。

严格地说,大多数异装癖者是正常的异性爱男性。如果他们只是对某些特殊款式的女装感兴趣的话,那么他们**部分**算是异装癖者。他们可能会在自己的男性外套下穿一件女性短裤。**完全**的男扮女装者要么将穿着女性装饰品作为偶尔的享受,要么一直如此。有些异装癖者独立活动,其他人则在异装癖者亚文化群体中活动。在南加州,有一个全部由异性爱异装癖者组成的名叫"chic"的组织,其成员多为职业人士,经常着精致的女装聚餐、社交,许多人还携妻子前往。

异装行为通常从童年或少年就开始。但大多数玩这个游戏的孩子并没有变成异装癖者,那些最终变成异装癖者的人说他们曾因这种行为而受到惩罚(Stoller,1977)。异装癖者通常是在成年后开始穿女装出现在公共场所。有的异装癖者的妻子也许会适应丈夫的习惯,甚至帮丈夫选购女性衣服。有的妻子则苦恼于这种行为,她们要么寻求帮助以克服它,要么与丈夫断绝关系(Wise et al.,1981)。女性异装癖者很少。妇女会出于一些原因而穿着男装,但出于性刺激目的的极少。

恋尸癖

最稀奇古怪的性对象莫过于尸体。对尸体的"爱"或与其发生性关系——被称为**恋尸癖**(necrophilia)——是很稀有的行为,通常只涉及精神病态的男性。作为一个罕见的例子,1982 年一名 23 岁的女尸体防腐实习员由于对一具 33 岁男性尸体进行性玩弄而被判刑。她承认,曾和 40 具以上的尸体有过性接触。以下是她留给尸体的一封信中的部分内容:

我写这封信是为了安慰我那破碎的心。如果你读了这封信后,请不要恨我。我也曾像你一样,会笑,会爱。但是某种东西变了……请你记住过去的我,而不是现在的我。(《旧金山纪事报》,1982年4月25日,2版)

根据古希腊历史学家希罗多德的记载,古埃及贵族或者美貌的女性死后,他们的尸体过上一段时间才会送到木乃伊制作者的手里,以防止尸体受到性侵犯。

在电影和漫画中也存在恐惧、死亡及性冲动等多种元素的混合,它们很能吸引一些十几岁的孩子。更令人厌恶的是那些包含着伤害和谋杀的暴力色情的"索命电影"(snuff film)。

图14.6 中国春宫画里正在偷看女子沐浴的少年

窥阴癖

传说11世纪时的考文垂领主列奥弗里克(Leofric)应允,如果他的妻子赤裸着骑白马穿过城镇,则免去该城人民沉重的税租。他的妻子,历史上著名的戈黛娃夫人(Lady Godiva),修道院和穷人的女救星,同意了这一要求。出于敬意,城里每个人都呆在窗户紧关的屋子里。只有裁缝汤姆是个例外,他偷看了,结果成了瞎子。从此便有这句话:"偷瞧的汤姆"(Peeping Tom)。

衣着甚少,不经意地暴露自己,或正在脱衣服的女性是相当富有性激发性的。虽然传统的观点认为女性没有类似的兴趣,但现在越来越多的报道表明:女人同样喜欢看裸体或穿着暴露的男人。因此,类似于供男性消遣的杂志及粗俗的表演和无上装秀等,现在也有了相应的为女性而发行的杂志,刊登裸体男性照片和男性脱衣舞表演。然而被吸引的女性远远小于男性比例。

这类行为可以粗略地称为**"窥阴癖"**(voyeurism,法语,意为"去看"),但并不构成性欲倒错。严格地说,作为一种性欲倒错的窥阴癖行为必须是重复的和急迫的;而且被偷看的对象没有意识到这一点,而且知道后会非常生气。"那感觉就像被强暴……至少当你被强暴时你还知道攻击你的人是谁。"西弗吉尼亚煤矿的一位女士如是说,她的一位男同事在女卫生间的墙壁上凿了一个洞(《旧金山纪事报》,1981年7月2日)。

按照这些更为严格的标准,实际上所有窥阴者都是男性,他们偷看女人脱衣、洗澡或进行性活动。在此期间或以后,他们一般会手淫;但常规上,他们不会在肉体上骚扰受害者,尽管在某些情况下他们会施行强奸或进行盗窃。当然大多数男人偶尔

想一想

发现自己10岁的孩子在看《花花公子》，你会如何应对？说说为什么。

碰上那些情景，也会聚精会神地观看，但窥阴者会专门寻找这样的机会。他不仅透过不经意经过的敞开的窗户观看，而且会穿过草坪，藏在树丛里偷瞧。这种行为的刺激性来自于其危险性和知道妇女发现隐私受到侵犯后会表现出的恐惧和愤怒这一事实的满足感。这就是窥阴者为什么不贪看自己的妻子、女朋友，甚至裸体俱乐部里的陌生人。

窥阴者大多是年轻人（在杰勃哈特等人1965年和斯托勒1977年的调查中，第一次有这种行为的平均年龄为23.8岁）。他们当中2/3未婚，1/4已婚，余下的要么离婚，要么丧偶，要么分居。很少人表现出严重的精神失常，酒和药物与这种异常行为通常也无关。在杰勃哈特的抽样调查中，只有16%的人偷看时喝醉了，没有人受到药物的影响。从智力、职业、家庭背景来看：窥阴者大多是缺少与异性交往经历的那些人。大多数窥阴者没有严重的犯罪记录，但很多有过不端行为。

露阴癖

为了达到性刺激目的而显露自己的身体或生殖器，在性活动中是普遍的。**露阴癖**（exhibitionism）这个术语用于指具有性挑逗意味的姿势或行为。大多数裸露行为是商业性的。最公开的方式是色情表演、书籍和电影，但也有相当多的裸露，尤其是女性肉体的裸露，是在广告中出现的（第18章）。

作为性欲倒错的露阴癖（也称为"不体面的暴露"），其所指要局限得多。从很多方面来看，它是与窥阴癖相对应的另一种性欲倒错形式。与窥看不同，露阴癖会向偶尔碰上的妇女和孩子（通常是完全的陌生人）显露自己的生殖器以达到性满足（图14.7）。尽管大多数露阴癖是男性，但也有少数是女性。吉特尔森（Gittelson）和他的助手在1978年对一组英国样本的调查中发现，44%的女性易于作此"不体面的暴露"；在兹维里纳（Zverina）等人1987年在捷克斯洛伐克所做的研究中，这一数字在不同的女性病患群体中高达51%。

通常露阴癖会突然闯到女性面前，露出他的生殖器。在公开手淫时他可能会发生勃起。他们有时会穿一件外套，并在乘坐地铁和公交车时不时露阴；或者他们会站在公园里，佯装撒尿。

露阴癖通常并不骚扰受害者或寻求与受害者的进一步性接触。他的满足来自于所看到的受害者的惊奇、害怕和厌恶。如能保持平静的表情，则很有可能会挫败其意图。在因兴奋、害

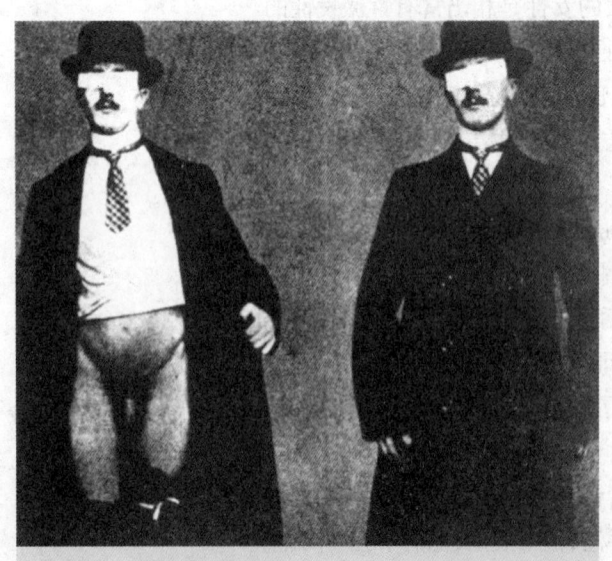

图14.7 露阴癖者。

怕、不安和性激发而引起的露阴行为中,有强制性的因素在内。一旦处于这个状态,他就被这种因素所驱动,去寻求解脱。对露阴癖来说,性唤醒刺激的本质显然与其他性欲倒错者和正常人不同。例如,在费多拉(Fedora)1986年的实验室研究中,身着无暴露服装且无情色意味的女性图片能够令露阴癖性唤醒,而其他组则不会。

露阴癖犯罪的平均年龄为30岁 (Gebhard et al.,1965)。被捕的露阴癖中,约30%已婚,另外30%的人则分居、离婚或丧偶,还有40%的人未结过婚。他们通常在性方面有严重的问题,并无能力和异性发展关系。他们的智力在平均水平之上,并且没有证据显示他们有严重的情绪问题(Smukler和Schiebel,1975)。露阴癖者通常并无严重的精神失常迹象,仅在很罕见的情况中,才涉及酒精和药物(Blair和Langon,1987)。

露阴癖特别容易遭到逮捕。这个事实部分是因为他们这种行为的公开性,但是也有证据表明他们会故意招致逮捕,例如,在同一个地点兜圈子,就好像越危险的环境越能提高他们的性欲(Stoller,1977)。并且,尽管以前曾经遭受逮捕和判罪,露阴癖还会重复他们的行为。在杰勃哈特的研究中,1/3有这类行为的人曾被判有罪4~6次,10%的人被判有罪达7次甚至更多。

猥亵电话

性的令人震惊的方面也在许多其他场合被利用。低级趣味的幽默、下流淫秽的笑话、性影射及类似的使人窘迫的其他形式,都可以算是露阴癖的微妙表现方式。更公然的要算**猥亵电话**(obscene calls)了。呼叫者通常在性方面不太满足,他试图通过电话这种显然较安全的手段与一个妇女进行带有性意味的交谈(随着侦察技术的改进,这一方式也越来越不"安全"了)。他的快感来自于当他向那个妇女说清其意图时,对方所表现出的窘迫。

有好几种猥亵电话呼叫类型。一些人谈自己的性经历,或者假装是内衣制造商要进行性调查,或佯称正在进行性学研究(掉进这个圈套的妇女数量之多令人称奇)进而搜寻性方面的事。有的男人会给电话顾问打电话,并对她们进行性侮辱。电话公司希望接到此类电话的用户要么保持沉默,要么立即挂断;或者在可能的情况下,用另一条线提醒接线员去跟踪这个呼叫并报告警方。

电话也被用于为呼叫者提供类似服务。像报告时间和天气预报的服务电话一样,从中你可以马上听出电话中的甜美女声所播出的有性意味的"信息"。**电话性爱**(phone sex)可以满足人们不同的性兴趣,从肛交到群交不等。这类具有明显邀约性质的电话号码,往往会刊登在具有明显性倾向的杂志和报纸上。一个这样的电话号码在纽约市每天可收到500,000次呼叫,这使得节目制作人可赚到10,000美元,电话公司则赚25,000美元(《时代周刊》,1983年5月9日)。

施虐—受虐癖(S-M)

作为一种性欲倒错,性虐待是指在肉体和精神上施加痛苦于另一个人身上;性受虐是指出于性兴奋目的而忍受痛苦。在艺术作品和文学中都广泛地涉及这个题材(图14.8)。施虐癖(sadism)和受虐癖(masochim)这两个词出自专写这两个方面题材的两个作者的名字。前者是法国贵族德·萨德侯爵(Marquis de Sade,1740—1814),第二位是奥地利作家冯·马佐赫(Leopold von Sacher-Masoch,1836—1895)。这两个人的著作及其生平广为人知。

通过咬、抓、拍、打等而导致轻微疼痛,是喜欢冒险的情侣们性活动的一部分。颈项上的牙印、青痕常缘于接吻,因而是热烈做爱的标记。在亨特1974年调查的样本中,大约5%的男性和2%的女性会通过给予对方疼痛而获得快感,同时也有2%的男性和5%的女性受到疼痛的折磨时会产生快感。在《花花公子》于1986年针对大学生所作的调查中,有2%的受访者曾经试过使用疼痛;4%说他们打算做这种尝试。

作为性欲倒错的一种,**性施虐癖**施加给另一个人肉体上的疼痛或者心理上的羞辱;**性受虐癖**则喜欢这种虐待,并能产生性兴奋,把它当做一种优先选择的性行为。从这种更严格的意义上讲,这种行为要少得多。施虐癖和受虐癖常被视为硬币的两面,或者被称为施虐受虐癖(S-M,sadomasochism)。现在有人认为这两种倾向是相互独立的(Baumeister,1988)。

直到最近,大多数关于施虐癖和受虐癖的文献都来源于对个体行为的临床研究。现在,调查研究和社会学路径拓展了研究视角。对这种行为的日益接受使得一些人将"S-M"看做是等待被废除的"最后的禁锢"。

施虐—受虐癖比其他性欲倒错现象更容易说明性行为中的支配性和侵犯性因素。支配因素在**奴役与惩罚**(B&D)活动中体现得最清楚。在这种活动中,一个不情愿的合作者被"仁慈"的主人或女王绑缚,嘴被堵住,不能动弹。在这些活动中,利用恋物性的装饰品,从皮革类服饰、高跟鞋,直到传统的锁链、镣铐、皮鞭、套具等都是常见的。

言语辱骂和鞭打在这一行为中是常见的。从象征性的漫不经心地轻打,到留下伤痕血迹地殴打,侵犯的形式多种多样。在罕见的情况下,更严重的施虐—受虐行为会导致伤残和死亡。

图 14.8 上:18世纪晚期的色情作品《哲学家泰利兹》(Therese Philosophe)中的鞭笞场面。下:18世纪的一部色情小说《芬妮·希尔》(Fanny Hill)中的插图。

性施虐—受虐活动主要涉及男性。尽管女性也许会从中得到刺激,但大多数时候是为了取悦她们的男性情侣,为了钱或作为不情愿的受害者。在同性爱男性之间,这种活动会更普遍、更强烈,可能是由于男性之间性活动包含了暴力成分的缘故。不同的研究对进行 S-M 活动的同性爱者和异性爱者进行了比较研究(Breslow et al., 1986)。

确定这种行为的流行程度是困难的,由于有许多不同的行为方式,人们不知道具体的标准是什么。我们的社会中充满了暴力,其中一些是与性相关的。摇滚乐队、时髦摄影师,及一些施虐—受虐风尚追随者都是主流社会的一部分。在一个更广阔的层面上讲,相比较强奸和其他形式的性强迫来说,性虐待只是一种比较轻微的性暴力(第 19 章)。S-M 是更仪式化的、更假装的性暴力形式。

在性用品商店购买性虐待物品,并在卧室里上演捆绑场景的夫妇,常常会在偶然的情况下尝试这样的行为。那些更热心于性虐待的人(多为男性)会利用卖淫者,或者去特定的 S-M 机构尝试奴役、羞辱和疼痛,但他们对使自己受伤没兴趣(Scott, 1983)。这些人当中相当大的一部分是收入很高的专业技术人员或者管理层,他们寻求安全的途径来满足自己的受虐需求。据报道,洛杉矶一家名为 the Chateau 的 S-M 机构向 1000 多名客户提供性虐待服务,有 13 名女性在那里扮演主宰的或者屈服的角色。这些女性认为她们自己是各种形式的"性治疗专家",她们在一个安全且"爱意绵绵"的环境里为男人提供兴奋的 S-M"精神之旅"(《时代周刊》,1981 年 5 月 4 日)。还有人通过报纸上的 S-M 广告来和这类"服务人员"取得联系。

在这种关系中,有一个标准的程序。双方就事先上演什么样的场景——谁对谁做什么样的事——达成一致,同时在实际执行时有一定的自由度。扮演"底部"角色,或者是被动角色的那个人,事先会被给定一个"安全暗号",它是一个停止行动的密码。这能让"奴隶"恳求怜悯或者为血腥谋杀而尖叫,而不影响这种行为的继续,但一旦说出密码,就要停止这种行为。

临床的文献主要将性虐待当做是一种心理变态。从**施虐—受虐亚文化**中非临床的样本得到的调查数据更关注他们的社会及行为特征。在一项研究中,样本中 71% 是男性,29% 是女性。他们大多数都是异性爱者,但双性爱者的比例在女性中比男性更多(32% 和 14%);同性爱者的比例大略相同(约为 2%)。这个样本中占比重最大的(40%)年龄在 31~40 岁之间;大多数人受过高等

图 14.9 B&D(奴役与惩罚,bondage and discipline)行为常常包括皮带、手铐以及其他一些"刑具"。

表 14.1　对性虐待行为的兴趣偏爱(%)

兴趣	男性	女性	兴趣	男性	女性
打屁股	79	80	橡胶/皮革	42	42
主人—奴隶关系	79	76	皮靴/鞋	40	49
口交	77	90	口头辱骂	40	51
手淫	70	73	重度自虐	39	54
奴役	67	88	灌肠	33	22
羞辱	65	61	拷打	32	32
女性贴身内衣	63	88	淋尿	30	37
捆绑	60	83	异装癖	28	20
肛交	58	51	裙装	25	20
疼痛	51	34	厕所性行为	19	12
鞭打	47	39			

From Breslow et al.(1985), p. 315.

教育,一半以上的人已经结婚。大约 80%的男性(但是只有 40%的女性)认为他们从童年或青春期开始就对性虐待行为产生了兴趣。表 14.1 列举了他们喜欢的性虐待行为。这些人中的大多数看起来对社会适应良好,且很成功,并且 85%的人说没有人能猜到他们喜欢 S-M。从另一方面来说,32%的人感觉自己将要精神崩溃,有的人已经住进医院,还有 30%的人担心他们的 S-M 行为可能会加重到一个危险的程度。这个群体中异性爱者比同性爱者多(Breslow et al., 1985)。

特殊的 S-M 杂志迎合了这些顾客,它们刊载一些女人的照片或者卡通形象。那些女人穿着黑色的皮制内衣和高跟鞋,这样可以使她们看起来更具威胁性,她们给"受害人"口中塞着东西,捆绑他们,鞭打他们,并对他们施以各种折磨。尽管没有证据表明这些杂志的读者会向那些没有这种愿望的人施加这样的性行为,但是暴力色情品的负面影响是不容忽视的(第 18、19 章)。

有时候性虐待行为会因执行不当、失去控制或者恶意行为而导致严重的伤害。然而参与者在这种实践的过程中是自愿的,真正的施虐狂会对那些落入他们手中的非自愿的受害者造成伤害。

最危险的行为包括给伴侣一个"窒息的紧箍"(即用前臂紧紧缠住脖子),这有可能导致意外死亡。施加给自己的伤害包括烧伤及意外的吊起,这一点我们在之前描述手淫行为时提到过。最可怕的行为是仪式化的性谋杀:据 1985 年 9 月 27 日的《旧金山纪事报》报道,在一个案例中,一名年轻男子在一次 S-M 放纵之后,杀死了他的男性情人,然后挖掉受害者的心脏,并用酒杯喝掉了他的血。

其他性欲倒错行为

有些性欲倒错行为不易分类。其中有几种与恋物癖有关,但恋物对象不是肉体。这些行为包括迷恋粪便(coprophelia)、灌肠剂(klismaphilia)、尿(urophilia 或 urolagnia),以及污秽(mysophilia)。这种刺激可能会用于其他性行为中,或者就以它们本身为目的。

这些性欲倒错行为常常起到性虐待的作用。例如,在强奸的过程中(尤其是在轮奸中),施暴者可能向受害者撒尿或排便来作为一种附加的羞辱方式。射精本身可能也会变成一种侮辱的方式,施暴者将精液射到受害者的脸上、头发上、身体上。

一些性欲倒错者喜欢别人往自己身上撒尿(golden shower,尿淋)。还有人喜欢闻臭袜子,舔脏脚,喝尿,尝粪(Krafft-Ebing, 1978)。

还有一些行为,其性企图比较隐蔽。如**纵火癖**(pyromania)在纵火后会感觉兴奋并对自己手淫。而对**盗窃癖**(kleptomania)而言,他们偷窃是因为这种行为能使他们感到兴奋,偷窃的对象对他们有重要的性象征意义。大体上,任何行为都可能变得色情化并形成一种性欲倒错。

抚摸狂(frotteurism,法语,意为"揉""捏")通常是年轻男子强烈地渴望去抚弄被迫者的身体的某个部分(也被称为 toucherism)。这种渴望可能并不少见,但是抚摸狂通常在拥挤的地方,比如人行道、公共汽车和地铁里进行这种行为。他们会幻想与他选中的人变得亲密,但必须保证他能够在自己被发现和指责之前逃掉。

性瘾君子

在很多文化中,那些性生活高度活跃的人易遭到怀疑、嫉妒或非难。**乱交**(promiscuity)一词已经被使用很长时间了,用以描述那些随便的、偶然的及过度的性行为。相似的,**女子色情狂**(nymphomania)和**男子色情狂**(satyriasis)* 分别是指称女性和男性过度的或者无止境的性行为的临床医学术语。

金赛反对这些概念,他认为高度频繁的性行为是个体之间正常差异的一部分;而随着性革命的出现,这些词和观念对人们的判断已经没有什么帮助,也不精确。

在 20 世纪 70 年代后期,**性上瘾**(sexual addiction)这个短语开始出现在文献中,随之而来的是强迫**性冲动**(sexual compulsion)。这两个词语都是指无法控制性伴侣的数量及性行为的频率。

很多性学研究者都发现这些词语及它们所代表的行为作为诊断实体已经失效,并且它们也不在性欲倒错的范围之内。这些词语在使用过程中没有一致的意义或者有效的定义。它们并不适合已经被确定的"上瘾"的概念。批评者说这些词语是价值负载的,保守的,并且更多是针对有多个性伴侣的男同性爱者的。结果是,新观点被看做是之前废弃的旧观点的再生(Coleman, 1987)。

其他性学研究者和临床医生认为性上瘾和性冲动的概念,对因不能控制自己的性行为而损害了其健康、职业及(性)关系的那些人,以及认定自己对性已经上瘾的人而言是有用的(Carnes, 1983, 1987; Coleman, 1987)。

* Satyriasis 一词来自希腊神话中的萨提尔(satyrs),他是酒神和生产生育之神狄奥尼索斯的同伴,半人半兽(常为山羊)。年轻、漂亮、多情的仙女是萨提尔追求以满足自己性欲的目标。这些希腊神话人物象征了人类本性中放荡不羁的性的因素。

解决这个问题的一个方法就是不去就性行为的频率作判断，转而集中关注它对个人的意义。例如，罗娜和菲利普·萨尔(1979)区分了 sleeping around(这个词描述的是一种越来越多的年轻人正在经历的情况)和不加选择的、强制的寻找短暂的不以关系和爱情为基础的性关系这两种行为。前者满足于性实验和性发现，可能和每个性伴侣都不会有很亲近的关系（这也使得一些女性担心落得"乱交"之名）。形成对照的是，尽管它们看似没有什么区别，但是强制性的性行为对性伙伴有一个被驱使的、不受控制的、破坏性的因素。性对于他们来说是一种暂时去除焦虑的方法，通过提供一种认为自己亲密和有力量的幻想来抵消自己无价值的感觉(Edwards, 1986)。

在刚分手或离婚的年轻人中，有一种与 sleeping around 平行的行为。在这种伤害性的分手之后，无论男人还是女人都会继续一种肤浅的行为。这种行为也不是性欲倒错，而是一种尝试性的补偿。新的性伴侣提供给这些人一种方式来再次强调他们的欲望，去反击他们遭受的拒绝，去发泄他们的愤怒和沮丧，去驱散他们的悲痛，去弥补他们失去的时间。这种情况下的偶然的性行为是一种暂时的缓解，但它不能代替解决旧关系中残留的问题及建立一个更好的新的关系。

"**性欲过旺**"(hypersexuality)可能也存在一种好斗的因素。战胜或者征服性伴侣的观念有一种非人性的含义。唐璜(Don Juan)，这个在文学、艺术和音乐中被广泛描绘的人物，就是男性"性征服者"的原型。唐璜"爱上她们，然后离开她们"，而从不考虑给臣服于他的那些女人带来的后果。法国作家左拉(Émile Zola)笔下的娜娜是一位"女唐璜"。作为一个贪婪的交际花，娜娜受她的贪欲驱使；她的情人给她的金钱和礼物越多，她越蔑视他们。唐璜和娜娜是拟人化的阴茎和阴道，他们不是生育的象征和给人快感的工具，而是毁灭和仇恨的武器。正是这种仇恨的因素和伴随它的暗藏的强制性使这种行为成为性欲倒错的一种。

三人行(troilism, 即一个第三者加入一对情侣或夫妻的性关系中，或者其他形式的群交，现在也叫做 threesome)也产生了类似的因素。为什么我们这么多人会对许多人肢体躯干纠缠在一起的意象或者实景产生性联想？一种答案是它很有趣，那么只要所有的参与者都这样想的话，还需要其他的理由吗？然而，除了新奇和尝试之外，这种行为可能会满足一些性欲倒错者的需求。人退化成身体的各个部分和生殖器(恋物癖)；一个人能看到别人的隐私(窥阴癖)，也可以展示自己的(露阴癖)。正如最根本的性幻想一样，这种行为是最纯粹的色情品(第18章)。是这种行为属于性欲倒错，在某些层面上不合适，因此社会不赞成？还是因为社会不赞成这种行为，所以我们才称之为性欲倒错？

14.3 原因和治疗

在本章的导言部分及在谈论特殊性欲倒错形式的时候，我们已经间接地提到一些可能的原因。下面我们将更详尽地考察这个问题。

性欲倒错的形成

如果你不能精确描述一种行为,就很难找到它的原因。性欲倒错就是这样一种案例。我们实际上不能对它们到底是什么达成一致，更别提是什么原因导致它们了。官方的定义是有用且必要的(临床医生需要这种标签,来确定他们的身份以和他们交流并进行记录),但是它们没有固定的概念基础。它们是为了方便而进行的分类,以保证那些从色狼到性少数派的各色人等免于被称做性欲倒错者。

生物学根源

19世纪流行的观念认为性欲倒错是由"异端的污物"或者"道德堕落"导致的,这种理论已经被抛弃很长时间了。因为男性中性欲倒错者远比女性多,并且因为男性和女性的生物性差异,性欲倒错可能有一部分的生物基础。很多性欲倒错者喜欢强迫性的性行为,而喜欢后者的大多数也是男性。我们将在第19章再次讨论这个问题。

心理分析模型

如果你接受心理分析理论的假定的话(但大多数行为科学家不接受它),它为解释性欲倒错的形成提供了一种通用的方法。正如我们在第8章所讨论的,儿童时期的多种反常性行为会逐渐被压制并纯化为被社会接受的成人形式(Freud,1905)。如果没有这样的话,童年时期性欲和攻击性的冲动这个持续的主题会发展成某种形式的性欲倒错,每一种都可以追溯到婴儿时期的性表达。性欲倒错在这种观点里表现为心理发展中的一种**停止**(arrest)或者是向童年阶段的**回归**。

恋母情结也是性欲倒错者婴儿时期的根源。例如,窥阴者可能反映了残留的无意识地偷窥母亲裸体的渴望。他们自己没有意识到这种情况,作为一个成年人他也没有想去看他母亲的裸体。正是受到压制的**婴儿时期**的意象在驱动他去这样做;因此它从来不可能得到实际的满足。

精神病学家罗伯特·斯托勒1975年发现敌意也是性欲倒错(在某种层面上说,是所有形式的性唤醒)的一种根源。这种观点认为性欲倒错是童年时期创伤的**象征性重演**(symbolic reenactments)。成年人试图通过它们来修复以前的心理创伤,并向其他人或对象进行报复。性欲倒错因而成为"仇恨的性表现"。这种行为的强迫性的、驱动性的因素证实了他们深藏于婴儿时期的根源,成人不了解也无法控制它们。通过这种行为,成人能够获得一些形式的性满足,并战胜时常萦绕心头的过去的损失和伤痛。

学习模型

如果人类行为是习得的,那么性欲倒错肯定也是通过某种形式习得的。一种可能的方式是通过条件反射。如果一个男孩性唤醒了,即使是无意中的,在他唤醒的时间里,无论他接触到什么或者经历了什么,都会让他产生性联想。一旦什么物体或经历负载有性含义,那么以后这种物体或经历便能够导致他的性唤醒。

条件反射模型的一个更复杂的版本是机会联想。在这种模型里,仅有一种物体或者情形与性唤醒的联系还不够。那个孩子必须能够回忆起这种联系,并且将它和手淫的幻想联系在一起,只有这样的事情一再发生,某种性欲倒错才能生根(MeGuire et al., 1965)。例如,假设一个男孩在浴室手淫,并且注意到地板上他十几岁的姐姐的内裤。他被内裤的气味和对生殖器的联想刺激了。如果接下来他手淫时想着姐姐的内裤,那么这条内裤对他就负载有性含义了,以后他很可能会重复这种性幻想。他可能会寻找女性的内裤,也可能会得到一条,然后用来作手淫的道具。如果这个道具上升为他性唤醒的必需品,他就变成了一个恋物癖者。

在这种观点中,手淫在通过性幻想而确立起性欲倒错的过程中是关键的载体。因为男性手淫比女性频繁得多,这种理论似乎解释了为什么大多数性欲倒错者是男性——手淫的女性变成性欲倒错者的可能性也比男性要小得多。

约翰·曼尼认为性欲倒错是**爱的地图**(Lovemap)的一个方面。爱的地图在童年时期发展起来,它们呈现了相对有性吸引力和性唤醒的地方。青少年的性预演是健康成长的一个先决条件。如果孩子因为被禁止,或者受到辱骂惩罚,或者因为严厉的纪律而被剥夺这种性预演的机会,爱情地图就会被这三种结果中的一种扭曲:**性功能障碍**、**性上瘾**及**性欲倒错**。在每一种情况下,在爱情和性欲之间都有一条裂缝。

对性欲倒错的治疗

调查者和临床医生可能认为性欲倒错是不成熟和受感情问题困扰的表现,但是还没有发生过聚集起性欲倒错者并为他们治疗的情况。有的人希望改变,而有的人则希望别人不要管他们,让他们能够用对他们而言最好的方式来寻求性满足。很多性欲倒错者的迷恋物对他们非典型的性行为是如此固定,以至于放弃它们是无法想象的(Money, 1986)。

一旦他们越过公众能够容忍的界线,社会肯定会联合起来反对这种行为——特别是对恋童癖而言。改变性欲倒错行为的动力主要来自外部———般是社会,在特定的案例中则是来自父母和配偶。

基于生物学的治疗

最糟糕、问题最多的治疗是采用一些手术方法或药物治疗,其目的不是"治愈"性欲倒错的行为,而是减少他们的性冲动。这降低了他们反常性幻想的冲动及将之实现的可能性。

最极端的手术方法是精神外科手术,它会切断脑部各部分(就像下丘脑)之间的神经联系,这种神经联系被认为是在控制着性行为。美国没有使用过这种方法,但一些欧洲国家在进行这类试验(Rieber 和 Sigush,1979)。

另一种极端的方法是**阉割**——用手术切除睾丸,或者更常见的是用药物来压制它们的功能(化学阉割)。这些药物是**抗雄激素**,它们对脑部产生影响,并减少睾酮的分泌(第4章)。最常用的是醋酸甲孕酮(MPA),它是一种合成激素(通用名是Depo-Provera),其作用就像是天然孕酮*。另一种药物是去醋酸乙酰环丙氯地孕酮(CPA),它也能够降低性唤醒的能力和性欲。

> *Depo-Provera 有时也被当做避孕药使用。

过去在美国,有过以对罪犯进行阉割来作为长期入狱的一种替代选择,但这种行为现在不再使用。然而,对真正的志愿者来说,使用抗雄激素是可以接受的。它可能对心理治疗或行为修正是一个有用的辅助。对那些自己主动要求治疗的,没有重复犯罪记录并且有良好的社会支持的性欲过旺者,这种治疗的效果最好,对恋童癖者的治疗也很有效。实验室研究显示,回应性刺激的心理上的唤醒明显减少了,但生殖器的反应只有轻微的降低。

使用这些化学物质冰冻了性驱力,为性欲倒错者在缓慢复原的过程中提供了喘息的空间。这些人必须维持一个稳定的剂量、一个足够高的水平和足够长的时间,才能取得进步。

惩　罚

社会总是会限制偏离行为,无论是性偏离还是其他偏离,标准的且历史悠久的方法是惩罚。尽管有必要将那些危害社会的个体投入监狱,但是很少有证据表明它能改变这种行为。我们将在第23章再次讨论这个问题。

心理治疗

心理分析和不那么强烈的疗法对改变性欲倒错者的行为并没有显著的成效。然而,心理咨询者还是有必要的,他们能够在紧要关头给性欲倒错者以支持,并帮助他们应付其行为造成的后果。

行为治疗

今天治疗性欲倒错时,使用最多的是行为修正技术。它们可以只用相当短的一

> **想一想**
> 设想有这样一种诊所,受过训练的志愿者在那里创造了一个安全且受到监督的环境,性欲倒错者能在那里放纵他们的性幻想。应该建立这种诊所吗?

想一想

如果一种药物或者手术方法能够制止不为社会接受的性欲倒错行为，你支持它用在那些不愿接受这种治疗的人身上吗？

段时间来完成，并且有时很有效。大多数情况下取决于顾客想要改变的意愿。

一种方法是**条件反射减弱**(extinction)。这种方式旨在逆转将一种物体或者行为与性唤醒联系起来的程序；条件反射减弱通过分离它们与性的联系来起作用。如果一个窥阴者能被特定的景象唤醒，治疗者就可在安全的环境下设计这种情境以妨碍性唤醒。

厌恶疗法(aversion therapy)是用各种形式的不快的结果来使性欲倒错者复原。医生可能会在性欲倒错者观看能刺激性欲倒错行为的图片影像时，给他们痛苦但无害的电击。条件反射减弱去除了性欲倒错行为发生的条件，厌恶疗法则毁灭了性欲倒错的经验。

因为对那些愿意帮助别人的人来说，引起他人不舒服不是件愉快的事情，也因为它会引起伦理的问题，所以有的医生会用被治疗者的不愉快的幻想作为"惩罚"(Evans, 1980)。受治疗的人不是受到电击，而是要想象一种可怕的经历，比如被当众奚落，或者在家人和朋友面前丢脸。这种方法被称做**隐蔽感受**(covert sensitization)，可以和其他治疗方法结合使用。例如，在治疗一个暴露狂时，在一个安全的环境下，让他将生殖器暴露给他的妻子，使他能够表达出他反常的渴望，这时使用隐蔽感受疗法可以去除偏离的性幻想。

一旦性欲倒错的趋势减退，医生就必须强化已有的健康行为。用脱敏作用(desensitization)的方法可以抵消焦虑，这种焦虑可能抑制正常行为的表达。当这个人在幻想中逐渐暴露于一个引起焦虑的情景时，使用放松技术让他冷静下来就实现了脱敏作用。

另一种能够加强个人性行为中更健康因素的方法是教给他社交技巧。许多性欲倒错者缺乏必要的经验和技巧去接近成熟的成年女性并最终和她们发展起性关系。必须有人教给这些已长大的男人们一些大多数其他人在青春期就学会的东西。

最后，已经有各种形式的**集体疗法**，这对那些自己主动或者被法院强制要求治疗的人都很有用。在匿名戒酒会(AA)及其他治疗方法之后，集体给参与者机会去面对他们行为的性质和后果，并且互相鼓励，这是一种很典型的集体疗法。

因此对性欲倒错的治疗需要多种方式。各种治疗模式——生物的、心理的、社会的——应该在一个一致并可行的项目中结合起来，去改变那些性行为不适应社会的人的生活。更重要的是，它需要那个人拥有真诚的想要改变的愿望，也需要社会有能力和决心用人道的方法实现这种改变。

第 15 章

性功能障碍与治疗

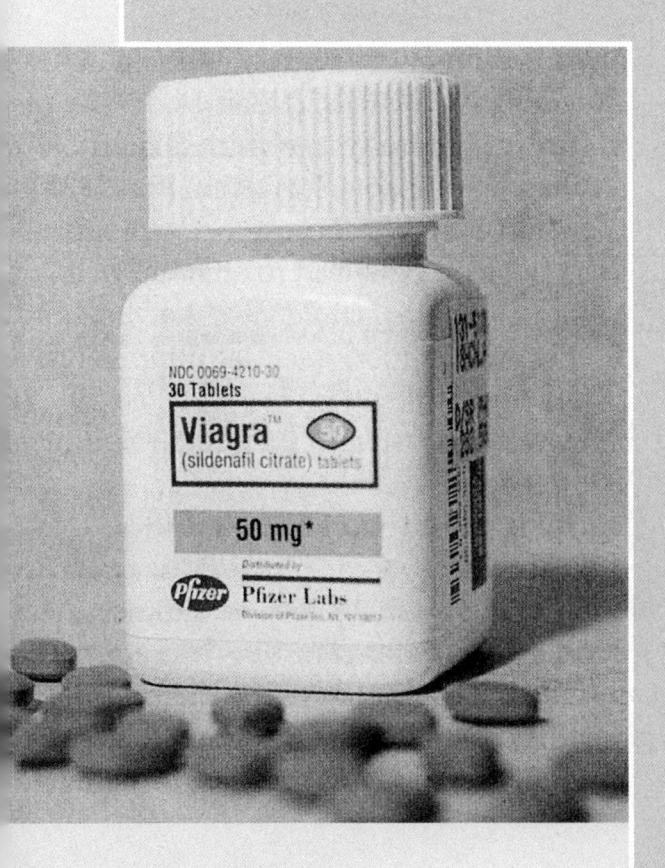

15.1 性功能障碍的发病类型
15.2 性欲失调
15.3 性唤醒障碍
15.4 高潮障碍
15.5 性疼痛障碍
15.6 性功能障碍的病因
15.7 治 疗

美妙的夜生活属于你,
你便拥抱着整个宇宙;
一旦妙境消失得无影无踪,
你会说,讨厌!
——欧里庇德斯(Euripides),古希腊悲剧大师,语出自《美狄亚》(Medea)

我们不应视健康的性功能和性满意度为理所当然。据估计,美国有1000万男性的性交能力存在问题(Stipp,1987);而至少有同样数量的女性存在性反应和高潮能力问题。

尽管存在着上述普遍性,但人们往往倾向于隐藏自己的性问题。许多人发现告诉他们的朋友自己得了某种严重的疾病比告知他们自己存在性功能障碍来得轻松。许多人甚至对自己的医生都无法坦陈问题,而一些医生也不愿问询。

性问题不会致人死亡,生育能力也未必会受到影响。看上去似乎唯一失去的是性满足感,然而不幸福的婚姻和不快乐的性生活的代价是巨大的。

15.1 性功能障碍的发病类型

人体的各种机能活动都不可能在一生中自始至终保持完美无瑕,性机能当然也不例外。然而一方面,不同人的性机能差异很大;另一方面,许多性满足又为主观判断所左右。因此,很难为性机能活动制定一个确定的标准以判断它是否异常。性活动的普遍性和频率随年龄而变(第9章),因此同样的标准无法适用于不同的生命阶段。

尽管如此,我们把明显的性功能与性满足无能称为**性功能障碍**(sexual dysfunction)是完全可以的。它既不同于性器官疾病(如STDs)和生殖无能(不孕症),也不同于性别混乱(易性癖)和性行为异常(性欲倒错)。性功能障碍的主要问题是指性要求扰乱(比如缺乏这方面的兴趣),或性功能扰乱(比如没有能力被唤醒或达到高潮)。

定 义

过去,大多数男性或女性的性功能障碍都被笼统地称为**"阳痿"**(impotence)或**"性感缺失"**(frigidity)。这两个词现在都已被认为是不合适的。"阳痿"这个概念目前仍然沿用,但意义受到限制;"性感缺乏"一词的诊断很不确切,并且有否定和轻视女性的含义,故近来已被大多数性学研究者和医师废弃不用。来自美国精神病学会(APP)的《诊断手册》的官方命名也在随着诊断条目的完善而改变,因此大量的术语都是有歧义的。

本章使用的术语来自美国精神病学会1987年出版的《诊断手册》(*Diagnostic Manual*)。这本手册将性功能障碍划分为四个类型,分别是**性欲失调**(sexual desire disorder)、**性唤醒失调**(sexual arousal disorder)、**高潮失调**(orgasm disorder)和**性疼痛**

失调(sexual pain disorder)。首先,要弄清性功能障碍的含义是什么,我们可以采用两种途径:第一种是将所有性功能的阻碍都看做性功能障碍,而不论其起因为何;第二种则是将一些独立的性问题和一些潜在疾病的**症状**性问题区分开来。《诊断手册》采用了第二种方法。然而在实践中,大多数的性心理咨询师和临床医生都将所有的性问题归结为性功能障碍,不论其起因为何。

许多身体疾病(如糖尿病)都会扰乱性行为。较麻烦的情况可能会影响到人体的关键系统,比如说血液系统或者支持性器官的神经系统。相似的,一种性问题同样也可能是一种潜在的精神疾病(比如说严重的抑郁症)的征兆,因此,性的失调同时也是更大的失调的一部分。

如果性问题到此结束,那么它就会被认为是**心理性的**(psychogenic)——由心理或者情绪上的因素造成。起因可能是来自于心灵内部(内在的心理冲突),人际关系(与伴侣的冲突),或是文化因素(社会对性的态度)。不管怎样,现在性功能障碍基本上是被视做疾病看待的。但仍有许多人不这么看,他们宁愿相信性功能障碍只是错误的性技巧的问题。

被称为性功能障碍的性问题必须是反复发生或持续存在的,而不是偶尔发生的,因为正常人的性功能具有相当大的波动性,任何人的活动都可能在某些时候减弱。那种在任何时间、任何地点、同任何人都能随意发生性关系的情况是难以想象的。

性功能障碍指的是基本功能的紊乱。在卡普兰(Kaplan)的**三相模型**(triphasic model)中,这些基本功能指的是欲望、唤醒和高潮(第3章)。从生理学的角度来说,它们反映了性反应中的两种进程:血管充血和肌强直,即马斯特斯和约翰逊的**二相模型**中的元素(第3章)。血管充血障碍(vasocongestive)可导致男性勃起障碍和女性性唤醒困难;肌强直紊乱(myotonia)可能导致难以达到性高潮。

最后,我们必须区分**原发性**和**继发性**性功能障碍。在第一种情况中,问题是一直都存在的,患原发性性功能障碍的男性从未实现过勃起,而女性也从未经历过高潮。而在第二种情况下,病患曾经是健康的,也就是说一个曾经强有力的男性不能再勃起,而一个曾经健康的女人也不再拥有高潮。

性功能障碍研究集中于性交过程中的问题,并且其治疗也是以异性爱者为对象的,但是在阅读本章的过程中,请记住,本章所讲内容也都适用于同性爱者。

流　行

我们在本章开头提到性功能障碍被认为是非常流行的,但是你又是怎么知道的呢?你是询问了别人,还是观察了人家?衡量的尺度是性愉悦的主观感受,还是双方各自表现的客观数据?你如何衡量"性欲"这种东西?性交多久才算够久?如果一个女人与这个人在一起能达到高潮而与另一个人一起却达不到呢?为什么有些男人在手淫的时候勃起完全没有问题，但是在性交的时候却不行呢？

难怪性功能障碍的确实数据很难得到，研究者们往往使用不同的诊断标准和名目，因此它们很难进行比较。

我们很难根据前来就医的性功能障碍患者来得出真正的流行程度，因为人们愿不愿意前去就诊，以及就诊后能获得多少医疗帮助，这是存在很大变数的。对更

表 15.1 "正常"夫妻自行报告的性问题发生率（%）

问题	女性	男性
性功能障碍：		
性兴奋/勃起发生困难	48	7
性兴奋/勃起维持困难	33	9
过快进入性高潮/射精	11	36
不能达到性高潮/射精	15	0
实现性高潮/射精困难	46	4
其他问题：		
伴侣选择不合适的时间	31	16
无法放松	47	12
被配偶之外的人吸引	14	21
缺乏性兴趣	35	16
被同性吸引	1	0
不同的性习惯	10	12
性厌烦	28	10
性交前"爱抚"太少	38	21
性交后"温存"太少	25	17
满足程度		
"您的性关系满足程度如何？"		
非常满足	40	42
中等满足	46	43
不很满足	12	13
根本不满足	2	2
"与婚姻生活中的其他方面相比，您对同配偶的性关系满足程度如何？"		
优于其他	19	24
大致相似	63	60
劣于其他	18	16
"您的婚姻存在性不满足吗？"		
是的	21	33
不是	79	67

* Based on E.Frank, C.Anderson and D.Rubinsten. *New England Journal of Medicine* 299:111–115。

想一想

为什么性功能障碍的确诊和治疗被忽视了那么久？

广泛的人口进行调查会更有用,比如说对前来就诊的情侣进行调查。有一份研究针对 100 对夫妻,主要是有修养的中产阶级白种人。其中,80%认为婚姻美满。资料通过自愿问答"问卷表"(其中仅部分与性问题有关)的方法收集。在这些被调查者中没有一人正在接受性治疗,但有 12%有性治疗史。

表 15.1 显示了这个小组性功能障碍的流行程度。而在弗兰克(Frank)等人 1978 年的调查中,超过一半的女性和超过 1/3 的男性有过性问题。在一个针对普通临床人口进行的类似的调查中,27%的男性和 13%的女性报道说缺乏性兴趣;在性交不满足方面,女性的比例(23%)也比男性(18%)高。早泄(14%)和射精困难(12%)是男性的另两个主要问题,而女性的主要问题则是难以达到性高潮(25%)和性交疼痛(20%)(Ende et al.,1984)。在一项针对 22 个主要性学研究的评论中,呈现了性功能障碍分布的更大的多样性(Nathan,1986)。

15.2 性欲失调

当新的性治疗方法在 20 世纪 60 年代晚期建立起来的时候,前来就诊的多是一些遭受性唤醒和高潮障碍的病患。在近 10 年后,性治疗者们开始看到一种新的问题——那些性功能没有障碍的男男女女抱怨他们不再从性中获得兴趣和满足。这种情况被称为性欲失调,它已经走上了性治疗领域的中心舞台,已有多种理论来解释这种失调。它们主要包含两种形式,**性欲减低疾病**(hypoactive sexual desire disorder,HSDD)和**性厌恶**(sexual aversion)。

性欲减低疾病

HSDD 目前仍被广泛叫做**性欲抑制**(inhibited sexual desire,ISD),或者其他术语,比如**"性冷漠"**(sexual apathy)。

性冷淡的最轻微形式只是简单地对性不感兴趣,就好像缺乏对食物的胃口一样。即使有很好的环境氛围和一个如意的伴侣,也不想做爱。有时候性冷淡者太忙于其他事情以至于会在很长时间内忘记了性这回事儿。

对性冷淡的评价往往趋于主观和相对。假设被研究的伴侣中有 1/3 每个月性交的次数少于 2~3 次,那么这个数字是太少、太多,还是刚好呢?人们喜欢从如下几个方面回答这个问题,如现在和过去的比较("我现在没有像过去那样对性感兴趣了"),夫妻双方性兴趣水平的差异("我妻子/丈夫的性兴趣不如我"),以及同某些外界标准的比较("我们的性行为不如朋友们的多")。实际上,由于夫妻双方具有性欲的差别,他们常常寻求帮助,未婚者更有可能寻求其他伴侣以"解决"这个问题。

只有当问题非常严重而且持久的时候才可称得上是性欲减低疾病。原发性 HSDD 患者从未达到过正常健康的成年男女的性兴趣水平，虽然这个水平的标准往往是比较随意的。他们与别人的友谊和亲密关系中非常缺少性兴趣，而且他们也不会通过手淫或者其他形式去实现性唤醒。这种情况是很少见的。较常见的情况是，在继发性 HSDD 中，一个曾经喜欢性爱的人失去了兴趣。恰恰是这样一个群体更有可能觉察出这种疾病并前去就诊寻求帮助。卡普兰曾区分为**全局性**（global）性欲抑制，即在所有的情况下都存在性欲缺失，以及**情境性**（situational）缺乏性兴趣，即与一个伴侣缺乏性欲而对另一个却没有的情况。它们的起因很有可能是相关的。

性厌恶

性厌恶要比性兴趣的缺失更严重，它包括对全部性行为的逃避，有些人对性感觉不好，有些人则感觉到严重的害怕，对性行为的回避已经到了**恐惧症**的地步，如果看到性场面，这类人会感到极度的焦虑。

性厌恶既可以是原发性的，也可以是继发性的；可以是全局性的，也可以是情境性的。假设仍然是，对于一个人为什么会避免性交并没有强制性的或者理性的原因。性冷淡或者性厌恶往往源自创伤性的性经历（比如说被强奸）或者缺少高潮反应。毕竟，一个人越不喜欢一项行为，就越不会愿意去重复它。在那些高潮能力没有问题或者通过性治疗重新获得高潮的案例中，也会存在性冷淡，正如下面这则例子描述的一位结婚 6 年的 32 岁女性那样：

> 在评估的时候，夫妻二人都表达了对他们性关系状态的沮丧，这种沮丧导向了勉强且日益减少的性行为。在妻子怀孕期间，性交行为完全中断。虽然最初她性欲的减少主要和无性高潮有关，但接下来的治疗过程证明事实并非如此。尽管一项自我刺激的项目成功地帮助 O 夫人达到了高潮，但她对丈夫的性兴趣却一点都没有变化，如果说有，那也只是在整个治疗过程当中下降了。夫妻双方也就都痛苦地明白了妻子在治疗的最初不能达到高潮这一事实，与其更根本的兴趣缺失无关。（*Journal of Sex Research*，May 1987，23:2）

性欲亢进

"性欲减低"这一概念本身，就暗示了存在着一个性欲正常水平的标准，那样的话，有性欲减低，也就自然有**性欲亢进**（hyperactive sexual disorder）（hyper 在拉丁语中是"超越""过于"的意思）。虽然目前尚没有这样的诊断，但《诊断手册》里却提到了**"非性欲倒错的性上瘾"**（nonparaphiliac sexual addiction）。

就像我们在第 14 章提到的那样，性上瘾的概念来源于这样一种看法，即如果太多的性给自己和别人带来苦恼的话就是不利的。但这种行为到底是一种问题,还是性欲倒错的一种形式,还是一种性欲失调,这取决于你是怎么定义它的。

15.3 性唤醒障碍

欲望通常都会导向性唤醒,反之亦然。唤醒既是心理性的(感到兴趣来了,turned on),也是生理性的(性兴奋期)。

男性性唤醒最主要的物理特征是阴茎的**勃起**,女性则表现为**阴道润滑**及相伴随的一些变化。在性唤醒障碍中,男性无法实现或维持勃起,而女性则无法获得并维持润滑。生理变化通常与性唤醒的主观感受一起发生,但是反过来未必尽然,一个人有可能在心理上感到兴奋,但却并不伴有生理上的反应。因为控制勃起的脊髓反射是自主神经系统而不是植物神经系统的一部分。男性对于勃起,不能促其发生,而只能任其发生,阴道润滑也是同样的道理,这一点对于理解勃起障碍很重要。

勃起障碍(阳痿)

性交时阴茎不能勃起,或虽能勃起但不能维持足够的强度,这被称为阳痿。它是最严重的男性性功能障碍,可分为**原发性**阳痿和**继发性**阳痿,前者是指从未能进行性交的男性发生的阳痿;后者是指原先性生活正常,后来出现勃起障碍。后者较多见,10倍于前者。顺便指出的是,也有人根据有无明显器质性病因的存在来区分原发性阳痿和继发性阳痿,这种分类占所有病例的10%~15%。

偶尔出现的勃起障碍是相当普遍的现象,尤其是在男性年龄增大的时候。这种暂时的障碍并不属于病理现象。对于勃起时间和强度的评价没有任何绝对的标准。很明显,一个男人如果要进行性交,他必须维持勃起达一段时间以使阴茎能进入阴道。除了这种最低限度的标准外,任何判断都是相对的。在某个时候勃起无力的阴茎,也许在另一个时候能足够勃起到满足所需。临床上,一般男性4次性交中有一次不能勃起就称为阳痿。

据金赛的调查,35岁以下的男性阳痿患病率约为1%,但仅少数表现特别严重。70岁的男性患病率为25%。随着年龄的增加,勃起能力逐渐下降是非常普遍的现象。当然,也有一些人的阴茎勃起能力在年老时仍然强有力,因此年龄不足以解释勃起障碍。在马斯特斯和约翰逊研究的对象中,31%存在勃起障碍;其中13%为原发性阳痿,87%为继发性阳痿。

许多人认为很难想象哪种疾病比阳痿更令人感到羞愧。"阳痿"意味着"无能",它的后果远比性快感的缺失严重得多。一方面,在人们心目中,男子汉气概及其人身价值与他的性能力息息相关,以致严重的性功能障碍可能伤害其自尊心;另一方面，在许多文化中阳痿的男子也是受嘲弄的对象。

对阳痿的比较合理、善意的观点认为，性能力的丧失并不反映其他方面的无能。性满足远远不只是勃起和射精，相反，较少的生殖器接触为性行为提供了一个更广泛的概念，它更加强调愉快而不是表现。例如，许多生理上有缺陷的人不能勃起，但能进行其他可获得性愉悦的性接触。他们并不认为自己是无能的人（专题15-1）。

专题 15-1
残障人士的性生活

一般说来，人们很容易认为残疾人不能进行性生活，也不会对性生活感兴趣；或者认为缺乏性生活是没什么大不了的事情。其实事实并非如此。许多方法可使残疾人重新获得性生活，同时也可以教育广大公民正确对待残疾人。

残疾表现为多种形式，其损害包括身体上的，感觉上的，以及精神智力上的。那些患有视觉和听觉疾病的人为了与人交流，必须克服极大的挑战；智障患者往往费劲气力才能以常人视做理所当然的方式与人交往，但这并不意味着他们不像正常人那样拥有对感情和性的渴求。

成千上万的由于脊髓损伤所致的截瘫或四肢瘫痪的美国年轻人，他们的困境和苦恼尤其引人注目。导致这种损伤最普遍的原因是意外事故和车祸。因此，这些疾病在男性（85%）中较女性（15%）多见。

截瘫通常表现为受伤之外的各种感觉丧失、大小便失禁，性功能同样受到严重破坏，但并不意味着完全丧失。例如，脊髓病变的男性患者中，2/3对物理刺激仍有反应，表现为一定的勃起能力（自身不一定能感觉到）；但射精障碍比较严重，通常只有5%以下能射精，但通常无生育能力。女性截瘫患者同样缺乏性反应和达到性高潮的能力，但她们更有可能保留生育能力，并可能通过刺激乳头、唇或其他引起性欲反应的发生部位来达到性高潮。此外，男女患者都可能有伴有性高潮的性梦（即幻觉性性高潮）。

完全可以理解某些严重残疾的人可能放弃性

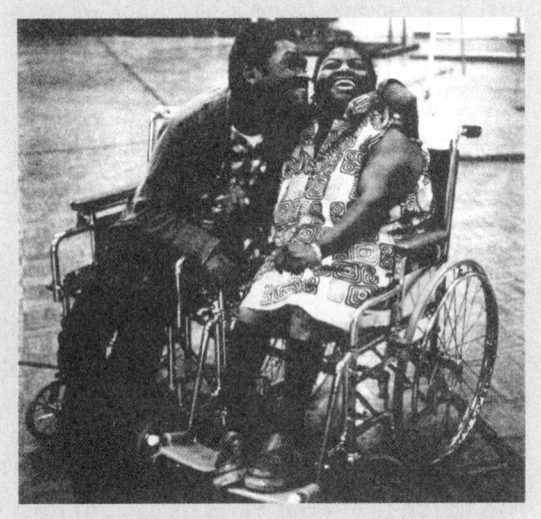

图 15.1 残疾人和非残疾人一样都有对性和爱情的需要。

生活，但也有一些人设法适应周围环境，在维持一种充沛、活跃的性兴趣时显示出异乎寻常的乐观情绪。他们学会利用身体的其他部位给予和接受性快感。可见，"性生活"一词对于他们来说具有比生殖器的结合更广泛的意义。

将下列原则奉献给大家，以求对残疾人的理解：
坚硬的阴茎并不能缔造坚实的关系，
湿润的阴道也不能；
感觉的缺乏并不等于知觉的丧失；
行动的无能并不等于感知的无能；
畸形的出现并不等于欲望的丧失；
活动的无能并不等于爱好的无能；
生殖器的缺失并不等于性活动的丧失。

女性性唤醒障碍

直到20世纪80年代，人们才开始比较关注女性性高潮失调（Musaph 和 Abraham，1977；Kolodny et al., 1979），但力度仍不及对男性的关注。这主要应归因于对女性性生活的普遍忽略。同时也是因为，女性性唤醒问题比较难以监测；而且与男性勃起障碍不同，唤醒问题并不表示女性失去了性交的能力，只是会缺少一些性愉悦而已。

由于上述及一些相关原因，女性性唤醒的问题位居高潮障碍之次。性感缺乏这个含有情绪冷酷之意的贬义词，被不分青红皂白地用于概括这两种情况，这种说法是有失公正的。女性是热情还是冷淡与她们的性唤醒能力或反应是没有多大关系的。

从心理学的层面来讲，男女两性被唤醒的感觉差不多是一样的（尽管女性可能不如男性那样关注生殖器反应）。在生物学的层面，阴道润滑不像勃起之于男性那样总是与性唤醒联系起来，虽然血管充血这一条件是相同的。例如，虽然勃起通常会维持相当稳定的一段时间，阴道润滑却会在平台期有所下降（第3章）。女性唤醒的水平也并不总是和阴道润滑程度联系在一起的，尤其是在绝经后（第9章）。有些女性会在没有明显阴道润滑的情况下获得很高的性唤醒，并且达到高潮，但是原因我们还不是很清楚。

15.4 高潮障碍

性教育者和性治疗师一直努力想把人们的注意力从对生殖器亢奋的关注转移到一个更为广阔的身体愉悦的取向上来，尽管如此，高潮对很多人来说仍然是最核心的性体验，无论是心理方面还是生理方面。再者，男性在女性阴道内高潮是最主要的（尽管不再是独有的）受孕方式，高潮失调因此也就受到极大的关注。

女性高潮抑制

女性在性活动中度过一段正常的性兴奋期，却持续或频繁地推迟高潮或没有高潮，这种症状叫做**女性高潮抑制**［inhibited female orgasm，也叫**无性高潮**（anorgasmia）］。有些女性能够在非性交过程中的阴蒂刺激下获得高潮，却不能在没有外力刺激阴蒂的前提下在性交过程中获得高潮。在卡普兰和海蒂的研究中，因为有超过一半的女性看上去在性交中需要阴蒂刺激而达到高潮，所以大多数的性治疗师都不会将对阴蒂刺激的需求视为高潮性性功能障碍的标志。更进一步说，至少还有一些不能达到高潮的女性并没有患上性功能障碍,而只是遇到了一个比较笨拙的性伴侣而已。还有一些女性认为高潮并不是她们在每次性行为中得到满足的一个必要条件。与男性不同,这些女性不仅能够在不达到高潮的情况下性交并受孕,而且她们中的一些人还承认更为享受这种无高潮性爱。到底是有心理学和生理学上的解释,还是说女性只是单纯地满足于此,目前还没有得出清晰的结论。

除却上述症状,无性高潮是目前为止有报道的最普遍的女性性功能障碍疾病。在大多数的研究中,原发性交无性高潮(从未有过高潮)的比例在10%左右,另有10%的女性只能零星地达到性交高潮,但是也有证据表明这一问题在大幅度地降低。在亨特1974年的调查中,已婚15年的女性中有53%报道说她们总能或几乎总能在性交中达到高潮,而同样的研究项目在20年前金赛的研究中,其数据只有45%。同样的,从未获得过性高潮的妻子的比例也从金赛研究中的28%下降到亨特调查中的15%。1983年《家庭天地》(*Family Circle*)杂志发起的调查显示,大约85%的妻子基本上对她们的性生活感到满意,但那并不能说明这些女性都是可以达到高潮的。

早 泄

早泄(premature ejaculation)是射精障碍中最常见的类型。它包括在进入之前、过程中和进入后不久,并在男性无意射精时,在最小刺激下发生的射精。只有持续的反复的早泄才能被视为是一种功能障碍。必须把影响兴奋期长度的因素考虑进去,如年龄、伴侣和刺激是否新奇,以及性行为的频率等(美国精神病学会,1987)。

有人发现,3/4的男性会在阴茎插入阴道后2分钟内射精,大多数雄性动物甚至更快。金赛以此为据轻视"早泄是性功能障碍的一种类型"的说法。然而毫无疑问的是,有相当一部分男性(和其配偶)因为不能延迟射精时间到双方同时兴奋而感到苦恼。不过如果他们了解到灵长类动物射精甚至更早的话,也许可以从中得到一点慰藉。我们进化论上的祖先在性交时很容易被打断,因此可以说那时是"快者生存"(Hong,1984),但今天不是这样。

虽然和阳痿相比,早泄并不是一个常见的就诊原因,但是马斯特斯和约翰逊认为在一般人群中,早泄是最普遍的男性性功能障碍,他们估计15%~20%的男性存在着明显的射精控制困难(请注意:其中因严重困难以致不得不求医者少于20%)。

试图为早泄定义的努力带来了很多问题。官方定义没有设定一个时间标准。早期的研究者们试图明确时间范围(从30秒到2分钟)及推进的次数。之后的研究者将以伴侣的需求为标准,对"早"进行了重新定义。马斯特斯和约翰逊将"早泄"定义为:性交时男方不能在控制足够长时间后射精,以致使性功能正常的女性至少在50%的交媾机会内得不到满足。然而,就像我们不能因为一位女性因其伴侣无法提供足够的刺激而将她定义为"无性高潮"一样,我们也不应按照伴侣的反应来评判男性高潮延迟的能力，因为伴侣的反应是没有统一标准的。也有人提出，如果夫妻双方都认为他们的性交愉悦不受男方射精时间的影响，那么这种早泄也就不构成问题了(LoPiccolo,1977)。

男性高潮抑制

男性高潮抑制(inhibited male orgasm)又叫做**射精障碍**(retarded ejaculation)，是一种跟早泄相反的疾病，它是指男性性交当中持续的或周期性的延迟高潮或没有高潮。不能达到高潮通常是由于不能在阴道内实现高潮，但是在其他方式(比如说手淫)的刺激下却可以达到高潮。在所有的男性性功能障碍中，这一种的出现频率可能是最低的，大多数临床病患中只有 1%~2%(Apfelbaum,1980)。有不少男性在性交时也会偶尔经历无法射精的情况，但可以通过更强烈的插入或其他一些能够增强性唤醒的方式来克服，而那些射精迟缓的男性要克服这一难题则困难得多。那些完全不能在阴道内达到高潮的情况叫做**射精无能**(ejaculatory incompetence)(Masters 和 Johnson,1970)。这些男性中的大多数能通过手淫获得高潮，但是大约15%的人在阴道外也无法发生高潮。在这种情况下，唤醒会不经过高潮而直接缓慢地平息。射精失调有时更受时间、愉悦程度及其他一些因素的影响(Vandere ycken,1986)。

有些伴侣希望能够延长性交时间，这当然是有助于增强快感的，但是过了某一点的话，这种性交就不会让人多么享受了。男性会感到受挫和沮丧，而女性则认为对自己没有达到足够的性兴奋负有责任，或被谴责过了兴奋点还要继续。绝不要把男性高潮抑制和**持续勃起症**(priapism)相混淆，后者指的是在没有性唤醒的前提下延长了的勃起。这种情况可以归因于多种身体疾病，但它不是性功能障碍，不过如果不迅速治疗的话可能会导致勃起功能衰减(Kolodny et al., 1979)。

15.5 性疼痛障碍

对大多数人来说，疼痛令性唤醒和性享受统统失去魅力。对性交过程中不适感的抱怨虽然多发生在女性身上，但是在男性身上也时有发生(Sandbery 和 Quevillon,1987)。性交疼痛通常会被视为女性性功能障碍，据统计大约有15%的女性在不同时间的性交中体验过疼痛，而有 1%~2%的女性视之为一种慢性疾病(Brody,1988)。

性交不快

据美国精神病学会1987年的定义，**性交不快**(dyspareunia)是一种男女两性在性交前、性交中或性交后体验到的持续而重复的生殖器疼痛。

女性性交不快

女性比男性更多地体验到性交疼痛,这是有很多原因的。任何生殖器官和骨盆区域的疾病都会导致性交疼痛。在这些情况下,女性更容易受到伤害,因为她们的生殖系统更易受感染(第 5 章),或在分娩过程中受创伤(第 6 章)及受到激素的影响(第 4 章)。

女性当中最常见(也最易治疗)的性交疼痛起因是阴道干燥,造成性交期间阴道壁刺激。虽然阴道干燥主要出现在绝经后女性身上,但这种问题也会出现在兴奋时不能自然润滑的女性、哺乳期女性、经期后立即做爱的女性,以及接受放射疗法、使用抗组胺[antihistamines,比如解充血剂(decongestants)]或者压力过大的女性身上,有时参加强度过大的训练项目的女性也会出现这种问题。

感染是另一个比较常见的疼痛来源。患有阴道炎或者盆腔炎的女性会在性交中感觉到刺痛甚至流血。施行灌洗(douche)、喷除臭剂、使用卫生棉条及阴道避孕措施都有可能引发疼痛。生产后愈合不良的伤口,做过会阴切开术而没有长好的疤痕,肛门部位的撕裂,以及其他一些类似的情况都是疼痛的潜在来源。

男性性交不快

男性经历性交疼痛主要是因为生殖器或尿道感染,尤其是前列腺感染,臀部关节炎及下腰痛也会导致盆骨推进时的疼痛。还有一种比较罕见的状况叫做**佩罗尼氏症**(Peyronie's disease,即阴茎硬结症),即阴茎中纤维组织的堆积物导致阴茎的弯曲、勃起疼痛及勃起功能障碍。

阴道痉挛

当女性感受到或者能预感到疼痛的时候,她会感到紧张。当阴道口的肌肉收缩时,便会引起**阴道痉挛**(vaginismus),这样即使可以插入,也会非常困难且疼痛。阴道痉挛更多是由于精神原因而非生理原因。有 2%~3% 的成年女性会受其影响(Kolodny et al., 1979)。通常情况下这些女性在性唤醒方面没有问题,而且也可以通过非性交方式获得高潮。

男性也会经历生殖器肌肉痉挛,会在射精时感到疼痛。这种紧张可能会强烈到造成不举,会持续几分钟甚至几小时。与阴道痉挛一样,原因通常也是精神性的。

15.6 性功能障碍的病因

性功能容易受生理因素、精神因素及文化因素的影响。原则上,这些因素都可同时存在于同一病例中,并相互影响。但在实际工作中我们通常只选择一种作为病因。在大多数病例,尤其是由精神因素引起的病例中,原因和结果之间不存在特定的关系。例如,同样的精神因素在女性身上既可引起性冷漠,也可导致无性高潮;在男性,既可以引起阳痿,也可以导致早泄。但在器质性因素引起的性问题中,特定的因果关系通常更为明显,如影响副交感神经功能的药物可以引起阳痿,而影响交感神经的药物将影响性高潮。

器质性病因

一般认为,大多数性功能障碍是由精神因素,而不是生物学因素引起的。然而,也有相当数量的病例(大约占总病例的 1/3)可能会存在引起性功能障碍的生理学基础,这在某些疾病中尤为多见。例如,和早泄相比,阳痿更可能属于器质性的(可达病例的 40%);性交时骨盆疼痛与性冷漠相比,更可能存在生理学基础(Kolodny et al., 1979)。即使存在生理病因,心理因素也会起作用。除非生理疾病是无能,否则是否会导致功能障碍,以及功能障碍的严重程度,在很大程度上要取决于心理因素。年老本身不会成为功能障碍的生物学原因。

男女两性的性器官结构是天然契合的(图 15.2),阴茎之间和阴道之间大小、形状上的差别从来都不是性功能障碍的原因。松弛、润滑的阴道作为一个富有弹性的器官,在性交时可自动扩张至一定程度以适应勃起阴茎的需要。

性功能障碍可由**急性**(短期)或**慢性**(长期)、**全身**(影响到整个系统,尤其是血液循环系统、神经系统和内分泌系统)或**局部**(只影响到生殖器区域)疾病引起。消耗性疾病(如癌症)、退行性疾病、重症感染及机体各脏器功能紊乱等都可间接地影响性功能;局部紊乱,如骨盆感染,可更为直接地影响它。这些疾病的共同点是诱发疼痛,对性唤醒、性兴奋和性享受有抑制或衰减作用。1/3 的慢性疼痛患者说经历了性关系的恶化(Maruta 和 McHardy, 1983),引起疼痛的最常见的理由我们在之前已经讨论过了。

外 伤

意外伤害或外科手术所造成的损伤可能会影响到骨盆的血液和神经系统。某些类型的男性前列腺手术会损伤这个区域的神经。患者在考虑进行前列腺肥大手术时应对性功能减弱的风险系数进行咨询。现在更新的外科手术技术已经将这种风险大大降低,尤其是在年龄低于 70 岁的男性中,即使进行针对诸如前列腺癌症这样的大手术时也不会像以前那样危险(Sullivan, 1987)。同样地,可能损伤女性性器官的外科手术如产科损伤、难复性会阴切开术常常会引起性交疼痛。特别重要的是对前绝经期女性实施的完全子宫切除术(即除了子宫外卵巢也会被切除)。一些经历这种手术的女性性欲会下降,这种影响是非常严重的,尤其是在这些女性没有

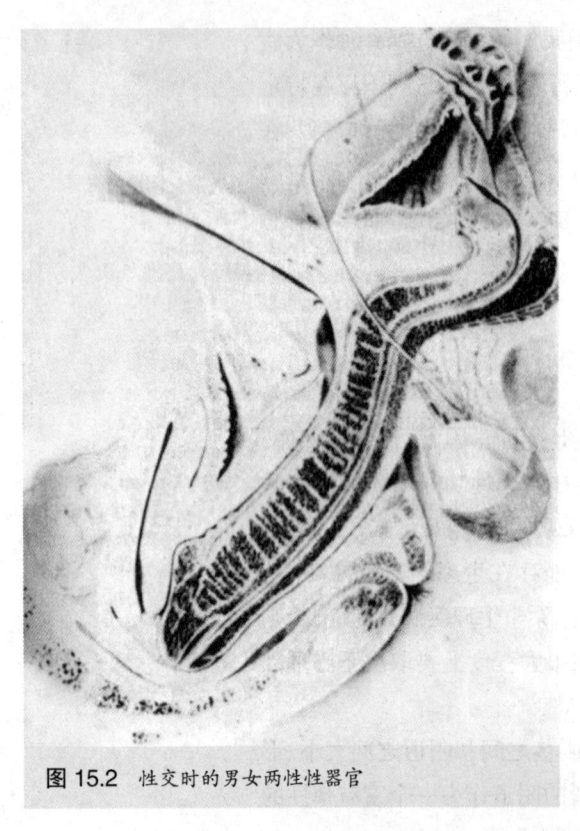

图 15.2 性交时的男女两性性器官

被预先警告过的情况下(Wigfall-Williams, 1987)。

分娩的一个可能后果就是阴道周围的肌肉由于撕扯而失去弹性,这一改变可能会造成性交过程中的肌肉紧张和高潮抑制。

内分泌紊乱

完全子宫切除术去除了雌性激素的主要来源——卵巢。其他内分泌紊乱性疾病包括甲状腺机能减退、垂体机能减退、性腺机能减退、糖尿病和某些肝脏疾病如肝炎和肝硬化等。从最新研究成果看,雄激素(睾酮)的缺乏也是一个比原先预想重要得多的性功能障碍的原因。苏利文(Sullivan)1987 年对 105 例阳痿患者进行研究,发现 35%存在下丘脑—垂体—性腺轴功能低下。可见,在治疗性功能障碍过程中,首先控制器质性因素是非常重要的。

神经系统紊乱

神经系统的紊乱也可严重影响男女两性的性功能。这些包括大脑额叶和颞叶疾病(如肿瘤、神经损伤、血液凝块)和脊髓病(如不正常发育、退行性情况、损伤)(专题 15-1)。癫痫通常不导致性问题。

脊髓和骨盆神经很容易在战争或车祸中受到损伤,但对阴部的击打及竞技意外也很容易使它们受到损伤(比如撞到一名运动员的膝盖上),即使只是骑一辆车座过高的自行车也存在这种危险。在最后一种情况中,当危险因素去除后,性功能会快速恢复,但是在那种脊髓受伤的情况下,神经不会再生。很多人都患有慢性下腰痛,这种病除非造成急性疼痛,否则不会影响性功能。

血液循环失调

任何对骨盆区域血液供给的干扰都可能导致性功能障碍。胆固醇升高和高血压会破坏供给生殖器官的动脉。造成心血管疾病的主要因素,比如抽烟,结果被证明也与性功能障碍有关,据报道在一家诊所就诊的性无能男性中有 80%是抽烟者(Goldstein, 1987)。

静脉也会出现问题。正如我们在第 3 章中看到的一样,为使阴茎充血,流入的血必须增加,而流出的血必须减少,如果静脉漏血则有可能使流出的血过多(Bookstein et al., 1987)(这就好像你想往一个浴缸里注满水,可是却没有塞好放水口)。这种问题在老年男性中更常见,所以他们的勃起更无力也更短暂。

性功能障碍或许是某些其他的血液循环疾病的间接结果，例如，中风患者的性欲望会有大幅度的下降，在一组平均年龄为68岁的中风者样本中，享受性生活者的比例，男性从中风前的84%下降到30%，女性则从60%下降到31%。即便如此，精神因素依然是非常重要的，造成性生活频率下降的最普遍的原因被证明是害怕性交会导致又一次的中风(Monga et al., 1986)。

同样的原因也会扰乱有心脏病史者的性生活。在这方面男性比女性更容易受伤害。在一项研究中，曾犯过心脏病的受访者当中有76%患有性功能障碍(42%患有勃起障碍)，而在另一个健康状况相似但没有心脏病史的小组当中，这个数值是68%。咨询可以减轻有关"性生活已死"的焦虑及相关的恐惧（Dhabuwala et al., 1986）。有了良好的医疗监控，即使曾犯过心脏病的人也可以进行身体活动和锻炼，并获得健康且活跃的性生活。

糖尿病是另一个例子，虽然这是一种内分泌失调疾病(与碳水化合物的新陈代谢有关)，但它通过对动脉和神经造成的损伤导致勃起障碍。这种疾病与男性中大量存在的性功能障碍有关。有些糖尿病对女性有很少甚至没有影响，但也有一些会降低女性性欲望和高潮能力(Schreiner-Engel et al., 1987)。

酒 精

酒精是导致性功能障碍的常见因素之一。40%的慢性酒精中毒患者有性能力问题，15%存在性高潮障碍(Kolodny et al., 1979)。长期服用酒精会影响肝功能、营养和激素产生，也会造成神经损伤——所有的这些因素对性功能都是有害的。同时，这些器质性因素的影响还伴随着因酗酒而引起的精神问题和社会问题。

人们普遍相信，酒精能增强性行为。然而事实上，它对性唤醒和性能力存在生理性衰减作用。即使未达到中毒水平，它也对男性勃起功能、女性性唤醒过程和性高潮具有抑制作用。

尽管慢性酒精中毒对于性高潮具有较大的生理性抑制作用，但确实达到了性高潮的女性说她们的性快感有了大幅增强，而男性则认为在酒精的影响下，性唤醒能力降低了，快感性高潮次数也减少了。此外，酒精也可能是精神性阳痿的触发剂：一个男人在饮酒过量的情况下可能无法勃起，随之产生忧虑，最后可能会导致甚至在清醒时也不能勃起(O'Farrell et al., 1983)。

药 物

药物是导致性功能障碍的又一个重要因素，尤其是能够影响中央神经系统的**镇静剂**(sedatives)如巴比妥类药物(Barbiturates)和**麻醉药**(narcotics)如海洛因(heroin)之类的药物。

和酒精一样，**大麻**(marijuana)也作为一种性行为增强剂而受到广泛的推崇。但是，大麻也可能与勃起障碍、睾酮分泌减少和精子形成障碍的产生有关(Kolodny et al., 1979)。据统计,每周吸 4 支或 4 支以上大麻香烟的男性,睾酮产生明显减少。睾酮减少的程度与吸食的数量有关,吸食越多,激素水平越低。香烟中的**尼古丁**(nicotine)会造成血管收缩,因此可能会影响到生殖器的血液供应。

影响性欲和性反应能力的另一类药物是**抗雄激素物质**,包括雌激素、肾上腺类固醇如可的松(cortisone)和促肾上腺皮质激素(ACTH,通常用来治疗过敏和炎症反应)。此外,也有一些实验性药物如 Depo-Provera 和醋酸氯化甲烯孕酮(cyproterone acetate)已被用于抑制某些强制性性行为(第 14 章)。

某些药物可能通过阻断神经冲动向生殖器的传播而对性功能发生影响。阻断副交感神经的药物可影响性唤醒和阴茎勃起能力;阻断交感神经的药物可导致性高潮障碍(第 3 章)。从这个基本点出发,可以想象,**抗高血压类药物**(antihypertensives)的确会常常影响男女两性的性功能,并导致男性阳痿(Smith 和 Talbert,1986)。但这些影响可以通过更换药物的种类来避免。病人和医生必须齐心协力,权衡这类药物的利弊。

治疗精神疾病的药更有可能引起射精问题,包括逆行性射精。这样的病人在择药方面往往没有多少选择的余地。抗抑郁药也可导致无法达到高潮,这通常和抑郁本身引发的问题混合在一起(Harrison et al., 1986)。人们通常使用的镇静剂如安定(Valium)和利眠宁(Librium)等不大容易引发问题,相反,它们有可能通过减缓焦虑而改善性功能。最后顺便指出,须牢牢记住的主要一点是,无论什么时候使用哪些药物,也不管什么时候开始出现性功能障碍,药物必须作为最有可能引起性问题的因素而被加以考虑。

器质性的还是心理性的?

尽管器质性的和心理性的因素常常因相互作用而导致性功能障碍,但为了更有效地治愈,我们需要在一个特定的例子中去决定每一种因素的角色是什么。因此这实际上是说,在所有性功能障碍的例子中,每一种明显的器官原因都要首先被识别或排除。对于尚有补救方案的身体状况来说,这一过程可以加速其治疗;而且在上述治疗行不通的时候,它会使病患及其临床医生都能知道心理治疗的限度在哪里,这有助于他们之间建立相应的治疗预期。

从心理性障碍中区分出器质性障碍,这一尝试始于对这两种症状的了解(Segraves et al., 1987)。比如,心理性阳痿通常会有一种突然的发作,而器质性阳痿则是经过日积月累逐渐形成的。这两种功能障碍的形态也不尽相同。器质性阳痿常常是更一致更全面的,影响着所有形式的性活动。心理性阳痿多是不一致的:它可以偶尔发生以后便不再出现;在性交期间发生而手淫时则不会;与这个伴侣在一起时出现,而换一个伴侣可能就不会。甚至这两种症状在时间上都是不同的。一个经历了高潮之后骨盆疼痛的女性,比另一个在刚刚开始进入就抱怨性交疼痛的女性(除非有一处感染正好在阴道开口处)往往更可能患有器质性的疾病。

问题发生的环境可能也有助于决定问题的性质。如果性功能障碍发生在一个重大事件之后,如与配偶的离异和死别,那它可能是心理性的。由于夫妻之间发生冲突,或者感情悲伤引起的性功能障碍同属此类。然而,这样的悲伤也许是功能障碍的结果,而不是引发它的原因。如果身体机能紊乱是确定无疑的话,有器官方面问题的伴侣会容易变得不自信、内疚或愤怒。

最终,要基于具体的生理迹象来作出决定。阳痿就是一个很好的例子。正如我们在第11章所谈论过的,事实上所有健康的男性在动眼期(REM)都会有勃起。如果夜间缺少勃起或严重不足则表明了这是器官的问题。如果说**夜间阴茎勃起**(nocturnal penile tumescence,NPT)正常,那么更有可能是存在潜在的心理性问题(Marshal et al., 1981; Bohlen, 1981)。

这个过程可以用一些简单的办法来检验。在睡着之前,将一个圆环缚在阴茎底部。如果在早晨发现这个环破裂了,则证明这个男人已经有过一次勃起。一项更可靠的装置是外径规(Snap-Gauge),它包括带有三个连接器的维可牢皮带(velcro straps),每一根皮带都会在规定的阴茎压力下断裂(Bradley, 1987; Condra et al., 1987)。最可靠的办法是在睡眠实验室中记录阴茎勃起的过程,在那里睡眠的形态通过一台脑电图仪记录和监控,眼睛的运动被跟踪监测。阴茎在睡眠中的勃起可被特殊仪器所探测,如在阴茎底部的拉紧了的计量器,它可以精确地记录持续的时间和勃起的形态。现在,轻便的仪器设备也可以进行这样的跟踪监测,从而可以在家进行监测(专题3-2)。

更加专门的研究调查了阴茎中血流的模式。比如通过注入射线不透明染料(在X射线下能够显现出来)的方式,它们的流动为了解动脉和静脉在阴茎中的整体运行状态提供了特殊的数据(Bookstein et al., 1987)。这个过程被称为**阴茎海绵体造影**(cavernosography)。如果罂粟碱(paraverine,使动脉扩张)被代替注射进去,那么超声波扫描图就能显示出血流中的问题所在(Trapp, 1987)。

精神因素

相比较生物因素,精神因素更难识别和分类,尤其是当它们深植于根深蒂固的内心苦恼时。过去,性功能障碍的治疗主要集中在基本的心理问题上;最近发展起来的性治疗则分析引起性功能障碍的较直接的精神因素。

直接因素

对性生活的失败的忧虑可能是器质性阳痿产生的最常见的直接原因。其他因素,如对性能力的要求和过分想要取悦于伴侣也可能是性问题的基本原因。因为这样的态度容易引起不满和气愤的情绪,久而久之,可能影响性享受和性能力。此外,产生性功能障碍的另一个重要因素就是充当"旁观者",即性交过程中焦虑而又过分地在意自己的反应(Masters 和 Johnson, 1970)。性满足的实现有赖于双方都全神贯注于性相互作用中去,很显然,这种"旁观角色"会使精力分散,并妨碍适度的性反应的建立和性高潮的达到。

"缺乏情感交流"会迫使夫妻双方去猜测性交过程中对方渴望的是什么,而无效的甚至令人厌恶的又是什么。可见,清楚恰当的感情交流是必要的,它有利于提供信息,达到相互了解,也有利于双方自信心的巩固和建立。即使"缺乏情感交流"不是性问题的主要原因,它也会导致其他问题的长期存在(Fay, 1977)。

主要与过去经历有关的内在矛盾是性功能障碍的一个更深层原因。如果这些矛盾在一定程度上控制着人的性生活,并使性功能发生障碍,那么我们称之为**"内心因素"**(intrapsychic);另一方面,如果性问题只是两个人之间的矛盾引发的,那么我们习惯称之为**"人际因素"**(interpersonal)。这种区分尽管有些武断,但在治疗上具有较大的实际意义。"内心因素"必须针对其自身进行处理。一个离过多次婚的人,尽管配偶变换了,同样的矛盾可能依然存在。"人际因素"通常不需要更深层次上的治疗就能解决,"人际因素"的处理重点在于"双方关系",而不是单独某方。

心理疾病可能突发于成年生活的任何阶段,某些发展阶段会有一些可预测的压力。这些压力可能会使人患上性功能障碍。"中年危机"就是这种高压年龄段的突出表现,因此,从一个更为广阔的生命周期的视角上来对性问题作出评估是非常有价值的(Fagan et al., 1986)。

深层原因

社会学习理论学家已经提出了许多关于性功能障碍的发生学模型。这些模型大多数都集中于"条件机制"上。所谓"条件机制"(conditioning),是指与某种经历有关的不痛快感决定了某人将来在相同条件下的反应——我们在前面谈到社会化过程(第8章)和性欲倒错(第14章)时也见过同样的理论。有时,这些经历很容易使人联想。例如,某男子曾在性交期间发生心肌衰竭,那么以后他一想起性交就会感到恐惧,更别说再次亲身实践了;同样地,假如某位女性曾经被人强奸,那么以后她会总是觉得性交困难,甚至同她最亲密的伴侣在一起时也是如此(Wolpe 和 Lazarus, 1966)。

性功能障碍的原因往往是一连串复杂的、已被遗忘很久的经历造成的。例如,对孩子灌输的某些性态度和性价值——如认为性行为是肮脏和危险的——对性功能的影响就是一例(第8章)。一个人也许不记得父母明确的或暗示的警告和惩罚,但这些因素的损害性影响依然存在。

心理分析学家们以潜意识中残留的婴儿期的矛盾对性功能障碍进行解释。例如,由未断绝的"恋母情结"引起的矛盾可能是导致男女性功能障碍的主要原因。"阉割忧虑"也被普遍认为是男性阳痿的原因,就像它也是性欲倒错的原因一样(第

14章)。一个来自于恋母情结时期的退行性和未断绝的"乱伦愿望",可能使男性性交时无意识地回想起这些强制性和威胁性的欲望。在这样的情况下,他不可能进行性交;同时,由于性能力的丧失,也避免了进行象征性乱伦活动的必然性和肮脏后果。如果一个男人同他的妻子(而不是妓女)在一起时出现阳痿的话,他可能正无意识地把妻子与母亲等同起来。人们常常认为这种区分"可敬的"妇女(受到尊敬和爱戴)和"堕落的"妇女(在性生活上受到青睐)的男性具有"圣母—妓女情结"。

具有上述矛盾的女性与其父亲有关。如果某种类型的男性被无意识地同其父亲等同起来,那么同这种类型的异性性交将会产生一种犯罪感,从而诱发性问题。这些女性通过自身对这种经历的排斥来减轻内心"乱伦愿望"的罪恶感。

对"失控"的恐惧是性功能障碍的又一个重要因素。如果性高潮意味着自我放纵,那么某些男女会担心某种具有攻击性的冲动会随之被触发。对阴茎勃起将撕裂阴道或者将被阴道陷住并使之堵塞的恐惧也不是没有的。这种担心可能是有意识的,但更多的是无意识的,表现为男方不能勃起或女方不能达到性高潮,而双方都不知道其原因究竟何在。

人际关系问题

人际矛盾是内心问题的推广,但有时这种问题仅在某种特殊形式的关系中出现。将我们在前面已经讨论的所有关于性和人际关系的内容(第12章)用在这儿是再中肯不过的了。很明显,强烈的失望、缄默的敌意或公开的愤怒对于性欲作用是有害的,轻微侮辱也同样有害。例如,女性对于"被利用"非常敏感。假若某男性似乎只是对她的肉体感兴趣,而忽略其人格本身,那么她会觉得自己被降低到无生命的物体的水平。有些女性把性交看做是对她的利用、征服和贬低,从而以不做出反应来反抗它。

对男子性享受最有害的态度是那种威胁其男子气概的态度。如女方认为男子反应不足,唠叨不休的指责和或明或暗的讥笑都会减弱男子的性享受。如果女方的性要求相对更强的话,那么为了满足妻子而感到负担重重的男子也可能产生适得其反的后果。

其他人际关系问题包括"合约失望"。在人们恋爱或结婚时,很少会就性期望进行公开交谈或协商。因此,双方由于所期望的东西不能得到满足,从而会产生许多误会和恼怒;或者随着人的变化,新的需要和新的爱好改变了最初的关系,那么伴侣双方也会有调整适应方面的困难。

在"权力争斗"中,各种形式的性破坏都可能出现。例如,某方强迫对方在不适当的时候进行性生活;将性行为作为一种"惩罚";或者通过肉体的忽视、错误的生理形象的形成及做出令对方感到不快甚至厌恶的行为来激怒和为难对方,这种破坏甚至会影响到夫妻双方进行的性治疗。当伴侣中的一方的性表现开始有所改进时,另一方可能会试图(经常是无意识的)令事态的发展停滞或者变得困难。一方伴侣的一个显著的变化会变更原有的关系模式,从而改变双方之间的权力结构。

文化因素

社会通过对儿童及青少年的教育以及对性关系的定义而对性功能产生了一定的影响(第21章)。性功能不足的感觉通常来自于对另一性别的无知、概念错误、歪曲的看法、无凭无据的恐惧、难以解决的内疚及对做爱怀有的不切实际的期望等等(Jacobs,1986)。正如我们将在第六部分看到的那样,这些态度都有其历史和文化的根源。

文化形态也会影响到亲密关系。异性爱关系中的问题的一个主要来源是所谓的**"双重道德标准"**——对男性和女性的性表现持不同甚至完全相反的期待。这种双重标准抑制了女性的性反应,令女性处于性活动中被动、抵抗者的角色。如今许多男女已经克服了这种态度,结果使女性成为更主动、更自信的性伴侣,她们面对性的态度更积极,更乐观(Koblinsky和Palmeter,1984)。

许多人担心这种更加自由、平等的性态度会滋生更多的问题。在我们的社会变得对性话题的讨论异常开放的时候出现了明显的性欲混乱,许多对性冷漠的抱怨出现于性自由主义者当中。这些问题的出现可能与那些急于兼顾工作和家庭的女性所面临的压力有关,但是男性基本上不用担心这样的问题。对求助于马斯特斯和约翰逊研究所的218对夫妻进行的研究显示,在家庭之外拥有职业抱负的已婚女性,她们对性欲抑制的抱怨要比那些对职业没有过高期待的已婚女性和全职家庭主妇高两倍(并且前者患阴道痉挛的几率也比后者高)。已婚职业女性——无论她们是否有强烈的职业追求——的丈夫们对性兴奋抑制的抱怨不到全职太太们的丈夫的一半(Avery-Clark,1986)。

大众传媒的另一个担心在于,女性对性的过于自信已经对男性性功能造成了一定的负面作用(新性无能者),但是这种抱怨目前尚没有任何证据(Gilder,1973)。

自从性黑暗世纪以来,女性为了取悦男性常常要"装"出高潮。显然,现在已经不再需要这种"骗术"了,但是关于假装高潮的报道却日渐增多。达林(Darling)和戴维森(Davidson)在1986年曾对805名护士作过一次调查,结果2/3的受访者宣称,她们至少假装过一次性高潮。而那些在较年轻时性生活就比较活跃或者更具有性探索性的人比其他人更有可能假装。就此给出的一种解释是,鉴于女性高潮已经成为人所期待的,那么女性便强烈感觉到需要去达到这个标准,哪怕要假装。我们对能力和成功的奖赏连同对性的过分强调共同为性享受造成了障碍。性高潮成了一种挑战,而不是性交本身的自然高潮;不能达到性高潮或不能达到某种特定形式的性高潮(如多次式、共同式等)不仅成了性无能的标志,而且也成了"人无能"的写照。我们对性行为的态度变得更加自由,那么一系列新的问题——对性行为的过分要求和对性的完全不现实的期望——也将油然而生。

15.7 治疗

性功能障碍有时只是轻度的和暂时的，无需任何治疗；但有时也可能相当严重，以致在治疗上难以对付。性功能障碍的治疗方法有很多，包括简单的短期疗法和专一化的细致疗法，这些均涉及精神疗法、药物及外科手术。

直到 20 世纪 60 年代末期，性功能障碍的治疗一直由"多面手"进行。普通医师、心理学家和婚姻顾问及其他处理心理或生理问题和婚姻矛盾的工作者都在从事性治疗。继马斯特斯和约翰逊的工作（1970）之后，更有效的治疗方法开始出现。当今，这些新方法的应用被称为**新式性治疗**（new sex therapy）。它的重点在于性症状的消除，而不在于改变不良心理和重新建立性领域以外的生活关系。虽然针对性功能障碍的所有治疗形式都可以被称为性治疗，但这一术语通常严格用来表述专注于排除性症状的特殊路径。

性治疗

迄今为止，性治疗仍然缺乏自身的理论基础。它的参与者可能是观点和视角各不相同的内科医生或者临床心理学家。它的基本方法是从心理学的行为矫正技术中发展出来的，这些技术被很好地调适以适用于性功能障碍治疗。内科医生将医学方法和性治疗的各种不同方式糅合起来，例如，海伦·卡普兰（Helen Kaplan，她也是一位心理分析学家）就在她的工作当中将心理驱动原则和性治疗途径结合起来（Kaplan, 1974），而进行阴茎修复移植的泌尿学专家则主要会从外科手术的角度来解决这些问题。

性治疗方法有着明显的长处，但也有其缺点。目前为止它还没有一个坚实的概念基础，其临床历史也很年轻。在对心理问题和人际冲突进行的广泛的治疗中，性治疗可以说是最为有效的一种（Arentewicz 和 Schmidt, 1983）。

PLISSIT 原则

人们总是习惯于最先尝试简单和简洁的治疗方法。这个原则在治疗性功能障碍的 PLISSIT 模型中得到了具体表现。这个首字母的缩写词代表着**许可**（Permission）、**有限的信息**（Limited Information）、**具体的建议**（Specific Suggestions）和**强化治疗**（Intensive Therapy）。临床医学家采取这些方法，要么是前后相继，要么是同时使用。"许可"采取的形式是放心，加强正面信息，并且根据个人的需要和价值，鼓励在性方面举止得体。"有限的信息"指的是特别针对某个人的某种（些）性问题提供事实证据和自我知识。"特殊的建议"是那些最初由马斯特斯和约翰逊于 1970 年发展出来并被其他人修改过的成套的技术。"强化治疗"超出了用来修正行为的各种技术，并且通过某些形式的透彻的治疗，钻研了患者的内心冲突。卡普兰曾在1974年通过**心理学疗法**来着手处理这些问题，这有助于病人获得洞察力，进入到潜藏在性问题之下的无意识的冲突之中。专题15-2描述的是对一对夫妻进行的性心理治疗。

马斯特斯和约翰逊模型

马斯特斯和约翰逊的性治疗所采取的模式，尽管被其他人修改过了，但仍然规定着性治疗的基本方法。对所有类型的功能障碍的治疗，有一些普遍的方式和步骤，也有一些特殊情况的特殊对策作为补充。当器质性的因素被排除之后，中心任务就是帮助这对性功能障碍的伴侣，把性视为一种自然的功能，这并不要求作出异

专题 15-2
对一对性功能障碍夫妇进行的精神治疗 *

这对夫妻，丈夫42岁，英俊潇洒，是一名成功的不动产经纪人；妻子40岁，是一名教师。在他们申请治疗的时候，他们已经结婚18年，育有三个女儿。

夫妻俩主要的苦闷是丈夫的阳痿及妻子从未达到过性高潮。这之前没有一对夫妻接受过精神病学的治疗。表面上看，这对夫妻的器官活动都很正常，而且没有一个表现出明显的精神病学症状。但是丈夫和妻子都存在着一定的个性问题。

他们的婚姻关系基本上是良好的。尽管也有烦恼，但他们互相尊重，相亲相爱，也相互负责。但是在最初咨询的时候，他们之间存在着强烈的愤怒和敌对情绪。妻子常常会勃然大怒，丈夫则以回避的方式来回应。

丈夫的历史情况显示他一直都存在着性方面的困难。十几岁的时候，和女孩子在一起他会感觉很害羞，以至于到二十九岁才第一次性交。大学时期，在一个女孩子主动表示出对他的好感之后，他和这个女孩有过约会，并且在和她拥抱的时候，他也得到了十足的唤醒。然而在尝试性交时总会遇到勃起的困难，不能够圆满地完成这一动作。

之后不久他遇到了现在的妻子，在他们的关系中仍然是女方占据主动。接吻和拥抱也会使他非常冲动，并且在她面前，即使两人和衣相对，他不时也会有立即的勃起。决定结婚时，他们已经相识一年了。他们没有去尝试在婚前发生性关系，因为两人都感觉这样做不太合适。

蜜月中，在必须面对性交时，这位丈夫在他的妻子面前无法勃起。但当他刺激她的阴蒂部位时，她会迅速作出反应。

有时，在大量的刺激下，他也能够进行性交。可是每当这些时候，她却从来没有达到过高潮，尽管她仍然会对阴蒂的刺激作出反应。他们性接触的频率被限制在每两到三个月大约会有一次。在这种时候，通常是丈夫采取主动……既然他是居于"主导地位"，他就从来不允许自己在性方面扮演一个被动的角色，而且也会因为不能让妻子满足而感到愧疚。

治疗是从禁止性交开始的。和往常一样，丈夫和妻子被指示轮流去轻轻地爱抚对方，并且要告诉对方他们各自的发现，特别是在感受到愉悦的时候。这一体验使他产生了勃起，当他沉醉在快乐的接受者这一角色之中时，实际上已经否定了他自己先前的角色，因为现在这样不是"男人意义"上的做法。当他的妻子抚弄他的阴茎时，他会特别地沉醉其中。

另一方面,她却是愤怒而感伤的。轮到她去接受丈夫爱抚时,她很喜欢这种体验,但是当轮到她去使他快乐的时候,看到他的勃起最初会使她感觉有些疲倦,之后就是愤怒……她觉察到了自己对他的"义务",尤其是她被要求去为他的阴茎"服务",这一事实被当成一种耻辱,引发了她的烦恼。另一方面,由于她是一位极为聪明和基本上情绪稳定的人,所以她也惊讶于自己如此强烈和失去理性的反应。

治疗的另一障碍是由丈夫制造出来的,主要是强迫性的自我观察和对自己性能力的怀疑这两种形式。对于他们之间的相互爱抚,他能够产生反应,并且非常享受,但是当性交迫在眉睫时,他却会因为害怕而使自己减弱下来,心里说"不会成功的","她会生我的气的……"等等。通过平常的指导,比如使他有意识地避免这些想法,集中注意力在性的感觉上,这些障碍是能够得以解决的。另外,当他不能通过有意识的努力去控制这种倾向时,就建议他自己沉浸在幻想中……

作为治疗的结果,这对夫妻的性关系得到了相当的改善。治疗结束的时候,这对夫妻大概一周会进行两次性交,虽然有时丈夫仍然不能勃起,但他们已经可以把这些经历视为很小的挫折,平静地接受它们;在他们后来做爱的时候也没有产生什么有害的影响。

* From Helen Singer Kaplan (1974), *The New Sex Therapy*.

常大的努力,而仅需要一种放松的和接受的态度。关注的焦点是作为一个整体的这对伴侣,而不是哪个个人。不是任何一个人的错,也不是谁的毛病,仅是有些障碍要去克服。每个人必须学会给予性的快乐,就像接受性的快乐那样,积极地参与进去,而不是仅作为一名观众或一名消极的参与者。

治疗是沿着两种互补的路径发展的。第一种涉及这对夫妻和两位在一起合作的治疗专家(一位男性,一位女性)之间的对话。从每位患者那里获取详述的性史,并且通过圆桌会议研究他们对那些与性有关或无关的因素的体验、冲突、感觉和态度(这些都可能对功能障碍造成一定的影响);对正在进行的治疗的成功和失败进行分析,等等。与此同时,这对夫妻将会秘密地经历一连串性的任务,如果治疗成功的话,最后将以彼此满意的性交告终。由于关注的焦点必须是成对的伴侣,所以马斯特斯和约翰逊在他们的早期工作中为那些失去伴侣的男性提供了代理女性伴侣。尽管在这些精选出的案例的治疗中,一些性治疗专家继续依赖于**代理伴侣**(partner surrogates),但是法律和伦理方面的考虑使这一做法成了一个问题。使用一对临床治疗专家的做法(这是很昂贵的),并不被其他人认为是必不可少的,治疗的有效性似乎并不取决于临床专家的数量。

在治疗的开始阶段,**知觉焦点**训练是很重要的,这为解决特殊的问题打下了基础。这些训练克服了一般导致性功能障碍的直接原因:焦急,观望,表演的要求,缺乏交流。他们把聚焦于触觉和快乐——而不是性唤醒——的活动作为治疗的开始。进行治疗的伴侣被要求采取一种舒服的姿势,以帮助一方较容易地进入到患者的身体中:当症状是女性的无性高潮时,男性要坐在这个女性的身后;男性阳痿则反过来。下面要如何继续则取决于问题的性质。

想一想

对于在性功能障碍的治疗中使用代理伴侣,你有什么看法?

勃起障碍的治疗

在对这类病例的治疗中,女方要主动接触、抚摩或温柔地爱抚对方的身体,关键在于不要接触生殖器;男方则通过语言或非语言反应,或通过引导女方的**手部动作**来进行协同合作。随后,夫妻相互取悦对方,并进行比较直接的交谈以指导双方的动作。

夫妻双方在熟练了一般的身体享受之后,可以施展比较明确的性技巧了——女方在刺激男子身体其他部位的同时开始刺激他的生殖器,但此时双方的相互作用仍在松弛的、非强制的状态下进行。注意,在此阶段,任何特定时刻内都不要期望男方的勃起,也不允许突然进行性交。当勃起确实自然发生的时候(常常在治疗中很快就会出现),可以通过使之反复勃起而向男方灌输这样一种想法,即不是他想勃起,而是勃起自然而然地就发生了。如果勃起的阴茎软下来,也不必有失败感。在这个时期不允许性交,只有在性感集中训练中勃起开始频繁发生并且稳定的情况下才能进行性交尝试。

从性感集中训练向性交的过渡要逐渐进行。当男方产生了足够的信心时,女方两脚分开,跨骑对方,并主动将阴茎插入阴道内,此时注意减轻他的责任感和危险的笨拙感及失败感;然后,以为男方提供充分的性满足为第一目的进行性交。此时可以鼓励男子"自私"一点,快感上的共同享受随后而来。总之,治疗勃起障碍的基本目的是减少焦虑以使生理反应能自然发生。

无性高潮的治疗

女性无性高潮的治疗同样遵循上述基本原则。在这种病例的治疗中,男方主动进行早期的性感集中训练,但过渡到性交时,宜采取女上位姿势以便消除女方对被损伤、被利用或被羞辱的恐惧。同时,也有利于她估计插入深度和性交抽插的强度及频率——所有的这些都有利于满足她的需要并帮助她达到高潮。

其他治疗方案适用于比较特殊的问题。例如,与男性相比,女性可能更关心双方生理之外的吸引力,从而抑制性快感或不愿意暴露她们的性兴奋需要。这种问题可以通过交流和实践得到解决。对于从来没有经历过性高潮的女性,首先必须使她获得这种感受。因此,可以鼓励她刺激自己的身体和生殖器,或通过对方的手或口交使她达到性高潮(有些治疗者也使用震动器)。这种抑制屏障一旦被消除,她就能体会到性高潮的感觉,并可能逐渐把这种感受转移至性交之中。其他过渡技术包括在做爱同时进行的男方或女方给予阴蒂的刺激。治疗女性性唤醒和性高潮功能障碍的基本目的是协助女方放弃和消除阻止达到性高潮的抑制感。

男性高潮抑制的治疗

男性不能射精的第一治疗目的同样是越过性高潮屏障。为了达到这一目的,首先通过单独手淫使男方达到性高潮;然后,在女方参与下,男方自己或女方替他进行同样的动作（让他向她的生殖器射精）；最后，在男方感到射精逼近时，女方将阴茎纳入阴道，尝试进行性交。这是唯一使用男上位姿势的例子，当他插入时，女方可继续用手刺激他的阴茎根部。

早泄的治疗

治疗早泄的基本目的是训练男性控制性高潮并相应调节其性兴奋水平。这主要由女方来进行，即女方确定刺激部位，柔和地引它勃起；当男方感

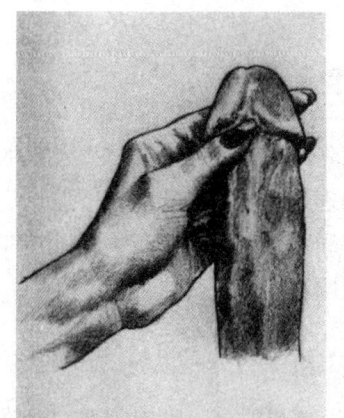

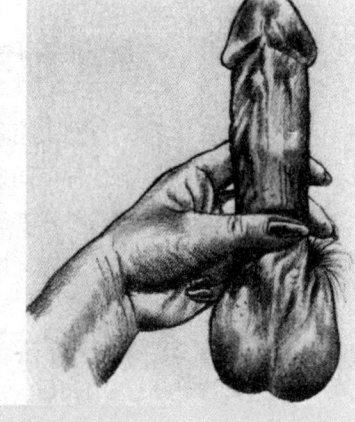

图15.3 两种版本的"捏挤法"

到射精迫近时，女方使用**"捏挤法"**以控制射精。"捏挤法"包括用拇指和食指捏挤阴茎头或挤压阴茎根部。在进行阴茎头捏挤时，女方必须柔和地稳捏阴茎头前部和后部（注意避免造成损伤），持续3~4秒钟。关于"捏挤法"的治疗机制尚不清楚。应该提醒的是，"捏挤法"可能引起勃起强度部分减退，不过它可通过进一步的刺激而恢复。这种方法的基本程序最初是西曼斯（Semans）在1956年报道的。性交媾应以女上位进行。性交媾时，捏挤动作重复数次，当男方感到射精临近时，女方应把阴茎拔出，再次捏挤阴茎头。"捏挤法"应配合较缓慢的抽插使用，这个动作反复进行，直至男方愿意射精为止。

为了避免因捏挤而中断性交，可改用阴茎根部捏挤法或**动静交替法**。后者的具体方法大致是：兴奋增加时，停止插入；静置数分钟后，待射精紧迫感过去，再次插入（图15.3）。

阴道痉挛的治疗

治疗阴道痉挛的根本目的是消除阴道肌肉的痉挛。阴道痉挛的治疗采用**"脱敏疗法"**（desensitization）。首先，治疗者向患者解释阴道痉挛的特点，使之意识到阴道口周围的肌肉紧张。然后，取安全、舒适的体位，将一个小塑料扩张器插入患者阴道内（此时，男方在场，女方可借助镜子观察这个动作）。最后，患者自己使用扩张器从最小规格调节至最大规格（以刚好适应勃起的阴茎尺寸为宜），并每次留置一段时间。在双方开始性交时，女方负责插入阴茎并控制插入速度等。

上述这些治疗原则非常简单，但如果要具体进行治疗操作的话，就必须在较广泛的治疗领域中进行。治疗的成功有赖于技术熟练的治疗者、积极的患者及明智而又富有同情心的配偶。这些对于过于拘谨的人来说是不容易做到的。性治疗仍然是一个新领域，其方法也在不断改进当中。关于其有效性，人们尚有许多问题亟待解答（专题15-3）。

精神和行为疗法

性功能障碍的精神疗法很早就成为性治疗的一个组成部分。他们的实践者包括各种不同理论范畴的专家，如心理分析学家、精神病学家、临床心理学家、精神病社会工作者和婚姻和家庭顾问等。其治疗方法的共同点是认为口头交流是了解并解决心理问题和人际矛盾的主要手段。

精神疗法

心理治疗者常常处理性问题，但是他们大多数都不认为自己是性治疗者。他们用于解决性问题的治疗方法和用于处理其他问题的方法一样。**心理分析法**（psycoanalysis）是精神疗法中最精细的形式，它集中于性问题上，置性问题于心理病理学的心理分析概念的中心位置。因此，无论是因为性问题还是因为其他问题，心理分析的许多工作都涉及分析性幻想、性梦、性事件及今昔性关系。在这种治疗中，病情的改善取决于对引起性功能障碍原因的深入了解。心理分析的另一种类型是**顿悟导向性治疗**（insight-oriented therapy）（DeWald, 1971），它只能实现比较有限的目的。这种类型是卡普兰性心理治疗的基础（专题15-3）。

系统疗法

系统疗法不是专注于过去，而是集中关注患者与其性伴侣的当前关系（LoPiccolo和Stock, 1986），其目标是了解在他们的关系中性症状服务于什么样的功能。一旦这对伴侣能够处理潜在的问题，下一个要解决的就是性功能障碍了。

行为疗法

行为疗法是精神疗法的又一形式，但由于历史的缘故，常常被称为**行为修正**（behavior modification），它集中于不正当的行为上，目的在于通过性理论学习来改变这些行为，而不涉及心理动力学基础。

行为疗法和精神疗法一样，包括许多不同技术。**系统脱敏疗法**（systematic desensitization）就是其中一种。该法的基本原理是**"交互抑制"**（reciprocal inhibition）现象。所谓"交互抑制"是指两个相反的感情因素相互排斥，例如，一个人不可能同时存在焦虑不安和泰然自若两种情绪；如果忧虑影响某个功能的话，它的作用可能通过放松来抵消。

致忧环境会在不同程度上引起不适。例如，某些女性在裸体时很难同丈夫性交，而部分着衣则能进行。对于这种情况，行为治疗者常常和病人按等级顺序画出一个详细的表格。该表格显示了从最难以忍受的情况到可容忍的舒适状态（如被亲吻面颊）。然后，让病人进行肌肉松弛训练（松弛和焦虑互不相容），并按下列程序进行脱敏:充分松弛后,让她想象表格上恐惧最小的致忧画面;如果她紧张起来,再转换到松弛状态;若不,则可以继续想象恐惧性稍大的画面。这个过程不断反复直至病人能在想象中面临最大的恐惧激发状态(即裸体性交)。最后,将这种对致忧环境的适应转移到真正的性交环境中去。同样的程序还可与不采用松弛训练的其他技巧相结合。

群体疗法

到现在为止,我们讨论的治疗方案都是以单个病人或一对夫妻为单元的。而在

专题 15-3
性治疗的结果

性治疗的效果如何?最初由马斯特斯和约翰逊报告的结果是非常惊人的。他们在1982年亲自调查了总共1872个病例,整体成功的比例占82%(85%的男性;78%的女性),从99%的阴道痉挛和96%的早泄,到相对比较适度的情况,67%的原发性阳痿,78%的继发性阳痿,76%的射精不能,79%的原发性无性高潮,以及71%的情境性无性高潮。

而且,这些结果是经过了持续数周的治疗才可以获得的,治疗中所应用的是那些看起来出奇简单,几乎任何一个人都能掌握的方法。一股积极寻找新的治疗方法的乐观主义浪潮随之席卷而来,人人都跃跃欲试,最终在20世纪70年代形成了一个有众多参与者的新的领域。

在马斯特斯和约翰逊开辟了性治疗领域的十年之后,有关这一治疗方法的有效性和他们所报告的结果的可复制性等问题被提了出来。另外,同样的技术产生的效果已经不太明显了。导致这种变化的一个因素是,一些比较表面的性功能障碍类型已经通过教育和自助的办法得到了医治,剩下的都是在性治疗领域中一些比较困难、有更多深层次个性问题仍待解决的情况。

尽管有这些问题,但是性治疗的结果依然是很不寻常的。在一项有关性治疗结果的系统化研究中,通过运用对马斯特斯和约翰逊的技术加以改进后形成的新技术,阿伦特维茨(Arentewicz)和施密特(Schmidt)在1983年报告了由临床治疗专家所提供的治愈情况:

高潮障碍	19%
阴道痉挛	67%
射精方面的功能障碍	49%
早泄	40%
整体的比例	49%

患者和他们的伴侣承认他们的性问题得到了改善:整体的比例中有65%的患者和58%的伴侣;但是只有8%的患者和11%的伴侣认为,他们的病症已经完全康复了。

性治疗中的这些进步能经得起时间的考验吗?后续的研究显示,三年之后,某些形式的性功能障碍会复发,尽管患者对此可能不会那么苦恼了。性欲功能障碍似乎特别能抵抗住持续的变化(DeAmicis et al., 1985)。

性功能障碍的治疗要想在受到尊重的医学和行为学专业中占据它应有的位置,可能还需要一段时间;但是那一天必定会到来,因为人们已经意识到,性功能障碍与其他形式的人类苦难一样,是值得注意和重视的。

群体治疗(group therapy)中,1~2个治疗者可以同时治疗少量的个体(通常6~8个)。组内成员可根据相同或不同的性问题进行选择,他们可以是完全的陌生人,也可以是夫妻。分组治疗除了节省治疗者的时间外,还能允许组内成员了解他们的共同问题并给予感情上的支持。另一方面,这种形式的治疗并不允许过多地考虑单个组员,因此涉及某项具体病症如性功能障碍时,组员可能不会那么坦白。

海伦·卡普兰曾于1974年对一组功能障碍的夫妻进行过极为有效的治疗;次年,另一位心理学家、治疗师罗妮·巴尔巴赫(Lonnie Barbach)以5~7个患有性高潮障碍的妇女为一组进行治疗,报道了令人满意的结果。这些妇女同两个女治疗者一起共同讨论,并完成"日常任务"(旨在接触自身、获取性感)。性高潮首先通过手淫、最终通过性交达到(注意:配偶并不直接涉及治疗方案中)。5周以后,这些妇女中有93%可以通过手淫达到高潮;3个月后,50%可在性交时达到高潮。

自 助

包括功能障碍在内的涉及性的方方面面的书籍源源不断地涌现了出来,已经形成了一个很大的市场。在20世纪70年代,畅销书榜上始终都有至少一本或者更多有关性方面的书籍。这些书很多是"教你如何去做"的性问题手册,正文讲解清晰并配以图示(专题15-4)。这类书籍、电影和录像已经对一些不同程度的性功能障碍

专题 15-4
为你的性障碍寻求帮助

如果疼痛或不适超过忍受的限度,或者我们担心情况持续下去会恶化时,我们就应当去求医。但是这些原则并不能应用于性功能障碍上。因此很难确定就医时机,尤其当不是完全无能,如不是完全阳痿或无性高潮时,更是如此。

如果一个人的性功能连续发生一种相当快的持续变化,那么接受医疗检查是非常重要的。因为性功能障碍的症状可能是某一生理疾病的早期表现,而这种疾病的危险可能远比性功能本身的紊乱大得多。

另一方面,即使性问题已经存在有多年,也并不意味着这个人就只能或应该听天由命。假如不能确定这种问题是否需要治疗,那就应该去咨询一下。

向医生或性治疗者求助并不意味着一定要你预先保证接受治疗。

原则上,性治疗同其他专科治疗一样,最好先找普通医生或学生健康中心的咨询员,而不要直接去专科就诊。不像其他专业治疗,性治疗还很不规范。任何具备治疗资格的人都可能以性治疗者的身份建立诊所。这样一来,就有许多要么是"冒牌货",要么出于好心但缺乏性治疗的必要技术训练的人冒出来。

当然,去那些与医院、医学院和医科大学等机构有联系的个体行医者或诊所就诊,情况可能会好一些。即使这些机构本身不能治疗,它也可以向你推荐信誉好的性治疗者。此外,相同的效果也可以在医学

和心理学协会及这个领域的专业组织如美国性教育者、咨询者、治疗者协会（AASECT）得到。

再者，由于这种组织对会员的要求很不严格，因此，病人在作出最终选择前必须继续向其他治疗者求诊。一般说来，应该就诊于这样的性治疗者——他们有声誉良好的机构的毕业文凭，曾在性治疗领域中进行过认真而专业的训练，并愿意公开讨论他们的资历、治疗方法、疗程及治疗费用。如果有任何迹象表明治疗者可能会发生越轨行为，那么务必立刻另求他医。

最后指出，选择有能力、值得信赖的治疗者固然重要，但性治疗的成功在很大程度上取决于病人或夫妻双方。若就诊的目的只是给对方以安慰或者希望在不付出努力的情况下使疾病发生变化的话，即使完成治疗也可能是徒劳无功的。对这种治疗倾注太大的热情也许是不切实际的，但一定的积极性和决心对于治疗的成功也是必需的。

患者，起到了一定的帮助。但是，这些各种各样的信息中包含了许多不正确的信息，容易让人产生一些不现实的目的和期待。

更明确地瞄准功能障碍的是指导性方面的书，它们通过更周到的考虑和更系统的方式进入这些话题，包括一些为了克服压抑和得到性满足而设计的等级练习（Barbach,1975）。

性经验本身可能依然是所有解决方法中最好的老师和治疗专家。但是，因为一个严重的问题，这种实践并不能达到完美——经过一次次失败的累加，它会使问题变得更糟。那些只是更加努力地去尝试的夫妻，可能会使他们自己在这个问题中陷得更深。另一方面，能拥有一个充满了关爱、同情心及性功能完善的伴侣，需要在整理出很多问题和给予信心的过程中，经历很长的道路。当这些做法被证明仍不充分的时候，就需要向一位性治疗专家寻求帮助。专题15-4给出了这样的选择。

药物治疗

对性功能障碍尤其是男性勃起问题进行治疗的尝试已经有很长的历史了。在世界各地，也在中国，人们依赖统称为壮阳剂（或春药）的各种不同的物质来提升性欲或加强勃起。例如，在中国的一本古籍中就记载有一种配方，专治近女色不举者及预防中途缩水。该配方含有鹿茸、雪松子和一些需要碾成粉状并经过筛滤的成分。另有一种配方用来收缩女性阴道及治疗性行为过程中的无性高潮。

之所以用鹿茸，显然是受其外形酷似男性生殖器这一生殖崇拜的象征性含义的启发（许多其他的配方往往采用更具性象征性的犀牛角）。尽管这些配方会偶尔发挥作用，但是这更有可能是归因于心理安慰作用，而不是这些物质的化学特性。

直到最近，药理学家也同样在使用药物治疗性功能障碍方面取得了很大的成功。随着药物尤其是**伟哥**（Viagra）的出现，这一点并没有太大的变化。在这一方面的早期尝试大多依靠激素——在男性是睾丸激素，在女性则是雌激素。

如果一位男性患上了雄性激素不足，那么使用睾丸激素将在提高性动力和增进勃起两方面都能起到有效的作用，然而，大多数患有性功能障碍的男性并没有同时患上睾酮不足，因此，使用睾酮进行治疗也无济于事。这一情况也适用于那些睾酮水平随着衰老而下降的老人，但这并不必然导致不足。另外，对年龄较老的男性采用睾酮治疗有加重前列腺问题的风险，甚至可能引发前列腺癌。

在治疗女性性功能障碍时激素的使用则更加复杂。在更年期期间，雌激素的遗失导致阴道的变化，进而导致性唤醒过程中润滑的减少。这将导致性交中痛感的产生。雌激素替代疗法在后更年期妇女的抗阴道干燥治疗中疗效显著，但是雌激素本身并不能提高性欲或者增进高潮能力，而且长期使用雌激素必须对其可能的危险进行评估。因此，进行抗阴道干燥治疗，采取水溶性阴道润滑剂要安全和简单得多（但是不要使用橄榄油之类的物质）。

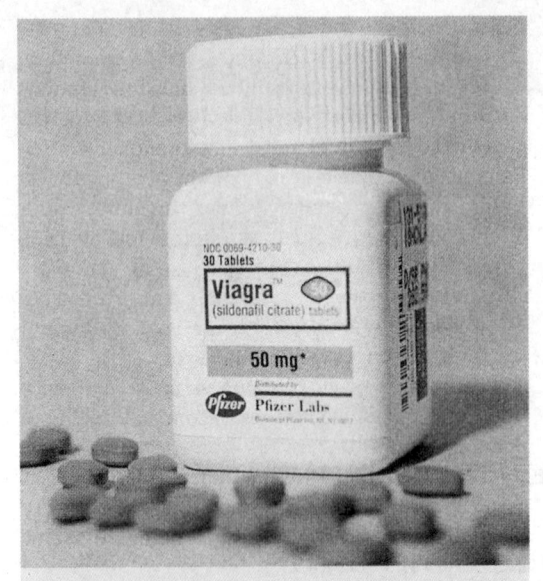

图 15.4 西地那非（Sidenafil，即伟哥）于 1998 年被美国 FDA 批准，随后掀起了男性勃起失调症治疗的革命。

考虑到睾酮是调节性驱力的主要激素，将其用在女性身上看来也是可以增强性欲望的，但是其缺点在于，睾酮有可能造成雌性雄性化的副作用（如面部毛发生长）及其他潜在的健康危险。

20 世纪 80 年代，新一代的药物面世，其在男性勃起功能障碍治疗方面更加富有成效，这些新药的主要成分是像某种形式的前列腺素那样的血管扩张剂，这种成分增加了阴茎的供血量，从而造成其充血。这些新药能有效引起勃起，而不管男性是否达到兴奋；它们的主要缺点在于要将药品直接注射进阴茎。即使不是非常疼痛，这显然也不会是一个快乐的过程。还有一种选择是将一块小药片［"缪斯"（Muse）]放置在尿道的开口处。虽然有种种不方便之处，但这些药物正在被越来越多的男性使用。不过现在它们都已经过时了。

伟哥（图 15.4）的出现意味着这一领域的一个巨大的进步，它在男性勃起障碍的治疗方面提供了一种有效、方便而且安全的方式。伟哥主要通过将血流推向阴茎的勃起组织而起作用。它通过阻挡一种酶来实现这一作用，这种酶的功能是化解向阴茎勃起组织提供血液的位于细动脉中平滑肌上的环磷酸鸟苷（cGMP），这一阻挡有效地增加了血量，从而促进勃起。尽管如此，同早期那些即使在非性兴奋状态下也能促进勃起的物质不同，伟哥只对那些处于兴奋状态但却有勃起障碍的男性才起作用。伟哥并不能产生性欲望，也不能治愈勃起的问题，它只是帮助男士们实现勃起，并且只要这些问题存在，就需要持续使用。

在上市三个月以后，伟哥成为美国最普遍的处方药，从而打开了巨大的市场。继之而起的是与其功效相近的 Levitra，以及持续效用更长的 Cialis。伟哥在使用后 15 分钟以内开始发生作用，并可以在之后数小时内促进勃起；而 Cialis 的功效则可能持续达36个小时。

上述基本上都是副作用(如鼻塞,少数还会出现视觉上的变化)降到最低的安全药品,但是正在服用含硝酸盐药物的男性不可使用这些药品(例如用来为冠心病病人治疗胸腔绞痛的硝酸甘油)。它们还不可同治疗高血压及其他一些疾病的药物(如alpha阻滞剂)共同服用。一个很罕见的并发症便是持续勃起,出现这种情况则须立即进行药物治疗,从而避免对阴茎组织造成永久性伤害。考虑到这些潜在的问题,这些药物必须在医生的监督下使用,它们可不是随便吃着玩儿的。

女性基本的性生理学与男性的性生理学相似,但是尚不能证明伟哥对女性性功能障碍的治疗有效。目前还没有针对女性性功能障碍的有效药物,但是出于巨大的市场潜力,许多制药公司正在为寻求这些药物而进行积极的研究。

物理疗法

凯格尔操

女性生育后,应激反应能力降低,咳嗽或用力时由于腹内压力升高压迫膀胱,引起尿失禁的现象也是很常见的。产生的原因在于耻尾肌(PC)张力降低(第2章)。为了纠正这种现象,一套锻炼方法应运而生。这些方法的基本原理是通过捏挤和松弛阴道口,逐渐加强阴道口和尿道口周围区域的肌肉张力。20世纪50年代,一位名叫阿诺德·凯格尔(Arnold Kegel)的妇科专家发现这些锻炼同时有助于改善他的病人的性反应和达到高潮的能力。于是,**凯格尔操**便成了各种性治疗的组成部分(Kegel,1952)。

凯格尔操最大的优点在于它的简单性。具体方法可简单地概括为:首先,女性要学会通过在插入阴道内的手指周围捏挤,或通过中断排泄小便以控制耻尾肌;然后,以固定的方式绷紧和松弛这些肌肉(如绷紧3秒再放松3秒,每次重复10遍,每日3次)(Kline-Graber和Graber,1978)。使用**会阴收缩力计**(专题3-2)或其他相似的仪器既可以准确地估计阴道肌张力,也可以使女性控制耻尾肌的收缩,从而有助于凯格尔操的进行。

顺便指出,尽管许多临床证据表明这种方法具有加强尾骨肌群张力的作用,但有关阴道肌张力同性高潮能力有联系的数据目前仍然缺乏。通过对正常人的研究,并没有发现耻尾肌强度同性高潮的发生频率或强度相关(Chambless et al., 1982)。不过1985年一项针对正常女性的研究显示,凯格尔操有利于加强她们的性唤醒能力(Meese和Geer,1985)。

手淫训练

某些治疗工作者推荐的治疗性功能障碍的手淫(有时伴有震动器)方法,尤其适用于一般方法无法解决的病例。该法的主要目的是使原发性无性高潮的妇女经

想一想

为了帮助预防性功能障碍,你会发起一项什么样的教育项目呢?

历性高潮,并最终以此为目的。震动器作为一个有力的刺激源,在其他方法无效时可能诱发性高潮。

为了实现最终使无性高潮妇女达到性高潮的目的,各种"手淫训练规则"应运而生。这些都很成功。有人认为,无论通过什么方式,只要妇女能达到性高潮,她就不存在功能障碍。如果从这个观点出发,单独通过手淫达到性高潮就可看作是一个成功的结局。

外科手术法

在许多文化中,都有应用夹板来支撑无力的阴茎的方法。这些夹板包括扁平板和包握阴茎的中空管。

现代外科技术的发展使**阴茎再植物**(penile prostheses)的使用成为可能,但这些装置——使性交成为可能的机械性装置——并不能治愈阳痿。这些方法主要用于不可逆性器质性疾病如脊髓病变所造成的阳痿病人。最近这种手术也用于那些由精神因素造成的性无能患者。此外,对于那些其他性疗法无效或用其他方法治疗没有希望恢复性功能的病人,该法也可作为最后一步棋来使用。目前据统计,每年有 30,000 例阴茎再植物移入手术,大多数效果良好,有些手术甚至在门诊即可完成(Small, 1987)。

阴茎再植物的一种类型是由固定在阴茎内的一根柔韧的塑料板构成。它可以为阴茎提供足够的硬度以允许性交。

比较先进的再植物是可膨胀性阴茎再植物(图 15.5)。这种装置的构造和工作原理是:再植于腹部的充满液体的贮存器经数根管子与一个置于阴囊的小泵相连,后者再经管道通于再植于阴茎的可膨胀性圆柱体。当液体被泵进圆柱体时,阴茎便勃起;泵内瓣膜开放时,圆柱体内液体回流至贮存器内,于是阴茎恢复到松弛状态。这种装置的缺点是在装配上面临较大的技术困难。

尽管阴茎再植物的应用可能会出现感染或泵内液体外漏之类的并发症,但是 98%的圆柱体在植入一年后依然保持完好无损,92%的能持续三年(Gregory 和 Purcell, 1987)。如果一个再植物因无效或感染而被移出,那么稍晚再植入的替代物未必总能发挥作用,但现在的成功率还是相当高的。尽管一种机械性膨胀的阴茎不可能同自然勃起的阴茎完全一样,但无论给予上述哪一种装置,对于利用其他方法无效的那些病患来说,它都能可靠地使他们的性功能和性

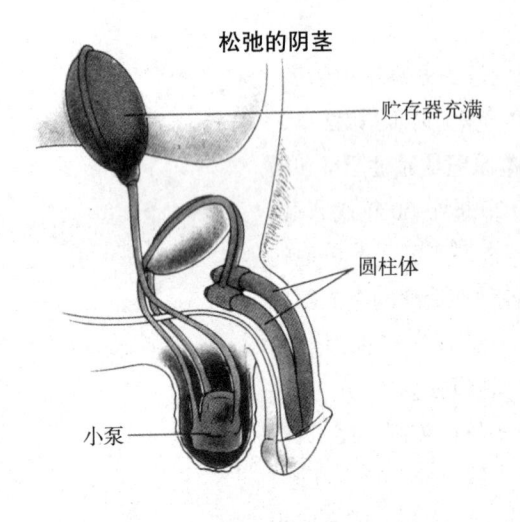

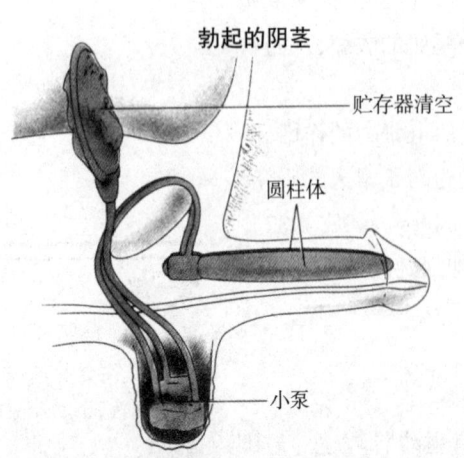

图 15.5 可膨胀性阴茎再植物

满足恢复至一定水平。90%接受阴茎再植物的男性说他们很满意（Steege et al., 1986）。

性功能障碍的预防

"预防百倍地胜于治疗"，这一人人皆知的格言同样适用于性功能障碍。遗憾的是，我们尚未弄清楚这些疾病的原因。因此，我们尚不能满怀信心地谈及它的预防。不过，下面几个原则还是有益的。

性是人的一项生理机能，它需要健康而强健的体魄来实现完全的性欢愉。防治疾病、加强锻炼、合理饮食，同时讲求合理的卫生，都能帮助我们预防性功能障碍。

性行为也是容易受到忧虑、抑制和人际冲突影响的心理功能之一。也许没有任何方法能完全消除一个人一生中的这些伤心的感情因素，但是你可以以理解和细腻的情感面对你和你伴侣的感受。健康的人际关系就像健康的身体一样，有助于健康的性生活。这是我们下面几章要处理的问题。一个人保持性功能不受其他矛盾冲突的影响的能力越强，他/她的性功能状况就越好。把性行为作为一个"非武装"性区域来对待的夫妻，具有明显的好处，因为他们能把性生活当做逃避其他矛盾冲突的天堂，从而至少在生活中的一个重要方面得到满足，相应地也有可能改善他们其他方面的关系。但是性并不是能够解决所有问题的万能良药。

性功能易受文化的影响。羞愧和负罪感可能会服务于某些（合法的）社会目的，但它们也可能表现为无意识的抗性欲偏见，后者会严重影响性功能的发展，伤害性兴趣。你完全可以抛弃那些成长过程中积累起来的偏见。目前，我们的文化对于怎样培育儿童，使其成长为一个在性方面健康而又满足的成年人等问题尚缺乏一个清楚和普遍的认识。建立这样的认识是非常重要的。

预防性功能障碍的最重要的要求之一就是主动维持性生活本身。为了实现这一点，不断维持性生活并不断加强，纠正其不足就具有重要的意义。同样重要的是使性满足与生命的各个不同时期相适应。达到性满足的最好方法并不是不断地寻觅性生活。性生活固然是人生最大的乐趣之一，但是只有性并不能使生活美满。同时，请性生活抑制或丧失的人们切记：不是性抛弃了你们，而是你们抛弃了性。

第五部分 性与人际关系

第16章 性亲密和爱
第17章 婚姻与另类婚姻
第18章 性利用
第19章 性侵犯

奥古斯丁·罗丹(Auguste Rodin)的《亲吻》(*The Kiss*)

第 16 章

性亲密和爱

16.1 性吸引力
16.2 性亲密
16.3 情 爱

爱是我们真实的命运,我们不会发现自己单独生活有什么意义——同别人一起生活才有意义。

——托马斯·默顿(Thomas Merton),20世纪美国天主教作家

对有些人来说，性和爱是不可分离的，或者说一个是另一个的先决条件。而另一些人则可以过着有爱无性，或者有性无爱的生活。是什么决定了这些形式呢？它们对男人和女人来说都是一样的吗？如果把亲密(intimacy)的各种要素联系起来或分隔开来又会发生什么呢？这将是本章要讨论的问题。

16.1 性吸引力

想象一个曾经对你有强烈性诱惑的人和一个让你冷却下来的人，他们的特征各是什么？你可能会举出一系列的外形特征，如果你进一步思考，你会鉴定出个性品质和社会特征，这也促成了你的感觉。如果你想要和跟你有相似自我评价的好朋友一起分享你的结论，你会发现你们对性诱惑的观念有相当多的相似之处，但是也有很多差别。当你把这些感觉与跟你来自相同社会的陌生人相比较，以及与跟你来自不同文化的人相比较，你会发现性诱惑力的多样性是不断增长的。

除了一些一般的要素如年轻、身体健康、明眸皓齿和步态稳健外，人类学家不能同意有一个性诱惑的通用模式存在。身体污秽、有异味、皮肤有斑点在大多数文化里都被认为是没有魅力的。

性感(sexiness,有性诱惑)和**身体吸引力**(physical attractiveness,漂亮或是帅气)有很多共同点，但它们是不一样的。性感差不多可以说是对个性的一种反映(包括性态度和价值)，与样貌同等重要。最后，性欲，或是寻求性的满足和满意，是每个人的特权，不管其他人眼中诱惑和性感的尺度会怎样判定我们。

身体方面

在第3章,我们讲述了视觉、听觉、味觉、嗅觉和触觉这五种感觉如何提供性唤醒的暗示。这种性欲信号的最重要来源是他人,所以在最基本的生理意义上,性感是由一个人看起来、听起来、感觉起来及闻起来如何决定的,这使得身体关注成了一种流行的消遣(Morris,1985)。外表似乎是决定性诱惑的最基本条件。

虽然身体的哪个部位被认为是性感部位因文化而异,但是生殖器区域和身体的第二性征有广泛的性吸引,即使总会有这样那样的文化和性别差异。例如,在美国,乳房和臀部是女性性诱惑的重要部分(Davenport,1977)。在许多其他文化国度里,乳房不被认为具有性唤醒功能(这也是她们为什么不将其隐藏的原因之一)。

一些生物学家把人类乳房在进化中变得这么大归因于动情期的缺失。在动情期,一些雌性灵长类动物的臀部和生殖器区域开始肿胀,变红(由于血管充血)。这些改变对雄性来说是视觉上的触发器或性欲的释放者。因为人类女性没有动情期，性刺激的一个重要来源大概就错失了。作为补偿，更大的乳房就在人类的进化过程中形成了；它们是更明显和易接近的释放者，并且仿制和补充了由臀部提供的性诱惑(Morris,1969)。

男性生殖器作为对女性性欲释放的功能就不那么重要了。竖立的阴茎经常作为阴茎崇拜的标志，比起表达性欲来，其表达优势和攻击性的意味更重要(第19章)。这个事实解释了为什么异性爱女性看到男性生殖器后的性唤醒不如异性爱男性看到女性生殖器后的唤醒强烈。这可能是男人和女人对待身体特征吸引力的更基本性别差异的一面。

因为体态特征是由遗传决定的(同样也受环境的影响)，文化偏爱只有在生物学限定的范围内才有效。对俾格米人(Pygmy,非洲中部林区的矮小种族)来说，夸他们有6英尺高是毫无意义的。在某一方面，有些夸大的具文化价值的特征(如长腿或宽肩)，可能会变成一种受推崇的特征，但是，与正常的标准有显著的偏差通常不被认为是性感。据达尔文观察，人们通常有喜欢和容易夸大他们团体的典型特征。男性面毛稀疏的群体会把毛发集中的部位剔除；在毛发多的群体里，人们就比较喜欢胡子。这些实践也是随着历史而改变的：胡子在第一次世界大战之前的美国很受欢迎，然后淡出时尚潮流，仅在20世纪60年代回潮，然后又被人们抛弃了。

文化也会出于美学的、情色的和社会的各种原因而变更脸部和身体的外观(包括生殖器)。通常这些改变是很容易实现的。最普遍的例子就是化妆品的使用和各种不同的发型选择，此外还有如剃须、拔眉毛、刮腋毛和腿毛等等。

不同文化通过文身、疤痕化(用割或烧来弄出疤痕)和在耳朵、鼻子和嘴唇上穿

想一想

如果大家普遍不认为你有魅力，那么怎样才能增强自己外形上的吸引力？

图 16.1 吸引力的标准是什么？不同的文化对这个问题有着不同的答案。

环或其他物品等产生了更长久的改变;通过伸展、扩大、压紧、切割或去除来改变身体的各个部位(头、颈、脚、牙齿等)。结果,在一种文化里看起来有吸引力的事物在另一种文化看来就显得奇怪(图 16.1)。文身不仅是装饰,也是婚姻身份的象征(像结婚戒指),告诉公众他/她所期望的性行为模式。

在我们的文化里,穿耳洞被女性广泛应用,有时候男性也会采用。整形手术使形象的改变更明显,包括鼻子整形、整容、隆胸(不会经常变形)、吸脂(将脂肪从堆积的部位抽出来)等。还有其他一些手段没有改善生理功能,只是调整一个健康的身体部位来提高它的美感和性诱惑力。不管怎样,为了相对轻微的缺陷,人们是否需要花费大量的金钱,让他们自己冒险做这样的手术,这是一个个人选择的问题。许多文化的艺术中都存在着对裸体的先入为主的偏见,这种偏见历史悠久(Lucie-Smith,1981)。裸露在很多(但不是所有)文化中都被认为是挑逗性的,所以通常使用衣物来遮盖身体。从一些原住民使用的遮羞布,到传统伊斯兰国家里从头到脚包裹得严严实实的妇女,体现的都是单纯的质朴。采用衣物和装饰物来增强性吸引力是同样普遍的。这些相关的广告总是毫不避讳的展示它们的性潜力(第 18 章)。这个市场主要是面对女性的,但是现在也延伸到了男性。文化上的证据已经从什么是性感的身体转向什么是性感的衣着了(Glynn,1982)。

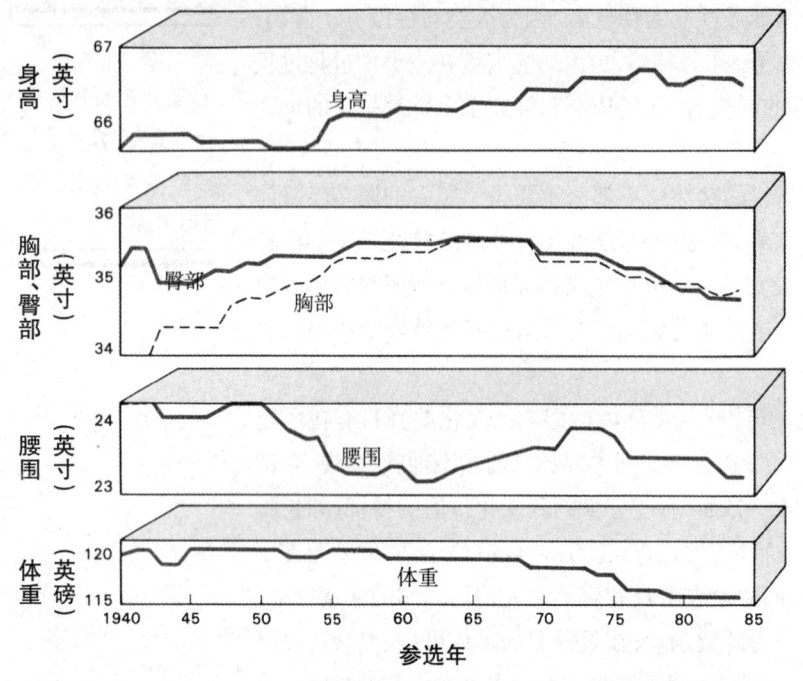

图 16.2 1940 年以来美国小姐身体尺寸的变化曲线

另一个改变的特征是腰身。在 19、20 世纪之交,男人在美国意味着肥胖,女人则意味着肥大的臀部和胸部。现在,苗条则意味着较高的地位和性感(温莎公爵夫人认为,一个人是永远不会"太"苗条或"太"富有的)。纤细的外表变得流行起来是因为年轻的女性运动得更多了(长跑运动员都很纤细),摆脱了 20 世纪 50 年代性感大胸脯的形象,而喜爱更中性甚至男性化的特征。图 16.2 显示了自 1940 年以来历届美国小姐体形测量结果的波动,反映了对女性理想体形看法的一些转变。

直到几个世代以前,西方上流社会的女性还是以她们皮肤的洁白为傲,用阳伞保护它们避免太阳的照射。现在,无论男人还是女人都竞相晒成棕褐色,并认为这种肤色非常别致性感;拥有深褐色皮肤,在过去意味着你是一个在户外辛苦劳作的劳动者,现在则意味着你能无论什么季节都能在一个阳光充足的地方度假。

这些时尚的指令虽然有点轻佻,但毕竟是无害的。其他一些则带来了严重的健康危害。例如,晒黑明显增加了患皮肤癌的风险。文化期望及其实践对女性的伤害比对男性大。女性穿紧身内衣来调整她们的胸腔。现在年轻的白人女性中不健康的饮食习惯和节食的滥用,导致了**厌食症**(anorexia)和**易饿病**(bulimia)*的产生。对体重的偏见不仅在高校学生中蔓延,甚至在更小的年纪里也已经开始出现。虽然美没有通用的标准,作为性诱惑的标准也总是随着时间在变,但是关于在一个特定时期的文化(或它的亚文化)里什么是具有诱惑力这一问题还是有大量的一致之处的。

接受一个社会文化的身体和性的诱惑标准是一个适应的过程。当它夸张到超过"适应能力极限"(overadaptation)(Mazur, 1986)时,一个人便会遭受不良效应。

> *厌食症是食欲严重和持久的缺失,导致消瘦和代谢失调。这是对超重的极度恐惧造成的。易饿病是指反复的暴饮暴食,伴随着自诱导的呕吐或用轻泻药来避免体重增加。两者都严重危害健康。

心理决定因素

我们容易过于强调身体诱惑,而忘了人格因素同样也会使一个人具有性诱惑力。不仅是配偶或是长期性伴侣的选择受这个因素影响,甚至是随意的性邂逅,人品有时也比外表更重要。

在决定性感指数的心理因素中,与性无关的人格因素提供了基本的框架,就像身体诱惑是建立在身体健康的一个合理水平上一样,心理的吸引也会预设一个特定的优秀的思想和品格。换句话说,你想与之上床的人在人格水平上与你想共进晚餐、一起学习或打网球的人没有区别。

个性品质的性感比身体条件的性感更特殊,也更不明显。此外,我们响应的心理变量比生理变量要多得多,也复杂得多,所以个体差异也有可能更大。在怎样感知性诱惑方面同样也存在性别差异。

性感的各种个性特征看起来可能是矛盾的,因为我们既需要兴奋,也需要安全。我们发现那些传递着活力、大胆和冒险感觉的人是令人兴奋的,这些人是非传统的,个人主义的,也是与众不同的——假如他们不是那么野性、怪异或被社会所不容。我们同时也发现具有可靠安定性格的人往往被社会认可,也很容易让人亲近来共享性乐趣——假如他们不是愚昧、迟钝并且在人群中毫不起眼的话。

浪漫(romance)触发了许多性联想。有时候它是性欲的同义词,有时候它传达了情绪上的亲密感觉,这超越了单纯的性关系。容易与人相处、好说话的人,通常被认为比其他人性感。那些恐吓、威胁、抨击、贬低你、物化你的人,当然不性感。

引起性兴趣最重要的原因之一是他人对你表现出来的性兴趣。被别人认为性感本身就是一件非常性感的事。当然,这种兴趣的表达必须是在一个正确的时间,正确的地点,以正确的方式发生。否则,它将会变成性骚扰,这与性感可就相差太远了。

智力因素(知识,机智,艺术天赋),身体素质或运动能力,及其他天分和才能也是性感的一部分，精神与思想价值也同样如此。那些帮助建立和维持性亲密关系的特征——关心和分享的能力，善解人意和温柔，信任，承诺，尤其是爱——与促进性诱惑力是密不可分的。

其他一些远非符合社会需求的要素也可以促成性感的产生。一些禁忌对兴奋是一个有效的动力。敌意燃烧了性唤醒，其程度和可能性可能比我们愿意承认的要多得多(Stoller，1979)。这些见解不仅煽动了性欲倒错者，而且也在较轻的程度上影响了我们所有人。

社会因素

影响性诱惑的社会因素更生动地表明了性感能离性多远。一个人的社会性，如社会阶层、种族、宗教信仰等同时影响着我们的个体和群体。

我们所属群体的态度、信仰、价值观及偏见强烈地影响着我们在性方面的喜爱和厌恶，它们同样也影响着我们的性诱惑水平。例如，社会地位较高的人通常看起来更性感。原因有很多，有些是身体方面的：境况较好的人不需参加艰苦的劳动来磨损他们的身体，他们有能力更好地照料自己，所以通常也是比较健康的；他们有办法穿得好，能得到化妆品和整形手术的服务。金钱和地位允许人们有更大更多选择性伴侣的机会，所以他们更倾向于选择更具性诱惑的人（无论谁有这样的机会，都会这么选）。除了这些好处外，社会地位还给人以权力和独特性，这让很多人觉得性感。对那些怀有与上流社会联姻野心的人来说，社会地位高的钻石王老五和名门千金们的吸引力要比这些人本身的吸引力大得多。

源自于权力和权威的地位在我们的社会是同样的性感。已经证实这种地位会使男人更具性诱惑力。随着更多的女性获得权力，如果她们同样赢得更多对男人的性诱惑力将会是件有趣的事。

男人间的权力斗争至少部分是为了提高他们的性潜力。年长的男性仍然能吸引年轻女性的一个重要原因是他们拥有权力和地位。卓越的身份带来的影响远远超过了性吸引力。总体上，它对性关系有深远的影响。它影响着谁先开始性行为，采取什么样的形式，甚至包括性交的体位和其他相关因素（Blumstein 和 Schtwartz，1983）。

性联系反过来也影响地位。一个男人的妻子、情妇或是约会对象越具吸引力，越能反映出他的价值。对女人也同样适用：她的男人越有魅力和社会地位，她的地位就越高。随着妇女政治和社会的解放，巨大的改变正在发生。很多女人不再乐意作为她的男人的社会地位的摆设和证明。然而，利用社会优势来达到性目标，和用性来提高社会身份，一直都是人际关系中的重要部分。

性诱惑力一直被视为一个被高度渴望的特征是因为它赠予了很多性以外的好处。具有性诱惑的人被认为是更好的人，男女两性大学生都认定，这样的人在工作

想一想

美丽通常是从旁观者的角度来看的吗？还是进化和社会决定了什么能吸引你？

和社交上更幸福，同样也明显地更适合结婚（Dion et al.，1972）。这已经不是那个将美丽等同于美德的古希腊社会，但那个时代为后世留下的是一个共同的神话。

性别差异

在异性爱男女中，男性和女性身体的诱惑原则上应该是互补的：男人对女人的身体产生性唤醒，女人对男人的身体产生性唤醒。同样的，同性爱者也应能对同性的身体产生性唤醒。

然而相反，在我们的文化中众所周知的是异性爱男性对女性的身体诱惑有更大的反应，而女性则对男性的个性特征（如善解人意）和社会因素（如身份和财富）反应更大。这并不是说女性不关心男性的外表，也不是说男性只关注女性的外表；这只是一个相对的强调（Berscheid 和 Walster，1974；Huston 和 Levinger，1978）。

不管这种性别差异是建立在通过进化而形成的生物学因素之上，还是社会化长久的偏见产生的结果，女性为了符合流行的关于美丽的理想定义而承受了比男性更大的压力。她们很早就意识到她们的社会机遇是受她们的身体诱惑力影响的。美感对女性的身体意象和自我概念有着很重要的影响。

现代女性社会地位和经济地位的改善会改变这些图景吗？高学历的职业女性通常都会避免或减少装扮，而更强调衣服的舒适和实用性。在另一方面，像拒绝修腿毛这样的行为，作为十年前或更早的一个"政治声明"，现在几乎已经消失了，甚至是在男女平等的强烈支持者中也很少见了。

人们可能会误以为无论女人对她们的外貌作什么样的改变都是为了取悦和吸引男人。事实上，女性最在意的是她们的外貌带给其他女性的冲击，有一些人甚至完全不考虑男人的想法。这同样也适用于男人，不过在他们的情形下穿着具有更多权力上的意义（Von Furstenberg，1978）。此外，无论男人还是女人都会调整他们身体的外表形态来适应他们自己的身体意象。

传统上，人们会把身体的诱惑和性诱惑与文化决定的性别类型联系起来。换句话说，如果其他方面都相同，则女性越有女人味，男性越有男子气概，他们看起来就越有吸引力越性感。这个观念正在随着更多中性意象的流行而改变（第10章）。

性标志——具有广泛性诱惑的公众形象，如电影明星和摇滚明星——经常会塑造起性诱惑的公众意象，从而加强性别刻板印象。历史上许多著名的明星都具有明显的女人味（如玛丽莲·梦露、丽塔·海华丝）或阳刚气息（如克拉克·盖博、马龙·白兰度）（图16.3）。虽然时代在变，但这些明星留下的意象继续传达着身体的诱惑。流行的中性趋势在男明星（如大卫·鲍伊、迈克尔·杰克逊）中比在女明星（如麦当娜）中更明显。

男性和女性的对比有时被缩减为他们对身体部分偏爱的对比。男性似乎更容易在这方面被分类（如长腿男、胸肌男），尽管这些简单的习语颇有讽刺意味。与肌

图 16.3　娱乐圈中的性象征：汤姆·克鲁斯（左）和麦当娜（右）

肉发达、肩膀宽阔的理想男人形象相反，女性似乎更喜欢腹部平坦、臀部较小的类型。总体上来讲，平均类型还是占优势的。与报道的相反，与那些身材颇有异国风味的模特相比，大部分的男人喜欢胸部和臀部中等大小、腿中等长短的女人。反之，女人喜欢男人有中等大小的双肩，中等厚度的腰部和臀部，以及在整个身体轮廓上有双细长的腿（Hatfield 和 Sprecher，1986）。

无论男人还是女人都对一张有诱惑力的脸评价很高，尤其是眼睛，它是最能传神的部分。但是因为脸比身体更能反映一个人的特征，所以女人可能比男人更关注它的细节。脸比身体提供了更多的变化，因此，有很多方法来使人看起来更有吸引力。在一项研究中，尽管对于什么样的脸蛋儿是最动人的存在着普遍的共识，但即使最平常的面孔，也可能被某些人视为最好的（Cross 和 Cross，1971）。

传统上讲，男人看女人毫不隐藏性兴趣（"眉目传情"，"用视线为她脱衣服"），而女人则要谨慎得多。举个有趣的例子来说明性别差异在这方面的变化，如最近出现的脱衣舞男。通常都是女人通过各种舞姿伴随着暴露穿着（肚皮舞、阿哥哥舞），或脱衣（滑稽表演、脱衣舞）来吸引男观众，但现在脱衣舞男同样也以此来娱乐女性观众（图 16.4）。

这些表演例证了**性的客体化**（sexual objectification），即一个人被简化为一个作为**情色对象**的身体。虽然已经有一些女性利用男人的意愿来通过这些表演为自己的生存买单，但相当多的女性将此视为剥削和贬低女人的另一个实例。现在还不清楚脱衣舞男现象最终会只是一时的流行还是一个已经确定的性娱乐模式。当女人们观看这种现场演出时，会不会也像男人一样得到性乐趣呢？或者说女人对脱衣舞男感兴趣是一种对长期以来由女人展露身体来娱乐男人这一模式的政治反驳？通过脱衣舞男来使这个实践更可取就能实现这种平等吗？这些问题与我们将要讨论的性利用问题密切相关（第 18 章）。

最重要的性别差异不是女人偏爱某些部位而男人偏爱另一些，而在于男人容易按身体的部位思考，而女人则从整体看身体。这个倾向可能是性客体化的一个部分，男人更容易偏好这个。通过这些过程，性伴侣就只是被视为一个身体，进而被简化为性欲部位。超出那个阶段，被偏爱的那个身体部位就变为一个恋物对象，或者寻找一个真实物体来作为象征（第 14 章）。这种倾向不仅影响着诱惑力，也影响着有关性亲密的更广泛的主题。

16.2 性亲密

性诱惑力,不管是被重视还是被高估,如果它没有引向什么结果便没有太多意义。为了获得性满足,一个人必须能够同另一个人建立起性亲密关系。性感能够帮助这个过程开始和维持,但不能担保它必然成功,有时甚至会妨碍与某人更深层次的接触。与某人亲密意味着与之有很亲近的人际关系。很多形式的亲密关系——朋友间的,亲戚间的——并没有性内容。同样的,与某人进行性行为也并不等同于情感上的亲密。**性亲密**(sexual intimacy)是同时包括心理和性两方面的。

图 16.4 男女脱衣舞者

性行为模式

建立和维持性关系的目的主要有三个:**繁殖**——生小孩;**关系**——在一个充满情爱和信任的关系下分享性满足;及**娱乐**——得到乐趣(Comfort,1972)。

繁殖性和关系性的性

对大多数人来说,性的生殖意义和关系意义是紧密联系的。儿童需要大量的照顾,最好是能够与人分担这项任务。当然,有的单亲父母能比一些夫妻更好地履行这个角色,但从总体上来说,单亲父母不是一种优先选择,而是离婚、分居或丧偶导致的后果。

大多数的男女仍然视婚姻为要小孩的最好关系。尽管私生子是社会耻辱的观念已经不复存在,而且也有很多像婚姻关系一样稳定的非婚姻关系,但社会还是给已婚的父母提供了更多履行父母职责的方便(第17章)。

天主教派的教义将性的生殖和关系方面完全联系起来。它们在每个性行为里都是密不可分的,并且只有婚姻才能合法地完成它(第24章)。其他教会允许通过避孕措施将生殖与性分离开来(就像多数天主教徒实际上做的那样)。

不那么传统的人会相信婚姻外的性结合有更多的自由度。与常规严重偏离的是,一些人现在开始质疑婚姻的必要性,并以同居来代替。另一些人则将结婚延伸到同性爱者之间。女人作为母亲生儿育女以及她们作为妻子的传统角色将在经济和政治方面被重新评估,即按照她们在女性的个人自由、平等和自我实现方面的作用来评定。

关系性和娱乐性的性

多数人会发现有一个稳定而长久的关系会使性生活更安全更满足,这种关系可能是结婚、恋爱、深沉的情感、友谊,或至少是相互尊重和喜欢。在这种安全和爱的关系下的性能深深地让人满意。这些伴侣知道另一半的喜爱和厌恶,这就消除了笨手笨脚的甚至错误的开始;当失败和问题出现时,他们也能相互信赖和宽容。

随意的性行为,如一夜情(one-night-stand),是一种不带感情的性邂逅。性伙伴可以是一个朋友,一个熟人,也可以是在酒吧或宴会上遇到的陌生人。在关系术语中称之为"低成本"关系。他们的目的是没有附属条件和没有期望的性乐趣,只要两人在一起玩得开心就行。随意的性使得拥有不同的性伴侣变得更简单,同时也没有情感纠缠,且不须要承担义务。

和多个人进行随意的性行为除了有健康危害,尤其是有感染艾滋病的风险之外(第5章),许多女性(比男性多)发现随意的性并不能使人满意。她们视它为肤浅、平凡的性经历,会降低她们的自尊,使她们认为自己在妥协或被利用。对一群赞成在认真的关系中可以进行婚前性行为的男女大学生进行的调查发现,被爱和被需要的感觉仍然受到重视。然而,男人发现没有感情义务更容易进行性交(并且能同更多的人进行)。女人则不喜欢不带感情就进行交合来获得纯粹肉体上的乐趣(Carroll et al., 1985)。

那些支持将性作为消遣的人并不否认可能会有不愉快的反应,但是他们把过失归咎于社会态度、双重标准及无责任心。他们认为,这种失败并不能代表性娱乐的最佳境界。毕竟,关系性和婚姻性的性也导致了大量的悲惨结果。他们同样也承认没有能力维持稳定的性关系,或对随意性行为的特殊依赖也经常暴露出社会或心理的缺陷。他们问,如果两个成年人社会地位平等,想要更好地从纯粹的性中得到乐趣,而不带有个人承诺关系前后所要求的各种期待的话,能造成什么危害呢?此外,为什么不可以拥有一系列各种关系:既拥有一位稳定的配偶,又可以偶尔与好朋友上床,当机会出现在他们面前时又可以自由地获得纯粹的性乐趣?

为什么当人们早已有满意且稳定的性关系时还会需要随意的性行为呢?通常的解释是为了寻找花样或补偿稳定关系性方面的不足。赞成这个推理的人因性别差异和性取向的不同而比例各异。男人比女人更容易同意随意性行为;男同性爱者和已婚的女性则相反。

有些解释说性别间态度差异是进化的结果,这点将会在后面讨论。其他还有一些心理学上的解释。性可表达优势:我们常使用性"战利品"、"得分"和其他一些明显暗示对性对象征服的比喻。人们可能会寻找新的性伴侣来验证他们的性价值和性能力。被一个已与之确立关系的人所渴望是理所当然的。大量的性刺激和挑逗并不意味着必然导致性行为,但也同样用温和的方式实现了他们的自我确认功能。

如果性交多样化的诱惑力真是那么大,而且社会氛围又是性宽容的,为什么娱乐性性交没有像风暴一样席卷整个国家呢?为什么它的倡导者主要产生在年轻人(他们乐于试验),产生在那些正在向更稳定性关系过渡的人(如新近离婚的人),那些带着不同程度的担忧偶然失足的人,以及那些无力建立永久性关系的人之间呢?

一种答案是我们仍然束缚于传统的习惯和担心之中。当意外怀孕和性传播疾病不再成为威胁的时候;当性道德的双重标准被粉碎,允许妇女像男人一样自由地驾驭她们的性欲的时候;当爱和婚姻不再有性嫉妒和占有的时候,这一天就会到来。这是**自由爱**的乌托邦。

反对这种观点的人认为这种完全的**性解放**是不可靠的,人们在性交中的娱乐之所以不像其他娱乐那样,并仅是因为受外部条件的限制,有某种更进一步的东西促使人们认为性交并不是一种游戏,而是一件非常严肃的事。即使可以自由选择,人们也不能同时得到性交的两方面,即其关系上的意义和娱乐上的意义。在某种程度上,这两方面是互相排斥的,你得到了性经历的广度,就要失去它的深度。自由就如一首流行歌曲中唱的那样,"不过是一无所有的代名词"(just another word for nothing to lose)。

性的协商

在人类所有关系之中都存在给予和接受,这在商业交往中最明显不过,你付账了,这个服务或物品就是你的了。在性关系中,付费的性跟这种模式接近;但是卖淫不是这一规则操纵的唯一实例。各种各样的性结合都有互惠互利的特点,但这并不意味着要将其降低至那种冷酷的、一手交钱一手交货的模式中,或者将所有形式的人类情感和关怀都纳入没有人情味的底线思维模式中去。

就像任何一个有价值的商品一样,性不是求来的,不管是在哪种关系下进行的性都不是免费的。每一种性关系都需要**协商**(negotiation),你和你的伴侣达成一个协议或妥协。性协商在和谐的情侣之间可能是免费和轻而易举的;而当可能的情侣考验对方时,就更间接

图 16.5 威廉·霍加斯(William Hogarth)绘于 18 世纪的油画《之前》(Before)与《之后》(After),表现了婚前与婚后男女关系的天壤之别。

和谨慎了;与随意性对象讨价还价时,那就更开放和直接了。

尽管性协商在一对情侣准备第一次跨越这条界线时可能会变得更复杂,但它不是一个一劳永逸的协议,即使忠于对方的情侣双方也说他们的性关系需要不时地进行重新协商来维持活力,以符合性需要和期望的变化。

通常性协商总是在人们的互相交往之中悄悄地进行。愤怒的妻子不会大声拒绝丈夫,而是早早上床,假装熟睡了,或者以某种方式表达她不愿意("我头疼")。在同样情形下的丈夫可能会表现出对夜间电视节目的强烈兴趣或转移话题(当然,有时一个人对性不在情绪也可能跟他/她的伴侣没有任何关系)。

被拒绝的一方可能会干脆或不情愿地放弃。还有一种选择是尽力克服当前的问题,通过各种方式使对方兴奋,比如可以夸大自己的需求("我真的想要你"),或闹情绪并计划报复。最好的选择是找到哪里出了问题并解决它。

性兴趣上的偶然失调即使在幸福和谐的夫妇中也是非常常见的。他们不仅在是否进行性行为方面有分歧,而且进行哪种性活动也有分歧。当这些分歧的频率上升时,如果都能有效地解决,就显示了亲密关系的力量。

成功的协商需要一些必要的品质——沟通,信任,关心,分享,承担义务,它们的最终效果是产生情感上的美好意愿或信用。打个比喻,你在性伴侣上投入的越多——即喜欢、爱或需要这个人越多——你得到的"信用积分"就越多。你可以多付出而少索取,因为最终是会形成平衡的。如果有需要你将会乐意为之,而不是仅仅视之为一项义务。一个不平衡的关系究竟能维持多长时间是由很多因素决定的。

最后还有一个协商风格的问题。你们是要彻夜长谈,写信给对方,还是一语不和便摔门而去?你进行协商的态度既可以令你的伴侣发狂,也可以导向一个美好的结局。

所有这些特征形成了**协商战略**或一些社会学家所谓的**"感应战术"**(influence tactics)的一部分。它们包括控制、恳求、野蛮、独裁、抽身和讨价还价(Howard et al.,1986)。恳求(乞求)和操纵是弱的战术,常被情侣中处于弱势的一方使用。野蛮和独裁是强的策略(但很难令人心悦诚服),讨价还价和抽身则错综复杂的多。

像其他文化一样,我们的文化传统也预期男性和女性会采取不同的协商态度。这些差异无论是长期策略还是直接战术都适用。通常认为在性协商中,男性催逼伴侣要求获得立即的性欲满足,而女性寻求长期的优势。这些策略使得男性在性方面比女性更心急。但女性一旦确立了性关系,往往更渴望能长久地维持。这些差异适用于单独的性行为及性亲密关系。

男性总是主动发起性行为并诱骗或强制女性加入,但这一事实并不一定意味着男人比女人对性更有兴趣。这个差异可能不是在性兴趣方面,而是在性行为的文化习惯方面。例如,性经验丰富的女性获得的评价会比她们性经验相对更少的同辈女子们要负面一些(Garcia,1982)。而结合性别角色,人们常会期待男性奋力争取性活动,而女性应该尽力推拒(McCormick,1979;McCormick 和 Jessor,1983),那么女性说如果让她们主动进行性活动她们会感觉不很舒服也就不足为奇了。

性主动的类型差异早在青春期就已经相当好地建立起来了,在约会的时候便表现了出来。在青春期受访者中,男孩子信赖以下的策略:直接靠近("你想要吗?");表白("我爱你");尽取己需("猎艳");做作的行为("我不应该叫你干这个的");坚持("求求你");寻找容易得到的女孩("轻浮女孩")(Martinson,1976)。

青春期的女孩可能会用一些直接的方法、建议、调情或身体发起性活动(一个十几岁的少年叙述到:"出乎我的意料,她跨坐在我身上,像抓一个门把手那样抓住我过热的阴茎,以一种很有条理的形式,将她自己放上去")。更有代表性的是,女孩会通过微妙的方式引导男孩来主动发起性行为(如抚摸他的大腿,玩弄他的头发,深情地看着他等等)。

合 作

合作意味着为了同一个目标一起努力。它假定两个对性行为无所顾虑并互相感兴趣的人为必要条件。基本的问题不是是否进行性行为,而是进行性行为的时间、地点和频率。合作并不意味着双方都有相同的渴望(那样的几率很小),而是指他们朝着同一个方向努力。

合作包括在信任基础上的一些讨价还价。可能还有一些策略性元素如恳求和操纵,但是如果这些元素变得突出,则很有可能会干扰合作的进程。

不管两个人怎么乐意,如果没有人采取主动,就不会有性关系发生。主动的方式是受文化限制的。性兴趣的信号通常不使用言语,而是采用面部表情、手势或其他暗示。如果性邀请更明显,则会采取直接提出要求的形式(展开追求)。

即使在最好的环境下,很多人也会发现很难就性进行协商。有被拒绝的可能性(这是很丢脸的),也有让对方陷入尴尬境地的担忧。当非常规的性要求出现时,还会有担心被人斥为变态的恐惧。除了让自己看起来粗鲁、粗俗、精明及只对性感兴趣之外,好像就不知道该说什么了。

诱 惑

有诱骗因素存在的性被我们称为**"诱惑"**(seduction)。客气地说,诱惑是对伴侣的性兴趣的戏谑式的诱导。更有代表性的是,它包含利用另一个人的心理弱点。这可能是恳求("就这一次"),谄媚("我从来没有这么渴望过一个人"),羞辱("别表现得像个手足无措的孩子"),或者其他形式的威逼利诱。钱、礼物和其他宠爱都可能会使对方的坚持崩溃。通过虚伪的爱的宣言和对结婚的承诺来骗取性已经成为无节操者的标准战略。除了这些各种各样的操作技巧之外,诱骗者可能也会依靠假装妥协("我放弃了")或威胁("我会杀了我自己的")来使自己得逞。

胁 迫

将一个人的性欲望强加于另一个人的心理元素,在各种形式的性胁迫(coercion)

中表现得最为明显。心理胁迫是**施加压力**,而威胁或使用暴力就是**强奸**了。使用胁迫手段在许多亲密和性关系水平上是一个很严重的问题。我们将在第 19 章对它的各种表现进行详细地探讨。

亲密关系的建立和维持

成功协商的因素及实现亲密关系的成分是重复和互补的。最基本的原因是性亲密并不仅是自发产生的,而且是大量协商过程的结果。在建立亲密关系之后,只有通过进一步的协商才能加以维持。

爱人不像一对分别代表劳资两方的律师。亲密关系间的协商更敏感,更不正式,而且常常不使用语言,但是偶尔也会非常直接,有时候甚至会当面质问。

此外,亲密本身也会促进性协商,而且有时会令协商的过程显得多余。与初恋时不同,亲密关系中的双方不需要那么多的测试和防护。每个人都已经知道对方的喜爱和厌恶(但是也需要弄清楚当时的情绪)。一个动人的笑容就是全部,它可能将夫妻送上床。

这个捷径是有可能的,因为心理和社会基础在亲密爱人间早就已经牢牢建立。对避孕和健康的关注已经被排除。这些因素稳定了关系,也使它更安全,更可预测。但是出于同样的原因,它们也可能会使性成为惯例,从而降低了它的兴奋性。

沟通和自我表露

沟通的重要性远大于协商或在性交时传递性指示。沟通对建立和维持亲密关系来说是起着基础性作用的。爱人们需要表达他们的情感和感激——通过言语或碰触、拥抱或亲吻。仅仅知道你是被喜欢和被爱着的是不够的,你会想要反复聆听这些情话。无论用何种形式维持,爱总是需要补充和滋润的。情感的表达不需要华丽的辞藻(如果有也没关系),它们可以是微妙的,柔和的。你不需要在屋顶大声喊出你的感受,耳边的低语效果要好得多;但是你的情感必须像水晶般晶莹剔透,没有犹豫不决,没有含糊其辞。

沟通对矛盾的预防和解决是相当重要的。在所有的亲密关系中总有一些摩擦,如果它长期积累就会引起麻烦。沟通是减少这些摩擦的润滑剂。

在亲密关系中,女性通常更渴望也更善于表达自己的情感,同样也更需要沟通来达到性满足。在《红皮书》的调查研究中,妻子们越经常和她们的丈夫讨论自己的性爱感受和意愿,她们越会使用"好/很好"来描述其婚姻中的性方面(Levin, 1975b)。男性对表达自身感受的需要并不比女性少,但是他们往往由于社会原因而羞于启齿。一个男孩早就知道哭泣不是男子汉所为,即使有再好的理由也一样。在这方面态度也就渐渐被改变。那些能够幸运地找到一个合适的伴侣,并且当问题出现时能用自然的方式处理问题的人,不需要在沟通方面花费太大的精力。而剩下

想一想

亲密应该建立在性之前,还是用性来促进亲密?

的人则需要为它而努力,治疗专家也会提供有用的意见来帮助他们。

沟通对建立亲密关系特别重要的一个方面是**自我表露**(self-disclosure),坦露你的思想和情感,提供关于你自己的个人信息和你的背景。即使是最纯粹的性行为,也需要知道关于对方的一些事。这些信息会让相互的关系更人性化(虽然一方告诉另一方的内容会是高度选择性的)。它也使关系更安全,例如,知道伴侣过去的性生活有助于评估感染艾滋病的风险。

在亲密的关系中,自我表露更加必要,它通过两种方式起作用:伴侣双方通过告诉对方自己的个人生活会变得更亲密;当他们更亲密后,他们就会向对方透露更多自己的信息。自我表露是相互的,并不会反过来打击自信心和自尊,反而会带来更大的坦陈(Taylor et al., 1981)。秘密的共享将产生一种专属感("仅仅是我们俩的")和信任感。

自我表露是心理和情感释放的一种形式,有时候比脱衣服还难。通过表达你最内心的想法和情感及你过去不为人知的经历,有可能会使你自己在心理上(被嘲笑、拒绝和责难)和社交上(被说闲话、被勒索,及受到法律上的责难)更脆弱。信息是力量的一种形式。把信息交给另一个人,也就意味着你交出了一定的支配你的条件,这可能也是为什么美国男人发现自我表露是相当困难的(Cozby, 1972)。这也可能使男性感觉自己没有男子气概,因为它要求表达亲密感觉。

或许因为女性在性关系的社会意义上更容易受伤害,也更关注性的关系层面,她们显示了表露自己情感的巨大需要和能力(Markel et al., 1976)。这种性别差异在青春期之前就已经建立:女孩子常常有吐露自己心声的闺中好友,而男孩子们则很少有亲密的伙伴。异性爱男性对向同性透露心事这种举动充满了厌恶感,其程度比向女性谈心更甚。与女性有亲密关系的男大学生会更多的向自己的女朋友表露自己,而不是向他们的男性同伴。与女友的关系越亲近,感觉越舒服,他们的自我表露就越多(Komarovsky, 1974)。

其他的研究没有显示明显的性别差异。无论男人还是女人都以同样的方式在逐渐进行自我表露(Davis, 1976)。接近60%正在交往的大学生已经完全对目前的伴侣坦露了自己过去的性经历(Rubin et al., 1980)。

沟通是必要的,但它并不是一根魔棒,它不会解决所有的性冲突。很多抱怨交流困难的情侣实际上沟通得很好。问题来自伴侣大声说出来的不满、愤怒、憎恨,这是所有人都不愿意听到的(Baucom 和 Hoffman, 1983)。

关心和情感

性的亲密关系能使爱的水平多样化,各种方式的亲密关系需要你关心他人和被别人关心。即使互相讨厌对方但仍被迫在一起的两个人,可以说是强迫形成的亲密关系的人质。

关心他人不是一件抽象的事情。它不能被简单地用嘴说——它是用实际行动来表示的。一个关键的指示是你是否高兴有另一个人的陪伴,并且希望他/她能跟你共度时光。你们不需要一起生活,更不必日日夜夜不分离。每个人都需要私人的空间和时间,不管你对另一个人是如何的喜爱。维持个人认同的感觉(做真正的你,而不是只做某人的配偶、爱人或朋友)不是对抗亲密关系,而是支持它(Laurence,1982)。亲密的感觉能在你们被迫分开时,长距离和长时间地维持,但它也可能会因为在一起的机会低于一个必要的限度而减弱。

分 享

分享的经历是在一起相处的必然结果。简单地只是在一起并不总是能产生共享的经历。有一种状态叫做貌合神离(parralled solitude)——你的身体同某人在一起而思想却已经飘到了九霄云外。此外,并不是所有能够共享的经历都有助于亲密关系。互相喜欢的一对人乐于进行世俗的甚至是令人厌烦的家务杂事,像是洗衣服或是修剪草坪。一起做饭和照顾小孩尤其有益。但是,一对夫妻仍然需要分享智力和艺术方面的兴趣、体力活动和运动、社会和政治成就,特别是如果打算将亲密关系维持到最后并发展成为一生的伙伴关系的话。

如果是和我们亲密和关心的人在一起,无论做什么事情都会变得更令人愉快(在一起的人不需要同等的优秀——只要两人情愿程度相同即可)。相反,一次我们喜欢的经历会使和我们一起经历的人看起来更可爱(Hatfield,1982)。甚至是随意的相遇,我们也会发现,在一个舒适的环境中相遇的人要比在一个令人不舒服的环境中相遇的人更具吸引力(Griffitt,1970)。一个好天气,一场吸引人的演讲或演出,一场紧张刺激的音乐剧,一顿美味无比的晚餐,一场振奋精神的体验,或者即使更平和的经历,都能产生令人满意的心潮涌动,并会冲击你的同伴。

分享的意愿不能仅局限于身处顺境时。亲密需要我们在困难、病痛和忧愁的时候相互依靠。"无论是好是坏"这句传统婚姻誓约里的誓言在某种程度上对所有亲密关系都适用。至少你需要**移情**(empathy)——理解他人的感受,设身处地地为他人着想。你不需要一定要同意他/她的想法,当然你能同意是最好的。

诚实和信任

在一个理想的关系中,两个人会向对方完全坦白,并且能绝对信任对方。实际上,几乎没有一对伴侣能达到这样的境界,而且是否每个人都应该去尝试也是值得怀疑的。

当需要完全的自我表露时,诚实就成了一个问题。自我表露意味着要将你自己内心最深处的秘密暴露出来。那些地方有时候即使你自己也不会轻易去触碰。这样的完全自我表露可能会妨碍基本的个人隐私。真相使我们放松,但也可能是毁灭性的。你可能会有短暂的与你同伴无关的想法或情绪——你最好自己保留这些,就像过去的经历,对外宣扬对谁都没有好处。

把你所有的感受都告诉别人——你每一个生气的瞬间，对别人的每一次非难——会造成无穷尽的和不必要的烦恼，毫无保留地什么都说没有任何意义。实际上保留某些你自己的感受和想法是成熟的标志。

除了过多的和不必要的自我表露是不好的之外，诚实是维持亲密的必要条件。在正确的时候，机智地表达你的(甚至是不愉快的)想法会使你俩更亲近。

信任来自对双方诚实所抱有的信心。欺骗和说谎会破坏这种信心。信任也意味着能够向对方表露你不甚得意的事情。它的基础在于你对伴侣的信心，他/她可能会否决你部分行为和态度，但是不会否决你这个人。

人们常常将信任与性忠贞联系起来进行考验——不管是否拿出来讨论，每一对配偶都有一个关于是否和其他人进行性行为的协议，我们将在第17章对此进行深入探讨。

承　诺

承诺，从广义上来讲，意味着将你自己置身于对对方的关心中。这是说"我是你的"和"我们属于对方"的一种方式。然而，承诺程度不一，与一些浪漫的想象不同的是，对另一个人的归属感必须要有同样的需求来协调，以保持你自己的个性。承诺可以是正式的或非正式的，广义的或狭义的，但是最终它都会使誓言遵守某一设定的协议和责任。对一段亲密关系或伴侣的承诺是向它保证你自己，是就可预测性、稳定性及持久性所作的一种深度承诺。

承诺关系中的所有千丝万缕的联系——关心、爱、分享、信任及交流——共同交织成一种基本和谐的感觉，即**情感的交融**（communion）(Merton, 1979)。

亲密关系与承诺最常见的结合形式是**结婚**(第17章)。性承诺的其他形式则是私下交涉的，包括**同居**或是生活在一起。

在过去，婚姻的承诺是期待一辈子在一起的。那个模型在现在更像是坚持一个理想而不是现实经历。即使在相当快乐的关系下生活在一起多年的夫妻也可能会分开，或寻找其他更能满足他们改变了的需求的伴侣。个人成长和自我实现的原则在20世纪60年代得到了重视，这些原则与不再能满足一方或双方需求的关系的承诺相冲突。现代的态度容易倾向于把承诺视为暂时的形式——在它没有意义的时候就没必要再坚持。性别角色及家庭价值的改变也同样改变了承诺的定义(第17章)。

亲密和承诺中的问题

性亲密并不简单，但是它对某些人来说似乎特别困难。他们永远也无法与某人变得亲密，或者他们维持不了长期的亲密关系。造成这个问题的原因之一是不能发现和把握住一个可以结婚的配偶或维持一段相对长期的关系。婚姻是复杂的，除了亲密之外还包括各种因素，而这些因素是否会在离婚时被打破，不应被看作是对亲密能力的一个公平的测试。一个更好的办法是**"孤独"**(loneliness)，它不同于"单独"(alone)或只有很少的亲密朋友和家庭维系。**"归属需要"**(affiliative need)(或者说对人类同伴和相互影响的渴望)在不同的人之间变化很大。一些人不能忍受独自生活，一些人则不能忍受陪伴。美国是一个群居的社会，他们的价值观开放而不拘礼节。希望一个人独处经常被认为是对社会不适应或坏脾气的符号。因此，想长期单身的要求常常是被否定的(Merton,1979)。实际生活淹没了你想要的生活。单身生活有很多满足之处，选择了这条路的人不用承受亲密关系失败的痛苦，他们能自由选择并且快乐地生活。

孤独是不同的，它是感情上的剥夺和空虚。不是只有单身的人才孤独，已经结婚的人也会孤独。表面上他/她拥有一段亲密关系，但是实际上已断绝了很多有意义的联系；他们往往在情感上是饥饿的，对生活也感到厌倦。孤独在人在某些特定时期是常见的——在青春期是因为心理原因，在上了年纪的穷人中则往往是因为经济原因。疏远家人或有严重的障碍在这些人中是最常见的。

人格因素

性亲密问题一般而言不能轻易地与亲密关系分开而论。性亲密预示了亲近别人的能力，尽管光有它本身是不够的。许许多多经济的、社会的和健康的原因可能会使人孤立，尽管一些人有足够的机智能克服这些障碍。相似地，各种心理因素干扰了亲密关系的建立和维持：害羞的人由于太内向以致不能与他人接触；过分的侵略性会吓走人们；太过以自我为中心的人也会使周围的人离他而去。简而言之，各种各样的不良行为特征都妨碍了亲密关系。这种行为反过来也可用未成熟的自我防御机制、恶劣的社会学习模式和其他理论来解释。

精神治疗师们长期坚持认为一个人成年后的爱与亲密关系模式，反映了其童年期与父母的关系。为什么一个生活井然有序的成功人士，在恋爱关系中却表现得如此不成熟(易受伤害，善嫉，焦虑，对他人苛求)？在其成年生活环境中去寻找原因的同时，也必须回溯至其童年时代。经验主义的研究为这些临床观察提供了某些佐证。成年时的浪漫之爱，会在人生的不同时间点与婴儿期的父母之爱融合为同一种反应(Coleman,1985)。

例如，安斯沃思(Ainsworth)等人曾在1978年将婴儿根据头一两年与父母(尤其是母亲)联系的形式来分类。感到安心的婴儿，有赖于他们的母亲总在身边，并且随时对他们有所回应。没有安全感的婴儿则要么变得焦虑和黏人，要么孤僻。大约2/3的婴儿是安心的，其余的被同等的分成焦虑的和孤僻的。另一位研究者谢弗(Shaver)1985年发现，在成年人组(15~82岁)的浪漫关系中也显现出大致相同的比例：过半的人有一个安稳风格的浪漫爱情；他们在关系中快乐而安定。其余的人则是焦虑的——缠住他们的爱人，强烈嫉妒，在感情的高潮和低谷间剧烈地波动，或

专题 16-1
性嫉妒

性嫉妒是由恋爱中的伴侣和第三人之间真实或想象的性诱惑或者性关系所引发的一种负面情绪反应(Buunk 和 Hupka,1987)。嫉妒情感在儿童期或者更早的时期就存在了,通常存在于不愿意分享母亲或者主要照顾者的爱而产生的同胞竞争。成人间的嫉妒重演了这种对感情中的地位被取代的害怕。

嫉妒也存在于动物中,它是人类普遍感情的一种,虽然它在不同的文化中程度有所变化。像爱一样,嫉妒这个主题,在文学和艺术中也已经被广泛地探讨过了 (Friday,1985)。莎士比亚的《奥赛罗》(Othello)是关于嫉妒的最经典的文学作品之一。嫉妒也是许多临床调查的主题(Pao,1982)。

嫉妒有很多等级。第一个等级是普通的私心,警惕地保卫两人的关系不让他人入侵。这种关系越紧张越被看重,保护的理由就越充足。在那样的情况下,"正常的"嫉妒是增强人们的警惕性和行为能力的一种应激反应(Brody,1987)。

在下一个等级,嫉妒是由对配偶过分的占有欲刺激所致。这些情况下的嫉妒很少与爱有关。丈夫也许在性方面不关心妻子,但并不想让任何人去碰她,因为她是"属于"他的。由于害怕丈夫一旦被诱走而失去经济来源,妻子在传统上往往占有欲更强。即使不存在这样的考虑,许多女性仍然对情敌的威胁非常敏感(Kaufman,1988)。

在极端情况下会产生病态嫉妒。强烈的无端怀疑会使人们极度不能容忍任何人与情人友好往来。

嫉妒不仅是一种痛苦的情绪,也是一种潜在的危险的情绪。它可引起精神伤害,引起暴力,有时候会导致谋杀;嫉妒是虐妻的主要因素之一。

无端嫉妒的人容易遭受自觉无能和自尊心低的痛苦。他们认为有价值的东西总是不够;如果其他人拥有,那么他们就会被剥夺掉享有的权利。他们可能把伴侣的行为当做他们自己才能的反映和对自己自尊的打击(White,1981);或者他们可能把自己无意识的要背叛的愿望传达给伴侣。

为引起对方感情和兴趣而故意激起嫉妒是一个老花招,但却也是一把两刃剑,它是一个操纵战术,是在牺牲长期信任的代价下换取短期收获。真正的情人之间是不会给虚张声势留下空间的。

要想摆脱各种嫉妒情绪的控制,你要学会别太过在意。嫉妒并不是爱情的度量表,特别是当它以更强的占有欲和更激烈的形式出现时,它不过是另一种形式的性胁迫。

如何对待一个嫉妒的爱人是件困难的事。退缩或者屈服来委曲求全往往是无效的。冷静和坚定的处理方式会更有效。有时心理咨询也是解决问题的必要方法。

者干脆退缩,回避所有浪漫的联系。这些成人的关系模式似乎与童年的经历相匹配。例如,焦虑的爱人说他们童年时母亲在情感上霸道而父亲则相当疏远,父母本身的婚姻就是不幸福的。不过这些联系并不是客观证据,焦虑的成人可能会在头脑中虚构一个焦虑的童年。

辛迪(Hindy)1985年通过对那些经过以往调查已经确知其早期家庭历史的男女的研究,排除了这些障碍。辛迪模仿了英国心理分析学家约翰·波尔比(John Bowlby) 著名的对婴儿起作用的 "焦虑依附"(anxious attachment)的观念 (1969,1973)。在恋爱关系中表现出这种行为的成人,当一段关系结束时会感到极其的沮丧,当这个关系受到威胁时会非常嫉妒。他们非常黏他们的伴侣,总是试着强要爱的标记,得到的爱和关注似乎永远不够。在童年时缺少一个稳定的爱和情感的感觉,在他们成年后的关系里总是带着焦虑和疑惑,结果导致这种成人关系不成熟,也无法使他们满足。但也有一些有相似童年背景的人甚至在关系受到威胁甚至破裂的时候仍可以保持冷静和超然,男性比女性更有可能选择这种模式。

最后,有些人虽然对达到亲密没有明显困难,也愿意作出承诺,但是他们不能打破性的障碍。一个害羞的单身汉会开始跟一个女人约会。在他没有性提议而这个女人采取主动时,他却没有响应,反而停止与她约会。这些角色可能是可逆转的。这种现象可能是出于对性亲密、性或两者的害怕。对亲密的恐惧我们先前讨论过了。对性的恐惧可能基于对性表现的焦虑,对被拒绝的害怕,或是令人麻痹的内疚。性高潮使人的控制力降低,这使某些人感到害怕。简而言之,许多心理原因造成性功能障碍(第15章),即使这个人不是真正的功能障碍。

在亲密关系中平等互让的能力最终归结为精神上的慷慨和把握你自己身心的能力。出于某些原因,一些人更容易自发地给予。这样做的人总是会有所回报。然而,如果你不留心自己的行为,那么这种给予的能力也是会变的。处于健康的亲密关系中的人能快乐地说"是的",但他们也同样可以在不拒绝伴侣的前提下坚定地说"不"或"现在不行"。

相似的原因也适用于当人们寻找亲密关系却不能或不愿意作出承诺时。一些人承认存在这种困难,但是另一些人声称不知道问题在哪里。为什么他们不能在建立亲密关系的同时保持自由?没有承诺,亲密不能长期生存,它甚至无法开始。

不是每个人都会允诺付出相同程度的**专一性**(exclusivity)和**持久性**(permanence)。专一性包括感情因素("我爱的只有你"或"你比什么都重要")、性关系("你是我唯一的爱人"或"最重要的人")和制度性因素("我会和你结婚"或"和你一起生活"),持久性则从一个协议到一段时期(就像在大学里),到可以预见的未来,到生命的尽头,不一而足。不能提供足够的专一性和持久性的人即还没准备好建立性亲密关系。要求太多的人有他们自身的问题(专题16-1)。

通常情况下夫妻双方各自需要一个不同的承诺。这可能有许多充分的原因。一个原因是还没准备好安定下来,一方可能还不能确定对方就是那个真命天子,或者只是还没准备好接受别人的感情或是其他原因。同时,这个人也不想放弃这个关系。他/她大体上能作出承诺,但不是在这种情形下。

很多人反复遇到这个问题。障碍未必总是一样的,但是总有些事情会阻止他们。随着时间流逝,借口开始失去信用。迟早他们都会耗尽时间。这种拖延的根本原因是不切实际的期待,对个人价值感觉的膨胀,精神上寻找一个幼稚的希望,一种寻找"完美"的强迫症,和一系列其他心理因素(当然我们假设有那么优秀和乐意的候选人)。

性别差异

总体上,男性似乎比女性更难形成并维持亲密关系,这对异性爱和同性爱都同样适用。有些证据是间接的,因而易产生不同的解释。例如,有数个性伴侣,作为一种持续的模式(而不是维持一个或一些亲近的关系),往往被视为缺乏亲密的证据(或不愿意作出持久的承诺)。许多"一点点的亲密"累加起来能变成"大的亲密"吗?多数人不这么认为。亲密需要时间和努力,这不允许你分散精力,你不能拥有两种方式,如果除了时间、资源和精力外没有其他原因的话。

男人表现出的多性伙伴模式要比女人明显。在布塞姆斯特恩(Blumstein)和施瓦茨(Schwartz)1983年的一项调查中,7%的丈夫有超过20个性伴侣,而妻子的比例仅为3%;4%的男性和1%的女性有同居关系;有43%的男同性爱者但仅有1%的女同性爱者。这么高比率的男同性爱意味着男性更容易互相组合。

男人面临的一个问题是处理感情的表达和自我表露。我们之前讨论过,女人总体上比男人开放,这可以帮助她们与男人形成亲密关系,同样也容易和其他女人形成亲密关系。但如果亲密意味着脆弱和依赖,那么被社会化得更独立的男人更容易受到它的威胁。有哺乳动物的实验证据显示,一个新的性伙伴的介入会令性兴趣得以恢复(Dewsbury,1981)。这种现象被称为**"柯立芝效应"**,在雄性动物中表现得更普遍和清楚。例如,一头公牛或公羊可能会停止与一头母牛或母羊的交配,但是当一个新的雌性动物介入时,雄性动物会重新恢复精力与新的雌性动物进行交配。

还没有在实验条件下证实人类是否有相似的机制(这种研究肯定会让很多人皱起眉头),但是已经有了相关的团体性行为的记录。此外,对相继或同时拥有很多性伙伴的渴望,是一个普遍的幻想。我们在前面讨论过(第11章),这似乎是对男性比对女性更有吸引力的一个性爱主题。这也可能是因为男人和女人在亲密关系中有不同的投入。像在第10章里讨论的,社会生物学家认为男人和女人有不同的亲本投资(parental investment)——男人追求数量,女人追求质量,这一原则也适用于其他关系,即使不是以繁殖为目的(Symons,1979)。如果男人想要避免被限制(同时达到他们的性满足),亲密就是一个要避开的陷阱。

社会学家关注亲密关系的经济性及作出承诺的动机。正如我们将会在下一章讨论的那样,除了真爱或浪漫之外,可能的配偶会想知道:"我能得到什么?";"我怎样才能得到最好的交易?"从这种角度来看的话,多数传统婚姻对男性比对女性更有利,但是现在情形变了。性革命已经使单身男子可能与他们同等社会地位的女性发生性关系——这部分女性可以结婚,但她们可能会结,也可能不结。同时,妇女运动也改变了传统的由男人供养的妻子角色(至少有些男性是这么看的)。婚姻的代价现在提高了,回报也不像以前那么专一了。因此,批评男人逃避承诺或拒绝成长而同时赞扬女性独立是没有理由的(Farrell,1986)。

16.3 情 爱

爱(love)是一种对他人强烈的感情寄托。它是人类最基本的情感,它的前驱能追溯到我们进化的起源(Buss,1988),在非人类灵长类动物的交往活动中也能看到它(Rosenblum,1985)。用进化的观点看,爱的主要后继活动集中围绕于繁殖。然而这种情感在动物和人类之间,在不同的文化之间都有着明显而重要的不同。

性仅是某些恋爱关系的一个组成部分,就像仅有某些性关系包括了爱。因此,我们需要将情爱(erotic love)放置在正确的背景下。

爱的种类

纵观历史,爱的主题已经被太多的作家和艺术家探究过。有无数关于爱的文学著作及大量的流行图书、电影、电视剧、杂志和其他材料。现在爱也正被心理学家更系统地研究着。

爱有许多层意思,从随意的("我爱冰淇淋")到个人的("我爱你")和精神的("我爱上帝")*,它产生于注意到另一个人所具有的吸引力或者产生于自然的关系(如父母与子女),或是同情(如友谊)。它的表现形式是关注和在意所爱的人,在他/她出现时感到兴奋,同时希望得到认可或相互的感情。

尽管爱包含了大量的喜欢,但这两个元素并非总是在一起(你爱你的一个亲戚,但你未必非常喜欢他/她)。我们从一个朋友身上寻找的特征跟我们从爱人身上寻找的特征常常是不一样的,如果爱人是好朋友的话可能会有一段更持久的关系。

通过比较大学伴侣对他们约会对象和同性最好朋友的反应,研究人员发现,大学男女对这二者的喜欢大致相当,但是更爱约会对象。女性比男性更爱她们的朋友。男性很少区分他们对约会伙伴对象到底是喜欢还是爱(Rubin,1973)。

有很多种方法来划分爱。英国作家刘易斯(C. S. Lewis,牛津大学教授,演说家,《纳尼亚传奇》的作者)曾划分了四种类型。其他人以同样基本类型为基础提出了更精细的方案。**关爱**(affection,希腊文 storge)是一种温暖的感觉和归属,尤其是那种在父母和孩子之间,同胞之间,以及和其他亲戚之间的情感。这种联系具有一种内在的天然的品质,如果不是亲戚的话,许多家庭成员甚至对对方没有一点兴趣。**友谊**(friendship,希腊文 philia)是一种安静的个人联系,它是在两个相似的心灵的基础上,与你一起分享私人的、智力的、感觉的或其他的价值而产生的欣赏之爱。典型的**性爱**(sexual love,希腊文 eros)是性吸引力("色欲")与恋爱的感受。**无私的爱**(selfless love,希腊文 agape)在圣保罗崇高的文字中被描述出来:

> 爱是恒久忍耐,又有恩慈;爱是不嫉妒,爱是不自夸,不张狂,不做害羞的事,不求自己的益处,不轻易发怒,不计算人的恶,不喜欢不义,只喜欢真理;凡事包容,凡

---

*爱有很古老的词根。它衍生自印欧语系中的字根 leubh(就像德语中的 liebe 一样)。同源的词汇还有拉丁语中的 libere("亲爱的")和 libido("欲望")。拉丁文中的"爱"amor,衍生出了西班牙语的 amor 和法语的 amour,相关的单词在英语里也有如 amorous,"与恋爱有关的"。希腊文中的一种爱的形式 eros,是"情欲的"一词(erotic)的词根。

事相信,凡事盼望,凡事忍耐;爱是永不止息。(《哥林多书》13:4-7)

爱的成分

爱是很难被定义的,因为它不是一个简单的行为实体,它有许多的组成成分。美国心理学家罗伯特·斯特恩伯格(Robert Sternberg)(1986,1988)提出了由三个主要元素组成的一个**爱的三元理论**(triangular theory of love)。亲密(intimacy,关心、支持和亲近的感觉)是爱的**情绪**成分。热情(passion,性欲和浪漫的感觉)是爱的**动机**成分。承诺(commitment,持续地去爱一个人)是爱的**认知成分**。

这三个元素,可以通过画个三角来呈现它们在每种形式的爱中的不同程度(图16.6)。迷恋(infatuation)主要是没有亲密或承诺的热情的依附,这最能解释青春期的初恋(puppy love)。浪漫的爱(romantic love)与坠入爱河的感受更为接近,下面我们将简单地讨论一下。它结合了亲密和热情,但是没有持久的承诺。虚幻的爱(fatuous love),就像迷恋一样,主要是在热情的基础上的。尽管它有更好的承诺方式(像匆忙的结婚),但它缺少真正的亲密,没有一点持久的价值。空洞的爱(empty love)刚好相反。伴侣双方仍然维持着一个停滞的关系,缺少了热情和亲密。同伴之爱(companionate love)拥有亲密和承诺,但是少有热情,这是很多传统上满意的婚姻的特征。完美之爱结合了这三个元素——亲密(intimacy),热情(passion),承诺(commitment)——也代表了恋爱关系的理想模型。能实现这种理想的人不多,能维持的就更少了。

这些爱的元素随着生活中关系的转变而不断地改变。每个元素以它自己的步调生长,它们所遵循的路线也是不一样的。通常热情首先被激发并很快消退。亲密需要更多的时间形成,承诺则更慢。因为这三个基本元素总是在变,所以没有哪种爱的关系是完全稳定的:爱是一种动态,不是静止的状态,此外,这些模式不是对每一个单独关系都适用的。热情最终能在朋友间开花,承诺可能会受到威胁,然后重新确立等等。

尽管这三种元素的相对强度在改变,但它们都是必需的。热情到达高峰期后减退到平台期,但它仍继续发挥影响。爱不是盲目的,它需要持续从身体吸引中汲取燃料。配偶常常因为有被爱的安全感而认为他们的外貌不重要,这种想法是错误的。通过忽视他们的外表,他们传递着这样一个信息,即

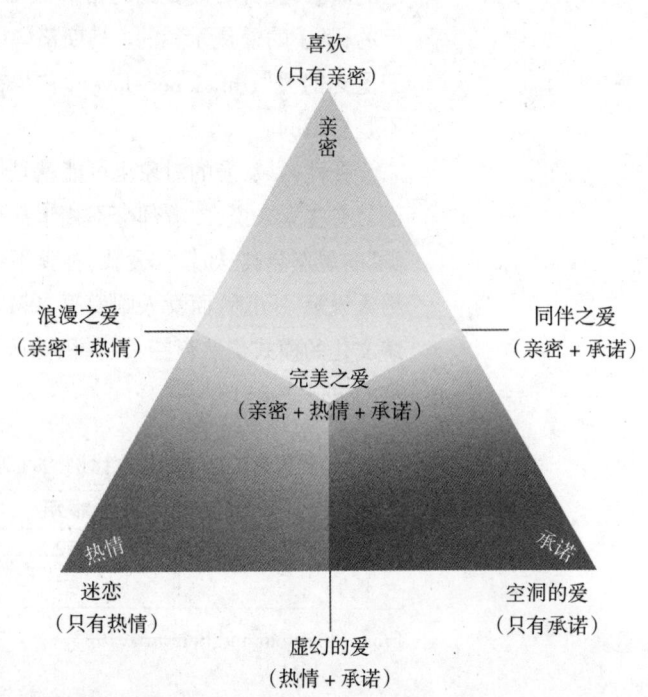

图 16.6 斯特恩伯格的爱的三元理论。爱的三个元素——热情、亲密与承诺两两组合,形成了各种不同的爱。

他们没有付出足够的努力来取悦他人。

同样,尽管亲密即使在很牢固的关系中也会褪色(一对夫妻对彼此很熟悉,已经没什么可以表露的了),但是继续了解对方的感觉、意愿、需要并分享共同的价值仍然是很重要的。

因为承诺对维持两个人在一起是非常重要的,所以它可能被过分强调从而导致其他两个因素失色。单单承诺是不够的,没有热情和亲密,它就变得空洞,更像一种义务而不是自由的选择。夫妻双方不应认为对方是理所当然的,而应不断努力来使他们的关系年轻化,并用投入到新的关系、孩子和职业中一样的精力来经营双方的亲密关系。

爱和依靠

爱是我们在童年期早期经历的一种**依恋**(attachment)模型。与爱紧密相连的感觉是依靠。成年期的**依靠**(dependency)是指对爱我们的人的信赖;在"我爱你"之后最经常说的是"我需要你"。情感上的结合为我们生理和情感需要的满足提供了最好的保证。极端情况下我们愿意为我们所爱的人忍受痛苦甚至献出生命。

为了在爱中区分出依靠的因素,刘易斯(1960)区分了**"出于需要的爱"**(need-love)和**"赠予的爱"**(gift-love)。出于需要的爱是人之为人的一部分:我们生来就是无助的,在身体、情感和智力上一直互相需要。但如果忽视了对方的需要而只顾自己的需求,没有对接受到的帮助做出回报,"出于需要的爱"就变成了自私自利。相反的,赠予的爱是无私的。马斯洛(Maslow)(1968)对爱做了类似的区分,分别是**"出于匮乏的爱"**(dificiency-love),它是自私的,另一种是**"存在的爱"**(being-love),它不是自私的。

在性领域,爱的对象也可能就是性的对象。对一些人来说,两者是不可分离的;而对有些人来说,二者却毫不相干甚至可能是矛盾的。"如果你爱我,你就会和我睡觉"的观点会被"如果你爱我,你就不会坚持要发生性关系"的观点驳击。通常情况是男人说第一句话,而女人则说第二句。虽然对这种事情的态度也许正在改变,但旧传统文化的模式仍然存在:男人仍然认为性比较重要,而女人则认为爱更重要(Peplau和Godon,1985)。

表 16.1 赞同无爱之性的男女比例(%)

	婚姻	同居	同性爱伴侣
男性	52	72	79
女性	37	67	57

From Blumstein and Schwartz, 1983.

"依靠"这个观念冒犯了一些人,因为它有未成熟、虚弱和无助的味道。人们可能会争论说爱与独立或相互依赖比与依靠更一致。现在流行的概念是**"支持"**:证明情感的方式是去帮助，而不是去挑剔批评，支持我们爱的人去做他/她想做的事，帮助他/她成为他/她想要成为的人。

我们认为照顾我们所爱之人是理所当然的；如果被利用了，我们也会心怀怨愤。这个问题对那些晚年对孱弱多病的人作出承诺的成年人来说是一个特殊的问题，因为被承诺的对象往往具有很强的依赖性。隔绝和孤独的威胁与被他人的意愿和想法征服的威胁相抵抗。对这种方式下的爱的挑战，用詹姆士一世时代的英国诗人、传教士约翰·多恩(John Donne)的话说就是，"我们的感情杀不死我们，死亡也不会"。

陷入情网

恋爱的经历与其他状态的爱是不一样的。既不同于父母"赠予式"的爱，也不像我们渐渐生出的其他感情，一个人"坠"入爱河(fall in love)是仓促和不自觉的行为。我们称这种经历为浪漫、激情或爱慕(短暂而强烈的喜欢、相思等等)。隐喻中称为被猛击和被击中了——法国人说被雷击，希腊人说被爱神之箭射中。意外的因素（一见钟情）混合着不可逃避和无助的感觉。恋爱同样也可凭借它的专一性而与其他感情区分开来：我们能爱很多人，但在一段时间里只会真正地爱恋上一个人。

爱的化学作用

金刚(King Kong)爱上了一个女人，但这是一种绝望的处境。在更自然的条件下，动物会强烈地互相依赖，形成**配对关系**(pair bonds)。据推测，在人身上也存在着相似的"生物社会因素"使得他们想与另一个人亲密相处(Perper, 1985)。然而，爱上一个人似乎是人类独有的经历。它得以进化的原因大概是在这种强烈情感下结合的性伴侣创造出了更稳定的依附关系，从而加强了对后代的照顾(Rizley, 1980)。

我们可以轻松地谈论恋爱中人与人之间的"化学作用"(chemistry)，但是真的存在这样一个生物化学过程吗？美国精神病学家利博维茨(Michael Liebowitz)认为确实有这样的一个爱的化学作用，包括在大脑神经末梢转接冲动的神经传递。其中**去甲肾上腺素**(norepinephrine)和**多巴胺**(dopamine)这两种物质，是通过来自潜在恋爱对象的视觉暗示来激活并产生强烈的喜悦之感；然后通过血清素(serotonin)使我们的喜悦被提升到一个更高的高度。

关于情感(比如恐惧)和去甲肾上腺素及肾上腺素(就像激素和神经传递介质那样起作用)之间众所周知的关系是证据确凿的。这种化学物质模拟了交感神经系统的作用，当你恐惧的时候会刺激心跳速率，使血压升高。来自肾上腺的类固醇激素对压力同样有响应，可能会帮助调节你的情绪。心理学家关于情绪和感觉谁先产生的辩论由来已久。你是先感到害怕，然后才心跳加速，还是因为心跳加速才感到害怕？两种方式都解释得通。

专题 16-2
一个爱情故事*

我记得阳光怎样轻抚她的头发。她转过头来，我看到了她的脸。她再转过来点，我们四目交汇。在那间我刚分配去的嘈杂的5年级教室里，一丝奇妙的情愫掠过我的心头。我感觉我的心好像被重击了一下似的。然后我开始了我的第一次恋爱，一种肾上腺素的冲击，一种血液的冲击，一种持续我一生的纯真和痛苦。

她的名字是蕾切尔（Rachel）。我猜我们的浪漫故事现在已经不受欢迎，被认为是一件荒谬的事。那么谁又知道——考虑到自那以后发生的所有事情，天真无邪可能真是无知的呢。不管它是什么，我浑浑噩噩地读完了5年级和中学，每次看到她我便心头撞鹿，在她面前更是张口结舌。还有人会在黄昏的阴影下，像只倒霉的夏虫那样，被窗子——她的窗子——里淡淡的光所吸引而流连忘返吗？那种神魂颠倒、朝思暮想和纯情的倾慕，使我像个傻子，连嗓音也变了，现在看来如一场痴梦。我知道我非常苦恼，但却难以真正相信我的记忆坚称我做过的事，那就是甜蜜地忍受痛苦。

看到她沿着一条林荫道离开或者回学校，我整个人顿时会不听使唤。她永远表现得那么从容自若，那么愉快。在家、在床上，我都会回味每一次的相遇，一想到自己那么窝囊又会懊恼非常。即使这样，随着时间的流逝，我们进入到青少年期，我依然感觉到她在温柔地容忍着我。

我们还没有成熟到互把对方视做情侣。她传统的犹太人教养和我自己的天主教自责心，迫使我们表现出单身者的庄重，在我们之间连接吻也变得可望而不可即，虽然我们都非常渴望。至于其他方面，我们还是孩子。我设法拥抱了她，在一场派对上跳舞时（当然有监护人在场）。在我的轻拥之下，她咯咯地笑起来，这种表示对我完全信赖的笑声，使我对自己的遐想感到非常惭愧。

无论如何，我对蕾切尔的爱仍然只是单恋。我们中学毕业后，她上了大学，而我参军了。第二次世界大战正在迫近，而当它最终爆发时，我在珍珠港事件后在第一次任务中被派去了海外。我们有一段时间保持联络，收到她的信是那段难熬的漫长岁月里最高兴的事。她曾寄给我一张她穿着泳衣的个人照。这张照片使我做了最疯狂的幻想。我在给她的回信里提及结婚的可能性，但几乎立即的，她的回信变得越来越少，也不再那么亲切了。

战争快要结束时我被重新调配回到了美国。我到家后的第一件事情是去见蕾切尔，她最近的信件因为我旅行的关系没有拿到。她母亲来开的门。蕾切尔不住那里了。她已经和一个她在大学里认识的医学生结了婚。"我以为她写信告诉你了。"她母亲说。

她的"亲爱的约翰"的信件在我等候退役的时候才接到。她婉言解释说，我们是没有可能结婚的，即使她没有找到另外的人。现在回想起来，我想我当时肯定恢复得很快，虽然在得知她结婚后最初的几个月里，我以为我都不太想活下去了。和蕾切尔一样，我很快又找到了另一个人，学会了和她相亲相爱，长相厮守，直到今天。

然而事隔四十多年后，我最近又得到了蕾切尔的消息。她丈夫已经去世了。她即将在去加利福尼亚和她的女儿同住的路上路过这个城市，并且她通过我们共同的朋友知道了我的住处。我们约定在她短暂的中途停留期间见面。

我对即将到来的事情感到既好奇又激动。最近几年，我几乎没有想起过她，然后一天早上她突如其来的电话又把我带回到过去。待真正见到她时，我更惊愕不已。这个白发苍苍的老妇人是我梦寐难忘的蕾切尔，照片上的婀娜美人鱼吗？

但是时间已使我们更加互相了解和尊重。我们像老朋友那样见面，聊天，然后很快发现我们都已经是祖父母了。"你还记得这个吗？"她问。我们坐在一家饭店里,她取出她的钱包,然后拿出一个信封。她从信封里抽出一张很旧的纸。这是当年读书时我写给她的诗。我细看那些格律既不工整,韵脚又不铿锵的诗句:"希望"和"激动","争取"和"爱"。她看着我的脸,从我那抢走了那首诗,放回到钱包里,好像害怕我会销毁它似的。

我告诉她那张照片的结局和我如何带着它度过战争。

"那是行不通的,你知道。"她说。

"你怎么那么肯定?"我反对,"啊,姑娘,我们可能是天作之合啊——我的爱尔兰人的良知和你的犹太犯罪感!"

我们的笑声吓到了邻桌的人。后来我们一直只是在偷眼看对方,不敢彼此正视。我想我们在对方身上看到的,否定了我们一度所深信的想法,那就是我们以为自己永远不会改变。

在我送她上出租车前,她转向我,带着坚决的表情说:"我只是想再看你一次,告诉你一件事情。"她的眼睛恳切地看着我,"我想要谢谢你曾经那样的爱过我。"我们吻别,然后她坐进出租车离开了。

经过第五大道的一家商店时,我看见了橱窗上反射过来的自己,一个年老的男人,微风吹起了灰白的头发。我决定回家,但我先来到了中央公园。她那一吻留在我唇上的热感仍未退去。这时一件奇怪的事情发生了。我觉得自己的每一个脚步都变轻了。我四周的草木在夕阳梦幻般的余晖下闪耀着。然后我觉得眩晕,就坐到椅子上。我如释重负。我正在变成另一个人。一件事圆满结束了,眼前的景致那么美丽,我巴不得喜悦地高歌和大叫大跳——像布莱克,像惠特曼。

但是这样的感觉很快就消失了,像所有的事情一样。我现在可以站起来回家了。

* John Walters, *"A Love Affair." The New York Times Magazine*, Nov. 22, 1987, p.74。

尽管没有可靠的证据证实哪种激素能与爱有特定的联系,但是美国社会心理学家斯坎特(Stanley Schachter)提出了一个有趣的理论来解释情绪是怎样操控人们的(Schacter 和 Singer, 1962; Schacter, 1964)。在这种模式下,同样的生理学机制应用于所有形式的强烈感觉。当斯坎特在男性大学生志愿者身上注射肾上腺素后,他们都有预期的生理反应——心跳加速、手掌出汗、脸红等等。他们对这些有什么感觉——这些经历是被理解为积极还是消极——是由实验者决定的,他们通过实验室联合操纵了社会语境和线索。

用这种推理,情感的鉴别具有**认知定性**(cognitive labeling)的功能——一种情感就是我们对它的称呼,而我们怎么称呼它则取决于它的内容。我们必须为我们的感觉附加标签,因为不这样做会使人焦虑难熬。所以,当你跟你爱的人接吻时心脏剧烈跳动,你会称之为爱;如果你跟前有只狗引起你心跳加速,你则会称之为害怕。

通过提出一个两阶段的爱理论,伯奇德(Berscheid)和沃斯特(Walster)(1974)详细说明了斯坎特的模型。生理唤醒(可能是基于性兴奋、恐惧、快乐或是强体力活动之上的)总是伴随着鉴定这个唤醒是爱的认知定性。

定义情感就只是为了贴标签吗?许多人坚持他们知道自己的感觉,声称他们能通过独立的线索,包括面部表情说出他人的感觉。然而,没有前后联系的面部表情是不容易被看透的。如果你单独看一张照片上的面部表情,你会很难辨别他们所表达的情感。在性高潮时人们的表情更容易误导你,如果你期望看到"幸福"写在他们

图 16.7 奥地利画家古斯塔夫·克里姆特的名作《吻》,将爱情的痛苦和喜悦表现得淋漓尽致。

的脸上的话。无论如何,这个有趣的观点对于爱的复杂情绪留下很多不能解释的地方。甚至有些证据显示情感的生理联系可能比人们想象的拥有更特殊的自主神经系统元素(Elkman et al., 1983)。

行为方面

人们一般相信女人比男人更浪漫,这种印象在许多文学作品中都有描述。然而,鲁宾(Rubin)和他的助手(1981)发现男大学生比女大学生更容易迅速坠入爱河。女人更强调提高她们的吸引力,只有当关系确立,她们才会报告相同程度的恋爱。然而,女人比男人更倾向于报告关于恋爱的情感上和精神上的欣快感觉(Dion 和 Dion, 1973)。

美国心理学家多萝西·坦诺弗(Dorothy Tennov)(1979)为恋爱中人杜撰了"limerence"(沉迷)这一术语,她研究了数百人的行为表现。坠入爱河的起因经常是一个简单的行为,比如一个手势,一个眼神,或其他显示兴趣的表情,或暗示彼此有兴趣的可能性。眼神传递这种信息最有说服力:詹姆斯一世时的著名剧作家弗莱彻(Phileas Fletcher)写到"爱的话语全在眼睛中"。当然,有时人们一直相互凝视也没有产生恋爱;爱情的产生需要大量的因素使得某种"整体"被赋予到经历中,一切都刚刚好,才能使化学反应产生。

在热恋期,恋爱有特定的基础元素,比如时常想念爱着的人(不能将他/她从自己的脑中移除),达到着迷程度,把其他的事情全部丢到脑后。强烈渴望得到爱的回应,从被爱的人的行为中寻找即使是最微小的证据,如果没有便去进行想象。恋爱的人具有特别强的寻找爱人的优点、否认其缺点的能力。他们往往只在事实层面上承认他/她的缺点,然后把它当做小事忘却。"我讨厌看到铅笔上的牙齿印,它们使我恶心,"一个男人说,"但不包括她的牙齿印,那是非常神圣的,她美妙的嘴就在那儿。"(Tenner, 1979, p.31)这里有一个瞬间的**理想化**(使弯曲的鼻子显得直挺)和**结晶化** *(使弯曲的鼻子看起来精致)的过程。

当得到想要的爱情时,人们会欣喜若狂("漫步云端")。相反,对被拒绝的害怕包含不确定、尴尬、迷惑和害羞。挫折和逆境也加剧了个人对恋爱经历的渴望,而生动的恋爱幻想,使单相思的剧痛得到了短暂的缓解。"心痛"、心悸或震动、脸红或苍白、虚弱常伴随着阵阵不确定和怀疑。在恋爱中,嫉妒和其他消极感觉容易使人受伤(专题 16-1)。

*术语"结晶化"(crystallization)是一个隐喻:一段被扔进盐矿的树枝在盐晶的作用下变成了闪烁发亮的漂亮物体,但它本质上还是一段树枝。

专题 16-3
爱上瘾

长久以来，激情之爱的强大力量往往令人敬畏。索福克勒斯(Sophocles)在他的《安提戈涅》(Antigone)中借歌队之口吟颂了难以抗拒的爱的魔力："爱情啊，你从没有吃过败仗，爱情啊，你浪费了多少钱财，你在少女温柔的脸上守夜，你飘过大海，飘到荒野人家；没有一位天神，也没有一个朝生暮死的凡人躲得过你；谁碰上你，谁就会疯狂。"

许多文化中都认同激情包含有一种疾病，即"相思病"(lovesickness)。一位18世纪的阿拉伯医生将因爱而起的疯狂称为"Ishik"，原指一种缠绕树木致其死亡的攀援植物。婚姻被视为是最佳治疗方案(Balfour, 1876)。

洋洋文学史上，多少人为爱而于憔悴痛苦中苦度光阴，多少人因爱得不到回应而绝望自杀，又有多少人因爱情被践踏而一怒之下痛下杀手。在这些例子中，以及在报道的无数的临床案例中，爱采取了一种破坏性的病理形式。最新的曲解(twist)是将某种形式的爱视为上瘾：

> 当一个人为了填补自身的空白而转向另一个人时，这种关系会很快成为他生活的中心，并给他以安慰，这与他在别处所得到的东西形成鲜明对比。所以他越来越频繁地光顾，直到他需要借助它来度过充满压力和不满的每一天。当为了忍受生活而必须持续而稳定地接触某种事物时，癖嗜就形成了，对其浪漫化也无法改变其性质。抽身的危险激生出热切的渴望，二者长期共存(Peele 和 Brodsky, 1975, p.70)。

皮利(Peele)(1988)、卡纳斯(Carnes)(1983)等人完善了这个理论，而大量以之为主题的书籍更是赢得了大范围的读者群(Cowan 和 Kinder, 1985; Norwood, 1985)。爱上瘾和性上瘾(第13章)有某些共同之处，但是有一个重要的不同：男性更倾向于对性上瘾，而女性则更容易对爱上瘾。就像很多畅销书的书名所昭示的那样(《爱太多的女人》《聪明女人/笨选择》)，女性显然更容易多疑并陷入不得满足的破坏性关系当中，从而变成"爱的傻子"(Peele, 1988)。

将上瘾模式应用于爱情当中是很有趣的，但和我们前面讨论的将这一模式应用于性上瘾(第14章)一样，这一应用也导致了一系列的问题。大量证据表明，某些爱的关系是不健康的，无论其本质还是影响都与真正的爱的本质大相径庭。但是就像行为的其他侧面一样，这种形式的"爱"是可以在神经学和其他不健康的需求的基础上加以解释的。采用上瘾这一概念是否有助于解释这些需求，目前尚不得而知。

恋爱的平均寿命是两年，但是它的变化范围则从几周到一生不等。结束时可能是友好的，但大多数情况下是痛苦的，伴随着逗留不去的苦恼。恋爱的破裂可能是突然和高度情绪化的(偶尔会导致自杀或谋杀)。但这种分手通常不会这么戏剧性，关系只是被一次又一次的"情人间的斗嘴"所破坏而已。在更真实地看清对方后，缺点就会变得更明显，并被放大。那些能住在一起的人可能会以心灰意冷告终，他们很难理解自己曾经怎么会对这个人那么疯狂而现在却不能忍受。有过这种经历的人更有可能重复不愉快的恋爱经历，有些人认为他们这是在承受**上瘾的爱**的痛苦(专题16–3)。

没有失败的恋爱经历会发展成包含更安静的爱的形式的稳定关系。他们会变

想一想

如果最终证实爱只是神经化学物质的一种反应，那么将会发生什么？

成**伴侣式爱情**,既有深沉持久的情感联系,又与亲密和承诺相结合。

伴侣式爱情

伴侣式爱情是"我们对我们生活中密切相关的人的情感"(Hatfield 和 Walster, 1978, p.9)。人们容易认为当激情的火焰减弱时,它是余下的灰烬。然而,伴侣式爱情必须用它自己的方式理解,而不仅是激情的爱的残留。

这两种形式的爱都是被祝福的。每种都有它自己的优点和缺点。如果激情的爱像 100 码的冲刺,那么伴侣式爱情就像是马拉松长跑。前者是令人兴奋和爽快的,但是就像一阵风吹过;后者是持久的,但是缺少戏剧性。伴侣式爱情不是激情之爱的稀释而是它的转化。对成人生活要求的调整是必需的——抚养小孩,维持家庭,确定职业,做大量的工作,为社区服务。如果全身心沉浸在二人世界中将无法履行上述责任,那样只会阻碍成人的发展。

因为它是成熟的,所以伴侣式爱情在经过了青春期和漫长的婚姻或伴侣关系阶段后的成年人当中更常见。但它仍能在任何一个年龄或任何一种关系中发生。

从激情的爱到伴侣式的爱,夫妻需要经历一个逐渐的变化过程。不要把这种改变解释为爱的失去,他们能看见自己进入了一个新的持久的感情时期。尽管日常生活中总会有些小摩擦,但是很多夫妻依然深深地爱了对方许多年。这些夫妻容易展示特征化的行为(专题 16-4)。他们的行为可以被认为是持久爱的证明,但是它们始终也保持着爱的活力。

性和爱的关系

爱和性在很多水平上相互作用——生理的、心理的及社会的。我们对前者知道很少,对最后一个会在后面讨论。

没有爱,应该有性吗?在大学生及年轻人之间通常的规则是"情感上的放纵",翻译过来就是"可以,如果你正在恋爱的话"(爱被定义为一种可变的术语)。

受过良好教育的成人对没有爱的性更宽容和认可。那也是人类性学领域许多专家的主要看法,他们认为只要不带感情色彩的性行为是经过双方同意的,那它就没有什么错误性可言。这种观点没有贬低爱;他们只是不再坚持在所有的性关系中必须都有爱。但是这个问题也有一个必须要面对的道德尺度问题(第 24 章)。

爱对性的影响

性对爱是有益还是有害取决于心理和社会态度。维多利亚式的性道德使得爱和性之间产生了很多冲突(第 20 章):一个认为性很肮脏或粗俗的女人,会认为她的爱会被性玷污;一个有同样想法的男人可能会跟一个不爱的女人享受性行为,而

专题 16-4
让爱继续 *

那些在很长时间内都能幸福相爱的夫妻往往有以下的行为：

1. 他们会经常口头表达爱。这仅仅意味着要说"我爱你"或者其他类似的话（相反的态度可以从以下的话"你是什么意思，我爱你吗？我都和你结婚了，不是吗"得到最好的概括）。

"说出那些话，"一位已婚的妇女评论道，"是一种接触方式。语言可以培养情感，可以保持爱的浓烈性和它在所有关系中的优先性。"她的丈夫解释道："说'我爱你'是一种自我表现的形式。就是说把自己的小部分拿出来，因此我的感觉是在现实中的，而不是只在我身体里。"

2. 他们的肢体语言往往充满感情。包括握手、拥抱、接吻、抚抱和安慰——常常一杯茶、一个枕头或者一条羊毛毯就足够了。

3. 他们经常用性来表达爱。幸福而相爱的人倾向于把性亲密当做一种接触和表达的重要载体。在新奇的激动消失了很久以后，性对他们来说仍然是很重要的。这并不意味着他们把性看做其关系中最重要的方面。毋宁说他们是把灵魂上（缺乏更好的词）的联系作为他们关系的核心。

4. 他们会表达出自己的感激和赞赏。幸福的夫妻会讨论他们彼此身上所喜欢的、享受的和赞赏的品质。这会让他们感觉到自己是被注意、欣赏和重视的。"我丈夫一直都是我最好的听众。"一位妻子这样说。

5. 他们彼此互相坦露。他们愿意把更多的自我和更多的内心生活拿出来共同分享而不是与他人分享。他们不仅分享思想、感觉、希望、梦想和渴望，也分享伤害、愤怒、期待及痛苦或尴尬的记忆。这样的夫妻在自我坦露时会比普通伴侣要轻松很多，这必然会令他们对彼此的内心世界更有兴趣。

6. 他们给彼此提供了一种情感支持。在对方处于疾病、困难、艰难和危机的时刻，他们会一直站在身边。他们是彼此最好的朋友。他们通常互相帮助，关心彼此的兴趣和安康。

7. 他们用物质来表达爱。他们用礼物（有大有小，并且不仅是常规情况下）或者减轻配偶生活负担的工作来表达爱。他们会分享工作或者承担更多的工作。

8. 他们接受要求，忍受缺点，而这些要求和缺点可能是其他人远远不能接受的。要求和缺点是每个幸福的关系中的一部分。我们回应它们的善意和宽容也是幸福关系的一部分。

关于这一点的另一个思考方式是，懂得一起幸福生活的夫妻不会在"缺陷"上折磨自己或者对方。他们知道伴侣不是完美的，也并不要求对方完美。他们很清楚，对他们来说，配偶的优点远远胜于缺点——他们选择了享受正面而不是用负面的偏见来扭曲双方的关系。但这并不意味着他们不会去要求对方改变他们难以忍受的行为。

9. 他们创造两人独处的时间。这段时间是完全属于他们自己的。享受和培养他们的关系具有重中之重的地位：他们理解爱情需要关心和闲适。

这样的夫妻认为他们关系比任何其他社会关系都更有趣、更刺激和更能实现个人抱负。他们常常不愿参加会使他们分开的社会、政治、社区活动，除非他们确定有很好的理由才去；他们显然不会像热衷于社会活动的夫妻那样找借口避开彼此。

* Excerpts from Nathaniel Branden,"A Vision of Romantic Love," in *The Psychology of Love*. Sternberg, R. J. and Barnes, M. L.(Eds), pp. 225–228. New Haven: York University Press.

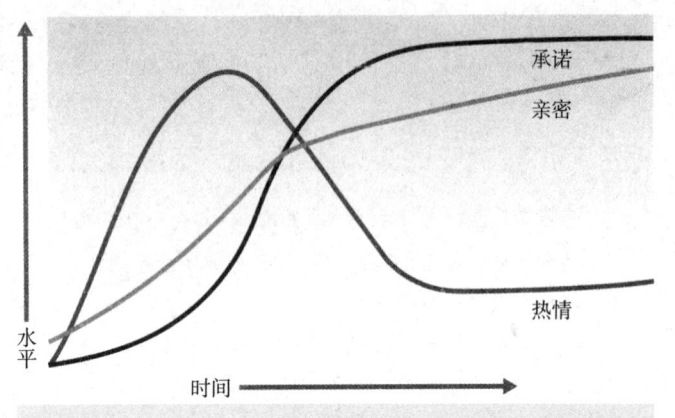

图 16.8 斯特恩伯格的理论表明，作为爱的元素之一，热情在恋爱关系的早期达到顶峰，然后衰退，而其他两个元素，承诺与亲密，则随着时间的推移与日俱增。

想一想

当你爱上一个人，就该同他结婚吗？

跟他爱的女人却不能。

这种态度早就被抛弃了，爱和性现在不仅仅被认为是和谐的，而且还能互相促进。原则上，与你所爱的人发生的性行为应该更令人愉快。但实际上，我们没有达到这样的理想状态。在坦诺弗调查的受访者中，73%的女性和仅51%的男性认为"我跟我爱的人一起的性最享受"。样本中14%的人发现与非常相爱的人进行的性是令人失望的。

许多原因能解释这个发现。一个原因是女人，相比较男人，更彻底地被社会化，她们把性乐趣和确立恋爱关系同等对待。男人可能会认为不管他们是否相爱，都可能会发生良好的性关系，而女人则相信在相爱的一对人中更容易产生良好的性。

另一个可能性是处于热恋中的人会对取悦对方产生过敏和焦虑，他们总想以最好的姿态出现，总想表现自己最出色的一面，这将会干扰实际的性反应。

性对爱的影响

性吸引是恋爱的一个常见因素。性欲的要素可能会支配这个经历，或与它共存，或者干脆回避。在坦诺弗的研究中，超过90%的受访者反对"爱的最好的内容就是性"这种说法。恋爱中对某人强烈的欲望不是性，而是感情的回报——希望你爱的人也爱你。在这种背景下，性结合可能会概括这种相互性（把你自己给你的爱人）。无论动机和约束是什么，进行性交就意味着跨过一道门槛，从而永远改变了这个关系。

常识认为因为性是高度快乐的，所以分享它会产生或加深感情。这种正面强化模式似乎只在有限的范围内才有效。一个令人满意的性经历肯定希望得到重复并得到赏识。但是，如果纯粹只是身体水平的满意，那么性产生的爱并不比因为喜欢一道特别的菜而对厨师产生的爱多多少。

恋爱中的男女总会竭尽全力去开始并维持一段性关系，然而，就像性会是狂喜的一个源泉一样，它也会是痛苦的根源。正如弗兰茨·卡夫卡（Franz Kafka）所言，性是对两个人在一起而产生的幸福的一种惩罚。

性结合，像精致的花朵，会由于忽视而枯萎；但它们也能像顽强的杂草，侵入和排挤其他有价值的感觉。理由是性在感情上经常是带有侵略性和敌意的（第19章）。另一个原因可能是性关系是深埋于既能滋养它也会使它窒息的社会背景之下的。我们将在下一章转入这种社会背景。

第 17 章

婚姻与另类婚姻

17.1 婚　姻
17.2 另类婚姻
17.3 单　身
17.4 性活动和性满足

从今天开始相互拥有、相互扶持,无论是顺境或逆境、富有或贫穷、健康或疾病,都彼此相爱、珍惜,直到死亡将我们分开。

——英国圣公会公祷书《婚仪词》(*Solemnization of Matrimony*)(1549)

> 即使是最私密的性行为，也不是在完全孤立的情况下发生的。它有它的社会背景。这个背景下最重要的内容是**"制度化"**(institutional)。我们通常认为制度是为社会服务的组织，如学校。社会学家把制度定义为："一系列社会过程和活动，包括它们所表达或体现的集中在一些主要社会目标上的标准或价值。"（Goode，1982）家庭就是一个很突出的例子。
>
> 婚姻是和性关系直接相关的。多数异性性活动发生在婚姻内；即使是不在婚姻关系里发生的性行为，它们的定义也是与婚姻相关的，例如，婚前性行为和婚外性行为。因此，要了解性行为的制度性内容，我们需要从婚姻开始。

17.1 婚 姻

婚姻(marriage)制度（"娶一个新娘"）是很难用一种对各种跨文化形式都公平的方式去定义的(Reiss，1980；Goode，1982)。基本上它是一个男人和一个女人的结合（有时候不止一个），而那个女人生下的孩子被认为是这对夫妻的合法继承人。

合法(legitimacy)是任何正式的婚姻概念的关键，这不仅关系到孩子，也关系到夫妻关系的经济、社会和性行为方面。社会不允许婚姻仅是两人之间的一种私人安排；它必须是一种公开承认的行为，通过宗教或社会机构正式化，并受法律约束。公开的结婚仪式在美国和许多其他社会里是最普遍和最重要的仪式之一（图17.1）。

婚姻在不同的文化里有多个主要形式，多样的婚姻安排也可能在单个文化里共存。西非达荷美共和国基于不同的经济安排，允许13种不同形式的婚姻存在。在古罗马，一个"自由的婚姻"允许妻子保有她自己的财产；相反的形式则是，女人和她的财产合并入男人的家庭，所以在法律上，她变成了他的孩子(Gregersen，1983)。

在1949年对250种文化进行的广泛调查中，美国人类学家乔治·默多克（George P. Murdock）发现**一夫多妻制**（polygyny）占了婚姻的75%，**一夫一妻制**（monogamy）占24%，**一妻多夫制**(polyandry)占1%。

我们习惯于一夫一妻制的婚姻模型，以至于其他形式的另类婚姻对我们来说会显得很怪异，也导致了许多误会。例如，许多人容易认为娶许多的妻子是为了实现性多样性的愿望。哈里发的妻妾成群的后宫的想象激发了很多男子的性幻想。但是这种童话故事式的想象跟现实并没有多大关系。

有多个妻子和小妾的做法可追溯到《旧约全书》时代（如所罗门王）。中国的皇帝，土耳其皇帝，更近代的有一些阿拉伯皇室，还有其他很多人也有多个妻子。但是即使伊斯兰允许最多拥有四个妻子，也很少有男人有实现这种图景的意图和动力，越来越少的女人愿意屈服于这项制度。

一夫多妻制的动机主要是政治和经济上的。这些婚姻产生了联盟，获得了财产,提供了继承人。虽然也提供了性多样性,但是对男人来说这毕竟不是主要的,因为他们有比多次结婚更简单的方法得到它。

妻子们在这些婚姻里不是消极的。例如,在马达加斯加岛,与第一个妻子的婚礼是爱的组合。其他妻子则是为了帮助照顾家族土地而增加的。这些女人需要得到第一个妻子的同意才能嫁进来,第一个妻子的地位仍然是权威而不可动摇的(Linton,1936)。在一夫多妻的婚姻制度里,每个妻子都有她自己独立的房子(或住处)。丈夫每晚按照严格的轮换制度陪每个妻子。这样做是为了避免嫉妒和冲突。

西方社会认为只有传统的一夫一妻制婚姻才是合法的,两个单身的成年男女通过宗教仪式或世俗程序(经常是二者都有)结合起来。离婚或丧偶者允许再婚,而且有很多人这样做。所以实际上,我们有**连续一夫一妻婚姻**(serial monogamy)作为法定选择。*社会也认可**习惯法婚姻**和同居关系中的某些权利和义务,这两种情况都是指具有亲密关系的一对男女没有结婚就居住在一起。同性别的同居没有被法律认可,尽管有些人认为它作为**同性爱婚姻**,应该能得到法律承认。更多实验性的选择是**社会群婚**、**家庭网络系统**(family network system,几个家族住在一起)和**公社**(communes,大的群体),可能包括性伴的分享。

家庭的概念与婚姻密切相关,但它们又是非常不同的。家庭这个词来自"居住场所",具有住宅和血缘的涵义。每一个完整的婚姻(不论有孩子与否)都组成了一个家庭;然而其他的组合,如许多大学生住在同一所房子里,分享食物(或一起性交),则不是家庭。人口普查局把家庭定义为两个或更多具有血缘关系、婚姻关系或抚养关系的人居住在一起。

默多克(1949)发现**核心家庭**(nuclear family,父亲、母亲和他们的孩子)是所有家庭体系里最小的单位,即使一个**扩展家庭**(extended family,由几代成员组成的家庭)里的成员住在一起,祖父母或他们已婚的子女都会以分开的核心家庭单元行使功能。

默多克把核心家庭的普遍作用归结为4个:性关系,生殖,孩子的社会化,经济合作。这种核心家庭的概念通常适用于西方社会,但是其他一些文化则不适用这种模

*据《吉尼斯世界纪录》,一名男子曾经结了27次婚,创下了世界上连续一夫一妻制结婚的纪录。

图17.1 传统的西方婚礼庆典

式。例如，印度的纳亚尔人（Nayar）中，父亲不承担使其子女社会化和赡养妻子的义务；妻子们继续跟她们的家族在一起生活，可能会有不止一个丈夫周期性地拜访她们。

性、婚姻和家庭是紧密结合在一起的，但是每个元素都能独立存在：如有未婚的性和无性的婚姻；有些伴侣未婚而生下孩子，而有些已婚夫妇没有孩子。对大多数人来说，家庭提供了进行性行为和为人父母的条件。

由于这个原因，所有的社会都在努力提供各种机制来帮助男人和女人组建家庭，以促进某些行为和抑制某些行为。**求爱**（courtship）* 提供了寻找未来配偶的方法。它的形式是各式各样的，但是它有两个基本的模式：父母为他们的孩子选择配偶，或年轻人自己选择。求爱、结婚和家庭组成了一个整体的单位，赖斯（1980）称之为**"家庭系统"**（family system），通过它新的世代成功生存下来。

> * courtship 这个术语来自中世纪欧洲传统的尊严而有礼貌的爱，现在用于所有形式的伴侣选择，包括动物间的。

在美国社会里，多数成年人都希望结婚。在 20 世纪 50 年代，当美国进入这个世纪最重视家庭的时代时，96%的人在生育期已经结婚（Blumstein 和 Schwartz，1983）。现在，超过 90%的人仍然这么做。婚姻促进了许多强烈和不同的情感。传统人士认为婚姻是建立性关系和培育一个家庭的唯一合法途径。实用主义者认为它是为了一个有伴侣和性的舒适人生而做的实际安排。*女权主义者批判婚姻，认为它是一种对女性征服和利用的主要手段。妻子和母亲的角色使女人与私人领域隔离，也限制了她们对公共领域的贡献。即使在双职业夫妻中，女性通常也会承担更多的家庭责任，尽管现在很多男人愿意照顾孩子，也愿意分担这些任务。

> * 当达尔文考虑到婚姻的时候，他在他的日记里写到："只要想象一个美好、温柔的妻子坐在沙发上，伴随着灯光、书本、可能还有音乐——把这个与 Gt. Marlbor 街（他居住的地方）暗淡的现实相比一下。结婚——结婚——结婚。"（引自 Moorehead,1979, p.249）

对婚姻有很多观点的原因是它为不同的人实现了不同的目的。有一些基本的功能对大多数的婚姻来说是很重要的：共同生活的实际利益；经济资源的共用；劳力的分配和共享；社会联系的扩大；父母和社会期望的实现；及对我们来说最重要的——情感、亲密、性满足及为人父母。所有的这些目标在其他的安排上也能实现，像同居。然而，为什么多数的人还坚持要结婚呢？

婚姻关系的得与失，虽然相当的稳定，但也不是不变的。它们在你祖父母的时代就已经发生改变了，现在由于不同的经济和社会环境及性别角色的转变正在发生快速的变化。

人口变化

在最近几十年里，美国发生的变化比过去 250 年里都多。在 20 世纪 60 年代末 70 年代初，出生率开始下降。这个趋势在两个世纪前就已经开始，但是由于药物和允许流产，它变得更加明显了。出生率的下降可能是由于较高的不育不孕率及另外的原因：更少的人结婚或维持婚姻；他们结婚更晚；他们很少要孩子。这三个原因都在发挥作用。

结婚率

在20世纪60年代,结婚率开始稳定地下降,尤其是处在最佳生育期的年轻女性们。1946年的调查显示,在1000个年龄在14~44岁的未婚女性中,有199个会结婚;1987年,这个数据已经下降到少于100个(Exner,1987)。这一差异部分是因为第一婚的推迟。

自从19世纪末20世纪初以来,第一婚的年龄就开始逐渐下降,1956年达到最低点,平均结婚年龄,女性为20.1岁,男性为22.5岁。这个比率随后开始升高。在1960~1970年间,20~24岁的女性中单身的比例增加到了1/3;在1960年,28%的20~24岁女性未结婚;到1979年,这一数字增加到了49%;到1981年,有52%处于这个年龄段中的女性单身(Blumstein和Schwartz,1983)。第一婚新娘的平均年龄现在达到了23.3岁,新郎达到了25.5岁。

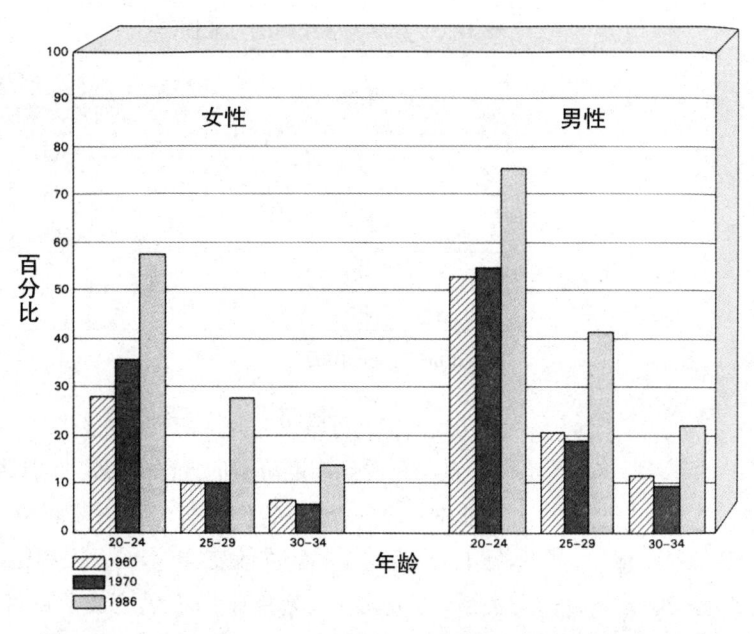

图17.2 1960、1970和1986年度美国三个年龄组的从未结婚的男女比例

随着第一婚年龄的增大,单身者的比例也随之扩大。图17.2显示了在三个时期、三个年龄段从未结婚的男性和女性的比例。无论男女,在1986年,三个年龄阶段都显示了最高的比例。

因为女性寿命比男性长,男性喜欢同年轻的女性结婚,因此,想要结婚的女性变老后,结婚的前景会明显暗淡下来。在特定的年龄结婚的可能性从15岁时的几乎零增加到20~24岁的1/10(即10个女人中有1个会在25岁之前结婚)。24岁之后,结婚的机会逐年递减(Exner,1987)。下降率现在还不清楚。哈佛—耶鲁团队的一个研究在1986年提出了一个令人吃惊的预测,即仅有20%从未结婚的30岁的大学毕业生可能结婚。到45岁,他们的机会降低到接近零(Bennett et al.,1986)。这个预测遭到了人口普查局的摩曼(Moorman)的反驳(1987),他声称即使在45岁,从未结婚的大学毕业女性仍有10%的机会在65岁前结婚。表17.1显示了两个研究得出的不同年龄段结婚的几率。哈佛—耶鲁团队的研究认为没有早结婚的女性已经有意无意地完全放弃了结婚;人口普查局的研究则认为许多已经延迟结婚的大学毕业女性最终会结婚。

年龄差别

丈夫通常比他们的妻子要大,通常是几岁,但是有时候可差至10岁或更大(在

表 17.1　大学女生结婚的可能性(%)

年龄	人口普查局调查（四年大学制）	哈佛—耶鲁团队调查（四年大学制及其他）
25	85	52
30	58	20
35	32	5
40	17	1
45	9	0

Based on Exner, 1987.

上几代人中尤其常见）。社会普遍地接受"12月5月"的组合,除非年龄差距非常极端。甚至是受到高度尊敬的人(如查理·卓别林,帕布罗·卡萨尔斯)在晚年时也可以有非常年轻的妻子。相反,一个上了年纪的女人和一个年轻男人结婚的情况就不常见了。最近这个趋势在改变,更多的女人和比她们小的男人结婚或建立稳定的情感关系。当它发生在名流身上时,就变成了新闻*。1983年,超过150,000个婚姻里,新娘比新郎大5岁或5岁以上,虽然这在所有的婚姻里也仅占6%,但是已经比1970年增加了67%(Gavzer,1987)。

建立这种婚姻的女性最大比例是在35~44岁年龄组（占了这类婚姻的40%）。她们通常都是成功的职业女性,离了婚并有小孩,可能是在一次商业会晤中遇见了未来的丈夫。像老年男性一样,她们不仅为年轻的伴侣提供社会地位和经济资助,也提供了更精彩的人生经历、性经验、成熟的爱,以及其他与年龄无关的个人成分。这些年轻的男人通常有一个职业母亲或姐妹(Houston,1987)。

总体上这些夫妻不想要他们自己的孩子,尽管女性可能已经在前一次（或几次）的婚姻里有孩子了。如果男人想要孩子,这个问题可能会产生不和。其他冲突源自不同的健康状况和精力及成人发展阶段等方面(第9章)。

家庭模式的改变

除了人口的变化,每个人都认为美国的婚姻和家庭也在改变,这令一些人高兴,也令一些人沮丧。这些改变有些是错觉。例如,撇开其怀旧的影像不说,过去的大家庭(即好几代成员都住在一起)并不像人们认为的那么普遍(Reiss,1980)。核心家庭不仅是一个现代现象。

代际转变的意义在于现在对婚姻选择有了更大的自由度。在过去,父母权威地指定他们的孩子将与谁结婚,现在他们更多地是使用劝导或间接的策略。因为年轻人获得了社会和地理上的更大的变动性,家庭缔缘的机会也就更少了。

妇女运动和性别角色的转变给婚姻带来了很大变化。在婚姻关系中,女性的权利已经增加;丈夫和妻子间更大的平等性是当今中产阶级婚姻的特征。这些改变得到了许多人的支持,但也使很多人感到不安。

* Mary Tyler Moore 在 50 岁时跟 34 岁的 Robert Levine 结婚;54 岁的 Joan Collins 跟 39 岁的 Peter Holm;55 岁的 Miriam Makeba 跟 45 岁的 Stokely Carmichael 结婚;400 年前,18 岁的 William Shakespeare 和 26 岁的 Anne Hathaway 结婚。

另一个兼具进步性和破坏性的转变是对个人幸福的强调的增加。过去的婚姻价值观赞美以忍耐和自我牺牲来维持家庭完整。不幸福的家庭也不应破裂，要在最坏的情形下做到最好。现在我们则期望人们把个人的幸福放在最优先考虑的地位。此外，对终身幸福的期望已经将爱的战场从年轻时扩大到整个剩余的成年期。预期寿命增加了几十年，人们如果仍然维持结婚状态将会生活在一起更久。一个50岁的女人现在能期待再活个30年；一个男人可能要少活几年。

这个结果使人们对待承诺时更谨慎和挑剔。许诺已经变得不再天长地久；它不再是"直到死亡将我们分开"，而是"只要我们快乐"，也可以转变为"只要我快乐"。婚姻和其他亲密关系相结合而变得代价更高。尤其是职业女性，现在可能认为拥有一个丈夫比拥有一份资产负担还要大；在男性方面，则认为现在有一个妻子并没给他们带来多大的利益。

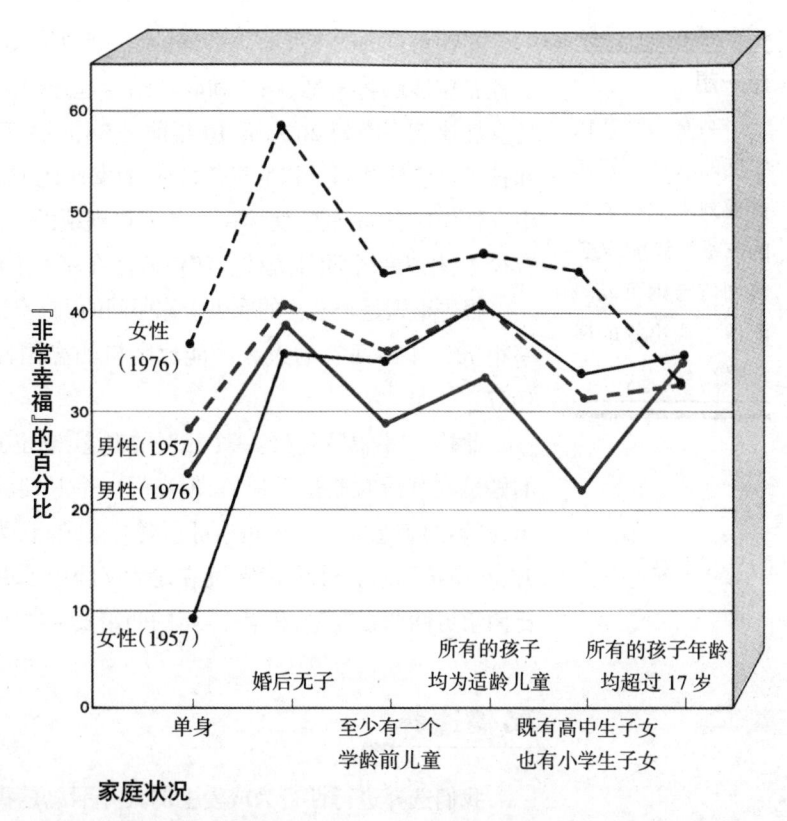

图 17.3 家庭状况与婚姻幸福

所有的这些改变致使一些人得出结论，即婚姻正在"死亡"或至少是一个有严重弊病的制度。海蒂1987年的调查样本中女性觉醒的呼声在其他研究中得到回应。1986年，由《健康之友》(*Woman's Day*)杂志主办的对60,000名女性进行的调查中，38%的女性说如果重新来过，她们不会选择同一个配偶；39%的人感觉自己像丈夫的管家，27%的人感觉像他的母亲，仅有28%的人喜欢她的爱人。同一年由《新女性》(*New Woman*)杂志主办的对34,000名女性进行的调查发现，41%的独立女性并不渴望寻找一个关系或关系未定。因此25~34岁单身女性比例的增加可能意味着女性不仅是延迟结婚，而是完全避免结婚(Wallis，1987)。

其他资料与这个观点相矛盾。1986年的盖洛普民意调查发现，45%的应答者"非常满意"他们的家庭生活，93%至少"大体满意"；两个数据都比1980年相似的测验结果要高些。此外，53%的人认为作为一个总体原则，他们所认识的人的家庭生活已经在最近15年里变得更好；33%的人认为它在恶化。在1987年哈里斯民意调查(Harris Poll)中，总共95%的女性认为如果重新来过，她们还会与当前的配偶结婚。

想一想

一个具有大学文化程度的女性应该如何规划事业和家庭的兼顾关系?她又应该如何与她可能的配偶去谈论她的期待呢?

女性角色的改变是毫无疑问的。一系列婚姻民意调查结果显示,63%受调查的女性希望能够将婚姻、孩子和职业结合起来(10年前是52%);只要家庭不要事业的女性比例下降到26%,而10年前是38%;多于50%的男性和女性认为照顾家庭和孩子是应该共同承担的责任,15%的女性认为这些活实际上是分开的(41%完全由女性做家务,41%的女性在家务上得到帮助,只有2%在家务上男性做得多些)。青少年,作为一个团体大体上相信两性在家务上应该平等。

报告婚姻是否幸福的取决于你所问的人。杂志调查和问卷调查这类调查的回应率很低,作出回答的人有可能比随机的全国性样本中的人更不幸福(Reinisch, 1987)。

此外,"幸福"不仅是一个相对的概念,它也不是一个全有或绝无的问题。多数的婚姻在某段时期是幸福的,但在另一个时期就不幸福了。实际上,如图17.3所示,婚姻的满意度有一个相当可预测的模式。认为自己幸福的人的比率在结婚时上升,在孩子到来的时候下降,而在之后又经历了更多的转化。同样需要注意的是,相比两组男性调查数据,相隔19年的两组女性数据有着更大的差异。

配偶选择

我们选择进行性行为或爱上的人并不总是我们选择作为配偶的人。这种出入有其实际的原因,问题不仅在于选择,也在于被选择。

在选择上有两个相反的看法。第一个是浪漫的方式:你相信你的心会做出正确的选择,其他的一切自会变得清清楚楚。第二个是实际或实用的方法:你相信你的头脑会做出最好的处理,希望你最终能够喜欢这个决定。

多数人意识到一个纯粹浪漫的行动方针是不现实的(尽管缺乏生活经验的年轻人会经常采用它),而纯粹实际的选择则又太过无情和世故(尽管一些情感冷酷的成年人并不在意)。所以他们结合了心和头脑的判断,希望能做出最好的选择。

我们假设我们"可以"自由选择配偶。然而,你可能比你想象中的要有更少的独立性。即使不顾父母、同胞、朋友或其他人实际或预期的影响,我们选择结婚对象也要受实际和社会原因的支配,而这些原因常常是我们意识不到的。

一个明显的因素是"邻近性"(propinquity),它意味着与某人靠近或进入与他同样的社会环境。你不可能跟一个因纽特人结婚,除非你也是一个因纽特人。

现在人们在地理和社会上的流动性比过去更大了,但是你结婚的对象可能还是更多地来自你长大的城镇,你念的大学,或你工作的城市。由于现在有大量的女性参加工作,办公室变成了新的配偶地带(Ingrassia, 1986)。像教堂这样的机构,以及文化、社会或休闲场所为遇见合适的配偶提供了更进一步的机会。纯粹偶然的碰面而产生的婚姻是罕见的。除了实际上你不能得到你够不着的东西之外,邻近性本身就产生了吸引力。住在同一宿舍的学生相互间会认为对方比住在学校里其他地方的人更有吸引力(Nahemow 和 Lawton, 1975)。

一个相关的因素是**同质婚**(homogamy),它的原则是"相似的跟相似的结婚",即所谓"门当户对"。就人口统计特征像年龄、种族、社会经济地位及宗教信仰而论,人们倾向于选择与他们相像的人作为配偶(Murstein, 1976)。在某种程度上,这对个性特征来说也适用(Autill, 1983)。因为两个伴侣间的相似性被认为能够促进沟通、理解和分享价值观,伴侣的门当户对被描述为关系美满的一个良好的预测器。这个观点看来似乎是正确的,不仅对已婚的夫妻,而且对同居者、同性爱者来说也同样适用(Kurdek 和 Schmitt, 1986)。

邻近性和门当户对相互加强,因为来自相似背景的人更容易把自己人与他人分隔开来。这两条规则有时候会被非常规的配对所打破;但即使那样,如果仔细观察,你仍然会发现他们之间有着重要的相似之处。例如,跨国家或种族的人们仍然有可能来自相似的社会阶层。很少有纯粹的个人吸引超越所有其他因素的情况。

此外,我们个人选择的局限性来自**"婚姻市场"**(marriage market)的支配,这个看似粗鲁的称呼,却描述了一个选择配偶的重要内容。

如果你仔细想想你所知道的已婚夫妻(或仅是订婚的夫妻),你可能会注意到两个人之间除了相似的背景之外还有某些相似性。例如,他们可能有大致相同的身体诱惑力,或相近的教育水平和智力水平。如果你将这些因素和社会因素如阶级背景结合起来,你得到的将不是一个完美而匀称的配对,而是一对**互补组合**(parity)。换句话说,尽管有价值的特征有这样那样的偏差,作为平衡,这对夫妻恰好相当。互补性缺失的夫妻在别人眼里看起来会是不般配的,人们会想知道是什么让他们结合在了一起。互补性不是自发发生的。它决定了是什么使两个人相互吸引;并且作为"市场力量"的一项功能,它决定了你能得到的与你能提供的息息相关。

在更正式的术语里,配对用强调**交换**(exchange)或**公平**(equity)的理论来解释。交换包括资源的公平交易,有些常常被认为具有相似的价值(如健康),其他的则更不均衡一些:例如,女性传统上指望她们的外表,男性则在意他们工作上实际或潜在的成功。这个原则解释了为什么具有身体诱惑力的女性容易与高地位的男性结婚(Elder, 1969)。更普遍地,在社会地位、教育和职业成功性等方面,女性容易跟社会地位高的男性结婚,而男性容易娶社会地位比他低的女性,一些研究支持这些观点,但是也有一些研究与它们相矛盾(Walster et al., 1978)。

公平的观念有助于解释交易是怎样使双方平衡的。我们每一个人都会高度重视一些东西,但是最终每一个人都会就某个特殊事项对于他们的重要性作出个人评价。由于这种原因,事实上可能存在无限量相互满足的结合,同样有时也会有得不偿失的恼人的感觉。

公平性理论不仅从一个简单的关于得失的等式里扩张了交换的观点,而且也解释了一些交换理论没有解释的行为。例如,尽管人们尽量夸大他们的优点,但是他们乐于这么做仅是为了达到一个特定的高度。认为双方关系公平合理的伴侣拥有最满意的夫妻关系。那些对伴侣的评价比自己要高的人满意程度更低是因为他们感到心虚,或他们的自尊承受着感觉不如别人的痛苦(Berscheid et al.,1973)。

这整个关于"资产"和"交易"的概念,在我们对应该爱和珍惜的人进行成本利益分析时违反了我们细腻的情感理路。女性可能明显地被这种方式所烦恼着,因为在历史上大多数时间里她们都被用做实物进行交易和交换,总体上女性对她们婚姻选择的自主性仍然比男性要小。因此,尽管交换和公平原则的确影响了我们,我们依然可以努力使婚姻市场更自由和公平。我们能尽力尝试更少看重身体和社会地位,这些是我们不能控制的,而更看重个性方面,那才是定义我们人之为人的因素。我们可以选择温柔和庄重的个性品质而不选择贪婪和放肆,即使后者意味着有更多的钱。我们可以鼓起勇气去做出反映我们价值观的选择。

17.2 另类婚姻

基于浪漫的爱情和友情的一夫一妻制婚姻对很多夫妇来说只是一种难以企及的理想。实际上,有许多不同形式的婚姻关系:有一些在性关系上不是一夫一妻制的,另外一些不是基于浪漫的爱情而只不过是出于实际利益的结合,还有其他一些具有不同形式和不同程度的友谊和亲密关系。

过去,当人们都反对离婚的时候,这些偏离理想婚姻的事实大多被隐瞒起来,以使得婚姻在表面上看来可以维持完整。现在一般不存在这种情况了,尽管仍有很多有名无实的婚姻关系。

在过去的几十年里,传统形式的婚姻关系遭到了来自女权主义者和年轻一代的激烈批评。结果,婚姻制度尽管没有奄奄一息,也已经发生了很大的改变。最常见的一种另类形式就是基于平等、共享责任、传统性别角色交叠(或者反转)的结合。

更加激进的背离甚至拒绝婚姻中的社会性、合法性或者人际关系等方面。这包括从同居(包括大部分的年轻人)到群婚(尽管很少)等不同形式。

同 居

没有结婚而和一个异性伴侣一起居住被称为**同居**(cohabitation)。彼此认真对待的两个人通常会愿意稳定下来。不管有没有性关系,这种关系都意味着一种将要走向婚约或者婚姻的许诺。现今,住在一起可能是一种暂时的安排,是尝试和准备结婚之前的过渡阶段,也有可能是婚姻本身永久的替代品。不过,在都市地区,异性之间只是作为室友共居一室也不是什么罕见的事情。

美国人口普查局温和地把同居定义为"异性之间共享住处"(persons of opposite sex sharing living quarters,POSSLQ)。的确有一些人仅就是住在一起而已,但是大多数同居的人是有亲密关系和性关系的伴侣。迄今为止还没有找到很好的术语来描述住在一起的人,最通常使用的是"和我一起住的男人/女人"(专题 17-1)。

流 行

据美国人口普查局估计,1986 年全美有 220 万对没有结婚而住在一起的人——是 1960 年的四倍。然而美国的同居伴侣仍没有瑞典多,那儿有 90% 的成年人有同居的经历(Reiss, 1980)。

图 17.4 同居不再是稀奇事儿,但是,两个人的姓不一样未必表示他们并没有结婚。

专题 17-1
我不是一个"重要的另一半"*

我 觉得有一种被贬低、被霸占、被剥夺的感觉。前几天我收到一份友好的邀请,要求客人"带上你重要的另一半(Significant Other)和孩子",这样说并不是有意冒犯而只是表达某种内涵。

使用"重要的另一半"这个措辞,不仅是个孤立的事件,现在这种说法能在很多地方找到:杂志、报纸、学校公文、公众意见调查、广告等等。

当妻子和我去我们固定去的医院看产科时,一个非正式的标记提醒我们:"每个产妇可以有一个重要的另一半在产房陪护。"

我是一个丈夫。我知道丈夫的角色,至少我知道在我接受这个角色时我所立下的誓约。我熟悉丈夫的社会关系、人们对他的期望和一些理想的角色模范,包括文学作品中的角色。

而且,对于我妻子来说我不仅是一个"一半"或是一个"重要的另一半"。实际上,我期待或者希望我是她生命中的一个要素,就像我把她当做我生命中不可或缺的要素一样。我希望我们能够完全符合丈夫和妻子概念的内涵,也就是我们必须了解彼此。但是我没有选择,在未经我同意的情况下,我已经被简化为仅是一个"另一半"。尽管没有我的承认,我发现自己已经加入到"一半"这个无组织的团体中了。

我的新角色有一些特别的义务吗?一些规定的社会关系?一些典型?一些必备的特征?如果我不同意,也没有宣誓,那它是怎么成为我的身份的一部分的?通过别人的选择吗?

我作为丈夫的与众不同的、独特的角色已经被取走了,因为我已经被吸收进人类的整体。我仅是通过我的"重要"(significant)来区别于他人,但是这无疑也被其他"他人"分享——兄弟、父母、男朋友、情人、良师益友、室友、生意上的搭档、科学合作者等。

不要误解,我并不是一个希望恢复田园牧歌式的往昔岁月的保守派。实际上我是一个自由主义者,像我们的下一代一样不拘泥于形式。我是我女儿的主要"看管者"。我做饭、洗碗、打扫房间的次数比我妻子还多。我发现这些改变是进步的和正面的。但是我拒绝别人剥夺我的身份、我所接受的角色及我所肯定的关系。

可能我对这种语言上的小变更要求得太多。毕竟我们生活在20世纪，各种传统的关系随社会实践的改变都要么发生了改变，要么被重新定义，或者干脆销声匿迹了。所以传统的婚姻，不管它原来是什么样的，都必定要被各式各样的同居关系所取代，我们的语言也必须做出能够具体表现这些改变的发展。

如果我们都是"重要的另一半"，那么就没有人是妻子、丈夫或者其他的什么了。我们已经失去了我们自己选择的角色。被剥夺了部分身份特征后，我们将变得彼此更加雷同。

毫无疑问，不久以后语言的力量将完成社会转变所没有做到的事情。仅很少的一些人，可能是一些历史学家、文学系学生和一些语源学家，能够回忆起"妻子"和"丈夫"所代表的意义。字典里面将把"丈夫"和"妻子"列为古老而陈旧的词。失去代表丈夫和妻子的特定词语后，我们这些说话的人将随之忘记婚姻这种独特的关系。

所以，正如除了在19世纪的小说以外不再有淑女和绅士一样，也将不再有丈夫和妻子，它们将变成老古董。不管愿不愿意，我们都将被混进"重要的另一半"之中。

* Ezekiel J. Emanuel, *New York Times*, Nov. 15, 1986.

图17.5给出了同居人群的婚姻状况和年龄的分布。

同居在大学生中是非常流行的，据报道有1/4的人曾经尝试过，另外有比这多两倍的人表示他们愿意同居。大部分的大学生不把同居看做长久的事情，但几乎所有经历过同居的人都表示他们最终想要结婚。同居伴侣的日常生活安排，基本上和结了婚而没有小孩的夫妇类似。

同居不仅局限于大学生和年轻人中间，尽管绝大多数同居的人年龄在30岁以下，同居行为在年龄更大的人群中也存在，他们中的一些人同居是因为结婚的话将减少他们的税收财政收益。

赞成与反对

同居在20世纪70年代变得很受欢迎，十年间没有结婚而住在一起的男人和女人的数量是原来的三倍，达到了160万(Spanier, 1983)。有几个因素导致了这种情况的出现。20世纪60年代人们对待性的态度开始解放，尤其是在青年人中间，他们通过建立自己的生活方式来独立于他们的父母和大学管理者。避孕产品的广泛使用和流产防止了很多怀孕的情况，而过去一旦怀孕他们就必须被迫结婚。意识形态的转变导致政治激进分子拒绝"资产阶级"婚姻制度，一些女权主义者公然抨击婚姻制度的男性至上主义、蔑视同性爱者的异性爱主义及剥削本质。大量的离

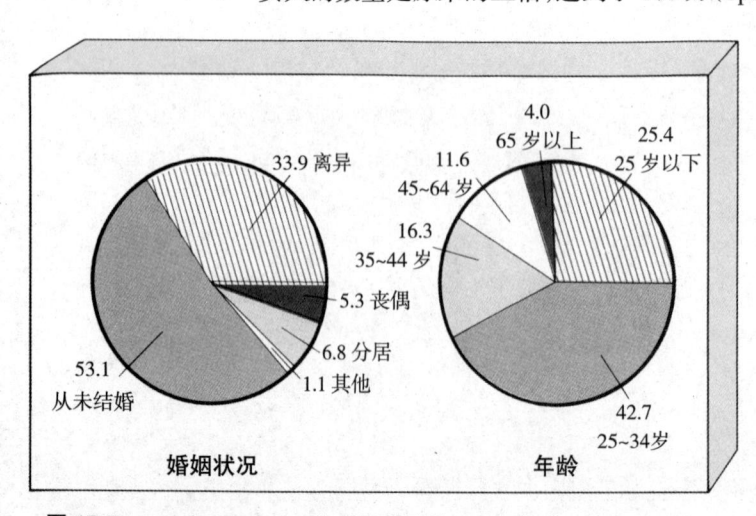

图17.5 1986年同居非婚人群的婚姻和年龄状况(%)

婚姻状况：33.9 离异；53.1 从未结婚；5.3 丧偶；6.8 分居；1.1 其他

年龄：4.0 65岁以上；11.6 45~64岁；16.3 35~44岁；25.4 25岁以下；42.7 25~34岁

婚者发现同居是避免走向另一个仓促的婚姻的极佳方式(一半的同居者是结过婚的)。

一些选择同居这种替代方式的人是出于对传统形式的婚姻的觉醒。同居使得妇女不需要放弃自己的职业追求、独立感和身份，同时又能够得到稳定和深情的关系。男人喜欢同居是因为它不仅提供了许多婚姻关系所能带来的便利，同时还没有法律和经济上的联结和义务。它给予双方一个长期的机会去检验他们之间的关系：如果他们彼此融洽，他们就能够更有信心地步入婚姻殿堂；如果他们之间不能和睦相处，他们就可以分开而不需要离婚。另外一些人仅仅是在意识形态或者个人观点的意义上对婚姻不感兴趣。他们同居仅是由于认可同居的优点，而不涉及和婚姻之间的对比。

住在一起并不能解决一切问题。作为婚姻的一种替代形式，同居使得一个在传统和法律上支持婚姻的社会中的亲子关系变得很复杂。现今，同居主要作为一种没有孩子的生活方式：大部分的同居者没有孩子。尽管有些人有从上次婚姻带来的孩子，这些人中的大多数也不愿意在没有结婚的前提下再生育孩子。

同居可能导致推辞明确的许诺，从而使未来悬而未决。同时，同居也不能使同居者免于面对和结婚的人们一样的喜悦与悲伤。如果关系破裂，将带给这些三十几岁或者更大一些的女人们很多不便，如果她们将来打算结婚的话。尽管婚姻并不能保证永恒，但它还是可能有更好的连接效果。因为这些原因，就像1983年一项调查研究显示的那样，尽管同居的男性(38%)和同居的女性(35%)结婚的可能性差不多，但女性渴望结婚的比例要比男性高很多，尤其是没有结过婚的女性(68%)，她们比结过婚的女性(61%)更想结婚(Blumstein 和 Schwartz, 1983)。

瑞典一项研究的初步报道表明，结婚前同居过的人的离婚率比没有同居过的人高80%。这并不意味着同居会给婚姻关系带来厄运，而是表明同居者更少忠于婚姻制度。这也可能只反映了特定的社会情况，比如调查所在地瑞典；但是在美国情况就不同，上文提到的1983年的研究表明同居者的离婚率并不比没有同居过的人高。同居似乎既不预示着婚姻的破裂也不会增加婚姻的稳定性。纽科姆(Newcomb)和本特勒(Bentler)1980年的研究也发现，同居者结婚后离婚的可能性及对婚姻的满意度与没有同居过的人差不多。同时，只要婚姻还保留它作为最高形式的许诺的形象，同居者往往会因为感觉到压力而结婚，否则就显得他们缺乏对彼此的热爱。

很多尝试过同居的人认为同居是一种正面的经历，他们把同居当做和某人结婚前的预先练习(Macklin, 1983)。尽管同居可能成为结婚前求爱的一部分(Cherlin, 1981)，但它似乎不可能取代婚姻。然而，同居作为婚姻的一种可以接受的替代品得到了广泛的认同。通过分居抚养费(palimony, 补偿同居者分手后经济上处于劣势的一方)的解决，法院已经默认同居为一种合法的关系。对习惯法婚姻也给予了同样的认同，习惯法婚姻是一种普遍认同但是没有正式婚姻形式的结合。

想一想

尽管婚姻有它的弱点和不可预知的结果，但为什么还有大量的人对婚姻趋之若鹜？为什么同居不能代替结婚呢？

同性爱伴侣

在第13章我们已经讨论过，男女同性爱者以各种不同形式结合。同性爱者拥有公开生活在一起的自由是最近才有的事情，而且仍然有众多的社会障碍需要克服；更重要的是，法律仍不允许这种结合的社会权利和义务合法化。因此，作为一个群体，同性爱者的处境是与异性同居者非常相似的。

其他替代形式

其他一夫一妻制婚姻的替代品已经在不同的时间被尝试过，但是并没有取得普遍和持久的成功。就像在其他社会中一样，在美国偶然也会发生**群婚**(group marriages)，公社作为美利坚合众国的一部分已经存在了很多世纪。一个很好的例子是1841年由激进牧师约翰·汉弗莱·诺耶斯和他的妻子在佛蒙特州建立的叫做欧奈达(Oneida)公社的乌托邦团体，这个团体中所有的男人和女人彼此之间都分别作为丈夫或者妻子，享有完全的性权利(Ta Lese, 1980)。这种实验以反文化的形式在20世纪60年代有过短暂的复苏，从高度的理想化到性剥削和别出心裁的稀奇古怪，无奇不有(第21章)。更加流行的例子通常以祭仪的形式出现，在祭仪中信徒之间住在一起并被鼓励相互发生关系(Lewin, 1988)。

公社的基础并不是性，尽管性可以是一个重要的诱因。更加主要的目的可能是经济的、意识形态的或者宗教上的；公社成员并不总是共享性伴侣的。群婚群体之间可以彼此有性的接触，但并不一定要集体性交。

多角婚姻(multilateral marriage)是由三个或者更多的人基于情爱的联系和性亲密而自愿结成的家庭组合。这种关系的典型涉及两对可能已经和别人结过婚并可能有孩子的人，他们彼此没有法律意义上的婚姻关系。

为了能够容纳这些改变了的婚姻模式，赖斯(1980)提出了一个新的家庭定义：家庭是一个小的亲属结构单元，主要功能是培育新一代的社会化。按照这种定义，亲属关系并不意味着配偶间的生物学联系(血缘亲属)或婚姻联系(婚姻亲属)，也不特指其两性间的关系。

17.3 单身

单身意味着不与别人结合，不是一对中的一个。它包括那些没有结婚的人(单身经常是指这些人)、离婚的人和丧偶的人。分居的夫妻法律上不是单身，尽管他们通常表现得像单身者一样。相反，同居者在法律上是单身的，但实际上他们不是。这就是为什么"未婚"并不是"单身"的合适的同义词。

从 1960 年到 1980 年，在美国的未婚人口中发生了重要的人口统计学变化。据美国人口普查局 1986 年的调查统计，从未结婚的未婚男女已经翻倍；离婚的夫妇已经从每 1000 对中 35 对上升到了 131 对；有年龄在 18 岁以下的孩子的单亲家庭从 9% 上升到了 24%。

从未结婚的人中，对二十几岁的年轻人和年龄更大的人进行区分是非常重要的。年轻人是"婚前群体"，因为他们大部分都将结婚。他们通常正在上大学或者正忙于开创事业，他们可能仍依附于家庭，尽管已经不在家生活。他们正处于过渡阶段。那些较年长的人更可能独身一辈子。我们已在第 9 章讨论过了前者。此处我们只描述后一个群体。

图 17.6 单身酒吧

未婚男女的生活有许多共同的特征和误解。首先，单身并不意味着孤独的生活。很大比例的单身者和他们的家庭成员（经常是一个孩子）一起生活。还有一些人和同性朋友一起住，双方可能还有性关系。尽管在美国大约 1/10 的成年人单独生活（自 1960 年以来扩大了三倍），他们也不一定是孤单的。单身的人可能有亲近的朋友，他们享受比结婚的夫妇更多的亲昵。单身也不等于被剥夺了性生活。尽管公众对"多姿多彩的单身生活"的观念有夸大的成分，但许多单身男女的确在进行着有益的性生活。

家庭最近的一个主要改变是单亲家庭的增多。1985 年，23% 的 18 岁以下的孩子和单亲一起生活（90% 和母亲）。1960 年，这个比例只有 9%；1970 年也只有 12%。1986 年，美国人口普查局调查发现有 1000 万孩子因为父母离异或者父母没有结婚而过着单亲生活。

尽管许多单亲父母要面临经济上的艰难，但单身并不意味着贫穷。许多未婚的专业人士都有高收入和很少的家庭义务，使他们能处理许多经济上的风险压力。即使是那些中等收入者也能够很好地掌控自己，因为他们不需要对配偶负责。

最后，很多未婚的人是自己选择单身的。许多单身者，如果降低自己的标准和期望的话是可以结婚的。另外一些人不想因为婚姻而失去自由或者妨碍他们的事业。

但是，对于另外一些男女来说，单身就意味着孤独、寂寞、缺乏性生活和贫穷；单身代表着一种他们非常希望摆脱的生活。这说明单身有许多的形式，就像婚姻也有许多形式一样:年长者因为收入减少而住在破败的旅馆里,拖着两个孩子的少女母亲依靠社会福利生活,三十来岁的专业人士住在精致的公寓里,这些人都是单身者——但是一个多样性的世界将他们的亲密关系和性生活区分开来。

既然如此,单身是否意味着要对付生活中的空虚(不管他/她其实可能很充实)呢?是否反映了单身的人没有能力和其他人建立并保持联系(不管他们实际上可能很合群)?这些问题引起了单身者的热烈反响,既有正面的也有负面的。尽管一直都有"单身汉"和"老处女"(这些名称现在已经不再流行)这样的称谓,但是近来公众的注意力大多关注那些取得很大成就、不愿意结婚或者找不到她们喜欢的男人结婚的独身职业女性的生活境况。独立和亲密之间的冲突,来自社会的责难,单身所带来的实际后果,以及可能很晚才能做母亲等等,都是单身者现在必须面对的问题。此外,这些问题不仅是个人的问题,也是整个社会的问题。

从未结婚者

每20个50岁的美国人之中就有一个人从未结过婚(美国人口普查局,1984),他们可能继续单身。这些人中很大一部分是同性爱者,而且男性居多数,因为男同性爱者要多于女同性爱者。当然,没有结过婚不等于就是同性爱者,这个群体中也包含许多异性爱者。结合的同性爱者仅在法律上被认为是单身的,他们实际上像异性同居者一样生活。他们中的许多人认为自己已经是已婚者了,尽管法律并不承认这样的结合。

从未结婚的女性比结过婚的女性更可能在事业上取得成功。这些女性没有结婚是因为她们经济上的独立使她们对配偶更有选择性,而她们作为配偶对男人也更具有威胁性。对结婚不感兴趣的女人可以更加勤奋、更加自由地从事她们的职业,所以她们更可能成功(Bee,1987)。

相反,从未结婚的中年男性更可能在社会和职业上缺乏竞争力,他可能是一个糟糕的养家者,或者在其他方面有不适应的地方。性别差异也表现在教育水平上:在35~54岁的人中(这些人结婚的比例最大),上学少于五年的男性和接受了超过四年大学教育的女性从未结婚的比例更高(Troll,1985)。缺乏教育经常反映出一个人在精神上、身体上或者社交上有障碍,这反过来使得这些人的经济能力较差。当然,在未婚的男性中也有一些并不缺乏教育的事业成功的单身汉。

与上述情况不同的是一些忠于自己的宗教习惯而单身的人,比如天主教牧师、和尚和尼姑,他们是不允许结婚的。

离婚者

对婚姻最严峻的挑战是分居和离婚(divorce)。尽管婚姻的解除明显表明它不再能继续良好地存在下去，但这并不意味着这段婚姻从一开始就是错误的：一些幸福的婚姻因为彼此疏离而变差，而一些不幸的婚姻也能够及时地变好。

离婚统计

把高离婚率归因于现代生活无疑是正确的，但是这种趋势可以上溯超过一个世纪。第二次世界大战期间，离婚率迅速上升，20世纪50年代有所下降，在60和70年代又上升到前所未有的高度；80年代又有所下降。1962~1981年间离婚者的数量每年翻三倍，直到120万之多；随后比例开始缓慢下降，到1985年下降到了1,187,000。

白人妇女以离婚的方式结束婚姻的比例从1940~1945年间的14%上升到了1975~1980年间的45%；黑人妇女的比例更高，她们是美国离婚比例最高的群体。1986年，根据美国人口普查局的数据，每1000个和配偶一起生活的人中有131个是离过婚的。男女两性之比是106比157，因为男性在离婚后往往可以更快地再婚（美国人口普查局，1986）。

离婚统计是很混乱的，因而很容易被曲解，而且用不同方法计算出的离婚率也不尽相同。比如，一般认为每两个婚姻中有一个以离婚收场。这个比例是通过比较在特定的一年里结婚和离婚的数量而得到的：比如，在这一比例最高的1981年，有120万例离婚和240万例结婚。但这并不意味着任何人结婚后离婚的几率都为50%。这个比例是被重复离婚的人推高的。此外，这种对比没有考虑当年仍然完整无缺的已经存在的婚姻。也就是说，1981年的已婚人群不仅只有当年结婚的240万，还有一些之前结合而现在仍然完整无缺的婚姻。民意测验专家路易斯·哈里斯（Louis Harris）考虑这个事实后得出结论：八个之中有一个——而不是两个之中有一个——婚姻是以离婚而结束的（《时代周刊》，1987年7月13日）。

离婚的原因

离婚在年轻人中间最普遍：据1987年的一项统计数据，两性中都是25~29岁的人群离婚率最高，接近中年后离婚的数量就明显地下降了；30岁以下的夫妇离婚的比例是全国平均数的两倍，占总数的40%（Yarrow，1987）。21岁前结婚的男性和20岁之前结婚的女性的离婚率是最高的，其他年龄段则基本上不相上下。

年龄本身不一定是离婚的原因；许多人年轻时就结婚并且一直维持着婚姻。年龄的影响与现代社会中年轻人的配偶选择方式及他们的社会和心理特征有关。年轻人在选择配偶的时候更可能因为浪漫的爱情而失去自制力，而不是基于现实的考虑。他们容易高估潜在配偶身体上和人格上的特征，而忽略那些在相互关系中提供支撑能力的特征。

年轻人通常有一个理想化的婚姻想象，这些想象通常会随着其存在的问题而消失，但年轻人缺乏技巧和耐心去解决这些问题（例如，他们倾向于彼此责骂或者委曲

想一想

一对不幸福的夫妻应该为了孩子在一起吗？

求全,而不是通过协商和妥协来解决问题)。不切实际的期望使得他们对看上去完美的婚姻也不满足。但他们也知道他们可以再次尝试,并且指望下次能做得更好。

年轻人的婚姻问题可以由他们眼下成人发展阶段所遇到的挑战与冲突得到理解(第9章)。因为他们的个性还没有完全确定,所以他们并不确切了解自己是谁(自己将成为什么样的人),因此他们不能做出最适合的抉择。同时,事业发展的挑战与婚姻的需要之间也存在竞争。许多结婚的青年人退了学或者满足于能找到的无论什么工作,经济资源的缺乏很容易使婚姻关系紧张。

很好理解为什么青年人的婚姻容易破裂,或者说为什么在第二次世界大战的艰难时刻和不得不分离的时候他们会匆忙地离婚。但是,很难解释为什么很多没有这些阻碍的婚姻也不能够维持(或者为什么一些有着同样障碍的婚姻能够持续下来)。

除了年龄以外,还有其他一些因素和离婚的可能性相关。婚姻最初的2~3年是最危险的时期。如果夫妇之间相识少于两年或者订婚的时间少于6个月,离婚的可能性也很高。如果夫妻双方来自城市,有不同的宗教信仰(或者在一方的文化中不存在另一方的信仰),不同的背景,以及社会地位都较低的话,这种婚姻更脆弱。有不幸婚姻的父母生下的孩子将来离婚的可能性也更高。父母离婚的人倾向于和另一个同样父母离婚的人结婚,而且他们自己也更可能离婚。家庭和家族不同意的婚姻,离婚的危险系数较高。因为意见不合明显会增加压力(Goode,1982)。许多心理因素也被认为是造成离婚的可能原因。

并不是所有这些关联性都是离婚的原因。许多有上述背景的夫妇拥有幸福而持久的婚姻。这些关联只适应于群体水平,而不能硬套于群体中的每一个人身上。

基本上,离婚的理由是和结婚的理由一样多的(尽管托尔斯泰声称"幸福的家庭都是相似的,而不幸的家庭各有各的不幸"也有一定的正确性)。一些因素和配偶的选择有关;其他的因素则是婚后才出现的。就像纸牌游戏的输赢取决于你手中的牌和你怎么玩,离婚也取决于社会风气和游戏规则。自由的离婚法律,社会约控力的缺乏,还有周围离婚者的影响等等,共同怂恿人们一旦对婚姻不满意就离婚。妻子们日益增长的经济独立性,以及职业女性能与潜在的伴侣接触的事实,增加了她们脱离不幸婚姻的选择。关键因素不是钱的多少,而是有保障的收入。依靠福利的女性可以得到的钱不多,但是她可以依靠它而生活,这使她可以较少依赖她的丈夫。

离婚对夫妇两人、他们的孩子和所有相关的人来说都是一种痛苦的经历;但是不同的人所受的心理和社会伤害程度却相差很大。很少有人能完全友好地离婚,但是有些人确实比其他的人要和平得多。离婚后的头两年对离婚者和他们的孩子都是压力最大的时期,但是离婚之前的分居阶段可能是最难处理的。两年之中大多数的人都能够恢复;是否能够成功恢复及恢复的速度取决于个人本身、社会的支持和经济能力。

就像结婚一样,离婚对男人和女人的影响也是不同的。离婚的行为更经常由女方发起(尽管男性更可能促成离婚),但是离婚的后果对女性来说更加严重,尤其是在经济方面。最近离婚法的改变,作为婚姻法改革的一部分,使得离婚妇女的处境更加糟糕。在"无过错离婚"中,过去由男方支付赡养费的做法被公共财产划分所取代(第23章)。由于女性经常难以得到公平的财产,而且女性的工作技能和机会都有限,所以一般来说离婚后她们的生活标准会下降73%,但是男性则会上升42%(Weitzman,1986)。

离婚的女性再婚的可能性比男性要小,当她们变老以后这种差别更加明显。据1983年(Blumstein和Schwartz)的一项调查统计,二十几岁的离婚女性再婚的可能性有76%;三十几岁离婚后再婚的可能性下降到56%;四十几岁的为32%;五十岁及以上的为12%。尽管男性的经济状况和再婚可能性都要好一些,但是离婚使他们的家庭生活更加混乱。他们在维持家室上有更多的问题。

离婚对3~5岁的孩子是最艰难的。更小一点的孩子很少意识到问题的严重性,而更大一些的孩子往往能够相对较好地处理这些问题。尽管离婚后孩子通常和母亲一起生活,但现在有15%的情况是由父亲来照看孩子的(Bee,1987)。

过去离婚男女通常都觉得失去自尊并且感到他们是爱情和养育子女方面的失败者。现在人们趋向于不那么苛刻地看待离婚,他们或者与过去的错误妥协,或者关注已经结束的婚姻的好的一面。大多数以离婚告终的关系都有一些值得回忆的幸福时光。离婚的人会去关注和配偶之间的不相容之处,而不是去谴责他们。一些人彼此不合适,并不是因为他们本身不好的缘故。成长意味着改变,改变将使一些夫妻分离。

5/6的离婚男性与3/4的离婚女性会再婚,这要归因于婚姻制度的力量(Cherlin,1981)。另外一方面,一些人显然没有从中吸取教训:再婚人群中的离婚率甚至比首次结婚人群的还要高。即使很多人不一定会感觉再婚比离婚后的日子好,婚姻制度的心理和社会力量仍然吸引人们再进围城。

非婚姻关系(比如同居者或者同性爱伴侣)的破裂,对公众的吸引力没有离婚大。在这些关系中,通常没有法律上的纠缠需要解决,也很少有孩子需要担心,但是在个人的痛苦和生活的崩溃方面和离婚者是一样的。

丧 偶

1900年之前,只有40%的美国妇女能够结婚并把孩子抚养成人,活得比她们的丈夫要长。其他60%则分别在成年之前、结婚之前及生育孩子之前就死去了,或者在孩子还很小的时候就变成了寡妇(widow)。丧偶(widowhood)曾经是中年人的一个共同经历,然而如今每20位45~50岁的女性中,只有1位会变成寡妇。因为一位50岁的妇女,平均预计能再活30年,所以在这段时间里她变成寡妇的几率很高。而一个中年男子变成鳏夫(widower)的几率则更小(千分之一)。丧偶在女性中要比在男性中普遍得多,因为女性要比男性寿命长,而她们往往又会嫁给比她们年长的男性,并且再婚的可能性要比丧偶的男性小得多。

丧偶者实际上经受了某些离婚者的生活境况。但从另一方面来说,一位丧偶的女性不太可能会经历离婚女性所遭受的经济上的倒退,因为遗产和抚恤金会弥补丈夫收入的缺失。从心理上来看,其主要感情并不是争执、羞愧和生气,而是悲痛。在社交方面,配偶的亡故会使周围的亲人和朋友聚集在一起,而离婚则会产生一些不同的反应或是回避。一位丧偶男子所遭受的结果是失去了他原来的照顾者、性伴侣及联系朋友们的主要纽带;但如果他还没有退休,他的工作就有助于支撑他的生活(有工作的寡妇的情形也同样如此)。如果他选择再婚,他会发现自己有更高的要求,大多数鳏夫都是这样。

配偶的丧失是压力的一个主要来源。1/5 的丧偶者一年之后仍然有抑郁的迹象,并且与他/她们年龄相似的人群相比,其五年内的死亡率更高。除此之外,他们对生活的期待没有什么差异(Parkes,1964)。最终,大多数丧偶的男女会缓解他们的悲痛,重新体验到完整。

17.4 性活动和性满足

性活动的方式是人际关系的一个很重要的方面,并且是多种不同婚姻状态下主要的生活事件。性和生育一直是人们结婚的主要原因。既然女性在经济上和社会上已经很独立,在心理上也很自立,她们就更不愿意用身体去换取一个安身之所。同样现在的男性可以和有名望的女性发生性关系,而不用娶她们。如此,婚姻是男性为性所付出的代价,而性就是女性为婚姻所付出的代价的说法已不再正确。

然而,在婚姻和其他稳定的关系中,性的确是更加重要了。和男性一样,性的满足度已经成为越来越多女性的期待;而且婚姻状况比其他社会因素对性活动的频率和性质有着更大的影响,尤其对女性而言。

婚内性行为

结婚的人们总是期望能得到彼此的性。由于配偶没有性能力,或是不愿意进行性交,而在性方面不圆满的婚姻都可以通过法律来终止。相类似地,作为性伴侣的配偶无法和谐相处,常常也是离婚的合法原因。

婚姻中的性活动

对结婚的人来说,性交是性的主要但不是唯一的发泄途径。在金赛教授的调查样本中,已婚男性的性高潮有 85%是通过婚内性交达到的;剩余的 15%则是通过婚外性交、同性爱者之间的接触、手淫、遗精和其他发泄途径来达到的(Kinsey et al.,1948,1953)。当然,在这方面每个人的情况都不同:一部分人只有婚姻中的性交;其他人有一个或更多的其他发泄途径。女性在 36 岁之前,通过夫妻间性交而达到高潮的比例和那些已婚男性差不多。而对那些年龄大些的女性来说,其他的性交途径变得更为重要些;到她们接近 50 岁时,只有 70%的女性其高潮来自婚内性交。

夫妻间的性交频率不仅被研究者视为性活动水平的一个指标(非常公平),而且是夫妻间性和谐度和性满意度的一个反映。这里存在一个问题:它不仅是指活动的"数量"(这方面是更容易计算的),而且是指计算在内的性交质量。当我们引用这一数据时,要把这方面考虑在内。

婚姻中性的重要性有着很大不同,就像性交频率所反映的那样。在金赛教授所调查的那些年轻夫妻中,夫妻间性交的一般频率为一周 3 次,并且随着年龄增加不断减少。夫妻间性交频率减少的模式依然存在于随后的研究中,特别是结婚头几年。比如,一项调查显示,在结婚的第一年里,夫妻间的性交次数一个月大约是 15 次。在接下来的两年中,下降到一个月大约 12 次,到第六年则一个月微多于 6 次(Greenblatt,1983)。

夫妻间的性关系常常遵循着一个可预测的模式。在结婚几年之后,彼此之间的新鲜感、浪漫感和兴奋度都逐渐减弱,夫妻之间的性活动理所当然也随之减弱。孩子的到来和事业的压力对夫妻间性生活的时间和精力提出了挑战,并进一步给双方的关系带来了压力。冲突和对彼此关系某些方面的失望,也削弱了两个人之间的性联系。随后中年时的更年期使得两个人的性生活要么进一步丧失活力,要么在年老的时候重新被点燃。这些变化同样可以从夫妻的年龄和性活动观测到:平均二十多岁和三十多岁的夫妻,其性交次数一周 2~3 次;到中年,一周一次或更少。

这一模式绝不是一成不变的,在不同年龄段和不同长度的婚姻中都存在着很大的个体差异。一些夫妻在年轻时也很少性交;另有些即使在他们步入老年时还常常发生性交。

有一种倾向也违背了这一下降模式,即在婚后的岁月中,女性体验性高潮的可能性更大。在金赛 1953 年的调查对象中,有 1/4 的已婚女性婚后一年在婚内性交中没有性高潮,在 20 年后仅有 1/10 的女性没有体验过性高潮。就像激情的爱发展成同伴的友爱一样,随着爱变得成熟而醇美,夫妻间性的质量也会得到改善。

在过去的 20 年中,不仅夫妻间性活动变得更为频繁,而且性活动的内容也在扩展(Trussel 和 Westoff,1980)。比如,在性爱的前戏中有很多都使用了口交,性交姿势也有了很多变化。在受过高等教育的已婚男士中,进行舐阴的男士比率从金赛调查对象中的 45%上升到亨特报道中的 66%;在受过中学教育的群体中这种增长比例更为明显(15%~56%)。相类似地,尽管 52%的具有高等教育水平的已婚女性进行过口交,但在之后的报道中此数字上升为 72 %。教育水平较低的女性呈现出一个更为适度的增长趋势,从46%上升到52%(Kinsey et al.,1948,1953;Hunt,1974)。年轻群体更可能显示出受自由主义的影响。这些变化表明了一种意愿性倾向,部分夫妻变得更愿意尝试变化,部分妻子在夫妻性生活中变得更为主动。

婚姻中的性满足

性满足比性活动更难评定。婚姻生活中性的重要性不断变化着:对很多夫妻来说,性是锦上添花;对一些人来说,性是关键点;而对另一些情侣来说,在一个其他方面都和谐的关系中,性却是一道难言之隐。享受和谐关系的人们更容易分享性的乐趣,并且一次愉快的性生活也会使彼此之间更加亲密。换句话说,良好的性生活会使婚姻更加美好,乏味的性生活则会导致婚姻质量越来越差。因此以下两种论点都有了些道理,即长时间的伴侣间的性会变得乏味,而多年的婚姻也会随时间变得更牢固(专题17-2)。

在亨特的调查中,婚姻等级为"非常亲密"的人与婚姻生活中性生活"非常愉快"的人之间有一个紧密的联系,如同对婚姻生活中性的满足度与性交频率之间的关系一样。在《红皮书》发起的调查中,每月婚内性交16次或更多的女性中有超过90%的女性形容她们的性生活"美好"或"非常美好";当婚内性交缺乏时,有83%的女性认为她们的性生活"乏味"或"非常乏味"。但是,一种积极的性生活并不是性幸福的保证:在性生活积极的群体中大约9%的人认为她们的性生活不幸福;矛盾的是,在性生活不积极的那部分女性群体中,有差不多比率的人竟然对她们的性生活表示满意(Levin和Levin,1975b)。

布鲁姆斯特恩和施瓦茨1983年的研究更加确认了这一模式。每周进行3次或3次以上性交的夫妻中大约有90%对他们的性生活表示满意;不过有32%的每周进行一次性交或是更少的人表示了同等的满意度。这可以揭示两个方面:有些人希望性生活更多一些;而那些经常有性生活的人往往得到更大的快乐。由于人们的性需要不同,因此婚姻生活中性的满足则取决于夫妻间性兴趣的相似程度,而非性生活的频率。

在性高潮和对性生活的满意度之间也有着类似的联系:莱文(Levin)1975年的一项调查显示,在规律地存在性高潮的女性中,有81%认为她们的婚姻生活很美好;而在那些偶尔有性高潮的女性中,这个数字是52%。在那些没有过(或不确定是否有过)性高潮的女性中,这个数字是29%。

显然,性高潮并不是婚姻生活中性满意的一个理想的指标。有些人嘲笑这项报道说,女性即使没有达到高潮也会很享受性交的过程,说不定她们更喜欢后者。然而,当伟大的专栏作家安·兰德斯(Ann Landers)1985年问她的读者们"你会满意于彼此紧密地拥抱和温柔地对待,从而忘记这一行为本身吗"时,9万女性回答者中有72%的人回答可以;并且这些回答者中有40%的人不到40岁。

是因为性和情感之间,这些女性不太关心性吗? 她们满足于这样吗? 还是性生

专题 17-2
日久弥香的婚姻 *

在类似长跑的持久的情人关系中，有些东西是很完美和自由的。两只胳膊随意地滑落下来；左边抬起，右边放下，无论哪一个在前；所作的决定是不言自明的。

鼻子、下巴、前额和视力校正器，没有竞争和张力，它们自己就有了分类，计划是没有必要的。你们结合得就像设计精准的齿轮，你们的拥抱就像融化的黄油和甜乳酪；你们的滑动就像水獭游过平静的水面。

在意识到之前你们就已经接吻了。你冲动，你行动，没有犹豫。

据说人们在一起很长时间后，会开始变得很像。这同样可能会被认为是彼此的亲密孕育了身体上自然的凹凸。肩膀上的一个凹点，肘关节的弯曲弧度，为了保持平衡的一次膝盖的自然弯曲。

天作之合。

一点都不假。

这是一首关于情人节的歌，但不是关于年轻人爱情的歌。年轻人爱的困惑是直接和彻底的；年长者爱的困惑是完全而永恒的。最初的神秘被揭开了，这次则是超越了的神秘（更复杂，更有趣，更令人满足），而现在又锁定了人们的注意力。

这都是让人为难的麻烦事。新的恋情是不让人困惑的，至少对刚开始的恋人是这样。他们处在私人的极度困惑中——"我没打算"，"我从未想过"，"当然是你"，"的确是你，一千次是你"——而公开的困惑则销声匿迹。

但是最后我们再次恢复了意识，并且变得慎重多了。比较一下那些记录下第一次感情萌芽的文字，有关长久爱情的描写仅能填充满一本薄薄的小册子。

一本留有很多空白的薄薄的小册子。

并且它很快就被归到廉价的整理柜里去了。

充满忍耐和包容的友爱，并不是一段迎合大众的感情。老朋友和老情人私下里相互尊重，这可能原本就应该这样。

我们相处，我们前进，这种无法控制的情绪是盲从的。盲目的狂喜似乎自相矛盾，然而这种持续的体验拒绝了此类显然的矛盾。

接下来是长时间恋爱中的一个时刻：智性愉悦的时刻。

你已在每一个可想到的情景下看到这样一个人。在她状态绝对糟糕时，你看到她（或他，你可以自由替换"或他"），也可在她状态最好的时候，或介于两者之间的平凡的时刻，你看到她。

你见过她熟睡时，毫无觉察，天真，嘴巴微张；你见过她清醒时，迷人，亭亭玉立，自然，眼睛闪烁搜集信息。你见过她的笨拙和优雅；你见过她的播种和收割。

正当你以为你已看到了她的所有面貌时，新的情况又出现了。情人节会是一个乏味的节日，如果不是因为某些事。

如果不是为了所知中存有的未知。

如果不是为了你双手之下的脉动。

如果不是为了拥抱长相厮守的爱人。

* Jon Carroll, *San Francisco Chronicle*, Feb. 14, 1986.

活的满足对男性和女性来说意味着不同的东西？

婚外性行为

婚外性行为（extramarital sex）可以指**婚前**的、**私通**的、**共婚**的或**婚后**的性行为。

婚外性行为是一个中性词，行为科学家用此去指一个结了婚的人和其配偶之外的人发生性关系。**通奸**行为(adultery)是一个传统用语，现在仍然被广泛使用(包括在法律上)，它意味着不道德的行为。**不贞**(infidelity)意味着对一种信念的违背；**共享性伴侣**(comarital sex)暗示了一种许可。表示背叛、外遇的通俗说法包括"cheating"、"double-timing"、"having an affair"等等。

基本上，在一段既定的关系之外的性行为，对已婚夫妻、同居者或同性爱伴侣没什么不同。有些研究者用**"非一夫一妻制下的性关系"**来包括所有这些群体(Blumstein 和 Schwartz,1983)。由于研究文献主要还是基于对已婚夫妇的研究，所以我们仍将使用"婚外性行为"这一术语。

婚外性行为的模式

允许配偶的性自由度因文化和个人的差异而有很大的变化。保守的穆斯林丈夫们除了很近的亲戚之外，不允许其他男性看他们的妻子；然而在爱斯基摩人的部落里，一名丈夫会把他的妻子友好地"借"给到访的任何一位客人过夜。虽然大多数的传统道德准则禁止通奸(第23章)，法律的各种严格规定也试图去禁止，但是婚外性行为自婚姻开始之时就一直存在着。对婚外性行为的跨文化研究强有力地反映了这一双重标准。在1980年美国人类学家布洛德(Gwen J.Broude)一项对世界文化(其中包括一些已经消失了的文化)的婚外性行为模式的调查中，有63%的社会认可丈夫的婚外性行为，有13%的社会认可妻子的婚外性行为，有23%的社会不赞成男女双方的婚外性行为。

在美国，调情和伴随性爱暗示的有限身体接触(比如跳舞)是普遍的而且常常是公开的，并且配偶也是能容忍的，特别在受过良好教育的人群中。这种行为并不等于婚外性行为，就如这一术语常被理解的那样。大多数人会以性交或那些典型会导致性交的活动来划分界限。

尽管有性态度自由化发展的趋势，但是大多数美国人仍然赞成忠贞是已婚夫妇的性关系标准。赖斯1986年的调查显示，3/4的人认为婚外性行为是错误的，有些人对认为其错误的条件进行了限定，而有一小部分人坚持它没有错(Tavris和Sadd,1978)。婚姻中的性嫉妒依然被认为是冲突的重要来源(Reiss,1986)。

婚外性行为常常是一种偶发的冲动。一段小的插曲并不意味着这个人走上了婚外性关系的模式(Blumstein 和 Schwartz,1983)。当然，它也可以成为有规律的行为模式。它最初可能只是性接触，就像"一夜情"那样，或者是一次热烈的风流韵事。性伴侣可能是偶遇的熟人、朋友、朋友的配偶、工作上的合作伙伴，或者其他一些人(包括妓女)。

婚外伴侣间的关系通常都是短暂的，但是他们之间也有可能维持着持久的联系，有时也会成为习惯。古代的**"妾"**(concubine)有正式的身份(第20章)。后来，**"情妇"**(mistress)扮演了类似的角色，她与一个已婚并在经济上资助她的男人维系着单

想一想

你对一些大学生变成年长的已婚男性或女性的情人持何种看法？

向的性关系。当今一个更加特别的现象是被人包养的男人,这些男人常被一个年纪大的有钱的女人(或同性爱人)供养着。当配偶任何一方的情人和这对配偶生活在一起时,也被称为"ménage à trois"(法语中"三口之家"的意思)。这些用语已经被更中性化的用词代替了,如"情人"或"性伴侣"。

最近出现了一种新的模式,即独立的未婚职业女性与已婚男性之间的恋爱关系。这被社会学家劳瑞尔·理查德森(Laurel Richardson)(1986)称为**"新第三者"**(new other woman),这种结合是对新的社会环境的一种反映:越来越多的女性继续着充满希望的事业,她们并不想结婚(至少暂时是这样),也不想缠绕在一段沉重而浪漫的关系中,只是想和一个男人保持亲密的关系。其他一些女性则试图借此走出离婚的阴影,而不是再入围城。

对大多数这类女性来说,性不是第一位的动机,但通常性会变成她们关系的一部分。然而,有些女性只想与她们认为可靠的可支配的情人进行性方面的体验。而更为重要的因素则是有关友谊、偶然分享秘密、彼此相关的弱点和兴奋的体验。

那些满意于这种关系的女性,能够把这些方面划分得很清楚,并且保持着对自己角色的掌握。在40~44岁的年龄段里,每100位单身男性(他们并非都对女性感兴趣)就对应有233位单身女性。这些女性会很乐意拥有一个有魅力且很成功的亲密男性朋友,这种关系不需要以婚姻为代价。但是,如果这个女性爱上了这个男性,那么这种关系就会变得对这个女性不利。当她在情感上依赖于这种关系时,她的生活重心就会越来越集中于与这个男性见面时间的安排,并且她也渴望能有一个稳定而公开的关系作为回报,但这是她不能得到的(除非这个男性离婚并娶她,这种情况很少见)。在1986年理查德森发起的调查中,700个调查对象中绝大多数的人说他们不会建议任何女性卷入和一个已婚男性的关系纠葛中,尽管有些人在这类事情上是老手。

我们还没有第一手资料能告之,在理查德森研究中所涉及的那部分与"新第三者"有性关系的已婚男性,他们是谁?为什么要卷入?并且这对他们的生活有些什么影响? 这里可能有一个潜在的假设:已婚男性有些风流韵事,那是因为他们希望能坐享齐人之福;而现实情况往往要复杂得多。

共享性伴侣的行为模式

通常婚外性行为是在没有事先知晓或未得到配偶许可下而进行的。它也可能是配偶间达成的一个共识,甚至夫妻双方都被牵扯进来。为了突出双方相互满意这一事实,这些关系被称为**共享性伴侣**(comarital),因为他们不排斥配偶,或因为配偶的同意而被称为**"两愿"**(consensual)行为。

传统妻子大多数选择从其他方面开解自己从而容忍婚外性关系,而很少有丈夫会这么做。尽管持久或反复的恋情很难长久被隐瞒,但相当数量的人仍然尽量做到不被察觉。另外一些夫妻公开地同意彼此可以有为了性而走出婚姻关系的自由。

但他们可能会选择对这一切睁一只眼闭一只眼。

这样的同意通常是让步或妥协。一个有严重能力问题的丈夫可能并不想剥夺他的妻子享受的权利,而一个性欲低的男人娶了一个性能力强的女人,他可能会想卸下或分担一下这种"负担"。更常见的,一个妻子会容忍丈夫在性上寻求变化的要求,因为在其他方面她和丈夫在一起很幸福,或者因为她不能接受婚姻破碎的打击。

在较为近期的模式中,那些既不缺少婚内性行为,也不表示其不满意配偶的人,认为一夫一妻制限制了他们作为个人和夫妻双方的完整发展。他们建立了一种**开放式婚姻**(open marriage),在双方同意的前提下,他们都不排斥对方有其他亲密关系。这些配偶都忠诚于他们原来的关系;只要不造成麻烦,那么婚外性关系就是被允许,并令人愉悦的(Libby 和 Whitehurst,1977;Knapp 和 Whitehurst,1978)。

作为反对传统意义上限制性或封闭婚姻的一种表述,"开放式婚姻"也是20世纪70年代性解放运动的推动者妮娜和乔治·奥尼尔夫妇(Nina and George O'Neill)1972年所著畅销书的书名。尽管他们关注的是延伸无性的结合,把社会和情感的新来源带给夫妇,但是最终捕获了人们想象的还是婚外性自由的可能性。在可接受这种自由的夫妻关系中,**"性开放式婚姻"**一词使其含义表述得更为清楚。

有些人把性开放式婚姻看成是对婚姻纽带的一种滑稽的模仿。如果一个人不对其配偶忠诚,那最初为什么要结婚呢?其他人把这一词看成是婚姻发展中一个新的阶段。

性的开放关系起作用了吗?问题主要包括嫉妒、与基本准则的冲突、"第二"伴侣的角色、和孩子的关系等等(Watson 和 Whitlock,1982)。在开放性婚姻和排他性婚姻之间,至今还没有在婚姻变动中发现可估量的差别(Rubin,1982)。

婚外性行为也可以以**交换配偶**的形式发生。在有些文化中,妻子可以作为旅行者临时的容身之处,也可以作为夫妻间一项长期的交换。比如,西伯利亚东北部地区的楚克奇人(the Chukchee),会在其妻子的同意下作出一种互惠的安排,在他们长期的旅行期间同意各自去寻找安慰(Ford 和 Beach,1951)。在美国文化中,一个现代模本就是**"换妻"**(wife-swapping,或 swinging),尽管没有被社会所认可,但是丈夫和妻子一齐参与了进来(专题17-3)。

动 机

与那些离婚夫妻不同,参与婚外性关系的人并不想放弃他们的婚姻,只是想在性关系和感情上去改变一下婚姻的现状。婚外性关系并不仅为了性,而且性也不必然是最有意义的那部分。

尽管对性的多样化或更好的性生活的渴望一直是婚外性行为的典型理由,但其身体满意度常退居其次。在亨特的抽样调查中,有53%的女性与她们的丈夫可以有规律地达到性高潮,但是只有39%的女性在婚外性交中可以达到高潮;有7%的

专题 17-3
交换性伴侣

交换性伴侣通常是指两对已婚夫妻交换伴侣而进行的性活动。在有些案例中,一对已婚夫妻会添入一名男性或女性进行性交,或与更多的人一起参与到群体性交中。通常情况下,丈夫会让他的妻子与他们都不认识的或打算与她亲近的男人成为性交伙伴。这种交换性伴侣的一个基本原则是不涉及感情方面,并且人们常会隐瞒他们的真实身份。交换性伴侣也要求参与者要尽量减少嫉妒的感觉,而且对伴侣与他人之间的性事,不要感到担忧或是受到伤害。

这些交换性伴侣的人大部分是白人中产阶级已婚夫妻,他们平时过着相当传统的生活。据亨特估计,大约有2%的已婚夫妻至少有过一次尝试交换性伴侣的机会。很多人不会再重复这样的体验;只有少数夫妻会偶尔再去体验一下。据《红皮书》的调查显示,大约有4%的夫妻曾经尝试过交换性伴侣,但是他们中的一半只体验过一次。这些调查者选出的例子所反映的数值可能会比总人口中存在的比例更高。这种夫妻共同体验交换性伴侣的可能性,自20世纪70年代以来已经呈不断下降的趋势。

夫妻进入交换性伴侣存在几个阶段。首先,他们必须对性有非常主动的兴趣,并且他们的个人观念(微弱的嫉妒心,自由主义的价值观)比较易于接受这种现象。随之夫妻就进入到一个了解和谈论交换性伴侣活动的被动阶段,而后是与其他交换性伴侣者取得联系的主动阶段,最后是直接参与交换性伴侣的阶段。

准备交换性伴侣的夫妻被安排在交换性伴侣俱乐部中,方式可通过个人推荐,或通过秘密报纸和交换性伴侣杂志来做广告。在交换照片和准备阶段之后,交换性伴侣的活动会在汽车旅馆或在其中一对夫妻的家里进行。这些夫妻之间可以交换伴侣,进入单独的房间(封闭性的交换性伴侣)或者在同一间房间里进行这种性事(公开的交换性伴侣)。参与这种场合的男同性爱者极少,但女同性爱者很普遍,后者常常因男性而被迫加入这类活动。

交换性伴侣者提出的最主要理由是,它没有欺骗,通过公开而安全的形式,为双方的伴侣都提供了多样化的性生活。它扩大了婚姻中性的范围,而没有危及其根本关系("交换性伴侣的家庭紧密联系在了一起")(Denfield 和 Gordon, 1970)。

然而,对很多参与者来说,交换性伴侣似乎让他们解开了夫妻之间的问题之谜。限定不涉及感情的必备条件使这些交换性伴侣者的关系都很肤浅且不带人情味,如此也就确保了根本关系的安全。交换性伴侣也可能引发焦虑。女性可能会担心她们的身体不够迷人;男性会担心他们的性能力。不被任何一个性活动自由参与者所接受的后果可能会是毁灭性的。还有就是一些实际的问题,如害怕感染性传播疾病,害怕被发现、勒索等等。但是,交换性伴侣还是能不断激起众多幻想,尽管在当代它们仅被实现了一部分。

女性和她们的丈夫从未有过性高潮,相对应地有35%的女性在婚外性交中没有过性高潮。有2/3的已婚男性评价和妻子的性交"非常美好",但是只有不到一半的人给予婚外性体验以高评价。

出于许多原因,人们会在婚姻之外寻求体验。有些是补偿性的:太长久的分开、慢性疾病、对配偶缺乏兴趣,或者其他的原因导致性在婚姻内不再有效,从而促使某一方去往别处寻求。

另一种情况是,婚内性生活虽有但不令人满意。这些原因包括年龄的影响、单调的习惯、渴望度不协调或对特殊形式的性喜好不协调,以及多样化的性需求。在这些原因中,女性对丈夫在情感上的不满高居首位,比例达到了72%。而女性对性方面的不满则居第二位,比例为46%(Grosskopf,1983)。

在愤怒和怨恨郁积推动下的婚外性行为通常都是报复性的。仅上文提到的那项研究抽取的这些女性,就有60%宣称她们这样做是为了报复她们的丈夫——其中有35%是在发现丈夫有婚外恋之后才这样做的,有23%则是出于其他的某些委屈。男人为了补偿相似的心灵伤痕也会这样做。

这种动机可能还存在一些发展性联系。某些生活阶段似乎会让人偏向于去转向婚外恋的发泄途径。比如,人到中年的时候,可能对婚外性的需求有一个增长的趋势("中年危机"),人们会试图"在还不算太迟之前"去实现年轻时没能实现的愿望,或者通过坚持或回到年轻时典型的性冒险活动,希望能奇迹般地避免年龄带来的冲击。孩子的出生使一个女性成为了母亲,这在性方面约束了一些男性。如果外遇在一群朋友中成为"时髦"的话,那么同伴们的压力和加入的需要都将驱使某些人出轨,他们或许已经没有其他选择。

婚外性行为可以被用来增强自尊。被配偶性渴望总是对自我有益的,但就像被父母疼爱那样,你会依赖上这种感觉。有一种诱惑是在性交易市场上让自己体验一下,看看古老的魔法是否依然有效,如此每一个新的性伴侣的性价值也就重新有了效力。不稳定的心理易于强迫自己无止境地去寻找一个又一个的情人。婚外性行为的动机与可以有多样的性伴侣这样的非常普遍的愿望很相似(第11章)。这当然也包括把婚外性行为看成是一项收入的来源(很多兼职妓女都是已婚家庭主妇),或者作为事业发展的一个方式。

不过通常的情况并不是这样,那些参与婚外性交的人都说不出什么深层的原因。他们只是说他们想这样做,被诱惑着,或干脆就说不知道他们为什么要这样做。因此,到底是什么激发人们去寻找婚外性行为,还不是全然可知的。尽管有些人比常人更倾向于在诱惑面前屈服,但是机会往往成为他是否参与婚外性行为的决定性因素。到目前为止,男人比女人有更多的机会。而职业女性在旅行和交往时也会有类似的便利,她们也是很会利用这样的机会的:在《红皮书》的抽样调查中,27%的全职太太有婚外性行为,而已婚的在外工作的职业女性中有47%会有婚外性行为(Levin,1975c)。这些数字可能也反映了这两个群体之间的其他差别。

流 行

在金赛抽样调查中,大约一半的已婚男性和1/4的女性承认,到他们40岁为止,至少有过一次婚外恋。和婚前性交一样,它通常是不规律的,每1~3个月会发生一次,但低于10%的性交会有高潮。

更多新近的发现显示,对婚外性行为的可接受度没什么变化,不过在那些年轻女性当中可能存在更高的比例。在亨特的抽样中,至 45 岁为止,半数已婚男性和 20%的已婚女性都有婚外恋。在年轻的群体中,女性比率接近男性。《红皮书》调查发现,有 38%的 35~39 岁的妻子都有婚外性体验。《大都会》杂志的调查数字甚至更高:半数 18~34 岁的妻子和超过 2/3 的 35 岁及以上的妻子报道说有过这样的体验。除了杂志调查之外,还需要更多可靠的证据去证实这一趋势;这种调查反映的只是其读者群的意见。比如,《花花公子》1983 年的一项调查报告说,在 50 岁左右的女性中,大约有 65%的妻子有过婚外恋;《女士之家》杂志的一项类似的民意测验显示,其比例只有 21%。正如一位民意测验专家所指出,"如果《读者文摘》(Reader's Digest)杂志对它的读者进行调查,有可能发现没有任何人有婚外恋"。真实的流行趋势可能接近布鲁姆斯特恩和施瓦茨 1983 年报道的数字,显示有 26%的已婚男性和 21%的已婚女性发生过婚外性行为。

表 17.2 比较了在最初两年中与非伴侣发生性行为的男女比例(没有涉及约会情侣的信息,因为约会期限普遍少于两年,因而无从比较)。从已婚和同居者间微不足道的性别差异,到同性爱者中显著的性别差异可看出,每一个群体中男性的比例都比较高。男同性爱者和同居关系中的男性与伴侣外的其他人发生性行为的可能性最大;同居关系中的女性和女同性爱者除了她们的伴侣外,很少与别人进行性行为。

表 17.2 承诺性关系之外的性行为流行程度(在最初的两年)(%)

关系	已婚夫妻		同居伴侣		同性爱伴侣		大学生恋人	
	丈夫	妻子	男性	女性	男同性爱者	女同性爱者	男性	女性
与他人性行为	15	13	21	20	66	15	35	12

From Blumstein and Schwartz,1983; Hansen,1987.

影 响

婚外性生活对婚姻的影响比它的盛行更难评价,因为这涉及各种动机、形式和伦理判断。例如,一对互相允许性自由的夫妻就不同于那种行为中隐藏着欺骗,或是基于配偶一方强迫另一方勉强容忍的情况。考虑到配偶敏感性而对婚内性生活暗地弥补,与因大力炫耀婚外情而引起的冒犯和羞辱之间存在着很大的不同。一个经过充分考虑而卷进此事的人不同于一个无法控制而被迫牵扯进去的人,后者会接连地纠缠于愚蠢的私通中(Ellis,1969;Neubeck,1969)。

这样的差别不计其数。发展一段恋情需要投入时间、精力和金钱。从配偶那里卷走财产的影响取决于储蓄有多少。已婚人士和单身人士发生恋情比较容易安排,比如,很容易找一处私人的空间去约会,但是当这样的关系不再平衡时,对婚姻就增加了很多压力。两个已婚情人之间的恋情会使日程安排的困难及面对暴怒的配偶的可能性加倍。艾滋病也为这种关系增添了潜在的威胁。这不仅会危及自己的健康和生命,而且也会危及配偶及这个家庭即将出生的孩子。

对婚外性行为的一个典型的辩解是,它会使夫妻共渡难关从而维持婚姻。例如,如果配偶的一方感到在婚姻中不平衡,那么越轨的机会或许会调整其内心的"平衡"。当一对夫妻着力解决他们的问题时,婚外私通被认为会使婚姻关系免于破裂。

然而对很多参与者来说,婚外性行为是一个受质疑和充满愧疚的活动。它耗竭了婚姻关系中的时间和精力。遮遮掩掩会导致忧虑,它的发现也常会危及婚姻。

配偶一方的婚外恋被发现,常常会导致婚姻的危机。另一方的第一反应就是一种典型意义上被背叛的感觉("你怎么能这样对我?")。接下来可能就是否认或(从另一方面看)通过合理化的解释而去除这种被背叛的感觉("他/她并不是有意要伤害我")。对被抛弃的恐惧可能会被抑郁和愤怒的情绪所抵消。接下来的行动可能会是屈从、和解和重建夫妻关系,也有可能会是终结这场婚姻(Dolesh 和 Lehman,1985)。一次偶然的轻率可能只会留下一个伤疤而不会危及婚姻;不断的越界就很难再被包容了,除非这对夫妻重新定义他们对彼此的期许,或者受害一方采取了行动(如也有了一段外遇)。

有人认为,这种义务压根儿不应存在:如果没有欺骗,也就没有负罪感。如果婚外关系不使配偶作为情人的正当意愿受到伤害,那么丈夫就无须感到被戴了绿帽子,妻子也不会感到被背叛。也许如果社会改变了其规则,那也将不会有自食苦果的事了。

如果我们不用主观原则处理此事会如何?如果在最初的挚爱盟约和他们与他人放荡的性关系之间有着不可协调的冲突,那会如何?如何能改变社会的价值观,然后在这些相互竞争的趋势之间寻求到一种折中呢?我们应选择完全开放式的婚姻吗?还是遵从著名的传记作家弗朗辛·杜·普拉西克斯·格雷(Francine du Plessix Gray,她的《萨德侯爵传记》曾获普利策奖提名)(1977)所说的,"我相信忠贞的戒律和谎言的适当使用都比野蛮粗鲁的开放式婚姻为将来提供了更多的选择"?

有关婚外性行为,还有些重要的社会性考虑(第23章)。通奸作为一种对婚姻信任的违背,在很多文化中都是离婚的一种普遍理由,但是这种违背并没有统一的界定。比如,《旧约》对通奸的定义是与别人的妻子发生性关系,并不是单纯和任何女性。对婚外性行为的一般谴责无疑会阻止一些将以另外的方式参与其中的人:有80%~90%的夫妻认为不贞的行为令人反感,并且大多数这样的夫妻都会避免婚外性行为,因为他们认为这是有罪的、错误的和不诚实的(同样也担心疾病和怀孕)。另一方面,事实上,经常参加教堂或犹太教集会的人,他们似乎也未必没有可能发生婚外性行为(Blumstein 和 Schwartz,1983)。

在不同的文化中,对通奸的惩罚往往是十分严重的,尤其对女性。《圣经》的做法是让这个女性被投石而死,在其他的文化中也有类似的事情(专题23-3)。尽管对通奸的惩罚常会赋予道德的形式,但是过错基本上被视为是一种对丈夫所有权的侵害,对其男子气和社会身份("名誉")的一种挑战。尽管对通奸的惩罚在美国法律中一直存在,但今天它们已经很少被授引了(第 23 章)。

同居情侣

在很多方面,同居情侣的性行为和已婚夫妻很相似。然而,同居情侣在其性态度方面往往更加自由,并且比已婚人士要少些传统的观念。他们一般不会要孩子,并且其他的考虑因素可能会使他们分手。

同居者比其他人有更多更早的性经历。根据一些研究显示,一般来说,和已婚夫妻相比,同居者在其关系中更少地坚持一夫一妻制(Newcomb,1986)。

在布鲁姆斯特恩和施瓦茨 1983 年的研究中,同居者比已婚夫妻的性爱次数更频繁:在那些在一起不到两年的人群中间,有 61% 的同居者和 45% 的配偶每周性交的次数为 1~3 次。而且同居者比配偶更易于和彼此关系之外的人发生性关系(表 17.2)。

无婚姻的性

对承诺关系以外的人,性有着如何的不同呢? 主要的差别是缺乏一个与之分享生活其他方面的稳固的性伴侣。

尽管他们不与他人生活在一起,但有些男女或许会通过其他偶尔的性接触来维系与一个性伴侣的较稳固的性关系,这种关系有可能是唯一性的,也有可能是补充性的。很多人现在都把自己局限于一小群朋友中,和他们以任意或轮流的准则发生着性关系。这种安排在抵抗性传播疾病和艾滋病方面提供了更有力的保护,假如这些参与者在一开始都有健康的身体,并把他们的性接触局限于这个群体中的话。

那些没有固定性伴侣的人会面临寻找伴侣的困难。可能的伴侣或许会是工作中与你有共同的兴趣或共同朋友的同事、朋友等。还有一些人则到单身俱乐部、酒吧及能遇见独身男女的地方去寻找。

那些由宗教机构、校友俱乐部和其他社会组织发起的单身俱乐部,其参加者往往是中年离异的男女。在这些组织中,它们更多强调的是友谊及有机会结交可能的伴侣,而不只是性的联系。航游及其他旅行活动会吸引更多的人;滑雪圣地和类似地中海俱乐部之类的组织则吸引了年轻的人群。对有些人来说,期待和别人的相遇只是参加活动的附加目的;而对另一些人来说,他们参加这样的活动主要就是为了结识异性(或者同性)。

单身男女也尝试通过各种类型和专门的杂志所提供的约会服务和"个人广告"来取得联系。这里有些这样的例子:

> 聪明漂亮,52 岁。从事金融产品的销售。硕士学历,前空姐。身高 5 英尺 7 英寸,褐色头发,蓝色眼睛,身材姣好。寻找 50 岁以上、有意志力、精力充沛、

多才多艺、善良、开朗的男士。

两全其美。你是否健康、富有和聪明,终日工作,但是却缺少一位特殊的伴侣呢?这里有一位伶俐、迷人、中等身材、性感,28岁,有着浅黑肤色的学者及奋斗中的作家,想寻找一位特别慷慨的绅士,每周进行一次热情而友好的会面。

高大而迷人的男性。专业人士、33岁、真诚、友好、有幽默感,是一个8岁女儿的兼职父亲。兴趣多样,包括"The Far Side"、有氧健身操、名车宝马。有意结识有相似喜好的人。

经常光顾单身酒吧的是一些年轻人,他们追求一种多姿多彩的单身生活方式,并且通过一种赤裸的形式来诠释"性交易市场"。尽管在这些酒吧中也会组织很多社交活动,而且也不是每个人脑子里总是想着性,但他们最初的目的就是和可能的性伴侣走到一起。年轻的和不那么年轻的(较年长者就没什么机会了),未婚的和那些假装未婚的,寻找性的和寻找爱的人在单身酒吧里走到了一起,相互挑选。

单身酒吧对那些有相似性兴趣的人来说,是彼此结识的一种直接有效的途径;但是他们的许诺常常有负所望。或早或迟,男性(早些)和女性(迟些)会开始厌倦被打量(好像被放在"肉架"上一样)。艾滋病的风险现在给这些缺少感情背景下结识的性偶遇者们带来了实际的危险。

从未结婚者

处在婚前阶段的二十多岁的年轻人,他们对性经历和可能的配偶都持有非常开放的态度。作为性伴侣,他们的资本就是年轻的容貌、精力、自由的态度和他们拥有未来;他们的不足是缺乏性经历,财力有限,并且有时还不够成熟。

如果到了中年仍然单身,那么这些男女可能会从活跃的性事务(假设他们曾有所发展)中引退,或者进入一种与一个或多个朋友保持更稳定形式的性亲密关系中。其余的人会保持他们年轻时的步调,或者伪装成这样。年老的单身者对他们的性约会更谨慎一些,还有些人会选择独身。

离婚者

在亨特(1974)的调查中,大多数人在离婚后一年内会恢复性关系。很多男女在离婚后不久就会投入到积极的性生活中,这也是很常见的。动机不仅是为了性的愉悦(尽管他们可以弥补过去的缺乏),而是使心理压抑的紧张获得释放,并且重申他们的自由和他们对性的渴望。离婚者作为一个群体,往往比其他单身人士在性方面更积极些。他们有易于结婚的倾向,有吸引配偶的能力,还有一种稳定而主动的性生活体验。所有这些因素会导致对性和再婚有一种持久不变的兴趣。

然而,离婚也能导致性生活的下滑。在亨特的研究中,有36%的女性和27%的男性被报道在婚姻破裂之后很少有主动的性生活。其中有些很实际的原因。与那些从未结婚的人不同,离婚的人并不自由,他们常常有孩子需要照顾,财力有限,也缺乏令人满意的伴侣——这些问题对女性的影响要大于男性。离婚对心理的影响不只是束缚。愤怒、羞愧、内疚和遗憾都可能会妨碍恢复性关系的意愿。

离婚的女性在性方面有更大的压力,即使与熟人在一起或第一次约会时也是如此。她们或许会不屈服于此,并愤恨那种"私生活放荡"的形象;但是考虑到符合条件的男性相对不多,部分女性也会被迫妥协。

对那些年纪大些的离异男女而言,另一个普遍问题则是他们能否再进入约会游戏中。结婚 10 年或 20 年之后,他们不仅对进行接触和协商性事有些生疏,而且可能会很难适应已经改变了的游戏规则。

丧偶者

丧偶者如果渴望重建性关系并寻找另一位伴侣,那么将面临与离婚者相似的问题。对已故配偶的怀念和仍然存有的忠诚,可能会抑制部分丧偶的男女重新开始性生活。有些人甚至永远不会再有性生活,但是大多数的鳏夫和差不多一半的寡妇都是再婚后才进行性交的,尽管有更少的人有可能再找一位配偶。

独身生活

独身者(celibate),最初的意思是"未结婚的",但在现代用法中,它是指一个避免性关系,或在更严格的定义中是指避免所有形式的性体验的人。**贞节**(chaste)是其过时的同义词,这暗示了道德上的判断。

独身生活分两种主要类别:**宗教性质的独身生活**("僧侣的独身生活"),比如誓于贞洁的天主教的牧师、修道士和修女;还有一种是**世俗性质的独身生活**,出于个人原因而暂时或永久地避免性关系。这里我们所要关注的是后一种类别。

大部分独身者避免性是因为他们没有中意的伴侣。另外,导致很多女性在性生活方面不太主动的原因是她们身边缺少合乎条件的男性。男性常常会因为疾病和性能力的问题克制自己。对年轻人来说,节制更多时候是出于他们自己的选择。有些男女宁愿去等,直到他们结婚或恋爱了,或者等到那个合适的人在合适的环境出现。有些人不知道为什么,就是没有准备好发生性关系,这也是很平常的。其他人认为性关系太让人困惑,伴有危险,也会给人增添麻烦。他们可能有更多吸引注意力的兴趣,或是希望过一种平静的生活。随意的性似乎会让人不愉快或感到危险,过于强烈的依恋也会难于负担。他们认为远离性关系,可以使他们从人与人的其他关系中获得更多。

独身生活也能反映出更多拒绝性生活的负面原因。那些在性方面感到自己缺乏吸引力的人,可能希望避免因自己缺乏魅力而引起的羞辱。那些在爱情中受过伤的人,他们大多希望避免重复这种经历。强奸受害者会回避性生活,直至她们完全恢复过来,这是很常见的。那些遭受性功能障碍的人,也可能会放弃努力。无力开始或维持性关系,可能是缺乏亲密能力的一个方面。

现代观念认为性是一件让人愉悦的事情,所有形式的独身生活都会被以否定的眼光来看待。"在维多利亚女王时代的正派男女,如果他们单纯地体验性会感到是一种犯罪,"20世纪的存在主义心理分析大师罗洛·梅(Rollo May)这样说,"现在我们不这样做才会感到有罪。"(May,1969)有一种日益被更多的人接受的观念认为,我们已夸大了人际关系中性的重要性,这种过分强调危害了人与人之间更广泛的联系,并最终危害性本身的愉悦。独身生活的一种新的形式据说正在显现出来——人们不用根本性地去抵制性,而只是为了长久的将来,为了加深他们彼此间私人的关系,为了顾及他们生活中被忽视的其他方面,甚至为了在性方面能恢复活力,而暂时放弃一段时间的性生活而已(Brown,1980)。

女性在地位和自我意识方面的飞快变化,也造成了一些独身者。既然性相互作用的"老规矩"已变得让人怀疑,那么有些人就想"等等看看"。人类在性方面的普遍观念又一次要迎接文化现实的考验,并寻找新的表达方式。

第 18 章

性利用

18.1 性的评价
18.2 卖　淫
18.3 色情品
18.4 性和广告

在每个社会中,色情品都会以某种方式显露……
——玛格丽特·米德(Margaret Mead),20 世纪美国人类学家如今一个最普遍的定罪术语叫做"**利用**"（exploitation）。这个指控可能主要适用于一些地处偏僻的民族，一些无组织的社会群体，或者在一些关系很亲近的个体之间。这项指控在被告一方很少被认定合法有效，尤其涉及性交易时。

"利用"一词有很多不同的意义。有一些意义与我们相关，它们常常有肯定和否定两方面特质。从肯定意义来说，"利用"此时可以是指最大限度地获取利益，特别是表现为一种出色或者英勇的行为。从否定意义来说，它是指自私或不道德地利用别人。换句话说，利用有正常使用和滥用两种内涵。由于性可以被认为是一项个人的财产，所以我们首先就要来检视一下它是如何被评价的，然后我们才能确定它的正常使用和滥用各是什么情况。

18.1 性的评价

评价一个人的性价值听起来很像是给一个人贴上价格标签，这有些贬低其人格的味道。但是，并不是所有的价值都可用金钱关系来衡量。不过即使有时事实的确如此，也不应是什么古怪的事。和许多其他的服务一样，性欢愉实际上常以金钱关系来评价，大多数直接涉及卖淫。

在这一点上，表面现象会引起误解。比如，在很多不同类型的文化中，结婚的时候，新娘家常常会向新郎家要财礼钱。这笔钱款不是用来买新娘的，而是作为婚姻中双方家庭一系列交换中的一项。它可以补偿新娘家因为一个家庭成员劳动力的丧失而带来的经济损失。相反地，新娘通过以金钱或财产的形式为夫家带来一些**嫁妆**，也并不意味着这个男人会冲着这些财物娶她（尽管有时钱会使这种交易变得"甜美"）。

尽管此类实例在美国并不普遍，但是在我们密切交往的人中间，经济利益方面的考虑一直是一个重要的动机。金钱观和挣钱能力是很多人在择取配偶时关心的一个重要方面。他们期盼有一个"最好的交易"，或者至少是公平的交易。

这样的考虑在我们的性交往中起了重要作用，在亲密关系中也是如此。正像我们在第16章中谈到的，通过这样一个挑选的过程，夫妻之间的匹配多少变得均等了，或是用他们不同的财产和负债来补偿彼此。这类纳入到性选择的考虑其结果各有不同，从愤世嫉俗的算计到浪漫式的毫不在意，不一而足。

个人的性价值观

在一个最基本的层面上，我们每个人在性交中都带着身体和人格。判断一个可能的性伴侣的愿望有两部分：身体的吸引程度和心理素质。其实际结果，即**性吸引**

力(sex appeal)包括我们看起来有多性感,我们作为性伴侣是否合格,以及和一个特定的性伴侣做爱时我们有多少动力等等。像我们在第16章谈到的,性吸引和身体吸引不是同义词。你不一定要好看、年轻,或者身体健壮才性感。从某种程度上来说,每个人对某人都有程度不等的性吸引力。

次一级的评价考虑是身体的用途。这里不是仅"关乎"看,而是为了能赢得不含冒犯之意地注视别人的权利,你必须非常亲近那个人。为了能看不同程度暴露着的身体,需要更进一步的亲密程度。关于接触,存在一个类似的次序:从握手、偶尔的拥抱和亲吻、情爱之吻、搂颈亲吻,到异性爱抚、口交,直至性交,需要不同的关系程度。这个过程中存在着逐渐的转变,从最初的被动,到让对方为你做些事情,然后渐渐变得主动起来。对大多数人来说,后者带有更高的价值意义。

当涉及专门以性交易为职业的妓女时,所有活动都有清楚明白的价格表,这些价格是由妓女的"等级"和提供的特殊性服务决定的。在一些不明目张胆的性交易中,对性服务者的补偿常常有很多形式,比如,送昂贵的礼物,在工作中给予照顾,或者其他切实的益处。

图 18.1 文艺复兴时期的尼德兰画家杨·凡·艾克的《阿尔诺芬尼夫妇像》。这幅市民美术的杰作本被视为表现上升中的资产阶级富裕、幸福而世俗的生活,但在当今大热的美剧《绝望主妇》中,却对这幅画表现的夫妻关系进行了讽刺,阿尔芬尼先生变成了好吃懒做、不体贴妻子的丈夫,而怀孕的太太也起而反抗,扔掉了象征家庭束缚的扫帚。

当性关系表现出友情和爱情的特征时,性和爱遂变得不可分。但是,这种关系可能会变为性交换的代价。在某种意义上,当一个传统的婚姻关系被看成是一种交易形式的时候,这种推理常被运用。正如美国性教育专家贝蒂·道森(Betty Dodson)说过:

> 贞操是我给我的爱人或者丈夫的礼物,以换取经济上的安全感——这被称为有意义的关系或婚姻……于是,伴随着性爱的这一浪漫形象,在一个男女经济不平等的社会中,为了任何一个生命存在所需要的经济安全感,我不得不牺牲我的肉体。在这样的境况下,婚姻只是卖淫的一种形式而已(Talese,1980, pp.577–578)。

从生物学上讲,身体最重要的价值是它的生殖作用。和某人生一个孩子,从传统意义上要求彼此感情的真挚和正式的承诺。我们的很多道德和法律准则都是建立在对这一限制性前提的遵守，即被社会认可的像婚姻那样的关系的基础之上的（第22、23章）。

这方面现在已经发生了巨大的变化。很多离婚男女都参与抚养在之前婚姻中与前妻/前夫所生的孩子。一个更戏剧性的变化是，身体的生育功能已经和它的性及关系功能彻底脱钩了。向人工授精的女性出售精子的男性，从根本上说是出售自己的部分生育资本。代孕母亲（为了一笔钱而给妻子不能怀孕的丈夫生下一个孩子），实际上也是部分出售了她的生育资本，在怀孕期间还出借了自己的子宫。这种服务可能是不合法、不合伦理要求的，也带有些利他的意味，但因为有金钱因素的参与，这就把生育的价值问题以非常直接的方式提了出来。

情感承诺的价值

性的价值，既体现在其作为身体元素的功能，也体现在其作为情感元素的功能上。作为一个个体，你是谁，往往比你的外形更重要。

给情感价值贴上价格标签要困难得多。爱、尊重和情感是不能被割裂成像性服务那样的简单单元的，否则爱人之间在情感层面上的相互影响就很难评价，而且也更难确定是否属于利用性质。

公平交换

给商品和服务付费是现代经济生活的基础。仅因为性关系中存在着经济利益并不能使性本身具有非法利用性。先把性服务中的金钱支付这个问题放在一边，那么什么才能决定性是不是利用性的呢？又是什么因素使性接触的双方保持公平交易呢？

知情同意

你对自己的行为负责，但是要使你的同意更有意义，它就需要有一个特定的自由前提，并且要在足够知情的基础之上。你必须完全清楚你在干什么。强迫别人进行性交是一种非法利用，因为这缺乏伙伴的自主同意。向你的性伴侣隐瞒你患有性传播疾病，或携带有艾滋病病毒，或你已经结婚，这些行为都具有非法利用性，因为你的性伴侣并不是在知情的情况下同意的。

任何涉及儿童的交易，一般都被视为非法性利用，因为他们在知情的前提下做出是否同意的判断能力还不够成熟。同样的情况也适用于智障患者和精神病人（尽管在一些案例中也不乏一些特殊的考虑）。那些判断力暂时被酒精和毒品麻痹的人是不能给出知情同意决断的。

地位的对称

非法利用很大程度上是有权力的人的一项特权。并不是每一个有权力的人都会非法利用自己的权力，但是你几乎不可能会去利用一个对你没有利用价值的人，去获取你想要的东西。这样做的结果是，地位越平等的两个人，他们受到利用的危险也就越小。

地位的差别可能由很多因素决定。首先是年龄：年轻人依赖于成年人，也易受成年人的伤害，这是他们无法成为合适性伴侣的另一个因素。其次是性别：当女性被认为在社会地位上低于男性时，她们很少会在不被利用的前提下成为享有充分资格的性伴侣。第三个因素是角色：医生和病人之间，律师和委托人之间，教师和成人学生之间等类似的关系，常常会引出一些亲密的关系。在上述例子中，每一对结合都有其特殊目的。引入一项性元素是缺乏职业道德的，因为这破坏了每对结合之间最重要的目的。医生对女病人进行乳房检查和对乳房进行爱抚是不同的，同样，对男病人进行直肠检查也不可和肛门刺激相提并论。

律师们的委托人可能很容易屈服。如果你出狱或者获得公平审理的机会取决于你在法庭上如何被描绘，那么很明显你处于不平等的地位上。同样的情况，教授在为学生评分和写推荐信的时候是有着相当大的权力的。对于毕业生来说，教授有时甚至对其职业选择有着举足轻重的作用。

地位的不对称为性骚扰创造了条件，这个问题我们将在下一章谈论。但仅是因为两个不同权力人之间发生了性行为，并不足以证明他们之间存在利用关系。你当然有权被一个多少有些权力的人吸引并坠入爱河，只要权力差异不是被利用性地使用。否则最好在工作关系结束后，再去追求个人化的关系。在这种情况下，在老板、医生、律师、教授和他们的前雇员、病人、委托人和学生之间形成的美满结合当然是可能的。

性别的考虑

到目前为止，在研究这些问题时，我们一直保持着一个无性别差异的立场。但事实远不是这样的。面对这些问题，男性和女性之间的差别很明显。这是接下来的章节重点要谈的内容。

首先，在传统意义并在很大程度上，女性的身体是性爱的对象。当男女之间越出一般的亲密关系时，女性就成了性服务中的"卖方"，男性则成为性服务中的"买方"。另一方面，在一些情况下，如卖淫、色情品或广告中，女性很少是独立的"卖方"。通常都是男性来组织和运作，并且从这种交易中获取主要利益。

其次，在传统意义并在相当大的程度上，男性通过制定和执行一些规则来统治这个社会。即使个别女性会对个别男性加诸巨大的影响，并且利用了她的权

想一想

在性的评价中，应如何教育人们更多去关注情感义务，而不仅仅是关注身体？

力，但当我们从总体上谈论利用时，主要还是指处于利用女性地位上的男性。

第三，男性和女性对性总是有着不同的需要和期盼。像我们之前谈过的（第16章），女性较之男性更看重性在关系方面的意义，而在生理方面则不如男性重视。因此，在一场公平的交换中，男性和女性所用来交换的"货币"往往并不一样。除非有一个公平的方式，可以把这些交换的货币按照同样的目标兑换为同一单位，否则男女双方可能有时会发现他们的利益不一致。在这些争执中不管哪一方胜利，都可能会被对方视为在进行利用。

让我们转向以下三个方面，其中存在的合理利用和滥用性资源问题需要有效的个人和社会选择。

18.2 卖 淫

《罗马法》这样定义**卖淫**（prostitution，拉丁语"公开暴露"之意）：任意而无乐趣地出卖自己的身体（passim et sine dilectu）。大体而言，这个定义已经经历了时间的考验。更简明来说，卖淫就是用性来换取金钱。

卖淫是一个很复杂的制度，它有着古老的根源（"世界上最古老的职业"），并且在各种文化中呈现出多种形式。在第20章到第24章，我们将从历史、社会和法律等方面展开讨论，在这里，我们关注的是它的一般形式和人际关系方面。

卖淫从根本上代表了毫无关系的性，它以最赤裸的形式存在。妓女只须提供性服务而不须过问任何问题，嫖客除付钱之外也没有其他责任。通常情况下，这种"邂逅"只发生一次。实际上，那些去嫖妓的人常常还会有下一次，并附加更多的个人要求，或许还会发展成一种特殊的关系。有时嫖客和妓女之间会建立长期的关系，其中一些还有可能走向婚姻。

卖淫的类型

卖淫通常是指一个**妓女**（prostitute，hooker，whore）出卖自己的性服务给男性。男妓常常被用来满足同性爱者的需求（第13章）。很少有女性会向男性或者其他女性购买性服务。Gigolo（法语，指舞厅结交）是指与年长女性生活在一起的年轻男性，他们与这些女性保持着伴侣关系，有时则是性关系，以换取经济上的资助。

妓 女

妓女以不同的方式进行活动，但是她们所提供的服务及她们与顾客（被称为"约翰"）之间关系的性质大体上是一致的。**街头妓女**（streetwalkers）常在路边等公开场所勾引男人们，酒吧女在酒吧中也是同样的做法。性交常会发生在旅馆的房间、住宅、小汽车或其他隐蔽场所。一个拉客妓女的酬金通常在 10~50 美元不等，但有时她可能满足于嫖客给出的价格。她们的大部分收入都被皮条客所占有。

在妓院干活的女店员（housegirl）每天和其他的妓女相处。她们受掌控此类交易的老鸨（一般是一位年长的妇女）监管（据说内华达州一个妓院的老鸨，之前是一所顶尖大学住宿管理处的主管）。在她们的全盛期，一流的妓院都是有着奢侈摆设和精心运营的机构，能迎合多数人的口味（Murphy, 1983）。

图 18.2 内华达州一家合法妓院里，顾客在挑选妓女。

现在，美国唯一合法的妓院在内华达州，它们由一排房子和一些分散于这个人口稀少地区的活动房屋所组成。一般来说，这里每一处住宅中大约有 12 个得到许可的女性在工作。这种运作方式早已规范化。当一个顾客进屋时，那些空闲的女性站成一排。被男顾客挑中后，这一对就退入屋中进行性交。妓女们要与妓院主人瓜分她们的所得。即使这样，一个成功的妓女每年也可以赚到 10 万美元。直到最近，30 多家妓院中的 300 多名妓女，已经建立了一个年利润 1500 万美元的产业。由于艾滋病的威胁，她们的顾客量大大降低，尽管这些妓女每月都要接受例行检查，并且坚持要求她们的顾客带避孕套（Swan, 1986）。

依靠大众的包容程度，妓女也利用了各种名目和外壳，按摩厅、陪护服务、性俱乐部等机构提供着各种性服务（如今合法的按摩公司在广告中会将其服务称为"无色情按摩"）。按摩厅可以提供各种性服务，最简单的一种是手淫（称为"局部"）。提供这项服务的女性叫手娼（hand whore）（Talese, 1980）。妓女也可以提供多种多样的专门性活动，以迎合性欲倒错者（如施虐—受虐癖者）的需要（第 14 章）。

应召女郎（call girl）是这个行业的精英。这些女性一般很迷人，穿着时髦，善于交际。她们住在时尚的公寓里，但是常在酒店中进行她们的业务。她们可以自己找活，也可以通过一个分派人或应召女郎机构（Barrows 和 Novak, 1987）。她们的服务收费往往高达数百美元。

妓女和其雇主之间的个人关系或者职业关系常常是不断变化的。拉客妓女常为某个皮条客干活，他控制着一群固定的女性。这个皮条客就像一个经纪人一样，他会尽力去找到相配的妓女和顾客。街头的皮条客有时并不完全是职业皮条客。他为手下的妓女们提供保护，让她们找到顾客，教给她们建立性伙伴和社会伙伴的手段，也给了她们一种归属感。作为交换，他拿走她们大部分的收入。这种关系可以是自愿的，但通常情况下是非常强制性的，皮条客会用心理诱惑、胁迫、毒品及身体暴力去控制他手下的妓女。

除去开支，皮条客可以获得一个妓女95%的收入(Young,1970)。他通常穿着奢侈，开昂贵的汽车。尽管妓女们没什么选择，只能把收入交给他，但有些妓女对他是相当慷慨的，因为她们在感情上是依附于他的，并且能让她们的"男人"衣冠楚楚，她们自己也为之骄傲。

在妓院工作的妓女情况稍好些，她们收入的一半会分给妓院的主人或主管，自己留一半。然而至少在过去，妓女们实际上就像囚犯一样待在这些屋子里。而那些依靠中介机构来招揽顾客的应召女郎，她们更接近于自我经营。

嫖妓的定义有时会扩展到其他有经济收益的性关系。男客们给他们女友们的昂贵礼物间接支付了他们的性交易，这些都被认为是嫖妓的隐蔽形式。当一名女性只和一名男性(他可能已经结婚了)保持着性关系，并被他用钱供养时，这个女性被称做情人(mistress)或情妇(kept woman)。这种关系也可能是以爱为基础的，男人的经济支持只是这种关系的一个附带因素。这个界限的划分是很难分辨的。

图18.3 纽约时代广场上的同性爱男妓

同性爱卖淫者

同性爱卖淫者实际上都是男性，他们被称为**男妓**(hustlers)。女同性爱者很少进行性交易。一般来说，这些非常年轻的同性爱卖淫者有四种类型：全天在路边和酒吧的男妓；专职的应召男妓或被包养的男妓；兼职男妓；及青少年罪犯，他们借嫖妓进行其他违法活动，如盗窃、出售毒品等(Drew和Drake,1969；Allen,1980)。

街头男妓常常否认自己是同性爱者，而且装做仅是为钱而交易。为了增强说服力，他们或许会跟着女孩子一起出入。他们可能也会同意只进行某种形式的性交，比如肛交。通常来说，他们会为客户进行口交。

男妓在一些众所周知的地段出现，并常被男客拉上车；他们也会在酒吧及其他公共场所碰头。美国作家约翰·莱彻(John Rechy)(1963,1977)曾对这些街头男妓的生活作过深刻而生动的描写(专题18-1)。

男模或应召男妓比较易于承认自己的同性爱者身份。和街头男妓一样，他们也靠自己的年轻和美貌来行事。阳刚的外表和粗大("大尺寸")的生殖器是他们重要的卖点。

应召男妓可以通过中介机构找活儿，这样可以直接告知电话信息，或者提供更多详细的服务信息，如是去寓所还是完全的男性妓院进行这些特别的性服务。

流 行

嫖妓在除内华达州以外的美国领土上是违法的(相关的规定我们将在第23章讨论)。但因为它非常隐蔽，且采取多种形式，所以很难确切统计出这个国家到底有多少卖淫者，又有多少嫖客接受他们的服务。

警方逮捕记录显示，至少有10万名女性在做妓女，她们中的大多数都是专职的(Sheehy, 1973)。但只有那些最容易被看见和易受攻击的街头妓女可能被捕，所以真实的数字大概是现在的五倍。对兼职妓女的数目作出估计在事实上是不可能的。家庭主妇、无业的单身女性或者学生，都有可能通过短期卖淫来度过财政危机。另一些有长期固定客户。还有一些妓女会利用各种机会从事她们的行业，而又避免被抓。一名妓女的收入可以为她提供一种生存方式，或维持一种奢靡的生活方式，对有些妓女则是提供了零花钱。

图 18.4　柬埔寨的雏妓

嫖妓的一个特别令人不安的方面是被性利用的青少年和男女儿童。据估计，纽约有大约两万名年龄在16岁左右的离家出走的孩子，多数沦落至为800多位通过说服、毒品、胁迫和暴力来控制他们的皮条客卖力。仅洛杉矶就可能有3000名不满14岁的男女青少年在从事卖淫。甚至一些很小的城镇也有年轻的娼妓，他们中的很多人还住在家里，用卖淫来"换取"零花钱。

几年下来，一个成功的妓女可以与数以千计的男人发生性关系。大致估计一下，一个专职妓女平均每周会有10~20个嫖客，男人们一周用于性服务方面的花销大概要几百万。据金赛的采样报告，大约有70%的男性至少会和一个妓女发生关系(这个比率与受教育程度成反比)。亨特1974年的调查显示，找妓女进行性启蒙或与之性交的男性比例及平均的发生次数都呈显著下降趋势。这样在20世纪40年代曾由单身男性所认可的这一妓女们的普遍作用，到了70年代似乎只剩一半了。然而在过去，很多男人初尝云雨的对象是妓女，现在他们更希望与一个同层次的女性进行初次性体验。这一变化要归因于近年来所出现的巨大的性自由。

性心理方面

"达到目的"(turning a trick)这一短语简洁地概括了嫖妓最真实的本质：男人

专题 18-1
男 妓*

当你拿到另一个男人为了性而支付的金钱时，那会是一种令人惊恐的可怕的兴奋。心理上得到了极大的释放，会感觉到性的力量的真正所在——不仅对某人有性吸引，而且他还会为此付费，如果你选择了这样的角色，在这种邂逅中不必回报什么，就会有一种情绪上如同自由那般的超然感——其中有着某些诱惑；在同性爱世界中，诱惑暗地里被认为是在男性皮条客占据的特殊场所中欲想得到的，这些全然不同于异性爱妓女。甚至当他被那些从不为性交付费的人所蔑视时，他依然是一个最为羡慕的对象，有时则是一个嫉妒对象。在同性爱的行话中，"看上去像一个男妓"就是看上去非常非常尊贵的意思。

在繁忙的咖啡店外面，那里是夜晚皮条客成群聚集的地方。路边停靠着一辆崭新小汽车，一个年长的男人坐在里面，等着。年轻的男子轮流上前焦急地恳请他，并踏进小车，被他郑重地拒绝后再从车里出来，换另一个极度渴望的青年男子进来。这个年长的男人面带蔑视的微笑拒绝了一个又一个，最后带着轻蔑的表情，独自开车走了，留下了一群竖着中指的男妓。他们当中有经验丰富、趾高气扬的年长者，也夹杂有几个瘦弱、忧郁的十几岁少年。这些枯瘦的男孩沿街排成一排，一个比一个小，看起来十分可怜。他们在少年时代之前就已卖身，这些孩子，有的脸上还带着稚嫩，有的已经或正在被腐蚀着（随着抚养花销的增加，这些孩子毫无选择，只能站在街头）。这是一个卑贱而丑陋的时刻，但这由不得他们，因为他们可出卖的只有年轻和他们的少年身份……那天更晚的时候，我遇到了一个与之前那些傲慢年长者年纪相仿的男子，但这个人比较可爱，渴望讨人喜欢，只是喜欢而已，绝望地想要抓住一切他可以抓住的温暖，只要在他的想象中在一次付费的邂逅中，渴望他"给予更多"——去引诱——完全是为了能允许去吮吸龟头……拉客常常掺杂着相互利用和残杀，无论对年长者还是年轻者，漂亮者还是缺乏魅力的人，都是如此。

* From Rechy, J., *The Sexual Outlaw*. New York: Grove Press, 1977, pp. 153–154.

付费，射精，然后一走了之。嫖妓的男人通常被归纳为两种基本类型：远离家的男人（海员、四处游走的推销员），或者因缺乏性吸引力、羞涩、性无能、失调或性格古怪等原因而找不到满意性伴侣的男人。

而妇女也是千篇一律的。文学作品中会出现"怀着一颗金子般内心的娼妓"，她是一位讨人喜欢的女性，即便她倾向于感官享受，但也同样体贴。尽管她的生活非常困苦，但爱仍旧是她生命中极为重要的一部分。在英国作家约翰·克兰德（John Cleland）的《一位快乐妇女的自传》（*Memoirs of a Woman of Pleasure*，1749）这本书中，众所周知的范妮·希尔（Fanny Hill）就是这一类型的典型代表（专题 18-2）。相反，有着恶魔力量的娼妓会支配并毁灭被其魅力迷倒的男人们。就如左拉小说中的娜娜（1880），她是男人们及他们所有财产的吞没者。

真实的情况更为复杂一些。妓女在性爱中常会带有很多情感上的需要。

专题 18-2
色情乌托邦 *

在对维多利亚时代色情小说的研究中，史蒂芬·马库斯（Steven Marcus）把色情小说中描述的性幻想解释为一种乌托邦。他称其为"色情乌托邦"（pornotopia）——一种将人类全部经验都视为一系列单纯的性事件或性背景的观点。色情乌托邦不具有历史或其他真实性，它的发生没有特别的时间或地点。参与者没有身份或者自我，他们被狭隘地定义为一个性角色，人都被简化为性器官和性孔道。

到目前为止，色情幻想的主要对象是女性的身体，或者是被认为是色情的不管身体的哪个部位。比如男人，"他是一个巨大竖起的阴茎，只是恰巧附着在了一个人形的身体上"。阴茎在色情描写中成了一个奇妙的器具，神奇的来源，崇拜的对象，它对那些无助而痛苦的女人发生着作用，这些女人最终会对它赋予她难以言说的快乐而心存感激。这种对直立阴茎的歌颂并不掺杂道德和意识。下面的这段摘录解释了这一态度：

> 我偷偷地把手放在他的大腿上，顺着一直往下，我能看到并摸到一个直硬体，被他的裤子卡着，我的手指能够摸到仍未及末端。于是我非常好奇地急于想打开这个让人惊奇的神秘物。隔着裤子的纽扣，摆弄着它，从其内在的活力中已透出急迫要绽开的意味。这一切都发生在腰带和前拉链门被打开的瞬间。而现在，带着惊讶和好奇看着他被解开的上衣，我在想这是什么？不是孩子的玩具，不是男人的武器，只是一个巨大而标准的五朔节花柱（maypole），从看上去的比例来说，这一定属于一个年轻的巨人。但是我不可能不带兴趣地去注视，甚至冒险去触摸这么个有着一定长度和宽幅的栩栩如生的仿象牙品。姿态优美而时尚，令人自豪的扩张其外皮的硬度，它平滑的光泽和天鹅绒般的柔和，或许逼近了我们性欲中最脆弱的部分。它最优美的白色并没有被围绕着根部的一些卷曲的短黑色毛发所影响。在一个美好的夜晚，透过由白皙皮肤体现的乌黑生殖根，你或许透过远处覆盖山顶的树丛枝叶看到清澈的夜空；它还有着宽大的蓝色头形，且其蓝色纹理蜿蜒不尽，这一切组合在了一起，成为自然界中在外形和颜色上最神奇的聚合体。简而言之，它代表了恐怖和快乐之物。

《浪漫的欲望》（Romance of Lust），19 世纪 70 年代出版，四册，马库斯在这本书中是这样描绘性欲的："和任何东西的接近，似乎都是与感觉中纯粹的色情幻想的接近，这使得对除性欲以外的几乎人类的每一个考虑都被排斥在外了。"这里有个例子：

> 随后我抓住了姨妈的屁股，此时好色的戴尔正在下部舔阴并用假阳具刺激她；伯爵把戴尔推到了床边，然后站在姨妈的双腿中间，低下他的肩膀，与其性交。这是一次带着欲望的激烈的阴道性交。她一夹的力量几乎比得上弗兰克兰德，仅仅就这样被姨妈粗野的力量所击溃了。我们就这样成了一个四人的整体，一起沉迷于这个爱的淫乱游戏中。

这部作品很好地阐释了 20 世纪杰出的小说家、诗人和批评家弗拉基米尔·纳博科夫（Vladimir Nabokov）对色情小说的分析：

> 这样，在色情小说中，活动被限制于陈腐的性交题材中。风格，结构，比喻，都不会把读者的注意力从其温热的性欲中转移。小说必须要由性爱场景的交替来构成。两个场景之间的段落必须精简到只是去拼接感觉，用逻辑去衔接最简明的构思，简要的说明和解释，虽然读者或许会跳过去，但读者应当知道它们是存在的，才不会感觉被欺骗（这是一种来自小时候对常规的"真实"神话故事的认知的意识）。而

且，书中的性爱场面必须沿着渐强的线索，伴着新的变化，新的结合，新的性欲，这一场景的参与者数量也在稳步增加中（在萨德的剧中，他们管这叫做"外场手入内"），因此书的结尾必然比开头部分更加充斥着淫荡的内容。

* Cleland, J. *Memoirs of a Woman of Pleasure*. New York: Putnam, 1963 (first published in 1749), pp. 94–95.

为什么女性会沦为妓女

为什么女性会成为妓女？这个问题已经有过太多记述（Bess 和 Janus, 1976）。其中有两个基本因素：敏感性和暴露度。**敏感性**（suspceptibility）与那些无价值感、异化感和自卑感有关。在自我处于危机期或者心理创伤事件（如乱伦和强奸）中时，这些感情常常更易于驱使女性卖淫。决定她们是否成为妓女则依赖于**暴露度**（exposure）：处于卖淫这个亚文化群体中的一部分人，必然会使用各种手段来引诱这些女性进入"妓女的生活"（Potterat et al., 1985）。但这个发生在女性之间的交易（"白人奴隶"）不再是迫使女性成为妓女的一个重要因素，从事实来看，女性从事卖淫业似乎更取决于她自己的意愿。然而，还有更强大的力量迫使她们失去自控力而进入这一行。比如，毒瘾或饥饿在相当程度上限制着她们的自由意志。

使女性变成妓女最显而易见的原因是可得到薪酬，并且对她们的服务也存在着一定的需求（Cohen, 1980）。大多数妓女来自于社会下层群体或者破碎的家庭。贫穷及没什么文化和技艺的女性对过上更好的生活（或者只是谋生）的期望，显然是主要的激发因素。

维持毒瘾的需求是驱使她们卖淫的另一个令人信服的原因。皮条客常用的一个手段是先用毒品使女性"朋友"上瘾，然后迫使她去卖淫，以换取毒品。

对浪漫、魅力、性兴奋、诱惑的渴望及皮条客的强迫都是额外的刺激。从更个人化的层面来看，青春期的叛逆，家庭冲突，对确立成熟情感关系的无能为力，对男人的敌意，以及性受虐狂的需要，这些都是导致女性走向卖淫的因素。在儿童期和青春期阶段有性虐待史，这在妓女中是很普遍的（Satterfield 和 Listiak, 1982）。这可能导致少年离家出走，靠卖淫来维持生活；早年的一些性经历在她们的心灵上造成的阴影，也会使得她们走上这条道路。请记住，妓女的类型是多种多样的。精明的应召女郎以此来支付她们受教育的花销，街头妓女以此来维持生计，那些可怜的十几岁的瘾君子们则以此来维持着各自的毒瘾。这些形形色色的卖淫从业者可能动机不同，并对社会提出了不同的挑战。

这里介绍两类互相竞争的妓女阶层。第一类群体比较符合受剥削的女性形象：她们大多比较年轻，没什么文化，缺乏职业技能，沉溺于毒品和酒精，在感情上依赖于皮条客，是犯罪者瞄准的对象。第二类群体可能身负一些债务（如滥用毒品），但是这类女性相对比较独立，受过教育（有些是大学生），也比较富裕。她们声称从事这个行业是因为她们喜欢。她们中的一些激进分子会组织起来为改革法

想一想

该如何判定一个女性是不是自愿成为妓女？

律和争取更安全更好的工作条件而向社会施加压力。在美国有两个这样的组织，分别是国家妓女特别工作组（the National Task Force on Prostitution）和 COYOTE（Call Off Your Old Tired Ethics，即"放弃你陈旧的被束缚的道德规范"），后者由玛戈·詹姆士（Margo St. James）发起，她自称曾是妓女，现在则是一位争取妓女权力的倡导者。

后 果

如果从最有利的角度看，妓女为那些需要服务的男人提供了有用的服务。反过来，她们获得了经济上的或个人的益处。

这一模式或许适用于很多情况。然而总体上来说，无论对妓女还是对嫖客，都存在着一些严重的潜在后果。

图 18.5 英国妓女共同体是一个旨在保护妓女不受警察逮捕和种族主义者歧视的组织。1982年，他们占领了伦敦国王街上的圣十字教堂长达12天之久，这一行为之前在法国曾有过先例，之后在加拿大也出现了效仿者。

嫖客的风险

嫖客大多是那些中产阶级的白人中年已婚男士（James, 1977）。应从这些男人们的生活背景中去考虑嫖妓的危险。

最重要的危险就是感染性传播疾病。随着艾滋病的流行，可以预期情况会变得更加严重。妓女成为最易受感染的人群之一：她们有无数的性伙伴（相应地会有很多性接触）；她们更易于从事不同种类的性服务（包括肛交）；并且相当一部分人或她们的性伙伴可能是静脉吸毒者。虽然传染的危险是现实存在的，但一些老道的妓女，为了保护自己也为了她们的嫖客，还是会坚持使用避孕套。比如，在内华达州的合法妓院里，这些妓女一般都有艾滋病抗体测试呈阴性的报告。尽管这样，考虑到艾滋病的传染，一般来说和妓女发生性关系被认为是不安全的。

在一些更混乱的街区，有些嫖客会被妓女抢夺或者被她的同伙绑架（"抢劫"）。原则上来说，这个嫖客有被警方逮捕的危险，警方常使用女警官为"诱饵"。如果被公之于众，这个男人的信誉将会受损。

其他考虑因素则是心理和关系方面的。不管采取何种形式，除了纯粹身体的性行为之外，其他都是虚假的伪装。不管她们如何热情地去拉客接活，妓女很少会有性高潮。事实上，在嫖客和她们的丈夫或男友之间，为他们做什么，她们有自己明确的划分。她们不会为嫖客投入自己的任何真实感情。事实上，嫖客如果为性赋予意义的话，那他就是在自欺欺人。

不得不花钱买性，反映了这个男人在吸引女性和与女性互动的能力上比较匮乏。因此，与妓女性爱会降低一个男人的自尊及他的性潜能。

最后一个危险来自于自责。一个男人向妓女购买服务，实际上是在帮助一个系统的延续，这个系统使得很多女性受到剥削和伤害。一个20多岁在街头艰辛拉客的女孩，可能会非常急切地想遇到一个男子，让他通过占有她的方式来关心她。然而在这个虚假的外表下，则可能是一个从未获得过成长机会的可怜少女。

妓女的危险

嫖客们面对的所有问题也更为严重地威胁着妓女们。由于妓女多样的性接触，感染各种性传播疾病尤其是现在的艾滋病的风险已经混合在了一起。被逮捕的可能性也变得越来越大。事实上妓女被监禁的时间很短，但她们会受警察和其他官员侵扰的影响，特别是后者在压力之下整顿街区时。

妓女们还会有身体被虐待的严重危险，这种虐待来自于她们的嫖客、皮条客及警察。很多杀人犯，像"开膛手杰克"（Jack the Ripper）会从各种等级的妓女中挑选他们的牺牲品。在很多方面，她们是最易受攻击的对象，是那些犯罪分子盯准的受害人。酒精和吸毒成瘾在她们当中很常见，一方面因为毒瘾会使女性成为妓女，同时毒品也会减轻她们的痛苦。

作为社会的弃儿，妓女身处社会的边缘，并受着自尊被贬低所带来的痛苦。兼职卖淫的危险之一，就是一旦被打上烙印便可能很难走出这个系统。因为作为一名妓女，她的工作寿命相对比较短，除非她可以储蓄或投资一大笔钱，否则她的前途将会很凄惨。尽管一些妇女在这一行会干到中年，但是她们的"价值"会急剧下跌。当她们年老时，就变成了"睡袋"，为社会的被抛弃者提供服务。

可以说，上述诸问题更是由贫穷和社会不公，而不是卖淫所造成的。来自中产阶级的应召女郎往往都能有效地主宰自己的人生，而不会遭受相类似的结局。在男性卖淫者中，除了十几岁的孩子外，没有皮条客，没有可比较的剥削。成年男妓可以很好地照顾自己。因此，这就产生了一个论点，即决定卖淫结果的并不是卖淫本身，而是社会如何管理。

社会影响

嫖妓触动的不仅是嫖客和妓女，而是整个社会。今天，在犯罪、公共健康及被浪费的年轻生命上，我们都为之付出了代价。但没有人知道还会有多少金钱流入这个堕落的亚文化群体中。这对家庭和妇女的社会地位都存在一些隐患。

卖淫引发了很多问题：女性有权利随她们的意愿使用她们的身体吗？还是社会应对此有个说法？卖淫是不是一个对家庭的威胁？还是说它为"值得尊重"的女性提供了一个安全的保障？是否应该废除对卖淫的刑事惩罚并使之合法化？国家应对其征税并加以控制吗？我们将在第23章讨论这些问题。

18.3 色情品

和嫖妓一样,色情品也掺杂着性的利用——两者都用性去挣钱,把性置于潜在的自私用途和有害的使用中。色情品的问题正是如此紧密地与性侵犯联系在了一起。在性相互作用的描述中,那些暴力因素激起了最严重的反对意见。

为什么色情品近来会成为一个有争议的话题?两个国家性的委员会(分别由美国总统和总检察长任命)试图在这个问题上达成一致(第23章)。最高法院已经作出了裁决,但仍然面临这个困扰。天主教徒、福音基督徒、公民自由意志主义者、女权主义者、艺术家、作家及其他众多群体都深深卷入了这场争论之中。一些针锋相对的核心问题包括言论自由和隐私权、妇女和儿童的安全和完整性、维护社会的道德结构和公共礼仪等,此外还涉及一个数十亿美元的产业。

色情品的话题围绕着三个基本问题:什么是色情品?它有何影响?国家是否应该对其加以控制?

在这一章中,我们将从行为的角度来阐明这些问题,稍后我们将从社会和法律的方面来进行讨论(第23章)。

定义的问题

色情品(pornography),在希腊语中的意思是"有关妓女的写作"。它的普遍意义是指直接表现性爱的艺术或写作。相同的意思可以表达为"淫荡的"、"下流的"、"淫秽的"、"卖淫的"等等。在较近一段时期,堕落元素和性暴力被视为判断色情品的标准。在法律中,**"猥亵的"**(obscene)一词作为术语也用于指称相同的基本概念。它源于拉丁文"恶心的"一词,可以用来指任何与那些庄重的公认标准相抵触的事物,尽管它通常能被理解。

为色情品做出更为确切的定义的努力通常都被证明是徒劳的。法官波特·斯图尔特(Potter Stewart)在一篇著名的陈述中说他无法定义色情品,"但是当我看到的时候我能认出它"。实际上人们所认为的色情品各不相同,因为人们用来衡量的标准是不尽相同的。

外在的标准

从传统意义上来看,判定一段文字或一张图画是高雅的还是色情的,这取决于它开放、直接和清晰的程度。裸体绘画的裸露程度就是一个典型的例子。在20世纪50年代,裸体主义者的杂志侥幸成功地刊登了日光浴中的裸体男女,但是他们的阴毛却不得不被油漆喷刷,因为不这样的话,他们看上去太过色情。像《花花公子》和《花花公主》(Playgirl)这类杂志,展示过一些摆出中性姿势且未被篡改的男女裸照。像《好色客》(*Hustler*)杂志，还刊登过很多男性生殖器的特写照片。而其他的出版物还会展示更加赤裸的各种性活动场面。

人们在对裸露的容忍度差异较大。在许多人看来，裸体似乎是司空见惯的。有些人则会在某一点上画清界限(如有些书店会卖《花花公子》，但不卖《好色客》)。然而对另外一些人来说，任何公开的性表达都充斥着淫秽，包括一些纯艺术品。

文学的和艺术的标准

即使在全盛时期的维多利亚时代，那时尊贵的妇女不能裸露自己的脚腕，但女性裸体的绘画却可以在博物馆展出，因为它们是艺术。类似的宽容也扩展到了文学作品上。尽管艺术家和作家并没有得到完全的许可，但是他们却侥幸获得了成功，因为他们的作品有着知性和审美的价值。今天在法律上对淫秽的判定，性质依然是一个重要的考虑因素(Peckham, 1971)。

艺术价值的标准并不会影响到每一个人。正如佐治亚州文学委员会主席所说，"我不会区别裸体女子，不管她是不是艺术的。对我来说，她们都是充满色欲的"(引自 Peckham, 1974, p.12)。难怪在1978年的一项研究中，有13%的受访者认为达·芬奇笔下的基督带有色情色彩(Brown et al., 1978)。

另一个标准可能是作品的目的。性爱的冲动潜在地成了很多艺术创作的源动力。在史前艺术中，最早的很多对人形的表现都有对人外在性特征的刻画，但是这些形象提供了一些不同功能，神秘意义的、宗教意义的、性欲的及色情的。这些目的是否可以帮助我们划清其中的界限呢？(Webb, 1975)

政治的标准

色情品中一些最激烈的问题都与它的政治意义有关——它如何反映和影响着两性之间的权力关系。这是大多数女权主义批评家对色情品关注的焦点，她们并不想扰乱性的外在直率性，也不想把这个话题仅局限在艺术性上。美国记者、女权主义偶像格劳丽娅·斯泰纳姆(Gloria Steinem)(1978)对色情品中性描写的特点进行了这样的描述："有一种纯粹的力量，或者一种不平等权力导致了胁迫。"她的标准并不是性的直接程度，而是性伴侣之间**平等选择**和**平等权力**的缺失。而带有传奇色彩的女权主义者凯瑟琳·麦克金农(Catharine MacKinnon)(1987)则认为色情品是**对公民权利的**

图18.6 色情品也可被赋予政治颠覆的意味，将堕落的性行为与政治腐败联系起来。这幅作品绘于法国大革命时期，表现的是一个来自社会底层的人在为玛丽·安东瓦内特皇后"服务"，暗示国王不能控制自己妻子的性欲，甚至不能确认自己的孩子是不是亲生骨肉。从国王处家务事的失败，来挑战其治理国家的能力。

侵害,这一观点我们将在第 23 章讨论。

基于同样的考虑,罗素(Russell)对色情品和情色品(erotica)做了更正式的区分。这种区分的基础是看它对性行为的描写(无论是口头的还是图示的)表现的是否是一幅"堕落或贬损的人类肖像,尤其是妇女的"。

这一定义对于那些被统归类为"色情品"的材料的分类大有助益。但它也引发了很多问题:谁能决定什么是"堕落或贬损的"?这种描写的极端形式可能不难识别,但是哪里是区分的界限呢?在广告中,展示一个只穿着内衣的女性,和展示一个穿着下体弹力护身的运动男子,哪个更贬低身份呢?"堕落或贬损的"(degrading, demeaning)这样的词更具有道德判断色彩,而不是描述性的,所以这个定义并不能帮助我们确定什么是色情品。

色情品的性质

在定义色情品时有一个问题,那就是它包括了很多媒介和行为。事实上用任何媒介描述性主题都可归为色情品。最常涉及的是印刷品(书籍、杂志),视觉材料(油画、素描、雕塑、照片),活动影像(电影、录像),现场表演(戏剧、滑稽表演、脱衣舞秀、无上装/下装秀、舞台性表演),听觉性交(淫秽电话、"拨号色情服务"),以及其他一些更为不寻常的公开性爱表达方式。至少在美国的很多大城市里,这些都很容易获得。当这些公开展示的时候,人们在经过时是很难避开它的。

情色品和色情品的区别往往也是很随意的。**情色品**主要是用来唤醒性欲的,它们并不是要成为纯艺术或文学,但它们也不是淫秽的和暴力的(Russell,1980)。尽管标准有很多,近来有很多人区分情色和色情。专题 18-3 列举了一些实例,其中对大学高年级学生如何看待这个问题进行了随机调查。从整体的抽样来看,对女性来说定义色情品最主要的因素是暴力,而男人们的标准则是变化多样的。

情色品可被并入**"隐晦的"**(soft-core,软核)色情品,其中描绘了裸体和高度暗示性的性活动;而**"露骨的"**(hard-core,硬核)色情品近距离地描绘性器官,展示阴茎插入及其他性接触场景,可以说没有给观者留下多少想象的空间。很显然其中的界限很难划分,但一般来说,青少年禁看的 X 级片是"露骨的",一定年龄以下在家长和监护人的陪同下可以看的 R 级片是"隐晦的"。这类电影中有两部被视为里程碑式的作品,瑞典电影《我的好奇心之黄》(*I Am Curious Yellow*,1967)和美国电影《深喉》(*Deep Throat*,1973),它们是面向广大观众放映的,而且也分别建立了"隐晦的"和"露骨的"色情品的标准。有些人会认为,不管其直接暴露程度如何,任何含有堕落或暴力元素的色情品都是露骨的。

"儿童色情品"(kiddie porn)主要靠故事、图画及电影来表现一些裸体的或与成人进行性活动的孩子。儿童色情品和虐待儿童是不能分开的;因为孩子还无法表示知情同意,他们被牵扯进这样的行为中,分明就是一种性虐待的形式。另外,这样的牵连或许会使他们被那些制造这类材料的人所利用,从而遭受进一步的性剥削

专题 18-3
色情和情色：学生的观点 *

女性如何区分情色和色情

情色材料在本质上是关乎性的，无论是直接的还是间接的。我认为情色材料以现实的和没有危险的方式，赞美了性欲和性爱的感觉。

"情色"是那些能唤醒性反应的东西。色情品可以是情色的，但不是所有情色品都是色情品。

情色动作是指那些性伴侣双方能互相给予对方快乐的动作。每个人对对方的意愿都会很敏感，目的就是使双方都感到满意。

我不知道"色情的"和"情色的"之间的区别。……仅仅是我的猜测，"色情的"可能更多是和裸露的身体有关(如《花花公子》和《花花公主》)，而情色的(材料)则显示了类似两个人的性交这样一些图画。

任何那些使男人和女人去人性的(东西)。在电影和照片中我们会看到，男人和女人会以攻击性的动作扑向彼此，或者在性关系中一方充当侵略者。人被客体化了。

在我的理解中，色情的材料是指性行为的表现是为了对女性施暴。性器官是用于攻击的，而不是因为爱情；是用来侮辱女性，使她们成为"一块肉"，使男性获得一种统治的感觉。

色情品会引发失控的性欲望或性冲动，它们会导致暴力和伤害性的行为。

男性如何区分情色和色情

情色是充满肉欲的，是两性之间的欢愉。

色情所表现的画面是，人的性器官是可视的或者仅是隐隐约约地遮盖着。

对我来说，"色情的"意味着描写性爱图像的材料，它们不是描写爱，而是把女性描绘成性的对象，或者描绘性暴力，等等。

我认为，如果(报刊、电影、文学作品的)材料描绘了男女之间的关系，或者别的什么以获得唤醒为目的的直接企图的话，那它就是色情的。

情色品是一些能引发人的性本能和性冲动的材料。这些材料不一定是色情的。"情色"有更多的两性间的吸引，它更为微妙，对双方也很少会有诬蔑的意味。

"情色的"和"色情的"之间不是相互排斥的。二者之间的界限很模糊，这已经被围绕着这个主题的争议所证明，无论从本质的角度还是从意义的角度。相互的从属关系是可以被纳入一个正常和健康的性关系中的。因此，性爱直观材料中添加的权力关系，可以引起唤醒因而是情色的。不过问题在于过分强调人类是性对象，以及过于关注男性对女性的征服。

* From Lieske, C., *Pornography——Defining the Limits*. Honors Thesis, Program in Human Biology, Stanford University, Unpublished, 1988.

(Burgess, 1984)。

批量生产的直观表现两性间活动的产品已经得到了巨大的扩展。律师总委员会1987年确定了2325种独立杂志，它们迎合了每一种可能的性兴趣。针对430种直观表现两性活动的杂志进行的内容分析显示，女性是这类杂志的主要主题，主要展示她们不同程度的裸体(18%)或从事异性性活动(24%)(Winick, 1985)。

色情经济学

定义的问题也涉及色情品的经济学：我们要计算的是谁的利润？正如我们将要讨论到的，广告充满了色情的图像、性的影射及高度暗示的性用语。艺术、娱乐表演、书籍、电影、公共电视、时装工业，往往都会越过界限明确表现两性之间的性爱，有时小心翼翼，有时则大胆露骨。很大一部分国民经济都或多或少地直接进入了以营利为目的的性主题利用中。

甚至从一个特定的角度看，色情品是一项数十亿美元的产业。据一项评估显示，每年在各种形式的色情品和情色品方面的花销大约有 40 亿~60 亿美元。在美国大约有 2 万家书店出售露骨的性杂志，创造了数亿美元的收入。有数百种色情杂志，从《花花公子》到《阁楼》、《好色客》。1981 年十大最畅销的有隐晦色情情节的杂志，其总发行量达 1600 万册，年利润超过了 5 亿美元。《深喉》成本不足 25,000 美元，却在 10 年内净赚 2500 万美元（"Video Turns Big Profit"，1982）。一些富于想象力的人想出了这样一个主意，把性爱记录置于公开的电话系统之上，这就是被我们所熟知的"色情电话（Dial-a-porn）"，每天只一会儿工夫就可以赢利 1 万美元。

这个行业相当一部分内容都是关于儿童的色情杂志、图片和电影。据估计每年有 120 万儿童被卷入色情产业、卖淫，年收益达 10 亿美元。制作儿童色情品的男性平均年龄为 43 岁，在他们参与制作活动之前，就已经认识那些孩子们了。他们通常是家庭的朋友、亲戚、邻居、老师或者律师（Burgess，1984）。儿童色情品不仅是一个家庭产业。和其他非法活动一样，这个行业也是高利润的，它吸引了很多不法经营者，并且经常被犯罪集团控制。

色情品满足了不同人的需要。收藏者可以花几千美元在电影和录像上。花 25 美分就可以在一家"成人书店"的后室"窥视"数分钟的无声录像带片段。

需要指出的是，在色情品宽泛的定义和论点之下，也可能隐藏着某些拙劣的动机。从那些为了几百美元而把孩子推进儿童色情品的父母，到以此谋生的专业色情作者及相关的发行业，为数众多的人都与这一产业利害攸关。

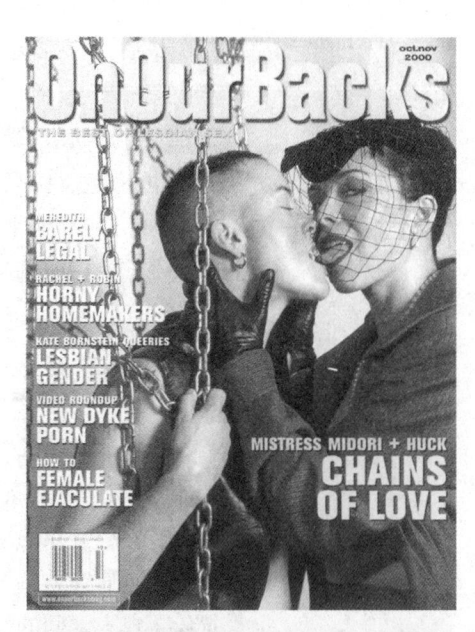

图 18.7 女同性爱杂志 On Our Backs（上）在 1984 年甫一面世就突破了性表达的限制；而 Candida Royalle's（下）从 20 世纪 80 年代开始生产为女性和夫妻设计的色情录像带。

最后，消费者也参与其中。所有的证据都显示，色情品的消费者主要是居于社会主流的男士，而不是社会边缘人士或反社会的性犯罪者。一般来说，他们大多属于社会中产阶级，受过相当好的教育，年龄在 22~34 岁（Mahoney,1983）。这类消费者中也不乏女性，只是数量上要少很多。从 1981 年的一个针对大学生的抽样调查来看，有 59%的白种男性和 35%的女性曾经看过青少年禁看的 X 级片，或者读过色情书籍；有 9%的男性和 5%的女性会经常去看这类电影（Houston,1981）。

后果的问题

色情品的第二个问题是关于后果的问题。它们是有害的，有益的，还是无关紧要的？没有明确答案的一个原因是定义的问题还没有得到解决。任何一个人只要谈及"色情品"导致的影响，马上会面临这样的反问：哪种色情品？

最近研究人员设法对三种基本类型的性暴露材料的影响进行了区分：**情色品**，描绘了成人之间的性活动，基本的特点是自愿加入，互利，平等和分享快乐；**淫秽的和将人客体化的**（degrading and dehumanizing）色情品，它使色情参与者客体化，并玷污参与者；**暴力**（violent）色情品，它通过强奸、性变态、残害和谋杀的方式，描绘侵犯和野蛮的行为。总的来讲，妇女和儿童是这些行为最直接的牺牲品。

但也并不总是这样进行区分。色情品司法委员会 1987 年出版的有关色情品的报告中，把所有的色情品归在了一起，认为这些材料"充斥着大量露骨的两性关系，并且有意识地以激发性欲为其主要目的的"。

赤裸裸地描绘两性关系的材料直到"二战"之后仍被认为是淫秽的，并为法律所禁止。它们显然有着潜在的危害性。在 20 世纪 60 年代之后的 10 年中，由于性观念开始自由化，有关性的材料变得更易于接受了，这也导致了美国最高法院在法律上对"淫秽"进行了重新定义（第 23 章）。到了 20 世纪 80 年代，有关色情品的态度再度变得更具局限性。

这些变化反映在两个全国委员会的意见中。1967 年美国国会成立了一个委员会，调查色情品的影响，并且分析有关淫秽的法律条文。经过广泛的调查和专门的研究，这个委员会在 1970 年就淫秽和色情品发表了一篇报告。其研究结果的核心是在成年人受色情品的影响与即刻或是之后的反社会行为之间，并没有相关性，更不用谈因果关系了。色情品被当做一种滋扰，而非邪恶；因此这个委员会建议（18 票中有 12 票赞同），"禁止出售、展示和分发性材料给同意接收的成年人这条法律条文应该被废止"。

这份报告引发了很多争论。委员会中部分持反对意见的委员把这份报告称为"色情作者的大宪章"，还有些委员希望能取消对"淫秽"和"色情品"已有的法律限制，从而进一步深化已经形成的建议。结果参议院拒绝了委员会的决定和建议（Reimer,1986）。

尽管并没有成为法律条文，但是委员会的工作使一种观点深入人心，即色情品虽然令某些人讨厌，并引起道德反感，但在本质上它是无害的，而且审查机构无权剥夺其表达的自由。

大约15年之后，第二个委员会成立了，这次的组成人员由当时的美国司法部长艾得温·米瑟（Edwin Meese）亲自挑选。委员会提出了一份与之前完全不同的报告。它的中心议题是，与色情品的接触在很多方面造成了危害。这份报告的主要结论和建议将在专题18-4中介绍。

1970年的委员会报告被指责对色情品过于宽容。1986年的这份报告则被指责过于褊狭，不仅针对色情品，而且针对整体上的性表达自由。六名成员的明显反色情品倾向甚至在委员会正式开始工作之前就已有表露（Lynn, 1986）。有两名委员会成员（包括陪审小组中唯一的一名心理学家）不同意这份报告中一条重要的结论——含有性暴力和淫秽内容的色情品导致了对女性的性侵略行为。他们抗议委员会出示的一些材料不具有代表性，并认为得出的结论过于简单而不会被社会科学所支持。这两个委员会都从对专家的广泛咨询和对现存文献的分析中获益，但是他们的结论却截然相反。对此，一种解释是，两个委员会中的大多数人都是在寻找他们想要找到的东西。两个委员会的发现因此都被认为是反映了当时的情绪而不是事实（Stengle, 1986）。从事性相关领域工作的多数专家表现了对米瑟委员会决议的不满，认为它明显是想对社会施加保守的性观念。这一论点使女权主义者发生了分化。色情品的坚决反对者，如凯瑟琳·麦克金农和安德里娅·德沃金（Andrea Dworkin），非常支持委员会的强硬立场。其他人则提出了疑义，他们并非赞成色情品，而是认为，性表达自由的被侵害从长远来看将意味着更大的威胁（Leo, 1986）。

第二种解释并不与第一种解释相排斥，因为自从20世纪70年代以来，色情品的性质已经发生了变化。这两个委员会的结论因他们所处理材料的不同而可能都是正确的。普通的观察似乎都可以支持这个结论，但我们须对两个时期的材料进行详尽地内容分析，以牢固地确认一个问题，即在今天的色情品中是否存在着更多的暴力（Donnerstein et al., 1987）。

潜在的伤害

关于两性间露骨性材料的负面影响要从两个层面上来考虑。首先是短期影响。假设有一张表现性行为的照片在你的班级里流传开来，一些学生立刻会感到被冒犯或滋扰了。这就没有必要去证实是否有任何进一步的伤害。

更加令人信服的论点是建立在可能的长期伤害之上。通常认为这些更大的危险影响了很多群体。最易受伤害的是孩子。过早地接触哪怕是健康形式的性表达（如裸体或性交）都可能过早地刺激和迷惑孩子们。而接触不健康的性形式会有更深层次的危险，如性暴力，可能会扭曲孩子性方面的发育。

由于这些利害关系，有人主张禁止儿童接触所有的性暴露材料，包括学校里的性教育项目。有些人还把这些材料区分为非传统的或病态的。

当孩子们在儿童色情品中被当成对象时,我们就已经使孩子受到了虐待。这里的问题并不是把这些材料暴露给了孩子,而是有些人施加在孩子们身上的影响。他们为了拍照片和电影,常会诱导和强迫孩子们摆一些造型或参与到成人们的性行为中,为其提供此类材料(Burgess,1984)。

性暴露材料对孩子的影响很难调查。同样的障碍甚至更为广泛地存在于对儿童时期的性欲问题的研究中。出于社会和伦理方面的考虑,在可操纵的实验条件下,把性暴露材料给孩子们看是绝对禁止的。因此,评估这种暴露所造成的伤害性影响只能在事发之后进行,而且面临着许多易混淆的变数。

另一群一直被认为特别容易受色情品影响的人是潜在的性犯罪者。这里所关注的是色情品怂恿了一些男子进行性犯罪。当一个儿童性骚扰者被捕时,如果发现他占有儿童色情品,此时刺激和行为之间的联系就不言而喻了;但当这种联系在一项对被监禁的性侵犯者、其他罪犯及普通人进行的比较研究中被系统验证时,发现这三类人群在占有、使用和接触色情品方面没有明显的差别。区别更多的只是在年龄、受教育状况和所属的社会经济阶层等方面(Goldstein,1974)。而且,儿童性骚扰者常被一些通常并不认为是色情品的材料唤醒,例如,数百万家庭中都可见到的普通邮购订单目录中穿着内衣的儿童模特照片。

尽管色情品对那些曾对女性有过性侵害的男子可能会有间接的影响,但调查研究者的总体意见是,"色情品,不管是暴力的还是非暴力的,它与性犯罪之间并不存在因果关系"(Donnerstein et al.,1987,p.71)。尽管强奸犯和别人一样,可能由色情品引发性欲,但是"色情品并没有引发强奸,取缔它也不会阻止强奸的发生……"(Groth,1979,p.9);是愤怒导致了强奸,而不是性刺激。因此,色情品并不是强奸的一个理由,也不应因此减轻强奸犯对其罪行应负的责任(第19章)。

其他研究显示,性犯罪者与未犯罪者相比,处于青春期和成人期时前者往往较少接触色情品(Cook et al.,1971)。性犯罪者通常来自性保守、性压抑、对直露的两性材料缺乏容忍的背景。这个特殊的事实被其他研究者解释为性犯罪者更易受色情品的伤害:不去接触它致使他们很少能够处理得当(Check 和 Malamuth,1984)。有些研究者认为,性犯罪者可能选择性地受到了某些形式的色情品的伤害,如一些描写暴力的影像。无论原理如何,色情品导致了强奸增多的趋势都是一种持续存在的观点(Court,1985)。

色情品对普通人的影响如何?把实验对象暴露于直露的情色品中,至多有轻微和短暂的影响。它更有可能使这个人随后进行手淫或是进行一些具有其本人特色的其他形式的性活动。不仅对一次性的暴露实验结果如此,甚至对那些要在情色品前观看长达一天90分钟,一周五天,连续三周的实验对象也是如此(Howard et al.,1973)。这种密集的暴露,甚至可能会抑制对性的兴趣。

在实验室条件下,带有性暴力色彩的色情品效果也差不多;在平常人当中,它

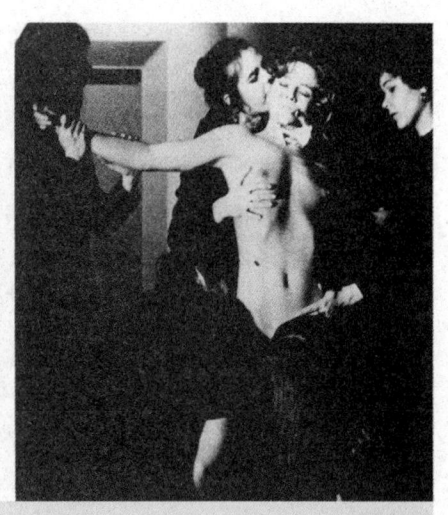

图 18.8 暴力色情电影（左）；1972年的电影《绿门之后》（Behind the Green Door）中的隐晦色情场景（右）

也不会明显地改变性行为。即使让人们连续几星期每天都看五部未删节的色情电影亦是如此（Malamuth，1984）。

暴力色情品的唯一重大影响是关于它的侵略性行为而言。试图证明这种联系的实验有两个成分：被测试者必须以一种受控的方式接触色情品；他们必须被一种独立的方式所激怒，从而明白是否这种对色情品的接触影响了被激起者的进攻水平。在一项研究中，被测试者对性材料的接触包括阅读一个描述强盗强奸一名女子的图文并茂的故事；读一个故事并且观看没有攻击性的性交图片；及阅读一个有关性爱的中性材料（Donnerstein，1980）。在另一项研究中，安排被实验者看电影：第一群人观看充满攻击性的色情电影；第二群人也观看了色情电影，但电影不具有进攻性；第三群人观看的电影介于上述两类电影之间。两个实验的参与者们都被他们的研究者们的一个同伴所激怒，然后通过这个精心设计的策略引导他们去相信，他们可以对这位同伴实施电击（当然，实际上根本就没有电击）。这项实验是要观察，对这三类不同刺激的接触，是否在被测试者向曾激怒他的人进行惩罚和侵犯上造成了不同。在第一项实验中，那些接触暴力性色情品的被测试者，比其他人表现出更高水平的进攻性。在第二项实验中，电影——没有侵略性的色情素材——导致被测试者对那些男研究者同伴表现出了同样激烈的电击冲动，但是接触侵略性电影则导致了被测试者对女性研究者同伴表现出更为强烈的惩罚性行为（Donnerstein，1980）。因此不难看出，性爱图像与侵略性图像的结合，甚至哪怕只有侵略性图像，都可以导致暴力倾向的上升，特别是对女性的暴力（Donnerstein et al.，1987）。

这些实验的情形很显然都是人为的，因此无法在色情品和对女性性暴力的现实之间建立一个清晰的联系。这一事实并不意味着色情品是无害的，或是应该被鼓励的。它潜在的伤害必须要被估计进来，不仅从临床的或是实验的视角，而且也要从社会的角度。色情品揭示了我们的文化对女性的哪些态度？又揭露了针对男女两性关系的哪些态度呢？对色情品的研究充满了很多不确定性，但是很多结论已经逐渐开始确立：情色素材，情色品，并不是都助长了一些消极态度和行为，除非它与暴力图像结合起来。一般色情品通过审查时，这样的图像并不受限制。在当今大众媒体——主流小说和电影——中的性场景和进攻场景的暴力水平，甚至连最生动的色情品都望尘莫及（Donnerstein et al.，1987）。

有一种越来越普遍的共识认为，有辱人格的和暴力的色情品至少是对女性的侮辱。它们通过使女性表面上成为虐待和羞辱的合法目标而降低女性的地位。即使它不会导致一名男性去攻击女性，也会使他更加宽容那些这样去做的人。对性暴力的脱敏作用可能是进攻性色情品最具破坏性的影响之一。色情品中的普遍主题认为女性在内心深处是享受被虐待的。这个谎言是对那些性暴力受害者所遭受的痛苦的嘲讽。

潜在的利益

非暴力的色情素材有很多潜在的益处。首先体现在性教育方面。如果我们要使性教育不仅仅停留在介绍两性关系基本常识的层面上，就需要依靠不同程度的暴露性性素材。涉及低年级时，显然有必要对此谨慎对待并具备一定的选择性，但当青年男女到了大学阶段就必须实事求是了。本书中的一些暴露性的插图，你的老师给你们展示的幻灯片和电影，它们都不是色情的。但是很多其他的则有可能是，即使它们服务于严肃和有益的目的。

没有哪个有责任心的人会把孩子暴露于露骨的色情品中，但是色情品对那些很少接触性行为的成人来说，可能有启蒙的作用。一部"赤裸"地展示夫妻性交的电影可能并未传授任何有关爱的知识，但是它确实提供了一幅有关性交"技艺"的图绘，后者是此行为的一个完整部分。

直露的两性材料可以对增加性幻想有一定的帮助（第11章）。这个世界有许多孤独的人，他们或许能从观看直露的两性图片中得到一定的乐趣。应该否定他们的这种愉悦吗？如果他们如此选择，为什么不允许人们用裸照来装饰他们的墙壁呢？有些人争论说，挂在墙上的女性裸照增强了男性将女性客体化的倾向（第16章）。另一些人采取了更加宽容的态度。不管是被当成手淫的辅助物，还是激发了夫妻间的性幻想，这种直露性的书和图片很久以来一直是被用于提高性兴奋的；在当今，电影和录像带将这一资源带入了家庭，并得以广泛传播。类似的材料也被应用于性治疗中，以帮助那些困扰于性功能障碍的夫妻（第15章）。

所有这些益处目前都适用于情色品，即那种"正当"的，很多人已不再认为它们具有色情性质的两性情色材料。那么那些有辱人格的暴力性的色情品又如何呢？它们可能存在益处吗？

中世纪经院哲学家和神学家圣托马斯·阿奎那（St. Thomas Aquinas）把卖淫比做

专题 18-4
色情品司法委员会 (1986)：部分结论 *

很显然，1970年委员会提出的"没有负面影响的结论"已经不再站得住脚。同样明显的是，宣泄作为对色情品影响的一种解释性模式，在这方面还未有证据证实；在大众传媒和反社会行为影响的广大地区，这一宣泄模式还未得到很好地发展。

但这并不是说，整体来看证据就足够全面和明确了。自从20世纪70年代以来，我们已经了解了很多，但仍有不少方面有待我们研究。

在这一点上我们都知道了什么呢？

- 显而易见的是，色情素材，特别是那些商业化的多种材料是有意要去激发（事实上也正在刺激）罪犯和未曾犯罪者。

- 强奸犯表现为会受被迫性或自愿性性描写的刺激，而未曾犯罪者（我们大学中的男性）则很少受性侵害描写的刺激。另一方面，当这些描写展现出此受害人"享受"这种强奸时，将会达到更高的性唤醒水平。

- 被强奸唤醒的描写似乎与对强奸虚构的故事、性暴力的接受态度有关，而这些衡量标准又与实验室条件下观察到的侵犯行为相关。

- 性暴力描写也增加了虚构的强奸情节被接受的可能性及对女性性暴力行为进行宽恕的可能性。这种态度被进一步认为是与实验室中观察到的对女性的侵犯有关。最后也有证据表明，实验室中观察到的对女性的侵犯与个人报道中的性侵犯行为有关。

我们对非暴力色情素材的了解还不太清楚。有些不确定的迹象表明，在态度方面可能会有一些负面影响，特别是大规模地暴露于此。这些影响的作用方式还有待进一步证实，不过，更多新近的发现表明，那些有辱人格的主题可能与非暴力的、非侮辱人格的色情素材作用不同。这显然是一个值得进一步研究的领域。

- 有意见认为，色情品的有用性，可能在于它是一个对这个国家的强奸率有着某种意义的社会文化因素的一个联结。然而其他一些跨文化的资料也提供了种种不同的结果，因此这些发现充其量也只是被认为是不确定的。

- 我们仍然对导致异常性的原因所知甚少，同时对罪犯发展模式的调查则非常重要，尤其是一些早期暴露的模式。我们对总人口中某些强奸犯和男性在性刺激和态度方面的资料进行了集中整理，不过另一方面，这还有待于更加深入地研究。

显然，需要更多的像过去那样令人信服的研究。这种需求也验证了那些处理不同影响的策略效力依然令人信服。如果符合社会道德准则及反社会的知识都出现在各种不同的描写中，并且双方都有明显证据，那么对这个涉及这些相同学习原则的策略，其需求就必须加以评估。

* *Final Report of the Attorney General's Commission on Pornography*, pp. 1031–1033. Washington, D.C.: U.S. Justice Department.

中世纪城市中开放的下水道，对于接纳城市制造的各种垃圾是很有必要的。类似的观点也可以用在色情品上。鉴于有些男性对女性会怀有侮辱和进攻性的想法，那为什么不把这些转变为幻想，以减少他们付诸行动的机会呢？从这一意义上说，色情品可能起到了**通便**（cathartic）的作用，为社会无法接受的性冲动提供了一道安全的阀门。但它真的是按这种方式在起作用吗？

最令人信服的例子来自于丹麦。1967年，丹麦从法律上认可了所有涉及性爱内容的印刷品的销售和出版,无论多么直露或色情;1969年,丹麦又扩大了法律范围,允许向16岁以上的任何人出售此类图片。

而结果就是,两性色情材料的销售量有了增加,这一趋势直到几年后才有所下降(从此色情行业主要是迎合旅游者的需要)。接下来就是新闻报道中性犯罪发生率的减少。这种变化部分是因为自由化的社会态度和警察的作用。换句话说,丹麦人不再认为某些性行为是非法的,正如他们已不再认为出售色情材料是无法接受的一样。这样,哥本哈根针对女性的露阴癖的比例已下降了58%,这一事实就可归因于丹麦人已学会从另外的角度来看待这一问题。同样的方式却不能解释为什么窥阴癖下降了80%,因为丹麦人依然认为它令人不快;骚扰女孩事件的比例也下降了69%,当然也不能归因于法律宽容度的扩大,因为丹麦人和以前一样一直都对此坚决反对。1959~1969年,强奸案的比例下降了16%,不像其他变化那么明显,但也可以进一步证明色情品和强奸之间的联系缺乏说服力(Kutchinsky,1973)。其他一些研究认为在某些情况下,对非暴力情色品的接触会降低性侵害,这也为之提供了支持性的证据(Donnerstein et al.,1987)。

对社会无关紧要的色情品

在这场论战中,我们会忘记一种可能性,即色情品的暴露无论如何也不会太多地影响到行为。在丹麦,两性之间异常性行为的下降和色情材料的增加,可能会一起导致社会的变化,但它们之间不是因果关系。同样地,在美国,一方面是儿童性骚扰案和强奸案比例的上升,另一方面则是色情材料的泛滥,它们或许都反映了某个潜在的社会变化;但色情品未必是其原因。

在实验条件下展示具体负面影响的难题或许在于没有什么负面影响可以展示。研究者从人为的实验研究中已得到的结果更可能是确认了社会预先的想法,而不是有关伤害的客观证据。色情品毕竟更像是一种有害的气体,而不是社会的致命污染物,难道不是吗?可是考虑到市场上某些色情材料的暴力程度,又很难认为它是无害的。基本的问题也许可归结为:是性还是暴力代表了危险?社会正期待对此问题做出明确的回答。

审查制度的问题

社会通过禁止的方式处理那些有害的和不合道德规范的行为。对色情品的禁止采取了**审查制度**(censorship)的形式——法律明确规定了哪些种类的直露性材料是不允许制造、传播和使用的。在什么是色情品及有关其影响的充满矛盾的证据之间,社会应如何依据众多分歧的观点去画分界限呢?这些问题的存在,使色情品成了一个重要的社会话题。我们将在第23章探讨它的合法性问题。

18.4 性和广告

以商业为目的的最广泛的性利用出现于广告业。广告的基本目的是表明它的可用性、质量及一项产品或服务的优势。这样,商业和生活就是一个整体,这种情况几乎遍布西方世界的每个角落,尤其在美国。

在古代,城镇中的叫卖者往来于街道,使人们能注意他兜售的货物,如奴隶和牛。随着15世纪印刷术的发明,大众传播工具的兴起,最终迎来了现代广告的时代。报纸是现如今最大的广告媒体,其次是电视。和其他媒体一起,它们现在几乎延伸到了现代生活的每个方面。

关于性的广告,其意义往往都是双重的。首先,它的广告词和影像描绘(其真实度不一而同)了诸如性吸引力和性别刻板印象等流行观念。因此,广告就像一面镜子,反映了社会的性态度和性价值观。第二,广告通过公开展示某些引起欲望的外貌和行为,使它们变成标准。孩子一旦成熟到开始关注他们的外表,广告就会在他们逐渐社会化的过程中扮演重要的角色,告之他们大众文化所认可的身体的吸引力、性感、男子气、女人味等是什么样子。

与性相关的广告的这两方面联系都是无意中产生的。广告只关心一件事——卖东西。它们并不关心反映、保持或者修改社会的态度和行为,除非这些方面能提高销售额(这就是广告不同于政治宣传的地方)。诚实的广告商会避免一些不道德的做法(如误导顾客或推销有害的商品),但充其量只是对那些购买他们服务的商业机构保持基本的诚信而已。虽然进一步的限制是媒体所施加的,如拒绝接受一则广告,但后者收入的相当一部分来自于广告;获取利润的动机,以及纯粹经济上适者生存的想法往往会盖过其他各种考虑。

性销售的广告

广告能被用于出售性爱用品和服务;但界定什么是性爱用品或服务总是很麻烦,其难度比去判定什么是色情品还要大。

出售性产品

从原则上来说,任何一项有意增强性吸引力,促进性刺激,或是用于性交的物品,都可以被视为性爱产品。赤裸裸的两性杂志、书籍、电影、录像及类似的情色品的广告,常常与它们介绍的用于性爱的产品性质没有直接联系——如果有点什么话,那就是它们夸大了这些材料的直露性和色情色彩。色情书刊亭常会把杂志用玻璃纸装好,这种做法很大程度上是由于这样一个事实,即当你购买后会发现它们的内容很少能传达封面所暗示的信息。

想一想

一个艺术家和一个广告代理商每人给你500美元,让你去摆裸体姿态。你会做吗?为什么?

色情杂志及邮购订货目录为一系列的性爱材料作了广告宣传,从性感内衣到假阴茎、震动器,以及其他"性事辅助器"。通过霜剂、健身、使阴茎"粗大"和使乳房"坚挺"的器具及各种春药等形式,这些广告同样给予了虚假的承诺。

主流媒体常避免播放涉及色情素材的广告。实际上,直到最近,它们仍然坚决拒绝为避孕套做广告。艾滋病的蔓延打破了这一障碍。利用广告传播有关"性安全"的信息,这一方式所具有的巨大潜能,直到如今才开始被探究。

和色情品一样,性爱用品广告也有着"赤裸"和"隐晦"的不同。在一般发行的出版物及公共电视中,我们所看到的通常可归为"隐晦"的一类。在一部叫做《唉,加尔各答》(*Oh Calcutta*,它已在纽约上演多年)的音乐剧广告中,出现了裸体演员,但并没有露出他们的性器官。性爱主题的书籍虽然受到公开鼓吹,但是在语言上还是受到了相当多的限制。

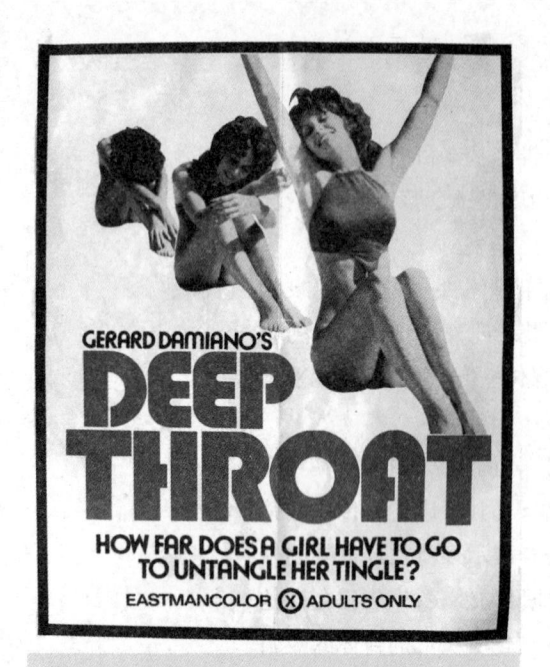

图18.9 1973年的电影《深喉》是第一部主流色情电影,该片以区区2.5万美元的投入获得了近6亿美元的收入,在色情电影史上堪称成功的典范。

影射及有性暗示的形象和内容,同样成为大量广告的突出标志,这类广告主要是关于化妆品、内衣、服装及其他一些或多或少直接吹嘘能够增强性吸引力的物品,如"维多利亚的秘密"(Victoria's Secret)系列内衣等。

出售性服务

在古希腊,一个有心计的妓女会在她的鞋底镶嵌上大的钉子,这样就会在地板上留下印迹,可以理解为"随我来"。罗马的妓院在雕刻的大理石嵌板上为它们的服务做广告。在性商业这种纯粹的表现形式中,广告始终起着主要作用。

19、20世纪之交的新奥尔良妓院依靠特殊的"旅行指南"来招揽顾客(Murphy,1983)。很多年以来,伦敦的妓女可以在一些特定地区的布告栏中张贴印有其电话号码和特点的传单(Gosling和Warner,1967)。更为露骨的景象则出现在汉堡和阿姆斯特丹这类城市的红灯区,妓女会坐在窗前来吸引顾客。有时也会在妓院门前站成一排来招揽生意。

通常只有那些寻找性服务的人才会关注这类广告。更多公开性的广告是零散地隐藏在"陪护服务"、"情色按摩"及性服务的其他外在形式中的。同时非商业性的个体广告形式也加入进来,这是由那些在单身杂志和"个人"专栏中寻找性伴侣的男女所带来的(第17章)。

广告销售中的性

从广告的性主题和形象的使用方式来判断，"性销售"似乎可以指任何事情，结果往往不太容易识别这类产品到底是如广告所说的那样，只是一个有关"性的"物品，还是说性仅仅是一个诱饵。举个例子，我们来看一则关于口红的广告。为什么女性要用口红？"看起来更有魅力"，基本都是这样回答。那到什么程度，魅力才意味着情色吸引呢？相同的问题也适用于男性须后水及男女服装。同样的，酒精饮料和香烟广告中的情色成分也是蓄意和暧昧的。

在其一些产品（如汽车轮胎或建筑材料）的广告中使用情色形象是完全没有理由的，但由于下列一些原因性主题也被运用在了这类广告中。

吸引注意

在一个汽车轮胎或拖拉机的日历广告中，展现了一位身着短裤充满魅力的金发女郎，女郎仅仅是被当成诱饵，吸引着潜在的购买者对这则广告的注意力。利用女性身体实现其目的，这种做法很普遍。瞄准男性，使他们停下来看看。很多人只看到了美女，但有些人会看到商品。此外，广告中的女性给人留下的良好印象，可能也会延伸到这个产品本身，即便这样的联系可能有些牵强。

性的影射

吸引注意力的另一个手段是让产品充满"情色"。有则建筑材料的广告，在后景中安排了一个斜靠着的艳丽裸女，并配有这样的标题——"她的体格就像我们的产品，在需要承受力量的地方很坚实"。有家航空公司播放了一系列广告，其背景展示的是一架飞机和一位女空乘，标题则是"我是芭芭拉，飞往迈阿密"。其中所说的"芭芭拉"可以被假定是指飞机，但更有可能是指那位女性，那么"飞往"就可能暗指很多事情。酒精饮料的广告常常依靠影射的手段，有一则广告是这样说的："愿你所有的螺丝刀（Screw driver）都是 Harvey Wallbangers 牌的。"*

* Screw driver 是一种鸡尾酒的名字。
——编者

性的象征手法

有一则广告展示了一对面对面站着的情侣，该产品的长颈瓶就叠放在女性的外形轮廓上。从这则广告的前后关系不难看出对阴茎的象征。一个圆柱形口红朝向带有挑逗意味的半张红唇，同样留下了少许想象的空间。另一则男性古龙水广告，展示一个带圆头的圆柱形瓶子，其意义也就显而易见了。

性的效仿

在有性爱内涵的广告中出现的模特，一般都是有魅力的年轻男女。这就暗示

想一想

无关性的产品广告中，你会禁止使用性吗？请解释。

说,如果你用了广告中的产品,你看起来也会像这些模特一样,或是也参与到画面所展现的同类活动中。从带着色欲的眼神彼此凝视的情侣,到一群纠缠在一起的裸体者,这一系列场景都暗示着一种狂欢。

广告中性的影响

就像我们理解色情品那样,让我们来看一下广告中使用性主题和形象的潜在益处和危害。这里我们将不关心广告本身是好还是坏,尽管从它本身来看,这是一个重要的问题。

潜在的益处

在一个"性宽容"的社会中(第23章),人们对人体有着可喜的接受态度,从而摆脱过分的拘谨和虚假的端庄。因此通过发挥广告的力量,将注意力吸引到那些值得投入的产品和服务中去,也便是顺理成章的了。

广告顶多是一种艺术形式。运用性爱主题,它能带来具有魅力的性形象,丰富了我们的感性世界。广告中真实、有欣赏价值的性主题和形象,也可以起到重要的教育作用。广告可以教会我们如何改善我们的外貌,如何才能使自己更性感。它们也可承担重要的公共卫生职能,如对避孕套的推广和使用。

从广泛的角度来看,广告中的情色主题与文学作品、艺术和色情品中的色情没什么不同。问题在于什么类型的性主题能被使用,以及要达到什么目的。

潜在的危害

反对在广告中利用性的意见,可能会以反对色情品的相同理由而被提出。

一派反对意见集中在广告中对裸体的公开展现,以及它们或直接或暗示地利用性主题的方式上。因为广告已经渗透到了社会的各个角落,那些更愿意保守性隐私的人,会认为广告普遍存在的性主题的使用现象令人反感。由于儿童不可能被庇护以免受广告的影响,因此这种论点获得了额外的支持力量。

另一派反对意见源于广告传达的性信息本身。与色情品一样,广告利用

图 18.10 知名品牌 Calvin Klein 以使用相当宽尺度的性意向图片作为其市场营销策略,这种策略被证明是非常有效的。

了女性,并引导我们把她们视为性玩物。广告传达的性信息常带有虚假的承诺。除了它的宣传口号之外,登上广告的衣服和香水不会把你变为一个展示模特的复制品。酒精不会带来浪漫故事,香烟也不会使你变得更迷人。

甚至广告中对身体的描绘,尤其是对女性身体的描绘,都存在着极为严重的失真。女性的腿和躯干的平均比例是8:4;在广告图像中这个比例常常要高于10:4。展现的长腿看起来更有吸引力也非常性感,因此容易让人产生幻觉。随着模特儿一年比一年变得更高更瘦,在期望(理想的)和实际(现实的)之间,她们创造着一个不断增大的差距。

普通女性很少被展示在时尚杂志中,除非作为美容美发的目标。出于同样的道理,青年少壮得到重点强调。广告没有推广不同的年龄段有不同的表现魅力的方式这一现实观念,而是培养了这样的一种观念,即只有年轻才是性感的。因此通过从化妆品到外科手术,人们都在无休止地寻求各种手段来永驻青春。

这些广告手法中,一部分仅仅是助长了奢望,而另一些则更令人不安。比如,鉴于女性中有越来越多的饮食失调事件发生(如厌食症和易饿症),因此坚持不懈地推广销售泻药、利尿剂、纤维药片及其他控制体重的方式等等,都会对身体造成严重伤害。利用"解放女性"的形象去出售香烟,这同样使人担忧。

即使树立了更为现实化的模特,广告仍只会更加强调人的身体外观(尤其是女性),而不是人的内在品质。其结果是肤浅和浅薄的。女性在广告中常被描绘为没有思想的,妖艳和轻佻的。她们常常要摆出愚蠢的姿势,如单脚站立,在空中跳跃,或是扭曲她们的身体。广告往往通过只显示符合广告需要的身体局部的方式把女性的身体缩减为一个具体的部位。

像在色情品中那样,微妙和不那么微妙的强迫表现已经渗透到广告中。在剑桥纪录片电影《软性谋杀》(*Killing Us Softly*)中,导演、社会理论家简·基尔伯恩(Jean Kilboune)已经非常详尽地研究了这类广告。尽管那部电影中所描述的大部分广告现在已不再使用了,但是它们已经被含有相同信息的同类广告所代替。对性、暴力或暗示性的暴力恐吓的使用,已经成为色情广告的又一新潮流。在香水广告中出现的图像多是被男性追求的女性沉浸在性欢愉中,或者被那些抵挡不住浓重香味诱惑的男性所"捕获"。香水常常被指定要去传播这样的影像。

性与暴力的结合依然是一项流行的技巧。在20世纪60年代,为出售流行画册,一些广告充斥着被铁链锁住的、被殴打的或是摆出煽情姿态的被束缚女性。部分广告活动因为太具有攻击性而被赶出了市场(滚石乐队有一张专辑的广告展示了一个被铁链锁住,并被严重殴打而遍体鳞伤的女性,双手被绑于头上,坐在一把椅子上说:"我被滚石弄得全身青一块紫一块,但我爱它。"),在现在的音像商店里,你能发现很多此类专辑封面。

为了能说服女性购买它们的产品,广告表现出一种竞争意识,几乎是针对亲密关系的掠夺性模式。它们鼓励女人相互竞争,甚至在嫉妒和仇恨中寻找愉悦,只要她们能成功地找回青春时的秀发、皮肤和身体。一则关于护肤品的广告吹嘘"她们回家后都将恨你至死",其图像为几个年长女性,她们正羡慕地看着容光焕发的朋友。一家丝袜厂商也曾在广告中发起一场类似的战争。每一则此类广告都表现了一对穿着优雅的情侣晚上外出赴宴。女人往往穿着垂至地板的长袍或裤子。男人则被另外一个女人所吸引,这个女人摆出诱人的姿势,超短裙基本露到大腿以上。对女性来说,这里的信息很明显,即为了抢走另一个女人的约会对象,可以不惜任何代价。

在一则牛仔裤广告中,描绘了一个面相强悍的十几岁女孩儿和一个年轻男孩儿在一起,她刚刚把他从另一个女孩那里抢来。伴着广告,这女孩儿自言自语地逐项嘲讽着那个"失败者",其中"最重要"的是那个可怜的女孩儿不具有正确搭配衣服的意识。所以她不应该得到战利品。

最后,还有一个一贯的倾向,即利用年幼的孩子(主要是女孩),让她们做比实际年龄大很多的性感穿着打扮来出售商品。在一则过膝长袜的广告中,一名小女孩穿着一双年长女性的高跟鞋,企图压低她正被吹上腰部的裙子。与儿童色情品一样,这样的影像可能会怂恿对儿童的虐待。

广告客户们反击了这些批评,认为它仅仅是反映了现存的社会价值观并提供给人们他们想要的东西。他们描绘的女性负面形象并不是他们所带来的,而是一个并非由他们所引起的社会问题。这一相同的论点也适用于色情品。

在性的利用中,寻找罪魁祸首是徒劳无益的。虽然某些人在以私利为目的而利用性这个问题上比其他人应负有更大的责任,但最终我们大家都有一个共同的性文化,我们个别和集体地创造、维持并生活于其中。

第 19 章

性侵犯

19.1 性行为中的侵犯因素
19.2 性骚扰
19.3 强　奸

男人对其生殖器可以作为武器而激生出恐惧的发现，可列为人类史前史最重要的发现之一。
——苏珊·布朗米勒(Susan Brownmiller)，美国女权主义者，政治活动家

仅从我们的日常语言中就能看出性与侵犯结合得多么紧密。性是分享愉悦的载体,承担着表达情感与爱的职能;但是俚语中对性行为的称呼("fuck"、"screw")也同时意味着背叛、欺骗、占便宜及不公平对待;其派生词汇("fucked-up"、"screwed-up")则表达了倒霉的、令人讨厌的、困难的、令人困惑的、糟糕的、浪费的、混乱的、神经病的等多种含义。这样看来,我们的语言便泄露了我们对性的复杂观感,它反映了一个事实,即性的邂逅远不止于满足我们的情欲和生殖要求那么简单。

我们已经探讨了这个主题的多个方面:侵犯的可能性激素根源(第4章);不同的性别表现形式(第10章);儿童性虐待及施虐受虐狂中的痛苦与侮辱(第14章);敌意在性功能障碍中的角色(第15章)和亲密关系(第16章);性利用,特别是暴力色情品中的攻击性倾向(第18章)。

本章我们将首先讨论侵犯刺激和破坏性关系的基本方式,然后转向两种具体表现形式:性骚扰和强奸。

在现在的美国,强迫女性进行性活动及针对儿童进行的性剥削和性利用被认为是最严重的问题之一。这种令人发指的行为迫使人们意识到必须立即对其进行制止。而试图去考察这种行为的更广阔的文化(更别说进化的)语境时将会令人感到不耐烦和恼怒:不用去管为什么这些人会去实施性侵犯,只需专注于制止和打击!

目前确实有保护妇女儿童(男人则少一些)免受性迫害的紧迫性。就社会和个人来说,我们需要采取一切措施去实现这一目标。而最佳途径之一就是去理解,我们只有摆脱先入为主的偏见,才能够考察所有可能的因素,进而了解性侵犯的起因和实质。

要想了解为什么我们的社会那么多的个人都实施过性侵犯,我们需要对社会和个人两个方面进行研究。换言之,我们必须了解我们文化中的哪些因素导致性暴力,然后确定为什么这些人而非那些人付诸行动,他们要么使用暴力达到性目的,要么使用性达到侵犯的目的。

19.1 性行为中的侵犯因素

侵犯(aggression,拉丁语中意为"上前一步")在一种意义上指力量与主导,另一种意义上则是进攻和敌意。在我们看来,这两个意义都适用于性,其界限是含糊不清的。一些人**支配**(dominate)、主宰另一些人,产生了社会等级制度。支配较少通过实际侵犯奏效,更经常地是通过侵犯的威胁而达到;与性侵犯类似,性支配也与性关系紧密相关。

支 配

在社会群居的脊椎动物中,通常会由某些个体来统治整个群体,控制与异性交配的机会(Raven 和 Johnson,1986)。雄性通常比雌性个体更大，也更具攻击性，所以它们通常(但并不绝对)对雌性占有统治优势。在很多物种中的每一性别内，个体都按**支配层级**(dominance hierarchies)确定其位置〔在鸡群中称为啄击顺序（pecking order）〕。在那样的等级中，一个动物的地位是相对稳定的，但并不是一成不变的，只有通过竞争、威胁和不断的自我维护才可得以维持。性行为中的支配，其重要性首先关乎交配的机会。规则是，雄性相对雌性有更多的选择，也更容易接近异性。但是在狼群中，占据支配性地位的母狼将决定谁来与雄性交配，在食物稀少的时候把选择留给自己(Compell,1987)。

动物主要通过**威胁性的姿势**(threat gestures)来建立优势和解决争端(Raven 和 Johnson,1986)。这种方式限制了争斗，并以最低限度的暴力维护了群体的稳定。不同动物具有不同的威胁性姿势以及增强该姿势的特殊外表。灵长类动物没有角、利爪或其他精致的搏斗工具，它们通过姿势和面部表情来表示威胁，例如，攻击前的直视表示恫吓，而目光游移则表示害怕和服从。人们认为，勃起的阴茎有类似的功能(Wickler,1972)。守护领地的猴子和类人猿常勃起阴茎，看上去会显得凶猛。当灵长类动物不是因为性目的而骑在另一动物身上时，通常也表示一种支配(第8章)。事实上，幼小的动物正是通过这种行为而学会交配姿势的。

图 19.1 埃塞俄比亚南部的男子喜欢用一个金属制的生殖崇拜头饰作为等级徽章

人类是否亦遵循这一模式？男性通常比女性更具支配性，这或许可以同男性更热衷于性暴力和性利用联系起来(Malamuth et al.,1986)。这种性别差异究竟应归因于生物学原因还是文化原因？对此的争论引出了一些阴谋论的和有争议的议题。从物理上讲，许多男子气概的特征通常都被与支配地位联系起来。脸部多毛表示成熟，也意味着较强的性能力；牧师飘动的白胡须令人尊敬；方脸、宽肩、目光炯炯、浓眉，都是精力充沛的有统治力的男子汉的典型特征。但实际上在现实中这些特征与男子汉气息并没有太大关系。

雄性重视阴茎的大小可能反映出阴茎早期的威胁作用。人类阴茎大于所有灵长类动物的阴茎，这或许是进化中雄性之间竞争选择的结果。15~16 世纪，男人们身穿的紧身马裤会在胯部设计一个**遮阳片**(codpiece)，使生殖器显得十分突出。在新几内亚及早期的美洲和非洲，人们曾使用葫芦做的阴茎鞘或是作为阴茎的人工延长(Heider,1973)。一些埃塞俄比亚村长头顶上使用一种独特的装饰，反映出阴茎曾作为支配的象征(图 19.1)。在许多文化中可以明显地见到这些阳具象征(第20章)。

社会地位与性能量和性吸引力之间的关系是显而易见的。至少在某种程度上，男人们之间的权力之争是增强其性吸引力的手段*。老年男子能够吸引年轻女性的一个重要原因，在于他们拥有权力和地位。简言之，支配地位对性关系有很大的

* 美国前国务卿基辛格(Henry Kissinger)曾说:"没有一间办公室，你就没有权力，而我喜欢权力，因为这对女人非常具有吸引力。"(《华盛顿邮报》,1977年1月7日)

图19.2 竖起中指是一种最为通行的表达挑衅的生殖器样手势。

想一想

动物中存在的等级统治关系能不能用来解释和合理化人类中的等级统治关系？

影响。它影响到谁主导性行为、性行为方式、性交时双方的体位及许多其他相关因素(Blwnstein 和 Schwartz, 1983)。

反之，性关系也影响到地位。一个男人的妻子、情人或女朋友越有吸引力，他的价值就越大。对女人也同样如此：她的男人越有魅力，越为女人艳羡，她就越有地位。随着女性的政治、社会解放，性与支配的相互关系也在发生巨大的变化。许多妇女不愿成为男人的装饰和社会地位的象征；而且随着妇女取得更多的财富和政治力量，男人的社会地位已不再是其性吸引力的决定因素。不过，使用社会地位去获得性目标和使用性来提高个人社会地位仍是人际关系中一个重要组成部分。

敌 意

性交语言被用于表示愤怒和敌意(hostility)。同样有人用性器官形状的非语言姿势来表示性侮辱(Morris, 1977)。虽然主要是男性使用这样的手势（"竖起中指"意为"Fuck you！"，图19.2）表示侮辱，女性同样也可能会使用。

两性用性表示敌意的方式有许多种。通常不是通过暴力，而是用一些心理方法，如对性行为不在乎，用反对、嘲弄这些方式去刺激性伴侣的自尊心。这些因素常导致性功能失调(第15章)，并伤害亲密关系(第16章)。

性与敌意之间的关系表现在两方面：性受挫、性不满足和嫉妒常常引起愤怒；而敌意常引起性反应冷淡，破坏性气氛和暴力。我们与某人感到愈亲切，在那人面前就表现得愈脆弱。当爱和性兴趣没有引起对方的响应时，我们常深深感到失意。真正的或臆想的背叛和不忠行为可引起强烈的妒忌与愤怒。因此也就不奇怪为什么最极端的暴力形式——谋杀——往往是男女关系的延伸：据1986年的《犯罪统一报告》(Uniform Crime Reports)显示，在女性杀人犯中，84%的谋杀对象是男性；被谋杀的女性中，87%为男性所杀。在42%的案例中谋杀者和受害者相互认识，16%的情况中是亲属。三个凶杀犯中间，就有一个是谋杀其情侣或性竞争者的。7%的谋杀起源于"爱人之间的口角"(Tennov, 1979)。

在密切的相互关系中，似乎经常存在各种形式的暴力行为（如击打、推搡、绞扭胳膊、拉头发）。更严重的伤害如骨折和内伤也很常见。近来**虐妻现象**已成为社会关注的焦点，而她们的处境由于无处申诉而倍加艰难。社会机构和志愿组织正致力于更加积极地替她们发出请求。但暴力绝不仅限于已婚情况或者男性对女性的虐待（尽管女性最易于被害）。一项调查报告表明，在大学校园里，60%的单身男女在恋爱阶段受到过不公正的对待或侵犯(Athanasiou et al., 1970)。暴力行为在很深的关系中比在邂逅关系中更为普遍。具有讽刺意味的是，情人之间的口角也传递某种爱抚的含义；伴侣经常通过挑起争论以唤醒对方的响应。当一个人深深爱上另一个人时，任何感情的宣泄，甚至恼火和谩骂都比漠不关心好。

似乎是性欲上的到处弥漫的敌意使得弗洛伊德提出：大多数男人倾向于贬低他们的情侣（他称其为性生活中堕落的最普遍形式）。心理学家罗伯特·斯托勒（1975）提出：敌意是所有性兴奋的前提。性生活的关键在于幻想。正是这些幻想促使我们寻求解决儿时起就存在的问题以及选择性伴侣、性行为。我们从童年起便积累了许多伤害和挫折。伤害性伴侣是作为自身被伤害的报复，也是一种尝试，通过再体验以从被伤害的往事中解脱出来。斯托勒说，胜利、愤怒、报复、恐惧、焦虑、冒险，所有这些都是复杂的性兴奋骚动凝聚到一起而形成的。应当明确的是，这里所提的是人的幻觉生活，这些欲望不必（而且通常情况下的确没有）被实现，因而人们是能在感情和爱抚关系中克服敌意的。

胁迫

有些人试图通过胁迫（coercion）来满足自己的性目标和情绪需求。胁迫可以表现为通过威胁和肢体暴力表达的精神压迫，也包括在对方无法给出知情同意（如儿童）的前提下将其带入性活动中。胁迫性性行为中不可避免地存在着施暴者和受害者，其遭受的创伤从心理、社会到肉体伤害不等。许多人更倾向于使用"**幸存者**"（survivor）这个词，因为它授予受害人权力。在人类的性交往中，强奸是最极端的表现，当然还存在许多其他形式的胁迫性性行为。当一个人——无论采用什么形式——把性强加给另一个人时，就构成了性胁迫（sexual coercion）。为了拓宽上面的定义，我们也可以说，一个人干涉另一个人的"采取或不采取性行为的自由"，就是某种形式的性胁迫（遇到诸如强奸之类的危险时所做的自卫或保护他人的情况除外）。

胁迫依赖于社会和身体力量。成年人经常胁迫儿童，男性经常胁迫女性。偶尔也会出现青少年胁迫儿童或者成年人。男性有时会遭遇其他男性的性胁迫，但很少会成为女性的受害者。

19.2 性骚扰

对强奸问题的认识由来已久，而**性骚扰**（sexual harassment）的现象受到大众的关注却是最近的事情。这有两方面的原因：第一，男人们一般倾向于把女人看作被动的性对象——可以自由猎取的对象，如果你能侥幸抽身的话；第二，受人尊敬的女子历来被期望对性不感兴趣——受到追求时即使内心想说"愿意"而口头上却偏要说"不"。由此推论，一对情侣调情之时，男方应该主动，女方应该反抗，但最后以女方妥协而告终。因此,性的胁迫已赢得了一定程度的社会认可,尽管妇女们可能明显地由此感受到了烦恼、被剥削甚至污辱。

在一项研究中,高校学生被问到这样一个问题,什么样的行为是含有潜在的冒犯,或者构成性骚扰?他们的回答包括性别歧视、不情愿的调情及其他口头性举动、身体语言(站得太靠近)、明目张胆的暗示、不受欢迎的身体接触(接吻、拥抱)、明显的目的性(但是不带威胁),以及性贿赂(Padgitt 和 Padgitt,1986)。不过上述这些行为有时只是意欲发生性关系或者只想表达友好的男女之间的平常小动作而已,那么你如何判断何时这种行为会包含性骚扰的意味呢?

决定因素

女权主义学者凯瑟琳·麦克金农(1979)将性骚扰定义为"在关系不平等的语境下过分的性要求"。在这一陈述中浓缩了三个关键元素,下面我们将单独探讨。要被称为骚扰,这种行为必须持久(persistent)。

性元素

能称得上是性骚扰的行为(而不只是令人讨厌的行为)必须具备一个清楚的情色因素。

原则上讲,许多人都可以是潜在的性伴侣,而在实际生活中,大多数人并不被包含在这种关系之内。在市场,在教室或者其他场景及各种无意进行性交的社会场合中,无数男女以各种非性的方式在进行交往。但是,一种隐蔽的或者公开的情色因素经常会被注入这些关系当中。

这种情色因素,其种类和程度各有不同,而种类和程度对定义性兴趣和性骚扰之间的界限非常重要。举例来说,一个普遍的行为是**性鉴定**(sexual appraisal)。人们通常会衡量一个人的性吸引力指数为何,这种行为可能只局限于审美愉悦的范围内,也可能越过某种界限。与女性相比,男性在对女性进行性评价时更为开放,也更易于集中在生理特征上。女性也会热心地对男性进行性鉴定,但是她们会表现得更收敛,而且会评价更多的特征。因此她们的性意图会表现得不那么公开。

如果性鉴定持续采取眉目传情的形式的话,那么当被看的人意识到的时候,或者当周围的人也无法不注意到的时候,性骚扰的第一个特征就已经具备了。当你在一定距离外欣赏某人,或者与别人进行眼神交流时,这种性的表达尚是私人的;但是如果一个男人靠近一位女士并盯着她的胸部时,或者当一个女人好色地看着一位男士的脸时,这种行为就变成公开的了。意图的目标变成了一种公开的结合,或者说被附加上了一种性要求。甚至即使你转向别处或者走开,你也已经被拖进或者被强迫进入到了一种情色结合当中。

如果性鉴定从单纯的看发展到触摸的话,那么它就变得更具冒犯性了。有些形式的触摸是具有明显的性指向的。捏、挤胸部和臀部，或者用生殖器与对方的身体摩擦(性摩擦)，这些行为则含有明显的性意图。当表面上友好的拥抱、拍打、爱抚和接吻被赋予情色因素的话，接受者如果不喜欢这种性意图便会处于一种尴尬的境地。陌生或不熟的人的要求是很容易断然拒绝的，但是朋友、同事或其他你尊重(或者惧怕)的人就很难处理了。

不是所有的性序曲都能被称为骚扰，此外还必须具备以下两个因素。

不受欢迎的过分要求

只有接受者不欢迎的性兴趣或行为才能构成骚扰，它必须包含欺骗(比如说假装给一个"友好"的拥抱)、心理压力(如令某人无法不着痕迹地摆脱)或者身体压迫(如强吻某人)。

你如何判断情色兴趣的表达或者是一个性暗示的传递会不会受欢迎呢？在男女两性发出或者接受的模棱两可的兴趣信号中有着很大的误解空间，一个人有可能会在无意中犯一个无心的错误。为了防止这种情况，一定要在有所行动之前先尽可能地交谈。尽管如此，在被明确地拒绝之后依然故我，这种意图就不能说是无心的错误了。

一个明显的表达会在一开始将人拖入一个不喜欢的情境当中。更多的情况下，无视明确的拒绝而进行持续的性探求，即使非常微妙，也会将对方拖入一个其不想要的关系当中。很难为"什么时候算是越界"这样的问题定下清晰明确的规矩。一个大体的原则是，如果一个人的某种行为已经被证明是不受欢迎的，但是他/她依然故我，那么这种行为就是不可接受的。

地位不平等

当两个人处于不平等的地位时，发生性胁迫(如性利用)的可能性更大。地位关系是非常复杂的，与另一个人相比较，你总会在某些方面胜于他/她，在另一些方面又劣于他/她。关键的问题不在于抽象的权力，而在于在某种特殊的情况下的一方的弱点。

关于在哪种情况下一个人更容易被利用，有若干更广泛的类别。一种是雇主—雇员关系，另一个是师生关系，第三种则是从事某种职业者与其服务对象之间的关系，如律师与客户、医生与病人的关系。

作为接受者并不是无处求救，但他们确实处于劣势。大体上来说年轻人相比成年人更容易成为受害者，而女性更容易被男性骚扰，虽然相反的例证偶尔也会发生。

场　合

原则上说，性骚扰可以发生在潜在性伴侣存在的任何场合。但在实际中，它更容易发生在有着不同权力地位的人之间（第18章）。让我们集中谈一谈那些最有可能的场合。

求爱时期

在已经有承诺并且双方互被对方性吸引的情爱关系中，伴侣双方很少需要说服对方去发生性关系。尽管如此，有时即使在互相深爱着的伴侣，双方的性意愿也未必一致。一方或许会通过温柔的请求、爱的宣言、引诱或者心理压力等方式来刺激另一方的性兴趣。即使那些亲密的伴侣或夫妻在进行性活动时，肢体强迫也并非不常见。当人们要求、哄骗、请求或者命令对方进行性行为时，妥协、说服与胁迫之间的界限变得难以确定，但这种确定仍非常重要。

社会环境

恋爱早期或者关系更为轻松随意的伴侣会更多地以一种自私的目的去利用对方。我们曾经讨论过的性别差异会令这种结合更加复杂。首先，女性对性伴侣关系中的恋爱关系成分强调得越多，男性排除恋爱关系因素而进行性行为的愿望也就越强烈。第二点在于传统观念对男性"购买者"和女性"出售者"角色——即性享受者和性服务者——的设定。而且，女性被期望应该为最有利的对象"保留"自己，要吝于奉献自己，玩一玩捉迷藏。这种设定就要求男性选择是要作乞求者，还是直接作肉食动物状。

我们的社会对男女两性的设定非常奇怪。理想的情况是，诚实而真挚地关心双方的要求，具备说"可以"或者"不行"的勇气及能够谈判和妥协的意愿。在实际生活中，人们总是试图在与对方的较量中占得便宜，或者索取比自己所能给予的更多的东西。

因为男性往往会获得比女性更多的权力，所以性骚扰就给予男性一种获得比其愿意付出更多的方法。在这种情况下，男性不愿意承认女性的自主权及她作为一个人的权利，他还会通过直奔性的主题来回答女性对一段正式关系的请求。在获得正式的权利之前，他就急于进攻，四处掠取。

反过来说，女性通常会通过承诺未必愿意给予的东西来寻求利益。通过在无意发展成性行为的前提下卖弄风情或作出引诱性的态度，或者在她愿意但环境不允许的情况下，一名女性可能会误导一位男性给予她关注和帮助。这种行为通常会采取玩乐戏弄或者欺骗来实现。

有一种观点认为因为女性素来弱势，所以她们被迫使用各种可能的方式来保护自己的利益。还有人会说她们表现出调情的样子是因为男性想让她们这么做。这两种说法对女性都是不公平的，因为它们视女性为宠物，而不是一个自主的个体。

男性常常误解女性的行为。当一个男性穿短裤或者赤裸着上身时，人们不会太过注意，而一个女性如果做同样的装扮则会被视为一种诱惑性的"嘲弄"（tease）。当女性因为天气酷热而穿短裤,或者出于时尚考虑而穿短衫时,男性会认为这是为了引诱他们。有时的确是这样,但很多情况下并非如此。

相似地,女性被社会赋予了愉悦的、热诚的和友好的特质。因为她们看重关系的价值,她们会比男性更加热衷于一段关系的开始和维持。当她们以这种态度与男性建立关系时,并非总是要引诱他们进入一种浪漫的或者性的关系当中。有些女性即使在一段不大可能有进一步发展的关系中也非常享受被求爱,因为这让她们觉得自己被重视。

男性通常很难准确地解读这些信号。有些人把所有友好的姿态误解成性兴趣。他们不明白的是,为什么即使一名女性坦陈对性有兴趣,她也对自己成为别人的性伴侣这件事情不感兴趣。这真是一种两难的境地,他们只好不屈不挠地祈求,而无视一个事实,那就是女性不喜欢不请自来的努力,更别说被毛手毛脚地强迫。女性同样也不喜欢那些苦苦纠缠的追求,即使是那些追求明摆着不须回报和不须欢迎。

工作场合

社会场合下的性骚扰是令人讨厌的,但是你通常可以打退派对上的讨厌鬼,或者避开一个过分的仰慕者。尽管如此,由于在雇主和雇员之间存在着权力的不平等,工作场合的性骚扰会更严重。

随着女性在工作中地位的上升,女老板对其男下属的骚扰在当今社会也日渐多见。同性之间的性骚扰也是可能的。尽管如此,最常见的情形还是男老板性骚扰女下属。因为女性雇员往往特别依赖于其工作(比如说单亲妈妈),而且她们更易受歧视(如在升迁的时候),所以她们往往处于一个非常劣势的地位。我们需要更加关注她们的经历。

性骚扰现在被确认为是一种对公民权利的侵犯。雇主必须对性骚扰其雇员负法律责任。尽管如此,在1976年一本杂志发起的调查中,90%的受调查女性报告说曾有过这种经历(Safran, 1976)。在1982年进行的一项更具代表性、规模更大的调查中,42%的女性和15%的男性报告说他们在过去的两年里在工作中经历过类似的遭遇。虽然男性受害人也有不小的比例,但是骚扰者依然以男性为主(78%)(Tangri et al., 1982)。

很难就性骚扰的流行程度提供一幅准确的图景,因为性骚扰的形式往往多种多样,而且人们会有不同的方式来解释这种行为。其最臭名昭著的形式就是,雇主通过强迫雇员满足其性兴趣来换取被雇用或者保住工作条件。还有一些人以升迁和加薪作为性行为的诱饵。有些雇员会非常随意地回复这些要求,甚至表达他们愿意"以性交换提升"(sheep their way)的愿望。更多的情况下,雇员会觉得被侮辱,被贬低,被占便宜,并觉得无助。

大多数的案例中,性骚扰会采取比较间接隐晦的模式。男老板会只是局限于开玩笑似地调戏他的秘书,或者进行无谓的令人不舒服的身体靠近,或者以表现友好或者恩惠似的鼓励为名义进行肢体接触。性骚扰也可以是纯粹口头形式的。黄色笑话，性影射，即使是带着色情调子的恭维（"你的腿真漂亮"）也是不受欢迎的。虽然男性能够辨别出公然的骚扰形式，但女性对较隐晦的形式反而更加敏感。

许多处于这种处境中的男性会否定性的目的，或者将他们的行为描述为"无伤大雅的玩笑"。他们甚至会相信自己的辩解，但是对性骚扰受害人的影响并不会因此而少一些。

图 19.3 工作场合的性骚扰尤其会给受害人造成一个充满压力和敌意的环境。

高　校

1982 年对加州大学伯克利分校本科女生进行的一次调查揭示，大约 1/3 的受访者坦陈曾经被男性教师性骚扰过（Benson 和 Thomson, 1982）。最糟糕的形式是，学生被直接建议以性换取更高的成绩。更多的情况是，这种骚扰以一种较为隐蔽的形式——"友好"的拥抱和亲吻，暗示性的身体语言，带有情趣性的言外之意，或者是太过热切的行为。

性骚扰对这些学生的影响通常都是负面的，女同学会陷入对自身学术能力及自己能否做出高质量成就的自我怀疑。假设教工们对她们的兴趣纯粹是性方面的（当然实际上并不尽然），她们会失去自尊及对教师的尊敬。如果这个人是一个广受学生尊重的人，或者眼下与她有着密切关系的人（比如说一个研究生和她的导师），那么后果甚至可以说是摧毁性的。这种负面影响也不全是精神心理性的，一名女性的受教育机会可能会因为这一经历而受损，她将来的职业生涯也可能会受到重创。

虽然我们有理由反对所有老师—学生之间的性结合，但我们这里关心的是加诸两方中弱势一方的不必要的性压力。也有一些爱情和性的结合是双方同意而没有骚扰的。

想一想

如果有一位助教持续向你表达性兴趣，你会怎么处理？首先假设你对此没有兴趣，然后假设你有兴趣。

专业服务

专业服务领域的各种情况下都存在着潜在的性骚扰，如一名律师与其客户。尤其是这种关系有身体接触（比如说和医生或者牙医）或者涉及一个人生命中比较私密的细节的时候（比如说和心理治疗师），这种可能性会更大。古希腊人认为病人特别易于受其医生的伤害。他们在《希波克拉底誓言》（*Hippocratic Oath*）中编撰了特殊的条款，要求医生发誓决不占其病人的性便宜："无论我进入谁家的房子，我都会为病患的利益着想,限制所有的错误和堕落,尤其不采取任何的引诱行为,无论对男性还是女性,有伴侣者还是单身。"

虽然大多数的医生和健康学家坚守着这些标准(如果违反会受到严重惩罚),病人与他们的照看者之间还是偶尔会发生性结合。通常这会给病人带来很坏的影响。双方关系的不平等性,医生或者治疗师关系的特殊变动,同意的问题与相关的考虑等多种因素相结合,使这种行为可以称得上是性骚扰的一种形式。

应对性骚扰

对付性骚扰是个困难、微妙的问题。在工作单位简单化地限制男女之间的性交往是不实际的,并且也必然会招致怨言,尽管这种做法本身可能的确会有效地让人们注意性骚扰。工作场合是最有可能遇见潜在的伴侣或性伴侣的地点。虽然人们会意识到混淆工作角色和私人关系的问题,但他们还是不愿意把他们的关系只限定在一个领域。

在这种相互关系中,病人、客户和学生并不全然是无助的。他们可以通过报道、揭露或者起诉侵犯他们的人来保护自己。而弱势一方如果同意的话,那么就很难谴责强势一方是在利用。你可以拒绝参与到一种利用性的关系当中去。

除了被动的沉默之外,有些权力层级较低的人还会通过以性交换承诺的方式获取好处,比如说晋升或者更好的等级。这也叫利用(尽管不存在胁迫的成分),因为它出于低俗的目的而利用了性,同时也对同事不公。手中握有权力的人有责任坚决拒绝这种行为,而不是从中获益。

应付性骚扰,比较现实的办法是集中针对骚扰这件事本身,而不必追究其他的相关因素。被骚扰者不妨以明朗的态度向对方表明(可通过私信):你的性关照是不受欢迎的,请马上到此为止。如果这样做仍不顶用,那么也只好求助于正式的手段了。你可以换掉你的医生、律师或者心理医生,并且可以考虑向其专业组织告发他们。在工作场合中递交一份投诉报告要冒更大的风险,这取决于环境。许多企业都有专门保护员工不受骚扰和报复的安全机制,但这些措施未必总能起作用。学院和大学目前建立了不满程序,设立专门人员受理性骚扰受害者的咨询,解决相关矛盾,惩罚被控诉的员工和教员。所有这些机制中,提出控诉都需要勇气、时间和精力。这不是轻描淡写的一步。这种性骚扰的危险性要求有关各方必须衡量采取正式形式的后果。

鉴于上述复杂情况,处理性骚扰问题时事先预防好过事后弥补。一些指示可以帮助你避免陷入这类浑水当中。首先也是最重要的是,谨记常识。女性不应让对局面搞僵的恐惧引领自己委曲求全。不要向那些曾经或者正意图不轨的人自投罗网。男性必须意识到自己不受欢迎的性意图会对女性施加许多影响。那些位居要职的,必须了解他们——哪怕不经意间——可能造成的恶果。男士们还必须清楚这种行

想一想

如果你是一位教导员,你会怎么处理校园里的性胁迫问题?

为会给他们的名誉、事业和关系带来的风险和伤害。现在女性开始越来越多地回击,她们的地位不再无助。

男性必须小心不要误解女性的行为。在你看来一个女人就其外貌举止来看意在诱惑,但事实可能未必如此;即使果真如此,也未必意在阁下。你有权利向一位女士传达你的性兴趣,但一定要机智得体。第一步一定要保证可以进退自如,以防令两人陷入尴尬的境地。静候最佳时机和地点,也要尊重对方的反应。没交谈之前不要动手,要接触之前可先示意。

反过来,女性也不宜误导男性。在工作场合穿一抹胸衣传递的信号跟职业装可就不同了。传统和现代对女人的要求在某些方面是一致的,但有些方面却不。你无法二者兼得。

一旦发现你正与之打交道的人对你有性兴趣,先在心里弄清楚自己想要什么。尤其是在处理与上级的关系时,决定你的性资产是否以任何方式——直接的或间接的——成为双方关系中的一部分,然后随机应变。作为一名自主自爱的女性,一定要确保你的付出和收获要以双方关系的最重要的目的为基点。当你得到的关照有别于你的同事,或者你享受到了不劳而获的特权时,问问自己是为什么。获得这些好处的同时,你抵押进去的是你的独立和尊严。

你可能仍在遭受性骚扰,但是了解上述提示将有助于你更好地掌控自己,掌控局势。如果你不能确定性骚扰的性质,可以在保持立场坚定的前提下表现出慷慨大方。羞辱一个手中握有权力的人不会让他知难而退,但就后果发出明确的警告往往要有效得多。

到目前为止我们谈到的内容都以男性发起性邂逅为前提假设,但目前越来越多的女性开始采取主动。在那种情况下,上述原则反过来仍然适用。

19.3 强 奸

当性的胁迫借助于武力或威胁时则被称为性侵犯(sexual assault),其中最恶劣的就是强奸(rape,拉丁语原意为"抓获")。强奸从心理及社会的角度来讲才是一个巨大的问题(生理上讲是没有意义的)。最近,由于我们普遍地意识到了女性的被剥削,所以人们对于强奸的理解和重视也就更加深入了一层。

然而,强奸是一种古老的行为。我们在《旧约》和其他一些古代文献中也能看到相关的内容(第 20 章)。通过一种或多种形式,它可能一直都存在于所有的文化中。这并不表明强奸是一种自然的行为模式,是不可避免的,而毋宁说它实际上反映了将性和侵略结合在一起的这种紧张。

在文学和艺术中,强奸是一个很普遍的主题。从文艺复兴艺术浪漫手法的表达,到现代电影用现实主义手法探究它野蛮粗暴的一面,这些都是关于强奸的不同表达方式。本章包含的内容涉及强奸的描绘性和心理学角度的内容。有关它的历史性，我们可以参阅本书第 21 章；它的社会性的和法律性的意义则可阅第 23 章。

强奸的实质

强奸是有关性的胁迫性质的一种最极端的表现形式。它基本的心理动力在很大程度上和性骚扰是一样的。只是强奸本身在行为和暴力程度方面采取了不同的形式。比如，强奸可以不包含公然的身体暴力，就像一个男人可以通过威胁来令一个反抗的女子进行性交，但也可以采用如一个强奸犯杀害受害者时所采用的那种极端暴力。

从正式的意义上讲，强奸一词是一个法律概念，而不是一种医学用语。目前没有对强奸犯的诊断，就像没有对杀人犯的诊断一样。这不是因为强奸和杀人都是正常的行为，而是因为没有一个心理方面的综合病症可以作为这种行为的基础。因此，强奸犯和杀人犯都应该对他们的行为负法律责任，除非有证据显示他们存在着一定的精神紊乱。

图 19.4　反对强奸的公益广告——"你能听见她的心跳吗？她是在兴奋，还是害怕？"

法律一般将强奸定义为"与不是自己妻子的另一个妇女性交——在违背其意愿、借助于武力、威胁或利用环境便利的情况下"。强奸的准确法律定义在不断变化，并且在很多案例中某些基本要求也在改变。比如，有这样的现实情况，受害者是妻子，可能就免除了这个案子的强奸性质。这个时候受害者就会用中性的术语来限定。性交以外的性动作（如口交、其他替代用具的插入等）也可以是充分意义上的性侵害，可构成强奸。

有些人把强奸的范围扩大，如苏珊·布朗米勒在 1975 年将强奸的特征描述为："借助武力对身体的一种侵犯，未征得同意而对他人的私人内部空间的一种侵占——简言之，利用多种方法中的一种，通过多条通道中的一条而实施的一种内部侵犯——构成对感情、肉体及理性尊严的肆意损害；并且是一种充满敌意的行为，可以称之为强奸。"

更广泛的强奸甚至包括任何污辱妇女的行动或剥夺妇女性自主权利的情况，如"视觉强奸"（指窥阴癖、色情文艺），"强制性怀孕"（指限制流产的自由）。这种定义伸延的政治意图是可以理解的，但若把根本不存在肉体接触的情况硬定为强奸，强奸这个词就失去了它原来的特定意义，因而也就没有效力了。从词的力量上看，"强奸"这个词的力量能和其他那些令人不快的行为相提并论吗？如果把看淫秽的色情品叫做"视觉强奸",那么这能阻止男人们沉溺于其中吗?大多数这样的男人不会认为自己是强奸犯;它会引导男人们去认为如果这就是强奸的话,那么强奸也没有多糟糕吗?这种情况和对"色情品"这一名的应用方面的考虑没什么不同(第18章)。这两种情况都涉及语言用法的社会影响,因词语定义的问题就变得很复杂。

另一个关键的问题是,强奸是性行为还是侵害行为。强奸过去被假设为是那些没有其他性发泄渠道的健壮男性所犯的罪。因此,卖淫被辩称是有意义的,通过容纳男性的性欲,它保护了端庄女性的贞操*。从这一观点来看,强奸就像是行凶抢劫——如果一个男人得不到他想要的性,那么他就将通过暴力来劫取。

有一种观点对上面的看法构成挑战。这种观点认为,强奸和性发泄条件的有无没有必然的关系;强奸根本不是一种性行动,而是一种暴力的表现形式。而且,他们认为这是在整体上女人被男人所控制的一种反映。正如布朗米勒(1975)指出,强奸是"一个有意识的胁迫过程,所有的男人会使所有的女人处在恐惧的状态中"。

对于受害者来说,强奸并不因这样的解释就成为一种不令人害怕的经历。但从某种意义上讲,这种说法的确能使受害者减轻对于性的憎恶。因为强奸是坏的而性是好的,因而强奸不是性。但这种观点本身有三个根本的缺陷:第一,否认性交的性含义会导致性行为的科学定义的危机,反过来讲,从性行为的客观定义上无法推导出非性的性交的存在;第二,维护"所有关于性的事情皆美好"的做法是不现实的。事实上,性完全可能是丑恶的,而强奸就是一个很好的例子;第三,它没有为约会时或熟人之间的强奸等留下余地,因为这可能是也可能不是强暴性的,但中心肯定会围绕着有关性的话题。因此,现实的做法是承认强奸的性因素和敌意因素是不可分离的,尽管在不同的案子中不同因素的比重可能不同。

* 在澳大利亚政府关闭了昆士兰州的妓院之后,强奸和意图强奸的发生率上升了几乎150%;美国强奸的增长看上去和卖淫业的扩展没有关系(Geis,1977)。

地　点

强奸发生的地点取决于受害者和强奸犯之间的关系。一个女人可能在一处偏僻的地方被攻击者强奸;另一个女人可能会在自己的床上被她的丈夫强奸。然而,有些地点比其他的更像是强奸的地点。据1977年对13座城市的调查显示,有1/5的强奸发生在受害者的住处;另外14%是在其住处的附近(如在院子里、车道上或人行车道上)。大约一半的强奸发生在偏僻的地方(如公路、公园、操场、停车场),在那里受害者被搭讪或被强奸。总体上看,大约65%的强奸发生在户外(Hindelang和Davis,1977)。这些调查主要以陌生人强奸为基础。约会时的强奸更多发生在房间内。每月的总数表明,绝大部分报道的暴力性强奸都是在夏季进行的,8月份数量会猛增(《犯罪统一报告》,1987)。

受害者和攻击者必须在同一时间和同一地点都在场,才能使强奸发生。很多要素必须契合:必须具备实施强奸的动机,使本来可制止强奸的内外因素减弱的条件,以及为这一行动的发生提供机会的因素。除了导致潜在的强奸犯和受害者形成的社会学和心理学因素之外,纯粹的环境因素也起了很重要的作用。这一现实对于阻止强奸的发生十分重要(Malamuth,1986)。除了更深的社会和心理问题需要考虑外,我们还要关心一些更普通的因素,如充足照明的街道和校园保护服务。

有些强奸案是完全没有预谋和无法预知的。一位负责国家税收服务的女性到一名男子的家里查收税款。他把这个女子铐上手铐,强奸了她之后将她放走,然后他自杀了(《旧金山纪事报》,1987年3月27日)。另外一些强奸案则是有预谋的:当一个强奸犯已经布置好了一间屋子,作为一次残虐的攻击的设定地点时,那么他对受害者实施强奸就仅仅只是时间的问题了。

这么一整套因素决定了强奸所涉及的关键元素——强奸犯、受害者、环境——全部凑在一起的统计学上的可能性。这就是为什么我们可以有效地讨论全国范围内强奸案的发生率,却无法给出特定妇女群体或某个妇女被强奸的可能性。没有哪个女性是绝对安全的,但是的确有些女性要比其他人更容易遭受强奸。

强奸的犯罪率

据报道,美国1986年有90,000多起强奸案发生,每6分钟就会有一起暴力性的强奸案(杀人案是每25分钟会发生一起)(《犯罪统一报告》,1987)。

尽管近年来大众对强奸有了更清醒的认识,但对于其真实的流行程度我们仍知之甚少。通过媒体报道而公之于众的性侵犯事件远远无法代表生活中发生的强奸事件的实际情况。

强奸属于报案率最低的犯罪。美国司法部在1981年的报告中称,人口普查局调查发现,1979年的强奸事件中有一半没有报案。此外有研究者估计实际发生的强奸事件是报案数字的5~20倍(Amir,1971)。

即使是报案的强奸,也只有一半的罪犯被逮捕;被捕的人中也只有3/4被审判;而被审判的人中也只有1/2被定罪。由于联邦调查局公布的强奸事件统计数字及所有关于强奸犯的研究都是依靠这些定案的强奸事件,所以我们很容易发现,由这些数据得出的结论是根本无法延伸到所有实际发生的强奸事件的。

强奸(包括意图实施强奸)又是美国增长最快的暴力犯罪。仅报案的强奸案就从1960年的17,190例上升到1977年的63,020例,再到1980年的82,088例(相当于每100,000名美国妇女中就有73人被强奸),再到1986年的90,434例,十年间增长了42%(《犯罪统一报告》,1987)。如果按照目前的比例持续下去,那么每4个青春期少女中就会有1个会遭到强奸。从地域上看,女性强奸案发生的最高比例是在西部各州(每10万名女性中有86名受害者);最低比例是在东北部各州(每10万名女性中有55名受害者)。强奸案的流行程度显然与都市化、贫穷及离婚男性的高比例有关(Jaffee和Strauss,1987)。

尽管所有主要的暴力性犯罪(谋杀、袭击和抢劫)的比例都在上升,但是在20

世纪 70 年代,强奸案的发生比例要比其他所有形式的犯罪的总和上升地还要快(Hindelang 和 Davis,1987),并且还会继续上升。

这些上升的比例可能部分是源于社会态度的变化,与过去相比,女性更愿意上报强奸案了。根据某些材料显示,现在有超过 50%的性攻击案已经报告了警察局或其他部门(Feldman-Summers 和 Norris,1984)。那些已婚的女性,受到了陌生人的严重伤害和攻击时,或者在非常确定这是一桩法律案件时,都会愿意上报(Lizotte,1985)。这一较高的比例也可以反映出强奸案的发生率是在不断增长的,有人把这归为暴力性色情品影响所致(第 18 章)。

根据人口调查(尽管抽样不具代表性)所估计的强奸犯罪远比这些数字要高。《红皮书》在 1977 年所做的问卷调查中,有 9%的男性受访者承认曾动用过武力或威胁而迫使某个妇女与之性交,另有 8%的男性承认使用过不太直接的强迫形式,如威胁妇女说要解雇她或取消对她的财政资助(Tavris,1978);《大都会》杂志的调查结果则是:每 4 个妇女中就有一个人至少有一次曾被强奸或被骚扰(Wolfe,1980)。这些数字看起来远比其他国家报道的要高得多。

对熟人强奸和婚内强奸更多的确认,也会为这一问题的盛行增加新的维度。在 1987 年一项由 32 个教育机构进行的全国性调查中,28%的女性(平均年龄 21 岁,其中 85%是单身,86%是白种人)报道说,她们从 14 岁开始就已经遭遇了性的胁迫,包括在有些事件中,酒和毒品被用来制服她们;15.4%的女性曾经经历过性交、口交和肛交,或者被异物进入;另有 12.1%曾经经历过意图强奸。在男性中,只有 4.4%的人承认进行过上述事情,3.3%的人企图实施强奸(Koss et al.,1987)。

当研究者采用联邦政府所使用的更加严格的强奸定义(基于试图或实际的阴道性交)时,在刚刚过去的 6 个月里,据报道每 1000 名女性中有 38 名被强奸。这个数字要远远高于国家犯罪调查(National Crime Survey)的显示数据,这一调查称在 20~24 岁的女性群体中,遭受强奸的比例是 2.5:1000。联邦政府的取样并不限定于大学生的范围,所以这两类人口数量并没有可比性;但是因为这一流行趋势在相对弱势群体中增长比较快,所以,实际比例的差异甚至可能比以上显示的还要高。

另外,某些制度性机构(如学校和军队)的调查显示了类似的高比例。在一项研究中,有 59%的女性都曾经遭遇过一次强迫性的性体验,范围从生殖器的抚弄(21%)到被迫性交(25%)。大多数的冒犯者都是朋友、约会对象或情人。婚内强奸数字比较难获取。有些研究者已经发现,在他们的研究取样中有 1/10 的妻子在性方面被其丈夫攻击过至少一次(Finkelhor,1987)。

关于强奸案存在的报道变化非常大。一些太平洋岛上的居民,如雅浦人(Yapese)和楚克人(Trukese)还不知道强奸是什么,然而在汤加(Tonga)岛上则有着最频繁的犯罪侵害发生(Gregersen,1983)。在有关强奸犯罪率的跨文化比较中,美国居于中间的位置(Sanday,1981)。然而,差异比较大的文化之间的比较可能会被误导。比如,在非洲的古西人(Gusii)中,诱拐年轻女子变得非常流行。由于支付聘礼的负担,年轻男子越来越难得到一个妻子(Levine,1959)。通过性占有一个女人,一个男人才可以有自己的妻子。这一习俗在一定意义上是"强奸",但和我们的文化比较而言,它又明显伴随着一套不同的心理动力系统(不论其好坏与否)。因此,在有关强奸数据的汇总中,不考虑文化背景而使用单纯的行为标准,可能会引发误解。

强奸的种类

异性强奸有几个重要的种类,这取决于强奸犯和受害者之间的关系。

陌生人的强奸

一个戴着滑雪面具的男子在半夜时分闯进了一名单身女性的家中,手里握着一把刀顶着她的喉咙,并强奸了她;一名走在没有灯光的回宿舍路上的大学生,被一名袭击者拽到灌木丛中,她与其搏斗之后成功逃脱。类似这样的成功的或试图实施的性攻击是有关强奸报道的最普遍的例子。

在不同的研究中,那种被陌生人而非熟人所为的强奸,其程度是各不相同的。1987年的《犯罪统一报告》表明,在1/3或1/2的被报道的强奸案中,至少偶尔会有受害者认识这个攻击者。因为陌生者的强奸比较易于被报案并更易于得到警方的严肃对待,所以在所有的强奸案中,受害者熟人的比例在现实中要高一些。在《大都会》的调查中,33%的经历过性攻击(这是一个比强奸意义更宽泛的概念)的受访者都曾被陌生人伤害过;相对而言,46%的受害者是被朋友和熟人伤害的,还有7%的女性是被自己的丈夫伤害的(Wolfe,1980)。

被陌生人强奸的案子出现的比例之所以高一些,其中一个重要的原因是女性完全可以识别出什么是性胁迫行为;并且相对于来自朋友和配偶的攻击,女性更愿意上报陌生人强奸。如果所有形式的强奸案都能记录在案,那么陌生人强奸案所占的比例将会小一些。同时,被陌生人或偶然相识的人所强奸,这已经逐渐成为强奸案的主要模式,现在大多数强奸案的研究也都以此为依据。以这种模式为基础的典型的强奸犯或受害者的形象是不具有代表性的。

图 19.5 日本大导演黑泽明在他的代表作《罗生门》(*Rashomon*)中呈现了针对同一起强奸女性事件的三个相互矛盾的版本,分别来自强奸者、被强奸者的丈夫及一位目击者的述说。

有时强奸犯和受害者彼此之间完全是陌生人。一名男子入室抢劫时吓着了一位女性，这个男子随即匆忙地强奸了她，这是一种情况。更多情况是，强奸犯认识这个受害者，至少是相隔较远时他仍有可能认出她，而且这个女子很可能与他有过一面之缘。在陌生人强奸案中有一个关键的问题，即这个男子和他的受害者过去或现在都没有性方面的联系，他们之间也没有发展成性伴侣的可能。因此，一个性因素就由这个男子强加在原本非性的或者没有一点联系的人之上。这一事实使这种行动的强迫性清晰可见。

熟人强奸和约会强奸

近些年出现了一种意识，即强奸不仅是被陌生人攻击的问题，而且也会被熟人、朋友，甚至是情人和丈夫攻击。而且，这样的经历好像都是发生在日常场所，如房间、宿舍和小汽车内，而不是在黑暗的小巷深处和陌生的地方。大学校园中发生的这类事情已经引起了特别的关注。

熟人强奸（acquaintance rape）指的是这样的情况：强奸犯和受害者彼此认识，但没有恋爱或性的关系。比如，有这样的情况，这名女子曾在一个聚会上认识了这个后来强奸了她的男人，之后他们或多或少有些进一步的联系。当约会对象或者亲密的朋友成为攻击者的时候，熟人的强奸较少涉及更多的个人化的问题。专题19-1就提供了一名女性被她的熟人和朋友利用的例子。

在约会情况下的性胁迫或者**约会强奸**（date rape），可能发生在不同亲密程度的情侣身上。它们共同的因素是，这个女子会愿意和这个男人在一起，并且对他的很多要求也会同意（去看场电影，去吃比萨和喝啤酒，给他一个吻别），但是会拒绝顺从他接下来的性要求。有时这个女子会自愿卷入这一关系，或答应了一些性活动的请求，此时她往往会怪罪自己，并原谅攻击者，或者至少减轻其行为的进攻性。当遇到别人说她有罪或最多是无知的时候（"她引诱了他"），这种反应还会加强。

这种强迫性的性行动接下来可能是更大程度的性亲密。比如，一对夫妻彼此进行爱抚到一定程度，女方不想再更进一步了，而男方想进行口交或性交。尽管她会在口头上和身体上拒绝他的企图，但是他完全控制了她，并完成了这一次性活动。在另一种例子中，这对伴侣可能曾经进行过性交，但现在女方不想这样，男方仍然坚持并最终强迫女方进行了性交。

在双方的意识里经常都存在着大量模棱两可的话。女性承认她所经历的性体验违背了她的意愿，但这是强奸吗？如果没有阴道进入（或没有射精），她可能会得出结论说这不是强奸。那些较少相信约会对象的强奸属于强奸的人，会更易于接受上述解释。

事实上女性更自由地进入到某种性的相互作用之中，或者在性方面得到了唤醒，或者在乎对方，或者不愿去面对她被强奸的事实，这些都可能使她忘记或否定强奸的事实。如果这一对人喝醉了，或者吸毒过量，那么他们对到底发生了什么可能会

想一想

为了预防不同级别的校园强奸，你打算发起一个项目，试着谋划一下。

记忆模糊。这就是为什么约会对象的强奸很少会被报案,并且防止这种行为也存在着很多困难。校园中有关强奸案的教育节目会告知女性这些相关话题,并且希望能对防止这类事情的发生有所帮助。

婚内强奸

一名分居的男子闯入他妻子独处的房子,强奸了她。这一场景很像陌生人之间的强奸,并且法院一般来说已经把这类案子视为强奸案。一名男子殴打他的妻子,

---

专题 19-1
大学里的性胁迫

尽管性胁迫与高等教育机构所坚持的所有原则都相违背,但其在大学校园中的确越来越流行了。对此可能有许多原因,导致全国范围内性暴力逐步上升的因素在这里也在起作用,毕竟大学生也分享同一个文化。另外,同龄男女集中在一起,他们正处于较容易发生性胁迫的年龄,且大多生活在父母和学校的监控之外,同时他们能够有渠道接触到酒精和毒品,这使问题更加复杂化。

这一问题由来已久。三十多年前,柯克帕特里克(Kirkpatrick)和凯宁(Kanin)(1957)报告说,62%的大学女生曾经在其高中的最后一年里至少经历了一次性胁迫,而56%的人曾经在大学几年中有过类似的经历;22%的大学男生承认曾经使用蛮力企图强行性交,这证实了女性没有想到会发生性胁迫事件(Kanin,1969)。更近的研究提供了更高的比例(Amick 和 Calhoun,1987)。

在对35所学院和大学进行的广泛调研中,高斯(Koss)和她的助手(1987)发现每8名女性中就有1名曾被强奸;在被强奸的女性中,有90%的受害者认识强奸犯,近一半是约会对象;12名男性中有1名参与了强奸或试图强奸;在被强奸的妇女中,向警察报案者不足20%,超过1/3的人没有向任何人谈起过这件事。

大学里偶尔也会发生陌生人的强奸。熟人和约会对象的性攻击——不论有没有完成强奸——要普遍得多。这些事件一般不会涉及武器和严重的人身伤害。比较典型的是,女性被强力征服,在攻击者试图亲吻、爱抚、脱她的衣服或强行安排体位时挣扎反抗。有时也会出现扇耳光、掐住脖子及更残酷的殴打,但最常见的还是持之以恒的口头劝说、请求、羞辱、威胁要分手及其他形式的精神施压。

女性的反应通常是坚持、争辩、恳求、哭泣、回击,或试图逃跑;69%的女性在这种情况下会抵死反抗(Amick 和 Calhoun,1987)。在经历了这些遭遇之后,女性通常感到愤怒、内疚和恶心。更自信的女性经历这些反应的可能性会小一些。

无论是在约会当中,还是在派对上,酒精对女性被占便宜都有显著的作用。下面是一份学生报纸对一名大学女生经历的这种状况的相关报道(Metcalfe,1988):

尽管"苏珊",一名大学女生,原本已计划好与她的男朋友共度今晚,一位朋友的来电令她改变了主意。按照苏珊的说法,"杰夫"说他真的得和她当面谈谈,事情太重要,以至于无法在电话里说。苏珊被带到了大学生联谊会,她的朋友是这里的会员,她觉得不会在这里呆太久。

似乎没有人知道杰夫在哪儿,但是在等他的时候,苏珊被邀请参加一个饮酒游戏。酒一杯接一杯,很快她就醉了。男人们开始展开性

进攻,一开始是一个人,但接着便群起而攻之。

这时苏珊才意识到她遇到麻烦了。

"我不知道发生了什么事,"今天她说道,"我真的觉得失去了控制。突然间,局势已不在我掌控之中。"

最后,苏珊记得,杰夫进来了,身上只穿了一件橡胶雨衣。他让苏珊表现他的一个性幻想,而对她的抗议置之不理。

"他强压在我身上,这带动了很多男人。每次至少一个,有时两个,有我不认识的男人进来对我毛手毛脚,我不知道发生了什么……他们抓住了我,我试图离开,但是他们又把我拉回去。"

"我完全不知所措,这一点我同不同意都无所谓了……那之后我睡了过去。"

第二天,苏珊打电话找来杰夫,就前一晚发生的事与他对质。

"他说,你醉了,你之前也这么做过,全是你自己的问题,我想如果你觉得有什么不对的话,那你真的需要帮助。"她复述道。

苏珊没有报案。当她第二天返家时,她的男朋友正在等她。她将事情原原本本告诉了他,但没有去警察局。

"我想这是我的错,"她说,"我不知道该怎么办。"

使她在性方面服从于他;他有可能因为攻击和殴打而遭到起诉。但是法院直到最近都不愿意指控他强奸,特别是在没有证据证明他过度使用暴力的情况下,法院被**配偶独享制**(spousal exclusion)的考虑所限制,这种说法认为丈夫不应该被指控强奸了他的妻子。

现在这种状况被极大地改变了。正如我们将在第23章中谈到的那样,现在美国有一半的州中,如果一名丈夫在夫妻还生活在一起的时候强奸了妻子,同样也是一种犯罪行为。对一对配偶来说,性的获得是他们对婚姻的一个最基本的期待这一事实,并没有赋予任何一方可以在任何时刻强迫另一方进行性行为的权利。不能给予对方性满足,可能会成为婚姻结束的原因之一,但是使用强制手段并不是解决这一问题的一种可以让人接受的方式。

通常来说,性不是婚内强奸的目的。一名男子带着愤怒及对妻子的故意羞辱和贬低施加他的野蛮性行为。这样,婚内强奸部分就是对妻子进行的人身虐待。无数的妻子正陷于这种困境中。有些人选择了离开;其余的不能或者也不想离开。她们出于经济方面的需要或恐惧而选择留下来;因为她们也没有别的地方可去,或者因为她们感觉依附于这个男人,已经把那么多年都投进了这段婚姻中,所以她期盼他会改变(Finkelhor, 1987)。

法定强奸

强奸的核心是自由选择的原则问题。到目前为止,在这类案件中,受害者通过被恐吓或者被迫进入不情愿的性活动,实际上已被剥夺了自由选择权。在**法定强奸**(statutory rape)中,受害者被剥夺了选择的自由,因为她们还没有到可以做出知情同意的年龄,因此就不能作出这样的选择。所以,法定强奸的决定因素是建立在法定年龄局限的基础之上的,而不是建立在受害人是否愿意参与,或者是否用过任何一种强迫手段的基础之上。美国大多数州都在性攻击条文之下起诉针对未成年人的强制性行为,只有不存在胁迫时才会援引法定强奸法案。

有充足的理由要保护孩子们不受性虐待,但是当涉及较大一些的十几岁的孩子时,法令的规则在决定强奸案方面,很明显是一种专断的方式。一名年轻的女性前一天还不满18岁,今天就已经满了,她两天之间就能魔法般变得有能力行使自己的决定权吗?这个问题与允许18岁的人投票和饮酒一样。任何的法定年龄限制一定或多或少是专断性的。

群奸

有一个普遍的理解,强奸在一种典型意义上是被单个男性侵犯。但是在阿米尔(Amir)的研究中,43%的受害者都曾经遭受两个("对奸",pair rape)或更多的男人("轮奸",gang rape)的强奸,也被称为**"群奸"**(group rape)。在这些冒犯者中,总共有71%的人曾经被卷入多种强奸案中(55%参与群奸,16%参与对奸)。参与群奸的男性往往比较年轻,而且有被捕记录。这些强奸案通常都是计划好的(尽管受害者并不都是提前选好的),并且往往选择住在附近的女性进行侵害。

轮奸往往特别恶劣,因为受害者完全失去了防备,而且攻击者们总是比赛谁更能强暴和羞辱她。男性强奸案的受害者常常会被一群进攻者所制伏,就像监狱中同性爱者之间的强奸那样。在极少见的例子中,当女性强奸男性的时候,几乎总是不止一个女性会被牵扯进去。

对男性的强奸

性胁迫的大部分男性受害者是儿童。成年男性被强奸的主要危险是在监狱中。尽管一个男性强迫另一个进行口交或使其顺从肛交,这都被称为**同性爱强奸**,但是在这些情形下的犯罪者常常不认为他们是同性爱者,而且在监狱之外他们也不会进入同性爱的关系中。男性偶尔也会被女性强奸(专题19-2)。

强奸受害者

根据上报的强奸案统计数据,得出了这样一幅典型强奸受害者肖像:年轻未婚女性,生活在城市底层社区。受害者的人口学特征基本上与攻击者重合,他往往严重缺乏教育和专业技术,社会经济地位低。尽管上述特点描述适用于很大一部分比例的强奸受害人,但这并不是说强奸只发生于某些特殊社会经济地位和种族的人群当中。被强奸的女性从蹒跚学步的婴儿,到80高龄的老妪,包括各个种族、各种社会阶层、各种婚姻状况及各种职业。最近,在城市生活和工作的中产阶级女性和大学女生又成了经常遭遇强奸的受害者。那些移动性很强的女性(职业女性、学生和总体上比较年轻的女性)处于更高的危险状态(Ploughman和Stensrud,1986)。另一方面，婚内强奸的上升趋势使得受害者人口呈现更加多样化的态势。

受害者的角色

有哪些行为模式可以与女性被强奸的可能性相关联？这样的问题一般不会问其他犯罪形式的受害者。但是有时候我们假设强奸更多是一个互动式的过程，受害的女性并不是在完全被动的情况下被攻击的，而是她们本身招致了那些攻击。

高危受害群体所生活的环境并不能允许她们有更多的选择以躲避性污辱事件的发生。对大多数陌生人强奸案的受害者而言，这种情况或多或少可能是真的。那么，在女性愿意和她的攻击者进行来往的情况下发生的强奸案，情况又怎样呢？她是不是以某种方式参与了决定结果的过程？

围绕女性在这种情况中的表现有一些误解，这些误解倾向于**责怪受害者**。一些传统的观点大都假设妇女遭强奸或多或少是她们自己招惹来的——有的出于粗心（"她应该知道的！"），有的出于自找麻烦（"这是她自找的！"），还有的甚至认为强奸犯能够得逞是由于妇女内心深处渴望被强奸（"任何真正违背女人意志的强奸都是不可能成功的！"），认为妇女想被强奸（"她们成天幻想这事儿。"），甚至认为她们乐在其中（有些强奸者甚至问受害者是否享受）。女性自己有时也会分享这些想法，所以她们经常为被强奸而怪罪自己。她们也可能会从一种认为自己本不应有危险的感觉中得到虚假的安慰（"根本不应该发生在我身上。"），因为她们的某些个性特征并不符合人们对有可能遭到强奸的女性的描述。

这些想法都是错误的。事实上，我们没能保持足够的谨慎，并不意味着我们刻意想招来灾祸（难道司机加速就是为了发生交通事故吗？）。某些女性（和男性）的确激发了对她们（他们）的攻击，但大部分都是不幸的受害者。对强奸的幻想和真实的被强奸的意愿（第11章）是不一样的。女性的阴道在性刺激之下也会变得润滑（就像男性的勃起一样），但是这种被强奸的刺激和害怕并不意味着受害者享受这样的体验*。最后，在被暴力制服和更严重的伤害的恐吓下，女性必然是违背其意愿地（男性也会这样）被强奸了。

随意地散布这类断言，会给强奸案的受害者雪上加霜。总之，这种解释无论如何也无法为强奸行为找到借口。

强奸案的受害者在很长的时间里都受到来自公众、警察局、法院甚至医生的怀疑和冷漠对待，这导致现在在检视她们行为的时候会遇到很强的抵抗，因为受害者们唯恐这样的伤害会再一次变成谴责加在她们身上。尽管如此，**"受害者引发"**（victim precipitation）是犯罪学上的一个很有用的概念。它关注的是受害者一方的行为对强奸有何促进作用（Wolfgang, 1958），探求如果受害者做出不同的表现，强奸是否可以避免。这样做不是要为犯罪本身而谴责受害者，也不是在为犯罪的正当性辩护。它潜在的作用是找到改变行为的方法，从而减少这种危险（专题19-3）。

"受害者引发"的情况在其他犯罪中也很明显。比如，如果在一次攻击中，是受

---

* 受害者一方性唤醒的可能性使这一特别的问题得以升华。大家都知道这种情况会发生，但是在Becker调查的50名女性或在Burgess和Holmstrom（1976）调查的90个案例中，没有一个女性在被强奸过程中体验过高潮。如果一名女性在这个过程中感受到了性的觉醒，那她无异于去体验了另外的内疚。

害者首先使用身体暴力，或者激怒攻击者，那么这一行为就具有挑衅性。如果一名女性突出的胸部煽动起了强奸犯的欲望，那么是她"促成"了这次攻击吗？如果一名女性纯粹出于自愿，或为了吸引她中意的男性的注意力，而在穿着和行为上处处流露出一种性挑逗意味，那么这是否意味着任何男性都可以随意地把自己的意志强加在这个女人身上？如果一个大学生在路上搭了一段车，或一名家庭主妇让快递员进了她的家们，我们能说是她们招来了性攻击吗？

专题 19-2
男性能被强奸吗？

男性被强奸的案例中，强奸者差不多也都是男性，并且这类同性强奸大多发生在狱中。受害者一般是年轻的犯人，他们身体虚弱或性格腼腆而无力保护自己，所以成为其他男犯人发泄性欲的目标。当然被强奸的绝不仅限于这一种人。为避免遭受不断的奸污，一些年轻犯人往往委身于一个身体粗壮的犯人，并成为他一个人的"女人"。狱中犯人的性饥渴是显而易见的，这些人的暴力和征服也是导致强奸的重要动机，尤其是强奸男人兼有性和暴力双重的刺激因素。受害者一般为强力所制服并被轮奸。看守人员的存在也未必能消除这类强奸事件的发生，据说在押送犯人的囚车里也会发生强奸。被强奸者往往因慑于更残酷的报复而不敢向监狱管理人员"打小报告"。因轻罪或因坚持某项原则（如抗议者）而入狱的人面临的将可能是噩梦。监狱警方尚未就这一问题寻找到有效的解决方式（Lockwood, 1980）。

在监狱之外，成年男性被强奸的案例极其罕见，在警察局和强奸危机中心记录在档的案例中只占很小的比例。被强奸的男性一般是中途搭车客，被别的男性以强力或凶器所制伏。这些强奸者大都是陌生人，但也有雇主强奸雇员甚至兄弟父子之间强奸的报道。在对男性的强奸中最通常的行为是鸡奸或是迫使对方口交。

人们长期以来一直坚持认为女性无法强奸男性，认为她们参与强奸一般只限于协同其他男人绑缚和制伏其他妇女并帮助他们实施强奸。在团伙犯罪（轮奸）中，女性从犯也有可能参与对受害者的蹂躏和折磨。从法律上讲，参与或协助犯罪的妇女可被指控犯有强奸罪。女性强奸女性（同性强奸）极罕见并且只限于囚禁中的女犯人之间。

已有证据表明女性可以强奸男人，并且此类强奸案的确存在。这种情况一般是一个或几个携带武器的女性强迫男性用嘴来刺激其生殖器并与之性交。这类情况下的男性受害者还可能受到便溺的污辱和其他伤害（有的受害者竟被阉割）。记录在档的这类异性强奸并不多，可能是因为这种犯罪本来就少见，也有可能是受到这种强奸的男子自己不愿意报案。男性被强奸的后果便是出现"被奸污后综合征"（post-assault syndrome），表现为抑郁、性厌恶和性功能障碍——和女性被男子强奸后的反应极相似（Groth, 1979; Sarrel 和 Masters, 1982）。

女性在强奸罪中很少成为发动进攻者的原因与女性参与暴力犯罪的人数大大少于男人是相同的。此外，当女性用性来表达愤怒之情时，最典型的方式是回避性而不是把性强加给男人——男人则远非如此。现代社会性角色概念的变化及女性在性活动中越来越强的主动性，是否也会使她们像男人那样参与更多强迫的性活动（犯罪），这一点仍有待于进一步的观察。但不管怎么说，男性被女性强奸，很难设想是否也会像女性被男性强奸那样对社会的安定和性的贞节构成巨大的威胁。

阿米尔（1975）认为，基于不同标准的强奸案中，有1/5都是由受害者引发的，比如，受害者去罪犯家里喝酒并被卷进了其他"被性所破坏的惊险刺激"。当运用更明确的标准时（比如，受害者使性行为升级或者同意发生性关系，但后来改变了主意），受害者所起的促成作用在调查案例中只占4%。和其他暴力犯罪案件（如自杀）相比，受害者的促成作用在强奸案中出现频率更少一些，比如，这一因素在杀人案中出现的频率是22%，在非性攻击案中出现频率是14%（Mulvihill et al., 1969）。

但是，很多青少年要对受害者负责。在洛杉矶的一场调查中，大部分十几岁的男孩子认为，在某些情况下，强迫一个女孩发生性关系是一种可以接受的行为，42%的女孩对此表示同意。那些为暴力的使用正名的情况包括，女孩的性鼓动（"让他感到性兴奋"、"诱惑他"、"说可以"），但接下来拒绝发生性关系。如果大家都知道这个女孩子曾和其他一些男孩"睡过"，或者爱参加派对，喝酒嗑药，在这种情况下使用暴力就变得更加易于接受。在其他情形下，女孩子为了追求时尚而不戴胸罩或穿紧身牛仔裤的行为引起了男孩子们的误解，他们把这解释成是一种性诱惑（一种普遍的共识认为，为一个女孩花钱买东西，并不意味着你有权利买她的身体）。不同种族、年龄、性经历及社会经济地位的年轻人的观念往往大同小异，甚至根本没有区别（《洛杉矶时报》，1982年9月30日）。

一个普遍存在的问题是，男人们往往不能理解，一个愿意加入性游戏的女人未必同意发生进一步的性交；她和其他人睡过觉的事实，并不意味着她必须和这个人发生性关系；即使是这个女人开始了这段性的邂逅，并且最初她打算"善始善终"，她也有权利改变主意。类似的情况下，男性有权感到沮丧，但是不可以使用暴力。

文化——而不是个人——是另一个了解受害人角色的路径，这种方法集中关注使女性成为可能受害人的社会模型。女性气质的传统模型认为女性应该顺从、依附。在人们眼中，女性应该无私、温暖、利他，当面对敌意和攻击时，她应该转向男性寻求保护。女性不应该打斗，也不应该接受这样的训练。在这种背景下，当一名女性面临一个一心施暴的强奸犯时，在几乎毫无选择之下，她只能沦为无助的受害者。为了避免这种情况的发生，人们争论说，有关女性应如何内省与如何面对对抗方面的教育亟须作出根本性的变革（Russell, 1984）。

强奸的后果

强奸直接的影响是在受害者身上。另外，那些和受害者关系密切的人，特别是性伴侣，也会明显地受到这种经历的影响。了解强奸犯自己所得到的后果也是很有趣的事情。

除了强奸的直接参与者之外，性暴力的发展形势可能对所有女性的一生都有着重要和普遍的影响，尤其是那些在高危环境下生活和工作的女性更是如此。强奸案的可能性引发了一系列不断的限制，比如，对她们夜晚出行的自由进行限制等等。强奸案的负担因此超过了它影响上百万人的生命这一统计学数字。

妇女被奸污的可能后果包括精神创伤、肉体损伤、怀孕、性病及情绪困扰等，这里我们将着重讨论后者。

强奸的精神后果叫做**强奸综合征**（rape trauma syndrome）(Burgess 和 Holmstrom, 1974)。对92位强奸受害者的研究表明，所有妇女在被强奸后均出现一种**急性混乱期**（acute disorganization phase），表现出恐惧、焦虑及愤怒的感情，她可能会怨恨强奸犯或责备自己，并感到内疚和沮丧。

在其他一些案例中，有些受害者会压抑自己的痛苦，而表现得异常冷静而镇定。这种沉默面对强奸的受害者往往一开始深感震惊，然后才会表现出典型的情绪爆发。有时这种压抑会一直持续到受害者在温和的鼓励下能够参与心理咨询时。

一般来讲，妇女在被强奸后第2~3周进入第二期，即所谓**"重整期"**（reorganization phase）。几个月（有时甚至更久）之后，强奸受害者方能走出情绪创伤，接受现实，并采取实际的措施保护自己。有的妇女已搬到新的住处；还有很多人会去旅行；很多人变更了电话号码。这一阶段的问题主要是修补其被伤害的性生活和亲密关系 (Sales et al., 1984)。

马斯特斯和约翰逊于1976年发现了被强奸女性身上出现的几种性问题。这些性问题的确切情况仍未最后定论，因为马氏夫妇所做的研究样本量太小，只限于来他们的诊所就性问题求医的妇女。

女性被强奸后最常见的后果便是对性活动产生厌恶因而对性的兴趣大减。在一项调查中，40%的人在6个月到1年的时间里没有发生过性交，75%的人在4~6年的时间里性活动水平低于被强奸之前（Burgess 和 Holmstrom, 1979）。更新的一项调查显示，对比另一个控制样本中的17%的数据，59%的性攻击受害者报告说她们经历了性功能障碍。表19.1给出了这些性功能障碍的分布（Becker et al., 1986）。许多女性报告说有多重问题。被女性强奸的男性也出现了性问题。在马斯特斯（1986）处理的对象中，虽然这些男性在被强奸过程中能够行使性功能，但在之后的两年里，他们却不能与自己的伴侣性交。有些被强奸的妇女遇到了严重的夫妻关系危机。一些丈夫无法在感情上接受妻子被辱这一事实，尤其是强奸一事被公之于众之后。他们觉得周围的人都在议论自己的妻子被"玷污"的事情。有的丈夫要找强奸者算账。丈夫的这些反应会大大地加剧妻子的心理负担，更容易导致性问题。有时，受害者的丈夫自己也会出现性功能障碍问题（如阳痿、早泄等）。但大多数丈夫能够理解并帮助他们的妻子。

帮助强奸受害者

对待强奸案受害者在某些方面和对待意外事件的受害者相似：医学、法律和心理学诸方面一定要同时兼顾。这是不容易做到的，而且在解决其他问题时可能还会遇到新的问题。

在生活中不幸被强奸的女性，事后首先应该与警方联系并马上接受医疗护理，

** 这些女性报告说她们的性问题与被攻击有关。

表 19.1 性攻击幸存者与未曾被攻击的女性的性功能障碍发病率 *（%）

功能障碍	性攻击幸存者 ** （n=152）	未被攻击过的女性 （n=17）
早期反应的问题		
害怕性交	53.9	23.5
唤醒功能障碍	50.7	23.5
性欲功能障碍	55.9	5.9
高潮问题		
情境性继发性无高潮	11.3	11.9
原发性无高潮	7.2	11.8
继发性无高潮	6.6	0.0
插入问题		
性交不快	10.7	0.0
阴道痉挛	2.0	0.0

* From Becker, J., Skinner, L., Abel, G., and Cichon, J. (1986). "Sexual Functioning of Rape Victims," *Archives of Sexual Behavior*, vol.15, no.1.

而不是先去洗澡、换衣服或清理强奸现场等。与强奸危机中心（Rape Crisis Center）取得联系对受害者是有益的。这些中心一般配备有专门人员，可以提供感情上的支持和安慰、信息、衣服、接送以及许多其他种类的服务。亲朋好友也是感情上的巨大后盾。强奸案不是那种可以独自处理的经历。

和其他意外事件的受害者不同，遭受了强奸的人会伴随着一种羞愧的额外心理负担，有时还会感到内疚。让一名女性去接受审问、检查，并把一些个人隐私暴露于法官的详细审查之中委实不易。把被强暴的经历描述出来，这一点不比让一个男性受害者去经受一次有伤自尊的殴打来得容易。运用法律的保护去告发强奸犯，这个问题我们将在第 23 章讨论。

尽管一名强奸案的受害者需要心理咨询和治疗，和她比较亲近的人也能提供很大的帮助。虽然女性们大多更倾向于求助女性朋友，但是她们常常发现男性朋友在强奸案之后的这段时期是最有帮助的人。朋友的作用是提供心理方面的支持。最好最安全的方式就是倾听受害者谈话。她会以她自己的节奏，用她自己的方式来表达内心，如果必要也会一再地掩饰事实真相。倾听者的作用不是帮助她逃避，也不是

图 19.6　一名强奸受害人在强奸危机中心进行咨询

去探查那不愉快的经历，更不是在这个时候指出她的陈述和行为之间不一致的地方，更不用说质疑和批评她的判断了。最终的目的就是帮助她恢复对感情的控制，重新建立起对自我的把握，并继续她的生活。

强奸犯

即使公众还没有意识到，但调查者很久以来就认为强奸女性的男性并不能简单地被归入单独的一个模式中去。强奸犯的类型有很多，作案动机也有很多，甚至在一个单独的强奸行动中就可能潜藏着多重动机。

专题 19-3
预防强奸

对那些处在高危生活环境中的受害者们而言，生活并不允许她们有更多的选择，只能使自己暴露在性攻击案之中，成为被攻击的对象。一旦发生了一次攻击，大部分受害者都会限制自己的选择。这并不是说，处在这些境遇中的女性应该感到无助并温顺地屈服于攻击者，相反，有1/4这类强奸案最终未遂，因为在被攻击的过程中，这些女性也有反抗。但是，当一名女性要和一群男性作斗争时，加上其中一个强奸犯身上又携带武器，或者打算伤害她，那么这个时候她就只能宁愿去忍受强奸的侮辱，而不是受到更严重的伤害甚至被杀，但这决不表示她们有意愿成为主动参与的一方。

其实，妇女可以采取很多方法来降低遭遇性侵害的风险。这里我们主要关注对陌生强奸者的预防。

由于很多起强奸发生在受害者自己的家中，所以平时门上要加锁，窗子也要加固。通往外面的门，要在里面装上弹子门锁和链子锁。当女性独自在家时要关好门窗，别忘上锁。为防止陌生人闯入屋内，不要为不熟悉的人开门。对于上门服务的人也一定要询问清楚，这样可以避免许多危险，拒强奸者于门外。

离家在外，最好避开荒僻小路、死胡同或封闭的楼梯间。汽车钥匙要预先拿好以便尽快进入车内。后座也要检查好是否有人藏于其中。行驶中别忘了锁上车门，这一点也是很重要的。中途带人和搭别人的车都是相当危险的。工作中，妇女应该拒绝独自留在荒僻的建筑物里。在户外，则应避免在夜晚独身步行。漆黑的夜晚、行人稀少的街道或荒郊的空旷地对于女性来说都是极为危险的。如果一个女性不得不在夜晚独自走路，她应该事先探查可能发生的麻烦，挑选照明好的街道疾走，穿适于跑步的鞋，并随手携带防身之物以备不测。手提包、伞、书籍、钥匙及其他合适的物体都可以充当有效的武器。随身带一只喇叭也是一个好办法。参加短训班、学习女子防身术等也很管用，只要能熟练地掌握要领，即使不是格斗专家的女性在碰到劫持时若能清醒地撕、咬、踢、抓，也可能成功脱险。任何情况下使用武器都是危险的，因为它们有可能被抢夺反过来威胁受害者。同时使用武器也是非法的，而且即使是出于自卫，伤害了攻击者也是要负责任的。

遇到强奸时，女性应该怎样做才好呢？可惜我们不能给出一个万能的答复以应付各种各样的实际情况。每一名女性都必须根据自己所处的情况做出最合适的判断,采取合适的行动。这取决于她面对的是什么类型的强奸犯——这是很难作出判断的。基本的策略依赖于,这个潜在的强奸犯只是要发生性交还是想通过羞辱她来宣泄他的愤怒。丧失了道德感的和性不满足的强奸犯是数量最多的一个强奸犯群体,属于前一种类型;那种恶意的和虐待狂式的强奸犯则属于后一种类型。

在第一种类型中,一个女性有更多的机会能够劝阻、威胁和抵抗强奸犯的伤害。这些强奸犯出于性不满足的原因,想得到的就是性的剥削和补偿,如果这个女性使他们付出很大的代价才能得到满足,那么他们就会收手了。但与一个充满了敌意或特别有虐待欲的强奸犯进行搏斗,这可能会使他更加被激怒和唤醒,因为他的性和暴力在这个时候已经融合在了一起。如果这个强奸犯是想上演一出强迫性的和充满仪式色彩的白日梦场景,那么这是最难制止的。

在处理这些情况的时候,女性时常会得到很多的建议,它们有些是互相矛盾的。接下来的这些想法,来自于普林特基(Prentky)和伯盖斯(Burgess)1985年的一项关于已定罪强奸犯的行为研究。

首先的也是最好的选择是尽可能逃跑。如果逃不成,女性应该开始和强奸犯交谈,让这种谈话处在真实的和当下的状态中。女性应该"温柔而恰当地去传达出自己是一个陌生人的信息"。"受害者一定不要说出那些可能会使强奸犯觉得自己的愤怒是合理的话,如声称自己已经得了性病。"

如果这个强奸犯在听或有回答的话,这名女性可能已经控制了这个"寻求补偿型"的强奸犯,那么最好的办法就是继续和他交谈,说出她的真实感情与他坦然相对。这样的强奸犯在积极的抵抗方式(如大声呼救)下往往大多会停止进攻,也最不愿意造成身体的伤害(但是,女性一定不要使用武力去抵抗任何一个携带致命武器的强奸犯)。

如果这个强奸犯并不注意受害者所说的话,但也似乎并不想无端使用暴力,那么他可能是属于"剥削型"。有一种建议就是保持谈话,尝试"吸引强奸犯的注意力,让他觉得你对他来说是个人",用一些涉及他自己的问题去转移他的注意力。打破最初的紧张对峙的局面,可能会让这个强奸犯放弃。

如果这种谈话使得强奸犯加大了攻击性,并似乎想要侮辱和贬抑他的受害者,那他可能属于将自己被女性虐待的愤怒转换为性欲望的那种类型。这个时候最好的策略就是表现出对他的同情和理解;"试着表明一些你的兴趣、关心及同情",这是研究报告给出的建议。

如果强奸犯提出了一些奇异的性要求,他多半是一个虐待狂,这可能是最危险的一种类型,尽管也是最少见的。这里的建议是尽早地发现这种潜在的危险,并设法终止它。万一攻击开始,那么建议你坚持反抗并尽一切可能逃跑。

"那可能意味着假装参与其中,并且在关键的时刻最大限度地利用奇袭,尽可能恶意性地去袭击强奸犯生殖器部位或脸部。这需要把你的害怕转变成愤怒,把你的无助感完全转变成争取生存的斗争"(Goleman, 1985)。

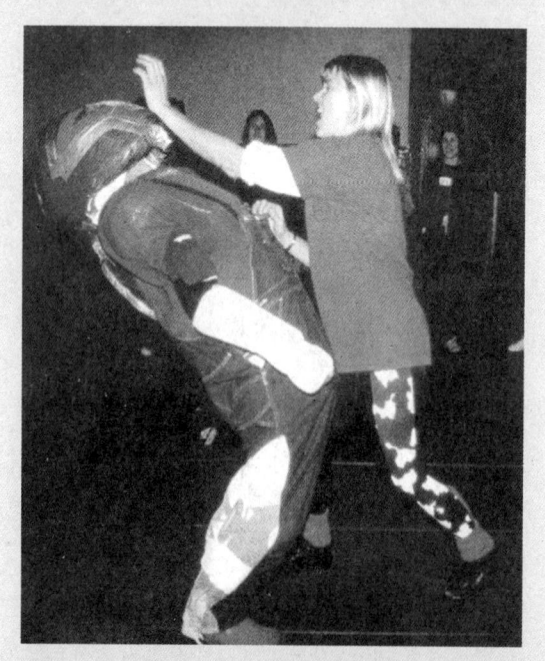

图 19.7 女性的自我保护意识已经有了空前的加强,讲授女子防身术的课程班受到了广大女性的欢迎。

异性强奸者的社会心理特征

根据犯罪记录和社会调查所做的社会学研究,只能刻画出强奸者的大致线条,关于这些罪犯内心世界的轮廓则由对强奸犯个体的临床研究来描绘。这是两条不同层次上(前者群体,后者个体)的研究途径。可惜的是至今这两种方法都未能给出令人满意的研究结果。

在1986年因强奸而被捕的罪犯中,45%是25岁以下的年轻男性,30%介于18~24岁之间,52%是白人(12%是西班牙裔),47%是黑人,其他族裔占1%(《犯罪统一报告》,1987)。

警察局的档案和社会学研究的样本一般将这些男人中的绝大多数划归于一个"暴力亚文化"群体。大多数强奸犯贫穷,受教育少,从事简单职业,社会地位低,对占主导地位的社会文化持仇视态度,并且倾向于靠暴力来夺取他们得不到的东西。

关于强奸最著名的社会学研究之一是阿米尔于1958~1960年在费城做的调查。根据警察局的记录,他的研究结果(要点)如下:大多数强奸者和受害者年龄在15~19岁之间,多数未婚*;90%的强奸犯从事简单的职业(从技术工人到失业者不等),社会地位低下;强奸者和受害者中黑人均占大多数**;82%的案例表明强奸犯和受害者居住在同一地区;57%的强奸犯有前科(20%的受害者亦有前科)。

上述特征描述对一小部分强奸犯来说是有效的,但显然不适用于相当大一部分(可能是大多数)强奸犯,而这批人并不属于社会边缘分子。实际上,普通强奸犯的人口统计学特征未必和普通人有多么大的不同。

仔细考察两组赞同和反对强迫其约会对象性交的大学生的社会态度,会发现两组存在着同样的暴力倾向。在他们那里,暴力不像定案的强奸犯那样是针对社会的,而是针对女性本身的。

约会强奸犯在达到其性目的时通常比其他人更善于利用:80%承认要依靠酒精,86%要用虚假的甜言蜜语来说服女友与之性交;非强奸者也会发生类似的行为,比例分别是23%和25%。约会强奸犯都属于美化性胁迫,并视某种类型的女性为特定目标的同龄人群体。这些人认为如果他们能强奸一个在酒吧勾搭上的女孩(54%,控制样本中占16%),一个"teaser"(玩弄情感的女人)(81%,控制样本中占40%),或者骗男人钱的女人(73%,控制样本中占39%)(Kanin,1985),那么他们在同龄人圈子中的地位将得到加强。约会强奸犯也面临着来自群体的压力。

看上去似乎定案的强奸犯对女性是没有特殊癖好的,而约会强奸犯则要有选择得多。控制样本中没有强奸的人(尽管他们曾经这样想过)具有一种连续统一性。他们视妇女为占取其便宜的性客体,尤其是当她们表现很容易上钩,或者以性为手段到处诱惑男人时。

这些情况下的胁迫被86%的约会强奸犯和19%的控制样本所证实。相反,五个

---

*这一发现也适用于普遍的暴力犯罪:在加州,1981年因谋杀而被捕的人当中近90%是男性,他们中的一半年龄在25岁以下。

**阿米尔关于80%的强奸犯和受害者为黑人的发现,部分反映了费城地区黑人占人口很大比例这一现实;全国性研究统计数据显示,被捕的强奸犯中有一半是黑人。从历史上看,黑人也是白人强奸案件中被诬告最频繁的群体。

人中有一个认为即使很多人都在使用胁迫手段,也不能证明它是正当的;而控制样本中每五个人中有一个认为性胁迫是合理的,但是不应被判有罪。

谈到增加女性被强奸几率的几个因素时,我们认为存在一系列决定女性应如何处理与男性的相互关系的文化期许。相似的,人们可以争辩说,男性被社会化的方式为他们对女性实施性胁迫提供了借口。男孩子们被教育要明确他们的目标,在获取目标的过程中要掌握主动权。先锋社会男子气概的核心价值观便是绝不容许否定,劝说失效时便动用武力。一旦女性成为有吸引力的性对象,他们遂按照上述规则对其进行征服。

比较易强奸(rape-prone)和无强奸(rape-free)文化,可发现在女性地位和两性关系方面存在着巨大的差别(Sanday, 1981)。在易强奸社会,社会对男性的要求是爱竞争,富有侵略性;卓越的身体技能被视为光荣,强力是合法的获胜方式。作为对比,在无强奸社会,男女权力更平等,男女儿童在社会化过程中都被要求避免互相打交道。我们将在谈到社会暴力时回到这些社会观点。

文化在决定男性是否应当仰赖暴力时显然具有明确的重要性。人不仅仅是其社会的被动对象。同样来自某一社会,为什么有些人沦为强奸犯,有些人却没有?这就要考虑到不同强奸犯个体的不同类型了。

强奸者的类型学

已经有许多研究者尝试根据强奸犯的主要作案动机,来把他们分成几个类型。举例来说,伯盖斯和霍姆斯特姆(Holmstrom)1974年把强奸犯分成丧失道德的、性不满足的、恶意的及虐待狂的等几类。格罗斯(Groth)和霍布森(Hobson)1983年根据强奸犯所制造的强奸案的种类,把这些人分为:为了性满足的强奸、愤怒的强奸、暴力强奸及虐待狂强奸。在这些类型中存在着相当程度上的重叠现象。而且,从各种类型中的不同比例来看,比较有代表性的强奸犯都兼具了几个类型的不同特征。尽管如此,分别检验这些类型还是比较有益的。

最常见的一类即是所谓**道德沦丧型强奸犯**(amoral rapist)。这些人一般年龄较小,身上带有动物捕食般的侵略性,随时都在寻找可以发泄性欲的女人,为此不计任何后果。这种人对妇女的侵占就像侵占别人的财产一样,为了达到目的,不惜动用各种力量。这类强奸者基本上属于机会主义强奸者,一旦有机可乘,则决不错过捞便宜的任何机会(如在入室盗窃时发现一个独居的女人或在酒吧、聚会中发现一个喝醉的女人)。道德沦丧型强奸犯可能制造了大部分寻求性满足的强奸案,并且也是约会对象强奸犯中最普遍的类型。一个采取强有力抵抗的女性常常倾向于劝阻他们放弃完成强奸的企图。

第二类强奸者属于**性不满足型**(sexually inadequate rapist)。他们的首要目的也是获得性满足,但是这种男人的性欲不借助于暴力便无法得到满足。这些人由于平时在女人面前害羞而不能赢得爱情,于是便通过稀奇古怪的性偏爱和幻想自己是一位了不起的情人而获得心理上的补偿。强奸便是这种补偿形式之一。这类强奸者一般精心选择强奸对象，并且只在适当的时机才付诸行动。强奸者往往信心不足，犹豫再三，常常借助酒劲才敢动手。如果妇女在遇到强奸时拼力搏斗，这类强奸犯往往会放弃初衷而逃之夭夭。即使强奸的目的得逞，他们也往往会出现阳痿、早泄或不能射精等情况。格罗斯和伯盖斯1977年的调查发现，34%的强奸犯在攻击过程中患有这样的功能紊乱。

作为强奸案的一个动机，性不满足这个问题涉及很多方面。理性来说，有的男性想利用强奸而得到接近一位女性的途径，这是毫无疑义的。即使一个男性利用他的优势未能吸引到一个性伴侣，还是有妓女愿意去接纳他。特别是约会对象的强奸犯，与他们的同辈中那些不去强奸的人相比，他们有更高水平的性活动和性经历，但是和同辈（32%）相较，这类强奸犯中更大比例的人（79%）表示，他们对自己的性生活并不满意。对性生活的不满意可以被解释为性不满足的一种形式，但是强奸并不是解决这一问题的一个合理途径。而且，似乎正是由于驱使他们去进行性强暴的这种对女性的态度，使得他们对性生活总是感到不满意。

图 19.8 比利时版画家弗朗兹·麦绥莱勒（Franz Masareel）的作品《性谋杀者》(*Sex Murder*)

尽管前两类强奸者的动机都是获取性满足，其中也存在着一定程度的敌意。第三类强奸者与前两类大不相同，属于**敌意型强奸犯**（hostile rapist）。他们强奸妇女的最大兴趣在于伤害她们，其仇视的对象可以是某一个具体女性，也可以是使强奸者受到挫伤、不值得信任因而怀恨在心的所有女性。尽管这种强奸者排斥妇女、敌视任何"女性气质"的东西的根源也许并不明显，但是他们在青春期却普遍表现出对所谓夸大的"男性气质"的狂热追求。这类男性多强奸年龄比他们大的女性。触发强奸的因素一般是他与他重视的女人发生的不愉快经历。但是这类男性强奸的却往往是陌生女人，也就是说，他把对爱人的怨恨发泄到了陌生人的身上。恶意强奸犯力图为自己赢得一分，而受害者对于他的愤怒是无辜和毫不知情的。

敌意型强奸犯很大程度上是陌生人强奸案的制造者。他们的进攻是有预谋的，也是很残忍的。被他们侮辱和剥夺了意识的受害者，也不太清楚作为个人他们到底是谁。怀有恶意的强奸犯可能会利用性和其他不同形式的手段去进行犯罪。受害者可能被迫去进行口交和肛交，或被异物插入体内。之所以利用这些方式是因为其所具有的象征意义，也可能是因为这个男人经常不能达到或保持勃起的状态所致。即使他成功地强奸了这个女性，他也可能没有得到性的满足。

"权力型强奸"主要被用来断指强奸犯男性特征和价值的缺乏。除了支持他缺乏的感觉，这种强奸犯可能并没有伤害受害者的意愿。在"愤怒型强奸"中，这种行为是被仇恨和愤怒等这些更无法控制的感情所激发的；对暴力的使用变成了它本身的目的。在任何一种情况下，怀有恶意的强奸犯的行为很明显地显示了性因素在暴力犯罪的手段中的一种变化，从一个目的到一个手段。

第四类，即所谓**性虐待式强奸犯**(sadistic rapist)，主要从对妇女的蹂躏中获得性的满足。妇女的挣扎、搏斗是这类强奸者最好的享受，而愤怒和抗拒更会激发这些男人的性欲望。在性虐待式强奸中，性的因素和侵略性的因素完全混合在了一起。就像怀有恶意的强奸犯那样，虐待狂的主要兴趣在于伤害受害者，但是恶意和力量变得很关键——强奸犯从无助而痛苦的受害者身上得到了性的满足。这样的攻击常常是有计划的，并且以一种带有施虐—受虐式的仪式性方式进行。

暴力性的色情品似乎最受这类强奸犯的喜爱。他也可能为自己的幻想寻找其他素材来源，它们并不被认为是典型意义上的色情品的形式，比如，带有对杀人、强奸和拷打折磨等场景的可怕描写的"侦探杂志"(Dietz et al., 1986)。

这一类人是心理障碍最严重的，也是最危险的，一般都有很长的虐待儿童和动物的历史。这样的强奸，除了导致一般的创伤外，往往还最易于导致恶劣的后果(每500起这类强奸案中就有一名妇女丧生)。有些强奸犯竟会在致死妇女后继续蹂躏尸体(包括与尸体性交)。每过10年或20年就出现一次的"开膛手杰克"*之类的谋杀犯往往给城市的居民带来巨大的恐慌。尽管这类罪犯引起极大公愤，但数量并不多，也可以说是最少的一类强奸者(Groth et al., 1977; Groth 和 Birnbaum, 1979)。

背景特征

关于强奸犯的类型学是很有益的描述性手段，但是它们没有多少解释说明性的价值。说一个强奸犯是丧失了道德且残酷成性的，这种描述并没有帮助我们理解他们为什么那样做。在他们的家庭背景、成长历史和最近的生活环境中有什么因素导致他们变成强奸犯吗？

为了回答这些问题，我们需要对所有类型的强奸犯有更深刻的了解。然而，一个典型的被判有罪的强奸犯坐在监狱中，这并不是一个很好的心理学研究对象；约会强奸犯似乎也不会顺从地配合调查。结果，我们只能得到有关激发男性去实施强奸的背景和人格力量的不完整的评价。

我们已经获得的消息显示，强奸犯在童年时代就已经有了行为方面的问题，而且他一直生活在一个掠夺、被忽视和兄弟姐妹之间极端嫉妒的嘈杂的家庭环境中。有让人感兴趣的报道显示，在强奸犯还是孩子的时候可能就已经受到了性虐待(Delin, 1978)。在一项对已判定有罪的男性强奸犯的研究中，59%的人在孩提时代受到过性虐待，通常是被一个女性家庭成员、朋友或者邻居所虐待(Petrovich 和 Templer, 1984)。就像对孩子进行性骚扰者在他们自己还是孩子的时候，就已经常常在性方面成为牺牲品一样，强奸犯也可能再次展现他们早年的创伤经历，只是这一次是作为施虐者而不是受害者。

*"开膛手杰克"是19世纪末一个未曾伏法的连环杀手，他于1886年在伦敦连续将5名妓女谋杀并碎尸。这个杀人恶魔的现代版本是一个名叫"波士顿杀人狂"(Boston Strangler)的连环杀手，他曾在20世纪60年代早期连续掐死、捅死并性侵犯了11名女性，受害者年龄从20多岁到70多岁不等。

另外，强奸犯还显示出他们曾经有一个在性方面有更多限制的童年时代，并且他们对裸体和手淫这类的话题曾经有着比较保守的观点。他们的性暴力倾向在哪怕十几岁时的幻想中已经很明显了。这些幻想可能会涌现出来变成不正常的性行为，如窥阴癖和露阴癖；也可能会体现在对儿童的性骚扰中。最后，强奸成了强奸犯针对女性的愤怒的顶点。

其他证据指向了强奸犯更为普遍的性格缺陷。这些男人给人的深刻印象常常是性格不太成熟，其行动看起来要比实际年龄小一些。他们似乎缺乏自尊，男性的阳刚之气不足，而且抱定决心要在这方面使自己打消疑虑并树立信心。强奸犯常常性能力不足，而且特别缺乏异性之间的性爱技巧。正如我们所知道的那样，他们对女性的态度倾向于认定女性就是要被利用和贬低身份的。

助长因素

还有许多其他的因素会鼓励那些有这方面倾向的男性去实施强奸。首先是对酒精的利用。在阿米尔(1971)的抽样中，在1/3的案例中使用了酒精(63%的这些案例中罪犯和受害者双方都喝了酒)。在人们更容易喝酒的时期，显示了更高的比例：53%的强奸案发生在周末(最高的数字出现在周五，晚上8点到半夜之间)。在强奸犯和受害者两个群体之间，喝酒的重要性已经在约会对象强奸案中被指出。在这些遭遇中，酒精在很多级别上都影响着人的行为。通过阻碍更高级别的大脑作用，平时被压抑的某些行为得以释放。这个是基本常识，它提供给了犯罪者一个可以利用的借口("我喝醉了，我不知道我那时在做什么")。最后，喝酒降低了受害者的反抗能力。这个潜在的强奸犯会把醉态曲解为同意，从而排除掉了其自制力的最后一点残余。

当男性发现自己处在一个群体中时，来自同伙的强制性压力可以使一个男性变成强奸犯，尽管靠自己的意志力他可能不会这样做。在战争的压力和其他特殊的外在环境下与大多数人保持一致，这可能同样是具有决定性的。

色情品对强奸的助长作用早先已被提出来过。越来越多的人认同，甚至在性方面不太直接的作品中(如在有删节的电影中)，暴力性的色情品就已经导致了对强奸案更接受的态度。它使虚构的故事看上去可信，在这些故事中女性们被描绘成煽动者和自愿参与者；它轻视那些受害者所受的痛苦和屈辱；而且因此它增强了男性们去想象的意愿，他们会想象自己是否也可以侥幸成功地强奸一名女性(Donnerstein 和 Linz, 1984)。总之，它导致暴力向更加色情化的方向发展，以及在获得性爱目标的过程中，暴力呈现出了越发合法化的发展趋势。

对强奸犯的处理

在对所有反社会行为的处理中，强奸案是最难也是最让人感到灰心的一种。公众的愤慨通常会促成惩罚,但是关押对随之的行为似乎没什么影响;强奸犯们往往会一如既往地重复犯罪(Grunfeld 和 Noreik,1986)。在判决执行期间,监狱的确可以限制强奸犯的自由,但是,法律的力量最多也只能惩罚强奸犯中的一小部分而已。

对通过条件作用、精神疗法和抗雄激素物质以达到行为矫正的尝试,这个问题我们在证明恋童癖是一种罪行的有关内容中曾有所讨论(第14章)。这一点也已经被用在了强奸犯身上,取得了很有限的成功。

对强奸犯的惩罚和处理,一个很重要的问题是犯此罪行的男性多种多样。偶尔会强迫约会对象进行性交的大学生和残虐成性的杀人犯往往不会采用同样的手段,但强奸就是强奸。事实上,最近,在对强奸犯类型作出区分,以及对他们的过去和作案动机进行细察的过程中,都呈现出相当急躁的倾向;值得担心的是,通过找寻一些生物学和心理学的原因,我们就可能会为证明强奸犯无罪开启了一条途径。可是另一方面,如果不了解这些,我们又将如何解决这些问题呢?

甚至更让人不安的是潜在的社会问题。我们从何处着手进行大规模的社会变化,才能禁止我们文化中有关强奸倾向的精神内容?这样的考虑连同我们早已提出的无数其他的考虑,迫使我们最后转向了人类性欲的社会的和历史的观点。

第六部分 性与社会

第20章 历史上的性
第21章 文化中的性
第22章 东方文化中的性
第23章 性与法律
第24章 性与道德

彼得·勃吕盖尔的(Pieter Brueghel)《农民的舞蹈》(Dance of the Peasants)

第 20 章

历史上的性

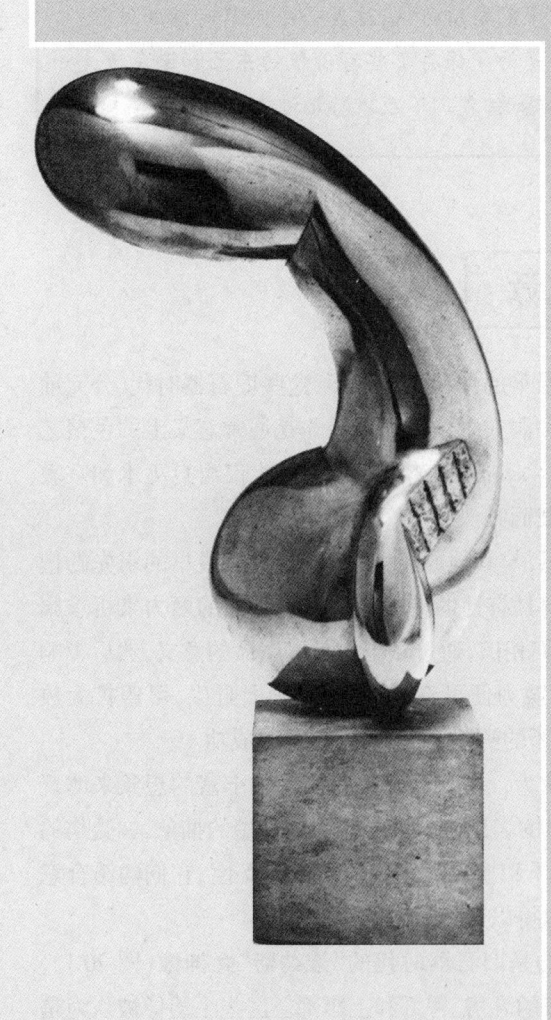

20.1　性与文化起源

20.2　性与犹太传统

20.3　古希腊和古罗马时期的性

20.4　基督教的兴起

20.5　中世纪的性

20.6　文艺复兴与宗教改革时期的性

20.7　启蒙运动时期的性

20.8　19 世纪的性

20.9　性的现代化

> 文明时代的人不再会完全满足于那些只有本能而无恋情的性爱了。
> ——伯特兰·罗素(Bertrand Russel)，英国哲学家

要理解我们成年时的所作所为，就必须对我们的童年时代有所了解。同样，要理解性在我们的文化中所处的地位，就要了解它的历史渊源。然而，要做到这点并非易事，因为我们常常安于现状，热衷于未来，却忽视了过去。

谈到性，目前有错误地理解过去的趋势，最好的情况是认为历史与当下不相关，最差则认为性在过去是被压制的。即使过去对性的价值和态度很大程度上令人反感，我们仍然需要花一些时间去弄清楚我们应如何使这个问题在未来发展得更好一些。每一代人和每一个文化时期，都有权去形成针对基本性需求的解决办法，这是一个时断时续的过程，但是为了保存那些有价值的东西和避免重复其错误，我们不应该忘记过去。

20.1 性与文化起源

性存在于人类文化遗留下来的最早的作品中。然而，这些旧石器时代（公元前30,000~公元前10,000年）的塑像和洞穴壁画的作者并非是通常意义上的色情艺术家。据推测，这些**生殖象征**（fertility symbols）艺术作品的产生仅出自巫术和宗教的目的，用以祈求人畜两旺，狩猎满载而归。

由此可以设想，与其他原始文化一样，我们最早的祖先的信仰和仪式里也普遍具有性的特征。他们利用**性的魔力**来祈求康福，驱恶避邪。他们相信，通过赋予作品以生命的意义，然后影响自然界的一切，性魔力便可奏效：在洞壁画上野牛，可望扩大牧群；若画上身中长矛的野牛，狩猎时便会获得成功。

现代的观点认为，旧石器时代的艺术用丰富的想象来体现性的含义。从明显的表现（如表现外阴）到模糊的抽象，如受伤的野牛，可以设想长矛和伤口分别象征阳具和女性，它们的结合意味着生命通过交媾得以延续。

特别有意思的是旧石器时代的**"维纳斯"女神像**（图20.1），它们具有明显夸张的乳房、臀部和上腹部。这些小塑像被认为是丰收女神，是赞美女性生育能力的象征。而用于表现男性的作品是**阴茎勃起的男性**，时常携有一根棍棒或长矛（图20.2）。**阳具象征**开始可能只是作为一种生殖的象征，到了古埃及文明时期，它们被赋予了更多的含义，成了对力量和权威崇拜的象征。到公元前3000年，埃及和美索不达米亚的文明程度已很高，当时所写的诗文对性在宗教生活和文化中的普遍重要性有了更直接的体现（Manniche, 1987）。神话学与性在文化起源之初往往是掺杂在

图20.1 出土于意大利利古里亚地区的旧石器时代的"维纳斯"女神像

一起的(Thompson, 1981)。

从某种意义上说,这些早期文化是以后所有文明的源泉,但西方文化的根源与犹太教以及希腊和罗马的传统文化有着更直接的联系（Kagan et al., 1979）。

20.2 性与犹太传统

犹太教并不是建立了一套性行为教条或准则的死板宗教,而是一种延续了4000多年的宗教文化。它是一种生活方式,其教条以法律的形式[犹太教法典《哈拉哈》(*Halakhah*)]确定下来,从而使日常生活符合宗教的仪式和神圣性。

在其漫长的历史上,各种各样的流派和思潮为犹太教披上了性的外衣,包括纯真派、实用慷慨派、虔诚派、病态派、禁欲主义、悲观主义、教条主义、理性主义和神秘主义等等。但它的基调是坦率地、毫不拘谨地接受性,同时遵循一种性的自我抑制原则(Epstein, 1967)。

图 20.2 瑞典青铜时代的岩石壁画

《圣经》时代的性

早期的以色列人是一个游牧民族。亚伯拉罕(Abraham)被尊为以色列的国父,但关键人物还是摩西(Moses),他于公元前1200年将以色列人带出埃及(《出埃及记》)。摩西接受了律法使他的百姓与上帝订立契约[雅威(Yahweh),错译为耶和华(Jehovah)]。割包皮就是一项契约的标志。犹太男婴在出生后第八天会被命名和割包皮。女婴不会被割阴蒂,她们会在刚出生后的安息日被命名。于是摩西成了第一个犹太拉比(rabbi,大师)和先知,成了真正犹太人的典范(Neusner, 1970)。

性对游牧的犹太人来说并不成问题。法律允许的性交受到了高度的尊重,而大多数不以生殖为目的的性活动则备受藐视。但对性犯罪和过失没有采取特别的说教和偏见,性过失行为也不会受到不同于其他犯罪行为的特殊处理。人际关系充满了激情和温柔:雅各(Jacob)如此钟情于拉结(Rachel),以致替他未来的丈人做了7年工,"这对他来说只是几天的工夫,他太爱拉结了"(《创世记》29:30)。

从公元前7世纪开始,农业生产发展、逐步的都市化和贸易交往,充实了游牧生活。放逐到巴比伦的犹太人(于公元前59年被巴比伦国王尼布甲尼撒放逐)置身于一个世界性的文化之中。此后,性行为更少受到严格的约束,结果伦理说教更显得保守。早期的纯真和快乐已被普遍的悲观厌世所取代。人们好像都为性所驱使,没有人能够摆脱罪恶,生活失去了目的。"一切都是虚无的。"《传道书》(*Ecclesiastes*)(1:2-3)如是说。同时,妇女的地位每况愈下,她们蒙上面纱,足不出户。不像以前,那时妇女的性欲得到承认,如今她们被认为应对男人的堕落负责。"我认为心似陷阱罗网、手如镣锁的女人比死亡更可怕。"《传道书》(7:26)的作者这样写道。但实际上这种变化未必如其所描述的那样大。《雅歌》(*Song of Songs*)中对各种男欢女爱场面的描述自从被放逐到巴比伦之后就已经开始了(大约为公元前3世纪,虽然它在更古老的时候就已经成熟了)。

这种更为悲观的性态度一直延续到希腊化时期(公元前4世纪~公元2世纪),极大地影响了早期基督教的性观念。在一定程度上,这些状况也徘徊在拉比犹太教时期(公元2~18世纪),以具体的行为法规反映在犹太法典《塔木德》(*Talmud*)中。

图 20.3 犹太人的婚礼

犹太人对性的态度

犹太教的一个主要观念是把性看做是上帝的礼物,它并不提倡悲观厌世,也无意奉行禁欲。正统的犹太人恪守法律中哪怕最细微的条款。但无论怎么严格,他们也无法把肉体和生理享受当做罪恶来抛弃。只有当性行为冒犯了法律所设想的人际关系的完整——而不是违背抽象的道德准则——时,它才是不道德的。

犹太教中的性与婚姻

犹太教关键的制度是婚姻,各种形式的性行为的道德性和合理性均由婚姻关系得以评价。这种以婚姻为主导和婚姻中以生殖为目的的性行为是犹太教的留物之一,它们深深地影响了西方文化的性道德观念。早期的犹太人奉行一夫多妻制,并禁止与非犹太人婚配(Larue, 1983)。

如《创世记》中的故事所说,上帝创造了男人和女人并使他们相互补充。正是出于此目的,一个男人"离开父母并依恋于妻子,两者融为一体"。上帝对亚当(Adam)和夏娃(Eve)的第一个要求就是生儿育女,繁衍后代。基于这种传统,犹太教把婚姻看做是一种宗教职责。丈夫和妻子体现了人类结合的模式,一个人如果不结婚就不能成为一个完全的成人。犹太教中不存在教士的禁欲,所有的先知和《圣经》中的主要人物都是已婚的,只有极少数因特殊情况而例外。

性和生殖是传统犹太婚姻的主要内容,须相互承担义务。妻子被指望能满足丈夫的性需要;同样每个男人也必须履行婚姻的职责。这职责对于赶驴的意味着每个

专题 20-1
犹太婚姻

用来表达犹太婚礼的词是 Kidduskin（洗清罪孽之意）。据说在亚当和夏娃的"婚礼"上，上帝扮演了一个"男傧相"的角色，还为夏娃梳理打扮。既然婚姻是首选的状态，父母总是试图尽快为孩子（尤其是女儿）操办婚事。女孩子大约在 12 岁左右进入青春期时就需要订婚，一年后完婚（青春期是由乳房的发育程度来决定的。女孩子被比喻成无花果，分为青涩、成熟和可食用）。如果一个女孩独身进入成年期，她的父亲就失去了缔结女儿婚姻（及收取彩礼）的能力。她仍然要对自己的性行为负责。这就不奇怪女儿为何是父亲长年忧伤的根源了。

父亲也操办儿子的婚事（通常是在儿子近 20 岁时），并就嫁妆一事与亲家协商。为了帮助新婚夫妇安家，法律规定"当一个男人新婚时，他不必随军出征或承担任何公务，他可以在家自由一年与他所娶的新娘厮守"（《申命记》24：5）。

一夫一妻是犹太教的准则，但一个有特殊地位的男人则享有明显的自由。犹太领袖亚伯拉罕和雅各供养着许多妻妾，以后贵族阶层也娶妻养妾（所罗门家中有几百个女人）以巩固政治忠诚，繁衍后代，并提供性的多样化。多配偶制于 11 世纪被犹太法学博士 Gershon 拉比从犹太教中废除，随后娶妾的权利也被取消了。后者尤其受到 12 世纪犹太法典编录者迈蒙尼德（Maimonides）的反对。

在犹太教中，一个好妻子可博得众多的尊敬（"谁能娶到一个好妻子？好妻子比宝石更宝贵。"）(《箴言》31:10)。她并不因其美貌（这只是"短暂"的）或魅力（这是一种"幻觉"）而受青睐，而是由于她敬畏上帝的天性，对丈夫、家庭的献身以及善于理家的能力而受到赞扬。"赞美她所有的劳动果实，"《箴言》说，"愿她的辛劳给她在全城带来荣誉。"(31:31) 对于犹太教徒或基督教徒来说，这种理想女性直到近代一直被视为永恒的形象。

对男人来说，离婚的理由是相当随便的。如果丈夫发现妻子做出了丢人的事以致"不讨他的欢心"，便可抛弃她。萨满学派（Shammai）解释"丢人的事"意味着性行为的背叛；希勒尔学派（Hillel）则把它看成是任何一件惹丈夫不快的事（包括饭菜做得不合丈夫的胃口）。

女人对这种反复无常的遗弃也有一种防范，因为丈夫在离婚时有义务退还嫁妆，而这通常是一笔较大的金额。然而，如果丈夫能够拿出妻子丑事的证据，那么她被抛弃时便得不到任何补偿。

图 20.4 18 世纪一部《塔木德》中的版画，描绘的是犹太人的订婚仪式。

礼拜有一次性交，赶骆驼的 30 天一次，而悠闲的学者和绅士则须天天如此。一个女人会因为月经而变得"不干净"，然而怀孕并不妨碍性交。

在犹太教中，性交并不只是一种生殖的职责，它同时也意味着男女双方的享乐，是值得称赞的行为。《塔木德》上说，在来世每个男人都将被叫到上帝面前细数他所有应该享受而又没有得到的快乐（Bokser, 1962）。然而有些人试图给种种性享受加以抑制,或仅出自生殖的目的而接受它。例如,夫妻双方被告诫如果采取不正统的性交方式,怀上的孩子将会是跛子;口淫会使孩子变成哑巴;性交时说话会使孩子耳聋;而凝视各自的裸体会使后代失明。不过犹太教更真实的愿望是要让夫妻得到任意行事的自由,使他们能在任何时候以他们所希望的方式进行性交。同样的愿望也在《雅歌》中体现出来,《雅歌》是在古代婚宴上唱的,用抒情诗来赞美爱的激情。然而,它被包含进了《圣经》中是因为它被认为是一则寓言,讲述了上帝和以色列民族之间的关系;而在基督教传统中,它讲述的则是耶稣和教会之间的关系。

被禁止的性行为

犹太教对那些违背传统性行为准则者的处置极为严厉。犹太教对此的裁决是注重实际的,而不是基于视性为本质邪恶的任何观念。其核心是维护婚姻的完美,所有其他的观念也是出于此目的。

严格的血亲准则防止了犹太人的乱伦。一个人即使面对死亡的威胁也不得乱伦。《旧约全书》说到罗特受他两个女儿诱惑的故事。对此倒的确令人费解,但这事是发生在非常特殊的情景下:索多玛城(Sodom)被消灭了,罗特的妻子也死了,他和女儿被困在山上,况且他还被她们灌醉。但更重要的是,其行为的动机是为了确保家族得以延续。同样,如果《创世记》中的这个故事确有其事,那么我们可以设想,为了亚当和夏娃子孙后代的繁衍,至少兄妹乱伦的现象是肯定出现过的。

犹太人的通奸概念是指侵犯了丈夫对妻子性和生殖的专有权利。如果妻子和丈夫以外的任何一个男人有性关系则被指控为通奸;而丈夫只有在与另一男人的妻子——而不是妻子外的任何一个女人——有性关系时才被视为通奸。这就是第七诫的最初含义:"你不可犯奸淫。"对财产权利的侵犯在第十诫中重申:"不可觊觎邻居的妻子,不觊觎他的马、牛、驴,也不觊觎其他财产。"(《出埃及记》20:17)妻子要对自己的婚姻忠诚,而丈夫则对邻人的婚姻忠诚(Epstein,1967)。

诱惑处女需要对她的父亲有所补偿。如果她自己愿意,还要娶她。强奸是一种永远存在的危险。强奸敌方的女人是准许的。即使是在和平时期,年轻女子也不总是安全的。《旧约全书》并不明确禁止婚前的性交。这是因为事实上所有的女子在进入青春期时都已订婚;没有多少未婚的青年女子可供交媾。如果性行为发生在一对已订婚的男女间,一致的反应往往只是略持反对态度。因为在那种情况下失去贞操并非耻辱。

因为男人结婚较迟,而且也不是每个男人都娶得起妻子,于是有些人就求助于妓女。已婚男子若想寻求性的多样化,照样可以与妓女发生性关系而不被指控为通奸。犹太教对卖淫的态度虽很矛盾,但这并不是因为一些抽象的道德准则,而是因为那个时代卖淫的性质。

犹太教明确禁止父亲让女儿卖淫,所以和妓女的性关系就意味着和教外女子的结合。此外,妓女可分为两种,一种是叫 Zonah 的普通妓女,另一种妓女叫

Kadesha（男妓称 Kadesh），是宗教性质的，受到极力崇拜。这些女神职人员"嫁"给了她们献身的神庙供奉的神，其职责包括和礼拜者及另外一些愿意付钱的人发生宗教仪式性的性关系。这种现象即使在犹太教中也只存在了很短的一段时间，例如，在所罗门的儿子罗波安统治时期，就存在一些献身耶路撒冷神庙的异教娼妓。与异教娼妓交合的真正的罪过不是性而是渎圣罪，这说明仅崇拜偶像而不是敬奉上帝，在犹太教中这是一个不可挽救和无法饶恕的罪过。

既然带有生殖目的的性行为处于中心地位，我们可以设想，犹太教对所有不以生殖为目的的性形式都是不允许的。通常情况确是这样。但犹太教对待避孕、绝育和堕胎还不像天主教那样严厉。

《旧约全书》对这些行为没有明确禁止。俄南（Onan）的罪过虽然包括为了避孕而中断交媾，但上帝被俄南激怒主要是因为当俄南和嫂子行乐时逃避了为亡兄提供后裔的义务（就像《申命记》"叔嫂婚律"中所要求的那样）。《旧约全书》也不禁止流产，认为胚胎是母亲的一部分。以后的当权者对这些行为的合法性有着非常不同的看法。避孕仅在中世纪是被禁止的（那时犹太人因为受到迫害而大量死亡）。虽然有些正统的犹太教当权者仍然反对，但整个犹太教并不以为然。

《旧约全书》多次宣称兽奸是死罪。《塔木德》甚至禁止把宠爱的狗留在寡妇身边，以避免性接触的嫌疑。对待手淫更是模棱两可。典型的证明是俄南的故事，但明显的，此事与手淫毫不相干。

梦遗使一个男人变得"不干净"，需要行一个宗教式沐浴以保持纯洁。同样，性交也有此要求（《利未记》(15:16-18)）。以色列人敬畏一些重要的体液如精液、经血、随分娩而排出的液体等，因为这些都与生命的产生有关。像其他文化一样，以色列人也给这些东西设立了许多仪式和戒律。

《旧约全书》中仅有两处明确谴责了同性爱行为，都是在《利未记》中："你不该像和女人一样和一个男人发生性关系，这样做是受人唾弃的。"（18:22）"如果一个男人像与女人一样和男人发生性关系，那他们都是可恶的，都该处死。"（10:13）这些禁令到底是出自宗教的考虑（就像和异教娼妓交媾一样），还是想作为一种对如此性行为的道德谴责，至今仍有争议。

更令人不解的是有关索多玛城灭亡的神奇故事。传统上认为，上帝消灭该城是因为它的百姓企图强奸藏在罗特家的两个天使（因而称"鸡奸"为 sodomy）。新近研究从性的角度对这些章节提出质疑，从而对这些章节是否体现了《圣经》对同性爱的谴责也产生了疑问（Bailey, 1959; Boswell, 1980. pp.92-99），我们将在第 24 章对此进行讨论。

犹太人的道德遗产

控制性行为的特殊道德标准，这个概念深深植根于西方文化中，这可以直接追溯到犹太教。当一个社会以具体而明确的形式开始管制其成员的行为时，就像传统的犹太教那样,处理所有可以想象到的意外事件的规章条例必定十分丰富。而且,为了保护核心伦理价值,附加的规则也要根据"建筑围墙"的原则被制定出来,作为对外围区域的警告,因而人们不时地处在枯燥乏味的和压制性的条文主义之下。犹太教曾经对那些可以用来指导人们行为的伦理规范作了广泛而实用的叙述,以此方式使自身从这样的困境中解放出来。这样,一方面,立法者制定了成百上千的戒律,而另一方面,所有内容又都围绕着《利未记》的原则:"你要像爱你自己一般去爱你的邻居"(19:18),这曾被耶稣重复过,并且被希勒尔拉比在公元1世纪以短语的方式表达为:"如果什么事情引起你的憎恨和厌恶,你不要再这样去伤害你的朋友。这就是律法所有的内涵。"(Neusner,1970,p.87)

即使是以最严苛的形式出现的法规,也只是建立了一个最低限度的标准。除了行为方面的考虑之外,一个犹太教徒必须关心的是和行动一样的"心智的纯洁"(动机和目的)。基督教延伸了这些期望状态的某些部分,例如,"一个人内心的罪孽"意思是说,为不纯洁的念头而感到内疚,尽管它们并没有被实施。

犹太教对基督教的性道德有很大的影响,但这个影响是有选择性的。基督教吸收了犹太教的将婚内性行为置于中心地位而谴责所有其他形式的性行为的内容。《旧约全书》中的共同信条继续以重要的方式把两个宗教的教义联系起来,但对于性,仍有一些重要的差别。尽管《圣经》起源于神学,犹太人仍把它视为一个法律体系。但就像所有的法律一样,它也不可避免地需要修改其法律要求以适应变迁的时代。犹太学者(拉比)总是和当权者一起长年累月讲授法律,以便使以色列人能够继续保持忠诚(Borowitz,1969)。相比之下,基督教的道德观更加抽象,因此过去的法律教条被尊为绝对不变的标准,这便使得它们的合法性不因历史环境的变迁而改变。这通常使得基督教对《旧约全书》中性道德的解释比犹太教更受局限。

20.3 古希腊和古罗马时期的性

古希腊文化始于公元前8世纪的古风时期,延伸至希腊化时代,于公元1世纪罗马帝国建立时达到顶峰。

古希腊的厄洛斯

游牧的犹太人的性格是在沙漠中磨炼出来的,与他们不同,早期的希腊人多数是农民,所以农业关系造就了希腊人的价值观念。对犹太人来说,性行为主要是一种生育和维系家庭的手段。希腊文化的中心也是家庭,但在性的表达方式上,他们有着更大的自由。女性公民适当的角色是有人为其挡风遮雨的妻子和母亲生活(希腊语中的"女性、妇科"一词 gyne 意为"孩子的生育者")。希腊男性在家庭之外寻找另外的性快乐。

公元前5世纪的雅典人对待性的态度是不受禁令约束的,很像当代的西方社会。但这并不意味着人们可以为所欲为;就像今天一样,因循守旧和开明激进的势力总是共同存在。与我们不同的是希腊人对浪漫爱情的观念,他们不是把浪漫的爱情当做婚姻的基础和性行为的正当理由,而是把它和性激情一道看做是如同愤怒、急躁一样的令人厌烦的情感(专题16–3)。因此,它们被尽量避免用作一些重要决定(如婚姻)的基础。人们可以自由地享受性欢乐,或通过它的升华来获得深奥的哲理。

图20.5 公元前6世纪的黑彩陶耳杯,向男孩求爱的男子。在古希腊时期,同性之爱是爱情的最高形式。

除了一些文学和历史资料来源外,我们对古希腊人实际的行为还没有什么了解;古代世界也没有对我们的临床案例和有关性的调查提供什么可以对照的先例。因此,涉及希腊人性行为时我们必须谨慎地加以推论。

和其他文化一样,大部分希腊男女也是先结婚,然后发生性关系,生孩子,以此继续着生命的循环。然而,希腊社会在两个方面透露出一个性的特质:男性之间的亲密关系会导致同性间爱慕;而奴隶人口的存在造成了大规模的性剥削和利用。

古希腊的同性爱

古希腊更多地是个男人的世界。男人的大部分时间是和其他男人一起度过的,尤其是在战争时期——这是常有的——男人们的生活甚至生命都是紧密联系在一起的。他们的友谊和交往——有时包括性爱关系——大都限于同性之间。但是,关于古希腊的同性恋爱却存在着许多误传和混淆。这种情况一半是由做学问的学者造成的[Licht(1969),Doven(1980)和Boswen(1980)曾指出古典学者是如何否认和歪曲证据的,Karlen(1971)则指出有些学者用自己的研究为他们自己的同性爱行为作辩护],另一半原因则归于这种特殊的活动本身的特点。古希腊男子基本上都是双性爱者,他们总是同等地为青年男子和女子所吸引,而未必会与之发生性关系。古希腊人认为身体的美是具备性唤醒能力的,不管对方性别为何。古希腊人并不简单地把人划分为"同性爱者"和"异性爱者",而是认为,有的人受偏嗜的驱使,有的人则为环境所迫,所以会从同性身上获得性的满足。这种做法是受社会允许和容忍的,或只在几种特殊情况下才不予允许。

让我们先来看一看古希腊男子**恋男童**(pederasty)的风俗吧。男童(boy)这个词在这里并不确指。希腊语中的"pais"(或者"paidika")有许多意思:儿童,女孩,奴隶,年轻人,同性爱关系中被动的一方(Dover,1987)。在恋男童这一语境下,所谓的男童通常是青少年或年轻人,但从来不会是男孩。

想一想

为什么古希腊人对同性爱所持的宽容没有在接下来的时代中持续下来呢?

图 20.6 古希腊女诗人萨福（Sappho）是目前所知历史上最早的女诗人，一直被认为是最著名的女同性爱者。英语、德语、法语中"女同性爱"（分别是 lesbian、lesbe、lesbienne）一词均源自她所居住的莱斯博斯（Lesbos）岛。

让青春期的男孩师从一个年长的私人教师是古希腊的一种风俗习惯。私人教师有职责指导男孩成长，直至成年。私人教师和男孩的关系是建立在尊敬和爱慕的基础上的，决不是建立在任何浪漫的恋爱和性爱的基础上。由于私人教师对青春的挚热兴趣使其适合充当**爱人者**（erastes），而男孩就成了**被爱者**（eromenos）。这些词同样可用来指一个迷恋上某个女性的男子，但"爱人者"也可仅指一个为古希腊所崇拜的青春美的赞美者。

正如我们总是不清楚一对约会的男女之间是否有性关系一样，我们一般不清楚在爱人者与被爱者之间是否含有性爱的成分。可以想象爱人者可能寻找性接触的机会，而被爱者却抵制这种接触，或在某种限制条件下不情愿地接受这种接触。举例说，与被爱者肛交就不妥当，因为那会使他像一个卖淫者；他仅允许别人在他的大腿间射精（他本人并不达到高潮）。当然，这些实际风俗的观察，其细致程度仍很可疑。但不管怎么说，无论男孩和私人教师之间是什么关系，随着男孩进入成年期，他仍可结婚，并可能也变成爱人者，先前的那种关系不复存在。男人也可能与女人发生肛交，但男人是否仅与妓女，还是也与自己的妻子这样做至今仍不清楚。

柏拉图曾这样描述苏格拉底对青春美和爱的异常热情。苏格拉底说："我无法想象我有一刻不是在爱中。"（显然这里不涉及他的妻子）他自称爱是他所知的万物中唯一追求的目标（Dover，1978）。

古希腊曾利用同性爱者的恋情为战争服务，让成对的恋人并肩投入战斗。其中忒拜城的"圣军"（Sacred Band）非常出名。该部队的 150 对恋人与马其顿公国菲利普军队血战到死的英勇气概催人泪下，以致他们的征服者宣布"凡认为这些恋人有罪者皆可悲"（Licht，1969，p.391）。另一对广为传颂的恋人是哈莫狄奥斯（Harmodios）和阿里斯托吉顿（Aristogiton），他们致力于推翻暴君希比亚斯（Hippias）和他的弟弟希帕卡斯（Hipparkhus），后者曾欲诱惑哈莫狄奥斯（Boswell，1980）。

菲利普的话暗示着确有人认为这些恋人是邪恶的。古希腊人并不是不加区别地赞成各种同性爱，一个常见的侮辱是称某人为"大屁股"。古希腊人在作出涉及性行为的宣判时，并不注重抽象的原则，而是考虑这种行为在何种程度上损害了一个男子的气概和社会地位。自己卖淫的男性公民被禁止担任政府公职,因为一个男子既然可以出卖自己的肉体,也就有可能损害公共利益(Dover,1980)。同样,一个被别人插入进行肛交的男子,把自己降到了妇女的卑微地位上,在战场上他就得不到信任(当然上文提到的忒拜圣军是个例外)。不是同性爱,而是是否违背雅典人的男子气概和统治概念决定了社会对这些行为的理解。

对于女同性爱者和女子对男同性爱者的态度,我们知之较少。在斯巴达,妇女构成爱人者与被爱者的关系,但这种关系是否包含性成分难以确定。我们无法断定萨福与她所教导的女孩们之间是否存在某种关系,她对其中某些女孩显然是倾心迷恋的(萨福是公元前7世纪的人,但是有关她的生平详情却很少来自古希腊时期)。

卖　淫

在古希腊城邦里仅有少部分人是公民,其余的人是外国人和奴隶。正是从这后一部分人中出现了卖淫者。

普通的妓女,称为 porne,或单独或在妓院里卖淫。政府规定她们的收费标准,并从中收税。其他的妓女则在街上拉客。胆大的妓女穿带钉子的鞋在路上留下印记以暗示"跟我来"。

"伴侣"(hetairae)比妓女拥有更多的特权。一些老练、有雄心的伴侣,是当时最显赫的权贵们的情妇。她们是艺术家们的灵感和模特儿,那时非常著名的伴侣的雕像能与著名的将军和统治者们的雕像并排耸立在庙宇和公共建筑上。

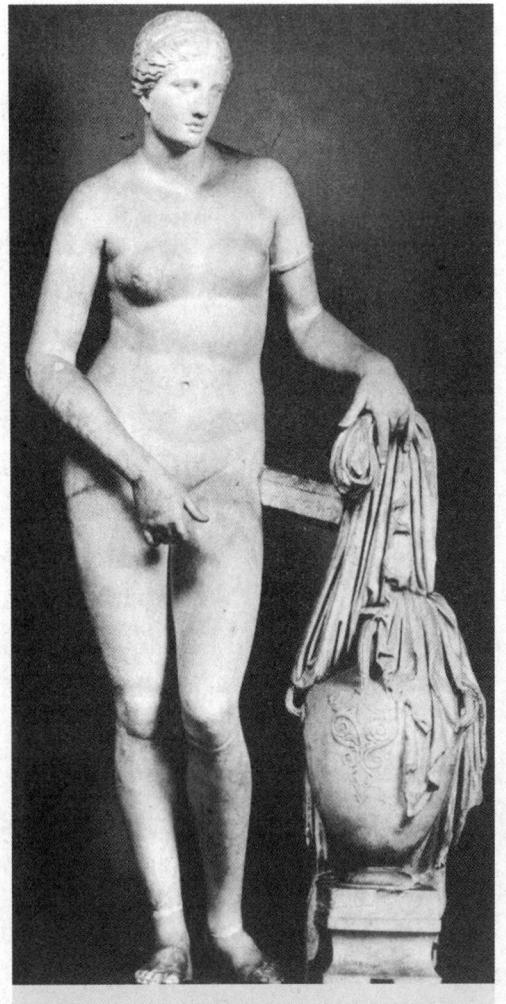

图20.7　爱与美之女神阿芙罗狄特。罗马人对古希腊雕刻师普拉克希特列斯(Praxiteles)作品的复制,原作创作于公元前349年。

伴侣可进入庙宇作为神圣的妓女,即圣役(hierodoules)。她们的收入为庙宇所有。人们有时为了这种目的把奴隶白送给庙宇作圣役。古希腊的科林斯人特别相信伴侣们向阿芙罗狄特的祈祷可有效地保护处于险境中的他们。许多男子可能利用妓女的服务,但是这决不意味着妻子会轻易地容忍他们的通奸行为。因此,名言"高等妓女用来满足肉体欢乐,情妇用来满足日常需要,妻子则用来生孩子和做忠实的管家",可能只是男子的一厢情愿,而不是古希腊实际生活的写照。

希腊文艺中的性爱主题

古希腊文学充满了性及与性有关的主题,包括对神祇的处理(专题20-2)。但是,尽管文学中希腊神祇被描写成极富性欲的,但这并不等于他们在宗教生活中也是如此。尽管耸人听闻的神话传说中说宙斯追求神明和凡人、男人和女人,但希腊人还是非常敬重他们的神,并虔诚地信仰着他们的宗教。

希腊人对待艺术和日常生活中的女性裸体和我们有着同样的看法,但在公共场合裸露男性生殖器这点上,他们更加开放。这种突出阳具形象及其象征的做法是希腊色情的一个显著特征。就像犹太人看待切除包皮的阴茎一样,希腊人把勃起的阴茎作为其意识的一个相当大的组成部分。在酒神节的游行队伍中,人们会抬出巨大的木制阳具;另外一些用石头制成的阳具形象则竖立于柱脚上,具有人头和生殖器的赫尔墨斯像(代表赫尔墨斯神)经常可以见到。同样常见的还有各种守护田野的阳具和挂在人们脖子上的阳具护身符。

但这些阳具标志的应用并非意味着诲淫、轻薄或色情。希腊人把阳具标志和庇护、丰产、永存联系在一起。这样的性象征是他们宗教生活的一部分,就像其他宗教出自虔诚的目的而敬奉其他标志一样(Vanggaard,1972)。

希腊戏剧中的情色成分,不论在悲剧或喜剧中都出现过。悲剧中的一个重要主题就是乱伦。俄狄浦斯王的传说(弗洛伊德的俄狄浦斯情结即由此得名)是由荷马第一个记载并被许多伟大的戏剧家改编。最有名的是索福克勒斯的戏剧《俄狄浦斯王》(*King Oedipus*)(约公元前427年)和《俄狄浦斯在科洛诺斯》(*Oedipus at Colonus*)(约公元前408年)。

希腊悲剧通常在上演一个三联剧后加演一部起缓解情绪作用的带有喜剧色彩的**羊人剧**(satyr play)。在阿里斯托芬(Aristophanes)的喜剧中,妇女的叛逆成了一个

图 20.8 赫尔墨斯头像方碑。人们往往相信这种两性生殖力的象征可以庇佑自己免受邪恶力量的伤害。

专题 20-2
希腊神话中的性爱主题

按照赫希俄德(Hesiod)的《神谱》,男爱神厄洛斯(Eros)出现于创世之初的黑暗,同时给其他东西带来了生命;同样,赫希俄德认为,女爱神阿芙罗狄特在天地相抱的世界起源之际出生,同时也是因时间之神克罗诺斯(Kronos)而出生。克罗诺斯与他的父亲反目成仇,并且阉割了他。他割下的生殖器内充满了生命的种子,投入大海之中产生大量沸腾的水泡。正是从这些美丽的水泡之中,诞生了可爱的阿芙罗狄特。作为爱情女神,阿芙罗狄特是希腊性爱主题的中心人物。

在荷马的传说中,12位神祇(其中1/3是女性)在宙斯的领导下于奥林匹斯山上从事着神圣事业,他们就像一个皇室家族一样。宙斯娶了自己的妹妹赫拉,但也同时追求别的女子——他将自己变成一个雪白的公牛驮走了欧罗巴;变作天鹅之后诱奸了丽妲;后来还变成金质的淋浴喷头借以使旦妮(Danae)受孕。通过这些结合生出了著名的英雄们——如赫拉克勒斯(Heracles)。有其父必有其子,后者在一个晚上就将提修斯王(King Theseus)的50个宝贝女儿的处女膜逐个捅破。

宙斯远远不止对女子感兴趣。他与美男子的风流韵事也很多。最著名的是他对加尼米德（Ganymede）的恋爱。这位特洛伊城的英俊少年是被变成雄鹰的宙斯劫上奥林匹斯山的。后来，加尼米德成了备受宠幸的娈童，从而取代了青春女神赫柏（Hebe）的地位，成为宙斯身边的执酒杯童。

爱情女神阿芙罗狄特虽把自己嫁给了丑陋的跛子（她的同父异母或同母异父兄弟）赫菲斯托斯（Hephaestos）这位火神和铁匠，但是，她却钟情于另一个兄弟——威武的战神阿瑞斯（Ares）。无所不知的太阳神赫里厄斯（Helios）将爱情女神和战争之神之间的奸情透露给了火神。赫淮斯托斯以他铁匠的巧手精心锻造了一张网，终于将阿芙罗狄特和阿瑞斯双双套在了床上。不过这对情侣的被俘反而成了好事多磨。不久，赫尔墨斯（Hermes，畜牧之神，还被认为是行路者的保护神）自愿替换阿瑞斯的位置，他和阿芙罗狄特的结合导致了赫墨芙罗狄蒂（Hermaphrodite）的出生——后者身上兼有男女两性的美，备受古希腊人的尊敬和崇拜。宙斯的另一个女儿雅典娜（Athena）则是从宙斯的头顶上生出来的，她后来成了处女和雅典人的保护神。

爱情之神厄洛斯的特征也随着时间而演变。在赫希俄德那里他被当成世界的创造者，后来又被塑造成阿芙罗狄特的儿子，并在母亲的指导下给人们发射伟大的激情。身为一名英俊的青年，厄洛斯被描绘成为男性美的楷模而追求自己的爱情——如他和灵魂之神普赛克（Psyche）的动人故事。到希腊化时期（Hellenistic Period），厄洛斯才演变成我们所熟悉的掌弓带翅小天使的形象，并一直保持这个形象进入罗马时代，成为阿莫尔（Amor）和丘比特（Cupid）。

狄奥尼索斯（Dionysus，宙斯的另一个秘密情人）分担了阿芙罗狄特对爱情和生殖保护的一部分。他因发现了葡萄树而成为酒神。* 鲜花和阿芙罗狄特的联系及葡萄树和狄奥尼索斯的联系表明了古希腊人对宗教、性及农业之间密切联系的关注。酒神节的狂欢就是为了庆祝季节的更换以祈求众神赐给一个丰收的好年头。所以，酒神节上的性活动与自然界中生命的周期变化及农业的丰收之间是紧密地联系在一起的。

图 20.9 宙斯和赫拉

狄奥尼索斯的伙伴包括半人半羊的森林精灵萨提尔（Satyr），他们都是狄奥尼索斯的导师西勒诺斯（Silenus）的孩子。希腊的萨提尔们是长着马的耳朵、尾巴和蹄子的男性。在希腊化时期，他们与畜群和自然的保护神潘（Pan）的形象混在了一起，就变成了今天我们熟知的半人半羊形象。这些精灵们代表的正是世间放荡不羁的情感。他们经不住森林女神们（meneads）的歌声和舞蹈的诱惑而陷入无休止的爱情追逐之中。森林精灵们也许是粗鲁而淫荡的，但他们的本性却是和蔼可亲的。半人半马的森林精灵们（centaurs）则不同，它们性情粗暴（其中也有一些例外，如阿喀琉斯的导师喀戎）。半人半羊的森林精灵们靠的是诱奸，而半人半马的森林精灵们靠的则是强奸。前者的冒险带来的是性交的快乐，而后者的狂暴则导致悲剧和死亡**。或者也可以说，后者表现的是男子性欲中倾向于非法和暴力的一面，而前者则代表了男子性欲中享乐主义的一面。

* 哲学家尼采（Friedrich Nietzsche）对"酒神精神"和"日神精神"作了区分：酒神精神（Dionysian）是狂喜的，肉欲的，非理性的，充满着创造的能量；与此相反，日神精神（Apollonian）则是理性的，充满秩序感的，宁静的，庄严的。

** 其中有一场著名的战役发生在拉比斯人（Lapiths）和半人半马的森林精灵之间，当时后者正准备在一场婚礼上强奸新娘和客人。帕特农神庙和奥林匹亚的宙斯神庙的中楣上记载了这场战争。

普遍的主题。在《公民大会妇女》(Women's Parliament)中,她们建立起一个共产社会,在那里财产和性是共享的(对柏拉图《理想国》的滑稽模仿);而在《吕西斯特拉忒》(Lysistuata)中,妇女们占领了雅典卫城并宣称要进行"性罢工",直至希腊男人恢复理智,停止战斗。

希腊喜剧中的下流语言与古代膜拜阳具的宗教典礼的渊源有关。在早期喜剧中,演员通常套上宽大的皮制阳具,酒神节庆典上也是这种装束。喜剧中公开描写的不仅是男女间的性关系,还有其他形式的性行为,如同性爱、手淫、兽奸等,反映了希腊对公开谈论各种形式的性经验的偏好(但如今在摇滚音乐会中加入一些含有挑动色情意味的动作,也许会使希腊人震惊,假定是面对十几岁的男女观众的话)。

有关爱情和性,通过抒情诗人之手,往往被处理得更加巧妙。其中最杰出的是莱斯瓦斯岛的萨福。我们大多认为她和女同性爱有关,但希腊人誉她为希腊最伟大的诗人之一,说她是"第十位缪斯女神"。她的作品留存至今的只有一些片断。

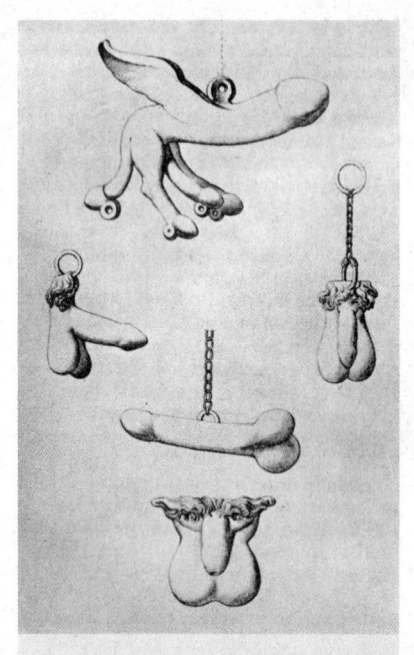

图 20.10 古罗马生殖象征的护身符

希腊文化充满了爱与美,它天才地将肉欲理想与最高的美学及道德理想结合起来。将色情艺术称为希腊文化的一个独立部分是没有意义的,把艺术家(或作家)按是否描写了性主题来区分也没有多少意义。性是艺术的一部分,就像它是生命的一部分一样。

古罗马的性

古罗马人是古希腊文化的最早继承人。古罗马在公元前 8 世纪还是粗鄙的农业社会,进入公元 5 世纪时已经发展成为地中海地区的霸主,凝聚了一群有着自己性风俗的多样的社会形态。

阳具象征

从伊特鲁里亚时代开始,崇拜男性生殖器就成了古罗马宗教仪式中的一个重要组成部分。男性生殖器的象征品被放在用色情图案装饰的坟墓墙上,如在塔奎尼亚(Tarquinia)发现的著名的公牛之墓(Tomb of the Bulls)。与生命复苏相联系的性被看做解除死亡威胁的灵药。

男性生殖器的象征物曾被赋予魔力。罗马的花园中竖立着猥亵之神普利阿普斯(Priapus)的塑像,它们向意欲行窃的小偷发出警示,如果他们偷东西,神就会强奸他们。以奇异形式表现的阴茎象征物在古罗马世界是相当普通的。有些阴茎象征物作为护身符挂在颈部,另一些保护性符咒被挂在家门、商店门和城门上方。人们认为当某人被邪恶的目光盯住时，护身符能抵挡住那股邪恶的力量，从而使他免受伤害。这一信仰遗留下来的产物是"使人着迷"(fascinate)这个词，它来源于有关阴茎的一条拉丁文术语(fascinum)，最初的意思是"魔力，妖术"。

希腊传统的农节在古罗马也有相应的节日，如**酒神节**(Bacchanalia)和**自由节**(Liberalia)，祭酒、性和男性生殖器的宗教仪式会保证来年五谷丰登，人畜两旺。

卖　淫

卖淫在古罗马世界极为普遍。古罗马人用典型的行政管理眼光，沿主要通道，相隔一定距离就建造一所妓院，使男子能在他的马受照料的同时，满足自己的性需要。卖淫在这里失去了它的全部宗教意义，纯粹成了一种商业行为，现在称卖淫者为"卖者"(meretrices, meretricious 一词的来源)。

性爱文艺

在庞贝城一所高级妓院出土的文物中有描绘各种性交的壁画。古罗马雕刻艺术品大多仿制比其早的古希腊作品。古罗马理想的人类形式从古希腊时期的男性裸体转到女性裸体。这种转变趋势在古希腊文明的后阶段已显而易见。在古罗马常可见到装饰在日用品如镜子和灯上的色情图案。

古罗马色情文学作品比艺术作品更富原创性。奥维德的《爱的艺术》这本手册对耽于肉欲的男女极有吸引力。奥维德、卡图卢斯(Catullus)、贺拉斯(Horace)和其他古罗马诗人(他们的作品对后世作家如莎士比亚影响极大)曾用轻松和嘲讽的口吻描述过爱，他们笔下的妇女都是任性、贪财、痛苦而又让人欢悦的造物。与性有关的拉丁文词汇的丰富性已经被广泛地研究过了(Adam, 1982)。

随着古罗马传统观念的崩溃，生活变得日益野蛮，性变得更加凶暴。无限的权力和无拘的放荡集中地表现在残暴颓废的帝王如尼禄(Nero)和卡利古拉(Caligula)身上(尼禄与他的母亲乱伦，最后又杀死了她，他割开了她的腹部只是为了看看曾生育过他的子宫；卡利古拉对他的妹妹也做了同样的事)。不过，这些奇怪的人物一般决不代表古罗马的普遍状况。一些作品往往是夸大和耸人听闻的。

20.4　基督教的兴起

在古罗马时代，西方文化的一个重要发展是基督教的兴起。从公元1世纪时一个无足轻重的教派，基督教发展成为西方20个世纪中占支配地位的精神观念和政治力量。耶稣诞生于古罗马帝国的一个行省，在约30岁时成为牧师，3年后由于犹太当局的煽动在耶路撒冷被钉死在十字架上。

耶稣的信徒把他看成是基督(Christ, 希腊语，意为"救世主")或弥赛亚(Messi-

想一想

罗马文化对性是比较宽容的，那么你如何解释圣保罗，一位罗马帝国公民严厉的性道德呢？

ah，希伯来语，意为"救世主"），是上帝派给犹太人的救世主，上帝的儿子。这些信徒到处宣扬耶稣基督和福音（好消息），即耶稣的诞生，传教和事迹，逝世和复活。

耶稣没有留下任何文字，关于耶稣及其活动的文字来自于他的直接追随者（使徒）和这些追随者的信徒。这些记录通过口头传播，最终成为四篇福音，统称为《新约》。在福音里几乎看不到基督阐明性本质的文字和活动的记载，这一点我们将在第 24 章谈到。

在耶稣以后，基督教的中心人物为来自小亚细亚的塔尔索斯（Tarsus），讲希腊语的犹太人（罗马公民）保罗。尽管天主教认为圣彼得为教会的第一任领袖，但保罗（他从未在世俗世界里见到过耶稣）对早期的基督教形成起了重要作用。他写信给早期教会的使徒，讨论了教义和组织等关键问题，成为许多基督教教义的基础。保罗对基督教的影响如此之大，以至于有人认为他是基督教的真正创始人，但也有人谴责保罗简单地阐述了耶稣教诲。保罗的性观点，对基督教道德观的形成有非常重要的影响。为了理解这些观点，需要了解早期基督教会形成的历史和文明背景。

犹太教的影响

最早的基督圣经是《旧约》。耶稣讲演和活动的回忆成了基督徒们的福音；使徒给各种教会的信成了基督教指南的日益重要的来源。今天的《新约》是直到公元 4 世纪时才形成的。

因为耶稣没有和犹太教分道扬镳，所有的第一代基督徒均是犹太人，他们自然认为要成为一个基督徒，首先要成为一个犹太信徒，行犹太教的割礼并采用犹太教的法规。保罗反对这种观点，认为耶稣的《新约》优于《旧约》，因此非犹太教徒可直接入基督教，而无须先加入犹太教。由于保罗成功地在非犹太教徒中扩大了基督教影响的，才使基督教从一个小小的犹太教派发展为一个世界性的宗教。

然而，早期的基督教徒深受犹太教盛行的性态度影响。对性的态度自从《旧约》时代的早期以来变得越来越严格。公元 1 世纪，离散的犹太人中最早的哲学家斐洛（Philo）曾把"爱的激情"和肉体的吸引斥责为罪恶源泉。那时，另一个有影响的教派是犹太教分支艾塞尼派（Essenes），他们恪守禁欲主义，认为性只是用来生育的。性快乐被当成罪孽而被拒绝，这可能在很大程度上影响了早期基督教类似观念的形成。

斯多噶主义的影响

讲希腊语的犹太教徒和异教徒在皈依基督教时，把他们自己的见解也带入了基督教中，从而帮助形成了基督教的道德观和性观念。斯多噶主义（Stoicism）对此影响尤为重要。希腊人芝诺（Zeno）在公元前 315 年创立的"斯多噶主义"认为：通过压抑情绪波动,不计较个人享乐与痛苦,用忍耐所获得的贞洁是最高的善行,最完美的事业。不管性冲动的表达内容如何,性冲动总是可疑的。公元1世纪的斯多噶主义哲学家塞涅卡(Seneca)写道:

> 爱别人的妻子是可耻的,而太爱你自己的也是一样。聪明的丈夫应该在爱自己的妻子时,令自己的判断不受影响。让他们控制住自己的冲动,而不轻率地交媾。没有比爱一个淫妇似的妻子更下流的……要让他们对待妻子不仅像一个情人,而且像一个丈夫。

正如诺南(Noonan)(1967)所说,"智者在加入基督教时把斯多噶主义带了进来,从而有意无意使基督教信条带上了斯多噶主义的色彩"。保罗自己及一些追随他的最有影响的教会人物也受到斯多噶主义的影响。因此,曾经在许多个世纪中主宰基督教徒的那种认为即使是在合法的关系中,性也是令人羞耻和厌恶的观点,并不起源于犹太教,也不起源于耶稣的教诲,而是来自希腊盛行的世俗观念。

《启示录》的期望

犹太教相信,在某个预定的时刻,上帝将使世界走上末日,在地球上建立他的王国,并消除不公正、痛苦和死亡。耶稣具有这种**"启示"**(apocalyptic)的远见,他所作的并由他的信徒阐述的一些观点表明,这些大事件将在他的生活中出现。所以,早期的基督教徒生活在一种急切的无常感中,迫切等待上帝重返人世的那一天。

这种期望深深地影响了保罗的观点。他描写了早期基督教徒所面临的"急迫的苦难"。不管他这样写是说迫害将被施加到基督教徒身上,还是说基督再临将"结束这个世界",他在给教会的信中的确带着对这些不寻常的时刻的期待。因此,他在文章中详述有关是否结婚的忠告,只适用于特殊环境,而不是普适于任何时期的抽象法则。

我们必须从保罗那时的社会背景中去了解保罗和其他基督教教导者的性道德观点。保罗不得不和基督教徒所处的希腊语社会中无约束的性放纵作斗争,同时也不得不对付一些来自其他教会的挑战,如来自加拉太(Galatia)教会的挑战,这些虔诚和保守的道德主义者试图维护摩西律法;而科林斯教会(Corinthian)的激进分子声称基督教徒高于一切法律,因而他们可以为所欲为,即使那样做意味着犯下乱伦罪以及和异教娼妓发生性关系。

图 20.11 亚当和夏娃伊甸园偷吃禁果的故事对后世的性价值观有着重要的影响。

教父时期

从罗马尼禄王朝时保罗的殉难（可能是公元66年），到公元5世纪罗马帝国的衰落，这段时期称为教父时期。在**"教父"**（Fathers of the church）的统治下，基督教义得到发展。教父中有些人曾居住在说希腊语的亚历山大城，这是一个很大的学术中心，这些人中包括安布罗斯（Ambrose）、奥利金（Origen）、哲罗姆（Jerome）、克莱门特（Clement）、格列高利（大格列高利）（Gregory）和尤为重要的人物奥古斯丁（Augustine）。奥古斯丁关于性的论述在其后的几千年中对天主教和新教有很大影响。

斯多噶主义在这一时期仍有强烈影响，早期基督教教父们是恪守禁欲主义的。这种自我限制的最极端行为是做一个隐士，单独居住在沙漠里。不过，正如安东尼教父所体验到的那样，隐士们仍受到性欲的折磨。哲罗姆为了性的自我限制阉割了自己，但随后他就颇为后悔。早期基督教的禁欲主义对把性感受和性行为视为罪恶和堕落观点有很大影响（Sherrard,1976）。

哲罗姆和奥利金学说中的许多教诲来自于塞涅卡。禁欲和童贞受到赞美。圣安布罗斯声称"贞女能和上帝结婚"。哲罗姆把与妻子在一起而无羞耻感的所有男人（假设对性生活感到快乐）视做奸夫。斯多噶主义还奠定了基督教"自然法"的基础，并对形成谴责非生育性行为和避孕措施的观点有很大的影响。

诺斯替教的挑战

教会在禁欲的同时，还必须和那些反对任何性行为，包括为生育而结婚性交的人们作斗争。这方面的挑战主要来自**诺斯替教派**（Gnostics）。这个异端基督教组织的成员追求有关精神真理的超越的知识（gnosis,灵知）。建立在伊朗神话、犹太教神秘主义、古希腊哲学和基督教义基础上的诺斯替教严重威胁着早期教会（可追溯到保罗时代），因为它同样利用为早期基督教徒所赞美的伦理美德和贞节观。

诺斯替教徒的性信仰和行为使他们自相矛盾地处于两个极端，他们称之为"左"派和"右"派，极右派主张禁欲，反对各种性爱，并把结婚看作是一种私通。为了使他们的观点有说服力，他们以基督独身为例并引用了保罗的某些观点，如"男人不接触女人为好"（《哥林多前书》7:1）。极左派主张从所有道德律法下解放出来。他们认为，保罗所警告的基督徒的自由不能被当作淫荡和性行为过失的借口，是与基督教的**唯信仰论**（antinomian）相抵触的。但还是有些人坚持这些行为，亚历山大教会的某些分支相信配偶应该共享，认为性交是一种交流形式，将导致灵魂的拯救，而贬低他们的人则说这将导致性行为的堕落和混乱。

诺斯替教的基本结果是要否定结婚是生育的正常方式，否定合法的性行为。因此教会必须被迫至少坚持结婚和为生育而性交的合法性。天主教会选择了一条中间路线，谴责诺斯替教的禁欲和性放荡行为，并不断反击来自"左"派和"右"

派的攻击。

诺斯替教的这些特点主要是依据天主教对它们的记录和裁决,因为教会系统地毁灭了它们的著作。最近的考古发现导致人们对诺斯替教采取了更具同情心的评价。考古结果展现了诺斯替教徒坚持把个人的经验放在首位,追求自我发现的唯一途径,怀疑传统的教诲和控制的精神。他们反对或服从性行为,仅仅是他们退出尘世的许多努力中的一部分。享乐在他们看来是追求内在真理的手段(Pagels,1979)。

摩尼教的挑战

摩尼教(Manicheanism)是摩尼(公元216~277年)在巴比伦创立的。摩尼教主要源于诺斯替教、伊朗民间宗教和基督教(摩尼自称为耶稣基督的使徒),把世界看成是受**光明**和**黑暗**势力的斗争所控制的事物。所有生物,包括人类在内,都是由黑暗势力的恶魔所创造的,但是在所有这些生物体内都束缚着光明。摩尼教认为生活的意义在于解放这种光明势力(Noonan,1967)。

因为生育造成了这个罪恶世界,生育本身就是罪恶的。因而以生育为目的的性欲是不洁的,必须加以禁止。即使允许有性欲的话,也须避免生育。为了达到这个目的,摩尼教只能依靠女人月经期不孕来避孕——讽刺地是,这唯一的方法随后被天主教会采纳了。如同对付诺斯替教的挑战一样,教会再次面临一项任务,即重申以生育为目的的夫妇间性关系的合法性,同时坚持节制性欲的美德。教会因此既谴责摩尼教诋毁婚姻和生育,又谴责摩尼教的性堕落(例如,他们说摩尼教徒把精液洒在用于圣餐的食物上)。

摩尼教徒受到圣奥古斯丁(基督教会的伟大人物之一)的迎头反击。克莱门特叙说了**原罪**和性欲的关系,但是经奥古斯丁之手,这种关系牢固地导入天主教的神学中。性欲的概念是奥古斯丁性观念的中心。**"性欲"**(concupiscence)一词从字面上是指"强烈的欲望",包含有性交的"发热"和"混乱的色欲"的意思;简单地说:在性兴奋和性高潮中含有淫荡、情爱和快乐成分。奥古斯丁通过诅咒性欲,抨击了性冲动的要害。他谴责了任何满足色欲的性行为,认为这些行为是可耻的。不以生育为目的的性(包括性交时避孕)是特别罪恶的,这种性交纯粹是为了满足色欲。以生育为目的的夫妇性交是合法的,但也由于受性欲的玷污而带上了罪恶的色彩(Bullough和Brundage,1982)。

这并不意味着教会内部普遍地相信奥古斯丁的观点。例如,安布罗斯认为亚当的原罪不是性而是骄傲。圣克里索斯托(St. Chrysostom)也没有把原罪和性欲联系起来看,他不认为性欲是一种罪过,只有当过多的性欲脱离了婚姻束缚导致通奸时才有罪。因此该受谴责的不是性而是性放纵。假如主导西方神学发展的不是奥古斯丁的观点而是圣克里索斯托的观点,那几个世纪以来的主导性道德观和对性和婚姻的看法就是另外一番面貌了(Noonan,1967)。

20.5 中世纪的性

就西欧而言，所谓继承了古典传统的文明世界，在很大程度上仍不过是一个农业社会，它的主要社会力量还是教会组织。正是在中世纪社会的浸染下，形成了西方的性观念和行为方式。

中世纪早期

中世纪早期对于欧洲来说是一个混乱而又不幸的阶段。人口的大量迁移一再改变整个大陆的人口地理分布，以至于那时不能形成任何权力中心。尚存的古代知识和文化在修道院中保存下来，而修道院是基督教的领地，那里不存在对性的赞美。

性艺术和性文学自罗马帝国覆灭起便开始衰败了。从公元4世纪起，教会就已确立了稳固的地位，有效地禁止了一切过分渲染色情的东西。艺术中处处浸透了对淫秽和异教思想的恐惧；当要表现宗教题材中的裸体形象（如堕落前的亚当和夏娃）时，也尽量不去渲染任何色情方面的东西。只要比较一下中世纪的夏娃和古典的阿芙罗狄特，便可深感性的地位的变化（Eitner, 1975）。

由于"教父"们不可动摇的地位及不可怀疑的**禁律**（nomos）的存在，教会在公元8世纪末形成了一套不可变通的严格的性道德规范，**忏悔手册**（penitentials）中列出了详细的在忏悔和赎罪时应检查的罪过，其中包括各种自我禁欲（如戒性欲、戒吃肉等）和虔诚的行为。罪过还包括与处女通奸，各种形式的乱伦、兽奸、同性爱关系和性幻想等等。

图 20.12 达尔马提亚的 Trau 大教堂入口处的雕塑夏娃，公元 1240 年。

这种中世纪法规下面潜藏着这样一个信念，即性愉悦是一种原罪，故而一方面性行为作为种族繁衍之必需而勉强得到认可，同时任何其他的情欲感受和表达方式都遭到禁止。基于这些看法，对性行为的限制可能达到荒唐的地步。某些虔诚的夫妇在性交时穿着一种前面仅留一个小洞的厚重睡衣（chemise cagoule），以避免身体其他部位的接触。男上女下是唯一适当的性交方式（采取狗交势要赎罪7年）（Taylor, 1970）。夫妇不应在星期四发生性关系（为了纪念基督被捕）；也不应在星期五（为了哀悼基督之死）；不应在星期六（为了向圣母致敬）；不应在星期天（为庆祝基督复活）以及星期一（为纪念死去的信徒）；在复活节前的40天，孩子出生前的三个月和出生后的两个月，都必须节欲。一些夫妇通过**贞洁的婚姻**（chaste marriage）双双放弃了性（McNamara, 1983）。

如果夫妇间的性行为都受到如此限制，进一步详细叙述对其他性行为的限制就没有什么意思了。甚至有例子表明，即使是夜间偶尔遗精，也不能逃脱惩罚。"犯罪者"得马上坐起，念7篇用来悔罪的圣诗，早晨还要再加读30篇。如果过错是在教堂里睡着时发生的，还得唱整部赞美诗以示忏悔。

这种中世纪早期世界惨淡苍白的性景象或许反映了宗教修行的理想，但很难刻画出当时人们性行为的真实情况。毫无疑问，教会戒律可以使虔诚的教徒出自神学道德观对性产生有罪和黑暗的感觉。但至少仍有部分人没有被它所触及。公元8世纪时，传教士卜尼法斯（Boniface）对英国人的淫荡感到失望，他们"视婚姻为儿戏"，而且"过着像嘶叫的马和叫春的驴一样的纵欲生活"。一个世纪后，阿尔昆（Alcuin）发现，在这块土地上，"到处泛滥着未婚同居、通奸和乱伦，以至于连起码的表面上的节制都荡然无存了"(Taylor, 1970, p.20)。

情欲主义甚至在教会内部也持续存在，在暗地里的促进下，性艺术出现在那些看来最不可能出现的地方，如装饰在信仰书的页边，或刻在唱诗班的坐椅上及教堂的装饰物上。这一时期的宗教雕刻公开地表现了具有挑逗性的女性裸体、阴茎勃起的男人和相互爱抚的夫妻进行性交和口交（还是所谓的"69"体位）(Webb, 1975)。更有甚者，生殖器暴露的女性形象刻在中世纪一些爱尔兰教堂的正面，称为**"Shelah-na-Gig"**（图20.13），说明那种认为生殖器象征可以驱邪的迷信仍然存在。以男性生殖器的象征代表繁殖力的古代农业节的残迹也可在五月时的春季庆典中找到，在那种场合，人们围绕着一个有装饰的木制**"五朔节花柱"**(maypole)跳舞，这种习俗延续到今天。在公元10世纪时的法兰克人中，未婚女子在这种场合下会裸身在男人们面前跳舞。尽管随着时间的推移这些活动逐渐消失，但它们从未彻底失去其古代的性根源。

图20.13 Shelah-na-Gig

中世纪早期性关系的图景就是如此错综复杂。既有教会出自其苦修观念所施加的性压抑的姿态，也有来自罗马帝国的性享乐主义的遗风、有名无实的日耳曼基督教部族粗野行为的残余和教会中的堕落现象。在这种背景之下，教会不得不进行双方面的斗争：为了将这个混乱不堪的世界搞成一个有秩序的样子，必须压抑性欲；但另一方面，教会还得坚决反对那种诋毁任何形式的性欲表达的极端苦行主义（ascetism）。

中世纪晚期

当欧洲进入基督诞生后的第二个千年纪元时，人口不断扩充，人们在新的地方定居，商业给都市生活带来活力，政府变得更有影响力，教会也开始了一个明显的

图 20.14 英国新古典主义画家约翰·威廉·沃特豪斯（John William Waterhouse）画笔下薄伽丘的《十日谈》中的一个场景。

改革运动，让当代最聪明的头脑和最优秀的艺术天才为之服务。修道学习的中心开始演变成具有明显学术特征的大学。

如同对于中世纪早期一样，我们对普通人的性生活同样所知甚少。不过，这一时期丰富的地方文学广泛揭示了特权阶层的放荡生活。与此特别有关的是那些**游吟诗人**（troubadours）赞美妇女和爱情的抒情诗，它们出现于法国南部，并在12世纪达到了巅峰。

正如在**典雅的爱**（courtly Love）的传统中所表现的那样，游吟诗人总是远远地崇敬那些丈夫频繁不在身边时掌管家族财产的高贵的理想化的贵族女性。从游吟诗人所写的一些关于爱情的诗篇中［如安德雷·卡佩拉纳斯（Andreas Capellanus）的诗《典雅的爱的艺术》］，可以引申出很多有关浪漫传统的精神和内容。通过把爱与婚姻区分开来，以及把性与生殖区分开来，游吟诗人帮助我们建立了一个可以替代教会所倡导的专门以生殖为目的的性的世俗之物。

14世纪，"下流"故事开始上升为一种艺术形式。乔叟（Chaucer）［《坎特伯雷故事集》（*Canterbury Tales*）］和薄伽丘（Boccaccio）［《十日谈》（*The Decameron*）］笔下的男女主人公们对待婚姻和性生活的态度都是机智、世故圆滑和玩世不恭的。经常出现的人物是那些被戴绿帽子的丈夫，他们不是活该如此的呆头呆脑的木瓜，便是不贞妻子的牺牲品。如果这些人物具有代表性，从他们身上我们就可以看到有关中世纪男女性关系的一些令人感兴趣的东西（Atkins, 1978）。在中世纪艺术作品中可得到同样的印象。

卖淫活动在中世纪时期从未完全消亡过，而且随着都市化过程愈演愈烈，就连圣·托马斯·阿奎那也无可奈何地承认，妓女的存在可以用来帮助那些正派体面的妇女保持她们的贞洁（他将此比喻成保持街道清洁的下水道）。此外，十字军骑士们把公共浴室重新引入欧洲，而某些这种场所如同妓院一样。

对同性爱的敌意在古罗马帝国衰败期间相当可观，故此在中世纪早期同性爱现象并不多见。但随着11世纪城市复兴，大量的同性爱集团又发展起来，某些欧洲社会中受人尊敬的高贵人物便是其中的代表。而到了12世纪下半叶，民众感情中的褊狭再一次对准了那些包括异教徒和犹太人等在内的少数人团体。这种态度的改变可以从中世纪后期的许多神学、伦理学和法律文献中得到反映，并且在若干个世纪中继续影响着西方文化对同性爱的态度。

尽管出现了较大的信奉现实主义或世俗化的浪潮，教会在中世纪后期仍是占统治地位的社会组织，依旧主导着人们的性伦理道德和行为规范。圣·托马斯·阿奎那是 13 世纪的学者，他是对神学道德最具决定性影响的人，一位学识过人的神学家，他的目标是综合奥古斯丁的信仰和亚里士多德的逻辑推理的精华。阿奎那几乎谈及了性行为的所有方式，包括接触、接吻、爱抚、诱奸、贞洁、夫妇性生活、未婚同居、通奸、强奸、乱伦、卖淫、同性爱以及兽奸等。尽管"夜间遗精"是一个相对来说不太重要的道德问题，但他对这一问题的讨论的摘录，仍然反映了其探讨的规模。

中世纪人们的情欲意识还通过个人和群体的幻想和谵念这些古怪的方式表现出来，这些幻想和谵念有的被解释为神灵的降临，而有的则被认为是魔鬼在作恶。不管是哪种情况，妇女们（尤其是修女们）总是更可能被牵扯进来。对此，有一点我们应记住，那就是尽管那虔信宗教的修女宣称把一生奉献给上帝，并为上帝服务，但是实际上中世纪的修道院也相当于一个庇护所，它为那些被社会抛弃的人、在道德上犯有过失者和精神失常者提供了一个栖身之处[圣伯纳丁(Saint Bernardine)称他们为"世界的弃儿与渣滓"](Chambers et al.,1979,p.310)。在如此混杂的集体里，那些情欲幻想时而与虔诚心理交织在一起的现象也就不足为奇了：克里斯汀·埃伯娜(Christine Ebner)相信是耶稣使她怀孕的；维罗妮卡·吉乌里阿妮(Veronica Giuliani)则让一只吃奶的羊羔吸吮她的乳房以示怀念上帝的羔羊(Taylor,1970)。还有些妇女觉得在梦魇里遭到**男魔鬼**(incubi)的袭击[男人则往往是受到**女巫**(succubi)的折磨]。一位名叫让娜·波蒂埃(Jeanne Pothière)的妇女发誓说有个恶魔曾强迫她与之性交达 444 次(Clugh,1963)。

这一时期还有超乎寻常之多的关于施虐—受虐狂的证据。苦行主义长期以来就是与自我惩罚联系在一起的，但在中世纪，**鞭笞**(flagellation)却成了赎罪的一个惩罚形式。尤其在灾难性的 14 世纪，当战争、饥饿和瘟疫席卷整个欧洲大陆时，众多的自我鞭笞者到处流浪，他们以为这样做可以减轻自己的罪孽。实际上，大多数中世纪男女们之间的性关系与他们前后时代的人们差不多，这种说法可以找到相当多的证据，如彼得·勃吕盖尔(Pieter Brueghel)、希罗尼穆斯·博斯(Hieronymus Bosch)所绘制的那些富有情欲色彩的画面以及之后其他艺术家的作品。

图 20.15　情色盛宴，15 世纪中期的雕版作品

20.6 文艺复兴与宗教改革时期的性

在14~15世纪，西方世界经历了一场巨大的变革，随着中世纪文明的衰退，**文艺复兴**（Renaissance）——一个万象更新的时期开始改变整个欧洲的文化，标志着现代西方文明的开端。

尽管文艺复兴时期的人们在性观念上并没有更多的创新，但他们却创作了大量的性文学和性艺术作品，文艺复兴两个世纪之中的创作比前辈们在中世纪的10个世纪里的创作还要多。文艺复兴时期社会和教会的世俗化趋势，使得人们对什么性行为符合道德标准的看法发生了变化。对个人意志的提倡进一步强化了这种趋势。个人意志是文艺复兴时期人们的心理特征，也导致了当时的文化中阳春白雪与下里巴人之间令人眼花缭乱的混合。

文艺复兴时期的性

一度曾在古代社会泛滥的各种性行为，在经历了中世纪长期的冬眠后，又重新出现在文艺复兴时期人们的社会生活中；无数的财富加上对奢华的追求，再次使统治阶级深深地沉溺于性爱之中。除此之外，一些在文艺复兴时期扮演主角的年轻激进分子的极端个人主义，还给性行为蒙上了一层暴力色彩。一伙年轻人闯进修道院强奸修女，这样的事在当时可并不新鲜。每个妇女都是男子理所当然的诱惑对象；相反，如果当场被抓，这名男子同样理所当然要成为她丈夫或父亲匕首下的亡魂。就其放荡而言，一些所谓文艺复兴时期的栋梁，较之那些古罗马帝国最颓废的皇帝也有过之而无不及。例如，"杰出的佛罗伦萨人"，西吉斯蒙多·马拉泰斯塔（Sigismondo Malatesta）就被证明犯有杀人、强奸、通奸、乱伦、渎圣、作伪证和叛乱等多项罪状（甚至他的儿子罗伯托也不得不用匕首反抗父亲对他的性暴力行为）；马拉泰斯塔的外甥潘多尔佛曾放火烧毁一座庇护过他意欲强奸的妇女的修道院（Johnson，1981）。

虽然那时许多教士过着简朴纯洁的生活，但是一些红衣主教和教皇却介入了当时的荒淫行径。这些人中有不少是杰出的人文主义者和艺术的保护人，但他们同样喜欢享乐和奢华。有一次，罗得里戈·波吉亚（Rodrigo Borgia，教皇亚历山大六世）曾让50名裸体妇女为晚餐客人从地板上捡栗子，随后客人们比赛，看谁能和最多的人性交（Taylor，1970）。

在文艺复兴时期，**高等妓女**（courtesans）这一传统又复活了，普通妓女空前繁多。如同其古典时期的前辈一样，她们通常有较高的文化素养，端庄妩媚，例如，维罗妮卡·弗兰科（Veronica Franco）是一位诗人，又是一些高级教士和皇族的朋友。尽管文艺复兴时期的社会仍旧主要为男人们所主宰，妇女的地位仍然比中世纪时有了明显的改善，至少上层妇女如此，贵族妇女常常像男人一样接受教育，接触社会，甚至一样的放荡。而普通男女的性生活虽然没有统治阶层那么华丽,但也变得更加自由开放了。

宗教改革及新教的性道德

文艺复兴时期的过火行为激起了来自教会和市民两方面的强烈反响。人们的虔诚心受到如此深的伤害,使得多明我会修士萨沃纳罗拉(Savonarola)成为了佛罗伦萨的统治者:他在1496年掌权后着手遏制在该城泛滥的享乐主义和物质至上主义,敦促市民们把具有新异端思想色彩的东西投进火堆焚烧。随之而来的责难甚至降临到像米开朗基罗这样著名的艺术家头上——在1559年,教皇保罗四世命令给《最后的审判》(*Last Judgment*)中的一些裸体形象绘上衣饰。

还有一些不太剧烈但持久的影响来自那些对文艺复兴时期教会道德准则的松懈和世俗化程度感到忧惧的改革者。当意大利的人文主义者复活了对经典学识的热爱时,基督教人文主义者,如英国的托马斯·莫尔(Thomas More)和荷兰的德西德里乌斯·伊拉斯谟(Desiderius Erasmus)试图同样恢复早期基督教会的传教方式和传统。这些早期的改革者为日后路德的**新教革命**(Protestant revolution)铺平了道路,新教革命不可挽回地分裂了西方的基督教会。路德(Martin Luther)和加尔文(John Calvin)的观点对今天依然存在的性道德感施加了深远的影响,特别是在美国,正如**新教徒性道德**那样。

图 20.16 16世纪意大利画家阿戈斯蒂诺·卡拉奇(Agostino Carracci)的版画作品《森林之神和宁芙女神》(*Satyr and Nymph*)

路德关于性问题和婚姻的观点对于西方的道德准则产生了深远的影响。尽管不如阿奎那那样系统,路德却对性有着更为世俗的看法,并且非常坦率地承认了这一点。路德自己的著作中有关这个领域的是《婚姻生活论》(*Treatise on Married Life*)。路德摒弃了天主教的观点(即把婚姻看成一次圣礼),因为他不能从《圣经》中找到支持这一观点的论据。相反,他认为婚姻是上帝给人确定的义务和权利,这实际上回到了犹太人对待婚姻的传统立场。特别是在他的早期著作中,路德非常强调性在婚姻中的地位。性欲是上帝造物的一部分,没有理由也不可能拒绝接受它;相反,还必须利用它并用好它(路德把婚姻比做医院,它可以使性饥渴消除并且避免私通)。一旦婚姻不能满足性的要求,那它也就失去了存在的主要目的。因此,丈夫的阳痿和妻子经常拒绝与丈夫同房都可作为离婚的基础。

路德开始时还尊重那些自愿的独身禁欲者,但反对强迫教士独身。但最终他逐渐认为,独身和童贞是不自然的、不切实际的、虚假的虔诚方式。并且他本人身体力

图 20.17 一对情侣。根据意大利 16 世纪雕刻大师雷蒙底(Marcantonio Raimondi)的版画创作的复制品。

行,打破了他早先出家时所立下的保持童贞的誓言,在 42 岁时与 29 岁的前修女凯瑟琳·冯·波拉(即"凯蒂")(Katharine von Bora)结婚,并生养了三个孩子。

新教教义重申了天主教所强调的婚姻的生育子孙的功能,但也非常明确地说出了夫妇间感情和伴侣关系("爱与敬重")的作用。甚至连竭力反对路德提出的几乎每一个主张的天主教会,也于 1563 年在特兰托会议(Council of Trent)上接受了改革者就这一问题的看法,从此这种夫妇关系便成了西方理想的婚姻模式。但是路德并没有提出任何有关"完美婚姻"的浪漫想法。他认为夫妻应该分担日常生活中的家务琐事和哺育子女的重担,婚姻应教人们学会谦让和耐心。

路德和其他新教改革者把婚姻中性的作用神圣化后,明确地反对任何其他形式的性关系。因为每个人,包括教士都可以结婚,那么其他途径的性行为就没有什

专题 20-3
文艺复兴时期的色情文学和艺术 *

古典时期追求感官美的艺术趣味的复活,以及内行的世俗艺术赞助人的增多,促成了 15 世纪和 16 世纪中叶色情艺术的空前繁荣,这种繁荣深深地影响了西方世界色情艺术日后的发展。作为教会传教的媒介,中世纪的艺术是面向所有人的。而相比之下,由于文艺复兴时期艺术的保护人是一些精选过的贵族,艺术变成了特权人物的欣赏对象,而且这些世俗赞助者对那些中世纪美术作品中所缺少的性内容最津津乐道。人们现在可以假借表现宗教人物和事件之机,自由地描绘裸体与性行为;画维纳斯像可以带来荣誉,其中最受赞美的是波提切利(Botticelli)、乔尔乔内(Giogione)和提香(Titian)的作品。甚至文艺复兴时期宗教艺术也有它自己的性主题(Steinberg, 1983)。

米开朗基罗(Michelangelo)的雕塑作品虽然没有直露的性内容,但在《垂死的奴隶》(Dying Slave)和《哀悼基督》(Pietà)之类的作品中有着一种特殊的性气氛(尤其是后者,年轻的圣母玛丽亚从年龄上来看与其说是基督的母亲,还不如说是一位神秘的"新娘")。米开朗基罗也有些公开表达性内容的作品,譬如一个在帽子上戴着阴茎的男人,及其他表现阴茎主题的绘画(据说这些可能与米开朗基罗

的同性爱癖好有关）（Wilson，1973，p.17）。

文艺复兴时期的艺术家大量地使用一些经典题材，如宙斯的性越轨行为，奥林匹斯山诸神的交配及林神和仙女的各种奇怪的性行为等。色情人物肖像作为一种新的绘画类型也出现了，如拉斐尔（Raphael）的作品《拉·弗那丽那》（*La Fornarina*），在画中他的情妇的乳房裸露着。

尽管世俗的人欣赏性，但教会素来才是艺术的主要赞助人，因此大多数作品还都保留着宗教性质。但是即便在这些宗教作品中，性主题也找到了出路，即表现在对《旧约全书》的片段的描绘中，如波提乏的妻子对约瑟的勾引［丁托累托（Tintoretto）、提香、委罗内塞（Veronese）］、罗特与女儿乱伦（拉斐尔和卡拉齐）、苏姗娜洗澡时被老头们偷看（丁托累托）等。拉斐尔还为梵蒂冈的红衣主教彼比亚纳（Bibbiena）的浴室画过一些色情壁画（不过不曾对公众开放过）。

文艺复兴时期对人体美的推崇在 16 世纪为米开朗基罗和拉斐尔的坚定追随者们所继承，形成了一种独特的风格——手法主义（Mannerism）。依赖着十分复杂的隐喻性主题，手法主义艺术家们把人体画得曲曲扭扭，把性表现得比文艺复兴时期的大师们更为直露。意大利手法主义核心人物是朱里奥·罗马诺（Giulio Romano），他是拉斐尔的学生中最有天赋的一个，也是赤裸裸的色情艺术家。他的那套性交姿势图成了西方"性指南"图画的鼻祖。罗马诺的这些画，经马克安东尼奥·雷蒙底（Marcantonio Raimondi）刻制成版画，由彼得罗·阿勒蒂诺（Pietro Aretino）配上色情的 14 行诗，成了有名的《性交大全》（*Sedici Modi*）。该书于 1527 年出版，引起了相当大的骚动，并出现了许多复制版本（初版只有一部

图 20.18 马克安东尼奥·雷蒙底的作品《帕里斯的判断》

分保存至今）。阿戈斯蒂诺·卡拉齐画了另一套同样类型的著名作品。大规模复制技术的发展（以木刻版、雕版式蚀刻版印制）使得这些次一级的画家能把这种色情画变成一种商业性的色情品。

16 世纪两位最伟大的作家——弗朗索瓦·拉伯雷（François Rabelais）和威廉·莎士比亚（William Shakespeare）并不自认为是色情作家，但他们的作品却以粗野的幽默而闻名。尽管"拉伯雷式的"成了所有顶呱呱的幽默的代名词，但拉伯雷的杰出才智（他既是一位僧侣又是一位医生）主要用来讽刺那些修士的不端之举及那个时代的道德观。同样，尽管莎士比亚的戏剧中充满了与性有关的东西，但性对他来说仅仅是那种通常以悲剧结束的爱恨交织的情感的一个侧面。这种悲剧气氛弥漫在他的一些最著名的悲剧作品如《罗密欧和朱丽叶》中（该剧情节取自薄伽丘处）。

* 本文内容多基于 Eitner（1975）和 Webb（1975）。

么存在的必要了。路德也主张取缔卖淫业（但作为一个脚踏实地的政治家，他谨慎地反对仓促关闭所有的妓院）。上述观点正如泰勒（Jeremy Taylor）后来所总结的那样，"男人们没有必要一定去诱奸妇女或与人通奸；让他们结婚，因为这是上帝安排的治疗方式"（引自 Tannahill，1980，p.328）。

此外，约翰·加尔文在新教的性道德准则上留下了他自己的特殊印记。路德把

结婚看成治疗性饥渴的途径，**加尔文主义**（Calvinism）却认为婚姻是掩盖罪恶的面具。为了避免过分沉溺于性生活，他要求丈夫要谨小慎微、彬彬有礼地接近妻子，妻子也应小心谨慎地避免接触或注视丈夫的生殖器官。这种道德观念后来发展为反对任何性感的、精力旺盛的、轻薄的东西。英格兰的清教徒进一步把这些立场观点发展成独特的严厉执拗的新教性道德规范。移植到新英格兰后，这些观点对于初始阶段美国人性道德观的形成，事实上具有显著的影响。

20.7 启蒙运动时期的性

18世纪，整个欧洲开始相信一场期盼中的变革即将到来，这段时期就是启蒙运动（the Enlightment）。由于经验和科学证据代替公认的信仰成为真实性的基础，怀疑论开始动摇以往的宗教信仰和道德假设。没有了神的指导，就必须建立世俗的道德标准以指导人类的品行。人类就像孤儿，必须相互照看，并提出一些很好的理由来限制他们天生的自私心理和社会行为。这些变化也深刻地影响到了性态度。

蒙田（Michel de Montaigne）提议，把人类的福利和自决权作为道德标准的出发点。人生的目标从渴望天国中的永生变为获取尘世的幸福。美国《独立宣言》收入了这个观点，把"对幸福的追求"列入上帝赋予的不可转让的权利之中。

礼仪和道德

在18、19世纪之交，私生子（illegitimacy）的比例在法国少于5%，而在英国和新英格兰地区可能高达50%。几乎每个人都结婚（男子在27岁左右，女子在25岁左右）。但除了这些从人口统计数据和文献推测出的结果外，我们得不到关于当时普通人性活动和性观念的更进一步的细节。

在欧洲，最严格的性道德规范存在于中产阶级之中，他们除了最易受攻击外，也最渴望改进自身的社会地位。上层人物无忧无虑，穷人则一无所有。法律以死亡的痛苦来惩罚同性爱，但皇族可以例外。浪漫的爱情可以作为对婚姻的一种补偿，但不能作为结婚的理由。几乎每个养得起一个情妇的人都有一个。已婚妇女觉得如果除丈夫外再没有别人爱她便是受了轻视。这便是生活的原则，并使生活保持平和。

18世纪也见证了避孕套的诞生。这是卡萨诺瓦（Casanova）、马奎斯·德·萨德（Marquis de Sade）和文学角色唐·璜（Don Juan）的时代。这些**自由放荡**（libertinism）的典型人物标志着现今世界上仍在上演的永恒的诱骗"戏剧"的一个新侧面。这是一种精心算度的罪恶游戏：在某地一个男人始乱终弃了一个又一个幼稚轻信的女子。在德·萨德的狂热梦想中，性具有更直截了当的施虐成分。除了那一时代较为平常的色情手稿，那个时期的文艺作品也反映了这些主题。

文艺中的性

17世纪之初，艺术便从大量表现性内容的手法主义风格转向高度华丽的**巴洛克**（Baroque）风格。如果不把色情主义简单地局限于露骨的性表现，那么可以说17世纪造就了西方最伟大的两位色情艺术大师——彼得·保罗·鲁本斯（Peter Paul Rubens，1577—1640年）和伦勃朗（Rembrandt，1606—1669年）。鲁本斯生动的性表现力为他色彩鲜明、富有性感的裸体画所证明。伦勃朗，那个时代最杰出的天才，对性的表现尤为精妙：无论是在神话题材或宗教题材中，他画的裸体都令人信服地表现了理想的女性形象，更能使人动情。他那张题为《四柱床》（*The Four-poster Bed*）的蚀刻版画完美地表现了一对夫妇做爱时的真挚、温柔的场面。

18世纪人们目睹了赤裸裸的色情表达的巨大胜利。对性的宽容态度使得高超的艺术家能毫无疑惧地投身于性主题的表现。在这些艺术家中，让·安东·华多（Jean Antoine Watteau，1684—1721年）天赋最高。他的**游乐图**（fête galante）描绘了当时衣着精美的绅士淑女在一个充满古典氛围的令人渴望的、梦幻般的世界中举行爱情庆典的场面。让·奥诺莱·弗拉贡纳（Jean Honoré Fragonard，1732—1806年）则滑稽地使用了古典题材，他的色情画都充满了动感、机智和震撼力。弗朗索瓦·布歇（François Boucher，1703—1770年）的作品对情欲的表达在三位画家中最为直露，他对神话人物的运用目标明确地开发了其中所有的色情潜力。无数平庸的画家创作了极其多的色情品，其中包括为泛滥一时的色情文学作品作的蚀刻版画插图。在这个世纪结束时，色情画是如此泛滥，以至于狄德罗感慨地写道："我想我已经看够了乳房和后背啦。"（Eitner，1975）

17世纪伟大的法国戏剧家高乃依（Corneille）、莫里哀（Molière）和拉辛（Racine）经常运用古典主题探索爱情的各个侧面。事实上很难找到一位不以这种或那种方式触及性和爱情的作家。18世纪也有着各种各样表达性主题的文学类型（Purdy，1975a）。在描写卖淫的作品中，丹尼尔·笛福（Daniel Defoe）的《摩尔·弗兰德斯》（*The Fortunes and Misfortunes of the Amorous Moll Flanders*）（1722）和前面提过的约翰·克兰德（John Cleland）的《一个快乐

图 20.19 萨德侯爵的色情品《贾斯汀和朱丽叶》（*Justine and Juliette*）中的插图。萨德是法国贵族，同时也是一系列色情和哲学著作的作者。

女人的回忆》(1749)是杰出的范例。两部作品均一方面作了针对放荡之罪的道德说教,一方面提供了有关放荡的乐趣的直接例证。

另一种18世纪的文学类型是淫秽的自传。在这里典型的作品是卡萨诺瓦的《我的生活历史》[*The History of My Life*,或称《回忆录》(*The Memoirs*)]。卡萨诺瓦是一个威尼斯冒险家,他在度过了充满游历和阴谋的一生后隐居在一位显赫朋友的城堡中写作和读书。他的回忆录被人们看做是一份重要的历史文献。

北美殖民地上的生活

那些移居到英国殖民地的男男女女,他们带来了很多因新教改革而形成的观念。这些观念与美国本土的部族在更加自由的性行为惯常方式方面有着很大的分歧。这个时期美国的生活与欧洲十分不同(D'Emilio和Freedman,1988)。我们可能认为,这个国家的清教徒开创者是些拘泥于礼法的人(Schlesinger,1970)。但是17世纪的清教徒在性问题上相当开放,他们把性看成婚姻自然而又有乐趣的一部分。有个叫詹姆斯·麦道克(James Mattock)的人因为拒绝与妻子睡在一起而被从波士顿第一教区驱逐出去。怀孕的未婚清教女子,正如当时乡镇记录记载的那样,由宽容的牧师主持婚礼。清教徒是严肃的、敬畏上帝的人,他们可能对通奸者十分严厉,但他们的愤怒不是源于性的因素,而是因为这种行为威胁了婚姻的神圣和稳定。甚至外人也能看出,北美没有普遍的性压抑现象。一个在1744年到波士顿游历的马里兰人写道:"这里聚集着漂亮的妇女,她们看上去比纽约妇女更开放,穿着更精致。除了美丽,她们大都还自由自在,和蔼可亲。我在那里时没见到一个假正经的女人。"

18世纪晚期国家独立的来临,带来了对浪漫情调的一个反应,即把它与旧世界的封建主义和贵族政治视为一体。共和国誓保自由、平等和理性。婚姻逐渐变成为增加国家人口、扩大劳动力服务的工具。本土和外来的观察家都迅速地评论了这一反浪漫爱情的所谓理性的胜利。"不经过尝试,没有一个作家,"霍桑(Hawthorne)抱怨说,"能体会到在我亲爱的祖国这样一个国度里书写浪漫传奇的困难性,那里没有阴影,没有古迹,没有秘密,没有动人的景色和黑暗的罪恶,别的什么也没有,只有一片光明之下的普遍繁荣,就像我亲爱的祖国充满了欢乐一样。"法国作家司汤达(Stendhal)发现,美国人有这样一种"理智的秉性",认为沉湎于爱情几乎是不可能的。在欧洲,他写道:"欲望受到禁规的磨难;在美国,它却被自由束缚。"

20.8 19世纪的性

维多利亚式的礼仪和道德,在年轻的维多利亚女王于1837年继承英国王位时就已很好地确立,并且延续到她1901年去世之后(Quinlan,1941)。到最近为止,维多利亚式的性道德规范通常被认为是僵化的、做作的、暴虐的、虚伪的,但历史学家现已证明这一描绘并不完全正确(Gay,1984,1986)。导致那个时期矛盾现象的主要原因之一是中产阶级的生活在同一时间有着极大的差异——公开或隐秘,有规律或混乱无度。对感情的流露、少女的监管、避孕器具的使用及其他有关性的重要问题的看法,在不同的时期、不同的国度、不同的阶层之间,有着戏剧性的差别(Gay,1984)。

混乱的另一个来源是未能区分性行为和性观念,或如卡尔·戴格勒(Carl Degler)(1974)所说,"该是什么,而实际上又是什么。"维多利亚社会不仅没有压抑性表达,相反,他们对此是非常热衷的(Foucault,1978)。

维多利亚时代的性意识形态

性压抑,尤其是对女性的性愿望的压抑和否定,即便不是整个维多利亚社会的特征,也影响了其中的许多方面(Marcus,1966)。

压抑的模式

19世纪英国普遍存在的道德涣散,引起了宗教改革者和社会改革者的极大关注,例如,约翰·卫斯理(John Wesley,1703—1791年),他是卫斯理教(Methodist)的奠基人和福音传教士的先驱(我们今天称之为教会复兴派)。同样,法国大革命在美洲殖民地丧失之后接踵而来,对英国统治阶级形成了巨大威胁。这使得寻找使社会稳定的措施对于教会和政府而言变得至关重要,而道德的整肃似乎是最好的方式。在这种急切的气氛下,福音道德说教者和社会改革者取得了显赫的地位。

这些措施在很大程度上成功地稳定了英国社会,但代价却是使得维多利亚式的道德标准僵化、压抑,让人们的举止矫揉造作、自命不凡。在这种清心寡欲的心态影响之下,性享乐转入地下状态。正派的妇女由于成了贞洁偶像而被看成无性人;与此同时,妓女则被认为如同动物一般。有影响的医生威廉·阿克顿(William Acton)宣传这样的观点:正派的妇女没有性欲,如果有性欲她们也要加以抑制。婚姻中的性行为被看成是妇女无法推脱的以生育为目的的婚姻义务。反之,妓女被当成性的贪得无厌者。

男子面临着类似的分裂:一名男子既不能从他可自由地爱和敬重的女子处得到性享受,也不能自由地爱和敬重他能任意获取性享乐的妓女。因而,犯罪感和挫折感的重压不可解脱地与任何方式的性行为联系在一起。

维多利亚时代的医生对性问题的关心,源于其认为性对健康的危害的假定。四处传播的性病理当使人恐惧,但假定遗精和手淫想必带来性和体力的浪费并无依据(专题11-4)。在健康的名义下,医生通过对"罪的医学问题化"的处理而成为性道德的仲裁人。

男子性行为的约束

历史学家最近在两个很重要的方面修正了对维多利亚时代性压抑的描述。他们首先指出，那个时期的想法并不是进行无情地压抑，而且人们并非总是对性持悲观态度；其次，性约束的潜在动机并不是对妇女性愿望的压抑或对女性的压迫，而是对男子性行为的限制和妇女的解放。

在19世纪早期的性教育文章中，已婚夫妇的性行为以每周4~5次并使双方都达到性高潮为当。妇女对性感兴趣被认为是正当的；如果有什么区别的话，那就是妇女的性欲比男子更持久、更强烈。

只有到了19世纪40年代，那种更为压抑的性观念才开始出现。但这种观点与对性持更为积极态度的观点同时存在，后者认为性是无害的，并为健康所必需，还承认和肯定了妇女对性的需要和能力。甚至当这些作者谈到妇女的性冷漠时，他们把它归罪于对性的否定态度和丈夫的性迟钝和拙笨。然而，得以流行并被当成时代代表的却是更为压抑的观点；而且，关于人们应如何行事的八股文式的说法被当成了对人们实际行为的描述。

图20.20 维多利亚时代适婚女性的道德观念就像她们的胸衣那样拘谨刻板。讽刺的是，这一时期也是卖淫业泛滥的时期。

在美国，这种清心寡欲的景象，被南北战争后活跃起来的一些社会改革组织声势浩大的运动所强化。这个运动便是众所周知的**社会纯洁**（Social Purity）**运动**，其目的是反对酗酒和卖淫，提高妇女的法定成年年龄，为两性建立统一的性行为准则。

追求社会纯洁的圣战骑士们的严肃和雄辩使他们听起来像在讨伐性行为。然而他们的根本目的不是压抑性，而是保护妇女不受卖淫陋习的侵扰，并且促进妇女在婚姻中对性的自主。妇女是这些社会运动的活跃而又重要的组成部分。她们认识到，反复而非自愿的怀孕威胁着妇女的健康，大家庭的负担妨碍她们在家庭之外的职业和社会适应能力。

由于避孕物品相对不易获得和不可靠，唯一可靠的避孕途径就是性行为的禁绝。由此，医生、社会改革者和女权主义者提出了一系列的论述和告诫。艾丽斯·斯托克海姆医生（Dr. Alice Stockham）1883年对妻子顺从丈夫的性要求的反对，有一种令人难以想象的现代腔调："她在丈夫面前放弃了她的全部权力，她的生活与'公共女郎'（public woman，指妓女）的生活之间有什么差别？她卖给了一个男人，可连好价钱的一半也没得到。"甚至妇女的"不动感情"（passionlessness）也有助于使她们（除获得避孕途径外）赢得对男子的道德均势（Gordon，1976）。维多利亚时代女子的娇嫩和脆弱可能同样被着意培养，以使男子不敢越雷池一步。为反卖淫运动所作的辩护，以及对始乱终弃的男子的谴责本身便是这种说法的证据。

这些努力在很大程度上是成功的。婚生子女的出生率从1800年的7.04胎下降到1900年的3.56胎，成功地抵制了卖淫合法化的企图。最有意义的可能是性行为与生育的分离在这个时期开始确立。随着更好的避孕物品变得更易获得，克制和禁欲对于控制生育来说变得不那么重要了。对采取了避孕措施的性行为的认可明显地影响了对各种性行为（包括婚外性关系和同性爱）的态度（Freedman，1982）。

所有的这些变化对后来的性解放运动来说都是重要的。但在当时，促进社会纯洁的尝试产生了压抑的结果；通过支持如安东尼·卡姆斯托克（Anthony Comstock）（第23章）之类人的努力，一切性题材的表现都被看成严重的色情流露；通过不加限制地反对性活动，对健康的性经验的了解也就随之结束了。

色情文学与艺术

尽管19世纪被认为是道学面孔的，但在这个时期产生了大量直接表现性的作品，反映了那个时代的矛盾性。在那些确实属于浪漫主义传统的艺术家中，性主题在西奥多·席里柯（Theodore Gericault）、欧仁·德拉克洛瓦（Eugene Delacroix）、让·安东尼·安格尔（Jeau Autonine Ingres）和弗兰西斯科·戈雅（Francisco Goya）的作品中清晰可辨。现实主义者中，色情成分在古斯塔夫·库尔贝（Gustave Courbet）的作品中特别明显，他能够在1866年创作出《睡着的妇女》（Sleeping Woman）（艺术家称之为"懒惰和淫荡"）这样的作品而不受惩罚，亨利·德·图鲁兹-劳特累克（Henri de Toulouse-Lautrec）记录了妓院和不法分子们光顾的娱乐场所中的生活。对色情题材的这种直截了当的处理激怒了正派人士们，但他们却很偏爱有着经典外貌的更具挑逗性的裸体，如卡巴奈（Cabanel）、布格罗（Bouguereau）和阿玛-塔德玛（Alma-Tadema）的作品中所表现的。此外，充斥维多利亚时代地下黑市的大批量的色情画大部分由缺少才华的画师承担，只有偶尔的例外（Eitner，1975）。

19世纪下半叶，由于艺术家更加疏远于社会，他们创立了一种颓废派（Decadent）艺术，目的是刺激正派人的情感。奥布利·比亚兹莱（Aubrey Beardsley）和马奎斯·冯·贝洛斯（Marquis von Bayros）是这种新现实主义倾向的成员，又如费里西恩·洛普斯（Felicien Rops），他的作品对西方文化中最神圣形象的粗暴践踏是无可比拟的：在洛普斯的一幅题为《玛丽妓女收容所》（Mary Magdalene）的画中，地狱般邪恶的色女郎正在一个缚着巨大阴茎的十字架旁手淫（Rops，1975）。

在19世纪的文学中也同时存在着多余的礼貌意识与大量色情文学中再粗鲁不过的色情表现。正是在这个世纪，色情文学发展成为一种工业（Marcus，1966）；也是在这个世纪，来自东方的色情品被介绍到讲英语的地区，这时主导性的人物是理查德·伯顿爵士（专题 12-4），他对东方色情文学的大量探索和翻译带来了东方上层文化的更自由的性态度，与维多利亚性道德分庭抗礼。伯顿最为著名的译作是《阿拉伯之夜》和像《香园》这样广为人知的色情品（Purdy, 1975a）。

性行为

我们已经知道了性观念中的这些逆流，实际上性行为是什么样的呢？很可能许多维多利亚时代的男女被禁欲、压抑和自我克制前景产生的犯罪感和羞耻感压得喘不过气来。但同样可能，很多人对性禁欲的倡议不以为意，正如阿历克斯·康福特（Alex Comfort）(1967) 曾指出，"人类的大众意识摆脱焦虑制造者的能力，是历史上的真正使人兴奋之处"。

提供了维多利亚时代性行为真实图像的材料来自历史文献、自传及那个时期的文学和艺术作品及至少一例由美国女医生希利亚·莫舍博士所做的性行为调查（专题 1-1）。这个领域内证据不能更为充分的原因之一是维多利亚时代的人不愿公开谈论性问题。尽管可把这看成是性压抑的证据，但不能总是把不愿谈论性与不愿从事性活动画等号。

婚姻关系中的性行为

即使那些声称关心纵欲过度问题的人，也不曾就夫妻间性关系的正当性提出过疑问。大量的证据表明，许多维多利亚时代的夫妻之间有一种充满感情、醉人心脾的关系。莫舍的调查进一步证实，至少就当时受过良好教育的已婚妇女而言，达到性高潮的能力与 20 世纪 80 年代报道的比例相比并没有什么明显的差别。这些妇女还采取了节育方法，而不再回避和杜绝性生活，尽管供她们使用的方法在技术上的不完备性产生了可以理解的焦虑情绪。

传记手稿和一些夫妇间的情书尤其引人，它们展现了对情欲和罗曼蒂克风暴的毫无困窘的赞美，相比之下，今日不加修饰的求爱言辞听来很是千篇一律。"哦，

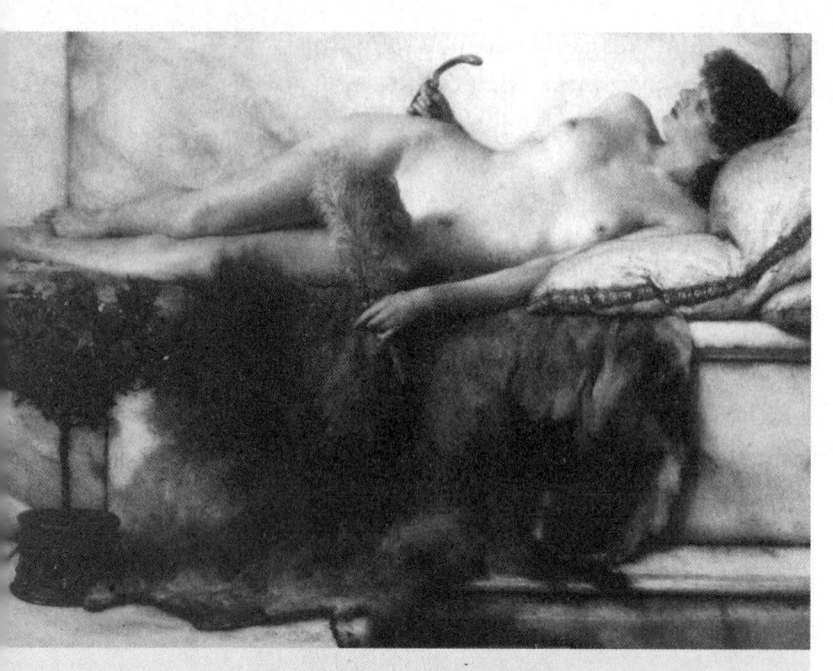

图 20.21 英国维多利亚时代著名画家劳伦斯·阿玛−塔德玛的《在浴室里》(In the Tepidarium)。女子右手拿的物体是用来清洁皮肤的。

欣悦！哦！无法言说的幸福！"梅布尔·陶德(Mabel Todd)在新婚之夜写下这句话(Guy, 1984)。

订婚时期(engagement)是维多利亚时代中产阶级情侣间感情和情欲水乳交融的一段时期，尽管它不常以性交作为最终目的。由于妇女对男子的依赖性、能得到的避孕物品的不可靠和传统的性习俗，婚前性行为受到了极力的反对，故而人们很重视婚前的童贞。但是，未婚先孕事实上在美国相当普遍，其比例从18世纪总出生率的近30%，到19世纪中期降至10%以下，随后在19世纪末又升到20%(Smith 和 Hindus, 1975)。婚前性行为发生率的改变反映了青年人在19世纪上半叶对道德传统更为忠实的继承，以及随后作为摆脱家庭控制而独立自主这一主张的一部分，在那个世纪随后的时间内对传统理想的背离。

> **想一想**
> 你如何解释维多利亚时期性的"分裂"？在当今你有没有看到这种"分裂"？

引起社会争议的行为

卖淫是维多利亚时期社会的重要组成部分。除了做女仆外(这种职业给1/4以上的劳动妇女提供了工作机会)，妇女有限的受雇用机会和普遍的裁员导致了可怕的卖淫之必要。"堕落女子"(fallen woman)通常是一个靠工作谋生的姑娘，拿少得可怜的工资，靠卖淫补充收入。其中很多是不幸的少女，有些刚刚度过童年。维多利亚时代对童贞的狂热促使妓院老板强迫这些可怜的孩子一再缝合伤口，以使她们受那些愿花几个小钱来取乐的阔佬蹂躏。与这些妓院勾结的医生实施手术之后还提供童贞证明。某些维多利亚时代的名妓过着豪华的生活，但是她们未能全然如其前辈般文雅。像科拉·皮尔(Cola Pearl)这样的女子充其量只能在晚餐客人的面前淡紫色的地毯上跳裸体舞，或者在灌满香槟酒的银盆里洗澡。皮尔一晚便可挣得5000法郎，而当时的手艺人一天的工资才不过2~4个法郎(Tannahill, 1980)。

卖淫也是19世纪美国社会的一个重要部分。在19世纪30年代，纽约市有20,000名妓女，这一估计使一位社会改革者推算出如下结果：如果每个妓女一天接待3个嫖客，那么城市中半数以上的成年男子每周要去妓院3次。一位来访的英国杂志记者在1867年写道："就卖淫而言，巴黎以其机敏著称，伦敦以其粗野闻名；但就其堕落之巨大、罪恶之猖獗以及极端之寡廉鲜耻而言，人们告诉我，亚特兰大城举世无敌。"(引自 Tannahill, 1980, p. 357)当旧金山的人口自1848年开始在其后的几年内从少于1000人增至超过25,000人时，3000名妓女汇集到这个城市中，她们来自美国各地，甚至还远自中国和智利。另有一些从事"娱乐业"的女子会在国会举行会议时，第一时间聚集到华盛顿市。

时代性的性观念矛盾也涉及同性爱，这种行为被看成是下流、罪恶和不道德的。然而，不仅男性卖淫业在伦敦兴旺发达，而且同性爱潜流也成了英国贵族男校中的生活特征。尽管特权阶级通常世故地用漠不关心来对付这种事，但正如奥斯卡·王尔德(Oscar Wilde)在受审入狱时所发现的，落入公众义愤的掌握之中不是不可能的。在他去世前不久，王尔德说："我从来没有遇到这样一个人，在道德感支持下,他不缺乏勇气、不残忍、不心怀仇恨、不木讷及不完全缺乏人性的基本感知。富有道德感的人,就像他们被界定的那样,仅是野兽。相比较而言,我宁愿要五十种非正常的罪恶,也不要一种非正常的优点。"(Karlen,1971,p. 255)

用藤鞭惩罚儿童被看成是"英国式恶习"——即受鞭笞癖的根源。维多利亚时期,施虐—受虐主题除存在于色情文学中外,在一些严肃文学作品中也十分普遍。有些妓院专门提供被妇女鞭笞、鞭笞妇女或仅是观看此类行为的淫乐。一位伯克利夫人取得了一个很小的成功,她设计出了一个精巧的装置:消费者被绑在一架加上了衬垫的梯子上面;与此同时,女家庭教师打他裸露着的屁股,另一个女性则抚弄他的生殖器。

在美国,流行的性道德受到某些**乌托邦社团**的挑战。震颤派(Shakers)教徒即使是为了生殖的目的也拒绝性交。欧奈达部落用"合而不泄"(第 3 章)的方法在避孕的同时得到性满足。摩门教徒(Mormens)允许一夫多妻,同时把性行为局限在以生儿育女为目的的范围内。主张情爱自由者(Free Lovers)——他们的观点在 19 世纪末得到传播——则更为激进:他们反对任何形式的社会限制,同时鼓吹妇女除了哺育儿童外还有享受性快乐的权利。

20.9 性的现代化

20 世纪初出现了诸方面的重要变革。这些变化为人们行将接受的现代性意识,或者说为保罗·罗宾逊(Paul Robinson)(1976)所谓的"性的现代化"打下了基础。

现代化的性观点代表了对维多利亚式观念中较为压抑成分的否定,或者说代表了对维多利亚式观念中自由一面的极大的继承和发展,这自由的一面就是把性看作是需要恰当管理的人类宝贵财富,而不是健康的负担或对道德的威胁。

英语世界里这一观点最重要的阐述者是霭理士(第 1 章)。作为性钦羡主义者(sexual enthusiast)的先驱,霭理士以高度肯定的立场看待性问题。以跨种族、跨文化的比较为基础,他以一个性行为连续统一体的想法来代替当时占主导地位的性道德概念,这个连续统一体中包含了所有的被克拉夫特—伊宾等人视为变态行为的行为。在这方面,霭理士走在了金赛等其他现代性学家最受人称道的观点前面。然而,尽管霭理士是一个主张性自由的杰出的人类学家(与其说他是一个科学家,不如说是个雄辩家),他的某些观点,如对妇女地位的看法,仍根植于 19 世纪。

20 世纪早期的社会并不是在一夜之间就变得自由化了。但此时人们公开地谈论性,并涉及先前必须回避的话题。谈话内容超出了如怎样把结婚的必要与对多样化性经历的愿望相结合之类的问题。同性爱等曾被看成是变态行为,现在被认为是人类普通经历的一部分。在弗洛伊德学说带来的冲击之下,性问题冲破了封锁线,开始渗入到与人际关系有关的知识和文化的各个方面当中去。

想一想
你能从现代性文化中的那些方面追溯到文艺复兴时代?哪些能追溯到新教性伦理呢?

第一次世界大战带来的激变加速了已在孕育中的变化。避孕知识的增加以及更多的人在城市中过着更不为他人所知的生活，进一步影响了性行为的改变。这方面最惊人的变化是1916年至1930年间妇女婚前性行为的增多：在金赛统计到的妇女中，1900年以前出生者中有婚前性关系的比例，比随后任何一个十年中出生的妇女中的比例少1/2（在25岁仍未婚的妇女中，这两个数据分别是14%和36%）。人们还发现，婚前的爱抚行为也有同样的增加。男性中最为明显的变化是他们同妓女发生关系的频率比他们的上辈人减少了一半（Kinsey et al., 1953, p. 298）。

"喧闹的20世纪"在更年轻的一代人中发生了一次性的革命,惊慌与兴奋并存：

> 这更年轻的一代人举止像是发疯的男子,他在脑子清醒的那刻会突然意识到，主治医生也都是发疯的人。那些年长一些的长期作为文明的神圣保护者的人，极端地贻误了他们的使命，结果不可挽回地失去了他们因清醒和心智健全而对年轻人世界所具有的影响。把性和自然的冲动看做尊严和坦白，在这个问题上教会的失误是最大程度上的一个单一的事实，即在一些狂热的时刻，我们面临着个人代码的瓦解。想法不可避免地会有摇摆，从隐藏到展现，从压抑到表达，从沉默到公开，从谦逊到粗俗。这一革命性的改变是不可避免的，但又因为它的所有粗陋和滑稽的方面，所以在本质上它又是有益健康的（Calverton和Schmalhausen, 1929, p. 11）。

这段话中的"更年轻的一代"指的是经历了20世纪60年代性革命的那些年轻人的祖父。

艺术和文学的发展遵循着同样的趋势。它们的主要变化是性主题和文化主流的结合。亨利·米勒（Henry Miller）的自传性作品，始于1934年的《北回归线》（*Tropic of Cancer*），虽说不比维多利亚时代的《我的秘密生活》更直露，但后者是匿名和用来消遣的，而米勒的书却以严肃文学的面目出现。詹姆斯·乔伊斯（James Joyce）1922年所著的《尤利西斯》（*Ulysses*），及其他一些20世纪的巨作，也都弥漫着情欲主义。

性艺术经历了戏剧性的改变。大艺术家如古斯塔夫·克里姆特（Gustav Klimt）和罗丹（Auguste Rodin）——他们的作品横跨两个世纪——创作出了具有高度美感的作品。但随后不久，性主题融合到如爱德华·蒙克（Edvard Munch）、埃贡·席勒

图 20.22 康斯坦丁·布朗库西（Constantin Brancusi）作品《X公主》（*Princess X*）。布朗库西被认为是20世纪最具原创性的伟大雕塑家。

想一想

当代社会的性行为中，有哪些是不能回溯到以前的时代的？

(Egon Schiele)和朱勒·帕斯森(Jules Pascin)等艺术家阴郁、扭曲的风格之中。

现代艺术趋于抽象。尽管充斥着性象征主义，但它非写实的画面，不能使其本身具备大多数人能从中发现色情趣味的那些东西，甚至当作品以性为主题时也是如此。由于这个原因，尽管有强迫力的情欲主义潜藏在20世纪的艺术中，它较少被当成商品性质的淫秽物的有效形式，而主要是由电影和摄影承担了这个功能。

性主题在文学和艺术中的正当化并不是轻而易举就实现的，这仅仅是最近的事。但经历了若干世纪的斗争，情欲主义(eroticism)现在似乎已牢固地立足于西方文化之中了。但是历史是一个发展的过程，它的钟摆会继续随着性行为激发出其自身的反应而摆动，过去永远是现在的一部分，我们接下来的一章就来到了现代。

第 21 章

文化中的性

21.1 性革命
21.2 性革命的起因
21.3 性解放的表现
21.4 性的社会控制
21.5 社会控制的跨文化比较模式

社会如同空气，为我们的呼吸所必需，却又不足赖以为生。
——乔治·桑塔亚那（George Santayana），西班牙哲学家、作家

上一章的内容已经将我们引领到了现代社会的门前,现在我们已经准备好进一步窥探我们这个社会中的性,然后我们将探讨所有其他的社会是如何应对性行为的。

无论你生活在这个世界上的哪一个地方,性——及它的衍生物,如性别角色——无时无刻不包围着你:家庭、宗教机构、法律系统、人际关系及无数其他的人类联系都包含着性的因素。性别、婚姻状况、社会阶层、民族背景及其他变量,反过来也在塑造和规范着你的性行为。同样地,艺术、文学和流行文化(如电影、电视、广告等)则是处处流露出性的主题,而这些既反映也影响了你的性态度。

社会(society,源自拉丁语,意为"同伴")是一个以共同的文化将若干组人群联系在一起的人类关系和机构的网络。**文化**(culture,源自拉丁语,意为"耕作")是一个社会的成员所特有的行为模式,包括他们的语言、习惯以及他们在智力、艺术和物质方面的成就。这两个词汇常常互换使用,而有时它们会被组合在一起成为一个涵义更为宽泛的词,**社会文化**(socioculture)。

社会总是在频繁地变动和进化,但是变化的频率却不是固定的。有些时期没什么新的事物出现,而另一些时期,社会变化之快简直让人措手不及。对我们的社会来说,第二次世界大战是一个主要的分水岭,历史上没有哪个社会经历过如"二战"后的世界般这么多这么剧烈的大变动(Bailey和Kennedy,1979;Degler,1974)。当代社会的性文化主要就是在战后这几十年的时间内形成的。

21.1 性革命

1965~1975年这10年已被广泛地认为是一个在性的观念和行为上发生迅猛变革的时期,这场变革被称为**性革命**(sexual revolution)。但是考虑到同时发生的几股变革——女权主义,同性爱解放运动,政治激进主义,也有人认为这是一场复数的性革命(D'Emilio和Freedman,1988)。也有人认为,这不过是持续不断的社会发展浪潮中的又一朵浪花,不值得冠以"革命"这样色彩浓烈的词汇。要想从适当的历史角度真正认识当时发生的事件的价值,我们还需要更多的时间。同时,为了方便,我们将继续使用这个词。

毫无疑问,近来已发生了异常显著的变化,使人们对传统的性观念产生了普遍的怀疑,并且改变了他们的性行为。虽然这些变革大多数到了20世纪60年代中期才变得十分引人注目,但它们并不是从那时才开始的。在50年代中期,社会学家皮特里姆·索罗金(Pitirim Sorokin)(1956)写了一部引起争论的书,披露了"在过去几十年中"发展起来的"美国的性革命"。他看到成千上万的男女倒向了"性自由"一边,美国社会正在成为一个"性化"的社会。如果不知道索罗金著书的日期,你或许会以为他不是写50年代而是在写60年代至70年代的变革呢。

性的历史并非孤立存在着的，它不过是历史长河中的一个部分。文化中的性总会受到经济、社会和政治等变革的影响，反过来它也会影响这些变革。举例来说，战后对避孕的普遍要求及战后的社会气氛对它的许可，使得避孕技术的突破及避孕工业的建立成为可能，而避孕药的应用又反过来给我们的性观念和行为带来了深远的影响。正如这个例子所清晰表明的那样，性革命的起因不可能与性革命的表现形式截然分开。但为了讨论方便，我们还是要作这样的区分。

21.2 性革命的起因

性革命的根源必须到第二次世界大战后的那些占主导地位的政治和经济条件中去寻找，正如道德观和性行为的上一次突变也是发生在第一次世界大战之后一样。

政治事件的影响

战后的美国是一个变革了的社会。战争带来的社会巨变在许多方面影响着人们的性观念和性行为。在实际生活中，战争造成夫妇分离，现实环境又使得单身者难以成婚，这就迫使人们去寻找婚外的性生活。战时人们所面临的巨大焦虑及未来生活的不可捉摸，进一步促使人们趁活着的时候寻求所能得到的任何形式的感情慰藉和性欲满足。另外，军队又将许多来自不同阶层、不同背景和拥有不同性观念和性经验的男男女女聚到一起；尤具冲击力的是，当他们被送到海外作战时，他们又切身接触到了许多别的形式的文化。崭新的环境，战争的威胁，远离家乡而又置身于茫茫人海之中，这一切都会促使士兵们采取一些他们以往通常会拒绝的性行为方式。一旦超越了这些界限，他们的性观念也就常常不可逆转地改变了。

第二次世界大战还带来了其他几个深远持久的影响，其中之一便是大量妇女进入了劳工队伍，这件事对妇女传统的性别角色产生了巨大的冲击，这一点以后还要在谈到女权运动时加以讨论。再就是，战后美国所充当的超级

图 21.1 在20世纪20年代，许多女性挣脱传统的"居家"角色的束缚，开始享受汽车带来的独立感。轻佻女郎(flapper)的服装风格表达了女性对维多利亚式道德规范的拒绝。

大国的角色使它深深卷入了越南战争,正是这场战争使得众多的年轻人陷入一种普遍的幻灭感中,这一点等我们论及反主流文化的兴起时再加以详述。

民权运动也同样为动摇传统的价值观念和成见作出了贡献。自1954年联邦最高法院裁定在公立学校实行种族隔离政策是违宪行为以来,民权运动便积蓄了更为巨大的力量。尽管其目的是消除种族歧视的残余影响,与性问题并无多大关系,但是民权运动却引起了对少数人的权利问题的广泛关注,并使举行政治示威游行的斗争策略流行起来。这些都大大刺激了日后的反战运动及随后妇女和同性爱者追求他们的人权和自由运动的产生。当然,这并不是说这些民权行动主义者导致了以后链式反应的一系列社会变革。事实应当是,各式各样的自由化运动汇聚在一起,形成了这个影响深远的激进的文化巨变时期。但是,这场巨变是有选择的:并非每一个反叛者都有其追随者,也不是每一个受害者都起来反抗。工人没有接管工厂,教会也没有被无神论者颠覆(Harris,1981)。

经济因素的影响

事实证明,经济困难时期,人们的性欲受到限制,而经济繁荣时性欲的表露则受到鼓励。当面临经济萧条时,所有的思想和精力都必须投入到经济复兴和重建这一首要任务中去;而性生活,尤其是那些与生育目的无关的性关系,与其他的娱乐和无聊之事一样,都注定与当时那样一个节俭的时代不合拍(Schmidt,1982)。

西方社会工业化的早期阶段就存在这样一场经济挑战,由此导致了维多利亚时代人们对性生活的诸多限制。在第二次世界大战后的美国,情况却是大不相同。经过一场动荡之后,国民经济在20世纪50年代进入了一个高速发展的阶段,大批大批的美国人步入了富裕的中产阶层;美国也变成了乐园式的消费社会。此刻,不但"自我限制"已无必要,而且勤俭节约也会损害靠消费维持其繁荣的经济;而满足对商品和服务的需要及不断生产出更多更新的东西已成了标准的社会期望。在这种大趋势下,性需要的满足也同样得到了默许。

由于社会变得愈加宽容,广告商更肆无忌惮地利用情色主题和影像做广告(第18章),性成了商业密不可分的伙伴。不仅性作为商品以情色电影、黄色书刊和别的娱乐形式赚钱,而且整个工业都借助于性的"魅力"兜售它们的产品。化妆品、服装、烟酒、汽车及更多甚至不沾边的商品的制造商们,都宣称自己的产品可使使用者变得更性感和更有吸引力,以此来推销产品。一旦性被商业化了,商业也同样变得"性化"了,其净效应是使得居社会主流地位的一大批正派的中产阶级美国人在性方面变得更加自由、开放、容易得到和可以接受。正如美国第30任总统卡尔文·柯立芝(Calvin Coolidge)在20世纪20年代说过的:"美国是一个商业国家。"现在性已成了商业的一部分,而且美国人从来也没有像今天这样把性记挂在心上。而通过商业开发,性也开始成为大众文化的一部分(D'Emilio和Freedman,1988)。

性与生育的分离

长期以来,性行为就不仅以繁衍后代为目的;但是直到不久之前,避孕措施一直不是很可靠。避孕药在20世纪60年代进入市场,从而开创了一个普遍使用高级、较为安全的、史无前例的时期。蒙塔古(Montagu)(1969)把避孕药的社会意义与火的发现、学会制造工具、都市化进程、医药的进步及核能的利用相提并论。

避孕药的广泛应用对性观念和行为有着重要的影响,社会观念的改变本身又是新型避孕药发展的一个重要推动力。由于性行为的道德和法律准则在很大程度上是由于对私生子问题的关心而制定的,所以性与生育相互分离的可能性使得人们以新的眼光看待有关性行为的社会禁律。如果没有避孕方法的重大突破,随后出现的性行为的诸多变化能否发生是令人怀疑的。例如,倘若没有最低限度的保证,即婚前性行为不会导致怀孕,那么要使这种性尝试在更大程度上被认可,可能会特别困难。同样,假设怀孕的风险仍是婚外性关系中的潜在危险,这种关系会受到更大的非议。

最重要的是,有效的避孕药使得妇女,尤其是未婚妇女,能对她们生活中的关键要素作出更大的选择。能够推迟或全然避免做母亲而不至于缺少性生活,这为妇女提供了在更大范围内选择职业的可能性,并因而凭借随之而来的对性观念和行为的冲击成为妇女解放运动复活的一个重要因素。

女权运动的复兴

近期以来,对人们性观念和行为的一些最重大的影响来自性别特征和女性的性别角色(以及男性的性别角色)等方面的观念变化。

第二次世界大战对于这些观念的变革起了决定性作用。由于大批男子被驱上战场,在美国有500多万妇女从事各种各样的甚至包括重工业在内的职业。她们当中许多人在战后仍留在自己的战时工作岗位上,以后又有更多的妇女加入了就业的行列;这期间妇女就业的人数比例从20世纪初的不足20%,上升到70年代的60%。这是一个不可估量的重要事件,因为,与其说妇女解放运动造就了大批职业妇女,不如说这些职业妇女,尤其是外出工作的家庭主妇,创造了妇女解放运动(Harris,1981)。人们常常将职业女性(working women)与工人阶级女性(working-class women)混淆。女性运动到现在还一直保持着以中产阶级女性为主的景象。一旦这场运动开展起来,它便反过来促使更多的女性走出家门寻找工作。

早已摆在妇女面前的工作机会和报酬的不平等,在大量妇女涌入劳动力市场时变得愈发明显和难以忍受。在家庭外工作还给许多妇女带来心理负担——一种背离了女性贤妻良母式传统角色的负罪感,用美国女权主义活动家和作家贝蒂·弗

图 21.2 "二战"期间伯特利钢铁公司的女工。战争初期女性基本上是志愿到工厂服务,随着战事的深入,1940 年对女工的需求量已经很大了。1941 年 12 月,对女工的征召得到了法律的肯定。最初被征用的主要是 20~30 岁的未婚女性,但到了 1943 年中期,大约 90% 的单身女性和 80% 的已婚女性被雇用来为军需服务。

里丹(Betty Friedan)的话来说,这是一种"女性的神奇魅力"(feminine mystique)(1964)。

女权运动是妇女反抗性别歧视的先锋。如果将**女权主义**(feminism)定义为寻求男女的政治、经济和社会地位平等的理论或呼声,那么我们在历史中到处都可以看到这种活动。但若是定义为一种目的更明确且更具政治色彩的奋争,现代女权主义的起源还只能回溯至 19 世纪中叶和 20 世纪早期。

美国的女权主义浪潮,即众所周知的**妇女解放运动**,在过去的几十年间已经发展出了两个主要分支。1961 年约翰·肯尼迪(John Kennedy)总统对妇女地位委员会(Commission on the Status of Women,CSW)的任命,开辟了通向性别平等的一条基本上属于改良主义的途径。弗里丹在 1963 年创立的**全美妇女联合会**(National Organization of Women,NOW)支持这一倾向,主要在现有的政治秩序下开展工作。但是,从新左派内部的行动主义集团发展出来的妇女运动的另一翼则采取了更为激进的态度。总之,女权运动的主流仍是寻求男女在异性爱和婚姻关系中的性平等,但其中一些激进分子更倾向于(两性的)**分裂主义**(separatism)态度。

在女权主义观点的大众传播方面,有几位作家作出了很大贡献。法国存在主义思想家西蒙·德·波伏娃(Simone de Beauvoir)的著作《**第二性**》(The Second Sex,1949 年在法国出版)为日后新女权主义意识的兴起建造了一个舞台。通过研究宗法社会对妇女生活的影响,波伏娃发现在这种社会里,男人们发号施令,而妇女们则言听计从,实际上已被降至"第二性别"的地位。

20 世纪 60 年代,贝蒂·弗里丹指出了那些处于"家庭主妇陷阱"里的妇女们的困境——为了做一个"真正的女人"和"成功的贤妻良母",即达到"女性的神奇魅力"的标准,她们不得不放弃了许多得到更高的教育、更好的职业和更强的政治力量的机会(Friedan,1964;更多新近观点见 Friedan,1981);70 年代初,凯特·米莱特(Kate Millett)在《性政治》(Sexual Politics)一书中集中讨论了当代文学中的性与敌意问题(1970);而日尔曼茵·格里尔(Germaine Greer)则在《女阉人》(The Female Eunuch)中认为,文明社会已经把一个具有七情六欲的女人"阉割"成了一具清心寡欲的泥胎(Greer,1971;更多后继观点见 Greer,1984)。此外,还不断出现了许多对这些题目重新或深入探讨的著作。

女权主义者的反抗主要是指**性别革命**(gender revolution)而不是性革命,即主要集中于有关性别认同和性角色的问题。尽管在女权主义者们的思想意识里,对性自由的要求和反对将妇女视为男子的玩物占据了相当重要的地位,但是,其更为基本的兴趣在于社会,其努力的目标是消灭**性别歧视**(sexism,这是从种族歧视 racism 一词类推出来的)。在女权主义者看来,妇女不仅是教育和职业待遇等方面的习俗歧视的牺牲品,而且也是文化歧视的受害者。文化歧视表现在带有性别歧视的语汇、个性模式、流行的社会学和行为学理论及大众传播媒介的特征形象之中(Kando,1980)。女权主义者的词汇库中最关键的术语是"选择"、"自主"和"真实",其中心目标是"妇女在与男子真正平等的同伴关系中具有完全平等的权利"——这就是全美妇女联合会的宗旨所在。

21.3 性解放的表现

有关性态度和性行为的变化席卷了 20 世纪 60 年代和 70 年代的社会,它们具有很多形式。这一时期占主导的性意识形态是性自由。"自由"是一个价值负载的术语:它意味着从令人不快的约束中释放出来的自由。性解放最明显的表现形式存在于性主题和性形象的公开表达中。它最有意义的制度上的影响或许可以说是对婚外性行为的最大限度上的接受。

反主流文化的兴起

青年人不仅是性革命的先锋,而且也是受其影响最深的一群人。不过,这种性成分只不过是一种更加广阔的新意识形态和生活方式的一部分,由于这种新观念和生活方式与那些固有文化中的价值观念格格不入,所以它被称为**反主流文化**(counterculture)(Roszak,1969)。

青年人在 20 世纪 60 年代的社会舞台上引人注目,这部分是因为他们在人口总数中所占的突出比例。第二次世界大战后的**"婴儿潮"**(baby bomb)使得到 1970 年为止,15~24 岁的青年人已高达 1100 万(随后,出生率在 60 年代降至了低稳水平)。这一代人基本上是在不加约束的宽容方针下成长并接受教育的。他们不仅比他们的先辈受过更高的教育,而且也更富有。70 年代,18~24 岁的青年人中,每四个人中就有一个在高等院校里就读;在 60 年代,青少年们的花费一年高达 200 亿美元,这些钱大都用于购置衣物,欣赏摇滚乐及别的娱乐活动。所有这些因素的共同作用使得美国的青年人非常理想主义化,直言不讳而放荡不羁,同样也成了国家面临的社会和政治骚动中的新生力量(Keniston,1965)。

一个社会总会有指陈其弊端的批评家，在美国文化中历来就不乏向权威挑战的传统。在20世纪50年代，这种观念为垮掉派作家如爱伦·金斯堡（Alan Ginsberg）和杰克·凯鲁亚克（Jack Kerouac）所公开宣扬，这些人特别讨厌当时的拜物主义和大一统局面。正如20世纪初期他们的那些波西米亚风格的先辈们一样，属于**"垮掉的一代"**（beat generation）的这些知识分子及其追随者们"垮掉帮"（beatniks），在性生活及其他方面所采取的礼仪和道德标准与社会中大多数人所期望和赞同的标准截然不同。

20世纪60年代反主流文化运动的兴起是早先那些"异化"主题的新发展的一部分。争取民权和女权的社会解放运动，以及其后的反战情绪，在比以往任何时候都更广泛的范围内，向固有秩序的合理性和存在价值提出了挑战。

反战运动导致了旨在反对政府政策的"拒绝遵守法令运动"，甚至有时激发了暴力行动。尽管各个年龄层都有成年人参加了这场运动，但大学里的青年人是其中的主要力量。这种情况促使所谓的**"代沟"**（generation gap）形成，即美国的大多数年轻人拒绝接受权威（"既得利益者"）的、大多数成年人（"绝不要相信年过30的老家伙"）的性观念和规范。

某些持不同政见者是想改变这个世界的社会行动主义者。不过，还存在着一种更为消极的态度：一部分人想要从传统社会中抽身而出［"反对"，"归还"，"退出"（turn on, tune in, drop out）］，希望过另一种方式的生活，这种生活的基础是和平、友爱、与自然的和谐、自我认知及对拜物主义价值观的否定。似乎是在一夜之间，全新的亚文化、反主流文化，带着它自己的服饰、语言、音乐和生活哲学出现了。而要

图21.3 反主流文化大集会

实现其目标的最佳路径似乎便是吸毒和性。

这种**"致幻剂文化"**(psychedelic culture)的信徒以形形色色的名称如"嬉皮士"和"花童"等著称于世。他们共有的性观点是拒绝接受传统的道德规范并提倡个人自由("各人管各人的事")。他们的性伦理观超出了人们所能容忍的限度,而且他们将性视为一剂消除暴力行为的良药["做爱,而不作战"(Make love, not war)]。

到了70年代后期,反主流文化的势头及其形形色色的表现终于逐渐消失。尽管"垮掉的一代"现已日薄西山,但这10年却在历史上留下了醒目的标记(以及受害者们);尤其在对婚前性行为的宽容,对非传统性行为的容忍,各方面对性生活的更大程度的接受,及在社会中性爱公开表达的自由化等诸多方面,都留下了不可磨灭的痕迹。

妇女的性解放

性革命的主要变化首先影响了妇女。正是妇女的婚内或婚外性行为发生了最剧烈的变化。男子的行为变化没有这么大,而且其改变主要是妇女性行为变化的后果。

现在,妇女在性方面更为直率,更有兴趣,更加宽容,更加积极并更为满足,其程度可能超过了这个国家历史上的任何时期。没有哪个组织——无论其观点如何保守——对妇女有权获得性满足提出异议。天主教会和原教旨主义福音传教士,原则上与女权主义者和性解放者同等地支持女性性愿望的实现,至少在一夫一妻制的异性爱关系范畴内。当然,并不是所有人能就何为满足这个问题上达成一致。

妇女运动在其开始时似乎表现出了矛盾的性观念。一方面,解放了的妇女准备在男子的领域内与他们交战并打败他们;另一方面,更为激进的女权主义者似乎要否定所有的对"女性"和"性感"所作的传统规定:她们拒绝改变或修饰她们的身体(腿上留有汗毛,脸上不化妆),拒绝以讨男子喜欢的方式穿衣、行动、讲话。在1969年,一群女权主义者当众焚烧乳罩、假睫毛、臀垫和一些《花花公子》杂志,同时给一只绵羊戴上"美国小姐"桂冠("难道'她'不甜美吗?不是靠出卖肉体赚钱吗?"),以抗议正在亚特兰大市举行的全国选美比赛。以新娘礼服为主的一次时装表演被"来自地狱的国际妇女恐怖组织"(the Women's International Terrorist Conspiracy from Hell)搅乱,她们随着婚礼进行曲的旋律唱道:"这里走来了奴隶,走向她们的坟墓。"数千名妇女举着标语牌游行,警告那些"大男子主义猪猡",他们的末日正在到来,并劝告妇女们"今晚不要做晚餐——让老鼠也饿死"(Harris, 1981, p. 76)。

性问题在女权主义者的思想中所居的地位有所不同。贝蒂·弗里丹把它置于次要地位,坚持说当妇女获得了男女间的社会平等时,性问题会自行解决;日尔曼茵·格里尔要求解放了的妇女不要结婚(尽管她不反对异性间的性爱);而舒拉密斯·法尔斯通(Shulamith Firestone)号召"在每间卧室里进行革命"(1970)。同性爱女权主义者倾向于把性解放放在更为重要的地位,因为她们在进行一场双重战斗,一方面

图 21.4 女权主义者的示威游行

是为了性平等,另一方面则是为了性爱选择的自由。对于她们中的某些人来说,主张女权主义的根本动机是性解放,这只有通过完全的性独立才有可能实现。至于"真正的女权主义者就是女同性爱者"这种观点,正随着时光的流逝湮没于更广泛的女权主义运动之中(Hole 和 Levine,1971)。

女权主义者把传统的婚姻和异性爱关系看做是对女性的压迫和剥削,并且认为针对男性和女性的双重性道德标准是歧视性的也是不公平的。但是,没有明确的性标准能公平地去区分这些主要是女性但也包括很多男性的所有的女权主义者。至于婚姻生活,女权主义者的范围很广,从那些接受婚姻关系但不接受传统婚姻的人,到那些拒绝婚姻生活但赞成同居的人,再到那些避免和男人发生所有性行为的人,不一而足(Johnston,1973;Koedt,1976)。

女性的性自由并不仅限于女权主义者之间。从总体上来说,女性——包括那些处于传统婚姻生活中的人——都逐渐开始用比较自由的态度来看待性。即使是那些谴责传统性角色和婚姻关系的腐蚀作用的女权运动的意识形态反对者们,也热切地赞成主动的和令人兴奋的夫妻间性生活。例如,玛丽贝尔·摩根(Maribel Morgan)这样的作家在她的《完整的妇女》(The Total Women)(1973)中提倡一个妻子应迎合其丈夫的特殊需要,"不管是有关饮食、性生活还是运动"。摩根的性别观念可能是传统的,但她对女性主动要求性生活的泰然自若的赞许却是非传统的。她教导妻子们应在丈夫下班前一小时给他们打电话,并说"我想告诉你我需要你!";她还告诫说:"漂亮的新睡衣和拖鞋是一个很好的开始。";"这个星期的每个晚上都要有做爱的心理和生理准备;注意使神态和装束相协调。要主动地去激发,不要被动地等待。"

菲利丝·施赖弗丽(Phyllis Schlafly)(1977)赞赏从传统的贤妻良母角色中得到满足感和影响力的积极主动的女性;反之,性解放带来的新道德观"偷走了女性的美德、青春、美貌、爱情——得不到什么,也没能留下什么。它已经造就了这样的一代年轻女性,她们在寻找自我,对性自由感到厌倦,对无所依托的孤独生活感到失望"。

女权主义者的性观念在 20 世纪 80 年代又有了明显的发展。人们更为普遍地认为,对性的进一步认可将使性变成"妇女生活中几乎混乱无度、无法控制的领域"。性革命已从妇女手中夺走了她们传统的拒绝权;故而"新的贞洁观"要求必须恢复妇女说"不"的权利(Decter,1973, p. 80)。

同时,甚至最坚定的女权主义者也承认,当许多妇女决定为她们的权利战斗时,她们并不一定愿意排斥男人或抛弃所有的女性被认为应遵守的限制(Brownmiller,1984)。同样,人们又重新倾向于把结婚或同居看做稳定关系的基础(Quinn,1981)。

现在女权主义者最关心的性问题是生育控制、色情文化和强奸。女权主义者在对避孕及妇女流产的权利等方面取得的胜利虽然已经合法化,但仍很脆弱。色情文化泛滥到前所未有的程度,强奸罪行达到了惊人的水平。贝蒂·弗里丹认为,当前的第二阶段妇女运动将终止性暴力的恶性循环,并带来一个男女性爱的新样式:

> 妇女运动的第二阶段不再仅仅是妇女的事。性,是人类的性,它对男子的作用正如它对妇女的作用,或主动,或被动,或轻率,或认真,或儿戏,或深沉;它不再是情欲冲动的风暴,抑或受生物本能的驱使;它不再是为生存所尽的索然无味的责任,抑或是求爱被拒绝者的疯狂报复(Friedan,1981)。

大量的妇女现在渴望把婚姻带来的利益与独立性带来的利益结合起来。就像男子那样,她们想在一段不受约束("单身生活")的时期内享受性自由,然后建立稳定可靠的关系。这些妇女与女权主义者有着许多共同的目标,但不想具有那些人的以烧乳罩为代表的过分激进的外表。在这方面,她们更像传统的妇女,关心自己的性吸引力和衣着,愉快地生活,在合适的时间找到合适的男子。

男女两性之间的平等是一个广泛而共同的目标。但是当涉及某个具体提议时,比如,平等权利修正案(Equal Righl Amendment,ERA),对男性和女性就都存在着大量的不确定的和敌对的状态。自20世纪20年代以来,已经做出了一些努力,试图去修正宪法,这样"法律之下的平等权利,将不会被美国或任何一个州因为性的原因而被否定或删节"。截至1972年,平等权利修正案已被30个州所认可,但在其他方面它并没有取得进一步的进展,并一路走低直至在1982年被废除(Bullach,1988)。它的命运生动地反映了这一问题,在美国社会应该要什么样的性平等,这个问题上始终存在着连续不断的反对意见。

同性爱解放运动

在对同性爱进行压制的过去的几个世纪里始终存在着抗议的声音。争取同性爱者权利的现代运动是又一个第二次世界大战的战后现象,也经历了两个阶段:第一个阶段是50年代的同性爱权利运动(Homophile Movement),第二个阶段是60年代后期至70年代的同性爱解放运动(Gay Liberation Movement)。

同性爱权利运动的基础是战时产生的。我们曾在前面分析过的战时环境特别容易诱发这类变化。美军在最多时拥有 1200 万名现役男子。尽管在入伍检查时曾做过剔除同性爱者的努力，但害怕被社会排斥及爱国主义精神使得大部分同性爱者轻易地通过了草率的检查。特殊的环境——生活在狭小的营房中，面对着战争的压力，远离家庭——促使男性之间形成了紧密的感情联系。尽管在大多数情况下这种关系并不包含性欲成分，但是那些有同性爱心理定势或倾向的人也同样有了极好的机会来建立性关系。尽管军队中妇女的人数少于 15 万，美国陆军妇女队的遴选手续和遴选政策无意中使大量的女同性爱者得以聚集，如果不是这样的话，她们在平民生活中是难以相遇的。

关于男子同性爱行为的金赛报告于 1948 年出版。这个事件的主要冲击作用是引起了公众对同性爱问题的关注。除了统计数字令人震惊外，金赛还采取了明显的同情态度，赞成把同性爱视为性行为的一种可接受的、正常的替代方式。

多年以来，"缄口不谈的默契"使大多数同性爱者隐匿在人海之中；他们潜藏起来，"变成"了异性爱者，而公众对这个问题的看法是似乎这个问题根本就不存在。引起公众注意的少数同性爱者，是那些寻求治疗、触犯了法律或生活在正派社会之外的人。这就强化了那种认为同性爱者是有病的、有罪的并背叛了社会的观点。

在 20 世纪 50 年代环境已有所改变的情况下，同性爱者开始努力组织起来。1951 年，马特沁协会（Mattachine Society）作为美国第一个同性爱权利运动组织在洛杉矶成立。"马特沁"这个名字来源于中世纪法国的一个面具舞演员团体，据说该团体的成员均为同性爱者。协会的主要发起人是一位名叫亨利·黑（Henry Hay）的演员。他在大萧条时期的经历使他成为美国共产党的一名坚定成员。黑的同性爱同伴与他持同样的政治观点。所以，马特沁协会在思想上接受了马克思主义意识形态，在组织上也模仿了美国共产党的形式，即成员身份对外保密，等级结构森严及中央集权式的领导。这个组织的目的是"把孤单的同性爱者联合起来，通过教育使他们认识到他们是受压迫的少数派，并领导他们为自身的解放而斗争"。

麦卡锡主义在 20 世纪 50 年代早期国会清洗真正的和臆测的共产主义同情者时达到了巅峰；同性爱者因被看做政治危险人物和敲诈的合适对象尤其受到怀疑。当可能对马特沁协会进行国会调查时，很明显，亨利·黑和其他奠基人无法从政治身份和同性爱行为这双重罪名下脱身。此外，当时扩收的新成员主要由中产阶级构成，倾向于争取法律的改革和社会的认可；新成员中甚至还包括了坚定的反共分子。协会的领导权因而落到了主张寻求与社会和解的、较为保守谨慎的一派手中。这一派人很少关心那些女同性爱者特别关心的问题。于是，一小群妇女在迪尔·马丁（Del Martin）和菲丽丝·里昂（Phyllis Lyon）的领导下，于 1955 年建立了一个独立的女性同性爱组织，名为"比利蒂斯的女儿"[the Daughters of Bilitis，其来源是皮尔瑞·劳依斯（Pierre Louys）的一首色情诗，该诗可能是对萨福的一首诗的改写]。20 年代由拉德克利夫·霍尔（Radclyffe Hall）撰写的女同性爱小说《寂寞深渊》(The Well of Loneliness) 塑造了女同性爱意识。

想一想

你认为性解放是一件好事情吗？你认为它过激还是力度不够？解释你的看法。

图 21.5 纽约市同性爱大游行

同性爱解放运动诞生于一场骚乱之中,这场骚乱始于 1969 年 6 月 29 日,星期六,警察在那天晚上突然搜查了纽约市格林威治村的石墙酒吧,同性爱顾客奋起自卫。虽然这起事件起了强催化剂的作用,但实际上同性爱者内心的变化早已发生。对同性爱权利运动的平静支持持续到 50 年代末,一场新的战斗在弗兰克林·卡米尼(Franklin Kameny)等人的领导下于 60 年代初露端倪,并最终发展为参与者众多的公开的同性爱解放运动。作为同性爱解放运动骨干的年轻人没有被麦卡锡时代的经历吓倒,相反,他们参与了更大范围的社会激变,如人权运动和反主流文化,他们中最杰出的代表人物是爱伦·金斯堡这样的同性爱诗人。在女权运动中,那些激进的女同性爱者对妇女解放运动的目的和策略的形成起了特别重要的作用。简言之,同性爱者不再是孤立的、遭围攻的甚至被其他的运动团体躲避的少数人,他们已是当时更大范围的社会抗议浪潮的同盟和成员(Harris,1981)。

同性爱解放主义者与那些参与同性爱权利运动的先驱们(前者把后者看成温和无用的家伙而公开加以鄙视)相比,不仅有着更为坚定的策略,而且有着不同的目标。他们要求全部的公民权利,而不是寻求与社会的和解和妥协;他们把力量放在政治行动上,而不再停留于自助和教育;他们赞美自己与他人的不同之处,而不是试图变成一个普通人。结果,在石墙酒吧骚乱后的 10 年间,美国出现了世界上最大、组织得最好、最引人注目的同性爱少数派。

公共场合性表达的自由及其泛滥

过去,一小部分人决定了什么东西适合大众观看和阅读,什么东西则不适合。这种审查制度常常将一些当代文学中最伟大的作品和大量的糟粕一起作出否定的判决。直到战后,人们才认识到这种做法与美国宪法第一修正案中所规定的言论自由权是相矛盾的。在性革命时期,最高法院批准了允许公共场合性表达的决议。其后,实际上任何形式的性表现都是允许的,仅受少数限制(第 23 章)。

这带来了几方面的影响。首先,它使得严肃的作家或艺术家能探索和表达性主题而不必害怕报复。同样,性研究者和教育者能更自由地研究和教授性学(第 1 章)。在更广泛的范围内,现在普通人也能更友好、愉快地交换性感受和想法。性,作为公共场合的合法话题,现在可以说已在我们的社会中找到了恰当的位置。

另一方面,性已成了娱乐界和商业界的一个主要手段。这在电视和广告这两个传播范围最大的宣传媒介中最为明显(第 18 章)。同样重要的是大众文化对性爱和爱情中的人际关系方面的描写所具有的影响。畅销书和大众电影一般总是把性伴侣描写成年轻而又单身,外表很有魅力而又非常健康的人。关系是短暂的,"使热恋降温"是分手的手段。避孕、性传播疾病和性功能障碍几乎从不被提起,更不用说以现实的、有意义的方式来处理这些问题了。普通的已婚夫妇之间的性激情、老年人的性愿望、有性生理缺陷者的矫正治疗,也基本上是禁区,只有极少的例外情况[如琼·沃伊特(Jon Voight)在电影《回家》(*Coming Home*)中对一个性无能老兵的描绘]。结果,"传播媒介勾画了一种虚妄的人类性行为模式,使得人们怀有虚幻的、难以实现的性期望"(Zilbergeld, 1978)。

音乐和性总是密切相关的,但音乐在性革命时期变得空前色情化了(第 12 章)。这一时期的摇滚乐和其他一些独特的音乐风格既是性革命的产物,又是使性革命在年轻人中风行的主要力量(有关摇滚乐的历史,见 Miller, 1980)。

从这个角度来看,色情品就更令人担忧了。色情文学或艺术作品(很难对其精确定义)大多是由一些才能极其一般而又缺乏社会责任感的人炮制出来的,是对已有的性自由的无情的滥用。它的潜在后果引起了越来越多的人的关注,其中包括女权主义者和原教旨主义者这些在其他问题上立场截然相反的人(第 18 章)。

性与婚姻

性革命的一个重要结果是性和婚姻的巨大分离。特别是在年轻人中间,婚姻变得很少再是进行性交的前提。婚姻制度本身也经历了巨大的变化,特别是在一些比较年轻的和受过更好教育的人中间。

生育控制

对生育控制的社会限制首先涉及避孕、绝育和流产。在过去几十年里,美国社会对于个人是否有权对这些问题作出自由抉择这一问题的看法已发生了巨大的变化。在美国历史上,从没有哪个时期的女性能像今天的女性那样完全地控制自己的生育(有关的划时代决定将在第 23 章加以讨论)。

生殖技术的进步,通过如体外受精、胚胎冷冻及代孕母亲等方式,持续创造出了空前的新机会;反过来,这些发展也制造了许多性的、伦理的及法律方面的新问题。在更远的将来,或许在未来的十到二十年,会出现更加恐怖的可能性:用一个动物代孕母亲(如母牛)来孕育一个移植的宝宝;通过胚胎移植在男性腹部孕育宝宝(类似于女性的异位怀孕)并且通过剖腹产分娩;人类和非人类灵长类的交叉受孕,等等。这种前景的展望对很多人来说是一个奥威尔式的恐怖的世界,而对另一些人来说,则是另一个全新时代的黎明(Francoeur,1985)。

未成年人怀孕和堕胎的惊人增长是伴随性革命而来的性行为模式转变的一系列后果中最为严重的一个。大多数形式的成年人避孕行为已不再是什么严肃的社会问题,但也有例外,那些继续受到天主教会反对的避孕活动仍为社会所关注。对于流产的争论有时会扩展到某些避孕方法上,如宫内节育器,这种方法是在受精后终止妊娠的。给少年提供避孕服务也是一个有争议的问题。支持者指出了防止少女怀孕的迫切必要性;反对者认为这是对少年性行为的默许。另一些人反对在家长不知情的情况下为少年提供避孕药或器具,认为这样做侵犯了父母了解孩子的所作所为的权利,特别是因为避孕有某种程度的损害健康的危险。与之对立的观点认为,强制性通知父母将严重地影响少年人寻求避孕措施的勇气。

流产引起了更多的争论。从赞成妇女有流产的绝对自由这一极端,到禁止各种理由的流产的另一个极端,各种观点应有尽有。主张"生命至高无上"(pro-life)的一派与主张"选择权至高无上"(pro-choice)的一派在这个问题上陷入了一场谁也不肯妥协的战争,双方使用了从上街游行到在国会中搞政治交易的种种手段(第 23 章)。

图 21.6 音乐中的性意味更加强烈和直接,就像 2003 年 Billboard 音乐大奖颁奖典礼上女歌手 Pink 的表演一样。

家 庭

美国家庭在过去几十年中的变化比先前250年中的变化还要大。在20世纪60年代末70年代初,出生率开始下降。这一变化趋势始于两个世纪之前,但由于使用避孕药和允许流产,它变得更为明显。结婚率同样开始下降,到了大萧条结束时的水平。在1960~1970年间,20~24岁未婚女性的人口比例增加了1/3。离婚率上涨到这样一个程度:相当于有1/3的30岁以下的妇女,其婚姻以离婚(包括被遗弃)而告终。这些变化到80年代仍在继续,但变化的速度正在慢慢降低。1987年,美国的结婚率(1000人中有9.9人结婚)和离婚率(1000人中有4.8人离婚)都达到1977年以来的最低。

婚姻和家庭正在性解放带来的后果中消亡吗?正如我们在第17章中所讨论的那样,事实并非如此,但是家庭和婚姻的本质正在明显地改变,并且相当数量的人正在试行一些替代方式。

一夫一妻制或连续一夫一妻制(serial monogamy)仍是居主导地位的家庭模式。这样的婚姻关系中,其半数都有婚外性关系存在,这些关系通常是不公开的,或偶尔是公开的。更具有实验色彩的替代方式是单身或者说独身、同居、群居、家庭网络系统及分享或不分享性爱的公社(第17章)。

婚前性宽容

婚姻革命的更具戏剧性的一个侧面就是对婚前性行为态度的变化。图21.7把这些变化按历史顺序排列起来,通过图形反映出1880年至1980年这一百年间对婚前性行为容许程度的显著增加。大体恒定的变化率支持了那种"变化稳定"的观点;而图中1915~1925年和1965~1975年的两次剧增,表明了那些时期的革命性特征。

在1963年进行的一次成年人观点抽样统计中,大约80%的人认为婚前同居无论如何都是错的;而在1975年的调查中,这个比例已降为30%(Reiss,1980)。较为急剧的转变发生在妇女中,而双重标准的减弱是性革命最显著的一个结果。

在1971~1976年间,年龄在15~19岁之间的少女中失贞者的比例从27%上升到35%,即在五年中增加了30%。据赖斯估计,在80年代,75%的女子和90%的男子在结婚前已有过性行为了。

虽然现在的青年人对婚前性行为的态度是明确地肯定,但在他们中居统治地位的准则是"以感情为基础的肯定",而不是无条件的肯定(或性放纵)(第9章)。这种态度的表现就是同居的增加。这些更为自由的婚前性行为模式现在已真正地被很多人接受。许多父母对此默认,有些家长则可能实际上乐于看到他们的孩子在安排自己的生活时表现出的忠诚和不失责任心的自由。

性革命过去了吗？

很明显，到20世纪70年代后期，性革命已经失去了它的动力因素。性解放论者、同性爱激进分子和激进的女权主义者革命性的期待显然是不会实现了。

在20世纪80年代，一个更广泛的共同的声音开始宣布性革命的结束——或者正如有些人所提出的那样，"性的终结"（Leonard，1982）。作家约翰·列奥（John Leo）1984年在《时代》杂志的封面故事中表达了这些观点：

> 从城市、郊区和类似的小城市来看，不断有证据显示国家对性的关注正在减退。五级速度的震动器，手淫场所，刚刚才被发现的性敏感区域，甚至一夜情，这些似乎都失去了它们的吸引力。这次革命的老兵，有的受了伤，有的只是觉得无聊，都重新开始了求爱和找寻浪漫……很多人甚至重新发现了忠诚、责任和婚姻的传统价值。

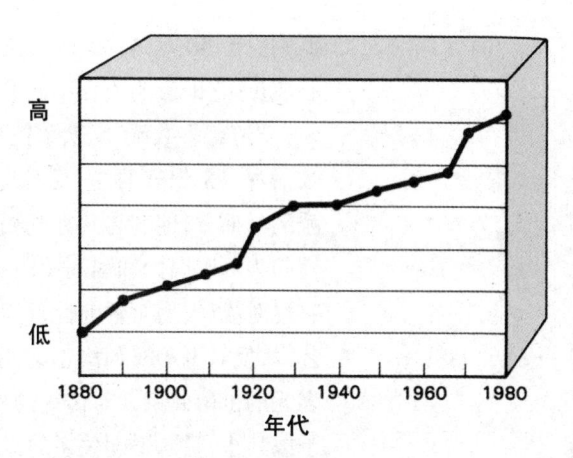

图 21.7 1880~1980年间婚前性宽容数据变化（Reiss，1980）

20世纪80年代后期，疱疹的恐惧和艾滋病的流行进一步消除了更多靠惯性发展的性革命的残阳。这个影响特别在男同性爱者之间的性关系上留下了痕迹。

另一方面，其他人声称，真正的性革命才刚刚开始。作为例证，莱斯特·柯肯特尔（Lester Kirkendall）(1984)列举了新的生殖技术、男性和女性生命形式的替代物、可接受的性表达方式限制的崩溃，以及对道德—伦理观点源头的重新评价，等等。

性革命是正在走向结束还是持续进行中？这实际上取决于我们看到的是性生活的哪个方面。同时，一个十分保守的对立面已经在美国社会中建立起来了，这需要从它自己权利的角度来着眼。

保守主义回潮

大多数美国人看来欢迎性革命带来的更多的性诚实、更大的性公开化、更多的认可和更大的平等。但也存在着对性革命的各种后果的普遍不安，存在过犹不及的忧虑。

在相当一部分人中，这种幡然悔悟的感觉显得十分强烈，而且人们感到有必要限制和逆转已发生的变化。对这种保守主义的情感作出最生动有力的表达的是"道德多数派"(the Moral Majority)，一个由里佛兰·杰瑞·法威尔（Reverend Jerry Falwell）于1979年创立的松散联盟。很难弄清有多少人属于这个组织，因为估计数字

想一想

在你的周围，能找出证明性革命还在进行当中的证据吗？

低则少于50万,高则多出许多倍(Yankelovich,1981)。尽管这个组织有着坚定的核心成员,它的影响力在不同的问题上也有很大差别。

"道德多数派"反映了正统派基督徒的神学信念;这个组织的性观念是传统的,政治观点是保守的。它反对几乎所有的性革命及其相关事件带来的变化。作为新右派的一部分,他们与共和党相互关联。他们的目标是恢复传统的性价值观。他们把性归为可以腐蚀和削弱美国家庭和社会的一种力量(D'Emilio 和 Freedman,1988)。它反对流产,反对婚前性行为,反对在学校进行性教育,反对同性爱,反对性文学和艺术,反对平等权利修正案,反对"世俗的人本主义"(这种观点强调个人自由、容忍多元的价值体系并对传统的权威持怀疑态度)。道德多数派赞同对青年人的性行为予以禁止,赞同婚姻关系的稳定,赞同那种父母对子女具有权威性的强有力的传统家庭关系,赞同针对教科书的社会审查制度,赞同对电视节目施加影响,使之适合于这个派别的标准和价值观。为了达到这些目的,道德多数派已做好准备,想要走政治和法律道路,并力图使公共舆论支持他们的观点。

性的保守主义分享了美国历史上较早的纯洁运动的一些意识形态。但是,它已经完全以现代的方式使用了计算机化的邮寄列表、直接邮寄形式的筹款,以及用政治化的竞选活动去动员它的选民。

这项运动的部分努力已经吸引了国家的关注[如以佛罗里达歌手安妮塔·布莱恩特(Anita Bryant)为先锋的反对同性爱活动]。但是它更多的努力还处在一般民众参与的水平上。在20世纪70年代晚期,据SIECUS(美国性知识与性教育咨询中心)统计,有300个组织反对在公立学校中开展性教育。

性的保守主义对20世纪80年代社会转向保守主义贡献十分明显。但是就像性革命并没有大量清除每个人思想深层残余的观念一样,保守主义也没能将主要变化逆转回来。保守主义新近的变化可能会一时发出巩固和再调整的信号,而不是大规模回归传统的性价值观和行为(Francoeur,1987)。

性革命的得与失

对我们在性革命中的得失做一个合理的估计还为时太早。性悲观主义者(sexual pessimists)似乎会诋毁任何性的自由化现象,而对它带来的好处视而不见。性乐观主义者(sexual optimists)肯定会为性解放带来的任何变化欣喜若狂,对他们来说,性是永远正确的,如果有了不可辩驳的反面证据,他们就改变对性的定义。

在态度和行为中已经发生了多大的变化,这也是很难去评价的。性激进主义和性保守主义都没能捕获大多数男性和女性的忠诚。尽管起初向左倾斜而后向右倾斜,但是美国社会坚固的中心似乎依然保持在原有的模式下。

另一方面,美国社会也变得更"性化"了。妇女和性别史专家约翰·德艾米利欧(John D'Emilio)和艾斯特尔·弗里德曼(Estelle Freedman)1988年对美国的性历史作出了如下的概括：

> 不管当前性危机的结果会是怎样，美国人将不得不考虑三个世纪以来性变化的遗产。生育控制正深深地陷入社会生活中，这样，一个单纯以生殖为目的的子宫就变得不再遥不可及。女性在家庭和公众领域中角色的深刻变化，使得主要停留在女性纯真基础上的性别体系，不太可能被重新起用了。资产阶级对性的控制，已经破坏了19世纪中产阶级试图保持的公众沉默和个人行为之间的界限。或许，对美国历史的研究可以让我们自信地说，有关性的各个方面已经成为我们的经济中心、我们的灵魂中心以及我们的政治中心。因为这个原因，作为一个社会问题的象征，以及为维持社会等级而做出的各种努力的目标，它似乎不会保持易受攻击的状态而等着被操纵。如同过去那样，性将持续作为深奥的个人意义和激昂的政治论争这二者的来源而存在。

想一想

在性自由化时期之后，保守主义的回潮是不是不可避免的？如果是，原因是什么？如何能避免这种回潮？应该避免吗？

就像美国人民力争在他们的个人生活和社会中给性定义出一个位置那样，艾滋病带给我们的萦绕心头的恐惧似乎也赫然出现在我们的反思和评议中。但是也有其他的问题要去面对。

经过几个世纪的斗争，我们终于赢得了很大程度的性自由和选择权；也许有一天，我们还会获得更大的自由来表达我们的性需求而不会受到目前仍存在的一些惩罚。但是，我们要如何去维护我们艰苦赢来的自由？我们到底要为这一切付出多大的代价？这也是使人感到不安的一个问题。为了克服不必要的犯罪感，我们是不是正在失去我们的廉耻心？去掉了性的神秘感后，我们是不是也偷走了它更深一层的意义并把它庸俗化了呢？随意的性行为会侵蚀到我们作出承诺的能力吗？性表达自由的代价是对女性和儿童的利用和残忍对待吗？这些问题涉及我们每一个人（Schmidt, 1982）。到目前为止，对这些问题我们采取了一个描述性的方法。现在我们需要求助于一些机制，借助于它，社会可以对性行为进行调控。我们首先将着眼于我们的文化，然后是其他文化，去看一下这个目标将如何实现。

21.4 性的社会控制

迄今为止，你可能已经对社会有了一些印象，就像一只有些笨重而被动的大象，它缓慢地走过了时间，偶尔在某些力量的驱使下会加速经过一段短暂的历史。这是事实——但是社会也是一个主动的行动者。所有的社会都会自觉地调控其成员的性行为。它们是怎么做到的呢？

首先，对某些群体来说，比如，成年的男性和女性群体，所有社会都鼓励和推动他们性交。然而一个社会在性方面也可能是有限制的，常常会有一些规定，限制着两性的见面和配对。在性方面相对自由的社会允许青年人之间、同性成员之间及其他各种可供选择的群体之间的性交。

其次,所有的社会都针对那些被允许进行性交的人建立了相关的性行为规则。比如,就允许异性之间的性交来说,社会规范决定着在什么样的环境下谁可以和谁睡在一起,有时甚至规定了多久可以性交一次。

第三,所有的社会都约束了某些性行为。它们可能在整体上是压制性的,甚至对以生育为目的的性(这也是唯一容许的性行为)也只是勉强同意(有时则不同意);或者它们会允许某些行为而禁止另外一些行为,从而有选择地进行压制。

性的社会化

一个社会使其自身在或长或短的一段时间内维持下去的唯一方式,就是确保各个阶层都被社会自身成员的子子孙孙所补充。为了实现这一点,社会必须确保其成员结婚,照顾他们的后代,确保每一代都可以通过社会化作用而被恰当地纳入社会结构中——所谓社会化,是指"一个人获得那些使他们能够步入社会的知识和技能的过程"(Brim, 1966)。

性的社会化(sexual socialization)是这一过程的一个重要组成部分。通过它,我们学到了与我们的文化相适应的性价值观和行为方式。这就意味着获得表达性愿望的知识和技巧,以及促使那些对我们具有性吸引力的人产生同样愿望的知识和技巧。正是通过性社会化过程,我们懂得了怎样约会、求婚或是建立其他形式的性关系。同样重要的是,我们也接受了我们的社会中那些阻止社会不可接受的性冲动表达的性限制和性禁忌。简言之,性的社会化浸透了我们的文化,规定了我们在性心理发育期间及整个成年期的性冲动的形式。

如果社会化进程成功了,那么它将是社会控制的最有效的形式。一个人将按照社会希望的方式实践性行为,因为他**愿意**——而不是被迫——这样去做。因为社会化进程很少会那么成功,所以社会必须建立和加强其规范和制裁机制,使性行为规规矩矩的。

社会规范和社会制约

为人际关系提供了限制和模式的规则被称做"**社会规范**"(social norms)。在性领域中,许多理想的行为方式都是通过非正规的途径认识到的。我们从家庭成员或同辈人那里懂得了什么是社会可接受的和不可接受的性行为方式。此外,社会规范也可能更为正规地在法律条文和道德戒律中加以表述,专门告诉我们什么事情应该做,什么事情不该做,而后者更常出现。

外部控制

社会规范的实施靠的是**社会制约**(sanctions),这种制约就是社会给予的奖励(积极的制约)和惩罚(消极的制约)。像规范一样,制约可以通过正规的或非正规的途径起作用。那些其观点对我们举足轻重的人将会出现的反应、(或者更经常地)社会舆论,是保证我们不越轨的强有力的非正规力量。我们害怕耻辱(被认为是可耻的和不值得尊敬的)和被排斥(被拒之于群体之外)。法律对被禁止的性行为的惩罚则是正规的社会消极制约的例子。

性要受到形形色色的社会规范的制约,这些制约被称为**"习俗"**(institutions)。婚姻就是一个最好的例子。社会试图通过习俗的作用,就怎样既使个人的基本需要得到满足,又能使社会为了更为广泛的目的而满意,而向后代灌输一些现成的答案(Goode,1982)。

性行为是一种高度受习俗制约的行为。不仅社会对人们公开的性行为方式会给予积极的关注,而且其规范试图渗透到我们私生活的每个缝隙之中。除了决定谁与谁在何种情况下可以发生性关系外,社会还对独自的行为如手淫或是已婚夫妇的私事做出裁定。除了道德戒律之外,法律也试图限制人们的性行为。社会控制竟到了这样一种程度,以至于直到不久以前,如果法典中所有与性有关的条文都得到实施的话,那么95%的男性公民都将在监狱中了结残生(Kinsey et al.,1948)。

内部控制

社会以各种方式来控制其成员的性行为。社会习俗提出一套套的设想和规范来判定人们的行为是否正确。当这些价值观念进入到社会成员的内心之后,它们就成了自制力的源泉。大多数人避免进行社会禁止的性活动,并不是因为他们害怕进监狱或下地狱,而仅是因为他们感到羞耻、有罪,害怕丧失自尊。

表现在道德传统、法律和社会舆论中的性价值观念起两种作用:指导和社会控制。对性行为是否恰当的指导,是人们基于个人经验或孩提时期社会化过程中,对父母榜样的理解而互相提供指导这个更为广泛的倾向的一部分。这种指导可能相当有益而又温和。就像一本导游手册,如果它提供的信息是恰当的,你能从去过那里的人的经验和专门意见中得到益处。但是,由于接触到这些观点,你也会有在他人的偏好和偏见影响下产生先入之见的风险。

在那些采取更为直接的控制方式的地方,你将被告知什么是应该做的,什么是不该做的,而且有许多机制有助于确保你依言而行。**犯罪感**(guilt)是一种在我们的童年时期发展起来的心理机制。我们在不同程度上都建立了违背心目中正统道德箴言时感到有罪的特定能力。犯罪感是一种令人痛苦的情感,因为它对一个人的完美和自身价值提出了疑问。犯罪感的轻重程度各不相同,轻则只是对良心的轻轻一击,重则会造成一些人自戕的毁灭性的痛苦。

想一想

你自己的性行为目前为止由你自己做主吗？请解释。

一种与此相关联的情感是**羞耻感**（shame）。羞耻就是在重要人物眼里或公共舆论面前困窘不堪或者丢了面子。性问题造成的羞耻感有两种形式。一种是与身体的表现（如裸体）有关的。在我们的文化中，生殖器的暴露或与之相关的行为与排尿、月经和排便联系在一起。排泄行为引起的恶心感可能使性行为因其相近性而被玷污；出于同样的逻辑，对性行为的羞耻感也会扩展到相近的行为上去。羞耻感的第二种形式则是针对我们认为错误的性行为而言。

有罪和羞耻的感觉常常在错误行为发生后出现。但它们也可能在事前起作用，从而压制了做我们的良知所禁止的事的愿望。将违禁的愿望扼杀在摇篮中是阻止不被社会接受的性行为的最有效的方法。但反过来说，对某一行为的严格禁止有时却会使它更具有刺激性；或是有人为了示威而偏要去做（例如，有些未成年的少女会为使父母难堪而怀孕）。

社会控制的渠道

除了内在机制如犯罪感和羞耻感的作用之外，习俗也通过外在的方式控制着人们的行为。由于我们不想激怒那些对我们来说十分重要而又为我们所依赖的人，那些维护习俗的关键角色，如父母或教育者，就能够通过非正式的控制或是更为正规些的制约系统来有效地建立社会规范（DeLamater, 1981）。

对青少年来说，"小圈子"（peer group）是社会控制的一个非常重要的渠道，尽管我们中的大多数人最终接受了成年人社会中通行的性规范，但青春期是一个特殊的时期，不同程度的实验和对成人规范的偏离通常发生于这个时期。青少年亚文化起着从童年世界通向成年社会的桥梁作用。儿童往往都忠实地接受父母的性价值观念，但对于青少年来说，这种不加批判的认可是难以想象的。虽然青少年非常需要一致可行的性引导，但他们很少能得到，而且，他们敏锐地感到了成人性观念和行为之间的矛盾之外。

在青年人步入成年的过程中，他们必须平衡两种社会规范：他们自己的青年亚文化中的规范和成人世界的规范。由于这两套行为标准在某种程度上是相对立的，所以存在着产生混乱的隐患。一个年轻人如果毫无保留地接受了"小圈子"文化中的所有标准，就会被看作不法分子的危险。这种现象似乎更易于在性的背景下发生。因为在历史上，性行为的错误——尤其对女孩子来说——是致使其在社会中蒙受耻辱的一个主要原因。反之，如果青年人彻底拒绝接受"小圈子"文化中的性观念，那么他将会为某种程度的社会孤立感而苦恼。在这两种情况下，向成年的转变都会变得更加困难。

大多数青年人非常成功地度过了这一过渡时期，靠的是暂时性地遵从"小圈子"文化中的标准，而同时始终把成年人世界中的规范要求铭记在心。他们在这方面得到了父母和其他成人的帮助，这些人在允许青年人有一定自由的同时维护着传统的性美德。事实上，父母遇到子女对性问题缺乏兴趣的情况时，会像他们面临其不负责任的性行为一样深感不安。很显然，那些对女孩子缺少兴趣的男孩，因其潜在的同性爱倾向而使父母担忧；反之，像男孩子模样的女孩子则使人担心她们将来会找不到丈夫。

进入成年期也不能使我们摆脱社会的控制。相反，青年时可以容忍的某些举动（"处处留情"、"吵吵闹闹"、"游手好闲"），对一个负责的、成熟的成年人来说已经变得不可接受了。虽然我们已从父母和老师的控制下解放出来，但强大的社会力量继续把我们纳入常规。如果雇主、朋友和邻居不赞成我们的性行为方式，那么我们就可能得不到提升，失去工作，得不到社交邀请，以及不受邻里欢迎。这种性过失带来的"放逐"也会波及孩子，孩子的朋友们会在其父母的压力下疏远他/她。

美国在宪法中规定了政教分离的原则，但**犹太—基督教传统**曾经并仍然对我们的性行为规范有着重要的社会影响力。近些年来，大量具有不同宗教背景如佛教和伊斯兰教的人移民至美国，使这个国家的宗教多样性进一步加强。即使是那些不曾正式加入某一个宗教组织的人，似乎也让他们的性道德观念受到这些传统的影响。无论一个人是遵循还是反对传统的性道德观，他的性规范仍是由周围的环境背景所决定的（第 24 章）。

毫无疑问，对于大多数人来说，性行为的社会规范与其说以神学探讨为基础，不如说以**大众理论**(folk theory)为基础来得更确切(Davenport, 1977)。这种公众中流行的看法包含了许多以传统信仰为基础的对性行为的假定、对社会科学家的发现和理论的延伸及建立在个人信仰、信念及偏好之上的个性色彩。比如说，许多人坚持认为，在性伴侣的关系中，男性比女性年龄大是比较合适的，反之则令人不舒服。

既然对每个人的行为都有着多重的社会制约，那么我们不禁要问：作为个人拥有多少自主权呢？我们的性行为是某种程度的自愿选择，还是仅仅是那些在少年时期塑造我们并在成年时期仍不断冲击和驱使我们的生物力和社会力的综合结果？这是一个根本性的问题，至今仍没有确定无疑的答案。我们很容易把自己看做被生物因素和社会因素的绳索牵引的木偶，至于哪条绳索牵得紧些，还存在着不同的看法。但即使局限于某一年龄段或某个社会阶层，也存在着形形色色的性行为方式，这说明个人选择也通过某种方式或多或少地起作用。这种个人之间的差异是各种决定因素的特殊组合，还是反映了我们作为人类被赋予"自由意志"能够作出独立选择？这是一个激动人心的课题，其哲学复杂性我们无法在此深究。

性行为的社会评价

社会作出了一系列有关性行为的判断，指出哪些是合适的，哪些是不合适的。这些判断建立在四个主要标准之上，即**统计学标准**（某种行为的普遍程度）、**医学**

标准（某种行为是否健康）、**道德标准**（某种行为是否道德）和**法律标准**（某种行为是否合法）。

有时这四个标准之间有着明显的相互影响。例如，乱伦在统计学上是一种不常见的性行为，在大多数社会里也被认为是心理变态的、不道德的和违法的，这是一个例子，但是想要再找出许多这样毫不含糊的例子就不那么容易了。原则上，我们每次必须从这些标准中选择一个，主要根据它来对性行为作出判断，但也存在着向其余的标准寻求佐证的倾向。事实上，一个判断常可根据另一个判断而被预言出来：某种行为之所以被认为是不道德的或非法的，正是由于这种行为是不健康的或冒犯了大多数人，反之亦然；某种我们认为不道德的举动，如果它也是很少发生、不健康、非法的话，就会显得甚为恶劣了。

在多元化的社会中对性行为作这样的判断已造成了巨大的混乱。统计数字会被曲解，部分是出于无知，而有时却是故意的：例如，同性爱行为的流行程度总是被这种行为的支持者过高估计，被反对者过低估计。有关性的医学判断经常缺少科学根据，过去认为手淫损害健康就是一个例子。道德标准经常会与传统和当权者的好恶混淆在一起。载入法典的法规和法令可能是模棱两可的健康宣言和道德结论。经常的情况是，当早先有关某一行为（如口交）不健康、不常见的判断已被推翻或不再使用时，以之为基础的道德和法律判断却会仍旧存在下去。

社会之所以设立规范并宣布对性行为的种种判断，是因为人们普遍认为：所有性冲动的不受约束的表达，将会使社会土崩瓦解。人们很容易论证，乱伦会对家庭产生危害，也容易论证我们不应诱奸儿童或强迫他人与自己性交。但令人非常难以理解的是，为什么社会对性交方式作出毫无必要的限制，连已婚夫妇卧室内的私生活也不例外。如果我们的某些性法律及这些法律反映的社会观念带来的后果是，人们因参与那些没有受害人，没有使参与双方不悦，或除非当局和自封的卫道士揭露也不会公之于众的性行为，而被折磨、流放、监禁或处死的话，那么这样的法律观念及其反映的社会态度其实是十分可笑的。

某些因素有助于我们——如果不是接受，至少是——理解这种已成为我们社会及其他许多社会处理性问题时的显著特征的这些看来荒谬的现象。首先，这是一种古代犹太格言"修围墙"所代表的手段。其潜在逻辑是：为了更好地维护一个根本的道德准则或是确保一个关键的戒律不被打破，必须建立一些辅助的准则，就像是一道道围墙，把受保护的核心准则围在中间，这样，当人们在"外围"犯下小错误时，只需付出较小的代价就能知道他们行事不当，免得再犯

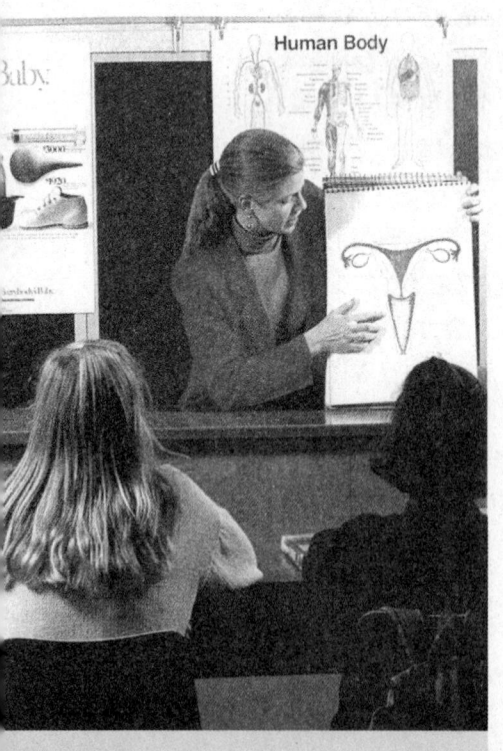

图 21.8　虽然对学校开设性教育课程始终存在着反对意见，大多数的家长还是赞同这一做法。

更为严重的罪行。

为了把这一原则应用于性行为我们首先假定，社会的中心目的是保护家庭的完整。乱伦及婚外恋这样的行为，可说是带来了直接的危害，所以显然要被禁止。婚前性行为则因被认为会危害将来的婚姻幸福而具有不那么直接的危害。限制还进一步扩展到喝酒、跳舞、化妆或是穿有性刺激效力的服装，以及其他可能激起人们的性欲，并因而使他们做出危害家庭的性行为的事物。

这是一个富有逻辑性的原则，但也易被滥用。道德的围墙已延伸到与人们想要维护的核心毫无关联的地步。对一些鸡毛蒜皮的小事的关注超出了限度，以至于它们取代了维护道德这个初衷。

另一个建立性规范时的困难是，这些规范看来通常适合于保护那些最易受伤害或是最麻木的人。例如，有人会说，很多人可以过婚前性生活或婚外性生活而不伤害任何一个人。事实可能是这样，但也会有人反问，对于无数的在相同情况下可能深受伤害的其他人又该怎样呢？我们怎能说，进行某一特定的活动，对某些人来说社会可以接受而对另一些人就不可接受呢？除了把所有可能使多数或部分人受伤害的性行为宣布为不可接受的，我们还能作何种选择呢？尽管从社会责任观的角度出发，走到这一步在逻辑上是无可挑剔的，但这完全无助于驱走有头脑、有责任能力的男女心中的感觉：社会规范与他们自己的生活很少有关系，而他们却被迫受那些适用于社会责任能力最低水准的规则的限制。而且，那些没头脑而又不负责任的人似乎对社会规范并不留意，那么为什么要用为这些人设置的行为准则来限制每个人呢？但接下来我们会看到，较为成熟的人比他们自己所想象的更需要这种准则。

为社会控制辩解

为了管制其成员的性行为，甚至也包括那些在双方同意和秘密的情况下进行的性行为，社会为什么要尽这么大的努力，而常常又是那样不成功呢？为什么无数令人费解的道德禁律和法律约束要去调节一个正常的生理学过程呢？

对这种控制的辩解通常基于四种考虑：生育的结果、所有权、性的利用和社会的稳定。

生育的结果

在最基础的水平上，社会对性的兴趣是和它的生育结果连在一起的。甚至当对某个具体性行为的社会判断表面上看和生育不相关时，往更深层次看还是会显示出某些相关性。鉴于性和生育之间的不可预测的关系，性交不得不被管制，这样孩子就不会落入得不到照顾的境遇中。试图控制婚前性行为的中心主旨即出于这种考虑。

别的行为也可能会被阻止，因为担心它们会与以生育为目的的性展开竞争。这或许是同性爱关系被禁止的一个原因。只是最近,通过自愿地、大规模地使用可靠的避孕产品,我们已经能将性从生育中分离出来了。

所有权

不管它们在原则上是如何规定的,社会性调节的实际影响现在主要是限制女性的性行为。无论是婚前在她父亲的家里,还是婚后在她丈夫的家里,在一个女性的生活中,主要的男性人物在防止性对她的靠近这一问题上有着独占权。因为有女性易于感情用事的观念,以及像美国精神病学家和作家玛丽·简·谢菲(Mary Jane Sherfey)1973年所提出的那样,认为她们在性方面是不知满足的,这些都使得对女性进行控制的必要性被进一步加强了。女性在性方面是轻浮的,再加上她们的生育能力,这样的信念进一步加强了控制女性性行为的必要性。

孩子继承了父亲的财产和姓。因为男性从来都不会完全相信他们孩子的父系血缘,所以对妻子的性接触就不得不仔细地加以防范。男性也拥有他们的名誉。妻子被其他男性所诱惑,会被他们认为是一种名誉的丧失。

在相关的层面上,女性完全是投桃报李。无论是在婚姻中或是其他忠贞关系中,大部分女性都坚决不可容忍别的女性对他们之间原有关系的侵入。因为性的联系唤醒了如此强烈的占有欲,社会已施加了内部的控制,以降低冲突的可能和稳定关系的破裂。这一推理是社会制裁婚外性行为的基础。

性利用

无论纵向回溯人类历史,还是探索哪怕这个世界上最远的角落的文化,从来都不缺乏有关性利用的证据,这通常是男性对女性和儿童所犯下的罪行(第18章和第19章)。社会的关键职能之一就是保护其易受攻击的成员远离伤害;因此,要建立社会的控制。

社会的稳定

最后,额外的性限制常常是利用了这样的假定,即伴随着放肆的性泛滥,社会将会崩溃。

这种使性爱有所约束的社会倾向以两个假设为前提。第一点是对性的宽容会导致性放纵,它侵害家庭,破坏社会结构,削弱国家力量,并使社会解体。罗马帝国的消亡经常被举作例子。虽然有人能振振有词地说,性放纵只是社会解体的症状而不是其原因,但对放纵、衰落、灭亡三部曲的坚信是如此的根深蒂固,以至于对性——特别是青年人的性——的容许一直被当成彻头彻尾的阴谋。一些美国人怀疑,在20世纪60年代的性革命后面潜藏着共产主义的阴谋。而进行性冒险的青年也往往是公开促进革命的政治激进分子,这个事实给那些怀疑者火上浇油。但在苏联,模仿其西方同龄人的生活方式和性行为方式的青年人,却受到师长政治上的否定,被看做是向资产阶级的腐败堕落屈膝并有利于社会主义的敌人——资本主义者。因而,无论何种意识形态居统治地位,那些持不同政见者似乎也赞同对性的宽容态度。这究竟是因为持不同政见者愿意把破坏"既得利益者"已确立的性规范作为其反抗的一部分,还是由于感到性压抑的人变成了持不同政见者呢?

第二个社会关切之处是无节制的性行为会消耗掉人们本可用于建设和创造的精力:性生活是如此地其乐无穷,以至于如果放任自流,将无人想去工作或强迫自己去做一些有益的事情。这两个先决观念把性看成一股汹涌的激流:如果不加限制,它将把沿途的所有东西一扫而光;如果不加约束,它就会造成浪费。因此,对性的压抑是我们为了文明而付出的代价。

性与社会地位

性行为方式与社会地位在各种水平上相互依赖。典型的是性行为方式与社会经济背景联系在一起,尽管这种相关性现已有所减弱。然而,被认为正当的性行为方式,以及一个人可以侥幸而为却逃避惩罚的行为,过去一直到现在仍然与社会地位有关。

早在19世纪,在夏威夷尚未处于传教士的影响之下时,贵族受到的性限制远比平民要少。贵族男女的生活中有着很大的性自由。除了婚姻的乐趣外,他们自由地从事异性爱和同性爱活动。为了保持血统的纯洁,亲属之间可以结合,如叔叔与侄女、舅舅与外甥女、姨母与外甥、姑姑与侄子均可结婚。杀婴行为减少了不需要的后代。但普通人(他们实际上是奴隶)的性生活受着宗教规定的严格限制。

夏威夷贵族享受性自由的特权是世袭的,但一个人(特别是男人)由于权力的增强和地位的上升也能获得这种特权。在所罗门群岛上,通奸和强奸是被严禁并且要遭受处罚的。但是有特殊名望的男子可以干这两种事而不必受相应的惩罚。他们的权势并未使他们的行为变得可以接受,但是受害者无权无势,无法将他们绳之以法。这些在其他文化中夸张的例证在我们的社会也是常见的。富豪与名人的一些所作所为往往好像社会规范对他们没有约束力一样。电影明星到处炫耀他们的性越轨行为,有权势的人则利用他们的权力,如此等等。

特殊的社会地位也会带来对性自由和选择的特殊禁忌。英王爱德华八世(Edward VIII)在与离过婚的辛普森夫人(Wallis Simpson)结婚前于1936年被迫退位。前民主党总统竞选人艾德莱·史蒂文森(Adlai Stevenson)在竞选总统时因离过婚而功亏一篑。因为被认定搞婚外恋,加里·哈特(Gary Hart)被迫放弃了竞选总统的机会。但是,肯尼迪总统的政治命运或个人声望并没有受到他的风流韵事的影响(在当时公众们基本都不知此事)。近年来不太可能出现的情况是,一个公开的同性爱者会被推选或任命进入高等级的国家机关中。

当然,事情在很大程度上取决于知名者所处的领域。爱因斯坦和毕加索在专业方面的声誉不大可能受其性行为的损害；娱乐界的明星甚至会靠性冒险提高他们的名望。相反，法官、公务员和选举产生的官员等人，如果被认为在性生活上不检点，就会失去公众对其品德和判断力的信任。接触秘密情报的关键人物如有"私生活上的污点"就更易被讹诈。很多身居高位者就是被性丑闻彻底断送了前程。

21.5 社会控制的跨文化比较模式

所有的社会都会通过一些方式使性变得制度化，这些方式有些方面是相同的，有些方面则大相径庭。比如，实际上在所有社会中，以生育为意图的性都被认为是一个合法且合意的目的。但是，各个社会在其他相关形式的性行为的规定和制裁方面，却存在着很大的不同。而其中最大的区别，不是它们的规则有多严格，而是各个民族和文化在执行的时候其残酷程度是多么的不同(Ford 和 Beach, 1951)。

性的多元化和统一

人类所有的经验都有差别，但在性方面的差别尤其惊人。人一天可吃一餐、两餐或三餐，却没有一个人一天吃十餐。性生活却并不如此，有些人每天都做爱，另一些人则多年没有。诸如吃饭之类满足其他生理需求的行为所具有的较大同一性，显然是因为它们对于生命的维持有更大的必要性。而性行为对一个人来说，却既不是维持生命所必需也不是保持身体健康的不二法门。

文化定义着除了性交之外的哪些活动是与性相关的，哪些是无关的。例如，美国文化中并不认为在一起吃饭有什么显著的性意味，我们可以自由地在公共场合与陌生人一起吃饭，或在家中与亲人共餐，但在某些部落社会中，共餐是婚姻关系的特征标志，因此，兄弟姐妹们如果不是要表达发生性关系的愿望，就不能在一起用餐。另一方面，裸体在某些文化体系中并不像在我们的文化中那样具有色情意味。

在有关性观念和行为的文化差异的迷魂阵中，潜藏着某些所有的文化共同的东西(Gregersen, 1983)。性行为的最基本的恒定之处是它的普遍性。所有的社会都有性行为，用不着去发现或发明它。其共性是社会在限制和规定其全部成员的性行为方式时所扮演的角色，它通过向儿童灌输社会意识和在成年期给予奖惩来达到目的。所有的人都相信性生活是必要的，尽管理由各不相同。人们还普遍相信，男性的性要求比女性强烈，甚至在那些主张两性具有相同的性权利的文化中，这种观点也继续存在。

每一个社会的性文化都由两个方面来决定：一方面，它取决于生物遗传性的潜力和局限；另一方面，它与整个文化的内在逻辑和一致性相关连(Davenport, 1977, p.161)。为了维持一个社会的统一结构，它的性观念和限制必须与对其他行为的规

专题 21-1
文明及其带来的不满

自从弗洛伊德把他的注意力从较狭隘的临床范围转到更为广阔的文化领域后,性与社会的关系,尤其是在他的后半生中,引起了他的极大兴趣。*弗氏的中心论点是在本能的要求(如性本能和攻击本能)和文明的限制之间存在着不可调和的冲突。由于对本能需要的任意满足与文明的社会不能相容,所以这些需要就不得不受到压抑并服从于工作和生活的目的。

弗洛伊德认为这个性压抑过程在个体水平和社会水平上同时发生。性压抑的根源可以回溯到个人的成长(个体发生学)和人类的历史(群体发生学)这两个方面。社会模式是在模糊不清的人类史前时期就已确定了的;而作为个体,我们每个人都必须在生命过程中经历这个阶段。

弗洛伊德提出:本我——即性本能藏身之所在——的活动遵循唯乐原则。而给这种力必多套上笼头是自我和超我(分别代表理性和良知)的任务,它们则遵循唯实原则。一方面唯乐原则寻求即刻的满足,一方面唯实原则限制和延缓这种满足。这一方寻求游戏、欢乐和自由的愿望要与另一方对工作、生育和安全的要求求得平衡。尽管这些内在力看来是有分歧的,但从长远来看,它们的活动都是为了一个共同的目的。假如我们放弃此刻的那些不受限制而又短暂的快乐,我们会在适当的时候得到更为可靠而又持久的快乐作为补偿。这样,唯实原则护卫了唯乐原则,而不是取消了它。这个过程不仅更大地满足了我们的性需要,而且通过升华作用,我们的力必多能被引导到文学和艺术创造之中,从而丰富我们的生活并促进文化和文明的进步。

为了维持这一过程,社会把唯实原则体现在社会习俗中。在某个社会体系里长大的成员会学习以社会规范或其他法律和制度的规定面目出现的唯实原则,然后把这些再传给下一代。社会成员们必须孜孜不倦地维护他们的文化,因为回归"自然状态"的倾向从未消失过。

"文明进步的代价,"弗洛伊德写道,"是通过对犯罪感的强化而被剥夺的快乐。"尽管他认为,对我们的原始的性行为和攻击行为的压抑,是为实现我们更高的兴趣和智能所不可避免的,但他也敏锐地关注着为实现这些目的所付出的代价。由于对"力必多"的压抑——尤其当这种压抑严苛而多余时——会导致神经症或性功能障碍,弗洛伊德流露出一种忧虑:为文明带来了巨大能量的对性行为的社会限制,现在正有扼杀我们最本质的生命力和幸福感的危险。弗洛伊德写道:

> 某一部分被压抑的力必多冲动有一种对直接满足的需求,而且认为应该在生活中找到它。对大多数的人类团体而言,我们文明化的标准使生活变得更加困难。那些标准不断地鼓励着人们从现实中退缩,并催生了更多的脉络,而通过这种过度的性压抑,并没有收获任何文化的盈余。我们不应该为了完全忽略我们的动物本性而极尽夸耀自己之能事。我们也不该忘记,个人幸福的满足是不能从文明的目标中被抹去的。通过其升华能力而显示出的性元素的可塑性,可以通过进一步的升华过程,为争取更大的文化成就,提供一种真实的诱惑。但是,正如我们不指望机器把超出了热量消耗的某一部分元件功能,变成有用的机械工作那样,我们也不应该去寻求转移性本能的整体能量,使它远离固有的目标。这样做不会成功;并且如果对性的限制过量,将不可避免地带来因土壤枯竭而导致的所有不幸(*Five Lectures on Psychoanalysis*, p.52)。

---

*弗洛伊德的许多作品中都体现了他关于性与社会关系的思想,特别是其选集第21卷《文明及其不满》(*Civilization and Its Discontents*)中有关弗洛伊德社会学观点的简介,见 Marcuse(1955);Jones(1957, Vol. 3)。有关概论,见 Gay(1988)。

图 21.9 典型的维多利亚时代的女性（左）与以性感豪放著称的当代流行歌手。两种性态度有着天壤之别。

定和限制统一起来,孤立地考虑性是无意义的。

各文化间的相似性表现为不同社会中个人所具有的共同的性观念和行为模式;此外还存在于性与社会结构和功能的整体关系之中。性行为的那些与生物基础密切相关的方面相对而言变化较少。例如,各种性行为中只有生殖器性交能导致怀孕(很难算做性行为的人工授精除外)。因而,围绕着繁殖的种种行为可以采取许多方式来选择对象、求爱和性交,但其终点必定是相同的,无论是在何种文化中。

另一方面,性的象征和思维方面变异很大,正是这些方面与文化的内在逻辑在整体上紧密相关。例如,性吸引力的理想模式、道德标准及对性别的认识,在很大程度上是某一特定文化的特定倾向的体现。

在所有的法则、规定、约束和禁忌背后,潜藏着明里暗里分享的价值观念系统,它是社会的基础,也决定了什么受保护,什么被清除。这些价值体系和与之有关的文化系统构成了达文波特所谓的一个社会的"内在逻辑和一致性"。我们必须设法理解的正是性与社会的这一更具普遍意义的特点之间的关系。

除了少数几种基本行为之外,对于特定的性行为,很难无条件地应用同一性法则。性幻想和自我刺激即便不是每个人的性活动的组成部分,也是每个群体都具有的。在所有的文化中,异性爱都是占主导地位的性偏向,生殖器性交则是首要的社会化性行为,但不是唯一的一种。婚姻关系是性交的首要条件,但并非所有的社会都企图把性活动局限于已婚夫妇之间;想这样做的社会,则各有其不同的反对婚外性关系的有效措施。

除了这些理论上的相似性,不同文化具有不同的特性和上述规律的不同表现形式。甚至最具普遍性的性行为规律,也能找到例外;例如,在母系社会中,舅父与外甥女之间的乱伦关系是比母子乱伦更为严重的罪恶。

压抑与放任

各个社会相异性的另一个重要来源是其对性行为的限制程度。在第 8 章和第

9 章中，我们讨论过童年和成年期性的压抑和放任程度在各个文化之间的差异。除了社会化模式外，也可以根据其他的指标来进行类似的比较，尽管用以教养儿童的习俗与其成员被期望的未来的实际行为有着紧密的相关性。

各文化间还存在着性交时的情感差异。曼加阿人的性享乐和活力就与西南肯尼亚的古西人渗透到性交之中的敌意形成了鲜明的对比(Levine,1959)。就古西人来说，即使是婚姻缔结后，男人在性交时也必须克服妇女的反抗并使她们痛苦和蒙耻，而妇女则报以辱骂和阻挠。这种行为模式在青年时期被反复灌输。当青年男子行割礼后隐居时，少女被带到那里裸体跳舞，表示对男孩新近受伤的生殖器的蔑视（并诱使他们出现痛楚的勃起）。

性压抑的文化

伊内兹·比格是一个爱尔兰小岛上的社区，它显示了一种对性极端否定和压抑的模式。正如美国人类学家约翰·麦森哲(John Messenger)所描述的，伊内兹·比格人把性的各种表现，以及月经、排尿之类的自然现象统统置于神秘之中（专题8-2）。

对裸体的憎恶到了这样的程度，以至于一个男子会因在公共场合赤脚而羞愧，生病时也不愿去看病，免得暴露他的身体。婚后性关系是唯一被认可的性欲发泄途径，是一种尽管会损害健康但妇女必须"忍受"、男子必须冒险而为的"任务"。性行为总是由丈夫起头，做爱前除了接触和抚摸臀部外，不能有别的"前戏"；做爱只能采取男在上的方式；内衣不能脱去；而且，女性能否达到性高潮令人怀疑。

在伊内兹·比格，其他可以看到的性活动仅限于男性的手淫和少数少女与来客之间的偶然爱抚。有过这些举动的男子是如此羞愧难当，以至于不敢去见忏悔神父。人们认为，被送进精神病院的乡村牧师是因经不住生活在同一幢房子里的漂亮女管家的诱惑而发疯的。如果某种不太符合传统的性行为方式曾在伊内兹·比格出现的话，它的存在是对社会有效地保密的，有这种行为的人，生活在牧师责骂和公众斥责、嘲笑的恐惧中。

人们可能不禁想把伊内兹·比格的道学面孔说成是爱尔兰天主教的影响；但完全相同的观念也能在既不是爱尔兰的也不是天主教的文化中找到。例如，在巴布亚新几内亚的马努人(Manus)的部落传统中，夫妻之间的性行为是有罪的、下贱的，因此只能在极端秘密的情况下进行。妇女极其反对性行为，只是为了生儿育女不得不偶尔忍受它。婚外性行为是一种尤为恶劣的罪行，将受到神给予的惩罚。马努妇女对月经的保密达到如此程度，以至于马努男子否认他们的女人有这么一种每月来一次的东西(Davenport,1977)。

对于太平洋中雅普岛(Yap Island)上的岛民来说，性压抑的起因不是对道德戒律的顾忌，而是对健康的关心。雅普男子相信，性交使男子变得体弱易病。妇女也会有同样的弱点，特别是在孩子刚出生后的几年里。

性放任的文化

> **想一想**
> 如果你要研究另一种文化的性行为,并且可以和你自己的性行为进行比较,你将如何进行这项研究?

性放任文化的最有名的例子来自太平洋中心的波利尼西亚群岛。对塔希提人无拘无束的性行为的观察,可以追溯到库克船长(Captain Cook),那位发现了这些群岛的18世纪英国探险家。在未受到西方文化的冲击之前,对于塔希提的男女青年和少年来说,手淫和婚前性行为均被鼓励,只有很少的限制。婚后的和婚外的性行为既可以自由地进行,也可以公开地讨论。村社的生活、审美标准、歌曲与舞蹈均充满了情欲色彩。

根据马歇尔(D.S.Marshall)(1971)的描述,旧波利尼西亚这种性传统的某些成分在曼加阿岛上仍然保存着。正如我们在讨论从童年到青春期的性发育时提过的,曼加阿男孩和女孩在7~10岁间开始手淫,大约14岁时开始发生性关系。实际上每个人在婚前都已有了不少性经验,在婚后继续有着活跃的性生活。性,就像是晚餐,是生活中稀松平常而又不可或缺的东西。

对于曼加阿人来说,性,就是做爱,纯粹而又简单。为达到这个目的,做爱前可以自由地采用各种"前戏"(包括嘴对生殖器的刺激)——下流话、音乐、香味、裸体等,以进一步提高兴致。妇女是性生活中心理和生理上的积极角色。女性的性高潮通常是多重的,这是成功的性交不可缺少的成果;人们担心,它的缺少会对妇女的健康造成损害。怀孕也不能阻止曼加阿人,他们继续做爱,直到产前阵痛出现为止。养育孩子则进一步加强了夫妇间的性纽带。

但曼加阿人的经验也表明,即使在一个贯穿着对性的毫不困窘地无限赞美的社会中,也存在着压抑和矛盾。例如,大多数婚前性行为出于维持面子的缘故,都是悄悄进行的,而且用一种使旁人确信无疑的矛盾来掩盖性伴侣之间的真实关系。在我们的文化中,性行为应该是爱情的结果,而曼加阿人的观念则不同,他们以性为开端,希望性关系能发展成恋情。这就使得他们的性关系倾向于一种更为肉体的、机械的模式。

总体上来说,所有的社会都在使用两套限制系统来规范其成员的性行为:外在的法律法规,以及内化于心的行为道德法则。下面我们将讨论它们各自更为具体的环境。但在那之前,我们将先探讨一下,在与我们的文化大异其趣的东方世界中,性是如何反映在他们的生活和文化中的。

第 22 章

东方文化中的性

22.1 印度的色情
22.2 中国文化中的性爱
22.3 日本文化中的性爱

比牛角更硬的是女人的头发。
——日本格言

> 就像隐私的需要使得人们不知道别人的性生活一样，文化同样隐藏了它们的性特征。这是一件很遗憾的事，因为其他社会表达和管理性的知识能够启发我们改进自己的经验。人类学家致力于对前文字社会进行研究，为我们的性行为提供了许多有趣的对比。但是更相关的是伟大的东方文明的性历史，它的范围和复杂性与西方文化的性历史更相似。例如，印度的宗教传统跟我们的历史一样长，其善男信女也不比我们的少。然而，不像犹太教和基督教，印度教充满了丰富的性意象。保存家庭的完整已经成为我们性道德的中心议题，所以看中国人如何安排他们的性行为是有趣的，因为他们比我们更一心一意地维持对家庭的贡献。同样，我们知道了卖淫（这是我们文化中被轻视但必要的组成部分）如何被日本人制度化，这促进了世界上最优秀的色情艺术的繁荣。
>
> 本章的主要目的不是展示东方文化如何更好地处理了性（即使他们可能真的如此），而是要扩展我们的眼界，将更久经世故的社会面对同样基本的性需求的不同方法纳入我们的视野。
>
> 为了正确处理这个主题，我们需要分别解释一下印度、中国和日本文化里的性成分，以及每个社会的背景——一个明显超出我们能力范围的任务。为了让内容更容易控制，我们先仅限于看一些介绍性的评论，然后详细描述每个文化里的一些关键成分，即最能反映其性本质的关键元素。

22.1 印度的色情

印度次大陆孕育出了世界上最古老和最有影响力的文明之一。从它的最初期开始，性和宗教在印度就已经有了直接的联系。帕林德(Parrinder)说："没有什么地方比印度*的性和宗教的亲密关系表现得更明显，以神和人类为模型的性活动，关于性的神圣性的观点被更丰富地例证出来。"

在这里，性经验是如此的尊贵，以至于印度的色情全部都以神为开端(Rawson, 1968)。

在印度有两种主要的宗教信仰：**印度教**(Hinduism)和**佛教**(Buddhism)。一般来说佛教比印度教看起来更禁欲，这是真的，但决不是在所有方面或任何时候都是这样。印度教本身就很广泛，以至于它的性态度的范围也在纵欲与禁欲之间变化。

印度文明的性开端

在雅利安人(Aryan)入侵印度之前，大约在公元前 2500 年到前 1500 年之间，在印度河流域活跃着一个成熟的文明(Wheeler, 1966; Piggott, 1961)。尽管我们对于这个土著文化了解很少，但是它的考古学遗留物包括了具有明显的性爱和宗

* 我们所说的"印度"是历史意义上，所以所讨论的那片区域包括了现在的巴基斯坦和孟加拉国及现在的印度。

教意义的迷人的人工作品。它们所体现的信仰和实践被认为是印度教在下一个千年当中衍变出来的一些重要理论的前体。例如，一些小印章上经常雕刻着一个三个脸的有角人，整个身子一丝不挂地做着瑜伽姿势；他直立的阴茎，周围的动物，及头部植物似的生长，象征着他是生育之神，跟后来印度教里的**湿婆神**（Shiva）具有明显的相似性。其他印章显示了各种阳物崇拜的动物，如公牛、犀牛、大象及神话里像牛的独角兽（Hopkins，1971）。

女性的象征则是由陶瓦雕铸的佩戴腰带、项链和精致头巾的裸体女性。她们有怀孕的，也有在胸脯抱着一块黏土代表婴儿的，这些象征着生育力的**母神**（Mother Goddess）的早期特征在后期以不同方式和名字再现，如湿婆神的配偶**巴瓦娣**（Parvati）；锥形物体和环形的石头同样是**林伽**（Lingam）和**雅尼**（Yoni）的前身，在印度教中随处可见男性生殖器和女性生殖器象征。

图 22.1 印度教大神，舞王湿婆的青铜像，高 1.54m，制于 12~13 世纪，南印度出土。

吠陀传统

早期的印度文明在公元前 1500 年由于印欧人的入侵而被攻克。新来者有一个由族长统治的部落结构，并且具有强烈的军国主义特征。我们关于他们宗教和历史的知识来自一部名为**《吠陀经》**（Vedas，意为"知识的身体"）的文集。早期的吠陀教集中围绕于具有特殊自然能力和性现象的三十多个男性神（devas）。吠陀文化里明显缺乏的是主要的女性神，这可能反映了在较早期文化里母系地位的丧失。

在这些宗教传统中，性从来都不是以自身为目的的。对性的接受或拒绝都是一个达到较高精神境界的方法。因此，性元素是与更广阔的宗教背景交织在一起的。印度教和佛教的基本原理都是对**再生**（reincarnation）的信仰，灵魂的再生使人能持续存在，无论以人还是动物的形式*。正是对再生的信仰自他们从印度河流域起源时便形成了印度宗教的基本特征。

就像在**《奥义书》**（Upanishads，《吠陀经》的阐发文本）里刻画的那样，**婆罗门**（Brahman）代表宇宙的灵魂、宇宙的基本原则及宇宙的最终真相。婆罗门显现在不朽的个体灵魂**梵天**（atman）中。进入人类的身体后，灵魂经历了连续的再生循环。生命充满了悲伤，甚至是最显赫的王侯也不能逃离这种痛苦。所以，人们不是追求短暂的尘世欢乐，而是渴求脱离永无止境的出生和再生的轮回。一旦一个人的灵魂从肉体中解放出来，它便被合并入婆罗门，受到永远的福佑。但是由于灵魂受到人类欲望和堆积起来的**业**（karma，因果报应）的牵绊，这种超度是很难实现的。既然一个

* 虽然再生在亚洲宗教里更典型，但它也出现在原始的宗教、古希腊思想（柏拉图相信它）和一些早期的基督教派如摩尼教（Manichaeism）和诺斯替教中。

人在有限的生命里所做的事情决定了下一世的本质,那么他现世的行为适当就是很重要的(或者如某些人认为的那样,尽量无为),那样才能确保它在更高的水平上重生,更接近以便最终跃入极乐世界。

性是这种人类轮回的束缚的一个组成部分。除了它的生殖功能之外,性欲是生命中最强有力的附属物。因此,印度教和佛教里的禁欲传统都提倡对性感觉和行动的完全压抑,以此作为从这个世界拯救自己的一种方式。放弃性使个人从**欲望**(kama)里解脱出来,婚姻和家庭的纠缠扰乱了人们对精神知识和启迪的追求。也有人赞成与它完全相反的理论,认为性经历是达到启蒙的一种手段。这两个相反的理论以各种折中的形式存在,遍布于印度的宗教思想和实践中。作为两种极端,印度的禁欲主义与其受宗教启发的奢侈逸乐一样,都是独一无二的。

在公元前6世纪,由于波斯帝国和随后希腊的入侵,印度人的生活发生了深远的改变。政治变革引发宗教动荡,吠陀宗教祭祀的仪式和对宇宙的思索变得愈来愈不能被普通人轻易接受。因此,大量吠陀之外的宗教教派开始出现,它们强调任何人只要愿意尝试都可以实现启蒙。它们的教义集中在寻找树立了个人榜样的导师的经历上。大多数这种宗教运动在其创立者死亡后都不能生存,但有一个著名的例外,那就是佛教。

佛 教

佛教是由乔达摩·悉达多[Gautama Siddhartha,公元前563—前483年,即佛祖(Budda)]创立的。悉达多早年生活在一个传统而备受保护的环境下,直到他29岁那年,他抛妻弃子,开始寻找一个解决人类痛苦的方法。在他的禁欲主义经历被证明不能解决问题之后,他改进了自己的方法来使自己从人类生存的束缚中解脱出来。他把束缚归于感性欲望、生存的欲望和无知。他脱离**苦**(duhkha)的方法,经历了启迪和涅槃(nirvana);熄灭所有的欲望从而进入一个完全平静和超然的境界。一个人可以通过佛的"八正道"(eight-fold path)而到达这个境界,八正道代表了伦理行为、自我约束和反省的中庸之道,而避免禁欲和世俗的耽溺。佛教在公元9世纪之后输给了印度教,但是它在东亚其他地方得以茁壮成长。

印度教组织

对吠陀教义的挑战(如佛教)提供了应对人类现实的宗教关怀的新方法。**瑜伽**(yoga,锻炼)就是其中之一,它提供了不同的缓解生存压力的方法。既然从轮回里得到解脱的目标对大多数人来说太高了,重点就转移到通过被称为**"法"**(dharma,人们必须做的事情)的实际教习来帮助人们做到最好。这些教义经常被削减为简明的规则或**佛经**(sutras)来提供针对实践的指导和教导。

在这个背景下，一个新理论产生了，它认为人的生命轮回包括四个阶段：第一个阶段是梵行期，即学生身份时期，持续 12 年，在此期间，年轻人在学习的时候要保持独身，学习和完成他的老师的个人要求。下个阶段是家居期，即一家之主阶段，他建立了一个家庭，完成"尘世的工作"。这个成人时期的人生有两个主要目标：财富（artha，经济和政治活动）和爱情（kama，欲望，尤其是性欲）。但是对这两个目标的追求都需注意对法的忠实，这意味着一个人为了自己、家庭和社会的精神利益而必须克服对财富和性乐趣的自私的欲望。

完成了他作为一个家长的目标之后，他就会被鼓励放弃家庭和世俗的联系，成为一个**托钵僧**（sannyasin）。尽管他的妻子可陪伴他过朴素的生活，但他们都要禁欲，这就是林栖期。通过这样束缚的实践，男人希望进入下一个阶段，即最后从轮回里解脱。这些有最高贡献的人继续进入第四个阶段，也就是生命的最后一个阶段，他放弃了所有世俗的联系，包括和妻子的关系，进入遁世期。在这个阶段从这个世界全面撤回，这个人会说："没有人属于我，我也不属于任何人。"

既然很少的人能在有限的生命中完成全部的过程，家长的身份对多数人来说可能就是一个他们终老一生的阶段。在这个阶段，婚姻被认为是人生中最重要的关系。没有结婚就还不算完全的成年。同样，婚姻里的性，无论是以繁殖为目的还是对欲望的满足，都应视为值得尊敬和非常有价值的。

一个丈夫的理想年龄应是妻子年龄的三倍。因为男人通常在他们二十多岁的时候结婚，新娘的年龄应在 8~9 岁（虽然习俗要求性关系可能会延后至女孩进入青春期之后）。这种年龄差异极大地提高了男人对女人的操控权利，因为一个年轻的妻子顺从她的丈夫就像一个小女孩顺从她的父母那样。

妻子完全依赖于丈夫，以致寡妇被禁止再婚，即使她们还很年轻。她们不得不睡在地上，一天只准吃一顿饭，不准穿色彩鲜艳的衣服，不准带饰品和洒香水。一个寡妇的生活就是致力于祈祷和宗教仪式，以确保来生再与她的丈夫结合。一些寡妇选择通过火葬跟她们的丈夫一起死（还有一些人则被迫殉葬）。

所有的这些实践都企图传达这样一个信息，即一个女人人生的意义是从丈夫那儿衍生出来的。但是在现实中，女人往往通过她们的人格力量或情感纽带获得更多的权威。尤其是在丈夫放弃了家长特权之后，母亲经常通过她对儿子的影响力而成为家里的统治者。

女性的这种矛盾源自于她们主要被视为性象征，因此激化了禁欲和纵欲两种拯救方法之间的冲突。只是因为她们的存在，禁欲的倾向使人生像地狱般艰苦；另一方面，正如我们前面指出的，印度教并不否认女人性欲的重要性和合法性。中世纪寺庙里的精美雕像如迦鞠罗诃（Khajuraho）明确证实了这一点。

印度教的另一个重要元素是对性的重要性的暗示。在多数其他宗教传统里，只有一条正确的道路去追寻。印度教并不这样。印度教把人类看做是受四个欲望刺激的存在：欲（Kama）是对美人的肉体享受和身体欢乐的渴望；利（Artha）是通过财富和名望而获得世俗成功的欲望。法(Dharma)是通过完成责任及为他人和社会服务之后得到解脱的道路。最后,第四条路,解脱(Moksha),让你从轮回的所有痛苦中解脱出来。

许多宗教传统,尤其是传统的基督教,已经觉察到性冲动——身体的欲望——是与精神生活正背道而驰的。除了要试图控制性行为以外,还要挣扎着努力去控制欲望。印度教并不反对人类的冲动,相反地,它采用疏导的方式,提供了最适合一个人本能意愿和能力的解放道路。你可以遵循任意适合你特征的欲望。有些人追寻肉体的欢乐;有些人追求名利;还有一些人为他人服务。关键不是哪条路是更好的,而是哪条路最适合你。

根据这些欲望,人类以他们对这四条路的偏好被分为:知性的、情绪性的、行动性的、实验性的。对每种类型都有相应的瑜伽作为对实现一个人解脱的潜能的指导。

智慧瑜伽(Jnana Yoga)是通往知识的道路,适用于喜爱知识的人。奉爱瑜伽(Bhakti Yoga)使用爱,适用于情感偏向的人。密宗瑜伽(Tantric Yoga)是一个非正统的变种,它使用性交作为达到解脱的方式。在这种情况下,性交本身变成了宗教实践的一种形式。

对性的肯定也表现在黑天神(Krishma)的性经历中。关于黑天的生平,最流行的故事是他与**牧女**(Gopis,放牧母牛的女人们,挤奶女)的恋爱经历,黑天在她们中生活了一段时间。作为一个丰神俊朗的年轻人,黑天捕获了这些低等女人们的心,并对她们搞性欲的恶作剧。有一次,当牧女们裸体洗澡的时候,黑天收集了她们的衣服并爬上了树:她们不得不高举双手来接近他,暴露她们全部的身体来拿回她们的衣服。当黑天吹笛子的时候,牧女们着迷地聚集到他的身边。他带领她们跳圆舞,然后跟她们每一个人做爱。然而,黑天却能使每个女人感到他是单独和她跳舞并做爱的。这些方面的传说被渲染成多种版本,女人的数量增加到成百上千,黑天继续幸福地满足她们每个人。

在所有牧女中,黑天最爱的是**罗妲**(Radha),他们特殊的爱激发了无数关于热情的性爱主题的文学和艺术作品(图22.2)。在一部公元10世纪的文献中,那对夫妻的结合被描述如下:

> 黑天用他的两只手臂拉着罗妲,剥去了她的衣服。

图 22.2 黑天藏起了女人们的纱丽(上);黑天与罗妲在一起(下)。两幅均为康格拉细密画,绘于18世纪,现藏于新德里国立博物馆。

然后他用四种不同的方式吻了她,她腰带上的排钟也在爱的战斗中被撕下。然后罗妲骑在黑天身上,进行逆向交媾,之后黑天采用八种不同姿势,以咬和抓撕破了她的身体,直到她再也不能承受,他们才结束了战斗。

尽管黑天的很多爱的经历(如他对已婚妇女的引诱)违背了道德训诫,但是这些被认为是神圣的爱超越了其他所有形式的人类附属物。例如,故事里牧女们的裸体被解释为神圣存在的赤裸裸的灵魂象征。黑天多重的爱和同时存在的对罗妲的热爱给男人提供了两个最美好的世界。最重要的是,最高傲的神对性无所顾忌的狂欢,为黑天赢得了无数的鲜花(Archer, 1956; Dimock 和 Levertov, 1964; Rawson, 1968)。

黑天的性生活在史诗中的英雄及一些王侯的一夫多妻制家庭里得到了复制,印度的性爱艺术有很多都展示了这些有特权的男人们同时与很多女人寻欢作乐的场景。尽管这些女人在这种条件下似乎更像性玩具,但黑天的例子满足了她们的个人欲望。这才是真正英雄的标志(也是常见的庸人的幻想)——在他的性利用中既

专题 22-1
印度男人的性幻想

罗婆那(Ravana)王子和他的女人们在经历一个晚上的做爱之后被一个访问者——猴王哈奴曼(Hanuman)——记录下来。

哈奴曼看到数不清的女人躺在地毯上,穿着各色各样的衣服,头戴鲜花,纵饮狂欢,在玩了半个夜晚的游戏之后沉沉睡去。在寂静中,她们那伟大的同伴,淹没在大量的装饰品中;那些曾喧闹的铃铛已归于平静,像是一个巨大的莲花湖,而没有天鹅或蜜蜂的吵闹。他注视着这些可爱的女人们,她们的眼睛和嘴巴紧闭着,从那里散发出阵阵花一样的芳香。她们像莲花,其翼瓣在傍晚关闭,等到黎明来临时再次开放;或像睡莲,惹蜜蜂频频光顾,因爱而沉醉……有些睡在舞厅和宴会厅的中央,她们的头发和花冠凌乱,饰品四处散落开来。

其他可爱的人儿脱了她们的短袜,前额的朱砂已被弄脏;还有一些丢掉了她们的花环,一些扯掉了她们的珍珠项链,解开了她们的腰带……到处都是散落的珍珠。微弱的月光照在她们的乳房上,使之看上去像沉睡的天鹅。在她们柔弱的四肢上,吻痕散布如蜜蜂。有些戴着面纱的人,面纱随着呼吸起伏,温柔地在她们的脸上摆动,像明亮的彩虹光带。耳环在空气的流动中发出清脆的声音。

她们的呼吸有美妙的香味,浸透着甜美的葡萄酒的芳香,引起了睡着的罗婆那深深的兴奋。这些女孩中的一些人像做梦似的反复尝着别人的嘴唇,就像她们是那唇的主人似的。那些唤醒了他的热情驱使这些可爱的睡梦中的女人们失去控制般地相互做爱。有人穿着华丽的蕾丝束身衣;有些交缠横卧于同伴的腰上、大腿边、乳房上和背上,或妖娆地交抱在一起。女人们像花环上的花朵伴随着相思的蜜蜂,像相互编织的葡萄枝,用它们绽放的花朵来回报春天微风的爱抚,或像森林里交叉的树枝,充满了纷飞的蜜蜂。那好像是罗梵(Ravan)国王的妃嫔们,睡得那么近,使她们陷入了混乱,已经不能分辨出缠绕她们的手脚的手镯、领带和花环都是谁的。当罗婆那王子睡觉时,这些明艳漂亮的女人,像金黄色的灯光,戏弄着他。

自命不凡，又利他主义。史诗《罗摩衍那》(Ramayana)的一个章节传达了男人的幻想世界的信息(专题22-1)。

瑜伽和密宗

瑜伽和密宗(Tantra)是从轮回里得到自由的实践，在印度教和佛教中都存在着瑜伽和密宗的系统。特别是密宗，发展成为后来从《吠陀经》转移来的部分教义，由此祭祀仪式被祷告形式的个人礼拜所取代，并使用各种生理和心理的实践作为超度的辅助物。

瑜伽(来自相同的字根"yoke")意思是结合或固定在一起。它是指通过身体和心理的训练来控制自身体内和自然中的力量，最终的目的是要与神圣的宇宙存在结为一体。不同的教派中瑜伽的观念和方法可能各不相同。

密宗自从被用于几个不同意思之后更难定义。密宗指的是特定的内容，它包括理论系统和魔法实践。以它们为基础，为了实现世俗的欲望和更高的精神超度，印

专题 22-2
贡荼利尼

东方思想的一个重要概念是宇宙内部的能量，存在于每个人的身体内。印度的密宗将这种重要的力量叫做贡荼利尼(Kundalini，意为"缠绕")，被描写成卷曲的蛇。每个个体和宇宙本身是这种不同形式的宇宙能量的一个证明。人类身体的心理和生理过程是宇宙展示自己的一种工具。

解脱是人生的最高境界，乃由个体与宇宙的融合组成。贡荼利尼能达到这个境界，它存在于脊椎的底部，通过许多的轮得到提高，或意识的灵魂中心，直到它联合了大脑纯粹的意识，获得不可言喻的福佑。

在脊椎轴上有6个轮穴（不同文献中数目不同）。它们以莲花的形式显示，具有有特异数目的翼瓣。最底部的是贡荼利尼的所在。沿着边上是两个宇宙能量循环的通道。所有这些结构和过程不是存在于肉身内的，而是在另一个微妙的和星形的身体中。因此整个系统是不服从经验主义的确认的。

所有这些过程与性密切相关。贡荼利尼是阴性能量，被人性化为Chakli，湿婆(Shiva)的配偶；纯粹的精神意识是阳性，具体在湿婆身上体现出来；他们的结合以一对夫妻的交媾表现出来（显现在图片顶部的莲花中）。细小的通道轮流为阳性和阴性，代表着太阳和月亮，通过轮穴使它们的能量循环。

贡荼利尼能被舞蹈和音乐唤醒，但是通过瑜伽和交合仪式(特别是在女人行经时)更有效。中国人精液的概念(能被唤醒的女人的阴液滋润)上升到头部与这个是基于同样的基本前提。

在这个背景中，性被提升到修炼行为的一种形式，它的重要性超越了它的繁殖和娱乐功能。从宗教实践角度及身体和心理健康角度看，难怪性在东方文化里被感知的方式与西方的很不相同。

这个巨大而令人困惑的奥秘，是这些性理论和实践的基础。为了公平对待那些对严肃研究的需求，可参阅两部介绍神秘的贡荼利尼的插图著作，一本是 Philip Rawson(1973)的《密宗》，另一本是 Ajit Mookerjee(1982)的《贡荼利尼》。

度教密宗和佛教密宗组成了秘传的实践系统。密宗实践的一个重要特征是它对性精力的关注和对性仪式的依赖。这使得那些性在其中扮演着显著角色的传统宗教仪式都被贴上"密宗"的标签。因此，与禁欲实践想要熄灭性冲动相反，密宗依赖性来达到同样的基本目的。这些密宗实践是建立在一个复杂的生理系统之上的，性能量起了关键作用（专题22-2）。密宗也是依赖使用图式**具**(yantras)和神秘音律或惯用语句[**咒语**(mantras)]的(Khanna,1979)。这些密咒中最著名的是"嗡嘛呢叭咪吽"(om mani padme hum,"宝就在莲花中"，显然是对男女生殖器结合的表现)中的"嗡"。

性表达最直接的密宗把**性交**(maithuna)本身作为一种宗教仪式，通过性交可以使男女变成一对男女神。在性交之前需冥想并做其他准备仪式。性交本身需要延长前戏和许多体位变换。它的目的不是得到乐趣，而是利用性来达到更高的精神阶段。一些实践者从中国借来了"合而不泄"的技巧，他们相信这种技巧对男人具有特殊的恢复活力的作用，而且能满足女人的性需求（这点我们将在下一节讨论）。

密宗派更激进的团体则从事更不寻常的实践，把故意打破禁忌作为一种从世事的桎梏中得到自由的方法。这些男女聚集到火葬的场地，围绕着一个指挥者表现神秘的仪式，他们尽情享受五种被禁止的事物：**酒**(madya)，**肉**(mamsa)，**鱼**(matsya)，**被禁的手势**(mudra)和**性交**(maithuna)。参加者可以是已婚的换妻夫妇，或是一群男人同妓女进行性行为，所以在这些场合将忽视所有的阶级差异。这些行为可能为激进政治观念服务，它把性行为作为一种对现存社会情感和价值观挑战的方式。

寺庙艺术

中世纪印度教寺庙里精妙绝伦的性爱雕像是印度性爱文艺最主要的贡献之一，最著名的是迦鞠罗诃(Khajuraho)和康那拉克(Konarak)的雕像。这些主题描写是以史诗时期的性爱传说为根据的。这些寺庙外面的墙壁到处都雕塑着以各种姿势性交的男女，有的成双成对，有的则一大群人群交。也有许多非阴道性交的例子，如口交和肛交。男子的画像代表着英雄，而女子的画像则展示了理想中的阴柔之美。这些**神妓**(asparas)常常被视为**神的女仆**(devadasis)。她们作为舞者、音乐家和寺庙妓女在中世纪繁荣一时。这些女人住在寺庙附近，照料神龛和神的塑像，在特殊情况下，她们也为神事活动献歌献舞，靠性交来赚取小费以报偿寺庙。

与寺庙妓女的性关系不仅是为快乐而进行，也是对神虔诚的一种表示。这些女人认为自己是神的新娘，因而她们的职业不受公众的指责。然而这种服务也不是全部自愿的，许多妓

图22.3 坎达里亚·摩诃提婆神庙外壁性爱高浮雕饰带

* 寺庙妓女在英国统治时期通过印度改革家和殖民统治者的共同努力被废除。

女在孩童时期就被她们的父母卖给了寺庙 *。

性手册可能看起来像是 20 世纪的一个创新，但实际上起源于印度；它的最早和最著名的代表是**《爱经》**，可追溯到公元 3 世纪。其他同类型的作品包括**《欲经》**(Koka Shastra)和**《爱欲之舞台》**(Ananga Ranga)。这些手册的目的是指导夫妻调情的乐趣，以避免他们在忠诚的道路上由于单调和厌倦而迷路。

从 16 世纪到 20 世纪，大多数时期印度都在受外来统治：首先是作为穆斯林莫卧尔帝国的一部分，然后是作为英国殖民地。这两种外国文化留下了深远的影响。伊斯兰教的性爱观比印度教更保守，而英国的影响主要是同化受过良好教育的印度精英，向他们灌输殖民统治者的维多利亚思想。1947 年印度独立后，西方性文化观仍然影响着印度人，印度人的性生活也更加复杂，没有一个统一通用的模式。

22.2 中国文化中的性爱

中国，世界上人口最多的国家，有着最悠久的民族传统。中国统治了东亚 2,000 年，在公元 7 世纪到 10 世纪之间，它是世界上最伟大的文明。

史前的象形文字(后来中国字的基础)描绘了作为母亲的女性，她们往往都有着巨大的乳房和乳头。男性则以一个正方形的、象征耕耘的土地外接一个表示"在工作"的符号来表现(Gulik*, 1974)。就像在印度一样，早期中国社会强烈的母系成分，在女性开始屈从于男性之后迅速下降。然而，女人的重要性是在对伟大母亲的尊敬基础上建立的，它坚持女性的性能量对维持男性性生命力十分必要的观点。

* 荷兰汉学家高罗佩 (R. H. Van Gulik)的作品是目前为止英语世界所有了解中国古代性文化的来源，也是下文讨论的基础。

中国的宗教信仰起源于**万物有灵论**(animism)，它将灵魂归于所有的物体和现象。人类行为反映出自然的相互作用；性交就像天与地的结合，它在暴风雨时将天的精液与地的阴性的云相结合。

从这些早期的起源中，**儒家思想**(Confucianism)和**道家思想**(Taoism)渐渐发展成为中国本土占统治地位的宗教和哲学。前者主要影响公众的生活，后者则影响个人私生活。在公元 7 世纪到 10 世纪之间，来自印度的佛教侵蚀了儒家思想，但是新儒家思想逆转了这个潮流，掌握了中国社会直到现代社会主义国家产生以前的精神世界。

儒家思想和道教都被认为是宗教，但是它们也能被看作是哲学体系。它们的创始人没有被奉为神，体系也没有发展成为宗教教条。然而，儒家思想的精密教义，它的基本训诫，像道教一样，只是指导行为的方针，以确保人类的安全和幸福。在这方面，性同样也得到了它应得的注意。

阴与阳

中国人对宇宙有一种自然主义的观点，认为宇宙有它永久不变的规律和秩序。他们用三个基本的过程来表现这个世界的特色：**周期性**，如同日夜的交替；**生长和衰退**，如同月的圆缺和生物的生命周期；**极性**，如同每一个事物都有与它相反的属性配对。两个基本的互补力量分别代表女性和男性元素，它们决定了所有现象的特征，这就是**阴和阳**。阴阳学说的起源是非常古老的。在公元前3世纪，这个观念的整个思想学说的基础就已经形成了，包括占星术、医学、艺术及统治术。

具体的描绘是，阴被认为是女性的、黑暗的、消极的和吸容性的。它出现在山谷和溪流中，以老虎、断掉的线、红色和偶数为标记。阳被认为是男性的、光亮的、积极的和锐利的。它出现在高山，以龙、连续的线、天蓝色和奇数为代表。阴和阳都衍生自**太极**。它们相互作用（如一方增强，另一方则衰退），解释了宇宙所有正在进行的过程。

处于完美和谐状态中的阳和阴以一个圆中两个对半梨形来表示，这个圆代表着太极。阴是黑的一半，它有一个白点表示有阳性成分在它里面，反之亦然，显示了它们分别是对方的来源；当阳达到最强时，它便开始转变为阴，阴也会依次转化为阳。

中国思想里的这个二元性与其他文化里的二元性是根本不同的。我们认为两个极性元素是相互排斥的（如思想和身体，肉体和精神）或代表着对立的原则（如善良和邪恶）。但是阳和阴却既不冲突，也没有一方优于另一方；在客观的宇宙变化过程中，它们是平等的基本力量（Thompson，1969）。

男人被认为是充满着阳性，而女性则充满着阴性；然而每一方都有另一方的部分。性结合使这两个巨大的力量集合起来产生生命。性交实现的功能不仅是普通的生殖意义，它还是使参与者年轻的过程，尤其是对男人而言。这种性观念没有为罪感和内疚留下空间（即使中国人严格规定性行为，这个原因我们以后将进一步讨论）。跟印度教徒不一样，中国人不会热切渴望从性里得到灵魂的超度，中国人的主要目的是保持性与其他和谐的自然过程相协调，通过适当地和认真地练习来达到宁静和长寿。在传统的中国文化里，最令人敬畏的代表往往是一位老人，他像岩石和大树一样，靠与季节和自然万物相协调而活着（Rawson，1968）。

道教的基础也是对宁和的个人和社会生活的渴望。《道德经》是**"无为"**的来源之一，它的意思是不做不自然的行为，而不是没有行为。通过一句神秘的格言（"无

图 22.4 新疆吐鲁番一墓室出土的伏羲女娲图（绢质）。伏羲女娲本来代表的是春天和秋天的龙星，象征龙星升起的仲春时节（尤其是春天）是"会合男女"的婚姻季节，两者兄妹成婚，扮演着婚姻神的角色。后人又引申出了"规矩"、"阴阳"、"天圆地方"等意义。

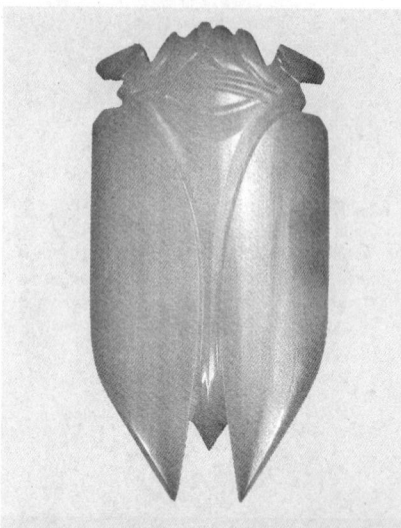

图 22.5 河北定县中山简王刘焉墓出土的东汉时期玉琀蝉。玉琀蝉往往被放在死者口中,以保护其精气不因身体的毁灭而有所泄露。

为而无不为"),道描述了一种力量,简单容易但不可抗拒。以这种哲学为开端,道教形成了一个关于性象征的复杂系统,它大大地影响了中国的艺术和文学。

色情艺术和文学

阴和阳的标志在中国艺术和文化里得到了进一步加工。女阴用桃子表示(它的阴汁滋养了男性);通过瓶子描绘出女性生殖器的形式化图像;佛手果实(finger-citron fruit)雕饰具有强大的暗示形式[陈列馆至今称这种东西为"佛手"(Buddha's hands)],其他女性象征包括云状的菌类、牡丹、菊花、鱼,及雌性的龙(比雄性的龙小,因此也被称为"小龙")。阳性以种马、有角的动物如公羊、公鸡和神话里的凤以及威严的龙为代表。

玉经常被用来制作艺术品,它被认为是天国里龙的精液的冷凝;因此,中国人佩戴玉配或抚弄一块玉,并非是沉溺于美学的和感官的乐趣,而是为了获取天国生命力。

中国艺术对性象征的使用非常精巧,不熟悉中国文化的人很难看到其中的色情意味。例如,一对夫妻被描绘为坐在盛开的桃树或李树下(暗指性唤醒),同时有一只凤在牡丹花丛上盘旋;或一只鹳伸长脖子(直立的阴茎)朝月亮(女性臀部)飞去。相似地,性器官的名字和性交也用优美的隐喻性语言暗示:"玉茎"为阴茎,"玉门"为阴道;"朵朵梅花"为性欲,"梅毒"为性病。

中国艺术大师并不直接表现性场面,而是将感观感受和性主题以微妙的自然景物象征的方式整合进他们典雅的山水画中。直接表现性的艺术主要以指导为目的,并不渴求艺术上的精妙与卓越。这些作品例证了性手册最早期的版本,它们经常以新娘嫁妆的形式出现。

被称为"枕边书"的中国性手册的标准格式总是以介绍性的普遍重要的意义为开端,然后进行针对爱抚和性交之技术和体位的专业介绍。更进一步的建议涉及性治疗和怎样选择正确的女人以及春药处方。以下是写于公元 100 年左右的诗《同声歌》,作者为中国东汉时期伟大的天文学家张衡,诗中描绘了一个新娘在她的新婚之夜打算怎样使用一本性爱手册:

> 重户结金扃,高下华灯光。
> 衣解巾粉御,列图陈枕张。
> 素女为我师,仪态盈万方。
> 众夫所希见,天老教轩皇。
> 乐莫斯夜乐,没齿焉可忘。

专题 22-3
中国性手册的智慧

黄帝曰："交接之时，女或不悦，其质不动，其液不出。玉茎不强，小而不势，何以尔也？"玄女曰："阴阳者，相感而应尔。故阳不得阴则不喜，阴不得阳则不起。男欲接而女不乐，女欲接而男不欲，二心不和，精气不感。"（《秘书十种》）

素女曰："凡人之所以衰微者，皆伤于阴阳交接之道。夫女之胜男，犹水之灭火，知行之如釜鼎，能和五味以成羹脯。能知阴阳之道，悉成五乐；不知之者，身命将夭，何得欢乐，可不慎哉！"（《素女经》）

日中之子生则欧逆，一也；夜半之子，天地闭塞，不瘖则聋盲，二也；日蚀之子，体戚毁伤，三也；雷电之子，天怒兴威，必易服狂，四也；月蚀之子，与母俱凶，五也；虹霓之子，若作不详，六也；冬夏日至之子生，害父母，七也；弦望之子，必为乱兵风盲，八也；醉饱之子，比为病癫 痔有疮，九也。（《千金方》）

凡深浅、迟速、捌摸、东西，理非一途，盖有万绪。若缓冲似鲫鱼之弄钩，若急骤如群鸟之遇风，进退牵引，上下随迎，左右往还，出入疎密，此乃相持成务，临事制宜，不可胶柱官商，以取当时之用。（《洞玄子》）

凡初交会之时，男坐女左，女坐男右。乃男箕坐，抱女于怀中，于是勒纤腰，抚玉体，申燕婉，叙绸缪，同心同意，乍抱乍勒，两形相薄，两口相嗫。男含女下唇，女含男上唇，一时相吮，茹其津液。或缓啮其齿，或微齚其唇，或邀遣抱头，或逼命拈耳，扶上拍下，嗚东嗚西，千娇既申，百虑竟解。（《洞玄子》）

图 22.6　中国古代春宫图

中国的性手册提供了大量明智的建议，其中有些还很怪异（专题 22-3）。它们的主要目的是帮助男人通过吸收女性在性唤醒时从其阴道分泌液（和唾液）流出的的阴气，而从性交中获得最大的益处。如果一个男人进行较长和反复的性交而没有射精，他的有活性的阳气会从阴液那里得到加强，上升到他的头部，从而恢复生气。然而，如果这个男人射精了，性交就会变成一个耗尽精力而不是恢复年轻的过程，对射精的害怕有时候会变成对性交本身的恐惧，如以下诗中所讲：

　　二八佳人体似酥，腰间仗剑斩愚夫。
　　虽然不见人头落，暗里教君骨髓枯*。

最能代表从适当引导的性生活中获得好处的中国人物是**寿星**，长寿的守护神，表现为表情平静而幸福的一个老人，通过一生无情的性交而维持最小量的精液泄露，他巨大的头部（有时候在顶端有一个显著的突起）积累浓缩的精液，具体展示了

*对性的关注也延伸到与何种女人进行性交是不适宜的，这些女人的特点包括皮肤粗糙、过于消瘦、嗓音男性化、眼睛充血、头发卷曲、狐臭、阴道分泌物异味和体毛过旺等等。

性交的益处。

为了刺激阴液的流出,女性伴侣不得不被恳切地唤醒而达到性高潮。作为男性重要利益的来源,女人的价值就得到了提高,虽然只是从工具性的意义上来说。道关于性的实践也需要两个伴侣间的合作,女人在爱的艺术方面往往十分成熟。在许多性手册中,女人是性爱的主导者,就像神话里黄帝(他从他的 1200 个女人那里采集到阴的精华而获得永生)与他的三个传奇的女性指导者(素女、玄女、采女)的对话里显示的那样。这使得男人在老年时期依然保持性活力。

考虑到中国性生理学的观点,我们就可以预测他们对其他性行为的态度。手淫导致了精液的浪费,因此显然对男人是不利的,但是对女人无害。实际上,它为一夫多妻制家庭里的妻子和小妾们提供了一种安全的性宣泄方式。为此,像假阳具这样的机械道具也被使用。出于同样的原因,女性同性爱关系是不会招致反对的。男同性爱者缺少由性交而得到的阴液,但是只要他们没有因射精而导致阳气的泄露就是无害的。其他规定性行为的考虑是建立在道德尺度之上的,这些道德法则包含在家庭的传统和儒家的教义中。

儒家伦理

在中国,家庭对于塑造行为方面具有决定性的重要影响,比起其他文化更是如此。祖先崇拜是对这种以家庭为中心的特点的最关键反映,在公元前 1 世纪就已经良好地建立起来了,并一直坚持到现在。除了它们通常的功能外,家庭和宗族还起着宗教团体的功能。这种对家庭宗教的虔诚集中体现在对祖宗的崇拜上。

一个男人的主要责任是对父母和妻子的责任。一个儿子致力于在父母活着时供养他们,在他们死后抚慰他们的灵魂,同样也照料所有逝去祖先的灵魂。家庭的主要目的是供养老一代,结婚产生新一代,以到老时照顾自己。

儒家的道德规范使家庭忠诚延伸到社区和国家。祭祖仪式需要明确的指导方针,它被扩展到更普遍的行为准则(礼),涉及生活的方方面面,包括性。皇帝主持国家的祭祀,政府在较低的水平上执行同样的功能,因此排除了对牧师阶层的需要。皇帝的主要仪式之一就是对宇宙阴阳力量表示敬意,感谢其使万物保持和谐;皇帝以每一个孝顺的中国儿子对待父母的方式对待天和地。在这样的背景下,虽然性被认为是合法而令人兴奋的行为,但谨慎控制并严格执行的行为准则给性轻薄留有很少的空间。所有的公众性爱现象是被严格禁止的,甚至达到禁止一个丈夫在公众

图 22.7 山西大同石家寨北魏司马金龙墓出土的屏风漆画《列女古贤图》。屏风内容为列女、孝子、高人、逸士,展现了有舜二妃、周氏三母、鲁师春母、孙叔敖母、卫灵夫人、介子推、李充等历史上有名的贤妻良母和孝子。

场合亲吻他的妻子的程度。性,跟其他许多行为一样,不得不抑制在适当的社会界限内,好让它不会分散人们完成他们对父母和社会义务的注意力。使外国人吃惊的是,中国人的克制主要是由于对保持性隐私的强迫,而不是反映了认为性是有罪的或肮脏的态度。

夫妻关系是五种主要关系(五伦)之一,其中体现了儒家教义的中庸之道:与宇宙保持平衡和和谐的理想。其他的关系是君与臣、父与子、兄与弟,以及朋友之间。尽管孔子相对来说较少谈及女性(实际上一点也没有讲到性),但是他的一些评语明确表达了他看不起女性*。他的追随者提倡在儿童时期将男孩和女孩分开,控制对女孩的教育,确保她们的首要责任是对丈夫和父母的服从,适当的家庭操持,并孕育男孩。性的分离执行起来最极端的是,一个男人要与女人分开而单独住在他自己的房间里,丈夫和妻子不允许使用同一个衣柜,不能一起沐浴,不能共睡一张床席。

一些最压抑性的训诫常由社会地位卓越的女性如汉朝的班昭来进行详细说明,她在《女诫》中写道:

> 谦让恭敬,先人后己,有善莫名,有恶莫辞,忍辱含垢,常若畏惧,是谓卑弱下人也。

女人生活在这种环境下的苦闷在儒家学派的傅玄诗中掷地有声地表现了出来(专题22-4),然而我们应该牢记在心的是,公然宣扬的训诫并不意味着每个人都要小心翼翼地服从它们,或者乐于接受它们。这可能部分归因于儒家学派的死板导致了佛教的大规模入侵,在女性中尤其受欢迎。意志坚强的女性常常把班女士的训诫变成是保守的理想,而不是日常生活的反映。一个女人能有多强悍,看看这个例子就知道了:孙夫人曾公然惩罚她丈夫的秘密情人,脱掉她的衣服,并鞭笞她。在更为

*唯女子与小人难养也,近之则不孙,远之则怨。"(《论语·阳货》)

专题 22-4
古代中国女人的命运

苦相篇　豫章行
魏晋·傅玄

苦相身为女,卑陋难再陈。
男儿当门户,堕地自生神。
雄心志四海,万里望风尘。
女育无欣爱,不为家所珍。
长大逃深室,藏头羞见人。
垂泪适他乡,忽如雨绝云。
低头和颜色,素齿结朱唇。
跪拜无复数,婢妾如严宾。
情合同云汉,葵藿仰阳春。
心乖甚水火,百恶集其身。
玉颜随年变,丈夫多好新。
昔为形与影,今为胡与秦。
胡秦时相见,一绝逾参辰。

温和的关系中，一名士大夫的妻子会对她丈夫所从事的事情产生兴趣；还有一些人，像11世纪的诗人李清照，与她的丈夫形成了幸福的智力和情感的结合。

中国的妓女，无论是文雅的官妓，还是青楼妓女，都是性奴隶。有时一个女人陷入这么残酷的命运可能是由于对她自己、她的丈夫或她的父亲所犯的罪的惩罚。同样地，在战争中被俘的女性也会被强迫卖淫，还有无数的人是为贫穷所迫。其中的某些情况直到现代还在盛行。

女性**裹脚**习俗的起源不清楚，但是这个做法最晚在10世纪时就已经确立了。细小的、畸形的脚被中国人视为"一个女人身体最私密的部位，女性气质的象征，她的性吸引力的最重要的方面"(Gulik, 1974)。没有一个受人尊敬的女性会让她的脚裸露在外，甚至在身体其他部位裸露的时候也不可以。裹脚导致的畸形限制了女性

专题 22-5
儒家伦理对一家之长在性方面的严格规定

广置姬妾	为五十过
爱妾弃嫡	为十过
致妾失礼于嫡	为二十过
谈及妇女容貌妍媸	为一过
遇美色流连顾盼	为一过
无故作淫邪想	为五过
夜起裸露小遗不避人	为一过
淫梦一次	为一过
不自刻责，反追忆摹拟	为五过
习学吹弹歌唱	为二过
学成	为二十过
看传奇小说	为五过
善戏笑	为二过
非女女前	亦为一过
若以有心调笑者	为十过
家藏春工册页一页	为十过
行立不端，倾偶取态	为五过
非妇女前	亦为一过
有心献媚者	为二十过
非亲姐妹，手相授受	为一过
有意接手，心地淫淫者	为十过
危险扶持者	非过

扶持时生一邪思	仍作五过
途遇妇人不侧避	为一过
正视之	为二过
转侧视之	为五过
起妍媸意	为十过
焚佩淫香	为一过
擅入侬内室	为一过
交一嫖赌损友	为五十过
早眠迟起（即有多淫之意）	为一过
纵妇女艳妆	为一过
看淫戏一次	为一过
倡演者	五十过
对妇女作调笑语，虽非有意	亦作五过
若有意者	为二十过
见妇女作调笑语，不以正色对之	为一过
因其调笑而起私邪之念者	十过
对妇女极口称赞其德性者	非过
极口称赞其才能者	一过
极口称赞其女工者	二过
极口称赞其智慧恩德者	五过
在妇女前传述邪淫事者	为十过
有心歆动者	为二十过
秽亵不堪者，即无心	亦为二十过
惟辞涉劝戒，言中能起人羞恶之心者	非过
在妇女前吟咏情诗艳语者	为五过
有心歆动者	为二十过
赞叹情深语艳者	为十过
惟语关劝戒者	非过
在妇女前谈及巧妆艳饰与时花翠裙袄者	为一过
于妇女前多作揖逊谦恭者	亦为一过

的移动，因此这个行为的真正目的是束缚女性，更进一步限制她们的生活范围。尽管如此，中国妇女接受了裹脚作为一个特殊的权利，在17世纪，满族的女性就因为她们被禁止模仿这种行为而感到愤怒。

中国在13世纪处于蒙古族的统治之下。恶劣的就业环境使从军都很难，这就助长了中国家庭更轻视女性的倾向。性的保守和公众面前的过分规矩是随后时期的典型代表，也是这些环境所导致的结果。那时候的道德论述传达了一种对正常性行为的执著偏见（专题22-5）。他们也强烈反对武力的使用，无论是冷血的强奸

("暴力堕落")还是盲目激情的刺激("疯狂的堕落")。由于儒家思想变得日益严格,它试图修订早期自由性爱的记载。这些努力在检查制度上是如此成功,以致很多中国早期的性爱文化和艺术传统都消失了。这个趋势在明朝罕见的中国文化鼎盛时期有些许逆转(1368—1644年)。

22.3 日本文化中的性爱

日本文化里许多重要的方面都溯源于印度和中国,但其本国的宗教、政治和艺术传统对文化发展仍留下了深刻的影响。日本的国教为**神道教**(shintoism,"神之路"),有佛教和道教的元素。它在创始初期对性文化也有过一定的影响。性主题在它早期的宗教传统里是清晰可辨的*。

* 有关日本宗教的简介,见 Earhart(1969)。Rawson(1981)探讨了其中的情欲元素。

日本宗教里的性主题

自史前时期始,在日本随处都可见到用岩石和黏土雕塑而成的生殖器官塑像,树在路旁作为道路守护者,树在田地里象征着肥沃。人们在十字路口和村庄旁边塑起具有明显的生殖器形状的浅红色神像,以祈保吉祥平安。现在这类神像早已不复存在,但它们对日本生殖崇拜传统的影响却始终没有消失(Parrinder, 1980)。譬如,一个18世纪的西方旅行者描绘了当时日本妇女曾流行着一种奇特的性吸引方式,她们在二米多高的木质生殖器标志物上糊上许多小纸条,以此来产生吸引英俊男子的魅力。一个19世纪的报道则提到了穿着节庆服装的年轻人扛着巨大阳物象征物游行。

神道教的创世神话描绘了具有独特性本质的神。神道认为,世间万物都来自 **Izanagi**(发出邀请的男人)和 **Tzanami**(被邀请的女人)。Izanagi 神站在天空的浮桥上,用矛尖搅拌大海,当把矛从海水中取出时,沾在矛尖的海水掉了下来,形成第一个岛屿——这就是两位神下凡后的居所。在绕天柱转了一圈之后,他们开始繁衍生息(Isobe, 1928)。在日本的许多创世神话中都有象征生殖的矛与柱。今天的日本仍保留着这种习俗,并把桥和楼梯的顶柱(尾部通常有一个巨大的结)称为**"男柱"**(wobashira)。

日本远古的神显示了与希腊的神相似的性癖好。在一个传说中,Izanagi 的女儿,太阳神**天照**(Amaterasu)被冒犯了,于是她撤回到一个洞穴里,使整个世界陷入了黑暗。众神聚集来哄骗她出来,但是没有用。一个女神表演了一段淫猥的舞蹈,引起了众神喧闹的笑声和欢呼,天照受到骚动的困惑,从门里向外偷看,众神趁机迅速把她拖出来,恢复了这个世界的光明(Matsumoto, 1976)。日本的民间传说也有很多关于人和动物交合的故事,新娘包括鱼、青蛙、鹳、狐狸,新郎则包括猴子、马、蜘蛛和蛇。

顺从和次序

日本传统文化的一个关键教义是坚定不移地服从社会责任。天皇统治着等级社会,但中世纪时实权掌握在幕府**将军**(Shogun)手中,他是军队的统治者。大体上,封建地主绝对效忠于将军和天皇,但是在日本历史上的很多时期,都发生过各种力量间的权力斗争,使这个国家陷入旷日持久的战争中。在这种情形下,**武士阶层**(Samurai)渐渐占据了权力的中心地位(就像中世纪欧洲的骑士那样)。

日本文化的另一特点是(与中国一样)强调以家庭为中心。整个国家本身就是一个由天皇统治的巨大的家庭。家庭对于日本宗教来说是至关紧要的,因为施行祭拜死去的祖先的仪式需要家庭的统一性和连续性。

图 22.8 《源氏物语》第 20 贴,源氏与紫姬在赏画。

传统的日本社会要求两性关系也要严格服从等级关系,这个规则使得妻子屈从于丈夫和丈夫的君主。日本的婚姻基本上由双方家庭包办,恋人间很少有罗曼蒂克的爱情。尽管这种情形并不排除感情纽带的发展,但婚姻关系更多地给人传达一种受人尊敬的仪式的感觉。

当然,并非各个阶层的日本人都是如此,这种呆板而正式的夫妻关系主要在武士阶层的家庭中才比较常见,贵族家庭充满了通奸行为;另一方面,农民家庭中夫妇一般是平等、自主的。即使在武士阶级中,也并非所有妇女都是男人忠诚的妻子和性爱的玩具。

尽管日本是男人的世界,也有杰出的女性出现。例如,紫式部(Murasaki Shikibu)写下了日本历史上最伟大的爱情小说《源氏物语》(*Tale of Genji*)。当日本男人仍然使用中国字,复制中国思想观念时,贵族女性已经开始自发地采用本土的语音字体。这样杰出的女人是值得高度尊敬的,她们对当时和后世都产生了巨大影响。像男性一样,贵族女性也要学习自杀的宗教仪式,细节具体到如何摆放下肢以致身体在死后有正确的姿势。当女孩成为女人,她们会被给予一把短剑来保护她们的贞操,有一些人也被教习以熟练掌握剑术。

有些女人作为萨满法师而受到尊敬。像希腊神谕者一样,**神道教巫女**(Miko)也充当神的使者的角色,她的建议不仅得到乡里农人的重视,也得到王室的重视。但女人却不能涉足正规宗教场所,一些佛教寺院完全禁止女客拜访,怕被女性的月经玷污。

浮世

17世纪日本的主要发展是城市商人阶层的迅速扩大。在封建时期,商人和艺术家很被人瞧不起,地位比武士和农民都要低贱。但随着市区人口的聚集和经济的发展,商人和艺术家人数猛增,尤其是在日本首都江户(后来是东京)一带,这两类人的数量逐渐占据首位。

商人不能加入政府,但是他们不像武士那样受传统价值观的约束,也不像农民那样离不开土地。因此,尽管他们地位低卑,却能自由地利用经济环境变化带来的新机会聚积财富(曾经有一个商人的财富包括540座大厦、房屋及货栈)(Evans 和 Evans, 1975)。正是这种商业阶层不断壮大成为社会主体,才使日本发生了变革,这也包括色情文学的兴旺和繁荣。

从世界视角出发,这种亚文化被称为**"浮世"**(ukiyo),意思是短暂的和"浮动"的世界。"浮世"与传统佛教的世界充满悲伤的观点不同,它认为人生是轻盈无虑的,充满着快乐和幸福。

"世俗"一词最准确地捕捉了浮世的意念,反映了什么是世俗生活的特性和生活中什么更时髦、更虚荣和快乐。逐渐的整个的词汇表都围绕着"浮世"而发展起来,涉及各种形式的演讲、音乐、着装和行为;**浮世绘**开始被用来指称描绘那个世界的艺术(Lane, 1938)。

图 22.9 浮世绘《宽政三美人》,作者是堪称日本美人绘泰斗的喜多川歌麿(Utamaro Kitagawa, 1753—1806年)。浮世绘是一种让人联想到情色的艺术表现形式,喜多川歌麿作品中的女色魅力被认为是"一种像微粒流体的物质",有一种悸动的美感。

在这种语境中包含着别具一格的性态度。作为一个天生的功能和欢乐的来源,"浮世"并不把性看做是邪恶的来加以压制,也不把它看作一种精神求赎的方式,而是看重其价值本身。正是这种率直自然的性文化,使得这个岛国创造了大量举世无双的艺术杰作。然而,尽管日本不禁色情艺术,也可以毫无顾虑地沉溺于浮世之中,那个世界还是弥漫着一股愤世嫉俗和悲伤的情绪。因此它的目的不再是追求最大的快乐,而是在恶劣的情势下做到最好。

娱乐场所

世界上凡是有性自由和把人当做商品的地方,就会有商业观念强的人来经营妓院。尤其是江户,自从大规模商业化以来,来往市区的邻近商人和职员络绎不绝,大批外来人口的涌入影响着当地民众的生活,性交易也就应运而生。

江户的娱乐场所集中在著名的吉原区(Yoshiwara),它先后经历了三个世纪,直到1957年才被关闭。这个区实际上是一个"城中城",19世纪时共有394座茶楼,153家妓院(俗称"绿屋"),3,289名高级妓女和普通妓女,另外还有许多在那里居住,从事为妓女、妓女的客户、演艺人员提供衣食和其他服务的人员。

嫖客们经过"服饰坡"(因嫖客们要在此整理衣着而得此名),走到"五十茶楼街",买上一顶大帽子遮住脸,然后向这个醉生梦死的市区走去。大门标志着市区的入口,门上贴着对旅客的规定,包括禁止携带武器入内这类的告示。这个区的中心有条宽阔的大道,道旁坐落着许多妓院、茶楼。春天时节,盛开的樱花那短暂的美丽更衬托出这个"浮世"的虚幻气质。每逢盛大节日,男女老少都来看热闹,观看身着漂亮和服的名妓的精彩表演。

妓女们都住在主道旁的街道上,除非特许,否则不得随意离开。妓女分为几个等级。最上等的名妓一般不超过18人,她们姿色诱人,穿着华丽,而且多才多艺,真可谓是"色艺双全"。名妓一般接待达官贵人和富商。她们不轻易卖身,只在嫖客极为殷勤的求爱下才出卖肉体。下等妓女则须按妓院规定和茶楼女侍的安排,要拜访数次后才能发生性关系。更为普通的妓女,则身上总是背着褥垫,随时都可以提供"最佳服务"。

妓女的供给主要依靠淫媒,他们寻找每一个机会,包括自然灾害,从一些遭受贫困的家庭里买来小姑娘。这些小女孩会跟成熟的妓女学习,作为她们的仆人,在允许的条件下被训练成妓女。人们常常想知道有多少劝导和强迫才能诱导这些年轻的女孩成为妓女。要想把她们从束缚的枷锁中解放出来,必须付清她从童年开始成长过程中的所有花费;越吸引人的女人,所需的价格就越高。仅有少数的妓女能花钱买回自己的自由,或找到一个愿意为她赎身的求婚者。那些成年后去做妓女的包括想要减轻家里经济负担的孝顺女儿;武士阶层家庭的年轻女士,如果出现严重的不端行为(如与低层阶级的人发生不正当的恋爱),会被暂时送到这些娱乐场所接受教训。

在这样残忍的世界里生存下来的女人,对吸引和取悦男人很有经验。她们不得不提供一些与男人任何时候在家里都可以从妻子或女仆那里得到的平常的性不同的东西,所以一个妓女自然会成为一个做爱专家,一个富于机智而世故的伴侣。与一位名妓结交意味着进入了一个优雅而世俗的小圈子。一位富商成为一名名妓的爱人,除了可以用皇室的语言进行交谈外,还能为他提供一种如同当今电影明星般的社会地位。

妓女通常有**艺妓**(geishas)的协助。艺妓是专业的演艺人员,用他/她们的歌声、音乐和舞蹈来使夜晚变得生动。艺妓本身并不提供性服务,事实上她们会因为在这方面不如妓女而感到特别的痛苦。同样,有时**歌舞伎**(kabuki,通常是男人)在同性爱方面的名声要比他们的演技更响。

吉原区的一个重要特征是它的顾客的阶级区别十分模糊。在严格的日本社会,这是少数的几个可以让武士、商人、艺术家或多或少自由混合的地方。也是在这种场合下萌发出的新观念和艺术创新繁荣导致了歌舞伎剧院和浮世艺术的发展。此外,这个世界的影响超出了它的界限,因为许多值得尊敬的女性身上也具备了很多妓女身上独有的魅力,她们也在尝试着追赶新的潮流和礼仪。

春宫艺术

"**春宫**"(Shunga)是日本人对色情绘画艺术的统称,其含义是"性图画"。色情主题的出现,远远早于"浮世"艺术,但自从"春宫"自17~19世纪发展成熟以后,它通常被当做"浮世绘"(ukiyo-e,浮世的艺术)一词的同义词。

早期的日本色情艺术大多数已经失传。最初的色情作品可能主要用于医学,因为早在公元8世纪便有法令规定,外科医生应用有插图的性知识手册进行培训。11世纪日本某男修道院院长所描绘的《男性生殖器比赛图》是最早的、非医学用途的色情作品。尽管原作现已失存,但许多早期的副本及后人表现这一主题的创作却不断出现——帝国里最有男子气概的人聚集到宫殿里,当他们展示他们的阴茎时,原本躲在帷幕后偷看的庭院贵妇们冲出去测试男人们的性威力,直到使他们感到彻底无助为止。

图 22.10 《好色一代男》中的插图,男主人公世之介在偷看邻家女子沐浴。《好色一代男》是才华横溢的井原西鹤的作品,描述了主人公通过与3742个女子发生性关系的亲身经历,终于悟出了色道的真谛。这本书被称为江户时代的《源氏物语》,日本的《金瓶梅》。

这种讽刺艺术的意图是下流的,而非色情的。另一幅直率得多地表现色情主题的画卷出现于12世纪。一幅叫做**柴草围墙画卷**(Brushwood-fence Scroll),它讲述一位公主被她的一个武士护卫勾引。它接下来描绘了舔阴和各种性交姿势。现存最古老的画卷原件是14世纪的**男童画卷**(Catamit's Scroll),它描绘的是佛教僧侣们的同性爱活动。

在早期的"浮世绘"色情画中,有一条故事线的画卷让位给另一种更加典型的春宫画模式,它由12幅与性活动无关的场景组成(每一幅都代表一年中的一个月)。春宫图的大量出现主要是由于雕版印刷技术的推广普及。最初印刷的春宫图只是一些在平板上的黑白画,后来才不断发展到更具色情含义的彩色画。

春宫图有许多重要的特征。不管作品是多么清楚,但画中性交的男女至少还有一部分是遮住的。对日本人来说,早就习惯了公共浴室,裸露本身会限制性爱的冲击。虽然人物是裸露的,彩色衣物却提高了作品的色情度和美学吸引力。日本的剧院也同样遵循这一原理。

日本画中另一个技巧性的特点是采用两维空间表现手法。尽管这样做掠夺了三维视角,但它使得日本艺术家能把仅在有利位置能看到的画面结合起来。这种方法很适合在色情画中表现性器官,而传统的西方艺术所追求的写真手法则达不到此种效果。因此,日本艺术能做到既充分表现人,又充分表现其性器官。

现代的西方艺术,如毕加索的作品,也采用两维空间表现手法,用日本人的方法把普通人只能在不同的角度才能见到的景物结合到一起(如在同一侧面看到人的两只眼睛)。这种表现手法是日本艺术对19世纪现代艺术发展的一个重要影响。在一定程度上,现代艺术习惯于使用扭曲的人类形式,我们很少会在日本性爱艺术里因外观上四肢和身体部分的错位而分心。春宫图和现代艺术的作者并不关注人类身体的真实性,而是要表达从所描绘的活动中升起的某种情绪和心情。

图 22.11 铃木春信(Suzuki Harunobu,1724—1770 年)的情色浮世绘作品《情人》,木版画,绘于18世纪60年代晚期。日本艺术家赤濑川原平曾评价铃木春信的恋情浮世绘仿若"空气中荡漾着一种温柔动物的味道"。

最后,春宫图的一个显著特征是故意将生殖器画得十分粗大,使作品更具一种庸俗、性感的怪诞风格,其宗旨是表现强烈的内心感情。仔细观察会发现,其实女性的生殖器也被夸张化了;但是由于它们的结构,它们表现出来就没有男性生殖器那么惹人注目。春宫图艺术家使用生殖器夸张手法的目的通常不是震撼或冒犯观赏者,而是用这种方法来传达兴奋的感觉。

尽管被夸张表现,但生殖器并不是春宫图的聚焦点。给人印象更深的是交合者显示出来的奇特的狂喜与痛苦相混合的神情,它是性愉悦的典型影像。春宫图艺术家同样依靠具体的四肢姿势和体位,尤其是卷曲的脚趾,来象征高级别的性兴奋(基于自然主义的观察)。正是这种对身体和面部通体使用来表达性爱的感觉,使得春宫图艺术令人刮目相看。

春宫图史上第一位重要的画家是菱川师宣(Moronobu),他的创作表现男女在复杂背景中的性交。与后来的作品相比,菱川师宣在性交方面的描写显得较为拘谨和压抑。杉村治兵卫(Sugimura)与菱川师宣是同时代的人,他的作品有更华丽的表达方法,他毕生致力于春宫艺术,而对多数其他艺术家来说,春宫画只是他们全部艺术作品里很小的一部分。

18世纪时,铃木春信的作品标志着春宫艺术又达到新的高峰,他的专长是在画中注入一种新的情感背景和气氛。在表现手法上惯用环境来渲染情感。日本最后一位春宫大师喜多川歌麿,死于19世纪初期。喜多川歌麿是在日本以外知名度最高的春宫艺术家,19世纪末叶他在西方已经享有盛誉。自他之后,春宫图对性活动的描写日渐减少,进而转向描写露阴癖和性暴力。虽然如此,一些例外的画,如葛饰北斋（Hokusai）、溪齐英泉（Eisen）和歌川国贞则（Kunisada）则继续按照 19 世纪鼎盛时期的传统来创作春宫图。

与春宫图质量的下降相伴随的是对它的限制。19 世纪后期，日本进入明治时代，开始向现代化进发。过去有一些统治力量试图干预性爱表达自由的例子，但都是三心二意的努力。西方在维多利亚时期，这种直接的性爱表达被认为是令人十分尴尬的；在 1901 年东京秋季艺术展中，日本当局把裸体画和裸体雕塑全都用褐色布遮了起来。

尽管日本官方不断反对，但日本人一直都用传统的、自然的表现方式来描写性主题。譬如，日本拍摄的影片中，曾有一些对性主题极其高明的处理。这个预兆是否是传统性爱艺术的复兴？这个问题需要我们拭目以待。

第 23 章

性与法律

23.1 同婚姻和生育有关的法律
23.2 艾滋病与法律
23.3 对成人两愿行为的法律规定
23.4 对他人的性侵犯
23.5 有关性商业利用的法律

人民的幸福就是根本大法。
——西塞罗（Cicero），罗马共和国政治家、演说家

我们的自由应到什么程度？在人类所有的相互影响中，个人的行动自由和对他人造成的种种后果之间有一种潜在的冲突，因此，各个社会在寻求保护个人行动自由的同时，都不得不制定行为规范，尽量减少这种可能的冲突。性在传统上被认为是尤其需要控制的领域(第21章)，但是法律应该涉及哪些性行为是极富争议的。原则上，在美国社会，教会与政府是明确分离的。但是我们的社会制度，包括法律，常常深受道德原则的影响，它们往往是奠基于传统宗教信仰（第24章）之上的。一种行为——任何行为——的本身是否能成为使其被判为非法的充足理由？这仍是我们这个时代的一个关键问题。

23.1 同婚姻和生育有关的法律

尽管家庭形式和家庭功能各有不同，但各个社会在致力于维护家庭完整性这点上是一致的(第17章)。在**家庭法**这个庞大体系内，许多法律都会对婚姻结构的运行产生重大影响，但我们在这里仅涉及那些专门调整性行为的法律。在讨论**性别歧视**问题时，我们也会作类似的考虑。性别歧视已经成了一个突出的法律问题，它对性行为也有重要的冲击。

婚姻法

一夫一妻制是美国唯一的法定婚姻形式。重婚和一夫多妻(或一妻多夫)从建国以来一直是触犯刑法的行为。这些法律的确立可以追溯到1603年詹姆斯一世时期。摩门教徒向这种情况发起挑战，但在1878年，最高法院驳回了摩门教徒提出的"禁止一夫多妻的法律干涉了宪法第一修正案确立的宗教自由"的主张。

使人意外的是，虽然婚姻这样重要，但按照法律规定，取得结婚证书要比取得驾驶执照更为容易。美国大多数州，未成年人年龄不到16岁或17岁是禁止结婚的，年龄不到18岁的未成年人结婚必须征得父母同意。尽管这样，如果虚报年龄，不到18岁结婚，其婚姻一般也仍然有效。

离婚法

近10年来，通过离婚解除婚姻法律关系十分方便。1970年，加利福尼亚州首先采用"无过错离婚"(no-fault divorce)，只要一方当事人提出"由于无法解决的困难，导致无法挽回的婚姻破裂"(《加利福尼亚民法典》，第4506条)，就可以解除婚姻关系。因而，配偶双方无论哪一方都可能不顾对方反对取得离婚。一方要求离婚时不再需要证明对方犯有传统上应该对离婚负责的过错，如通奸。事实上除了考虑孩子监护权的问题之外,特定的(对婚姻有过错的)行为不再是可采纳的证据(《加利福尼亚民法典》,第 4509 条)。所有其他州都跟随加州的步伐,离婚时不再需提供传统的"过错"证据。此外,除非当事人另有协议,否则必须公平分割夫妻共同财产(《加利福尼亚民法典》,第 4800 条)。如果有充足资金的话,经济上依靠前配偶的一方(通常是妻子)可能会有**赡养费**(alimony),作为其在一个有限时期里的生活补贴。未婚同居双方没有相应的法律责任,也无需法律诉讼来结束双方的关系。但是对财产分配的一个有趣的旁注是"**同居赡养费**"(palimony),它最近要求同居双方即使没有结婚,在结束关系时也必须给予补偿。

图 23.1 在美国,由于离婚的程序复杂,且律师费往往耗资巨大,所以整个离婚过程通常是漫长而繁琐的。有的夫妻办理离婚手续的时间甚至比整个婚姻还要长。

从法律上讲,性交是婚姻的一个基本内容。因此,不完美的两性结合(甚至没有过一次性交)就构成了**无效**(annulment)婚姻的法定理由。如果一方当事人在结婚后拒绝发生性关系,受害方可以提出"无法调和的差异"这个理由。

子女监护权

传统的离婚案例中,子女的监护权总是会判给母亲,近年来,越来越多的父亲赢得联合监护权或者独立承担抚养其子女的全部责任。双性爱男性在这个领域会遇到更多的障碍。法庭一般不会乐意把监护权判给有同性爱关系的父亲。不过,在同性爱女性及其异性前夫的监护权纷争当中,差不多一半的案例会判女性获胜(Sheppard, 1985)。即使在法律禁止同性爱的州,女性也不会因为其性取向而被认为不适合获得监护权。

目前在婚姻与家庭争论的解决方式上,趋势是通过讨价还价和谈判(而不是诉讼)来解决分歧。法律依然设置了限制,但是现在很多问题都是在律师的办公室,而不是在法庭上得以解决。

对生育的法律规定

家庭在法律调整的社会关系中占有举足轻重的地位,一个重要原因是,家庭对调整人类生育机能具有社会意义。我们应该看到这一点,因为任何对青年一代的幸福漠不关心的社会,想要长期生存是不可能的。因此,社会通过道德说教以外,还通过法律调整能够产生生育结果的行为。这里考虑其中四种行为:避孕、绝育、堕胎及代孕。

专题 23-1
性法律：性质和适用

始于殖民地法的美国法律有两大主要渊源，立法机构制定成文法（statute law），法院以案例为基础应用普通法（common law）。立法者由选举产生，法官由选举产生的政府行政长官任命。因此，至少在原则上全体国民是国家法律的管理者。

有些人赞成用法律调整性行为。他们声称对保护公共道德和家庭完整性抱有强烈的责任感。在他们看来，性对于这两者有着很大的潜在破坏作用，而法律适合于维护多数人的道德价值观念。法律应该立场鲜明，不准许反常的性观念和性行为污染公共生活和私人生活，削弱民族的道德素质。

有人对此提出反对意见，既有程序上的理由，也有实质上的理由（Packer, 1968）。对性的法律规定模棱两可，往往不是明确规定禁止什么行为，而是禁止所谓的"违反本性的犯罪"来回避问题。查明成人之间私下两愿行为有很多困难，这会导致警方介入。而反复无常地施行这些法律会产生武断恣意的诉讼问题。

法律的规定和人们的实际性行为之间的差距也同样引人注目。一旦不折不扣地应用这些法律，对人们的性行为实行有效监视，那么大多数人将被起诉。总的说来，这些法律起于条文但基本上终结于条文，但这并不意味着它们完全不起作用。无论法律是否有生命力，违犯法令、逍遥法外的现象比比皆是，使人们普遍地蔑视法律。而当这些法律被有选择地用来骚扰个人或团体时，又会带来被滥用的风险。

法律和人们普通行为之间的差距反映了法律不能代表当代人的道德观念。一部分原因是法律离不开判例。与两性问题有关的判例往往趋于保守，经常根据过时的权利要求作出判决。这种差距也反映了只有极少数政治家敢于承担身败名裂的风险，向这些毫无生气、陈腐不堪的法律提出挑战。例如，宾夕法尼亚州1972年修订了刑法典，删除了有关男女私通和通奸的条文。新闻界对此报道时认为这一决定"使婚前和婚外性行为合法化"，结果这些法律数月之后便重新恢复。差不多同时，爱达荷州也发生了类似情况。

也有人认为，从法律上对性作出的规定反映了特定的宗教观点，这样做不符合宪法精神。这些"政教分离"的观点迄今没有被最高法院大多数法官接受。不可否认，美国人性道德的原则产生于犹太—基督教传统。但时过境迁，这些价值观念已经与宗教分离，成为世俗化的价值观念。这些观念是当今大多数人的价值观念，还是很可能仅仅反映了那些能够掌握新闻报刊，接触各种政治关系、"重要人物"的个人和团体的观点？这些问题错综复杂，牵涉到性行为时，由于我们的知识不确定，各种价值观念区别很大，情感会蒙蔽理智，因而尤其使人心神不安。

近20年来，对两愿行为（如私下同性爱行为）的法律调整发生了很大变化；而禁止性犯罪（如强奸）的法律却没有发生相应的变化。1962年，美国法学会（American Law Institute）——一个由著名法官、律师和法学教授组成的私人团体，出版了《标准刑法典》（*Model Penal Code*），建议废除对成人之间两愿性行为的刑罚（卖淫除外）。根据这个标准法建议，现在22个州已经废除了对成年人之间两愿性行为的刑事制裁。

避 孕

西方文化的道德传统，就其大部分历史时期而言，是反对限制生育的。只是从19世纪以来，控制家庭规模的观点才为多数人所接受（Noonan, 1967）。1873年美国国会作出规定,传播避孕知识是非法行为,从那时起避孕受到限制。1965年联邦最高法院宣布,从法律上限制已婚夫妇使用或谈论避孕方法不符合宪法精神。在格列斯沃德诉康涅狄格州(Griswold v. Connecticut,381,U. S. 479,1965)一案中,法院作出这个具有决定性意义的判决,其根据是这些法律侵犯了公民受宪法保护的"隐私权"。由于当时只有康涅狄格州禁止向已婚夫妇传播避孕知识,所以这个判决的重要意义看起来主要是学理上的。但事实证明,这个判决产生了出乎人们意料之外的深远影响。这个问题在有关堕胎的章节里要谈到。

1972年以前,各州可以禁止未婚者得到避孕器具。这一年,最高法院根据相同的理由(即避孕是个人隐私问题,各州侵犯个人隐私权不符合宪法),把"婚姻隐私地带"扩大到了未婚者领域(Eisenstadt v. Baird,405 U. S. 438,1972)。

想一想

在不进行人身攻击的前提下,就性相关立法提出你的支持或反对意见。

绝 育

像其他避孕方式一样,自愿绝育是法律所不予限制的,并且是年龄在30岁以上者最常使用的节育方式(第7章)。如果当事人不愿意,或者所处环境限制了当事人选择,例如,当事人精神不健全,或者是性侵犯者,法律则坚持对绝育的关注。

以防止残废人基因遗传为理由,有选择地对智障人士做绝育手术则是无可非议的,而且也不能期待严重生理缺陷者胜任做父母的职责。1927年,最高法院确认了一条成文法,按照这条法律,经州精神病院院长同意,可以对住院的精神病人做绝育手术(Buck v. Bell,274 U. S. 200,1927)。可是,亚拉巴马州蒙特马利的两名分别12岁和14岁少女,通过联邦政府资助的一个节育计划做了绝育手术。据称,手术既没有征得本人同意,也没有征得其父母同意(Relf v. Weinberger,372 F. Supp. 1196,D. D. C.,1974)。这件事引起了强烈反响。现在,联邦政府作出规定,要求各州制定征得有关方面同意的标准,包括从予以同意到进行手术之间30天的等待期。禁止使用联邦政府专款为年龄不满21岁、被拘留者、住院的智障病人、在生产或堕胎时才征得同意的妇女做绝育手术,但仅适用于使用联邦政府专款时。

现在有10个州*准许对智障病人做强制性绝育手术。虽然各州处理这个问题的方式不同(例如,有些法院承认父母有同意医院对其低能子女做绝育手术的权利,有些则不),总的趋势是,只有经法庭审理,通过法定程序才能对智障病人做绝育手术。加利福尼亚州一律禁止未成年人绝育。精神病人只有成年后,其父母或其他法定监护人才能够在征得法院同意后对其做绝育手术。

* 这10个州分别是特拉华、佐治亚、缅因、密西西比、北卡罗莱纳、俄克拉荷马、俄勒冈、南卡罗莱纳、犹他和弗吉尼亚。

堕 胎

堕胎这个问题的复杂性恰如它激起的复杂情感那样。正如伦理活动家丹尼尔·卡拉汉(Daniel Callahan)(1970)说的那样:"堕胎是个棘手的问题,社会和法律互不协调,道德观念变化不断,医学和精神病学一片混乱,以及个人遭受痛苦,堕胎是万恶之源。如果说一些人自以为称心如意,那么整个世界和大多数社群则并

图 23.2 支持妇女获得堕胎权的示威游行

非如此。"

1970 年以前，如果乱伦、强奸行为导致妇女怀孕，或者怀孕有害母亲的身心健康时，有些州是准许堕胎的。由于法律（特别是对妇女身心健康的规定）模糊不清，因此很多妇女不管由于什么原因怀孕，都可以合法地堕胎。

法院的判决从格列斯沃德诉康涅狄格州案开始，最后扩大了隐私权范围，"包括妇女有权决定是否终止怀孕"。结果在 1973 年 1 月 22 日，美国最高法院在罗伊诉韦德一案中，以 5 票对 2 票作出宣判，所有禁止或限制怀孕 3 个月以内的妇女堕胎的法律均不符合宪法(Roe v. Wade, 410 U. S. 113, 1973)。各州禁止怀孕 4~6 个月的妇女堕胎的干预受到限制，但可以决定是否禁止怀孕 7~9 个月的妇女堕胎。1976 年，法院进一步裁决：妇女是否决定终止怀孕不受其丈夫或父母的影响。如果当事人未成年，必须达到一定年龄或足够"成熟"才能够有同意的权利(Planned Parenthood v. Danforth, 428 U. S. 52, 1976)。

合法享有堕胎自由与能够堕胎不同。一个妇女没有钱堕胎，就必须依靠收费较少的医疗所或财政资助，依靠热情帮忙的医生护士（如果为妇女堕胎违反他们的道德原则，法律不得强迫他们做手术）。各个州可以禁止公共医疗设施为妇女堕胎，可以拒绝接受用于堕胎的公共资助，因此，穷人面临的问题显然更为困难。各州还可以在为没有独立生活能力的未成年人做堕胎手术时通知其父母（不是征得同意）。

公共资金的项目常因失去联邦或州的支持而受挫，这剥夺了一些受这些项目资助的人的所得。例如，里根政府甚至计划（自 1988 年 3 月 3 日起）禁止所有联邦资助的计划生育诊所向 4000 个诊所里的 430 万名顾客提及堕胎；但一位法官发现这种限制违反了第一修正案。

法律对行为的作用可以从堕胎人数中得到明显的证明。1973 年立法以后，合法堕胎从 744,600 人次上升到 1979 年的 150 万人次。青少年堕胎人数几乎增加了一倍，每年达到 40 万人次。这个时期的妇女怀孕总数中（不包括流产和死胎），堕胎的比重从 19% 上升到 30%。

那些反对堕胎的人想尽办法，四处活动。一种办法是削减联邦基金费用；另一种办法是说服国会通过一项议案,把第 14 条修正案的保护范围扩大到未出生人口,并对"未出生人口"进行解释,把妇女受孕后处于任何生物发展阶段的未出生子女都包括进去。可以想象,这将允许各州通过立法把堕胎视做谋杀。1987 年,旨在实现这条法规的努力失败了。国会中堕胎的反对者尝试了两种策略:第一,由犹他州参议员奥林·哈奇(Orrin Hatch)发起的一个宪法修正案,试图赋予联邦和州政府禁止堕胎的权力;第二,北卡罗莱纳州参议员杰西·赫尔姆斯(Jesse Helms)提出一项法案,这项法案宣称生命始于受精那一刻,这将使堕胎变成谋杀的一种方式,并迫使最高法院重审它过去的决议。还有一种更加雄心勃勃的办法是召开制宪会议,酝酿一个宪法修正案,宣布堕胎为非法行为。如果有 18 个州,再加上 16 个早已付诸行动的州,一起向国会提议,那么就势必要召开制宪会议制定这样的宪法修正案,这在目前还不具备现实的可能性。如果最高法院大多数法官改变初衷,也能取得同样结果,同样,这在现在也不可能做到。

图 23.3 反对堕胎合法化的集会

想一想

你如何协调女性支配自己身体的权利与社会保护未出生人口生命的需求?

与此同时,各个派别情绪饱满,不遗余力地就这个问题展开了辩论。考虑方式各有不同,有深思熟虑的讨论,有充满激情的示威游行。参加游行的派别有**选择优先派**(赞成堕胎),也有**生命优先派**(反对堕胎)。专题 23-2 考虑的一些问题并未能概括双方所有的观点,但可以说明问题的复杂性。很多狂热的生命优先派(即认为胎儿是具有生命的人)失去了理智,并采用暴力的方式,例如,炸毁做堕胎手术的诊所。

代孕

在第 6 章中,我们看到一对不能生育的夫妇可以寻求一个**代孕母亲**(surrogate mother),用丈夫的精子人工授精,在孩子出生后,将其交给其生父和他的妻子。

超过 500 个孩子由代孕母亲生出,然后转交给他们的父母,父母会给代孕母亲酬劳。现在有一个全国代孕母亲协会,专门为不能生育的夫妇及其潜在代孕母亲配对的律师正在进行这项生机勃勃的工作(Fleming,1987);但是目前这种行为的法律问题还远远没有解决。

在1987年的时候，还没有哪个州为规范代孕母亲的行为而制定法律，尽管一打左右的州都考虑到这个问题。一些这类的提案会规范代孕母亲的程序；有些则试图禁止这种行为。在现行法律下，在大约一半的州，给某人付钱以领养她的孩子是非法的，这成为代孕母亲契约的一个障碍。密歇根州高等法院已经对密歇根州法律做出解释，认为该州的法律禁止代孕母亲的行为；新泽西州高等法院的法官在著名的M婴儿案件中宣布代孕母亲的合约无效，这成了全国性的先例。这个里程碑似的案例表明了代孕母亲行为的困境。

玛丽·贝丝·怀特海（Mary Beth Whiehead）是一位29岁、有两个孩子的已婚妇女，她和威廉·斯特恩（William Stern）及他的妻子伊丽莎白（Elizabeth）达成合约，做他们的代孕母亲。伊丽莎白是一位41岁的儿科医生，她不是不能生育，但是担心怀孕可能会使她身体的多种硬化症恶化。

怀特海夫人同意用斯特恩先生的精子对她进行人工授精，并在婴儿出生后将其交还给斯特恩夫妇，相应地，后者要付给怀特海夫人10,000美元。然而，当女婴在1986年3月27日出生后，怀特海夫人在感情上被女婴征服了。她先是将女婴交给那对夫妇，但拒绝接受那笔钱，后来又要求要回女婴。当斯特恩夫妇拒绝她的时候，她以自杀相威胁。斯特恩夫妇起了恻隐之心，同意让她和女婴团聚一个星期，但是怀特海夫妇带着婴儿（斯特恩夫妇给她起名叫Melissa Elizabeth，而怀特海夫人叫她Sara Elizabeth）飞到佛罗里达，但最后她们还是在那里被找到。

在旷日持久的官司之后，法官支持了斯特恩夫妇，认为这对领养父母和代孕母亲之间的合约有效，并且考虑了"孩子的最大利益"——一个模糊的但公认的指导领养案件裁决的原则（Barron, 1986）。在上诉中，新泽西州高等法院推翻了这个决议，他们基于这样的观念：付钱给一个妇女来让她帮忙生孩子这样的合约相当于买卖婴儿。裁决支持斯特恩先生和他的妻子拥有对这个婴儿的监护权，但拒绝了斯特恩夫人领养孩子，而是把母亲的权利留给了怀特海夫人。这个案件在法学家、立法者、伦理学家、社会活动家及每一位相关人士中间掀起了巨大的波澜。

专题 23-2
堕胎的问题

生命始于何时？这个问题看起来简单，但是容易使人产生误解，答案要使每个人满意是不可能的。最高法院对这个争议作裁决时，像众多的生物学家、医学家和哲学家一样，也承认不能解答这个问题。正如遗传学家约书亚·利德伯格（Joshua Lederberg）所说："现代人道理懂得太多，以至于认为生命不过是心脏跳动，或者是呼吸涨落而已。尽管如此，他仍然希望生物学画一条绝对线帮他从困惑中解脱出来，但这是徒劳的。没有一句话可以简单回答'生命从什么时候开始'。"（引自《旧金山纪事报》，1981年5月23日，34版）

人们使用的一个界限是子宫外胎儿存活的时

间。如果胎儿不能在子宫外存活，终止胎儿的生命是允许的；而当胎儿可以在子宫外存活时，就不允许那样做了。既然人类能够继续提高维持子宫外胎儿生命的能力，为什么堕胎的道德性和合法性要以现存的医学水平为根据？有人提出：我们对不能幸存的胎儿留在体内不去干预，一定时间后它会变得能存活下去。对这种更主要的反对意见，我们怎么办？

另一个基本争议点是谁拥有这个出生前正在成长发育的有机体。答案显然是母亲，不管怎么说，这个有机体是她自身的一个组成部分。但这是否意味着未出生胎儿的父亲对它就不享有权利？如果可以接受这种说法，会不会有人提出反对意见说，妇女不仅要对怀孕后果，而且也要对避孕负全部责任？

既使承认唯有母亲拥有胎儿，这也并不意味着她可以对胎儿随心所欲。我们不能仅仅因为拥有者想截去身上的健康机体就允许医生这么做，每遇到这种情况，需要从医学上提出正当理由。如果胎儿是母亲自身的一个健康部分，是否需要提出同样正当的理由才准许堕胎呢？

或许谁都不能说"拥有"胎儿。胎儿可以作为一个独立的实体，而母亲身体的任何其他部分就不能这样说。例如，子宫就是子宫，绝不可能变成其他东西，而胎儿最后会成为一个有自身权利的人。如果社会有权利干涉虐待儿童或杀婴行为，为什么就不能扩大这种权利，用来保护胎儿期的生命？

反对以上所有这些观点的回答则回到了女性控制她自己身体的权利上来。不管我们如何看待这件事，胎儿都是母亲血和肉的一部分；婴儿出生后，孩子通常首先是她的责任。其他人怎么能决定她的事情呢？

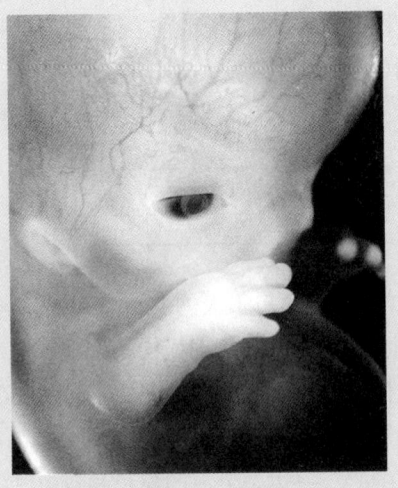

图 23.4 5个半月大的胎儿

几乎人人都同意，如果妇女因怀孕而有生命危险的话就必须允许她堕胎。而面对其他不那么严重的原因——如不涉及生命危险的健康问题，心理上的种种考虑，担心孩子对父母事业的影响，家庭或社会承受的经济负担，和其他一些前面讨论过的（第7章）促使妇女堕胎的原因——时，人们的意见就会相左。

此外还有一些实际问题。就算堕胎是非法行为，妇女也并不会因此停止堕胎。她们会继续寻求非法途径，而很多可怜的女性则得不到合格的医学治疗。

代孕母亲问题产生了很多不可调和的矛盾。一位妇女有权利自由和自愿地使用她的身体——"出租"她的子宫或者"出卖"她的卵子；然而在我们的社会里，我们对能在市场上交易的物品作出了一些限制：婴儿是不能出卖的。孩子的生母只要自己愿意，就有权利保留她的孩子；但是孩子的生父怎么办？难道他没有份？他仅仅是"精子先生"吗（怀特海夫人就是这么称呼斯特恩先生的）？那个领养的母亲怎么办，如果她先前已经得到承诺会拥有一个孩子的话？婴儿自己的利益更难以衡量了。正如一位反对代孕母亲行为的批评家写道："婴儿被毁掉的生活怎么办？"（Gould，1987）

当亲戚之间，如姐妹间，为对方怀上孩子的时候，家庭的状态就更混乱了。在南非，一位48岁的祖母用她女婿的精子人工授精而怀孕，并最终为她的女儿怀上了三胞胎（Battersby，1987）。这些孩子的母亲实际上是他们的姐姐。这种做法导致的始料未及的后果使很多人难以接受。天主教会及其他一些组织就对新的生殖技术和实践表达了慎重的异议(第24章)。

23.2 艾滋病与法律

法律与保护公共健康有很大的关系。例如,所有药品在上市前必须经过食品与药品管理局的批准,其他一些管理机构则处理保健业执照发放等其他公共卫生安全方面的问题。我们当中大多数人或者忽视了,或者高估了国家在这些领域的作为。在紧急状态下,如爆发传染病时,国家的干预更明显,也更具强迫性,因而也就带来了两个方面的潜在冲突,一边是个人的隐私和自由,另一边是公共安全。

我们刚刚开始针对涉及艾滋病的问题进行立法。这可能发生在一些领域:强制检测艾滋病毒的法律,对感染人群的检疫,起诉故意传播艾滋病毒者等。

强制检测

除了可行性和费用问题(第5章)外,人们还格外关注那些非自愿的强制艾滋病毒血检会侵犯个人隐私及破坏宪法对不正当调查的约束(Hunter,1987)。公民自由可能会因为善意的原因而被合法地破坏。例如,警察有权让司机停车,来检查他们是否喝醉;一对夫妇结婚前要做梅毒检查。在这些例子中,如果确实存在这些问题,有具体的处理办法:醉酒的司机不能上路;感染梅毒的人会得到治疗。我们能对那些艾滋病毒检测呈阳性的人做些什么呢?最实际的好处是他们可以通过放弃性行为、采取保护措施或者仅仅是提醒其性伙伴,来避免给他人带来危险。另一方面,由于携带病毒有很大的可能性会发展成艾滋病这种致命的疾病,我们有权将真相告诉那些不想知道他们携带艾滋病毒这一真相的人吗?更进一步,那些为人所知的艾滋病毒携带者很可能受到排斥和歧视。我们有权使他们暴露在这样的危险下吗?考虑到现在的检测下,低危人群中有1/3的阳性结果是假阳性,那么我们是否有权强加给那些甚至没有携带病毒的人这样一种可怕的负担?另一种担心是强制检测会吓跑那些寻求帮助的人,使得病毒携带者转入地下。这也会给其他人一种虚假的安全感。一个病毒感染者可能在长达一年的时间里检测为阴性。

尽管存在这些问题,公众中还是存在支持强制检测的情绪。在一项调查中,52%的回应者支持对每个人进行检测,更多的人支持在特定的人群中进行筛检,例如,90%的人希望对外来移民进行检测。受教育程度较低的人比受教育程度高的人更支持检测:64%高中文化程度的人支持广泛的检测,而在大学文化程度的人群中,持这一观点的比例是39%(《旧金山纪事报》,1987年6月6日)。由于大多数回应调查的人相信自己没有携带艾滋病毒,他们将检测当作确定"他人"为艾滋病毒携带者身份的方式。部分联邦政府成员也持这样的观点，他们支持在人群中实行广泛检测。然而，无论是公众还是政府对如何处理这些结果都没有清楚的或者合理的办法。

与此相反，当国家疾病控制中心（National Centers for Disease Control, NCDC）举行会议考虑推行更广泛的艾滋病血液检测时，多数卫生官员反对强制检测（Shilts, 1987）。他们鼓励在选定人群中实行自愿检测，包括：在性病诊所或戒毒中心寻求治疗的人，寻求产前护理的孕妇（尤其是静脉注射毒品的人），以及计划生育中心的妇女。为孕妇做检测的目的是，那些检测结果呈阳性的人可以选择堕胎，而不是生出一个已感染艾滋病毒的婴儿。此外，卫生官员强调，检测结果需要严格保密，并向那些检测结果为阳性，并因此在情绪上受到影响的人提供心理咨询。匿名检测在保密程度上比实名检测更好，但对检测者的追踪调查会更为困难。

其他一些组织也提出类似的建议。美国医学会（American Medical Association, AMA）已经认可对献血者、捐献精子和卵子以进行人工授精者、器官捐献者、军事人员及囚犯进行强制检测。国务院也同意检测它在国外执行任务的雇员，移民局也对移民进行筛检。还有一些提案要求对申请结婚的人、所有到医院看病的人等等进行（艾滋病毒）检测。目前还不清楚所有这些行动会在多大程度上导致对大规模人群的实际强制检测。

图 23.5　亚太艾滋病预防组织在进行艾滋病防疫宣传。

隔　离

隔离那些患有传染病的人已成为人们保护自己的一种方式。麻风病院、肺结核病院、及其他一些为隔离传染病人而设立的病房就是例证。艾滋病病人和病毒携带者是否也需要隔离呢？

正像要求广泛检测的情况那样，一些头脑简单的人被强制隔离艾滋病毒携带者的主张所吸引，因为他们确定自己没有感染，但是这样的解决办法并不比问题本身更好。

这种办法面临的第一个也是最明显的困难是它的可行性很低。现在美国大约有150万人携带艾滋病毒，这是所有联邦和州立监狱囚犯总人数的三倍。在几年之后，这个数字可能会翻两到三番。这些人该如何处置呢？先不考虑实际问题，你能想象这种行为在一个自由社会里意味着什么吗?

第二个问题是,隔离这一方法对艾滋病并不像对其他传染病那样有效。艾滋病并不是通过平常的接触进行传播的——与感染者或携带者住在一起并不会受到传染。而且,一旦被传染即是终身——并没有一个期限可以等病情消失。

不过在这个方向上已经有一些正式的尝试。在加利福尼亚,美国经济学家、政治活动家兰顿·拉罗彻(Lyndon LaRouche)的追随者成功地将第64条提案放进1986年的投票中,如果通过,它就会使艾滋病毒携带者屈从于检疫和隔离规则之下。这个投票以不到1:2的比例失败了;但是它被严肃考虑并且获得了相当多人的支持,这个事实值得注意。更重要的是,当时一位实权政治人物杰西·赫尔姆斯参议员宣称:"如果我们真想控制这个疾病,我认为我们必须在某个地方建立隔离区。"(《纽约时报》,1987年6月17日)

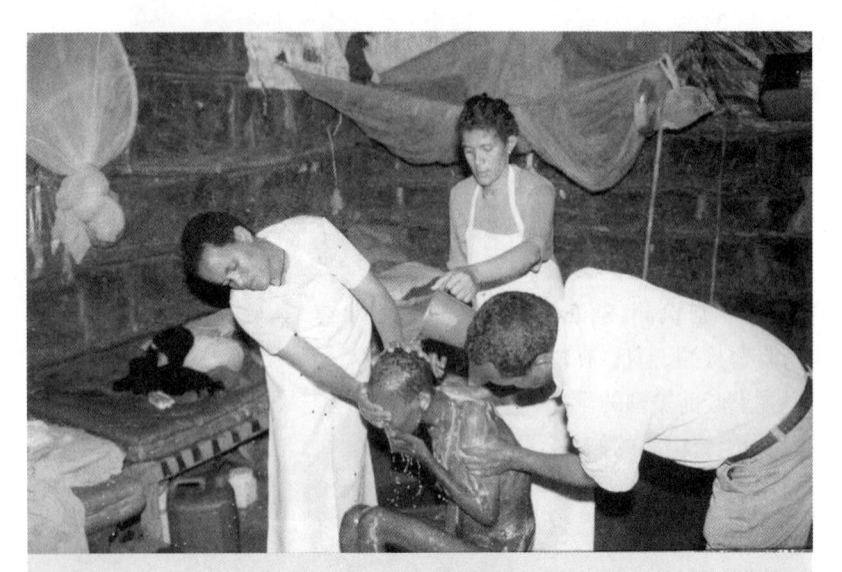

图 23.6 "希望的黎明"艾滋病联合会(Dawn of Hope PLWHA Asso.)在非洲为艾滋病患者提供家庭基础看护。

这个问题既有爆炸性,又具有探索性。在一个灾难性的瘟疫中,很难说社会大众会有什么样的反应。在1986年盖洛普民意测验中,54%的受访者希望看到隔离艾滋病患者的措施;这可能离将艾滋病毒携带者也隔离起来的愿望不远了(《新闻周刊》,1986年11月24日)。

法律责任

如果隔离是不可行也不人道的话,那么对那些知道自己已感染艾滋病毒但仍不计后果,在其伴侣不知情的情况下与其发生无保护的性行为,从而危害他人生命的人,我们怎么办呢? 一种方法是在就事论事的基础上起诉这些人。

美国法律有一个很好的原则,一个人需要为故意或者因过失而使他人暴露在疾病的危险下而负民事责任(这属于处理普通公民权利的法律范畴)。例如,法庭会给那些受丈夫传染而患上梅毒的妻子们经济补贴(尽管一般的原则是配偶双方不能互相起诉);在另一个案例中,一个梅毒患者在没有告诉他妻子实情的情况下,殴打对方并且进行性交,他因此被判有罪(Baruch, 1987)。

那些不知情的艾滋病受害者被其伴侣——他们知道,或者应该知道自己的情况——传染,那么他们很可能有合理的理由提出法律诉讼。至 1987 年,有 30 多起刑事和民事案件起诉一些人试图通过性行为、咬伤或者唾液来传播病毒(Boorstin,1987)。美国军事法庭军事制裁了一名士兵,因为按照他的说法,虽然他知道自己是艾滋病毒携带者,仍然和一名男性及一名女性发生性关系。一名洛杉矶男性被判试图谋杀,因为依其所述,他明知自己患有艾滋病,但仍然卖血并参与卖淫活动(Lacayo,1987)。这其中一些判决值得商榷(例如,没有证据表明,艾滋病毒会通过咬人传播);但是在其他情况下这种危险是真真切切的。法律专家质疑许多类似的案件是否能够成功地起诉。超过半数的法令能够处理故意传播艾滋病的行为,但是迄今为止大多数法令仍不愿将艾滋病当做是一种性病。无疑他们预见到了将来大量的与艾滋病相关的法律诉讼:人们起诉他们的爱人;艾滋病受害者宣称他们受到歧视并要求受到那些原为保护残疾人而制定的法律的庇护,诸如此类。法律无疑将在这个问题中介入得更深。它会增加一个合理的保护措施,还是成为政治迫害的帮凶,仍有待观察。

23.3 对成人两愿行为的法律规定

为什么需要法律管理已婚夫妇的私下性行为？他们用肛门交媾与社会有什么关系？一直到 1967 年,所有的州都有禁止鸡奸的成文法规。近来的趋势是,管理成人两愿性行为的法律将要被废除,但是仍有 24 个州和哥伦比亚特区到 1986 年时还有禁止鸡奸的成文法。

异性爱行为

为什么法律关注婚外性行为,这更容易理解。这种情况下,可能有第三方受害者,或者让人感到会威胁婚姻制度。从法律上讲,**私通**(fornication)和**通奸**(adultery)是有区别的,前者指未婚成年人的两愿性交,后者至少有一方当事人与对方以外的人有婚姻关系。1985 年,还有 25 个州认为通奸是犯罪*。

少数州将通奸视为重罪,甚至可能判处终身监禁;但是事实上,罚款是另一种常用的处罚,例如,马萨诸塞州对通奸处以最高 3 年或不多于 500 美元的罚款。尽管目前通奸行为被公认为不属于犯罪的范围,但立法者仍不愿除去这些惩罚。

法律对私通的规定可以追溯到新英格兰的新教徒。几十年来的趋势是,未婚成年人性交行为不再被视为犯罪。但是直到 1985 年,仍有 12 个州视之为犯罪。一般把私通作为轻罪,处以罚款(马里兰州罚款 10 美元,密西西比州罚款 500 美元)。各州法律之间还有其他差别。例如,一些州只有在当事人公开同居、声名狼藉的情况下才予以处罚。这个必要条件出自普通法。按照普通法,当不正当性关系妨害公共

* 这 25 个州分别是亚拉巴马、加利福尼亚、科罗拉多、康涅狄格、佛罗里达、佐治亚、爱达荷、伊利诺伊、堪萨斯、马里兰、马萨诸塞、密歇根、密西西比、内布拉斯加、新罕布什尔、纽约、北卡罗莱纳、北达科塔、俄克拉何马、罗德岛、南加利福尼亚、犹他、弗吉尼亚、西弗吉尼亚和威斯康辛(Shepperd,1985)。

利益时便被定为世俗犯罪。

法律对私通作出规定,其中针对**诱奸**(seduction)的一部分很有意思。例如,《加利福尼亚刑法典》第 268 条规定:

> 268.诱奸——以结婚为借口,引诱未婚贞节女子与之性交者,处以监禁,在州监狱服刑,或者处以 5000 美元以下的罚款,或者同时处以监禁和罚款。

一旦万不得已,男人会与被诱奸女子结婚以逃避指控(但当女子不到法定年龄时,他便犯了法定强奸罪,仍然要受到起诉)。保护妇女的这些法律现在听起来有些离奇,但在过去妇女处于社会弱势地位时,曾经起到了有利的作用。

同性爱行为

同性爱(即承认有同性爱偏爱或倾向)一直不是刑事罪。只有被认为是"违反本性的犯罪"行为才是非法的。因此,一条有代表性的法律规定,任何人与他人或牲畜发生讨厌的、令人作呕的、违反本性的行为,将被判罪,刑期 7 年以上,20 年以下(罗德岛,第 11-10-1 条)。

没有特别指出的犯罪行为通常被理解为是鸡奸,鸡奸通常指肛门交媾,不过也可指口交。严格地说,法律并不特别禁止同性爱行为。但由于异性之间肛门交媾不可能受到起诉,兽奸甚为少见,难以提出书面证据,因此,法律对鸡奸作出规定实际就是针对同性爱行为而言的。

长期以来,人们从道德角度出发对同性爱的忧虑,已经逐渐转化为严惩同性爱行为的世俗法律。在英国,1533 年,亨利八世下令对鸡奸犯处以极刑;1553 年,其女玛丽废除了这条敕令;1562 年,在他的另一个女儿伊丽莎白手中,这个敕令又重新生效。美洲殖民地当时一直保持着这个传统做法。例如,北卡罗莱纳州直到 1869 年还对鸡奸犯处以死刑;1965 年还对鸡奸犯判处有期徒刑,最高刑期达 60 年。从这以后,刑期由法院自由裁量。

人们一直在随心所欲地利用法律对同性爱者提起诉讼。结果,虽然只有少数同性爱者因此被指控,但这些法律的存在反映了同性爱者遭受着更大的社会性的困扰。20 世纪 60 年代,公众开始转变对同性爱者的看法。1957 年,《沃尔芬登报告》(*The Wolfenden Report*)在英国发表。这个报告以同性爱犯罪和卖淫调查委员会 10 年来的研究为根据,调查的结果和提出的建议对舆论起了很大作用。该报告得出结论说,成人间私下的两愿同性性行为不再违反法律。

鸡奸的合法化

现在,从法律中也可以看到社会对同性爱者看法的改变。1986 年,按照 36 个州的法律规定,成年人私下两愿同性爱行为不作为犯罪。在 24 个同性爱行为仍然是非法行为的州,刑罚从轻罪罚金到重罪判刑不等。由于大多数同性爱行为是私下进行的,受到美国宪法搜查与扣押条款的保护,实际中只有极个别同性爱者被捕。所以看起来,成人之间两愿的同性性行为大体上不再受到法律的限制。

1982年,麦克尔·哈德威克(Michael Hardwick)因为和另一个人口交——这种行为在佐治亚州受到禁止——而在亚特兰大被逮捕。该州没有起诉他,但毕竟哈德威克案挑战了该州的法制。当这个案子于1986年交给高等法院时,法官以5:4的比例支持关于鸡奸的法律合乎宪法,至少可以适用于未婚者。怀特法官(Byron White)代表多数的一方争辩说,宪法对隐私的保护并不意味着它适用于任何的性行为,包括同性性关系。他说,不管他们是否"明智或愿意",同性爱行为"在美国最初的13个州批准《权利法案》的时候是被禁止的"。布莱克门法官(Harry Blackmun)反对他说:"如果个人选择如何处理最亲密关系的权利被剥夺的话,那将是对深深植根于我们民族历史中之价值的威胁,这种威胁远比容忍那些与我们不同的行为更为严重……"(Church,1986,p. 23)。一项1986年的盖洛普民意调查显示,51%(男性54%,女性47%)的人支持高等法院的决议。

尽管法院谨慎地没有对异性性行为中的鸡奸表态,但这项判决已然暗示,有自主意志的成人之间在私下不能自由地选择所有他们希望的、但被法律禁止的性行为。这项决议是同性爱权利运动的一个严重挫折。而它是否也威胁到对异性爱者隐私的保护(这是避孕和堕胎的法律自由的基础)仍有待观察。

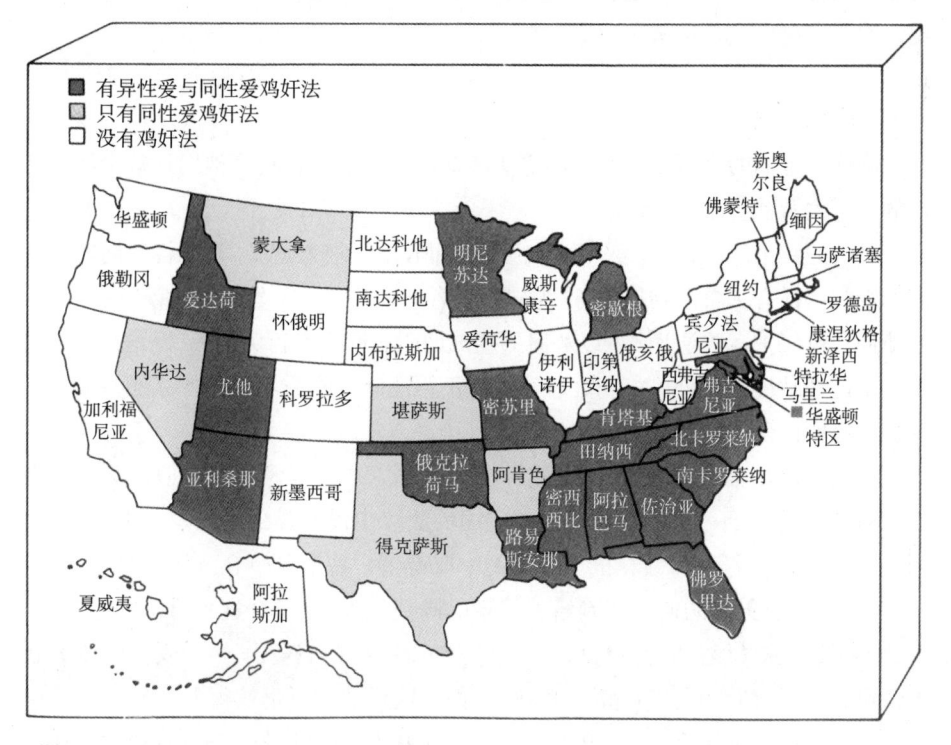

图 23.7 美国各州有关鸡奸的法律设置情况

然而，法律对公共场所的**教唆**（solicitation）和**不务正业**（loitering）行为是有所规定的。大多数同性爱者就是因为这些原因被捕的。根据20世纪60年代后期的一项研究，洛杉矶地区被捕的同性爱者中，90%~95%有教唆和不务正业行为（Hoffman，1968）。《加利福尼亚刑法典》第647条这样规定：

> 647. 扰乱社会治安的行为作为轻罪
>
> 下列行为扰乱社会治安，行为者犯有轻罪：
>
> （a）在公共场所，或向公众开放场所，或公众视力所见场所作出或诱使他人作出猥亵或放荡行为；
>
> （b）在公共厕所，或者在其附近不务正业，企图作出或诱使他人作出任何猥亵、淫荡或非法行为。

上述法律条文中没有对男女同性爱者作出区分。但事实上，女同性爱者在法律上不受追诉。例如，1930年到1939年，纽约市只有一名女同性爱者被判罪。相比之下，同期被指控为同性爱而被判罪的男性有700人，数千人因公开猥亵、教唆，或其他同性爱行为被起诉（Kinsey et al., 1953）。金赛认为有几个因素造成男女之间的这种差异：男同性爱者较多，更会产生公开猥亵这样的行为；相反，社会不太了解妇女活动，较少为其同性爱行为所冒犯，因而对女同性爱者较为宽容。在人们看来，女同性爱者不像男性，不具有诱奸或调戏青少年的危险。一些调查研究像杰勃哈特所做的那样，也没有为对男同性爱者的恐惧找到证据，同性爱者调戏青少年的可能性不比异性爱者更大（Gebhard et al., 1965）。

歧视与偏见

同性爱者们的生活不仅受到高等法院裁决的影响，也受到他们日常生活打交道的普通人及社会制度的影响。

过去的几十年里，同性爱权利在很多方面取得了很大进步。现在性取向就像种族和性别一样有了自己的地位，这为同性爱者在住房、工作及其他领域遭受歧视时给他们提供保护。军方仍然可以解雇那些被证明有同性爱行为的人，但是在联邦法院裁定这种歧视侵犯公民权利之后，他们不再能够开除或者拒绝征召那些仅仅承认自己有同性爱倾向的人（Henry, 1988）。

在同性婚姻合法化方面，同性爱者进展不大。跟瑞典不同——在那里，同性婚姻享有和普通婚姻一样的权利——在美国的法律中没有类似的规定。无疑，男女同性爱者已经在养育和领养孩子的案例中取得了一些胜利。在圣地亚哥，一位法官将一名16岁男孩的监护权判给他父亲的同性情人，这符合这个男孩的愿望，尽管他的母亲反对（《纽约时报》，1987年11月6日）。在旧金山，一对女同性爱者获得许可，领养了两个女孩（Dullea, 1988）。但是这样的例子仍然很少。

法律规定很可能反映了主流的民意。在过去几十年里，公众对同性爱之合法性问题的态度有显著的转变。1986年的盖洛普民意调查显示，支持同性爱合法的比例从1977年的43%下降到1986年的33%，那些认为成人间两愿的同性性关系不应该合法化的比例从43%上升到54%。这个发现反映了公众对同性爱敌意的增长。这也被日益增长的对同性爱者的暴力攻击["殴打同性爱者"(gay bashing)]所印证，这可能已经成为仇恨引起的暴力事件中发生最为频繁的一种。

图23.8 1933年，纳粹党徒火烧了赫什菲尔德的图书馆。赫什菲尔德是一名性研究者。1903~1904年他曾进行过同性爱者的统计学调查，但最终被禁止。男女同性爱者是最初被纳粹关进集中营的一批人，其中有50,000人被杀害。

对同性爱仇恨的增长主要是因为艾滋病的流行。在可预见的将来，艾滋病问题的发展可能对同性爱合法地位产生更大的冲击。

23.4 对他人的性侵犯

显然，对人身的性罪错，需要在法律上有所规定。但是，保护罪犯权利，防止罪错行为，什么样的法律最为理想呢？

强奸罪

按照普通法的解释，强奸罪是男性未经同意，与其妻子之外的女性进行的非法性交。法定解释常常用"通过暴力，违反她的意志"这样的措词，但强奸不需要，也不总是包括暴力。以暴力相威胁，或在妇女无法同意（如喝醉或失去知觉）的情况下与其性交也同样能构成强奸罪。如果受害者低于法定年龄，那么非法性交行为就称为**"法定强奸罪"**，"同意"就不作再为这个犯罪定义的要素之一（第19章）。

人们对强奸的看法各不相同。有人带着相当平和的眼光来看强奸，也有人强烈谴责强奸。撒克逊人的法律规定强奸是死罪，英国普通法一般把强奸当做重罪。这个英国传统被带到了北美各殖民地。殖民地中，马萨诸塞州1649年最早在成文法中禁止强奸："任何人强夺少女或单身妇女，使用暴力，违反其意志，与之发生肉体关系，判处死刑，或按照情节判处重刑。"(Commonwealth v. Chretien, 1981)其他一些

专题 23-3
对不当性行为的惩罚 *

法律依靠人们的自觉遵守来得到拥护，依靠惩罚来施行。当一个社会不赞成某种行为时，就会对它强制进行惩罚。实际上在性压制的社会和性宽容的社会之间，并没有多少关于性法律条文和性伦理上的差异，它们的差异在于它们在执行规则方面有多严格。

在各种文化中，受到最严厉惩罚的性行为是乱伦、通奸和强奸。几乎所有国家都禁止父母和子女之间的性关系(只有很少的历史事件有过例外)。兄弟姐妹之间的乱伦也被普遍禁止。但是除了核心家庭之外，对于有血缘关系的人能否结婚的规定，不同国家、不同历史时期各有不同。无论怎样定义它，关于乱伦的惩罚通常都是处死。东非的甘达人(Ganda)会溺死罪犯；阿兹特克人(Aztecs)和越南人会将他们绞死；据报道厄瓜多尔的卡亚帕人(Cayapa)用蜡烛将他们慢慢烤死。

通奸和强奸是更常见的犯罪，对他们的惩罚差异很大。强奸的禁律通常是用来保护本集体内部的女性的——敌方的女性则通常可以随意处置。涉及本群体中的女性时，在大多数社会里强奸都被认为是一种很严重的犯罪，罪犯会受到严厉的惩罚，包括死刑。有时罪犯只是被奚落一番或者受到象征性地处罚。一般强奸一个已婚妇女比强奸一个没有丈夫的女性，罪行更加严重。

不同文化对通奸关系的容忍也非常不同。但是，一个已婚的人明确可以和谁发生性关系，不可以和谁发生性关系，一旦这个界限清楚了，违反规则者会受到很严厉的惩罚。因此大多数文化都不支持通奸，但是通奸包含哪些行为，这一点需要明确。

《圣经》通过第七条戒律禁止了通奸(《出埃及记》20:14)，它把通奸定义为和别人的配偶发生性关系——而不是别人配偶外的任何男人或女人，我们现在也这样解释。

非两厢情愿的通奸会导致耻辱、丑闻和离婚。它违反了结婚誓言，侵犯了配偶的自尊和名誉。由于传统上男人对婚姻关系有更强的"所有权"，有更大的权力，因此通常一个犯有通奸罪的妻子比丈夫受到的惩罚更重。

《圣经》对通奸的惩罚是用石头砸死。被冒犯的丈夫有权力杀死妻子和她的情人，或者给他们造成身体上的毁伤(比如，割掉他们的鼻子，或者阉割那个男人)。

越南人用经过特别训练的大象将犯罪的女性踩死。在夏延(Cheyenne)部落里，犯通奸罪的女性可以被丈夫所属军事机构中的男性群奸(除了她的亲戚之外)。其他地方的惩罚措施还有在处死前要受到鞭打。罗马人会在男子的肛门里插入一个多刺的鱼头；祖鲁人(Zulu)将一段仙人掌插进女性的阴道里。西非的伊博人(Igbo)惩罚酋长妻子的通奸行为时，让她当众和情人性交，同时将一根尖木头刺入那个男子的背部，不断敲打，直到它穿透那个女人的身体为止。

所有的法律都是为了维护高尚的道德原则，并阻止犯罪。但是正像这些行为所表现的那样，它们可能变成发泄某些虐待欲望的工具。

* Based on Gregersen, E., *Sexual Practise* (1983) and Ford, C.S. and Beach, F.A., *Patterns of Sexual Behavior*, 1951.

文化也都严格惩罚强奸行为(专题 23-3)。

现在对强奸罪只判处有期徒刑。例如，加利福尼亚州对强奸犯，视情节轻重，只判处 3 年、6 年或 8 年的有期徒刑(《加利福尼亚刑法典》，第 264 条)。尽管如此，如果承认了犯罪多次,或使用了武器,或对受害者施以巨大的身体伤害,判决会更长些。有一份研究报告根据1976年到1977年的判决数据表明,美国全国被判刑的强奸犯平均服刑期是52个月(*National Law Journal*,1981)。

强奸案中一个主要问题是如何认定**"同意"**(consent)这个要素,而"同意"反过来又与女性的性格和性动机有关。很能说明问题的是法庭审理强奸案一直被称为"男的审判,女的遭难"(man's trail,woman's tribulation)。许多妇女事后没有报案,其中一个道理就是希望摆脱这种困境。现在有关的法律实践和观点正在改变,但症结仍然悬而未决*。

按照传统的法律规定,法院通常要求受害人必须尽最大努力反抗,以作为强奸违反她本人意志的证据。"面对想象中的体力优势,仅仅作出巧妙的让步是不够的……必须尽最大努力反抗。"(King v. State,357 S. W. 2d 42,45)法律对强奸罪的这种规定比较独特。例如,如果有人遭到抢劫,法律并没有规定他必须作出反抗;而女性遭到性攻击时,必须想尽办法反抗,表明她的拒绝意思,直至最后因暴力、筋疲力尽、害怕死亡或身体重伤而屈服。可以用一个有趣的例子解释强奸和抢劫之间的这种差异。大家知道,谁都不"愿意"丢失钱包,不过女性身体受到虐待,内心却可能潜藏着愿献身于攻击者的意愿。

最近,有关强奸罪的法律做了很大修改。受害者不大可能再承受那种耻辱,而那恰是过去强奸案的特征。警察与受害者接触时更加小心谨慎。一些州如纽约州成立了特别调查小组,由妇女担任成员,既提供咨询又搜集证据,两者结合。一些州仍然接受妇女的性档案,但多数州对此作了种种限制。同样,总的趋势是:尽量或者干脆不再规定妇女必须做出抵抗,承认妇女出于害怕,四肢无力,会失去抵抗能力。不应期望妇女忍受强奸痛苦之外,再冒人身被伤害的风险。例如,密歇根州法律对强奸罪的规定直截了当,受害妇女"无须反抗"。加州1980年取消了关于反抗的法律要求。另外,多数州不再接受有关受害人曾经与他人有过性关系的证词。

严惩强奸罪可能会产生难以定罪的结果。因此经常有人提出,如果不严惩强奸犯,就会有更多的人犯罪,因此法律能起到很好的威慑作用;另一方面,如果惩罚更严重一些,就会减少强奸案发生。

法院也必须考虑到被告的权利。有人会被误控强奸。在既无挣扎又无伤害的情况下,实际事实就取决于妇女提出的对他不利的证词。加里·道森(Gary Dotson)被判犯有强奸罪,被判入狱25~50年。六年后原告放弃了她的证词,并承认她那时说了谎,因为那时她怀上了男朋友的孩子,并希望隐藏事实。她对那个"强奸犯"的描述在某些程度上很像道森。尽管道森随后在缓刑期间被释放,但是仍然有人怀疑他的清白。这个案件非常棘手,因为它会被用来怀疑强奸受害者的证词的可靠性。对不公正处罚无辜者的恐惧可能会使得真正的罪犯逍遥法外。

另一个有争议的问题是,犯罪嫌疑人能否被允许或者在多大程度上被允许为自己辩护说,是受害者的挑逗行为引起了他们的攻击。

*有关强奸审判的法律程序见Lasater(1980)。Brownmiller(1975)详细探讨了法律体系加诸受害者身上的艰辛。

1977年，威斯康辛州麦迪逊发生的一起案件中，有位少女在学校楼梯口被一名学生强奸，法官对罪犯从轻处理，判处缓刑。法官认为被害者有挑逗性动作，"不管妇女愿意与否，她们总是性对象。我们能否仅仅因为一名15岁左右的容易受到影响的少年对她们做出正常反应，就把他抓起来，给予严惩？"（《纽约时报》，1977年5月17日）经过投票决定，这个法官被解除了职务，现在人们大多认为这样看待问题太欠考虑。

图23.9 当受害人在生命受到威胁时为保全性命而被迫接受强奸，但这并不意味着受害人内心渴望被强奸。

婚内强奸

有关强奸罪的法律最近针对**配偶独享制**增加了一个重要内容。根据英美的普通法，不能判一个丈夫强奸他的妻子；马修·黑尔（Matthew Hale）爵士关于这个原则的阐释非常经典："丈夫不能因为和他妻子之间的性行为而被判强奸，因为根据他们对婚姻的许诺和契约，妻子已经把她的这一方面交给了她的丈夫，这个她不能收回。"一般总是推定婚姻完全认可两性亲昵行为，妇女只有解除婚姻关系才可以拒绝。到1980年6月，有37个州不承认在夫妇同居时，妻子有权利对丈夫提出强奸指控（但如果他以暴力调戏，妻子可以以伤害罪对他提出指控）。

现在有10个州允许起诉丈夫强奸他的妻子。其中8个州的立法机关拒绝废除婚内强奸（佛罗里达、堪萨斯、马萨诸塞、内布拉斯加、新泽西、俄勒冈、佛蒙特和威斯康辛），另外两个州（纽约和佐治亚）法院已经废除了这个原则。

在免除婚内强奸的那些州里，婚内强奸的含义取决于婚姻的稳定性。有的州判定当事情发生在夫妻双方分居时婚内强奸成立；有的州则是当双方被法定分居时有罪；有的州是一方已经提出解除婚约、分居、离婚或维持在分居状态时有罪；有的州则是当最终离婚后才有罪。

马萨诸塞州是第一个认定丈夫强奸妻子的州。该州审理的这起案件中，夫妇正在办理离婚手续，丈夫强行闯入妻子家强奸了她。如果妻子与丈夫同居时被强奸，问题就比较复杂。俄勒冈州里德奥特案（Stave v. Rideout）是第一起这种性质的诉讼案，引起全国的关注。丈夫被妻子控告强奸，但被判无罪；判决后不久双方和解；后来他们又分开了。

法律认为，妇女不可能强迫男性与其性交，因此法律不保护男性免遭异性强奸（尽管一些法律使用性别特征中立的词"配偶"来代替"丈夫"或"妻子"）。但事实上有些男性也会被女性强奸(第19章)。同样,法律对强奸罪的规定不涉及同性爱攻击行为,这种行为在针对鸡奸罪的法律条文中有所规定。现在许多州,包括加利福尼亚州颁布了有关法律,用中性词对强奸罪下定义,以便于同样适用于同性爱者的强奸。

对青少年的性侵犯

成年人和儿童之间所有的性关系都不能为我们的社会所接受(第8章与第14章)。与此有关,法律禁止以下两种行为:同已过青春期(postpubescent)但未达到法定年龄的未成年人之间的两性相互作用,以及对前青春期(prepubescent)儿童的性虐待。

法定强奸罪

法律禁止任何人同未达法定年龄的未成年人性交。大多数州规定的法定年龄在16~18岁之间。法定强奸罪中的法定年龄可以小至12岁(如北卡罗莱纳州)。但男性同不到16岁的少女性交,仍然犯有"对儿童有下流举动"的轻罪。尽管绝大多数成年罪犯都是男性,多数州(不包括加利福尼亚州和纽约州)都使用中性词对受害者和罪犯下定义(第19章)。

妇女同男性未成年人性交受起诉的案例比较少见。1978年,新墨西哥州高等法院在上诉中推翻了地区法院的判决,该判决认为一名23岁的妇女和一名15岁的男孩之间的性交是被允许的(《旧金山纪事报》,1978年2月26日)。

在对加利福尼亚州的强奸法律的一次挑战中,最高法院确认加州的法律符合宪法精神,尽管加州法律明显地歧视男性,因为男性罪犯本人不一定必须是成年人。在另一起最高法院受理的案件中,16岁的女孩与17岁的男孩发生了性关系。女孩父母指控男孩,这个未成年人因此被捕。法院以5票对4票作出裁决,认为这样的歧视是正当的,因为男性不必像女性那样承担怀孕的后果(Michael, M. v. Superior Court, 450 U.S. 464, 1981)。

这方面的法律规定反映了成年人对少年儿童的性虐待和利用引起了社会的关注,同时也反映了这样一个基本推定:未成年人不应有性行为。这个推定也许不符合实际情况。如何确定这些年龄界限,为什么要做变动,问题本身总不为人们所了解。例如,1889年加利福尼亚州将法定年龄从10岁提高到14岁,1897年提高到16岁,1913年提高到18岁,一直保持到现在。与此同时,青春期年龄都在降低,青少年有了更广泛的性自由。因此法律推定16岁至17岁的女性没有同意的行为能力,似乎就不能同她们享有各种具有同样社会意义的自由(如取得驾驶执照)保持一致。

把生物成熟同随意制定的年龄界限分开可能会让男性被那些长相老成以致掩

想一想

应该将那些被证实有罪的强奸犯终身监禁吗?你是什么意见?

盖实际年龄的姑娘所欺骗。现在考虑的这些因素过去是不能作为抗辩手段对抗法定强奸罪的指控的。但现在,大多数州规定,男性合乎情理地相信某一女子超过法定年龄,与其发生性关系,不再被认为是犯罪行为。有些州法院在定罪时也会考虑有关的少女淫乱和妓女身份。

调戏儿童

对少年儿童的性侵犯行为在美国各个州都受到严惩,《加利福尼亚刑法典》第288条在这方面具有代表性:

> 故意对不到14岁的儿童,或对其身体任何部位有任何猥亵或淫荡举动,包括本法典第一部分规定构成犯罪的任何举动,企图勾引、刺激或满足本人或儿童的欲望激情或性欲者,犯有重罪,在本州监狱服刑3年、5年或7年。

与未成年人乱伦是另一种调戏儿童(child molestation)的行为。各个州都把乱伦视为犯罪行为,严格禁止。一般都通过**血亲法**(consanguinity law)的有关规定,限制近亲通婚和性交(将近半数的州也禁止堂表兄弟姐妹间通婚)。

血亲法的依据来自《利未记》。尽管过去在英国普通法里乱伦不是犯罪,但是从1908年起它成了一种罪行。各个州禁止乱伦的法律内容很不相同。这些法律同时要达到两个互不相关的目的,有时会使人迷惑不解。这两个目的是:防止亲属间近亲通婚和防止对儿童性虐待。例如,一条很有代表性的法律这样规定:

> 乱伦罪:故意与长辈或晚辈、血亲或半血亲兄弟姐妹,同血亲叔舅、姨婶、外甥侄子、外甥女或侄女结婚或性交者,构成乱伦罪,属第五等重罪。

> 严重乱伦罪:(1)与非婚生子女、继子女或养子女性交(与继子女或养子女合法结婚者除外),构成严重乱伦罪,属第四等重罪。

美国法律对乱伦罪的刑罚,一般是有期徒刑10年,但有些州(佐治亚州和内布拉斯加州)最高刑期达20年。父母与子女乱伦这个比较特殊的问题将进一步通过法定强奸罪解决。

妨碍公共利益罪

没有正当理由地赤身裸体或企图窥视他人裸体的行为侵犯了他人的隐私权,被视为冒犯行为,为法律所禁止。对**窥阴癖**和**露阴癖**的法定解释同色情品中这些词的广泛含义有所不同。按照法定解释,所有窥阴癖者和露阴癖者实际上都是男性。法律对女性裸体作出的规定是出于禁止淫猥的考虑,而不是禁止展现。

现在,法律对**裸体**(nudity)相当宽容。人们可以不受限制地在天体营或隐蔽的庭院晒日光浴,法律禁止的是公开暴露自己、侵犯公共感受的行为。

在裸露侵犯案例中,男性露阴癖者("曝光者")占了很大比例。在有案可查的性侵犯者中,这些人几乎占了 1/3。露阴癖者伤害了妇女儿童,使他们胆战心惊,但这些人一般地讲没有身体接触的调戏行为。因此,《加利福尼亚刑法典》第 314 条规定,这种冒犯行为是轻罪,但屡犯以后就构成重罪。也有人就关押这些冒犯者是否合适提出质疑。

23.5 有关性商业利用的法律

卖 淫

正如我们之前谈到的(第 18 章),按照罗马法的解释,卖淫是不加选择、没有乐趣、有代价地提供本人身体。这个词包括含义较广的两性相互作用,根据不同人和不同社会水准,有不同含义。

卖淫在美国是非法行为,只有内华达州除外,该州人口不足 25 万的县级地方可自主选择是否准许卖淫。这项规定让卖淫在内华达州的两个主要城市——拉斯维加斯和里诺变成非法行为。尽管在这些城市发生了无数起卖淫事件,不过法律会加强它们作为"罪恶之城"的恶名,并且可能吓跑一些观光者,冒犯一些习俗。

多数州法律规定卖淫是轻罪,判入狱 90~180 天。一般是罚款或关几天监狱,结果就形成了"旋转门模式"。逮捕犯人的记录墨迹未干,妓女出来又重操旧业,把罚款当做卖淫的一部分开支。

现在,成文法用中性词为卖淫所下的定义并不仅仅限于性交。例如,加利福尼亚州法律禁止为"金钱或其他目的勾引他人或做出任何淫荡行为"(《加利福尼亚刑法典》,第 647 条)。被指控的常常不是卖淫,而是"拉客"这种轻度犯罪。按照纽约州法律,在公共场所或者附近,不务正业的行为是非法的:

> 凡以卖淫或招待嫖客为目的;驻定公共场所或在附近闲荡,不断招呼行人,拦截行人,或不断地企图拦

图 23.10 内华达州的妓院妓女

截行人，与其搭话；拦截或企图拦截机动车辆，干涉他人自由通行者，犯有轻罪（《纽约州刑法典》，第240.37条）。

妓院老板（靠妓女收入为生）和拉皮条者（性交易的中间人）在所有的州都受到严惩。对这些犯有重罪的人通常判处有期徒刑，最高刑期从4年到10年。引诱儿童卖淫是更为严重的犯罪行为。

最不受法律影响的是顾客（妓女称之为"嫖客"）。有些州规定，狎妓不是犯法行为，即使有些地方禁止卖淫，也很少逮捕顾客。例如，曾经有一段时期，明尼阿波利斯市警察逮捕了518个妓女，但只抓了141个嫖客。这样做是考虑到嫖客可能是已婚者，或是体面人物。对他指控将是一种严惩，与他的身份很不相称，而妓女的名声则不受影响。且不讲这样做是否公正，经验表明，对嫖客采取严厉措施，其威慑作用更为有效。然而警察的努力遭到一些人的反对，这些人在商业上享有利益，他们提出的理由是，这样做不利于旅游业和正常商业(Kaplan, 1977)。

如果要根据能否根除卖淫来判断法律对卖淫的规定是否有效的话，那么显然，法律没有见效。据估计，以卖淫为生的妇女达10万，还有些人数量不定，只是偶尔卖淫。如果没有这些法律，我们的生活能否过得更好些？对这个问题，人们无休止地进行辩论，仍然毫无结果。

那些赞成维持法律现状的人也认识到法律有所欠缺。但他们认为现行法律比其他选择更有可取之处。其他的选择有**非罪化**(deeriminalization)，即对淫媒等有关非法行为的刑罚予以保留，但取消对卖淫的刑事制裁；**完全合法化**(legalization)，即解除所有对卖淫的法律约束；**规范化**(regulation)，即由各个州对卖淫实施许可制度和其他管理规定（包括征税）。

反对合法化的论点

有些人从道德角度考虑问题，坚持认为卖淫是非法的。考虑到卖淫至多被视为是一种必要的罪恶，那么将其正式合法化的做法也就同社会伦理道德背道而驰了。还有人把卖淫比做奴隶制（**白人奴隶制**），被剥削的妇女地位卑贱，为环境所迫，沦为俘虏。因此不可能在人们的良心不受谴责的前提下把卖淫合法化。人们担心的是，一旦解除法律约束，卖淫将更加泛滥成灾，通常与卖淫相关的行凶抢劫、滥用毒品等犯罪行为和性病也会随之增加（不过欧洲的一些国家，如荷兰，在宣布卖淫合法化之后并没有出现上述现象）。

另外还要考虑到将卖淫合法化会潜移默化地影响那些穷困潦倒、依靠福利救济为生的妇女。人们只要有可能，就不应该在经济上依靠政府，如果考虑到大多数人都有这种想法，卖淫一旦合法化，各种社会力量就会迫使这些妇女卖淫，因为卖淫有利可图。"内华达母亲之幸福"(the Welfare Mothers of Nevada)组织提出的申诉就有这样的意思(Kaplan, 1977)。

对卖淫实行管制,就有关营业执照、健康、税收等问题,不可避免地要采取某种登记形式。考虑到性所承载的价值和"出卖"自身的耻辱,即使妇女能够合法卖淫,妓女仍然为社会所唾弃,因此办理登记手续对卖淫妇女今后的生活是很大的耻辱。不少妇女只是暂时从事卖淫,以后还要结婚或从事其他体面的职业,不管是哪种情况,正式登记做妓女,从良以后很有可能会碰上麻烦。

赞成合法化的论点

那些赞成合法化的人试图开诚布公,现实地对症结所在作出评价。我们曾引用《沃尔芬登报告》来说明同性爱问题,该报告在谈到卖淫时作了如下评价:

> 我们相信,在道德家、社会学家和大多数人看来,卖淫是个令人哀叹的社会问题。但卖淫在历经许多世纪、许多文明时代之后依然存在。通过压制性法律彻底消灭卖淫未能达到目的,这说明通过刑罚不能消除卖淫。如果没有需要,妓女就不会再存在下去,这是个事实。正是因为男人离不开妓女,卖淫这个行业才能兴旺不衰。有些妇女并不是出于经济需要才选择妓女的生活方式,这也是事实。只要这些仍然符合实际情况,卖淫就会存在,无论制定多少法律来根除卖淫,都不能达到目的。

从道德观点来看,法律不禁止某种行为并不意味着社会对此采取纵容的态度。与妓女性交产生的人际关系的质量有待提高,这并不意味着从法律上讲有责任改善这种关系。对那些幸福如意地享受爱情生活的人来说,妓女并不具备什么竞争性;如果有人缺乏这种感情纽带,嫖妓对他们来说就暂时或经常地起到替代作用。至少对一些嫖客来说,唯有妓女可以为他们提供发泄性欲的机会。

卖淫对那些识字不多,从事非技术性职业的人有着特别的吸引力。有人担心,如果卖淫合法化,新的妓女会大量产生。但是在卖淫合法化的国家(如瑞典、荷兰和德国一些地区)似乎没有发生这样的情况。只要像现在这样,有强有力的道德、社会和心理约束,这样的情况在美国也不会发生。

性传播疾病的危险是真实存在的,现在由于艾滋病这个问题而变得更加紧迫。如果妓女继续按传统方式从业,那么通过法律的实施和监控,就像内华达的妓院所做的那样,实行更安全的性措施、常规药检和必要的治疗,情况就会有很大的改善。

管理,而非全面禁止,对于处理不同类型的卖淫问题是更合适的。例如,街头拉客的妓女会把她们自己和顾客置于危险之中。如果能够允许一种更好的卖淫方式(如执照妓院)来满足对妓女的要求,那么这种危险将能得以控制。

对现行法律持批评态度的人指出,法律不仅没能消除卖淫,而且还引起了其他一些问题。例如,当妓女被当做罪犯的话,那么卖淫的同时抢劫嫖客,也不会为她加重罪行。卖淫行业需要有人经营,因此就不可避免地会出现一些犯罪因素(包括有组织的犯罪)。这样妓女就会左右为难:一方面根据法律,她要被指控;另一方面,她

想一想

如果卖淫合法化了,你如何看待大学生在业余时间卖淫来支撑自己的学业?如果那些从高中辍学的没有技能,没有工作的人来从事卖淫,你是否更容易接受?

图 23.11 街头流莺。这些女性(包括一些变性和异装癖的男性)往往被迫或因为意外而沦为流莺,而她们也最容易成为被杀戮的对象。

又要受妓院老板的剥削和奴役。可以想象,如果卖淫能够合法化并被正确地管理,那么该行业就不会有那么多令人不快的特征。

人们从性病医生使用代理伴侣的经验中瞥见了这样做的可能性(第15章)。有人诋毁这种做法,把作为代理伴侣的妇女视作妓女,但是她们本人及提供这种疗法的人却不这么认为,也因此她们能够自尊自爱,顾客同她们相处完全不同于同妓女相处。

人们可能用抽象的语言讨论卖淫,而主要问题还是如何在实际中使妓女不在街上出现。英国规定卖淫是合法的,但拉客是非法行为。卖淫场所设在指定地方,门上挂着措辞得体的牌子使人一目了然。应召女郎开业也要谨慎从事。另一个办法是使妓院合法化,允许各个州保护妓女和嫖客(对妓院征税),这在很大程度上能够使妓女摆脱剥削,至少不完全依赖皮条客,总之,卖淫将成为又一个服务行业。

最后,有些女权主义者提出,妇女是自己的主人,如何处置自己身体(包括有代价地提供性便利)与他人无关(Millett,1973)。有人建议,为了防止妓女在摆脱皮条客的压榨之后又落入政府的剥削,应该实行卖淫非罪化,而不是实行政府管制。这种解决问题的方式本身又带来了问题。

色情品

在第18章中,我们曾尝试给色情品一个详细的阐释。这项重担最终落在法律身上;如果法律要禁止或者限制色情品,它首先要清楚地说明色情品是什么。

法律已经避免了从两个极端的角度看这个问题，即认为所有公开描写两性活动的内容既不全是、也不全都不是淫秽作品。法律反映了人们基于常识提出的看法，即有些作品健康地描写了两性活动，但越过某条界限，就成为色情品。问题在于如何辨别这条难以捉摸的界限。

近10年来，大众媒体(包括电影)中出现的性暴露程度超过以往任何时候。法院处理这个难题时面临两个基本问题：一个是**色情品对公共道德和安全可能造成的威胁**；另一个是**审查制度**，它威胁着我们受宪法保障的言论自由。

色情品的危害

正如我们在第18章讨论的那样，色情品的潜在危害有即时的，也有长期的。长期的危害是思想上对女人有施暴倾向以及对她们的歧视的可能性增加。但是目前就色情品对这样的性行为究竟有何影响这一问题，人们还没有达成一致。同时，也有其他一些评论家将色情品视为性别歧视的一种形式。

女权主义立法激进分子凯瑟琳·麦克金农和安德里亚·德沃金起草了一个反色情品的法律样本，它将强迫某人制作、传播和强给某人色情品及由于色情品的影响而导致的对别人口头或身体上的攻击都看做是对公民权利的侵犯。她们将色情品定义为"基于性的一种剥削的及从属的系统实践，它或多或少地伤害了女性"(Blakely, 1985)。

这个反色情品的法律样本已经在一些地方试行，并且正如我们要进一步讨论的那样，它或者被投票者否决，或者被法院推翻，通常原因是它太模糊并且会限制言论自由(Blakely, 1985)。例如，麦克金农—德沃金条例在明尼阿波利斯施行来限制色情品的制作和传播。这个条例允许个人因特定色情品直接造成的伤害而起诉该产品的生产商、销售商和展览者，这个法令最有争议的规定是其允许任何女性起诉任何色情品的传播者。其理由是色情品是对女性的剥削；它损害了女性工作和受教育的机会，并使诸如强奸、暴力和卖淫等行为猖獗(Brest 和 Vandenberg, 1987)。这个提议在明尼阿波利斯没有成为法律，但是一个类似的法令在印第安波利斯获得通过。美国地区法院联盟第七次会议推翻了这个法令，因为它违反了宪法第一修正案。尤其是该法令会禁止那些拥有较高文学、艺术、政治或科学价值的著作，它们根据"米勒诉加利福尼亚州案"而受第一修正案的保护。最高法院在1986年简要地确认了这个决议(Brest 和 Vandenberg, 1987)。

其他女权主义者和很多自由主义者反对这样的立法，不是因为他们支持色情品，而是他们害怕这种法律可能会危害来之不易的性自由，并会威胁到公民自由的基础。这个威胁就是审查制度。

审查问题

言论自由是民主自由的重要保障之一，任何干涉言论自由的种种企图都会导致压制持不同政见者。这方面的争议主要集中在怎样体现艺术表达自由,表明人们更加关心根本的政治问题。

西方文化中,各社会尽管对淫秽内容有不同的认识,并做了不同的努力,但是普遍都认为应该限制书籍中的下流内容。19世纪,社会各界热衷于审查制度,不仅反映了当时社会过分拘谨,同时也是对技术发展作出的反应,技术发展使得赤裸裸描写两性内容的读物能够得以广泛传阅(第18章)。

1873年,美国通过了《美国法典》第18篇第1461款,堪称对此种威胁作出的最具重大意义的回应。该法规定:故意邮寄、传播任何淫秽、淫荡、挑逗性不正派、污秽或有伤风化的读物都是犯罪行为。这个法律以"康斯托克法案"(Comstock Act)而闻名,因其通过部分是由于"纽约禁止罪恶组织"奠基人安东尼·康斯托克(Anthony Comstock)努力的结果。康斯托克是美国邮政总局的特别代理人,他通过邮局,用了8年时间,负责查收了203,238张图片和照片,销毁了重达27,548磅的书籍和1,376,939份函件、目录、歌曲和诗歌,所有这些都被认为含有淫秽内容(Kilpatrick,1960)。

近几十年来,最高法院的判决改变了这个趋势,对色情品作了新规定。近来第一个具有决定性意义的案子涉及一位纽约出版商和书商塞缪尔·罗斯(Samuel Ross),他因为违反联邦宪法,邮寄一些赤裸裸描写两性内容的物品而被判罪。法律判决时,把淫秽内容排除在言论自由范围以外,不受第一修正案保护,但同时法院采用了一些判断色情和缺乏社会意义的标准,对色情品和直露的性描写作出了区分。这些问题在1973年"米勒诉加利福尼亚州"一案中得到进一步解释,法院在此案中制定的标准现在成为这类判决的指导思想。对淫秽内容的标准解释是:

(a)一般人按适用的当代社会标准能否发现整个作品会刺激性欲;(b)作品是否冒犯性地公开描绘或形容有关州法律作过特定解释的性行为;(c)整个作品是否缺乏严肃的文学、艺术、政治和科学价值。

"色情"这个条件要有明显的色情意图才能满足(因此示威者举着标语,上面写着"奸污这个草案",从法律上讲,这就不算犯罪,而不管其是否犯有其他罪)。有关对象是**一般人**,而不是那些可能对这些问题反应过分敏感或过分迟钝的人。适用的是某一特定社会的标准,这样就可能在一些地方是淫秽内容,在其他地方则不是。

按照第二个条件,行为必须是**明显冒犯性地**(patently offensive)违反法律。各个州法律对此规定不能含糊不清,必须明确规定禁止的内容。第三个条件范围比过去宽,过去规定"冒犯性"这一条款必须完全与社会重要性无补,现在考虑的则是"整个作品"。因此,从宪法上讲,书籍不会因为扉页上引用伏尔泰语录就不成为淫秽印刷物。同样,也不因为书中有只言片语的淫秽内容,就对此书一笔抹杀。按照过去的条件规定,最伟大的世界文艺作品(甚至《圣经》)也可以说成是色情读物,因为书中有些段落可以被认为具有淫秽内容。

在最高法院所确定的符合宪法的范围内，各个州可以自由解释什么是淫秽内容。宪法允许各个州限制未成年人接触描写两性内容的读物，这些读物对成年人来说也许称不上淫秽。例如，在加利福尼亚州，"明知他人未到法定年龄，或没有合理谨慎地确定未成年人的真实年龄，故意向其传阅、出示任何有害读物，犯有轻罪"。

加利福尼亚针对"儿童色情读物"进一步规定：传阅儿童色情读物是重罪行为，判 2 年到 4 年的有期徒刑，或者处以 5 万美元以下的罚款。内布拉斯加已经通过一项决议，禁止儿童拥有色情品，其他一些州也开始有类似的提议。

我们必须知道，有关法律规定只是对公开的色情品而言，藏有或私下阅读淫秽读物不能构成犯罪行为(Stanley v. Georgia, 394 U. S. 557,1969)。但是这种隐私权仅仅限于家中，政府有权控制这些物品的流通，包括禁止通过邮寄传播（U. S. v. Reidel, 402 U. S. 351,1971)。

图 23.12 西班牙大画家戈雅的《裸体的玛雅》(*Maya Desnuda*)(上)。该画作完成于 1796 年，但在那个时候，这样一幅裸体画像被认为是伤风败俗的，于是哥雅又画了一幅穿着衣服的玛雅作为替代。

最高法院尚未就诲淫问题达成一致。在 33 个诲淫案中，最高法院法官提出的书面意见共包括了 121 种不同的观点。许多人对法院审理诲淫诉讼案感到失望。一些人从原则出发，反对从法律上干涉任何描写两性内容的自由，如果他们承认有必要限制色情品，也会遇到适用什么特定标准的问题。其他人对法律不能限制对他们来说如此公开的犯法行为感到失望。

总的来说，无论是法院还是公众都不再担心展览馆的绘画。相反，他们面临的问题是：色情品贩卖商卑鄙地在利用法院准许的各种自由。尤其令人沮丧的是，电视——这个美国人接触最广泛的渠道——节目中有时也出现了淫秽内容。

几乎每个人都同意总有某个层面存在问题。分歧在于法律应该怎样对付它。色情和审查制度是一对幽灵双胞胎，它们使女权主义者分裂成反色情品和反审查制度两个阵营。性教育者、研究者和临床专家都很矛盾。他们对色情品普遍的负面影响感到烦恼，然而他们又害怕反色情品的立法会"滑向审查制度的深渊(Lynn, 1986)"，被用做一种精英的武器，并剥夺性解放来之不易的胜利果实。

想一想

你如何设计一项反色情品的法律，使之既避免对女性的侵害，又能保护性表达的自由？

这个困境并不新鲜,它反映了我们对政府的各种态度。美国人常常希望个人自由和社会控制可以两者兼得。正如瑞典经济学家古纳·麦道尔(Gunnar Myrdal)曾经指出的那样,美国人会在说"谁都不能对我指手画脚"的同时,也在说"应该有法律来禁止它"(Stengel,1986)。

第 24 章

性与道德

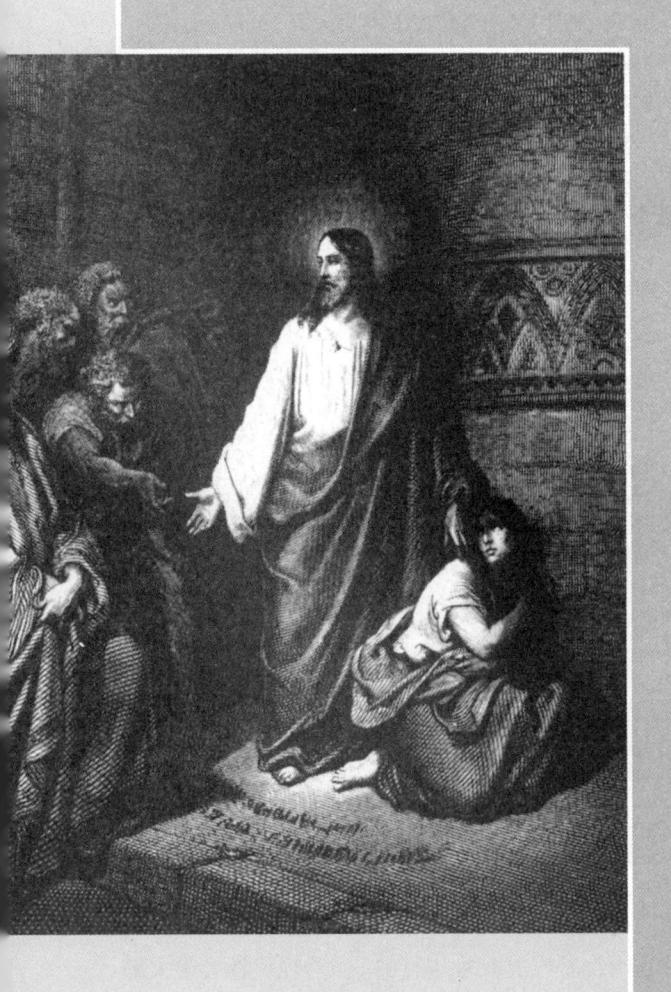

24.1 性道德的基础
24.2 保守主义道德观
24.3 自由主义道德观

甚至对那些已摆脱具有限制性的行为准则的人来说,性关系中的罪恶经验并没有消失。
——詹姆斯·M·古斯塔夫森(James M. Gustafson),美国基督教伦理思想家

有关道德的题目可能听起来会让你觉得乏味,但是没有什么事情能远离它的真理。本书的每一章可能都有会引起你强烈反应的内容——认为其或好或坏,或对或错。你可能已经将你自己的选择、经历和希望,与我们所研究的所有人类的可能性进行了对比权衡。如果这样,你的道德意识就已经在起作用了。

人们倾向于把性道德看做是一系列"你不许怎样"的说教。确实,一些道德准则已经被滥用去压抑性行为,但是它们也有助于保持性关系的公平、诚实和坚定。无论对一个个体还是一个社会来说,行为准则都保护着我们的自由和独立。如果某些道德法规经常性地被打破,那么这可能意味着它们已经失效——或者这也可能意味着我们需要一种更强的责任感。

道德(morality)和**伦理**(ethics)分别是从拉丁文"习惯"(mores)和希腊文"习俗"(ethos)中得来的。它们代表了判断个人行为和性格的对与错、善与恶的社会标准。道德就是"我们人类本质和经验的一个方面,这种本质和经验以个人品行、社会和文化的形式,为了个人和集体的利益而控制我们的自然冲动,指导并调节我们的行为和关系"(Gustafson, 1981, p. 484)。

责任是所有道德判断中极为重要的一个主题,它是建立在**自由意志**(free will)的概念之上的。如果我们的行动是自愿的,那么我们只能对我们所能控制的行为负道德责任。如果我们考虑行为的社会与生物决定因素,像自由意志这一类概念就显得格外错综复杂。这些影响几乎不给人们以自主性,但是在讨论任何有关性道德的问题时,我们仍然面临选择的问题。

不论好坏,道德方面的考虑都被认为是我们的社会和法律结构中的一部分。

24.1 性道德的基础

个人和集体是通过各种不同的方式作出道德判断的。但是从根本上说,这些判断不是基于宗教就是基于世俗之上:前者的基础是对上帝意志的信仰,后者则是对人的原则的推崇。虽然世俗道德和宗教道德起源于不同的假设,但是它们依然有很多相似之处,因为所有道德思考都是围绕着人类福祉进行的。虽然现代社会绝大部分已世俗化了,但是在美国,五个人中有四个人依然宣称信奉宗教。现在世俗思想尽管与宗教信仰同时共存,但是它已产生了强有力的道德影响。

世俗基础

道德哲学是一门涉及伦理问题的学科。其显著特征是,个别哲学家的思想是建立在通过抽象理论发展而成的某些有关人的本质和公共利益的假设基础之上的。例如,对亚里士多德来说,指导伦理行为的是防止极端和坚持"中庸";康德的"绝对命令"则重述了"黄金律"的原则:"已所不欲,勿施于人。"

在现代世俗社会里,尤其是那些已破除了传统道德的社会,道德戒律的基础比较多地分散在政治思想领域之中。例如,在西方民主社会中,个人自由和个人责任是指导原则;在共产主义国家,道德是建立在马克思列宁主义的个人应对社会负责之原则基础之上的。

当社会学家和心理学家探讨诸如观念和价值的问题时,他们提出了一些道德哲学家已在考虑的问题。他们的研究对性道德的问题具有深远意义,因为人对于行为因果关系的经验知识,于伦理问题无疑有重大的关系。例如,如果能有把握地确定婚前性行为对婚姻幸福的影响,我们便可以判断婚前性行为到底是不是对的。同样,人类学家和历史学家的洞察,为我们提供了各种文化和各种时代的比较道德,以帮助我们更好地理解当今我们自己对性的种种道德观。

动物行为学家和社会生物学家对**利他主义**(altruism)的进化研究,为道德领域作出了最新的贡献。有许多例子可以表明,在动物世界,一个群体中的成员总是会互相帮助,尽管在帮助过程中有时可能会危及它们自己。公海豚围绕着正在生育的母海豚,使它们免遭鲨鱼的侵袭,如果有一个受了伤,其他的海豚就把它推到水面让它呼吸(Wilson,1975)。如果一个被饲养员抱着的猴子发出惊恐的声音,猴群就会向饲养员发起袭击。这些看似利他主义的行为,被认为是最基本的利己主义,这些动物为了群体牺牲自己,间接地保护了它们自己基因的生存,这种基因与它们亲属的基因相同。当士兵们为自己的祖国战死时,当父母忍着饥饿喂养子女时,他们究竟会在多大程度上像利他的动物一样行事呢?

宗教基础

宗教和世俗道德规则之间有两个最根本的区别。世俗方法依赖于**理性**(reason),而宗教方法依赖于上帝的**启示**(revelation)。前者的基础是哲学思考和经验观察,而后者的基础是信仰。根据世俗的观点,人类的幸福是道德法则的最终目标;可以用不同的途径去理解这种幸福所必需的条件,其重点可以是个体利益,也可以是集体利益,但在所有情况下,"人都是尺度"。然而根据犹

图 24.1 亚伯拉罕献祭体现了基督教道德的神本位

太—基督教的观点,上帝是尺度;所有包括人类幸福在内的其他考虑都是次要的。宗教观点既没有忽视理性,也没有忽视人类福祉,只是把它们视为忠于上帝的辅助物。

虽然道德判断似乎有些绝对,但是对和错时常是依赖于一个统一体的。尽管如此,为了强调这个问题的道德选择,我们将通过对比两种观点——**保守的**和**自由的**——来讨论性的道德感。我们首先阐述每一派别的主要论点,然后提出赞成和反对的论据。几个世纪以来对这些问题的争论仍然没有耗尽各种支持与反对的论点。本章的目的既不是对这些争论进行综合总结,也不想裁定谁胜谁负,而是启发个人仔细考虑,然后使你得出自己的道德结论。

24.2 保守主义道德观

那些坚持保守主义观点的人赞成传统的道德信条,他们竭力"保护"在过去已经被证明是正确的道德观。在基督教的教义中,保守主义观点的代表是以天主教会和福音新教徒为首的各种正统性价值的捍卫者。然而,性保守主义未必一定是宗教的或维护传统观点的。

保守主义者是专制主义绝对论者(absolutist)。它预先为人们规定了行为准则。某些性行为被视为是正确的,其余的则全是错误的;个人无权怀疑构成道德判断的基础的正确性。这种专制主义的方式依赖于颁布指导行为的特别规则。因此,保守主义倾向于法制主义。这种道德观体系完善,它们对性行为有明确的规定。

保守主义道德观一般限制性行为的范围。其特征是,认为婚姻关系中的异性性交是唯一在道德上可以接受的性行为方式。有人会指出,保守主义的道德原则并非是限制性的,恰恰相反,它是自由的,因为它们通过预防非道德性行为的放荡,来允许充分表现性能量。为了更好地理解保守主义道德观对行为的适用性,我们把眼光主要放在天主教教义上,天主教会对这些问题的论述已有几个世纪的历史了,并且声称对这个问题有清晰恒定的看法。

目前,天主教会对性的最有权威的论述是教皇保罗六世(Pope Paul Ⅵ)在1968年发布的通谕《论人生》(*Humanae Vitae*)(专题24-1)。罗马教皇的通谕(encyclical)是对天主教会的教主和信徒讲演某一个特别问题的一种教皇信札。罗马教皇的各种通谕是牧师的工具,但并不是正式论辩的神学文件。然而,它们在正式的传教中却具有重要的地位。

虽然保罗六世主要讲的是避孕问题,但是也论述了所有性行为的基本道德标准。性是"极乐"的源泉,但结婚只不过是"诚实善良的"性经验的合法化。婚内性活动起了两种关键的作用——**生育**(procreative)和**结合**(unitive)。生育的方面涉及怀孕和抚养孩子;结合的作用包含了所有以"相互真诚的爱情"为基础的丈夫与妻子间的结合,及志愿为人父母的崇高责任。这是上帝规定的一种"婚姻所固有的结合与生育的重要的不可分离的连接点,而且丈夫不可以主动打破这种连接点"。性在这两方面的联结不仅普遍存在,而且存在于每一个性交行为之中,这种性交行为"必须保留生养人类后代的自然潜在力"(《论人生》,1972)。

依照这种道德观点,避孕的所有企图和非生育性行为的任何形式都是不能接受的,因为它们没有达到生育的目的。但是在婚姻关系中,并不排除所有缺乏再生育潜在力的性交活动。例如,对于丧失生育能力的男男女女(其原因并不是他们造成的)来说,他们的性交活动完全是合法的。这同样也适用于怀孕的妇女,或者是

专题 24-1
论人生(节录)*

婚姻之爱的特征已被清楚地阐明,这是正确评价它们的最关键之处。

这种爱首先是完全充满人性的理性和心灵的复合物。然而,它不仅仅是自然本能或者情感冲动的问题。它首先也是自由意志的行为。这种自由意志的动力不仅可以确保这种爱能忍受日常生活中的喜怒哀乐,而且可以使这种爱不断增长,这样就可以使夫妻们心心相印,共同完成人类的义务。

这就是爱的一切——丈夫和妻子在这种非常特殊的个人关系的形式中共享一切,没有不合理的例外或者只考虑他们自己的利益。任何真正爱自己伴侣的人不仅因其有所获得而爱,而是为了伴侣自己的缘故而爱她,并且愿意通过他的天赋充实另外一个人。

其次,已婚爱情是忠诚的并是绝对排外的,直至死亡。这是丈夫和妻子自由立誓在婚姻中把自己奉献给对方的那一天就要完全明白的。虽然这对忠诚的夫妇有时会遇到困难,但是没人能断言这是不可能的,因为它一直尊贵并且值得受到最高度的尊敬。多少个世纪以来,许多已婚夫妻的例子证明这种忠诚不仅仅是与婚姻共生的,而且是极乐的源泉。

最后,这种爱是生命的创新,因为它不会被夫妻间爱的交换耗尽,而是会超越此范围创造出新的生命。"根据它们的特点,婚姻和已婚爱情必定导向生育和扶养孩子。孩子是婚姻的结晶,并且大大有助于父母亲的幸福。"

这个经常被教会执事详尽解释的特别教义是被上帝建立在不可分离的连结点的基础之上的,人不可以凭自己的意志破坏婚姻法固有的结合性和生育性之间的连接点。

其原因在于,婚姻法在基于其基本结构而把夫妻结合在最密切的关系之中时,实现了他们生育新生命的能力,法律的结果已被写入男女的实际本能之中。如果这些结合与生育的每一个基本特征被保持,婚姻价值就能维护相互之间真正的爱和人称为父母的崇高义务的规则。我们相信,我们这一代人尤其能看出这种传教与人类理性是一致的。

我们借此机会向从事教育工作的人及向那些以向人类社会提供公共利益为其权利和义务的人呼吁。我们要他们注意创造一个有利于扩展贞洁高雅环境的需要,只有这样,真正的自由才能战胜放纵,道德法的准则才能得到充分的维护。

然而,引起男人比较低级的感情和鼓励低道德标准的任何社会通讯的现代方式,如舞台银幕上的每一个色情文字和任何不正派的形式,都应该受到内心高度文明的和维护人类精神之崇高价值的人们的共同一致的谴责。以政府部门允许的艺术或文化的名义,或者以自由为借口,维护这类腐败堕落的行为是非常荒谬的。

* From Horgan, J. (ed.). Humanae Vitae and the Bishops (1972, p. 33 ff.)

处于月经"安全期"的妇女。所以，道德禁止并不是针对没有生育潜在力的每次性交活动，而是针对那些故意干扰生育过程的"人工"方法，这种控制生育的人工方法包括所有非"自然"方法，即像根据妇女经期推算的避孕法这种"自然"避孕法以外的所有其他避孕法。

在后来的陈述中，教皇约翰·保罗二世（Pope John Paul Ⅱ）重申了教会有关控制生育的教义。而且，在最近一项有关教义的陈述中，罗马教廷把对那些使用人工方法进行避孕的禁令，延伸到对某些新的生育技术的禁止，如体外授精和代孕母亲等（Ratzinger 和 Bovone, 1987）*。

使用结合标准会消除所有婚外的异性性交形式，因为前者为男女之间的性关系提供了合适的范围和生育的后果。因此婚前的和私通的所有性行为在道德上是不被接受的，就像手淫、同性爱活动及其他的性行为那样。在1986年送给天主教会主教的一份文件中，罗马教廷重申了它的观点：同性爱行为是一种罪孽，同性爱是一种"客观的错乱"。它的指导思想暗示着牧师鼓励同性爱的天主教徒去领基督教的圣餐，并且要求在他们感到同性爱的强烈欲望时，保持禁欲状态。

除了禁止堕胎以及其他各种形式的避孕外，性道德绝不仅是天主教独有的观点。福音派新教会和其他宗教的正统势力也基本都持有这个观点。比如，在1988年南方施洗约翰教会的全国性大会上，有35,600名会议代表（代表1470万教众）宣布"（尽管）上帝爱着同性爱者并给予他们拯救，但是同性爱并不是一种正常的生活方式，并且在上帝的眼中，它是一种可憎的事物"（《旧金山纪事报》，1988年6月17日，A6版）。

保守性道德观点的拥护者对所有特殊的问题都不同意。这样，堕胎遭到了天主教徒和福音派基督徒的猛烈反对，但在犹太教中是被允许的。

拥护保守主义道德观的实例

天主教会阐明赞成保守主义道德观的实例依据是《圣经》、教会的传统**教义**和对**自然法**的理解。

《圣经》依据

由于耶稣和他的门徒都是犹太人，所以我们可以设想他们带有他们时代的犹太的性传统。因此，《旧约》（不是犹太教法典）是基督教性道德的主要依据的一部分。即使我们抛开其中基督徒已不再有的仪式不论，《旧约》依然可以被认为是保守主义道德的象征（Jensen 和 Stuhlmueller, 1979）。

《新约》很少涉及耶稣对性问题的观点（第20章）。通常认为耶稣是贞洁的独身主义者。曾经有推测认为耶稣结过婚（就像当时大多数男子一样），但这无法在《圣经》中找到证据。耶稣在旷野接受的考验中也没有诱惑。但是耶稣从来不回避同包

---

* 天主教会请求政府抑制生育技术和宣布代孕母亲是不合法的。这项文件吸引了神学家们的各种支持意见，也受到了生育领域专门医师的强烈抵制。考虑到一个人拥有对自己身体的控制权，以及宪法第一修正案之下政教分离这一教义，法律专家们怀疑这项建议是否能被审议通过而进入美国法律（Chambers, 1987）。即使是在天主教徒所关心的地方，罗马教廷的文件也没有表达出道德条文所占的足够分量。因此和明显有罪的堕胎不同，人工授精的使用最终可以由个人的道德良心来决定（Johnson, 1987）。

括妓女在内的妇女交往。由于他所处的特殊环境,我们不能设想他奉行独身主义的目的是为了起一个普遍的模范作用。耶稣参加迦拿(Cana)的婚礼(在婚礼上他把水变成酒)的事实说明他赞同结婚。他一再重申《圣经》中的戒律:"人要离开父母,与妻子结合。二人成为一体。"(《马太福音》19:5)他对孩子的宠爱在许多章节中都有体现。

耶稣少有的对性行为的明确论述与通奸问题有关。耶稣重申了戒律:"不可奸淫。"(《马太福音》19:18)在遇到一个通奸时被抓住的妇女时,耶稣非常宽恕,他羞辱了她的告发者:"让你们中间没有罪的人首先用石头砸她。"然后对那个妇女说:"我也不谴责你。去吧,不要再犯罪了。"(《马太福音》8:3-11)但是在登山训众时,耶稣提出了一个似乎不可能做到的高标准:"你们已经听说:'不可奸淫。'但是我要对你们说,任何用色欲的眼光看妇女的人已经在他的心里与她犯奸淫了。"(《马太福音》5:27-28)

耶稣同样谴责离婚,除非是以"不贞节"为理由;另外依据《马太福音》,与妻子离婚的每一个丈夫"使她成为奸妇;任何同离过婚的女人结婚的人都犯了奸淫罪"(《马太福音》5:31-32)。

图 24.2 古斯塔夫·多雷(Gustave Doré)的《耶稣和通奸的妇女》

这些论述传递了对性道德的高标准,并且紧接着就被基督教的第一个重要人物圣保罗进一步详尽地加以阐述。保罗以身作则并且发表各种言论提倡贞节和独身主义;他对婚姻关系的承认是对人类薄弱意志的让步和为了防止私通。这些观点大都体现在《哥林多前书》中:

> 若有人以为自己待他的女儿不合宜,女儿也过了年岁,事又当行,他就可随意办理,不算有罪,叫二人成亲就是了(《哥林多前书》7:36)。

> 我对着没有嫁娶的和寡妇说,若他们常像我就好。
> 倘若自己禁止不住,就可以嫁娶。与其欲火攻心,倒不如嫁娶为妙(《哥林多前书》7:8-9)。

> 论到你们信上所题的事,我说男不近女倒好。
> 但要免淫乱的事,男人当各有自己的妻子,女子也当各有自己的丈夫(《哥林多前书》7:1-3)。

保罗劝告已结婚的人居住在一起并且"当存敬畏基督的心,彼此顺服"(《以弗所书》5:21),"丈夫当用合宜之分待妻子,妻子待丈夫也要如此。妻子没有权柄主张自己的身子,乃在丈夫。丈夫也没有权柄主张自己的身子,乃在妻子"(《哥林多前书》

7:3-5)。保罗赞成有限制的平和的婚姻性交,断然反对任何其他形式的性活动。

诺南(Noonan)(1967)把构成性道德的《新约》教义的特别经文纳入八个主题:

贞节的优越性;婚姻风俗的善行;性交的神圣特征;生育的价值;行为和欲望的重要性;私通往来的罪恶和违背自然的同性爱;亚当的罪恶和身体的反抗之间的关系;"药物"*的罪恶。

* "药物"指的是与巫术有关的各种草药和毒品,主要包括避孕药和堕胎药。

从表面上来看,《新约》中有关论述性的章节为保守主义性道德提供了强有力的依据。

教会的教义

传统的基督徒教师,无论是天主教或新教的,都绝对地信奉保守主义性道德。天主教道德神学的出发点是从亚当和夏娃的堕落而来的**原罪**(original sin)理论。圣奥古斯丁关于强烈的色欲的教义对教会形成性的教义起到了特别的影响。然而,现在最保守的观点与早期基督教父们的观点相比也已有了很大的解放。只是在近来,各种有官方可靠性的基督教的声明才提倡性道德中的较自由的观点。逾20个世纪的教会传统是性保守主义的后盾。

自然法

起源于"自然法"的争论已成为天主教道德教义的一个必要部分。基督教的"自然法"概念可以追溯到保罗["当异教徒无法可依时,它们就是法"(《罗马书》2:14)]。这个概念被斯多噶主义者及早期基督教作家精心阐述,以及经圣·托马斯·阿奎那的系统化后,已被用来作为统一各种神学教义和自然主义言论的方法。它的基本设想是,尚未被人类的罪恶和错误沾染的生活方式就是自然的。显现在动植物生命过程中的性活动描绘了我们可以据以判断人的行为的自然模式。同样,人类身体器官具有不言而喻的自然功能:眼睛是用来看东西的,生殖器是用来生育的。以这些模式为基础的生育被认为是唯一的自然的性功能。

总之,基督教会声称它的道德教义代表了关于人类性行为的上帝意志,而不受历史环境的限制,它的教义并不反对性,而是反对它的不道德的用途。此外,基督教承认人类的弱点,并且只要人们愿意承认他们的罪过,就可以从宽处理淫乱者。

反对保守主义道德观的实例

许多人反对保守主义道德观是因为他们既不接受《圣经》的权威,也不接受教会的说教。但是反对传统的性道德并不总是建立在全盘反对基督教价值的基础上的。有许多基督徒,包括天主教的一些教徒并不接受保守主义态度作为当今世界上有权威的基督教的性态度。

《圣经》记载

权威神学家们(其中有一些是天主教教徒)不同意道德保守主义者对各种论述性的《圣经》章节的解释。同性爱为对相同的《圣经》经文进行不同的解释提供了一个良好的例子。

在谴责同性爱时经常引用的章节就是《创世记》第19章中的索多玛城灭亡的故事。这个故事就是"鸡奸"(sodomy)一词的来源。"同性爱"一词在《圣经》中并不存在,在最初用来书写《圣经》文本的任何一种语言中也不存在(Borswell,1980)。

以该故事的性解释为依据的警句是罗特说出了他庇护的两个人,这样鸡奸者就可以"知道"(know)他们的要求。如果用性的术语解释"知道",那么很明显故事的主题是同性爱。罗特绝望地供出他的两个女儿以保护他的客人免受暴民的侵害,从而进一步给这个故事增添了性气氛。所以可以推测触怒上帝的"索多玛的罪恶"必定是同性爱,而企图强奸天使的索多玛人最终遭到了神谴。

其他《圣经》学者反对把索多玛的故事同鸡奸者相联系(除罗特提供女儿外)。天主教神学家贝里(D. S. Bailey)指出,希伯来语的动词"知道"在《圣经》中出现过943次,只有10处有性含义,但根本没有同性爱的意义(除了假设的索多玛的情况)。他以"使熟悉"来解释这里的"知道"。索多玛人生罗特的气是因为在太阳下山城门关闭之后他在家里窝藏外乡人。安全考虑在这里尤其重要,因为罗特本人就是移居此城的外乡人。如果罗特将自己的客人移交给索多玛人,他就冒犯了好客的重要法则;因此贝里认为索多玛的罪过是不好客,而不是同性爱。不好客在我们听来不算什么严重的过错,但是在中东游牧民族的传统中,这是最重要的行为准则之一。旅行者除非能在异乡找到容身与庇护之所,否则谁都走不了多远。

《旧约全书》中有两处清楚地提及了男人之间的同性性行为,它们是《利未记》第18章第22节和第20章第13节,这两节分别说:"你不应该像同女人性交一样同男人性交,这是可憎的",和"如果一个男人像同女人一样同男人性交,他们两人都犯了不可饶恕的罪,他们应该被处死,用他们的血清洗他们的罪过"。

这些明确的谴责是毫无疑义的,但问题在于到底是同性爱,还是该问题的某些方面。前面《利未记》第18章第19节中提到的行经的妇女宽衣解带的行为与第22节提到的行为一样是被严格禁止的。以色列人同古代世界的其他子民一样对性器

图 24.3 索多玛的圣塞巴斯蒂安(Saint Sebastian of Sodom)。据《圣徒》行传记载,塞巴斯蒂安曾是高卢国王宠幸的侍卫队长,后被国王绑在树上乱箭射死,但又在天父的庇佑下复活。容貌俊美的塞巴斯蒂安被认为是同性爱基督徒的保护神。

想一想

为什么同性爱与性保守主义是水火不容的？

官排出物，特别是能引起生育的血和精液有一种恐惧感。正如崇拜贞洁的需要已在禁止同月经期妇女发生性活动中表现出一样，这种需要考虑的事同样适用于男人之间的同性爱，在这种活动中会与精液有接触(Kosnik et al., 1977)。没有涉及妇女间同性性行为的事实进一步加强了该观点。

就我们所知：耶稣没有明确提及同性爱(即使他确实曾提及索多玛)。但是在保罗的著作中，有一些对该问题的相关论述。《哥林多前书》第6章第9节指出："无论是淫乱的，拜偶像的，奸淫的，作娈童的，亲男色的，偷窃的，贪婪的，醉酒的，辱骂的，勒索的，都不能承受神的国"；《提摩太前书》第1章第10节同样引证了"鸡奸者"；《罗马书》第1章第26、27节也指出："因此神任凭他们放纵可羞耻的情欲。他们的女人，把顺性的用处，变为逆性的用处。男人也是如此，弃了女人顺性的用处，欲火攻心，彼此贪恋，男和男行可羞耻的事，就在自己身上受这妄为当得的报应。"

有些学者认为，这些章节明白无误地指责同性爱行为是不道德的。然而其他人则质疑了每一个关键用语的精确含义。例如，《哥林多前书》第6章第9节中被译为"性变态者"的术语是希腊语，其意思是"软弱"。博斯韦尔(Boswell)认为，这是一个在《新约》中到处可以看到的常用术语，其意思是"有病的"；在早期教会领袖的著作中，它被用做"胆小的"、"文雅的"、"意志薄弱的"、"脆弱的"、"温柔的"及"放荡的"之意。在道德方面，它经常是指"放荡的"、"荒淫的"或"放肆的"，这个术语也可以被更广义的译为"无自制力的"或"淫乱的"。博斯韦尔下的结论是："任何把这些概念应用于同性爱者的假定都是没有理由的。希腊语中的这个词从来没有被用来指明放荡的人是一群或者是一般的同性爱者。而在保罗的著作中这个词也出现在有关异性爱者或异性性行为的描写中。"

教会的教义

那些批评教会教义的保守性解释的人，他们否认教会教义对那些贯穿其历史的所有与性有关的事情表达的清晰而连贯的观点(Maguire, 1987)。直到公元4世纪早期在西班牙的埃尔韦拉(Elvira)召开的宗教大会上，教会才主要出于政治考虑，把它有关性方面的教义稳定下来(Laeuchli, 1972)。从那之后，对这些问题，教会之间的观点始终存在着相当大的分歧，如堕胎问题。直到13世纪，神学家们依然在婴儿什么时候被赋予灵魂这个问题上无法达成一致。在那之前，胎儿不被认为是一个人，而且堕胎也不是问题。这样直到19世纪，教会才在有关堕胎的问题上取得了一致的保守性看法，并从那时起坚持这样的看法*。

于是这就涉及一个历史相关性的问题。那些反对哲罗姆和奥古斯丁式道德智慧的人，可能接受适用于过去但不再适用于现代世界的道德智慧；其他人则希望完全忽视他们的劝告。我们可以说，这两个人年轻时过着放荡逸乐的生活，后来由于他们自己内心的矛盾冲突，就向他人施加了一种削弱生活活力的压抑性性道德。或许有人会争辩，即使奥古斯丁和阿奎那确实为他们的时代创造了奇迹，难道他们的

---

* 关于胎儿何时才能被视为是一个人的争论始终是堕胎的一个中心议题。犹太教认为，胎儿直到出生才能被视为是一个人，因此堕胎是被容许的，但必须有相当充分的理由，仅仅"想要"堕胎是不可以执行的。目前有关堕胎的争议也是围绕着"生命何时开始"这个主题，这可说是"灵魂赋予说"的一个世俗对应物。

道德观与现代世界的道德观的关系，要比前哥白尼时代的宇宙观与现代天文学的关系更密切吗？

怀有保守性道德观念的现代老师，同样也会因为拒绝调整自己的道德信条去适应当前的现实，以及未能考虑到那些性生活已经得到调控的男女基督教徒的观点和体验而受到批评。比如，据目前所知，没有一位女性曾经对天主教有关避孕教义的形成，起到过某种重要的作用。

天主教对避孕的反对已经成为教会内外令人头痛的争论点，因为它缺少明确的《圣经》权威的支持(因此福音派新教徒准许避孕)，并且这种禁止给个人和社会带来了巨大负担。在允许采取"自然"避孕法的形式中，天主教似乎对一些人抱有同情心，而对另一些人却表现得前后不一致。它允许天主教徒们在保持对教会教义忠诚的前提下避孕。但是夫妇如果使用一种根据女子经期推算的避孕法避孕的话，那就不构成故意把生育同结合分隔的结果吗？绕开朝你滚来的球和逃避它的区别又是什么呢？

不足为奇的是，90%的年龄在 15~44 岁之间的女天主教徒，会在使用人工避孕法的前提下进行性交(第 7 章)。当面对绝大多数应该遵守而没有遵守的人时，我们可能会问，道德原则的要义到底是什么？

自然法

动物世界中所流行的一切与人类行为有关，相信所有的生物学家和动物行为学家都不会有什么异议。但是，对动物行为的自然观察表明，它们会进行没有生育潜能的所有形式的性活动，包括同性成员之间的手淫和性接触。所以，如果"自然的"指的是自然发生的，那么这些活动必定对人类而言也是自然的。

即使在早期更有限的生物学知识的范围内，教会的观点也不能得到经验证据的支持。同样，破坏自然，如筑坝拦河很有可能受到欢迎；但是如果阻碍生育就不然了。因此，教会使用自然法的论点似乎不是去寻找自然现实，而是通过使用自然界的虚假例子来支持它的神圣地位。

24.3 自由主义道德观

自由主义性道德是绝大部分新教徒和犹太教徒、自由主义天主教徒及美国中产阶级的世俗道德信仰的主流观点(专题 23-2)。

刻画自由主义观点的特征要比刻画保守主义观点的特征困难得多，因为它们没有统一的组织，也没有为它辩护的罗马教皇通谕。由于它是夹在保守主义和人文主义立场之间的，所以它同这两者发生重叠；它所容纳的选择范围，要比这两者中任何一个都要广。

在保守主义的限度内,自由主义观点依靠如同《圣经》或教会的权威性传统资料,但是它对这些资料的解释却是比较自由的,即继续以事先确定的规则判断行为,但这些规则不严厉。在自由主义限度内,它更多地依靠个人判断以确定某个具体性行为的道德。由于个人选择的运用要依靠行为发生的情景或者事情的来龙去脉,所以这个观点被普遍地称为**境遇伦理**。因为保守主义立场是传统的立场,所以自由主义选择被认为是现代的;因而有了象征情景道德的同义词——**新道德**。但是这并不意味着它的信徒完全贬低或否认保守主义者坚持的传统。

20世纪60年代的性革命为自由主义性道德提供了一个更为极端的维度。就像其他领域对传统社会价值的拒绝一样,他们采用了**"人文主义"**(humanistic)这个词来宣称在对另类生活方式和道德取向作出选择时,人本身具有首要地位。

人文主义性观点有其自身的宗教和世俗元素。极端新教徒和天主教神职人员(他们中的大多数已经脱离教会)在性解放运动中充当了急先锋的角色。在专题23-3中,一位信仰一位论(Unitarian)的牧师和性学家大体表达了这种观点。尽管如此,这种人文主义观点是极端世俗的,其拥趸也主要集中在年轻人及那些性表现与传统道德相违背的人群(如同性爱者)当中。

这种观点也是人类性学研究者当中占统治地位的观点。然而在这种宽容的风气中,当人们将道德问题应用到工作和个人生活当中去时,也存在着水平的差异。

用行为的术语来考虑,婚内性行为作为最理想的性经验重新出现在自由主义基督教观点之中,但是这次没有那么多的限制;生育继续受到高度重视,可是没有了避孕的障碍;性仍然与爱情相结合,但是性快乐也被视为好的事情而加以接受,夫妇可以自由地选择任何合理的方法来达到快乐的目的。

手淫对青年人来说是可接受的,但是对成年人来说,除非手淫在性交时被用做不可避免的替代物,否则就是有争议的。婚前性行为被谨慎地予以宽恕;婚外性关系不可信。简而言之,非婚姻关系可以被认为是道德的,但是伦理信条对他们不利。

对同性爱者一般多采取包容的态度。有些主流的新教教会接受同性爱,因为同性爱的很多决定因素是人们难以控制的。纽约新教圣公会的主教保罗·摩尔(Paul Moore)1977年任命了艾伦·巴莱特(Ellen Barrett),一位公开的女同性爱者为牧师,他说:"同性爱是一种人自己不可选择的情况;它不是一个道德问题。"(Berger,1987)各种基督教组织(罗马天主教徒的"尊严"组织,美国新教圣公会教徒的"正直"组织)为他们的同性爱成员提供了支持群体(Tivan,1987)。

更激进的人文主义派系的自由主义者的观点,更加毫不掩饰地接受所有类型的性行为,只要它对另一方没有造成明显的伤害。手淫不仅是可以宽恕的,而且是被鼓励的。婚前性行为是被接受的。在很多情况下,婚外性行为也是被接受的。同性爱被给予了和异性爱同等的对待。强制性的性反常行为也是可以接受的。性的强迫和利用则受到谴责。性意愿的多样化得到了承认和尊重,但是对性方面比较主动的偏爱要胜过不太主动的情况;处女不是一种贞操;节欲不需要道德庆祝。

专题 24-2
什么是错？什么是对？——流行的观点

长久以来，我们对性伦理的了解基本是人们被期待去做什么；我们很少了解普通人认为什么是正确的和错误的，更别说他们是否按是非对错行事了。当今，大众媒体更多关注的是道德态度——人们相信什么，而不是人们应该去相信什么。就像神学家所认为正确的，可能和我们今天流行的伦理观相去甚远，人们所认为的正确可能并不是真正道德意义上的正确。那么标准由谁来定呢？

下面的这张表反映了一家报纸的民意测验结果。对旧金山海湾地区的居民进行抽样调查，包括旧金山以及圣何塞市一些小城镇，各色人口合起来大约有600万。这是一片自由的、富裕的、世界主义的区域，伴随着一种自淘金热时期就有的单线进步因素。旧金山是美国同性爱团体最重要的聚集地。另一方面，38%的人口持一种中间道路的意识形态，另外还有一部分人持强烈的自由性意识（12%，相对于全州范围的10%）和一部分强烈的保守性意识（11%，相对于全州范围的15%）。

表24.1 成年人的活动：犯错程度从大到小（%）*

活动	经常性的或总是经常性地犯错	偶尔或基本不犯错
1. 在工作时吸食大麻或喝醉	97	3
2. 使用可卡因	82	15
3. 婚外性行为	80	18
4. 付费性妓女服务	54	42
5. 与同性发生性关系	47	48
6. 一次喝酒超过 4~5 种	45	52
7. 有了婚外私生子	34	63
8. 参加 X 级夜总会活动	27	69
9. 有过一次堕胎	23	74
10. 观看过一部 X 级电视/电影	23	75
11. 未婚性行为	21	77
12. 同居	16	81
13. 与其他种族的人结婚	8	90
14. 与其他信仰的人结婚	4	95

* From *San Francisco Chronicle*, Sept. 29, 1986, p. 1.

想一想

你会如何跟你的孩子谈有关婚前性行为的道德性的问题？

保守主义和自由主义宗教观之间的区别是教义的标准要高于适用于行为的标准：保守主义教士在与教区居民交往时要比他们的神学教师的传教更灵活，而自由主义者的行为要比他们的言论更保守。保守主义绝对论者变通规则，而自由主义相对论者弥补规则，以修正每种制度中不太可行的方面。

拥护自由主义观点的实例

为自由主义观点辩护缘于保守主义方式的失灵，或者它为人类自由和快乐而强行付出的巨大代价。保守主义的基督教道德观被认为太教条化了。它不能反映基督启示中的清晰性和同情心。《圣经》章节是被用来维护教条，而不是用来得出真理的；因此这些教条过度地依靠抽象的神学，不充分信任基督教徒个人区分是非的诚意和能力的道德觉悟。作为结果，西方的道德传统处在性的内疚和羞耻的重压之下，就像但丁的《地狱》(*Inferno*)篇中所形象描绘的那样。

为了弥补这些不足，自由主义观集中于人类的性需要，以及对它们的最现实的管理和满足。法律是为人服务的，而不是人为了法律而生活，为了辩护这个方式，我们首先要检查犹太教的观点，然后再检视自由主义天主教神学家、新教伦理学家和性自由主义者的观点。

犹太教的观点

正如我们在较早的历史性的总体看法中所谈论的那样（第 20 章），犹太教通常给予性一种肯定的看法。它也允许对性价值观和行为进行稳定地变化和调整，以适应时代的需求。

犹太人的观点与自由主义性道德的更加保守的一端是非常一致的。从这个观点看，人类的性，不是对生育目的或无节制的性欲的一种勉强让步，而是上帝眼中的一种有价值的和值得称赞的活动(Brickner, 1987)。

在犹太教中，性和爱是连结在一起的——在性爱和人类之爱之间，在身体和精神的结合之间，是不存在区别的。在上帝和一个人之间的爱，在普通人中间的爱，以及一个男人和一个女人之间的爱，都可以用一个词来表达——ahavah。

然而，在犹太教中没有随心所欲的性放纵；也就是说，不是一切皆是可以的。在犹太法典更广阔的背景中，对道德行为有很高的期望，而这一法典极为严苛地规定了生活的各个方面。

犹太教对人类的软弱给予宽容，并且允许有一些变化。离婚是被允许的，但被认为是一个悲剧。在拉比的文本中，同性爱是受到谴责的，但是现代的拉比更愿意去重新考虑它的性质。如果性的取向不是一件自愿选择的事情，而是被生物学上因素所决定的，那么就很难说一个人是在道德方面犯了过失(Gordis, 1978)。如果同性爱是不道德的，那么人就应该受制于神的而不是人的判断——这不是一种人的媒

专题 24-3
人文主义的婚姻忠诚观 *

我们认为严格要求绝对忠诚和情感的传统一夫一妻制是被文明大众许可的一种精神疾病,虽然它受到神学忠贞概念的崇敬。应该明确地表示,我们不否认任何人有常规婚姻的自由,即两个异性之间的绝对契约。每一个人都有根据他/她的最深度的认知和最高的优先权对生活作出决定的自由,有时从外观上看,常规的婚姻方式似乎仅仅是这两人的爱情、快乐和希望的缩影。对于一男一女来说,只有在与对方和家庭成员在一起时才感到幸福是可能的。的确,我们赞成通过制定加强各种人类关系的教规来加强和创造更值得嘉奖的常规婚姻。然而,我们所竭力反对的是我们的社会将这种婚姻方式作为标准和最高理想。我们相信所有公民权和宪法权应该扩大到个人的生活方式。我们更喜欢赞美开放式婚姻亲密(comarital intimacy)的一夫一妻制模式,这种模式并不把忠诚与性排外相提并论。长久以来,人们消极地允许传统道德主义者宣传:我们不能同时与一个(异性)以上的人相爱;开放式婚姻性关系和婚外性关系经常会毁掉婚姻。通过对这种没有经过论证的假设的宣传,贬低其他诚心诚意的生活方式。他们还宣称"美好"的婚姻是完全的自制力、自我约束和满足;只有感情不稳定的人才需要和寻找夫妻约束之外的亲密关系。我们否定这些假设,认为它们至多只有一半是正确的。当这些假设被社会教条地坚持为永恒真理时,我们认为这种现象是一种文化精神病。因为这个问题是事先就被确定的,所有违反者都要受到严厉的惩罚,所以在新的环境下,对新的经验不能开放。

这种一致性在语义上的表现令人生畏。对某些关系的称呼一直采用些否定性的术语,如乱交、通奸或不忠。例如,"乱交"(promiscuous)这个词指的是不加选择地随意滥交的人。显而易见,对一个人来说,与谨慎挑选的任意数目的人发生性关系是可能的。然而,这个词普遍被用于反对任何有一个以上为社会所认可的性伴侣的人,特别是会用双重标准来反对女性。这是一种强调数量而忽视人际关系质量的错误。它还坚持人不可以有随意的性关系。不是所有亲密关系都必须有相同的强度。成千上万的男男女女有能力对其他人作出快速的评价,他们可以交换温暖而没有随之而来的感情束缚。

甚至"私通"(extramarital)这个词在无限制的婚姻语境中也走上了歧途。确切地说,私通是在婚姻范围内而不是在婚姻范围之外接受两个配偶,以享受多种性和友谊关系。"私通"是一个包罗万象的术语,指的是所有一切关系的形式,通常是指与伴侣/伙伴的性关系而不是与配偶的性关系。"开放式婚姻"(comarital)是更适合于无限制婚姻的术语,因为至少来说,它在婚姻结构中具有"在一起"与"结合"的含义。在这种婚姻里,通奸的可能性完全不存在了,因为排外、独享和妒忌在这种关系中已没有了地位。"通奸"是一种神学判断,它只能适用于有限制的契约。当一个伴侣违反了"我承诺永远和你在一起"的誓言时,信任的关系已被打破,他/她未能守信。但是创立一个婚姻模式也是可能的——一种契约式的一夫一妻制,它建立在两人之间的终生许诺意愿的基础上,但又是无限制的,因为它并不排除与数量不限的其他人具有亲密关系的自由。

* From Mazur, R. (1973). *The New Intimacy* (Boston: Beacon, p.12-14).

介如法律所能惩罚的罪行。

自由主义的基督教道德学家对这一观点产生了共鸣。他们愿意去重温那些创造了《雅歌》,也欢腾在婚姻性爱之中的已经鲜为人知的《圣经》至理名言:"愿她的

胸怀,使你时时知足。她的爱情,使你常常恋慕。"(《箴言》5:19)

天主教性道德的新倾向

美国天主教神学会(Catholic Theological Society of America)委托研究的一份报告揭示了天主教内部对性道德的更自由方式的渴求。在谈及明显背离传统的天主教方式时,报告人采取了远非绝对主义者的观点:"道德不允许其本身被简单地降低到与事先判断和事先规定的行为模式一致。为此,我们遗憾地发现它不足以回到建立在抽象绝对的事先确定任何性表达基础上的评价人类性行为的方式,这种方式是内在的罪恶和不道德。"(Kosnik et al., 1977, p. 99)

然而,这种天主教思想的"新倾向"在开始时尚不能信任个人判断,因为它在确定道德时,会受到个人爱好、性情和情绪的支配。为了防止犯纯粹的客观绝对论或纯粹的主观相对论的错误,支持这个观点的人开始制定一系列先决条件,以便根据这些先决条件获得帮助人们制定道德判断的标准。任何性行为的道德评价的健全制度要有如下的基本条件:

首先,我们必须考虑性行为的"客观和主观"两方面——本人所想的和其他人所认为的;第二,必须承认人的性本质的"复杂性和统一性",而不是在其中划分等级。性的生育性不能与它的"创造和一体"性竞争;第三,我们必须坚定不移地承认性行为的"人际关系范围",即对其他人的影响。总之,规定评价性行为道德的基本原则是依靠人们的行为及动机。

在结合实际应用这个方式,而不是简单地回答"这个行为是道德的还是不道德的"之类比较标准的问题时,我们应该提问,这一具体的性行为是否实现了那些"有助于人类创造性的增长和一体性"的价值。较合适的价值应该是"解放自我,丰富他人,正直的、忠实的、富有社会责任感的、服务于生活的及快乐的"(Kosnik et al., 1977)。

针对这些问题,天主教会内部存在着尖锐的分歧。罗马教廷通常不能容许反对的意见。举个例子来说,1986年,它取消了美国天主教大学的牧师和神学教授查尔斯·库兰(Charles Curran)的教学许可证,因为他讲授了一些有关同性爱、堕胎、避孕及其他道德方面的问题。但库兰神父几乎算不上是一个性激进分子。比如,他认为同性爱关系和手淫"不符合人类的性的完整意义"。他只是不愿意去随意谴责任何一种性行为,除了无质量的婚内性交。

因为有避孕行为,很多美国天主教徒表示不同意教会有关性的官方观点。在1986年的一份盖洛普民意调查中,57%的天主教徒认为教会在道德问题上的立场应该改变;36%认为不应改变。而据1985年11月25日的《纽约时报》报道,在一份较早的民意调查中,79%的人认为,在控制出生、堕胎或离婚等问题上与教皇有分歧的人依然有可能是虔诚的天主教徒。

道德判断的经验基础

新教道德神学家经常把重要的基督教教义与自然和行为科学的世俗观结合起来运用到当代的现实生活之中。这种方式的杰出代表是20世纪美国最重要、最有影响力的基督教伦理思想家詹姆斯·古斯塔夫森(James Gustafson)。他声称性道德"在人的本性和经验中有一些必须被考虑到的重要基础"。传统基督教的性和婚姻伦理有一个经验基础,因而应该首先按照相同的方式考虑现代伦理。

古斯塔夫森提出道德判断必须考虑我们作为性的、人的、经验的三个方面。首先,性是**生物学和个人本性**(biological and personal nature)的一部分。性的生物学方面是不言而喻的,但是性同样是表达心理需求的重要媒介。一个重要的伦理问题是有关人类性的生物性和个体性之间的关系。没有充分考虑其中任何一方面的道德法则不可能成功地起到指导作用。

性伦理的第二个基本问题是有关人类嗜好伤害他人的**罪的现实**(reality of sin)。现代的性解放可能会寻求消灭罪恶和羞耻的概念,但是现实中的人类关系也将继续证实它们的存在,即使我们现在用其他术语如"性剥削"来替代它们。这些术语近似"不道德的最深奥的传统含义之一——纯粹是为了一己之私,利用另一个人,没有认识到应该尊重另外一个作为主体的人,这个人具有确定自己目的和利益的意识能力;为了自己的目的,制造另外一个工具并且操纵其他人同意实现这个目的。其他人沦为客体而不是一个人。如同人类关系的其他方面,性是最易被剥削的对象,剥削其他人是不道德的"。

性伦理的第三个问题是**契约**(covenant)问题,"即向另一个人作出的许诺,含糊者往往涉及自欺欺人和利用,明确者有如婚姻许诺"。这种许诺需要互相接受对性关系的结果负有义务的意愿。为了双方的关系以允许维持每一方的利益或双方利益,契约宁可是建立在深切的人类需求的基础上,也不应建立在简单外在的仪式或合同之上。

以英国教会的旧礼为例,传统婚礼构成了公之于众的新娘和新郎之间的契约。该过程所需的步骤如下:

首先公开宣布(结婚预告的公布)即将举行的婚礼,任何人都可以对这种结合提出反对意见。在婚礼期间,牧师对公众讲演,说明结婚的基本目的:生育和养育孩子;满足性需求;夫妻相互帮助、安慰和做伴,同甘共苦。分别向新郎和新娘发问,以从他们那儿得到公开声明他们自愿许诺并同意履行相互爱慕、相互安慰、互相尊重并相互信赖的义务。"交出新娘"表明与其家庭分开(现在同样适用于新郎)和建立自己的独立家庭。夫妇的承诺构成了他们的婚姻诺言,以交换戒指为象征。

这种仪式是基督教的信念和象征,并且反映了其所形成的历史和社会环境。但是,正如古斯塔夫森所论证,这种仪式的目的不是随意的。即使我们更新这个仪式,它的基本宗旨还是有效的,而不论是否有宗教辩护。

这种许诺提供了对我们的福祉有重要意义的一系列的责任、义务及可依靠的信任和信心。即使它们还起到了控制性行为手段的作用,但依然被认为是促进而不是阻碍了人类的性关系。就像性伦理的另外两个基础,即使我们得到性满足的某些社会惯例和制度可能会有变化,但建立在人类经验和生物学、社会和个人需求基础上的契约是永恒不变的。

境遇伦理学

20世纪60年代后期,圣公会的牧师约瑟夫·弗莱彻(Joseph Fletcher)论基督教的性自由主义方式的著作被认为是最被广泛阅读的读物。他的第一本书的书名是《境遇伦理学:新道德》(*Situation Ethic: The New Morality*),这为新的道德提供了标签;而其所传达的信息(虽然被过度简化了)为那时青年的行为提供了道德声援。

弗莱彻把道德选择的主要责任交给了个人。道德选择与他们的环境相关联,因而境遇伦理也被称为**文本(语境)伦理**(contextual ethics)*。换言之,不能脱离实际而抽象地确定某个性行为正确与否;它完全取决于环境**。原则上,境遇伦理只有在允许自由选择这一点上是自由的。实践中,它变成了性宽容意义上的自由。人们在选择时越自由,他们就越会选择自由的性行为。如同一般行为规则,性规则基本上是抑制性的——它告诉我们不可做什么。伦理系统中的规则越多,那个系统对性的限制可能就越多。然而,虽然弗莱彻没有预先规定某个性行为正确与否的标准,但这并不意味着他认为人们可以随心所欲。为了引导性行为的正确方向,他提供了行使道德判断的某些原则。

> * 这术语也被译为"情景道德。"——编者
>
> ** 这一概念的核心"新"道德很难说是全新的,中世纪经院哲学家托马斯·阿奎那就曾写道:"人类行为的好坏取决于他们所处的环境。"

弗莱彻对境遇伦理的辩护是建立在四个基本原则之上。第一个是**实用主义**(pragmatism):凡是合法的必定是便利的、建设性的并且是可行的,而不是绝大多数人在日常生活中不能付诸实践的玄虚原则;第二,一个道德准则应该是**相对主义**(relativistic),只有在特定场合有意义,并且只适用于某些场合;第三个原则是**实证主义**(positivism),道德决定是由信仰断定或证实的。一个人首先信仰上帝和许诺热爱他人,然后决定适用性行为的许诺;第四个原则是**个人人格至上论**(personalism):人不是抽象的价值,而是需要关注的中心。当法律服务于一个善良的目的时,就会被遵守;反之,就会被打破。

境遇伦理的基本原理是爱。这种爱被理解为**神对世人之爱**(agape),对"邻居"的无私的基督之爱;不是性爱,甚至不是**友谊之爱**(philia)。不需回报的无私的爱是内在的善。没有任何事物比它更有价值、更有道德品质了。如果爱是唯一的美德,那么只有爱才是指导行为的标准。

世俗道德观

自由主义观的世俗道德主义者同样援引"爱"(love)作为道德行为的基础,但他

们是按照许诺和忠诚,而不是那种神对世人之爱的意义使用该术语。尊重"他人"的权利、"不伤害人"和类似的考虑进一步有助于作出道德抉择。本质上,他们提倡的是关注他们自己和伴侣肉体和情感上之幸福的负责的性自由行为。

由于它的需求不太严厉,对其原则的表达也不太正式,所以自由主义世俗准则规定当个人的利益被利他主义、举止得体和对被社会拒绝的害怕所调和时,就可以自己选择性道德。对性行为的额外限制来自于世俗的思想意识(尊重个人自由的民主主义、对社会负责的马克思主义、反对剥削妇女的女权主义);以

图 24.4 2004 年 1 月底,由香港紫藤(关注性工作者团体)主办的一次"我的生活:性工作者摄影展",将性工作者这一边缘群体高调推入公众视野。

阶层为基础的行为准则(像"淑女"或"绅士"一样行事);忠于国家种族和家庭传统("它不符合美国精神";"我们的家庭从不做那种事情")和民间智慧("兔子不吃窝边草")。

人文主义观点首先是自由意志论。不要把**"自由意志论者"**(libertarian)混同于"浪荡子"(libertine),后者是指没有道德约束、不负责任,只顾享乐地追求性欢愉的人。自由意志论赋予个人自由。一个主要的责任是忠实于你自己的需要与欲望("做自己最喜欢的事"),社会没有权利侵犯这种特权,除非是为了防止显然会对他人造成伤害的情况。

人文主义观点在好几个方面是**多元论**(pluralistic)的观点。它没有假定在西方社会中占优势地位的性价值优越于其他文化中的性价值。相反,它指向了将神圣主题与性主题结合起来的印度教和其他世界性宗教(Parrinder,1980)。在我们的自由社会中,它反对把白人中产阶级的道德观强加于其他族裔或社会经济的亚群体。同样,它不接受异性爱作为唯一标准的性倾向,而是把同性爱视为平等的性道德形式。社会对这种观点的日益接受已表现在赞美同性爱关系的艺术展览之中。

反对通过规则和法律对性行为进行控制为人文主义观点提供了一种**抗拒法律**(antinomian)的气氛。这是一种对在道德上谴责那些不合常规的行为的拒绝。为了刻画具有特别性爱好者的特征,他们使用如"性少数派"之类的中性词语,反对使用"变态"和"正常"之类的说法(第 14 章)。

人文主义观点为**积极性**态度感到自豪。性的所有表现方式都被认为是好的。性的主要目的是性快乐和增加私人亲密("快乐结合")。生育受到重视仅仅是出于避孕的责任。指导性的伦理原则是**感情的许可**(permissiveness of affection)。它的道德词汇的主要术语是**快乐、认可、分享、沟通、妥协、个人感情促进、无性歧视、非剥削、诚实、感情和承诺**。

人文主义观点从科学论断中寻找支持。由于生物和文化因素在塑造人的性行为时的相互作用,因此没有为责备个人过失留下多少空间。是否任何人都可以"决定"自己的性倾向呢?如果不能,又如何让人们对自己不能控制的行为负道德责任呢?此外,由于各种文化的道德法则的多样性,而它们都是以最好的愿望为前提,谁又能决定根据哪种道德法则判断其他人的行为呢?

与"自然法"不同,来自自然的人文主义论断是基于经验证据的。自然观察表明了动物界存在许多在人类社会受到禁止的性活动。正如金赛提出,只有那些"不能施行"的性行为才是"不自然的"。

推动人文主义观点的重要动力来自于女权主义。传统的性道德特别压抑女性,并且形成了一种双重标准。它假定妇女是性客体,她们必须维护贞节,而她们的生育力必须在婚姻中实现。她们还被认为主动引诱了男人,点燃了他们的色欲之火并使他们堕落,因为是夏娃给亚当带来了灾难。女性由于受到崇拜或者诽谤而被塑造为性偶像,但是她们很少有机会表达自己的感情和需求——所有这些都是以性道德的名义。然而,女权主义者不同意任何现行的性道德。在忍受性多样性的同时,她们如同性保守主义一样严厉地谴责诸如色情品和强奸这类贬低和伤害女性的各种行为。

反对自由主义观点的实例

没有人会质疑自由主义理想的观点;没人会反对性亲密中产生的愉悦;每个人都会赞同共享、诚实和个人素质的提高,反对在性关系上被利用。然而,自由主义观点的批评家们会挑剔它概念上的基础和它的行为后果。

概念上的批评

宗教保守主义从概念和实践两方面挑剔自由主义宗教观。他们指出,世俗分析方法不可能在不对其宗教整体性有所危害的前提下应用到《圣经》上。《圣经》所表述的性道德必须按永恒真理来理解,这种真理在当今的有效性与当初它们被阐明时一样。否则,为什么还要信仰它呢?为什么不让每一代人决定自己的规则呢?如果存在一种基督性道德,它一定有自己的核心,而不是多变的文化观点的集合。20多个世纪以来,由于教会多次受到了企图冲淡和曲解基督启示之基本原则的冲击,因此也就难怪他们为什么要费尽心机毫不含糊地坚持他们的准则以保卫道德教义的完整性。

认为我们应当判断动机而不是行为的自由主义争论对我们来说并没有实际意义；行为是我们唯一可判断的具体实体；动机至多是模糊不清的。重要的是人们做了什么，而不是为什么要做。除了宣告哪些行为好哪些不好外，道德判断还能起什么作用呢？道德法则的存在是为了履行上帝的旨意来避免人类受苦，它怎么能被指责为不以人为重呢？

爱的确是所有道德选择的基础，个人良知是把我们从罪恶中拯救出来的最可靠保证，但必须以成熟的个人良知为起点（或者用世俗语言来说，需要发展完善的道德感）。多少人有这些品质呢？在停靠的汽车里搂抱的青少年知道什么是上帝对世人之爱吗？特别是当激情使理性发昏时，我们真的能期望人们可以可靠地判断自己的动机和环境吗？对这些情况没有明确和具体的道德指引，难道人们不会随机应变吗？道德传教士的含糊其辞会对青年人有特别的害处吗？青年人具有强烈的性冲动，他们自控能力需要得到所有的帮助，他们的经历很可能会影响他们的一生。

总之，保守主义道德家指责自由主义性道德观点把道德降低到了个人偏好的地位。纵然一直在谈论上帝对世人之爱和基督之爱，但对人们来说，按照自己的爱好行事就是道德的。

结　果

保守性道德观被指责产生了性抑制的价值观，这完全阻碍了性感情的表达，还会因内疚感而影响了原本无害的性行为。那么自由主义道德观的结果又是什么呢？

有一项批评瞄准了自由主义系统更为保守的一端，认为它的支持者已经侵蚀了宗教的权威和其他传统指导资源，而没有任何明确的收获。比如，如果保守派天主教的立场只是使性的快乐在道德上成为不可能的话，那么它的自由主义的替代物则几乎使它变成了困难的。考虑一下，假如把道德评价标准提议为自由主义天主教的准绳，先把虔诚的断言放在一边，谁能在实际的行为中一直诚实地达到这一标准？正如一对有思想的（但决不激进的）天主教徒夫妇曾经所说，"很少有任何一种人类的行为，在一个特定的时刻被认为是解放自我、丰富他人、正直的、忠实的、富有社会责任感的、服务于生活的及快乐的"（Mohs和Mohs，1979，p.160）。将这样的期待应用于商业会导致银行的破产。如果这是性道德的新方向，它除了指向失败和内疚，外加一份连"自由"标准都达不到的羞愧外，还能有什么吗？

自由主义观点反对创造规则，它们通过把"你不应该"换成"你最好不要这样"的方法，用较微妙和含蓄的创造规则的形式进行了转换。这样做只能让人们迷惑，并且使他们更难道德地行动。

更糟的情况在于自由主义观点的人文主义一端的价值观所造成的后果。20世纪60年代正值自由泛滥之时引发的性革命，其教训今天仍然鲜明。爱情就是载歌

想一想

为什么一些大学生在性行为的尺度上不如其他人，虽然他们同属于青少年亚文化圈？

载舞的欢庆，但是在孤独而年轻的生命中却很少有这样的情况，他们用吸毒麻醉着自己的意识，像受伤的人那样徘徊在街道上。人们在进行着大量各式各样的免费的性行为。这里没有可以遵守的规则，没有羞耻和内疚去阻止任何人。恶毒的人就凭借这种自由去掠夺那些麻木的人。

女性的性解放是性革命的一个有益的方面，两性平等是激进政治的一个有益的方面。然而，参加这些运动的女性很快就发现她们自己，白天印制广告传单，而到了晚上就要服务于她们同志的性需要。妇女们继续着她们在性方面被利用的角色，但是现在她们甚至失去了说"不"的权利。某些男性激进分子在示威游行之前，通过"与小妞狂欢"（balling a chick）这种一起共享的时间，利用性去巩固团结（D'Emilio 和 Freedman, 1988, p. 310）。

性革命的火焰和过量的行为已经大大减退了，但是它的结果还与我们联系得非常紧密：它孕育出了现代色情工业；少女怀孕呈现出惊人的增长比例；性传播疾病大爆发。

自由意志论者的原则听起来似乎是合理的，但是保守主义者说它们并没有起到什么作用。我们没法在保持个人行动自由的同时，还能一直保护别人的权利；我们很快就陷入一个困境，那就是去解释一个人的哪些不受约束的自由，可以侵害另外一个人的不可被剥夺的权利。很明显，我们迟早要划出一个界限，设计出道德法规去明确地规定它和用法律去保护它。

尾声

我们把对性道德的反思作为本书的结尾，就像我们可以自由地开始这个问题的讨论那样。伦理的尺度和其他任何一种性尺度一样重要。不论是对个人还是对集体而言，这必然会对我们的生活产生巨大的影响。

道德决定需要反思，但是道德不是一种智力训练。它是一项承诺，要求你去寻找什么是正确的并按照它来实践。我们没有必要，也不可能每一人都去发展自己独特的伦理系统。但是，除非我们把外在的伦理教条内化为心中的道德法则，否则我们所选择的道德教训很少会帮助我们避免错误的行为，正如 T. S. 艾略特（T. S. Elliot）所言，"正确的行为，却出于错误的原因"。

想一想

如果性不再有任何意外怀孕或健康上的后果的话，那么我们还需要性伦理吗？

在这些我们今天和未来都要面对的与性相关的重要议题上，你将采取怎样的道德立场？"审慎和贞操可能会是最重要的部分"，你会把自己的生活安排得像英国医生和哲学家托马斯·布朗恩爵士（Sir Thomas Browne，1605—1682 年）在三个世纪之前所描述的那样吗？

延伸阅读

第1章 性学导论

Bullough, V. (Ed). (1979). *The Frontiers of Sex Research*. Buffalo, N.Y.: Prometheus. 关于性学研究的各个方面的系列论文集。

Frayser, S.G., and Whitby, T. (1987), *Study in Human Sexuality*, Littleton, Co.: Libraries Unlimited. 针对性学领域图书的阅读指南,伴有广泛的注解,涵盖多项主题,是一个绝佳的资源。

Journal of Sex Research (1986). Vol. 22, no.1. 针对当前性学研究中出现的方法论问题而搜集的系列论文。

Robinson, P. (1976). *The Modernization of Sex*. New York: Harper & Row. 对霭理士、金赛以及马斯特斯和约翰逊的工作和作品所作的历史分析和智识分析。

第2章 性解剖

Dickinson, R.L. (1949), *Atlas of Human Sex Anatomy* (2nd ed.) Baltimore: Williams and Wilkins. 有关性器官的线条图和测量的合计,独树一帜。

Kessel, R.G., and Kardon, R.H. (1979). *Tissues and Organs: A Text-altas of Scanning Electron Microscopy*. San Francisco: W. H. Freeman. 该书第15、16章以完美的细节呈现了生殖器组织。

Moore, K. L. (1982) *The Developing Human* (3rd ed.). Philadelphia: Saunders. Sadler, T. W. (1985) *Medical Embryology* (5th ed.). Baltimore: Williams and Wilkins. 对胚胎发育及生殖系统的分化进行了简明描述,并辅之以精良插图的两部著作。

Netter, F. H. (1965). *Reproductive System*. The Ciba Collection of Medical Illustrations, Vol. 2. Summit, N.J.: Ciba. 对生殖器官的简明描述,配以丰富而鲜明的彩色插图。

Nilsson, L. (1973). *Behold Man*. Boston: Little, Brown. 含有极佳的生殖器官彩色图片。

第3章 性生理

Masters, W.H., and Johnson, V.E. (1966). *Human Sexual Response*, Boston: Little, Brown. 本书是有关性生理研究的源头著作,迄今仍被视为一部标尺性作品。

Brecher, R., and Brecher, E., (1966). *An Analysis of Human Sexual Response*. 对马斯特斯和约翰逊的性反应周期研究的非技术性和清晰的总结。

Davidson, J.M. (1980). "The Psychobiology of Sexual Experience." In Davidson, J.M., and Davidson, R. (eds.), *The Psychobiology of Consciousness*. New York: Plenum Press. 精辟而清晰地展示了神经内分泌因素在性经验中所扮演的角色。

Thompson, R.F. (1985) *The Brain*. 一部精彩的神经科学导论,包括对与性构造有关联的神经生理性机能的介绍。

第4章 性激素

Crapo, L. (1985). *Hormones*. San Francisco: Free Man. 有关激素的权威而精简的导论性读物。

Delaney, J., Lufton, M.J., and Toth, E. (1988). *The Curse*. Urbana, Ill: University of Chicago Press. 有关手淫各方面的精彩绝伦的文化历史研究。

Hopson, J.S., (1979) *Scent Signals: The Silent Language of Sex*. New York: Morrow. 一部关于信息素的信息量丰富且可读性强的总汇。

Katchadourian, H. (1977). *The Biology of Aolescence*. San Francisco: Freeman. 关于青春期诸方面的入门级文本。

Kelley, K. (ed.). (1987). *Females, Males, and Sexuality*. Albany: State University of New York Press. 本书第2章就激素和性相关行为进行了概述;第4章处理

了经前综合征问题。

第5章 性器官疾病

Holt, L. H., and Weber, M.(1982). *Woman Care*. New York: Random House. 一本概述女性健康问题的大众读物。

Federation of Feminist Women's Health Centers.(1981). *A New View of A Woman's Body*. 女性健康护理导论,图文并茂。

Silber, S. S.(1981). *The Male*. New York: Scribner's. 男性健康护理入门书籍。

Rowan, R., and Gillette, P. J.(1978). *The Gay Health Guide* (1978). Boston: Little, Brown. 对影响男性同性爱者的健康问题作了有用的介绍和指导。

Bowen, S. C., and Yu, C. E., (1988). *Sexually Transmitted Diseases: A Basic Text*. 适合大学生阅读的介绍性读物,资料来源清晰可靠。

Ulene, A.(1987). *Safe Sex in A Dangerous World*. 概述艾滋病及其危害,简洁而有深度。

第6章 怀孕与分娩

Ashford,J.(1983). *The Whole Birth Catalogue*. 关于生产选择的广泛研究。

Ingelman-Sandberg,A.,Wirsen,C.,and Nilsson,L.,(1980). *A Child Is Born* (2nd ed.). New York: Delacorte. 有关胚胎发育的丰富的图片,并包含一个关于怀孕和生产的简明易懂的文本。

Pritchard,J.A.,Macdonald,P.C.,and Gant,N.F.(1985). *Williams Obstetrics* (17th ed.). New York: Appleton-Century-Crofts.产科标准读本。全面综合,技术性强。

Witt,R.L.,and Michael,J.M (1982). *Mom, I'm Pregnant*.New York: Stein and Day.针对臆想自己怀孕或确实怀孕的青春期少女写就的清晰读本。

第7章 避孕与流产

Djerassi,C.(1981). *The Politics of Contraception*. New York: Norton. 有关避孕的背景、当下状况以及未来走向的权威、广泛而且功力深厚的著作。

Hatcher,R.A.,et.al.(1988). *Contraceptive Technology 1988-1989*.New York: Irvington. 对所有的避孕方法进行了细节详尽且清晰的描述,并对其使用方法进行了介绍。

Hatcher,R.A.,et.al.(1982). *It's Your Choice*. New York: Irvington.对避孕方法的选择及其安全有效的使用进行了细节丰富的指导。

Population Reports. Baltimore: The Population Information Program of John Hopkins University.

Population Council Fact Books. New York: The Population Council. 对当前避孕技术研究进行的深入的报道和评论。

Denney,M.(1983). *A Matter of Choice: An Essential Guide to Every Aspect of Abortion*. 对堕胎的生物、心理、合法性、社会性、宗教性及政治性诸方面进行了清晰、坦率而客观的讨论.

Melton,G.B.(ed.)(1986). *Adolescent Abortion*. Lincoln,Neb.: University of Nebraska Press.有关青少年堕胎的心理、合法性及伦理性诸方面的论文集。

第8章 童年期的性发育

Sheffield, M.,(1978). *Where Do Babies Come From?* New York: Knopf. 介绍了从妊娠至分娩整个过程的基本要素。

Calderone, M., and Ramey, J.(1982). *Talking with Your Child about Sex*. New York: Random House. 父母如何和孩子交流关于性的话题?该书做了很好的指导。

Goldman, R., and Goldman, J.(1982). *Children's Sexual Thinking*. London: Routledge. 该书对北美及其他三个西方国家儿童的童年时期性行为做了广泛的比较研究,论述详细,有趣的发现和洞见比比皆是。

James, A., Green, R., and Kolodny, R.(1982). *Childhood Sexuality*. Boston: Little, Brown. 全面考察了各种童年期性行为。

第9章 青春期与成年期的性

Coles, R., and Stokes, G.(1985). *Sex and the American Teenager*. New York: Harper & Row. 一份对青春期性行为进行广泛调查后得出的结论,表格编排清晰整齐,还附有有趣的访谈摘要。

National Research Council (1987). *Risking the Future*. Washington, D.C.: National Academy Press. 专家们从健康、心理、对策等角度,发表对青春期性行为、怀孕和孩子抚育等的看法,是一部概述全面的优秀作品。

Sarrel, L., and Sarrel, P.(1979). *Sexual Unfolding*. Boston: Little, Brown. 本书涉及未成年人和年轻人的性发展,特别适合大学生阅读。

Butler, R. N. and Lewis, M. I. (1986). *Love and Sex after 40*. New York: Harper & Row. 指导中年性生活的著作，权威、优秀。该作者还写了 *Sex after 60*（1977），专门针对老年人的性生活。

Katchadourian, H. (1987). *Fifty: Midlife in Perspective*. New York: W. H. Freeman. 概述了中年性生活的生理、心理等方面。

Brecher, E.M. (1984). *Sex, Love, and Aging*. Boston: Little, Brown. 对中老年人性行为作了广泛的调查，写作清晰明了，附以有趣的引用。

第10章 性别与性

Money, J., and Ehrhardt, A. A. (1972). *Man and Woman, Boy and Girl*. Baltimore: Johns Hopkins. 即使稍有过时，该书仍然是性别发展研究中的优秀概述读物。

Kelley, K. (Ed.) (1987). *Females, Males and Sexuality*. Albany: State University of New York. 一部有趣的论文集，很好地研究了生物学及社会化对性与性别发展的影响。

Reinisch, J. M., Rosenblum, L. A., and Sanders, S. A. (1987). *Masculinity and Femininity*. New York: Oxford University Press. 出自性别研究领域优秀生物学家与社会学家之手的论文集，或许有些过于专业，不过很长见识。

Katchadourian, H. A. (Ed) (1979). *Human Sexuality: A Comparative and Developmental Perspective*. Berkeley: University of California. 该文集收录了从各种生物学和行为学观点理解性与性别发展的一系列文章。

Symons, D. (1979). *The Evolution of Human Sexuality*. New York: Oxford University Press. 用进化的眼光看待人类性行为及性别差异的问题。

Bleier, R. (1984). *Science and Gender*. New York: Pergamon. 一位神经学家从女性主义视角对关于女性的生物学理论进行了批判。

第11章 自身性行为

Friday, N. *My Secret Garden* (1973); *Forbidden Flowers* (1975). New York: Simon and Schuster. 集合了关于女性性幻想的叙述。*Men in Love* (1980). New York: Delacorte Press. 关于男性的性幻想。

Kiell, N. (1976). *Varieties of Sexual Experience*. New York: International Universities Press. 性爱文学作品的摘要。

Marcus, I. M., and Francis, J. J. (1975). *Masturbation from Infancy to Senescence*. New York: International Universities Press. DeMartino, M. F. (1979). *Human Autoerotic Practices*. New York: Human Sciences Press. 一系列关于手淫各方面的论文。

Webb, P. (1975). *The Erotic Arts*. Boston: New York Graphic Society. 一本概述情色艺术历史的书，很有意思，配有大量的插图。

第12章 性游戏与性交

Chang, J. (1977). *The Tao of Love and Sex*. New York: Dutton. 本书使现代读者了解了古代中国的情色智慧。虽然对西方人而言，有部分原则听起来会有些奇怪，但该书还是颇为吸引人的。

Comfort, A. *The Joy of Sex* (1972) and *More Joy* (1974). New York: Crown. 当代最丰富细致、最合理实际、最吸引人的性指导手册。

Melville, R., *Erotic Art of the West* (1973); Dawson, P., *Erotic Art of the East* (1968); Dawson, P., *Primitive Erotic Art* (1973). New York: G. P. Putnam's Sons. 结合插图形象地讲述了各种文化中的性关系，不仅文字内容充实，而且图片更为丰富生动。

Montagu, A. (1986). *Touching: The Human Significance of the Skin*, 3rd ed. New York: Haper & Row. 对抚摸在人类交往中所扮演的角色进行了人类学、心理学的精彩分析。

Perella, N. J. (1969). *The Kiss Sacred and Profane: An Interpretative History of Kiss Symbolism and Related Religious Erotic themes*. Berkeley: University of California. 正如副标题所昭示的，这是一部学术书。该书使用的方法是文学的和历史的。对于对该领域有强烈兴趣的读者来说，本书非常优秀。

Sinha, I. (1980). *Translation of the Kama Sutra*. New York: Crescent. 经典印度性爱手册，是 *Kaka Shatra, Ananga Ranga* 和其他印度情色品的精选，还有大量情色艺术的精美彩版图画。

第13章 同性爱与双性爱

Bell, A. P., and Weinberg, M. S. (1978). *Homosexualities*. New York: Simon & Schuster. 叙述和描写了美国男女同性爱者的性关系及亲密关系。

Bell, A. P., et al. (1981). *Sexual Preference—Its Development in Men and Women*. Bloomington: Indiana University. 对同性爱倾向的发展进行了探索。

Marmor, J. (Ed.) (1980). *Homosexual Behavior*. New York: Basic Books. 多学科的论文集,代表了当前研究同性爱的主流学术观点。

Rodagers, B. (1972). *Gay Talk*. New York: Putnam. 通过同性爱者自己的语言,本书展现了对这一亚文化群的惊人的洞察力。

Silverstein, C. (1978). *The Joy of Gay Sex*. New York: Simon & Schuster. Sisley, E. L., and Harris, B. (1977). *The Joy of Lesbian Sex*. New York: Simon & Schuster. 讨论了那些能改善男女同性爱之间性关系的技巧。

第14章 性欲倒错

Finkelhor, D. (1984). *Child Sexual Abuse*. New York: Free Press. 一位专家对这一难题的深入、彻底的分析。

Maltz, W., and Holman, B. (1987). *Incest and Sexuality*. Lexington, Mass., Lexington Books. 对于如何理解和治愈乱伦者及其性伴侣,本书给予了很好的指导。

Stoller, R. J. (1975). *Perversion: The Erotic Form of Hatred*. New York: Deff. 对恋童癖的表征和心理动机进行了富有洞察力的概述。

Weinberg, J., and Levi Kamel, G. W. (Eds). (1983). *S and M: Studies in Sadomasochism* (1983). 关于性虐待的一系列观点的精选。

第15章 性功能障碍与治疗

Barbach, L. G. (1982). *For Each Other: Sharing Sexual Intimacy*. New York: Doubleday. 一部旨在帮助女性实现自身性潜能的好书。

Belliveau, F., and Richter, L. (1970). *Understanding Human Sexual Inadequacy*. New York: Bantam. 该书是现代性治疗领域的开山之作——马斯特斯和约翰逊的 *Human Sexual Inadequacy*——的简缩版。

Kaplan, H. S. (1974). *The New Sex Therapy*. New York: Quadrangle. 关于性治疗的全面、清晰的阐述,插图非常精美。

Leiblum, S., and Pervin, L. (Eds.) (1980). *Principles and Practice of Sex Therapy*. London: Tavistock. 一部关于性功能障碍及其治疗的文集,很有价值。

Zilbergeld, B. (1978). *Male Sexuality*. Boston: Little, Brown. 一部深刻而有趣的报告,主要是关于男性的性行为,包括那些限制男性性满足的态度等。

第16章 性亲密和爱

Buscaglia, L. (1984). *Loving Each Other*. Thorofare, N.J.: Slack. 该书是描写人类爱情关系的当代通俗读物中之优秀范例。

Pope, K. S. (Ed.). (1980) *On Love and Loving*. San Francisco: Jossey-Bass. 以心理学的视角研究了生命周期中浪漫爱情的本质。

Singer, I. (1984). *The Nature of Love*. Chicago: Chicago University Press. 检视了自柏拉图至当代的关于爱的看法,是一部三卷本的高水平学术著作,对于高年级学生来说是一个非常丰富的资料来源。

Sternberg, R. J., and Barnes, M. L. (Eds.). (1988) *The Psychology of Love*. New Haven: Yale University Press. 从研究的角度和理论的视角对爱的各方面做了审视,是当前优秀的资料来源。

Tennov D. (1979). *Love and Limerence*. New York: Stein & Day. 从心理学的视角对坠入爱河的经历进行研究,是一份很好的描述报告。

第17章 婚姻与另类婚姻

Blumstein, P., and Schwartz, P. (1983). *American Couples*. New York: Morrow. 对已婚夫妇、同居伴侣、同性爱伴侣的相互关系(包括他们的性交往)作了广泛的调查。清晰的写作风格、丰富的图表及访谈的摘要使得这部大部头著作具有很强的可读性。

Reiss, I. L. (1980). *Family Systems in America*, 3rd ed. New York: Holt, Rinehart and Winston. 一部研究家庭体系的作品,由一位对性研究有特别兴趣的社会学家所撰写,论述详细,有益又有趣。

Scarf, M. (1987). *Intimate Partners*. New York: Ballantine. 对于婚姻及如何使婚姻发挥作用,该书有深刻而风趣的见解。

Schickel, R. (1981). *Singled Out: A Civilized Guide to Sex and Sensibility for A Suddenly Single Man or Woman*. New York: Viking. 一本给那些刚刚离婚的人以指导的诙谐而文雅的小册子。

第18章 性利用

Bullough, V., and Bullough, B. (1978). *Prostitution: An Illustrated Social History*. New York: Crown. 从古代到现代的一部卖淫的历史，并对其当前的状况加以思考，例证配图丰富，参考文献详细。

Donnerstein, E., Linz, D., and Penrod, S. (1987). *The Question of Pornography*. New York: Free Press. 该书综合概括了那些关于色情品及其对公共政策的影响的研究成果。

Rechy, J. *City of Night* (1963) and *The Sexual Outlaw* (1977). New York: Grove. 以文学格调展现出的妓女世界。

Webb, P. (1976). *The Erotic Arts*. Boston: New York Graphic Society. 以丰富的插图神地展现出从古至今的情色艺术及其与色情品间的细微差别。

第19章 性侵犯

Brownmiller, S. (1975). *Against Our Will*. New York: Simon & Schuster. 对强奸问题作了较详细的历史梳理，为当代美国关于强奸问题的分析与争论提供了基本的背景。

Grossman, R., and Sutherland, J. (Eds.) (1982). *Surviving Sexual Assault*. New York: Congdon and Weed. 提供了关于强奸后果的敏感细致、有所帮助的视角。

Groth, A. N. (1979). *Men Who Rape*. New York: Plenum. 一项对强奸者行为和心理的深度研究。

MacKinnon, C. (1979). *Sexual Harassment of Working Women*. New Haven: Yale University. 对这一难题给予了全面而且有说服力的讨论，并从法律的视角探讨了处理对策。

Russell, D. (1982). *Rape in Marriage*. New York: Macmillan. 为这一有争议的性胁迫形式提供了有益和有价值的见解。

第20章 历史上的性

Boardman, J., and LaRoca, E, (1975). *Eros in Greece*. New York: Erotic Art Book Society. 插图精美，信息丰富。

D'Emilio J., and Freedman, E.B. (1988). *Intimate Matters*. New York: Harper & Row. 美国从殖民地时期到当今的性历史。

Dover, K.J. (1978). *Greek Homosexuality*. New York: Vintage. 关于希腊对待同性爱者的态度及实践的清晰的学术性总结。

Epstein, L.M. (1967). *Sex Laws and Customs in Judaism*. New York: Ktar Publishing. 有关犹太人的性观点的广泛而有趣的陈述。

Tannahill, R. (1980). *Sex in History*. New York: Stein & Day. 对从史前到当今的性行为进行的信息丰富且富有趣味性的概览。

Webb, P. (1976). *The Erotic Arts*. Boston: New York Graphic Society. 从古典时代到当代社会的色情艺术的历史，内容广泛，插图丰富，信息量巨大。

第21章 文化中的性

D'Emilio, J. (1983). *Sexual Politics, Sexual Communities*. Chicago: University of Chicago Press. 对1940年到1970年间美国同性爱解放运动所作的深入、连贯且抱有同情心的研究。

Francoeur, R.T. (ed.). (1987). *Taking Sides*. 提供有关人类性学领域的各种保守主义观点。

Gregersen, E. (1983). *Sexual Practices*. New York: Franklin Walts. 对性态度、性风俗和性行为进行的范围广泛、引人入胜的跨文化总结，插图丰富。

Ford, C.S., and Beach, F.A. (1951). *Patterns of Sexual Behavior*. New York: Harper & Row. 跨文化人类性行为和人际关系汇编，全面综合，组织合理。

Sorokin, P. (1956). *The American Sex Revolution*. 对性革命所作的高度批判性研究，可追溯至其全面出现之前。索罗金这位反对性自由的保守派社会学家的许多观点如今已为其他论点所代替。

第22章 东方文化中的性

Parrinder, G. *Sex in the World's Religions* (1980). 关于印度、中国、日本和其他世界宗教的性主题的简介信息。

Rawson, P. *Erotic Art of the East* (1968). 印度、中国和日本性爱艺术的文章和作品集。作者另有一部同主题的简短作品，名为《东方性爱艺术》(*Oriental Erotic Art*)(1981)。

Change, J. *The Tao of Love and Sex*. 为当代读者写就的简明而有趣的古代中国性理论与性实践手册。

Gulik, R. H. V. *Sexual Life In Ancient* (1974). 有关公元前1,500年至17世纪中国的性与社会的权威作品。

第23章 性与法律

Estrich, S. (1987). *Real Rape*. Cambridge, M A.: Harvard University Press. 概述了关于强奸的法律和改革现行强奸法律的途径。

MacNamara, D. E. J., and Sagarin, E. (1977). *Sex, Crime, and the Law*. New York: Free Press. 某些性行为和性侵犯引起了社会问题,该书对此涉及的行为及法律方面进行了考察。

Reimer, R. A. (1986). *Legal Analysis of the Attorney General's Commission on Pornography's Final Report*. Washington, D. C.: Library of Congress. 小结和批判了梅斯委员会的报告。

Wasserstrom, R. A. (Ed.) (1971). *Morality and the Law*. Belmont, Ca.: Wadsworth. 该书搜集了一系列的读物,都追问这么一个问题:行为的不道德是否足以裁定行为本身已违法?

The Wolfenden Report (1963). New York: Stein and Day. 尽管这份关于英国同性爱法案和卖淫法案的报告已经出台近半个世纪,但其深刻的论述仍然是清醒思考、通俗易懂的典范。

第24章 性与道德

Durkin, M. G. (1983). *Feast of Love: Pope John Paul II on Human Intimacy*. Chicago: Loyola University Press. 小结和评论了教皇约翰·保罗二世关于性行为的演说,真实地表达了那些罗马天主教会的捍卫者保守性道德。

Fletcher, J. (1966). *Situation Ethics*; (1967). *Moral Responsibility; Situation Ethics at Work*. Philadelphia: Westminster. 最初的(也是最好的)关于境遇伦理学的表述。

Hallingby, L., and Richie, D. (1987). *Siecus Report*, vol. 15, No 5, pp. 14-16. 一份出版物的名单,广泛地罗列了不同基督教派关于性行为的出版物。

Kosnik et al. (1977). *Human Sexuality: New Directions in American Catholic Thought*. New York: Paulist Press. 对传统的天主教性行为观的自由主义反思。

Larue, G. (1983). *Sex and the Bible*. New York: Prometheus. 搜集了《圣经》中涉及各式各样性行为的段落,并加以简短的解释。

Parrinder, G. (1980). *Sex in the World's Religions*. New York: Oxford University Press. 概述了犹太教、基督教、伊斯兰教以及亚洲和非洲的宗教对性行为的看法,富有学术性但不深奥,还很风趣。

重要词汇

A

abortion 流产
在胎儿成长到足以在子宫外存活前终止妊娠；其过程可能是人为的（有意的），或是自然发生的（见 spontaneous abortion）。

abstinence 节欲
自愿地不参与性行为，如性交。

Acquired Immune Deficiency Syndrome（AIDS）获得性免疫缺陷综合征（艾滋病）
首先这是一种能破坏免疫系统抵抗外部感染能力的性传播疾病；另一方面，该疾病也能够通过静脉注射吸毒者之间的混用针头或是被污染的血液制品而得以传播。

adolescence 青春期
儿童进入成人世界的社会心理发展。

adrenal glands 肾上腺
一对内分泌腺，位于肾脏的上部，用于制造和分泌（与其他器官一起）多种雄激素。

adultery 通奸
西方传统术语，指已婚者与配偶以外的人发生性交。

afterbirth 胞衣
正常分娩后从母体中排出的胎盘和羊膜囊。

ambisexual 双性爱
见 bisexual。

amenorrhea 闭经
见 menstruation。

amniocentesis 羊膜穿刺术
从母体子宫中抽取羊水，对其进行分析，以诊断胎儿是否有基因失调或其他异常。

amniotic fluid 羊膜水
胎儿出生前，液体在羊膜内，环绕胎儿，并能缓冲外部震动。

anal intercourse 肛交
一人阴茎插入另一人肛门内的性行为。

anal stage 肛门期
根据心理分析理论，性心理发育过程中一个儿童可从肛门区域获得性满足的阶段。

androgen 雄激素（也称类固醇激素）
通常用于指称一类激素（如睾丸激素）的普通术语，这类激素主要对雄性生殖系统的发育和生理机能起作用。

androgen insensitivity 雄激素不敏感综合征
此情况一般指由于男性身体对睾丸激素未有反应，因而遗传上的男性人生长出女性生殖器及乳房；有时也被称为睾丸雌化综合征。

androgyny 阴阳人
在同一人身上混杂着典型的男性特征和女性特征。

anilingus 舐肛
用口部对肛门进行的刺激，有时称为舔肛。

annulment 法定注销
合法解除婚姻生活，视该婚姻为从未发生过，通常的原因是夫妻双方从未发生过性交。

anorgasmia 无性高潮
一种女性性机能障碍，其特征为无法持续到达性高潮，也被称为女性高潮抑制。

aphrodisiac 春药
被认为能增强个人性欲望、性能力及（或）性快感的物品。

areola 乳晕
围绕乳头周围的暗色环形区域的皮肤。

artificial insemination 人工授精

用性交以外的方法将精子放置于妇女的阴道或子宫,从而使其怀孕。

autoeroticism 自体性行为

用来描述各种形式的自体性刺激或性唤醒行为(如手淫)的普通术语。

autonomic nervous system 自主神经系统

神经系统的一部分,用于调节身体的多种器官和腺体,包括性反射。

aversion therapy 厌恶疗法

这是行为调整疗法的一种形式,尝试将令人厌恶的刺激(如电休克)与患者的特定行为发生关联,从而更正或消除这些行为。有时也被用于治疗性欲倒错行为。

B

Bartholin's glands 巴氏腺

两个位于阴道开口两侧的小腺体,被认为在性兴奋过程中具有分泌液体润滑阴道的作用。

basal body temperature method 基础体温法

一种通过记录妇女体温的改变以断定该妇女何时排卵,从而达到节育目的的方法。

bestiality 人兽性交

与动物之间进行的性行为;也被称为恋动物癖。

Billings method 比林斯法

一种节育方法,该方法需要妇女密切注意宫颈黏液的量和黏稠度的改变,从而确定她何时排卵。

birth control 节育

见 contraception

bisexual 两性人

指对男性或女性都感到有性吸引力或是与男性和女性都有性接触的人。

blastocyst 囊胚

一小团细胞,由桑葚胚构成,在妊娠的第一周附着于子宫壁。

bonding 亲键

父母与孩子感情上相互依恋的形成过程。

brothel 妓院

妓女工作的场所。

C

call boy 应召男妓

高价男妓,其通过中间人代理机构而工作。对应的 call girl 则称为应召女郎。

candidiasis 念珠菌病

一种阴道传染病,由身体内正常存在的一种似酵母菌类菌过度生长而导致。

castration 阉割

手术摘除睾丸。

castration anxiety 阉割焦虑

根据心理分析理论,作为男孩们对与其母亲发生性欲望的一种惩罚,他们在无意识中会有失去生殖器的恐惧。

celibacy 独身

历史上指受一些宗教制度约束的成员们保持未婚的状态;现在一般为自愿禁绝性行为的状态。

cervical cap 宫颈帽

一种避孕器具,以塑料或橡胶制成。使用时放置在子宫颈口,起到阻拦精液的作用。

cervix 子宫颈

子宫的低位部分,通向阴道。

Cesarean section 剖腹产术

一种通过子宫和腹腔壁的切口而取出胎儿的外科手术。

chancre 硬性下疳

一种坚硬,突起(通常无痛)的皮肤损伤,为一期梅毒的特征。

chancroid 软性下疳

一种细菌性的性传播疾病,会造成软性、疼痛溃疡,并出现在生殖器官上。

chlamydia 衣原体

一种细菌性的性传播病菌,可导致男性排尿疼痛、瘙痒及流脓,对女性则可能仅有轻微的阴道流脓。

chorionic villi sampling(CVS) 绒毛活检技术

一种检测方法,指从包裹胎儿的薄膜中提取组织样本,以检测胎儿出生缺陷的可能。

chromosome 染色体

在每个人体细胞核中都会有的遗传物质;除精子和卵子携带的染色体数为23条外,每个细胞都有46条染色体。

cilia 纤毛
指无数像头发丝般的组织,沿输卵管排列,并驱使卵子到达子宫。

circumcision 包皮环切术
手术切除阴茎包皮。

climacteric 更年期
男性和女性的中年时期,在这一时期由于从能育性向不育性过渡,他们常会发生许多生理变化;也见 menopause。

clitoris 阴蒂
女性身上一个小的高敏感性生殖器官;它的功能是在被刺激时,使妇女得到性快感。

cohabitation 同居
指男女浪漫地相互吸引,并且未婚而生活在一起的情况(同性同居是不被法律认可的);也被称为习惯法婚姻。

coitus 性交
阴茎插入阴道的专门术语;通常也指性交。

coitus interruptus 性交中断法
一种节育方法,男性在射精之前将阴茎从女性阴道内抽出;也称为体外排精法。

coitus reservatus 合而不泄
在性交过程中男子有意抑制射精。

colostrum 初乳
稀薄液体,富含蛋白质和抗体,在分娩之后紧接着从母体的乳房分泌而出;是母乳的前体。

common-law marriage 习惯法婚姻
见 cohabitation

conception 受孕
新生命的开始,以受精为标志。

condom 避孕套
男性的避孕用具,通常是一种薄的乳胶套,套在阴茎上;也常用于防止性传播疾病。

congenital adrenal hyperplasia 先天性肾上腺增生
女性胎儿的肾上腺分泌了过量的雄激素,结果导致胎儿在出生时出现了男性生殖器;也就是所指的肾上腺生殖系综合征。

contextual ethics 情境伦理
见 situational ethics

contraception 避孕
常用于防止怀孕的方法、器具或药物;也称为节育。

copulation 交媾
作为生殖方式之一种性交合;适用于动物和人类。

corona 冠部
阴茎龟头的敏感边缘。

corpora cavernosa 海绵体
两大块平行的勃起组织,位于阴茎和阴蒂的轴柱,在性兴奋过程中会充血。

corpus luteum 黄体
卵泡的部分,在排卵之后位置处在卵巢左侧;其最主要的功能是分泌黄体酮。

corpus spongiosum 阴茎海绵体
阴茎内的圆柱状海绵组织,可勃起,尿道被包裹其中,在性交过程中会充血;也称为海绵体。

couvade 父代母育
男性的病症体验,表现为模仿怀孕和(或)分娩。

Cowper's glands 库珀氏腺
连接在男性尿道上的微小组织,在性兴奋时能分泌微量清澈、黏稠液体。

cremasteric muscle 提睾肌
位于阴囊之下的一块肌肉,在寒冷、性兴奋及其他刺激下,会不自觉地提拉睾丸。

cremasteric reflex 提睾反射
当抚摸内侧大腿时会引起提睾肌的反射性收缩。

critical period 关键期
个体发展过程中的某些至关重要的事件必然会发生或个体发展会永远改变的时刻。

cross-dressing 异性装扮癖
见 transvestism

cryptorchidism 隐睾病
睾丸未从腹腔降入阴囊的疾病。

culture 文化
一个社会显著的行为方式,如语言、习俗、信仰和艺术成就。

cunnilingus 舔阴
用口部对女性生殖器进行刺激。

cystitis 膀胱炎
膀胱炎症,会引起尿痛和尿频。

D

date rape 约会强奸
一种暴力犯罪,指一位女性被她的约会对象或是密友强行发生性关系。

desensitization 脱敏作用
行为修正疗法的一种方式,当患者处在放松及相对安全的环境时,使其逐步面对焦急易激动的情形,直至他的焦虑消除。

diaphragm 避孕膜
圆拱形橡胶避孕用具,放置于阴道,以阻塞宫颈口。

dihydrotestosterone 二氢睾酮
一种激素,与睾酮非常相似,促使胚胎发育过程中男性外部生殖器的形成。

dilation and curettage(D&C) 刮宫术
首先扩大子宫颈,而后用器械刮擦子宫内膜,常用于治疗子宫疾病或堕胎。

dilation and evacuation(D&E) 中期妊娠引产术
流产的一种方法,指当宫颈扩张时,用钳子、刮具及抽吸泵将胎儿从子宫内移除;这通常用于妊娠中期的三个月。

dildo 假阴茎替代物
人造阴茎,通常用塑料制成,用于刺激阴道或肛门。

divorce 离婚
合法终止婚姻。

douch 灌洗
用清水或是化学溶液冲洗阴道内部。

Down's syndrome 唐氏综合征
一种造成智力迟钝和内脏缺陷的染色体疾病。

dysmenorrhea 痛经
在月经来潮之前或期间的疼痛经历,典型表现为背痛、腹部绞痛及大腿部的疼痛。

dyspareunia 性交困难
在性交过程中或之后伴有持续性的疼痛。

E

ectopic pregnancy 宫外孕
一种妊娠方式,指受精卵在子宫以外的地方进行着床,绝大多数是在输卵管中。

ejaculation 射精
通常指在性高潮过程中,精液从阴茎中喷出。

ejaculatory ducts 输精管
两条管状组织,作为精子和精液从前列腺排入尿道的通道。

ejaculatory incompetence 射精障碍
性交过程不能射精的男性性功能障碍。

embryo 胚胎
此术语常指妊娠前八周的胎儿。

endocrine glands 内分泌腺
能产生和分泌激素并将其注入血液的无管腺。

endometrium 子宫内膜
子宫内壁,在月经期会部分脱落。

epididymis 附睾
紧紧盘绕着的细管,位于睾丸的上背部,是精子成熟的场所。

episiotomy 外阴切开术
在分娩过程中在阴道和肛门之间切一个切口,为了让婴儿的头部有更大的空间得以通过,并避免损伤阴道组织。

erectile dysfunction 勃起功能障碍
见 impotence

erogenous zones 动情区
对性刺激有特别反应的身体区域。

Eros 厄洛斯(希腊爱神)
根据心理分析理论,其指性爱或性本能(力必多)。

erotica 情色品
具有性倾向的作品,读者或观者从中能感到性激动,并且不使人厌恶。

estrogen replacement therapy 雌激素替代疗法
妇女在绝经期之前或之中摄取补充性雌激素的治疗方法。

estrogens 雌激素
一类女性激素,通常主要由卵巢分泌产生,具有促使性成熟、月经周期规律，以及保持子宫内膜的作用。

estrus 发情期
　　许多人类之外的雌性哺乳动物的排卵期或性活跃期，也指生物发情期。

eunuch 阉人
　　被阉割的男性。

excitement phase 兴奋期
　　人类性反应周期的第一阶段，人开始感受到身体上和（或）心理上的激动：心率加快，肌肉紧张以及生殖器开始充血。

exhibitionism 露阴癖
　　将某人的生殖器暴露给对此厌恶的陌生人，从而感到性刺激的行为。

F

fallopian tubes 输卵管
　　两根狭长的管道，作为卵子离开卵巢游走到子宫的路径；通常是受精发生的地方。

fellatio 口交
　　用口部刺激男性生殖器。

feminism 女权主义
　　支持男女政治、经济及社会平等的理论。

fertility symbols 生殖象征
　　原始艺术，常带有巫术宗教的目的，被认为能提高人类和动物的生殖力；艺术物品包括矛、棍、勃起的阴茎，以及夸张的乳房、屁股和胃部。

fertilization 受精
　　精子和卵子结合的时刻。

fetal alcohol syndrome 胎儿酒精综合征
　　先天性疾病，缘于母亲在怀孕期间重度酗酒；可能会导致像智力缺陷那样严重的畸形。

fetishism 恋物癖
　　主要从无生命的对象或身体的特殊部分来获得性刺激。

fetus 胎儿
　　术语，常用于指从怀孕第九周到出生前的生命。

follicle 卵泡
　　一类在卵巢中包囊卵子的细胞。

follicle-stimulating hormone(FSH) 促卵泡生成
一种刺激女性卵泡成熟及男性精子产生的垂体激素。

foreplay 前戏
　　两人之间的接吻、触摸、刺激性器官及其他方式的身体接触，并最终致使性交；见 petting。

foreskin 包皮
　　见 prepuce

fornication 通奸
　　法律术语，指两个相互同意但未结婚的个体之间的性交。

frigidity 性冷漠
　　一个过时的术语，曾用于描述大部分性功能障碍，通常指女性。

G

gametes 配子
　　见 germ cell

gay liberation movement 同性爱解放运动
　　美国同性爱团体为实现政治、经济和社会的平等而采取的有组织的请愿。

gender identity 性别认同
　　无论男性还是女性，作为生物的一种自我印象。

gender roles 性别角色
　　一种特定文化所认定的对男性和女性适合的行为和适宜的特征。

gene 基因
　　DNA 分子，由染色体构成，决定了双亲与婴儿间的遗传。

genitals 生殖器
　　男性和女性的性器官，代表性的有男性的阴茎、睾丸和阴囊，女性的外阴。

genital tubercle 生殖结节
　　胚胎组织的小苞体，会进一步发育成阴茎或是阴蒂。

genital warts 生殖器疣
　　长在生殖器上的疣，由某种性传播性病毒所引起。

germ cell 生殖细胞
　　精子或卵细胞。

gigolo 靠女人赡养的男人
为了钱,靠与女人结为伙伴及提供性服务的男性。

glans 阴茎头,阴蒂头
阴茎或阴蒂的顶部,有丰富的神经末梢。

gonadotropin releasing hormone(GnRH) 促性腺激素释放激素
由下丘脑所产生的一种激素,可控制垂体所释放的促黄体生成素和促卵泡生成素的量。

gonadotropins 促性腺激素
刺激性腺(睾丸和卵巢)分泌各自激素的垂体激素。

gonads 生殖腺
指睾丸和卵巢。

gonorrhea 淋病
由细菌引起的性病,会造成尿道和阴道流脓。

Graafian follicle 格拉夫卵泡
成熟卵泡,位于卵巢内;在排卵期会被释放。

Grafenberg spot 格拉芬波点
一个性欲的敏感区域,大概位于阴道后壁;有时也称 G 点。

granulosa cells 粒层细胞
沿卵泡线状排列的细胞,之后形成黄体。

group marriage 群婚
几对夫妇或几个家庭在一起生活;有些会涉及伴侣间的性共享。

group rape 群奸
强暴罪,指一个人(通常是女性)被迫与两个或个以上的男性发生性关系。

H

hepatitis 肝炎
由病毒所引起的肝部炎症,可能会通过性接触而传播。

hermaphrodite 两性人
同时有着卵巢和睾丸组织的人,因而具有了双性的生殖特征。

herpes 疱疹
由病毒引起的在生殖器或嘴部出现的疼痛性水泡,通过性接触而传播。

heterosexuality 异性爱
一个人在性别上、情感上、社会地位上被异性成员所吸引的性倾向。

homogamy 同质婚
以相似特征的人相互结合为原则,这些特征包括年龄、种族、社会经济地位及宗教信仰。

homophobia 同性爱恐惧症
对于同性爱不理智的恐惧或敌视。

homosexual rape 同性强奸
一个男子被迫与另一男子进行口交或肛交的暴力行为。

homosexuality 同性爱
一种性倾向,指一个人在性方面、情感上及社交方面被同性成员所吸引。

hormones 激素
化学物质,由内分泌腺分泌入血液,对生理功能和心理行为会产生影响。

hot flashes 潮热
绝经期的普通症状,妇女会有突然激动、出汗或是冷战的感觉。

human chorionic gonadotropin 人绒毛膜促性腺激素
由胎盘所产生的激素,作用与垂体促性腺激素类似;通常只能在孕妇的尿液中被检测到。

human immunodeficiency virus(HIV) 人体免疫缺陷病毒
造成艾滋病的逆转录酶病毒。

hustlers 皮条客
作为其他男性客户代理人的男妓们。

hymen 处女膜
一种部分掩盖阴道口的脆弱组织,在妇女首次性交之前通常完整。

hypoactive sexual desire disorder 性欲减低疾病
以持续性的性想象和性欲望缺失为特征的性功能失调。

hypothalamus 下丘脑
大脑的一部分,通过控制促性腺激素的产生和释放来调节(协同其他组织)性功能。

hysterectomy 子宫切除术
一种移除妇女子宫的外科手术。

I

impotence 阳痿

尽管给以刺激，仍无法做到或维持坚硬勃起；也称为勃起障碍。

incest 乱伦

近亲之间（如父亲和女儿之间）的性行为。

infertility 不育

通常指在双方努力尝试一年之后，由于男方、女方或双方的原因而无法获得孩子。

inhibited female orgasm 女性高潮抑制

见 anorgasmia

inhibited male orgasm 男性高潮抑制

见 retarded ejaculation

interstitial cells 间质细胞

位于睾丸内输精管之间的细胞，产生大量男性雄激素，也称为莱迪希氏细胞。

intrauterine device(IUD)宫内节育器

为了节育而放置入子宫的小型塑料器件。

in vitro fertilization(IVF)体外受精

整个操作包括将女性成熟的卵子从体内取出，在试验室中将其与精子结合受精，然后再移植入子宫。

K

Kegal exercises 凯格尔操

以加强阴道和尿道周围肌肉为目的的一系列锻炼。

kiddie porn 儿童色情品

描述儿童参与到性活动之中（通常与成人之间）的色情印刷品或图像材料。

Klinefelter's syndrome 克氏综合征

一种性染色体疾病，指男婴在出生时带有一条多余的 X 染色体，其结果出现了一种 XXY 染色体型；这些男性的睾丸和阴茎都偏小，并且无法生育。

L

labia majora 大阴唇

两片包裹小阴唇、阴蒂及尿道和阴道口的细长皱褶外皮。

labia minora 小阴唇

两片包裹尿道和阴道口的皱褶内皮。

labioscrotal swelling 阴唇阴囊隆突

胎儿组织，男性发育为阴囊，女性发育为大阴唇。

labor 分娩

指胎儿出生的过程，包括：有节律的宫缩、宫颈扩张、胎儿出生及胎盘去除。

lactation 泌乳

女性母乳的产生，从胎儿出生的 2~3 天后开始。

Lamaze method 拉马兹助产法

一种分娩的准备方法，强调肌肉放松和控制呼吸。

leukorrhea 白带

发白或类脓状的阴道流出物，由多种传染病或刺激性的化学物质引起。

Leydig's cell 莱迪希氏细胞

见 interstitial cells

libido 力必多（性欲）

精神分析学对性驱力和能量的术语表达。

limbic system 边缘系统

一组脑结构，调控我们的性和情感方面的行为。

limerance 沉迷

被多萝西·坦诺弗（Dorothy Tennov）用于描述人陷于爱恋之中的术语表达方式。

lochia 恶露

在分娩之后出现的一种红褐色子宫排出物，会持续数周。

luteinizing hormone(LH)促黄体生成素

一种垂体激素，刺激卵巢中的黄体以产生孕酮，并刺激睾丸中莱迪希氏细胞以产生雄激素。

M

madam 老鸨

经营妓院的女人。

mammary glands 乳腺

女性乳房产生乳汁的器官。

marital rape 婚内强奸

一种暴力犯罪，指妇女被她丈夫强迫与其发生性关系。

mastectomy 乳房切除术
手术切除乳房。

meiosis 减数分裂
发生在有性生殖的生物中的细胞分裂过程，这一过程会减少生殖细胞染色体数目，从而导致动物配子和植物孢子的产生。

menarche 初潮
青春期女孩的第一次月经周期。

menopause 绝经期
妇女月经周期逐渐终止，通常是近五十岁时开始。

menorrhagia 月经过多
月经血量的增加以及月经持续时间的延长。

menstruation 行经
排流一种由子宫壁脱落而造成的血色阴道排出物，大约相隔一个月就会发生。也称为月经期或经期。

midwife 助产士
在妇女分娩过程中起帮辅作用的女性。

mitosis 有丝分裂
细胞分裂的一种类型，指一个细胞分裂为两个相同的细胞。

monogamy 一夫一妻制
一个人一次只能拥有一个配偶的婚姻类型。

mons pubis 阴阜
女性耻骨联合上的柔软脂肪组织，在青春期会长出阴毛；也称为维纳斯丘。

morning sickness 妊娠晨吐
醒来之后会有恶心，并伴有对食物的反感，一般妇女会在妊娠的前八周中经历。

morula 桑葚胚
在受精后的几天中由受精卵发育而成的球形细胞群。

Mullerian ducts 苗勒氏管(副中肾管)
女性胎儿的器官，可发育为输卵管、子宫和阴道上部。

myotonia 肌强直
在性反应周期中出现的肌张力增强。

N

nature versus nurture 先天与后天之争
对先天(本性)或后天(环境)是否是造成生物习性——包括性行为的主要原因的理论争辩。

necrophilia 恋尸癖
与死尸发生性行为。

nipple 乳头
乳房的顶部凸起，内含平滑肌和神经纤维，也是女性乳管的开口。

nocturnal emission 遗精
熟睡时射精，也称梦遗。

no-fault divorce 无过错离婚
一种离婚类型，配偶的任一一方都可以宣称因无法协调的差异而结束婚姻；无论哪一方诉讼人都不会被认为有"过错"。

nursing 喂养
婴儿吮吸着妇女乳房的乳汁；也称为哺育(breastfeeding)。

nymphomania 女子色情狂
女性表现出的极度亢进的性欲望。

O

Oedipus complex 恋母情结(俄狄浦斯情结)
根据精神分析理论，父母中与孩子性别相反的一方会引起孩子的性吸引力，而同性的一方则会引起孩子的敌意。

open marriage 开放式婚姻
一种婚姻方式，指夫妻双方彼此允许除对方之外，还能与别人保持情感联系(有时是性关系)。

oral stage 口腔期
根据精神分析理论，此阶段是婴儿的性满足源自于嘴的心理性发育阶段。

orgasm 性高潮
以积聚的性张力突然释放为标志的一种超愉悦的主观感觉。

orgasmic platform 高潮平台期
作为女性性反应的过程之一，期间由于血管充血而引起阴道外壁的扩张和阴道口的缩小。

osteoporosis 骨质疏松症
　　一种疾病，一般可见于绝经后的妇女，并且由于钙质的流失而导致骨骼变薄易碎。

ovaries 卵巢
　　妇女的一对生殖器官，位于子宫两侧，能产生卵子和性激素，也称为女性性腺。

ovulation 排卵
　　卵巢释放成熟卵子的过程。

ovum 卵子
　　成熟卵细胞。

oxytocin 催产素
　　一种垂体激素，能刺激乳汁分泌和宫缩。

P

pair bonds 配对关系
　　自然而然发生在两个动物之间的牢固终生的依恋；当谈到人类时，它也包含了"爱"。

palimony 分居赡养费
　　一个法律术语，指同居但未结婚的两个人的财产转让契约。

panderer 皮条客
　　为顾客提供妓女的人，也可见 pimp。

pap smear 巴氏涂片
　　一种针对宫颈癌的常规检查，从宫颈处刮取少许宫颈细胞样本以用于检查。

paraphilias 性欲倒错
　　社会认为罕见的或非典型的多种性行为的总称。

parasympathetic nervous system 副交感神经系统
　　自主神经系统两部分中的一种，主要与性唤醒中的血管充血反应有联系（对身体其他影响中的一种）；可见 sympathetic nervous system。

pederasty 恋男童
　　古代希腊人的一种习俗，指一个年长的男子（通常是导师）与一个年轻男子之间发生的性关系。

pediculosis pubis 阴虱
　　寄生在阴毛中的虱子，通产是通过性接触而招致的。但有时也会通过被污染的衣物或被褥而被感染；一般称为毛虱（crabs）。

pedophilia 恋童癖
　　作为更能获得性满足的方式，而与儿童发生性行为。

pelvic inflammatory disease 盆腔炎
　　一种由于多种细菌感染而导致的输卵管、子宫内膜及（或）下腹腔的炎症，如淋病或衣原体疾病。

penis 阴茎
　　用于性交的男性性器官，也用于排出体内尿液。

petting 爱抚
　　两人之间的接吻、触摸、生殖器刺激及其他形式的身体接触，但不包括性交。见 foreplay。

Peyronie's disease 佩罗尼氏病
　　一种罕见疾病，因阴茎纤维组织的异常而造成，并导致阴茎勃起时疼痛。

phallic stage 阴茎期
　　根据精神分析理论，儿童的性能量集中于其生殖器的精神性欲发育阶段。

phallic symbols 阳具象征
　　象征阴茎的物体，如棍棒、刀斧和圆柱状纪念碑。

pheromones 信息素
　　通过嗅觉能传递信息（包括性信息）的化学物质。

pimp 皮条客
　　妓女代理人，他靠妓女收入为生，作为交换他向妓女提供保护、社会交际及情感慰藉。

pituitary gland 脑下垂体
　　一个微小的内分泌腺，在大脑基底部。分泌的几种激素（如促卵泡生成素和促黄体生成素）对性发育和性功能非常重要。

placenta 胎盘
　　连系子宫壁的器官，胎儿藉此从母体中获取营养物质和氧气，并排出废弃物。

plateau phase 平台期
　　紧随兴奋期之后及性高潮之前出现的人体性反应期，期间维持着性的张力。

pleasure principle 快感原则
　　根据精神分析理论，此概念指力必多（性欲）能激发寻求即刻的满足，而无视现实约束。也可见 reality principle。

polyandry 一妻多夫
　　一个妇女拥有几个丈夫的婚姻形式。

polygyny 一夫多妻
　　一个男子拥有几个妻子的婚姻形式。
pornography 色情品
　　以激发性感觉为目的的印刷品或图像材料，这种材料（不像情色品）可能会引起观看者的反感。**赤裸的色情品（Hardcore pornography）**集中于描述性交、舔阴、口交及反常性行为（包括暴力）的与性有关的材料。**隐晦的色情品（Soft-core pornography）**则类似于色情品，描写集中在赤裸及诱惑性交上。
postpartum depression 产后抑郁症
　　妇女在产后可能会经历的轻微中度忧郁；也称为"the baby blue"。
postpartum period 产后期
　　指产后 6~8 周这段时间，妇女在这一时期将要适应生理和心理的变化。
premature ejaculation 早泄
　　一种常见的男性性功能障碍，指在性交开始前或稍后不受控制地射精。
premenstrual syndrome（PMS）经前综合征
　　一些妇女在月经之前所经历的一种身体和心理的综合征（疲劳、忧郁、易怒）。
prepuce 包皮
　　覆盖在阴蒂上的皱襞（也称为 clitoral hood），或覆盖在阴茎上的松动皮褶（也称为 foreskin）。
priapism 阴茎异常勃起
　　不取决于性交的长时间的阴茎勃起。
primary sexual characteristics 第一性征
　　指内在性器官和外生殖器。
primary sexual dysfunction 原发性性功能障碍
　　始终存在的一种性功能障碍，如一位男子从来不能射精或一位妇女从未体验过性高潮；见 secondary sexual dysfunction。
progesterone 孕酮（黄体酮）
　　主要指一种"女性"激素，由黄体产生，在怀孕期维护子宫内膜。
prolactin 催乳素
　　一种刺激哺乳妇女产生乳汁的垂体激素。
prostaglandins 前列腺素
　　由前列腺和其他组织所产生的激素，会导致子宫收缩，尤其在分娩中；有时也会引起流产。

prostate gland 前列腺
　　位于膀胱基部的一种腺体，男性精液中的大多数成分由其产生。
prostatitis 前列腺炎
　　一种前列腺炎症，会导致男性尿频和尿痛。
prostitution 卖淫
　　为了钱从事性活动。
pseudocyesis 假孕
　　一种假怀孕，虽然妇女经历的症状看似怀孕（如孕妇晨吐、乳房胀痛、腹部感觉），但她并没有怀孕。
pseudohermaphrodite 假两性人
　　一个人具有某一性别的性染色体和性腺，但其外生殖器却是另一性别的。
psychoanalytic theory 心理分析理论
　　一种由弗洛伊德创立的心理学理论。其中无意识和婴儿性欲得到了着重强调。
puberty 青春期
　　处于儿童期和成年期之间的人生阶段，在这一阶段生殖系统发育成熟，第二性征逐渐显露。
pubococcygeus muscle 耻尾肌
　　环绕阴道口的肌肉。

R

rape 强奸
　　一个人被迫与另一个人发生性关系的暴力犯罪。
rape trauma syndrome 强奸创伤综合征
　　受害者（妇女为典型）在被强奸之后所经历的情感和心理的混乱——内疚、恐惧、愤怒、抑郁。见 rape。
reality principle 现实原则
　　根据心理分析理论，这一概念指有理性和意识的自我会与现实世界进行协调。
refractory period 不应期
　　仅出现在男性中，紧接着高潮之后的一段时间，在这一时期生理上不能再经历另一次性高潮。
resolution phase 消退期
　　人类性反应的终尾阶段，在这一时期身体回到了最初未受刺激时的状态——肌肉松弛、呼吸缓和，并且性器官也恢复到它们通常的颜色和尺寸。
retarded ejaculation 射精障碍

一种男性性功能障碍，指射精只在长时间的性交或努力之后才会发生；有时也被称为男性高潮抑制。

retrograde ejaculation 逆行射精

在性高潮中精液流入了膀胱，而没从阴茎射出的疾病。

Rh incompatibility Rh 血型不合

一种母体抗体破坏胎儿红血球的疾病，会导致贫血、黄疸甚至死亡。

S

sadomasochism 施虐受虐狂

性施虐癖和性受虐癖这两种性反常行为的交错：前者指从使另一个人受到身体和心理上的痛苦而获得性满足，后者指遭受此类痛苦而获得性满足。

saline abortion 高渗盐水引产术

一种流产的方法，用高浓度的盐溶液注射入子宫而引发流产，常用于妊娠中期。

satyriasis 色情狂

男性不知足的性欲。

scabies 疥疮

一种高度传染的传染病，由极微小的寄生螨类所引起，可以通过性交传播。

scrotum 阴囊

包着睾丸的疏松皮囊，位于阴茎后方。

secondary sexual characteristics 第二性征

除了生殖器以外的身体特征，预示了女性或男性的性成熟，如胸部、阴毛、胡须及声音变化。

secondary sexual dysfunction 继发性性功能障碍

一种由于某种未必存在的生理或心理问题所导致的性功能障碍。

semen 精液

乳状白色液体，内含精子，在性高潮中由阴茎射出。

seminal vesicles 精囊

两个持续分泌精液的囊性器官。

seminiferous tubules 输精管

系于睾丸上的狭长管状组织，能产生和储存上亿个精子。

sensate focus 知觉焦点

一种性治疗练习，指人们以获得快感为目标彼此互相触摸，并不期待随后的性交；其意图是减轻焦虑，从而使性功能障碍恢复正常。

sex chromosomes 性染色体

决定每个个体性别和相关特征的一对单独染色体。

sex flush 性潮红

在性交过程中出现在胸膛和（或）乳房的一种皮疹样红色，在妇女中更为常见。

sexism 性别歧视

制度上和（或）基于文化上的歧视妇女，例如，男性至上主义的语言或对老一套男性或女性行为方式的夸大。

sex skin 性表皮（小阴唇）

当一位妇女被刺激至性高潮时，其小阴唇会着粉红色或红色。

sex therapy 性治疗

指常用于治疗性功能障碍的多种多样的普通方式（如夫妻心理咨询）及特殊手段（如知觉焦点）。

sexology 性学

包括性研究、性教育及性治疗在内的一般术语。

sexual addiction 性上瘾

在一种驱力之下参与性活动，有时是以无法控制和破坏性的方式，以临时减缓焦虑或形成不正当的性幻想。

sexual assault 性攻击

依靠身体暴力进行的性强迫。

sexual aversion 性厌恶

一种对性活动持续的和极端的恐惧和厌恶。

sexual coercion 性胁迫

在心理上和生理上威胁某人发生性关系，其极端形式为强奸。

sexual dimorphism 性二态性

男性和女性解剖学、生理及性行为上的差异。

sexual dysfunction 性功能障碍

男于身体、心理、人际关系及（或）文化因素而造成的性欲望（如兴趣缺乏）缺失或性行为障碍（如无法达到性高潮）。

sexual harassment 性骚扰

不受欢迎的性交谈及求爱，绝大多数会牵扯到工作场所,可能也包括性行贿。

sexual identity 性认同
对自己性特征(性感程度)、性倾向(异性爱、同性爱、双性爱)、性价值及性别特征的观点。

sexual intercourse 性交
见 coitus

sexually transmitted disease 性传播疾病
一系列由细菌、病毒或原生动物引起的感染,主要通过性行为传播;也叫花柳病(venereal disease)。

sexual revolution 性革命
20 世纪 60 年代晚期到 70 年代早期美国社会出现的一股自由主义性价值观运动。

situational ethics 境遇伦理
一种以将牵涉到的人和行为发生的情境等因素考虑进去为基础,作出伦理决策的方式;也叫情境伦理(contextual ethics)。

smegma 阴垢
阴茎包皮或阴蒂包皮下分泌的一种黄色物质。

society 社会
将人群联系在一起的人际关系网络;见 culture。

sodomy 鸡奸
通常指男性之间发生的肛交,但有时也涉及兽交和口交。

Spanish fly 西班牙苍蝇
一种所谓得自于甲虫干燥粉末的壮阳药。见 aphrodisiac。

spectatoring 热衷关注
急迫地关注或评价自己的性表现。

sperm 精子
男性生殖细胞,含有使一个卵子受精所必需的一半染色体。

spermatogenesis 精子发生
精子的产生。

spermicides 杀精子剂
能杀死精子的避孕化学药品。

spontaneous abortion 自然流产
由于胎儿或母亲的医学问题而导致的流产,有时也称为流产;也见 abortion。

squeeze technique 捏挤法
常用于减缓有急速射精倾向的技术;它由挤压龟头或阴茎基部所构成。

statutory rape 法定强奸
与低于法定年龄的个体发生性交。

sterilization 绝育
一种使个体不能生殖而实施的外科手术。

steroids 类固醇
一组化学物质,包括性激素—雌激素、黄体酮和睾丸激素。

sublimation 升华
根据心理分析学说,此过程指力必多被导入了在社会上可接受的活动中,如艺术和运动。

surrogate mother 代孕母亲
因一对夫妻中妻子不能生育,而为他们怀上孩子的妇女,她在契约上同意在孩子出生后把孩子让与他们。

surrogate partner 替代伴侣
一位性治疗组的成员,作为治疗程序的一部分,其会参与到和委托人的性活动中。

swinging 换妻
两对夫妻为了性进行交换婚姻伴侣。

sympathetic nervous system 交感神经系统
自主神经系统两部分中的一种,主要与性高潮反应有关(对身体的其他影响中的一种)。见 paras-ympathetic systems。

syphilis 梅毒
一种由微生物所导致的性病。如果搁置而不治疗,它会经过三个阶段的发展而导致严重的后果。

T

teratogen 致畸剂
一种导致出生缺陷的物质,如化学制品或药物。

testes 睾丸
一对男性生殖腺,位于阴囊内。能产生精子和性激素,也称为男性性腺。

testosterone 睾酮
一种主要的"男性"激素,由男性中的睾丸及两性的肾上腺皮质所分泌。

thanatos 死亡本能
根据心理分析学说,指侵犯或死本能;对立于**性**

爱(Eros)。

toxemia 毒血症

一种出现于孕妇中的异常疾病,其症状包括高血压、蛋白尿及流体停滞。

toxic shock syndrome 中毒性休克综合征

一种与存在于卫生棉条中的细菌有关的疾病。

transsexualism 易性癖

一种个人对其所属性别感到持久不安的疾病,并渴望改变其身体结构,以至于能像一位异性那样生活。

transvestism 易装癖

当穿着异性服饰时,能获得性满足。也称为**穿着异性服饰癖**(cross-dressing)。

trichomoniasis (毛)滴虫病

一种常见的阴道传染病,其特征为腥臭、流淡黄色脓和阴道瘙痒,由一种寄生虫导致。

tubal ligation 输卵管结扎

通过切除或结扎妇女输卵管而绝育的外科手术。

Turner's syndrome 特纳综合征

一种女性缺失一条染色体的性染色体疾病,其导致 XO 型。这些妇女无法生育,手指、脚趾之间或颈部与肩部连成膜状,并且通常有器官缺陷。

U

ultrasonography 超声波扫描术

一种将胎儿的声波转变为摄影图像的方法,以检测胎儿可能的异常或预见分娩时的并发症。

umbilical cord 脐带

联系胎儿和胎盘的索带。

urethra 尿道

尿液从膀胱排至体外所通过的管道,在男子中也是精液经过的管道。

urethral meatus 尿道口

通向体外的尿道开口。

urogenital folds 尿生殖褶

指胎儿组织,在男性中发育为阴茎、尿道,在女性中发育为小阴唇。

uterus 子宫

妇女滋养胎儿直至出生前的中空肌肉组织,即 womb。

V

vacuum aspiration 负压吸宫术

在怀孕最初的三个月中首选的流产方法,此方法将宫颈扩张,通过抽气管将宫内物取出。

vagina 阴道

女性性交器官,经血和胎儿出生时也由此通过。

vaginal sponge 避孕海绵

一种圆形、高吸收性的海绵体,经杀精子剂处理,放置于宫颈口前端以阻挡精子。

vaginismus 阴道痉挛

一种女性性疾病,以阴道环状肌的不随意痉挛为特征。可能的话会造成性交疼痛。

vaginitis 阴道炎

一种阴道炎症,可由多种阴道传染病中任何一种引发。症状包括瘙痒、疼痛、流脓及性交中的不适感。

vas deferens 输精管

将精子从睾丸运输到尿道内端的管道。

vasectomy 输精管结扎术

一种外科手术,指男子通过切除或结扎输精管进行绝育。

vasocongestion 血管充血

对性刺激的反应,指血管内及身体多个器官组织内的血液积聚,尤其是生殖器。

vasovasectomy 输精管重建术

一种在输精管结扎术之后对输精管进行再连接的手术。

venereal disease 性病

见 sexually transmitted disease

voyerism 窥阴癖

从暗中窥视正在脱衣、裸体或进行性活动的场面中获得性满足。

vulva 外阴

一个指称女性外生殖器的集合术语,包括阴阜、大小阴唇、阴蒂及尿道口和阴道口。

W

wet dream 梦遗

见 nocturnal emission

Wolffian ducts 吴非氏管

男性胎儿中的组织，可发育为附睾、输卵管和精囊。

womb 子宫

见 uterus

women's liberation movement 妇女解放运动

美国女权运动，见 feminism

Y

Yohimbine 育亨宾

一种来自于非洲育亨宾树树皮的壮阳药。见 aphrodisiac。

Z

zoophilia 嗜兽癖

见 bestiality

zygote 受精卵

由一个卵子和精子结合而产生的单细胞。

出版后记

1968 年，斯坦福大学精神病学和生物学教授贺兰特·凯查杜里安博士开设了人类性学方面首批大学课程中的一门，成为美国大学性教育的先声。此时距离以开展学校性教育为宗旨的美国性信息与性教育咨询中心（SIECUS）成立仅四年。又一个四年后，1972 年，在其讲义基础上整理而成的《人类性学基础》(Fundamentals of Human Sexuality)一书问世，彼时，关于人类性行为的现代课程刚刚起步，性学教材奇缺，该书很快便以清晰的逻辑结构、循循善诱的说理方式而成为全美大学性学课程的标准教材，在 17 年的时间里四次修订（1975、1980、1985、1989），并被翻译成法语、西班牙语、葡萄牙语和汉语，其影响力跨越种族、宗教和意识形态边界而遍及世界各地。多少年来，随着性教育的普及，性学课程教材领域也相应地日渐繁荣，然而谁都无法取代《人类性学基础》的地位。诚如国外一些评论家所言：

> 虽然我们难于统计，在全世界的范围内，《人类性学基础》到底丰富了多少人的性爱生活，但有一点却是确定无疑的，那就是今天性学研究领域的所有人员中，没有一位是没读过《人类性学基础》的。

卡耐基基金会（Carnegie Corporation of New York）经理（1982~1997）、原哈佛大学卫生政策研究和教育部主任大卫·韩伯哥在为第 4 版所作的序中认为，其"所知道的关于人类性学的书籍中，没有第二本书——无论在清晰程度、说服力和材料的翔实可靠诸方面能够与这部教科书相媲美"。

中国读书界对这部经典著作也不陌生。李银河教授在其主编的《西方性学名著提要》（江西人民出版社，2003）中称本书为"性教育领域的一部经典入门书"，而早在 1989 年，农村读物出版社便以内部发行的形式推出了本书的第 4 版。当时的知识环境远没有现在宽松，据当时担任本书审校的协和医院副院长郎景和教授回忆，本书编辑人员曾为本书的尺度问题"数次出入中南海"，以至于该版的 34 位年轻译者在译后记中发出这样的呼声："我们企盼我们的民族——起码在性的问题上——会成为一个真正理智的民族。为了这个目的，我们在翻译《人类性学基础——性学观止》过程中所经历的所有磨难，都将成为我们美好的回忆。"

二十年过去了，如今性学的科研教学环境早已今非昔比，性学相关书籍对中国读者来说也不再是什么新鲜事物，从潘光旦先生译注的霭理士的《性心理学》（三联书店，1987），到一时间成为街头巷尾热议话题的《金赛性学报告》（明天出版社，1993）、《海蒂性学报告》（海南出版社，2002）；从荷兰汉学家高罗佩（R.H.Van Gulik）的《中国古代房内考》（上海人民出版社，1990），到引入国门的国外流行的大学教材《我们的性》(Our Sexuality)（华夏出版社，2003）、《性与生活》(Human Sexuality in a World of Diversity)（中国轻工业出版社，2007），林林总总，不可谓不多。

但是迄今为止,似乎很难找到一部作品,它能兼具科学、客观的严肃学术性和优雅、深厚的人文可读性,无论是知识分子还是普罗大众都从中受惠,无论是对个人的发展还是对家庭的维系都获益匪浅,直到在二十年后的今天,我们重新发现了贺兰特·凯查杜里安的这部《人类性学基础》(本次中译本定名《性学观止》)。

《性学观止》的特点需要与常见的几类性学书相比较才能比较清晰地呈现出来。我们可以将目前市面上关于性学的书大体分成三类:第一类,以《金赛性学报告》、《海蒂性学报告》为代表,它们基于大规模的调查之上,常常有大量受访者的个性化、感性化、口语化的描述,要说明的问题也主要集中于婚姻、家庭、两性关系(情感关系、性关系)这样比较的技术层面上,偏实用;

第二类,以《世界性文化图考》(中国友谊出版公司,2005)、《中国方术概观》(房中卷)(人民中国出版社,1993)为代表,这类书通常局限于某个文化或宗教中的性观念、性技巧及对性的表现,神秘而引人入胜,但难脱他者文化和猎奇心理的窠臼,不具备普适性,也很难具备现代语境意义上的科学性;

第三类,以上面提到的《我们的性》、《性与生活》为代表,这类书的用途和结构都与本书非常相似,都在国外充当大学性学课程教材,讲的内容也非常相似,都是从两性的性解剖学、性生理学讲起,贯穿性学的各个方面,如性健康、性传播疾病、怀孕和流产、避孕和堕胎、人类不同发展阶段(童年、青少年、中年、老年)的性表现,从一个人的性(性幻想、性梦、手淫)到两个人的性(性游戏、性交动作、婚姻、家庭),从同性爱、异性爱到性变态、性功能障碍及其治疗,从商业性的性行为(卖淫、色情品、性产品、以性为主题的广告)到性的侵犯(性骚扰、强奸),截至现在,《性学观止》和上述这类书似乎还没有太大的差别,但是只有到了本书最后一部分,即第六部分,这部《性学观止》最震撼人心之处方才显露出来:作者拿出近五分之一的篇幅,以五个辉煌的篇章,洋洋二十万言,从历史、文化、法律、道德诸方面来探讨性在人类历史上的方方面面(其中包括作者专门为本次中译本添加的一章从未公开发表过的章节,"东方文化中的性",因此我们将本版定为插图第6版)。

正是这种带着深刻的人文情怀的科学探究,使得本书在众多同类作品中脱颖而出:《性学观止》的成功之处,不仅在于我们探讨的主题是性,一个非常私密、非常脆弱的主题,一个多少年来无论东方人西方人都讳莫如深的话题,一个曾经被深深地误解,又被过分地利用的主题,而且表现在书中倡导的对性的态度——宽容,理解,不仇视,不利用。更重要的是,在本书中,性是被当成一个文化现象、一个历史现象来看的,它与人类历史同时进行,它在不同的文化中有不同的表现形式,它在不同的社会里激起了不同的社会问题——文化的历史的深度,科学的理性的考察,这就是《性学观止》最大的特色。

而且这种深度不仅体现在最后一部分,而是贯穿于全书当中:全书近九十个专题,跨文化研究成果俯拾皆是,很多都是一些我们不了解,甚至看了会瞠目结舌的现象,比如,原始社会的一些部落会视女孩子的月经初潮为打猎能满载而归的象征,而另一些人却认为这是不洁的象征;有的文化允许手淫,觉得这是再正常不过的,而有些则会为了少男少女手淫而惩罚他们,至于惩罚的手段则令人忍俊不禁。

视野纵贯今昔，横跨寰宇，论证客观克制，有理有据，方法论涉及考古学、人类学跨文化比较研究，其用力之深、涵盖范围之广，在当代同类作品中无人出其右。或许这就是为什么作者在 1989 年出版了第 5 版之后便停止了修订，因为性学从这本书这里，真的可以称得上是"观止"了。

凯查杜里安教授在本书前言中尝叹："一本书的出版几乎和它的写作一样艰难。"这话也同样也可用来描述本次中文版两年间走过的道路。本次中文插图第 6 版，我们大量参考了 1989 年的中译本。但是与当年引进翻译的第 4 版相比，本次引进的第 5 版诚如作者所言，"所有的章节都已重写，因此对以前版本的改变不止是一次普通的修订那么简单"。这也使我们的编辑过程从一开始就必须格外的细心、谨慎、警觉，不放过哪怕一个不起眼的数据的变更，一个单词的添减；从逐字逐句的几番核对译文，到术语的统一和文字表达的斟酌，从图片的搜集整理，到版式的琢磨调整，本书的出版动用了"大学堂"编辑部的大量人力、物力资源。同时我们还请到了 1989 年中译本的两位审校，协和医院名医郎景和大夫和人民卫生出版社资深老编辑赵伯仁老师再次为本次中译本担任审校。两位老师的辛勤劳作再怎么夸张都不过分，我们唯有在此表达诚挚的感谢。上海交通大学科学史系江晓原教授对本书十分推崇，并欣然为本版作序推荐，在此我们亦深表谢意。

本书的出版也有赖于译者们的付出，中国中医科学院中国医史文献研究所的胡颖翀助理研究员、北京大学医学院医学史专业史如松博士和北京大学医学部药学硕士陈海敏女士的工作保证了本书的质量，谨此致谢。同时，对于我们曾大量参考其译文的 1989 年中译本的"34 位年轻的科学工作者"，我们也在此就其精湛的译文和高尚的敬业精神向他们表达极大的尊敬和敬意，并请诸位译者如见本书，尽快联系我们，以方便我们表示酬谢。

欢迎采用本书做教材的教师与本编辑部联系，我们将为您提供相关服务。

服务热线：133-6631-2326　188-1142-1266

服务信箱：reader@hinabook.com

"大学堂"编辑部

2018 年 9 月

大学堂(第一期)

"大学堂"开放给所有向往知识,崇尚科学,对宇宙和人生有所追问的人。

"大学堂"中展开一本本书,阐明各种传统和新兴的学科,导向真理和智慧。既有接引之台阶,又具深化之门径。无论何时,无论何地,请你把它翻开……

001-01.社会学与生活(插图修订第9版) 定价:68.00元
(美)理查德·谢弗 **著** 马戎 杨文山 **审阅** 刘鹤群 房智慧 **译** 赵旭东 **译校**
这是一部当今中国最需要的社会学高级普及读物。

001-02.社会学与生活(插图修订第9版·普及版) 定价:39.80元

002.小说鉴赏(双语修订第3版) 定价:56.00元
(美)布鲁克斯 沃伦 **编著** 主万 冯亦代 丰子恺 **等译** 聂华苓 **推荐**
什么是好小说?如何理解小说?

003.拍电影——现代影像制作教程(插图第6版) 定价:45.00元
(美)琳恩·格罗斯 拉里·沃德 **著** 廖澺苍 凌大发 **译** 焦雄屏 **推荐**
一本实用的影像制作教程。

004.认识电影(插图第11版) 定价:68.00元
(美)路易斯·贾内梯 **著** (瑞典)英格玛·伯格曼 (日)黑泽明 **等供图** 焦雄屏 **译**
最畅销、最国际化的电影导论,远流版"电影馆"丛书的代表作。

005.中国近代史:1600—2000,中国的奋斗(第6版) 定价:66.00元
(美)徐中约 **著** 计秋枫 朱庆葆 **译** 茅家琦 钱乘旦 **审校** 徐中约 **审定**
英语世界及海外华人社会中最畅销的中国近代史用书。

006.经济学的思维方式(第11版) 定价:49.80元
(美)保罗·海恩 **等著** 马昕 陈宇 **译** 张维迎 **审阅**
(美)道格拉斯·诺斯 梁小民 熊秉元 **推荐**
风靡国际的另类经典经济学教科书,经济学教育领域的标尺性著作。

007.听音乐:音乐欣赏教程(插图第6版·赠配套光盘) 定价:78.00元
(美)罗杰·凯密恩 **著** 陈美鸾 **总召集** 王美珠 **等译**
陈佐湟 余志刚 杨燕迪 严宝瑜 **推荐**
2008年献给爱乐人的顶级有声读物,美国使用最广泛的音乐欣赏课程教材。

008. 伦理学与生活（第9版） 定价:58.00元
（美）雅克·蒂洛 基思·克拉斯曼 **著** 程立显 刘建 **等译** 周辅成 **审阅**
美国最权威、最受欢迎的伦理学教材。

009. 电影艺术——形式与风格（插图第8版） 定价:78.00元
（美）大卫·波德维尔 克里斯汀·汤普森 **著** 曾伟祯 **译** 李安 焦雄屏 **推荐**
2008年度最重要的电影图书,最令人期待的大众艺术读品。

010. 西方哲学史——从苏格拉底到萨特及其后（修订第8版） 定价:68.00元
（美）斯通普夫 菲泽 **著** 匡宏 邓晓芒 **等译**
邓晓芒 **翻译策划** 何兆武 **作序** 赵汀阳 **推荐**
一部既植根传统又向当代开放的哲学史,堪称当代西方哲学史的主流和典范之作。

011. 现代世界史（插图第10版） 定价:88.00元（上下册）
（美）帕尔默 **著** 科尔顿 克莱默 **修订** 董正华 陈少衡 牛可 **等译** 罗荣渠 何兆武 刘北成 **推荐**
世界现代史领域的殿堂级学术教科书,全世界几代学人透过他的眼睛看历史。

012. 韦洛克拉丁语教程（插图修订第6版） 定价:99.00元
（美）韦洛克 **著** （美）拉弗勒 **修订** 张卜天 **译** 雷立柏 **审阅**
20世纪后半期以来英语世界最受欢迎的拉丁语教材。

013. 认识商业（插图第8版） 定价:68.00元
（美）威廉·尼科尔斯 **等著** 张维迎 汪丁丁 吴晓波 唐骏 魏杰 **推荐**
汇集近代管理智识,积累百年管理实务、智慧与典范。

014. 中国文学史（上） 定价:42.00元
龚鹏程 **著**
历时两年,"天下第一才子"龚鹏程最新力作;下笔风流,嬉笑怒骂,弹指间旧说陈论灰飞烟灭。

"大学堂"丛书均备有教师手册、习题、PPT和章节提要等教学资料,欢迎采用丛书作为教材的教师来电来函索取。
诚挚欢迎读者为我们提供有价值的选题,同时也期待着具有翻译才华的读者加入我们,为进一步充实"大学堂"丛书,给读者提供更多、更好、更实用的图书共同努力。